D1687534

FRANKFURTER BEITRÄGE
ZUR GERMANISTIK
Band 34

Herausgegeben von
Volker Bohn
Klaus von See

CAROLA HILMES

Das inventarische und das inventorische Ich

Grenzfälle
des Autobiographischen

Universitätsverlag
C. WINTER
Heidelberg

Die Deutsche Bibliothek – CIP-Einheitsaufnahme

Hilmes, Carola:
Das inventarische und das inventorische Ich: Grenzfälle des
Autobiographischen / Carola Hilmes. – Heidelberg: Winter, 2000
  (Frankfurter Beiträge zur Germanistik; Bd. 34)
  Zugl.: Frankfurt (Main), Univ., Habil.-Schr., 1999 u.d.T.:
  Hilmes, Carola: Die literarische Moderne als
  Integrationseinheit von Autobiographie und Poesie
  ISBN 3-8253-1048-5

ISBN 3-8253-1048-5

Alle Rechte vorbehalten.
© 2000 Universitätsverlag C. Winter Heidelberg GmbH
Photomechanische Wiedergabe und die Einspeicherung und Verarbeitung
in elektronischen Systemen nur mit ausdrücklicher Genehmigung
durch den Verlag
Imprimé en Allemagne · Printed in Germany
Druck: Strauss Offsetdruck GmbH, 69509 Mörlenbach

Inhalt

Vorbemerkung 9
I. Einleitung 11
II. Schöpferische Konfessionen, künstlerische Doppelbegabungen
und die Interdependenz der Künste 27
    1. Künstlerische Bekenntnisse 29
    2. Zur wechselseitigen Erhellung der Künste............................. 37
    3. „Der Blaue Reiter" 44
III. Probleme der Grenzüberschreitung und die Frage
nach der Autobiographie 49
    1. Regionale, globale und andere Grenzüberschreitungen 49
    2. Autobiographie als Grenzüberschreitung nach innen 53
    3. Zum Verstehenshorizont moderner Autobiographien.................. 56
    4. Das Ich und seine begrifflichen Trabanten............................ 61
    5. Probleme mit der Autobiographie als Gattung 66
IV. Sich zeigen und verbergen: das Ich als Grenze
Virginia Woolfs Reflexionen über Leben und Schreiben 70
    1. Überlegungen zur Biographie 71
    2. Die Lebensbeschreibung als Roman 74
    3. Eine Skizze der eigenen Vergangenheit 80
    4. Momente des Seins und die Autobiographie 86
V. Wassily Kandinsky: Das vom Geistigen inspirierte Ich 91
    1. Die Selberlebensbeschreibung im Kontext der Werke................. 92
    2. In der Erinnerung ein Bild der eigenen Seele malen.................. 97
    3. Dem Diktat der inneren Stimme folgend 106
    4. Exkurs über Kunstkritik und Verstehen 111
    5. Die Selbstbiographie als Versuch, die abstrakte Malerei zu erläutern.......... 115

VI. Alfred Kubin: Diese und die andere Seite des Ich 122
    1. Parallelaktion von Leben und Schreiben 126
    2. Widersprüchliche Reflexionen des Traumkünstlers 131
    3. Dokumentation, Selbststilisierungen und Verhüllungen 136
    4. Eine um die Subjektivität des Künstlers verkürzte Autobiographie 141

VII. Ernst Barlach, die verkehrte Unmittelbarkeit und
die Authentizität des Beiläufigen 146
    1. „Ein selbsterzähltes Leben" und die unbeschriebenen Seiten des Ich 147
    2. Vorzüge tagebuchartigen Schreibens 154
    3. Der andere, unbekannte Barlach 157
    4. Im Niemandsland zwischen Kunst und Leben 162

VIII. Hugo Ball und sein flüchtiges Ich: Ein Dilemma 167
    1. Geordnet nach einer Magie der Unterbrechung 171
    2. Zeitkritik, Zerrissenheit und Zuflucht 176
    3. DADA oder Wir dichten täglich das Leben um 181
    4. Stationen einer ‚inneren Emigration': Kunst – Politik – Religion 187
    5. Stilisierung zum Heiligen oder die Kunst moralischer Existenz 193
    6. Leben und Schreiben in Gegensätzen: Über die Spiritualität des
       Narrenspiels aus dem Nichts 199

IX. Auf der Suche nach dem surrealistischen Ich
Individualität und Wiederholung: Magritte und Breton 205
    1. „Ich bin viele" 205
    2. Bretons Versuch einer surrealistischen Autobiographie 212
    3. „Nadja" als exemplarischer Fall 216
    4. Leben im Glashaus 221

X. Lebensbruchstücke
Walter Benjamins autobiographische Berlin-Bücher 227
    1. Autobiographische Reflexionen in der „Berliner Chronik" 228
    2. Lesarten der „Berliner Kindheit" 240
    3. Die fremde Sprache der Dinge und ihr Echo im Ich 246

XI. „Und so wandle ich auf der Spur meiner selbst"
Aus dem Leben des Hilfsbuchhalters Bernardo Soares –
Fernando Pessoas autobiographische Entwürfe 265
    1. Die Heteronyme 266
    2. Selbstbefragung 270

	3.	Fernando Pessoa und Bernardo Soares 273
	4.	Die Wahrheit der Fiktionen 276
	5.	‚Drama em gente': das dezentrierte, multiple Ich........................... 280
	6.	Die Scheinperson: ‚Fiktionen des Zwischenspiels' 285

XII. Salomo Friedlaender/Mynona:
Groteske Verwicklungen eines anonymisierten Ich 289
    1. Kants Philosophie in groteskem Gewande................................. 290
    2. Die Aufgabe des Autobiographen.. 296
    3. Probleme mit dem indifferenten Ich: die leere Mitte 301
    4. Das Ich-Heliozentrum und seine autobiographische Uneinholbarkeit......... 306
    5. Impersonale Philosophie als Widerspruch zur Selbstbiographie............. 311
    6. Blinde Flecke des Polaritätsdenkens 315

XIII. „Erst durch die Wörter leben wir" – Der zweifelhafte Doppelsinn
in Gottfried Benns ästhetischem Nihilismus............................. 320
    1. Autobiographie als Rechtfertigung und Bekenntnis 320
    2. Anlage und Aufbau der Autobiographie Benns 326
    3. Die Kunst als Selbstverständigung des Autobiographen:
       Benns ästhetischer Standort 331
    4. Intellektualismus. Anmerkungen zur Expressionismusdebatte 338
    5. Artistenmetaphysik oder Doppelleben 343
    6. Der Phänotyp als schöpferisches Ich 347
    7. Die Wiederholung: Benns Problem mit der Geschichte 352

XIV. „some one was then the other one"
Gertrude Stein & Alice B. Toklas 356
    1. „The Autobiography of Alice B. Toklas" – ein Grenzfall der Gattung 358
    2. „Everybody's Autobiography" – diesseits und jenseits der Grenzen
       autobiographischen Schreibens.. 369
    3. „What Is Remembered" – Alice B. Toklas, Gertrude Stein und die anderen
       Autobiographien 377

XV. Resümee: Ambivalenzen moderner Selberlebensbeschreibungen....... 385
    1. Formale Strukturen und widersprüchliche Tendenzen...................... 386
    2. Inhaltliche Schwerpunkte und Paradoxien................................ 390
    3. Ausblick: Der Dialog mit dem Leser 397

Literaturverzeichnis 409

Vorbemerkung

Unter dem Titel „Die literarische Moderne als Integrationseinheit von Autobiographie und Poesie. Studien zum genetischen Zusammenhang von Gattungszerfall und Formeninnovation" wurde die vorliegende Untersuchung vom Fachbereich Neuere Philologien der Johann Wolfgang Goethe-Universität in Frankfurt am Main im Herbst 1998 als Habilitationsschrift angenommen. Bei allen, die zum Gelingen dieser Arbeit und zum erfolgreichen Abschluß des Verfahrens beigetragen haben, möchte ich mich herzlich bedanken. Mein besonderer Dank gilt meinem akademischen Lehrer Professor Dr. Ralph-Rainer Wuthenow und Professor Dr. Dr. h.c. Helmut Kreuzer für ihre freundliche Unterstützung sowie Dr. Sibylle Penkert, Gerd Held und vor allem Dr. Dietrich Mathy für ihre Diskussionsbereitschaft und ihre Anregungen, schließlich allen Freunden, die mit Rat und Tat oder auch mit Geduld und Nachsicht diese Arbeit unterstützt haben: Sigrid Altdorf, Jürgen Blasius, Dr. Angela Gies, Marion Jordan, Dr. Heike Knoll, Dr. Eva Marquardt, Eva Mench, Sylvia Rondholz, Gerold Schipper-Hönicke, Stephanie Tyszak und Claudia Zeber. Ausdrücklich bedanken möchte ich mich außerdem bei der Deutschen Forschungsgemeinschaft für das großzügige Habilitationsstipendium und die Gewährung einer Druckkostenbeihilfe, beim Deutschen Literaturarchiv in Marbach a. N. für die Kooperation bei den Recherchen zu Salomo Friedlaender sowie beim Winter Verlag und den Herausgebern der Reihe „Frankfurter Beiträge zur Germanistik" für die freundliche Aufnahme meiner Untersuchung in das Programm.

Ein besonderer Dank gilt meiner Mutter, Ursula Hilmes, der ich dieses Buch widme.

Frankfurt am Main, im Februar 2000   *Carola Hilmes*

Kapitel I

Einleitung

Die perfekte Biographie ist die einer erfundenen Person. Wolfgang Hildesheimer, der nicht nur die Lebensgeschichte Mozarts nacherzählt, sondern auch die eines gewissen Marbot, liefert dafür den Beweis. Wie aber wäre ein solcher Roman des eigenen Lebens zu schreiben? Sehr viele Schriftsteller haben auch Autobiographien verfaßt, oft sind es nur kurze Skizzen, die ihnen von Berufs wegen abverlangt wurden, häufig aber auch ausführliche Retrospektiven. Das Interesse der Leser an Lebensbeschreibungen ist groß, denn die Selbstverständigungstexte der Autoren gestatten meist einen Blick in ihre Werkstatt. Wir erhoffen uns nicht zuletzt Aufschluß über ihr Schreiben. Als eigenständige literarische Werke jedoch werden Selberlebensbeschreibungen nur selten gelesen. (Dieser Jean Paul entlehnte Begriff markiert einen unkonventionellen Umgang mit dem Genre und soll hier entsprechend verwendet werden.[1])

Die Suche nach neuen Perspektiven und alternativen autobiographischen Schreibweisen spielt in der entwickelten Moderne des 20. Jahrhunderts eine wichtige Rolle, weil das Verhältnis von Kunst und Leben zu einem ihrer zentralen Themen avanciert. Erinnert sei an die zunehmende Ästhetisierung aller Lebensbereiche, an die Forderung der Avantgarde, die Kunst in Lebenspraxis zu überführen, und an das allmähliche Einfließen des Alltags in die Literatur, was durchaus nicht immer zu ihrer Verlebendigung beigetragen hat. Am Genre der Autobiographie nicht zuletzt auffällig ist die Rückwirkung der Schrift auf das Leben des Autors. Schon früh sind diese Phänomene von den Selbstbiographen bemerkt worden, mittlerweile gehören solche kritischen Reflexionen zum festen Bestandteil der Gattung. Moderne Selberlebensbeschreibungen bedenken ihre Entstehungsbedingungen, Verfahrensweisen und ihren Wirkungsradius, sind also selbstreflexiv und kritisch. Ihr thematischer Mittelpunkt ist die Unaussprechlichkeit des Individuums. Darin liegt zugleich auch ihre literarische und philosophische Herausforderung.

---

1 Vgl. Jean Paul, Selberlebensbeschreibung, Konjektural-Biographie, mit einem Nachwort von Ralph-Rainer Wuthenow, Stuttgart: Reclam 1971.

Die hier vorgelegte Arbeit untersucht die Gefährdung des Ich in der Moderne, die Erfahrung der Desintegration und Auflösung des Individuums, wie sie in den Selbstbiographien von Schriftstellern und Künstlern zum Ausdruck kommt. Die Autobiographie als literarische Gattung mit ihrem Anspruch auf Authentizität und Wahrheit zeigt solche Gefährdungen nicht nur, sondern sie reagiert ihrerseits darauf, etwa indem sie den drohenden Selbstverlust des Ich überbietet – Autobiographie als ‚Selbstentblößung' (H. Heißenbüttel) – oder aber, indem sie nach alternativen Entwürfen des Ich sucht, neue Schreibweisen und Strukturierungen erprobt. Anders als im 18. Jahrhundert, in dem die Selbstbiographie die zweite Phase der Konstituierung des menschlichen Selbstbewußtseins dokumentiert, spiegelt die Autobiographie im 20. Jahrhundert die Geschichte des bedrohten Selbstbewußtseins.[2] War damals die Autonomie des Ich das geheime Hauptthema, so sind es heute die Reflexionen eines von Auflösung und Zersplitterung bedrohten Ich. Auch die modernen Selberlebensbeschreibungen sind zu lesen als ‚Begleittext zur Philosophie' (R.-R. Wuthenow), denn hier erfahren wir nicht nur von einer Dezentrierung des Ich, sondern auch von den damit verbundenen Paradoxien. Trotz aller Erschütterungen jedoch und gegen alle Toterklärungen gelingt dem Ich seine Selbstbehauptung in der Autobiographie.

Die vorliegende Studie hat die Aufgabe, den genetischen Zusammenhang von Gattungszerfall und Formeninnovation aufzuzeigen. Die Geschichte der literarischen Gattung wird dabei als die ihrer Formen begriffen. Eine Zentrierung auf ästhetische Fragestellungen impliziert auch eine Selbstthematisierung der Moderne, wie sie den Autobiographien von Schriftstellern und Künstlern im 20. Jahrhundert abzulesen ist. Der mögliche historische Quellenwert der Selbstbiographie soll dadurch ebensowenig bestritten werden wie ihre zweifellos wichtige Funktion im Rahmen einer Mentalitätsgeschichte. In meiner Untersuchung allerdings bleiben die religiösen, soziologischen und psychologisch relevanten Aspekte der Autobiographie ausgeklammert.[3] Nur die säkularisierte Form der Lebensbeichte als künstlerisches Glaubensbekenntnis und die auf ein ästhetisches Rollenspiel übertragene Frage nach Identität, nicht ihre gesellschaftlichen und juristischen Seiten, werden hier thematisiert. Überschneidungen zur Psychologie und zum Roman kommen dann zur Sprache, wenn das Tabuisierte und

---

2 Ralph-Rainer Wuthenow, Das erinnerte Ich. Europäische Autobiographie und Selbstdarstellung im 18. Jahrhundert, München: Beck 1974, S. 9 u. S. 214; vgl. ferner: Die Autobiographie. Zu Form und Geschichte einer literarischen Gattung, hrsg. von Günter Niggl, Darmstadt: Wiss. Buchgesellschaft 1989 (Wege der Forschung Bd. 565); hier auch weiterführende Literatur.

3 Vgl. hierzu: Alois Hahn, Identität und Biographie, in: Biographie und Religion. Zwischen Ritual und Selbstversuch, hrsg. von Monika Wohlrab-Sahr, Frankfurt/New York: Campus 1995, S. 127–152.

Verdrängte der Kunst und Literatur neue Bereiche eröffnen soll, wie etwa im Surrealismus, oder wenn die Wahrheit der Fiktionen wesentlicher Bestandteil des autobiographischen Selbstentwurfes ist, wie z. B. bei Fernando Pessoa oder auch bei Virgina Woolf, die das Verhältnis von *facts* und *fiction* zum Gegenstand ihrer poetologischen Reflexionen macht. Mit der Frage nach dem Ich und seiner Subjektivität steht im Zentrum der Moderne die Frage nach dem Verhältnis von Kunst und Leben. Sie wird nicht nur von den modernen Schriftstellern und Künstlern in ihren Selbstbiographien diskutiert, sondern die Autobiographien selbst sind ästhetisch-praktische Antworten auf dieses Problem, und das heißt, die Schriften wollen ihrerseits gelesen werden als Werke und sind zugleich doch ‚Dokumente aus dem Leben'. Insofern erweist sich die literarische Moderne als Integrationseinheit von Autobiographie und Poesie, denn die Dichtung und Wahrheit verbindende Kraft ist die Subjektivität selbst. (Da eine systematische Analyse beim gegenwärtigen Stand der Forschung nicht möglich war, kann die Textauswahl lediglich exemplarischen Wert beanspruchen. Die Untersuchung hat den Charakter eines Kaleidoskops.)

Der unabschließbare Selbstentwurf des Autobiographen findet in den ‚existentiell reflektierenden Autobiographien' (R. Picard) seinen modernen Ausdruck. Die Selberlebensbeschreibung als gestaltete Einheit des Ich bringt aber nicht nur die unterschiedlichen Facetten des Ich, seine Gefährdungen, Brüche und Unvereinbarkeiten zum Ausdruck, sondern experimentiert mit alternativen Formen der Selbstdarstellung und erprobt ein nicht auf Kontinuität und Konsistenz, auf Entwicklung und Charakter festgelegtes Selbstverständnis. Damit wird der Blick frei auf neue Möglichkeiten. Moderne Selberlebensbeschreibungen stellen keineswegs nur eine Verlustrechnung auf. Die sprichwörtliche Vielfalt der Moderne, ihre beklagte Unübersichtlichkeit, auch das durchaus Mehrdeutige ihres Begriffs ist stets nur in Absetzung von der Tradition und in Auseinandersetzung mit ihr zu begreifen.[4] Ein absolut Neues gibt es nicht. Die Durchdringung von schöpferischer Vision und kritischer Reflexion, die Verbindung von künstlerischer und literarischer Tätigkeit mit einer intellektuell wertenden Rückschau war bei der Auswahl aller Autoren und ihrer Autobiographien ausschlaggebend; aufschlußreich, daß sich unter ihnen so viele Einzelgänger befinden, bemerkenswert außerdem, daß sehr oft gleichsam mystische Erfahrungen eine wichtige Rolle spielen. (Die einzelnen Kapitel sind auch als eigenständige Beiträge zu den jeweiligen Künstlern und Schriftstellern zu lesen; die Lite-

---

4 Zum Verständnis der Moderne vgl.: Die literarische Moderne in Europa, 3 Bde., hrsg. von Hans Joachim Piechotta u.a., Opladen: Westdt. Verl. 1994; in ebenfalls programmatischer und an Einzelanalysen orientierter Hinsicht, außerdem um soziologische und philosophische Aspekte erweitert vgl.: Konzepte der Moderne. DFG-Symposion 1997, hrsg. von Gerhart von Graevenitz, Stuttgart/Weimar: Metzler 1999.

ratur ist entsprechend gesondert ausgewiesen.[5] Im folgenden soll die Architektonik des Bandes, dessen literaturtheoretischer Ansatz der Kritischen Theorie verpflichtet ist,[6] kurz vorgestellt werden.

Zur Exposition des Themas Autobiographie und Poesie dient der 1920 von Kasimir Edschmid herausgegebene Band *Schöpferische Konfession*. Die für den Expressionismus und seine Zeit charakteristische Verbindung von Kunst und Leben findet hierin ihren spezifischen Ausdruck: Persönliches Bekenntnis und ästhetisches Programm sind aufs engste miteinander verwoben und werden jeweils mit dem eigenen Namen besiegelt. Gerichtet sind sie an ein Publikum. An der Selbstvergewisserung der Künstler und Schriftsteller sollen die Leser erkennend Anteil nehmen, und das heißt in der Konsequenz, ihr eigenes Leben entsprechend ändern. Die moderne expressionistische Kunst und Literatur wird für das Leben in Dienst genommen, will ihm, ein besseres Leben präfigurierend, eine Regel vorgeben. Damit erhält auch die Autobiographie prospektiven Charakter.

Kennzeichnend für die Moderne zu Beginn des 20. Jahrhunderts ist zum einen die Interdependenz der Künste, die am Beispiel der sogenannten Doppelbegabungen erörtert wird, und zum anderen die ‚Wechselbeziehung zwischen Kunst und Leben', die in den einschlägigen autobiographischen Schriften formuliert und reflektiert wird. Die Suche nach den Wurzeln der Kunst – Movens bei der Analyse der Doppelbegabungen – findet ihr Pendant in der Suche nach dem Schöpferischen des eigenen Ich – dem Generalthema der Autobiographen. Nicht zuletzt durch selbstbiographische Aussagen, die sich immer wieder in die poetologischen und kunsttheoretischen Erörterungen mischen, wollen die Literaten und Künstler Verständnis gewinnen für ihre neuen, die modernen Ausdrucksformen. Selbstverständigung und Propaganda gehen in dieser Hinsicht eine Allianz ein. Die Autobiographie wird zum Schauplatz dieser Auseinandersetzung.

Der Blaue Reiter, ein prominentes Beispiel für die wechselseitige Erhellung der Künste, ist als synthetisches Buch angelegt und dokumentiert zugleich den Zusammenklang des Verschiedenen, wie ihn Adorno später in seiner These von der Verfransung der Künste geltend macht. Die dialektische Einheit von Kunst und Künsten ist fundiert im Leben des Künstlers, in dessen Schaffen Materialität und Subjektivität sich wechselseitig vorantreiben, um in seltenen Fällen eine gelungene Synthese einzugehen. Was im Hinblick auf die unterschiedlichen

---

5 Bereits publiziert wurden die Kapitel zu Virginia Woolf, zu Breton und Magritte sowie zu Fernando Pessoa; einige Ergebnisse wurden bereits vorgestellt auf dem DFG-Symposion 1997 „Konzepte der Moderne" (Anm. 4).

6 Vgl. Theodor W. Adorno, Ästhetische Theorie, hrsg. von Gretel Adorno und Rolf Tiedemann, Frankfurt/M.: Suhrkamp 5/1981.

Sparten der Kunst zu beobachten ist, findet sich auch im Bereich der Literatur. Mit der gesteigerten Bedeutung des Lebens und des eigenen Ich verfransen auch die literarischen Gattungen: Essayistische und lyrische, fiktionale, konstruktive und experimentelle Elemente wandern ins Genre der Autobiographie ein. Historische Wahrheit im Sinne empirisch beglaubigter Faktizität ist nurmehr ein Teil der literarischen Selbstaussage, meist ist es nicht der wichtigste. Besonders gut erkennen und beschreiben läßt sich die enge Verbindung von Autobiographie und Poesie, von künstlerischem Selbstverständnis, Bekenntnis und Porträt bei solchen Künstlern und Schriftstellern, die sich nicht nur in einem Metier versucht haben, denn gesteigerte Wahrnehmungsfähigkeit, entschiedener Ausdruckswille und Experimentierfreude gehen hier meist eine aufschlußreiche Verbindung ein.

Werden im zweiten Kapitel die für die weitere Arbeit bestimmenden Fragekomplexe präludiert, wobei sich eine gewisse Vorauswahl der zu untersuchenden Autoren herauskristallisiert – dem komparatistischen Aspekt gebührt dabei besondere Aufmerksamkeit –, präzisiert das dritte Kapitel das Problem der Grenzüberschreitung im Hinblick auf die Autobiographie als literarische Gattung. Sie markiert eine Grenzüberschreitung gleichsam nach innen, da sie die Wirklichkeit in sich zurückbiegt. Diese die Wirklichkeit auf ihre Immanenz hin transzendierende Grenzüberschreitung beharrt auf einer Differenz von Kunst und Leben. Erst diese Trennung gestattet eine Spezifizierung der Autobiographie als Gattung, denn so verschwindet weder das Leben im Text noch wird jeder Text als autobiographisch apostrophiert. (Paul de Mans Überlegungen in *Autobiography as De-facement* werden deshalb zurückgewiesen.)

Moderne Selberlebensbeschreibungen antworten auf die Frage „Wer bin ich?", womit sie ausdrücklich das präsentische Moment betonen und die Transzendierung des Ich im Akt des Schreibens herausstellen. André Breton, Hugo Ball und Walter Benjamin liefern in ihren selbstbiographischen Büchern dafür einen Beleg, wobei noch eine Dialektik des nachträglichen Anfangs deutlich hervortritt. Die paradoxe Situation einer Selbstvergewisserung durch ausdrückliche Negation, wie sie für eine radikal verstandene Moderne kennzeichnend ist und später bei Michel Leiris, Roland Barthes und Alain Robbe-Grillet etwa ihren Ausdruck findet, ist darin bereits vorgeprägt. Die autobiographischen Konstruktionen Gertrude Steins nehmen solche Paradoxien vorweg und wenden sie ins Experimentelle. Nicht zuletzt deshalb steht sie am Ende des Buches. Eine ungewöhnliche und einzigartige Position nimmt Fernando Pessoa ein, dessen literarische Welt in einem anderen Exkurs vorgestellt wird.

Das ‚erinnerte Ich' (R.-R. Wuthenow) traditioneller Autobiographien verwandelt sich in der Moderne immer mehr zu einem sich selbst erfindenden Ich.

(Im Titel seines großen Berichts aus dem eigenen Leben hat Goethe dieses Spannungsverhältnis bereits bezeichnet.) Die Rede vom ‚autobiographischen Roman' charakterisiert die Entwicklungstendenzen der Gattung nur unzureichend. Es sind die Ausführungen der Künstler und Schriftsteller selbst, die hier als Bausteine zu einer Theorie moderner Autobiographie herangezogen werden sollen. Das in der Rückschau inventarisch sein Leben verzeichnende Ich wird in der Moderne abgelöst durch ein inventorisches Ich, das sich bewußt einen ästhetischen Standort zuweist. Das Ich, das sich in der Autobiographie allererst seine Geschichte zuschreibt, ist als sprachliche Leerform – anders denn als Subjekt oder Individuum, anders auch denn als Selbst, Körper oder Person – zur Kennzeichnung dieser Situation besonders gut geeignet. Das entsubstantialisierte Ich in der Moderne ist ein Ich im Übergang, ihm angemessen ist eine Vorstellung transitorischer Identität.

Rousseau und Goethe liefern das Modell autobiographischen Schreibens, an dem noch moderne Selbstbiographien sich orientieren, und sei es auch nur ironisch oder gar ablehnend. Eine aus dem Geist der Romantik geborene Moderne – und alle hier behandelten Autoren begreifen sich mehr oder weniger in dieser Tradition – öffnet den Blick für ein Verständnis der Autobiographie als Kunstwerk. Diese gegen die konventionelle, historisch-psychologische Lesart gewendete Auffassung der Selberlebensbeschreibung sieht sie zusammen mit den Romanen eines Novalis und Schlegel, deren programmatische Mischung der Gattungen ihrerseits prototypische Elemente der Moderne enthält. Eine Lesart der Autobiographie als Werk und im Kontext der anderen Werke eines Autors läßt ihre Konsolidierung als Gattung geboten erscheinen. Dazu müssen Gefährdungen und Innovationen ebenso aufgezeigt werden wie die alternativen Entwürfe des Ich, die in den modernen Selbstbiographien formuliert werden. Ganz bewußt setzen sie sich ab vom Entwicklungsschema des Bildungsromans, das den traditionellen Autobiographien zugrunde liegt. (Die in heuristischer Absicht vorgelegten Einzelstudien sind den von Philippe Lejeune in *Le pacte autobiographique* entfalteten grundlegenden Überlegungen verpflichtet.)

Das Kapitel über Virginia Woolf und ihre Reflexionen über Leben und Schreiben – der erste komparatistische Exkurs – hat einführenden Charakter. In vielfältiger Weise erprobt Virginia Woolf ganz unterschiedliche Formen (auto)biographischen Schreibens und überschreitet dabei die tradierten Gattungsgrenzen. Theoretische Überlegungen und praktische Umsetzung ergänzen einander. In der Moderne, so erläutert sie, löst der Künstler den Chronisten ab, weil *facts* und *fiction* nicht eindeutig zu trennen sind. Der historisch wahre und der romanhafte Lebensbericht erhellen sich vielmehr wechselseitig. Die Schwierigkeiten der Biographie – und die Autobiographie ist für Virginia Woolf lediglich eine vom Autor selbst verfaßte Biographie, mithin ein Sonderfall – besteht darin, die Kunst des Lebens, mit der eigenen Geschichte fertig zu werden, und die Kunst des Schreibens, die Zeiten der Vergangenheit und der Gegenwart, zu koordinieren bzw. ineinander zu überführen. Eine vollständige und endgültige (Auto)Biographie ist undenkbar, denn die Vergangenheit steht nicht ein für allemal fest: Heute sehen wir unser vergangenes Ich anders als morgen. In der wie ein Tagebuch strukturierten *Skizze der eigenen Vergangenheit* beschreibt Virginia Woolf auch den Prozeß der Erinnerung, da sie den produktiven Zusammenhang von Leben und Schreiben bildet. Die Autobiographin legt in *A Sketch of the Past* also Rechenschaft ab über ihre Kreativität und ihre ästhetische Erfahrung, wobei sie dem Leser (und sich selbst) eine widersprüchliche Grundstruktur künstlerischen Schaffens offenlegt.

Als historische Quelle nur unzureichend und von zweifelhaftem Wert, ist die autobiographische Skizze als poetologische Selbstverständigung zu lesen, die noch für das eigene Leben von eminenter Bedeutung ist. Virginia Woolf reflektiert nicht nur die vielfältigen Schwierigkeiten (auto)biographischen Schreibens und zeigt dabei den hohen Grad an Unsicherheit und die Unzulänglichkeiten dieses Genres auf, ihre Suche nach ganzheitlicher Erfahrung und ihr Nachweis einer hinter der sichtbaren Welt verborgenen Struktur sind existentiell motiviert. Einerseits hält sie fest an der Vorstellung eines wahren Ich, das sich in ausgezeichneten Augenblicken des Seins als tiefes Einverständnis mit sich und den Dingen offenbart, andererseits muß sie erkennen, daß diese *moments of being* für Selbstgegenwart und Identität des Ich äußerst bedrohlich sind. So wie es die Aufgabe der Kunst und Literatur ist, sichtbar zu machen, so zeigt die autobiographische Skizze Virginia Woolfs das Paradox künstlerischer Selbstbehauptung und versucht schreibend, neue Formen der Selbstvergewisserung zu finden. Insofern ist sie für moderne Selberlebensbeschreibungen exemplarisch.

Im Mittelpunkt der drei nächsten Kapitel stehen Doppelbegabungen, bildende Künstler, die auch schriftstellerisch tätig waren und sich mehrfach ausführlich über ihre Kunst geäußert haben, was in ihren autobiographischen Schriften einen entsprechenden Niederschlag findet.[7] In je unterschiedlicher Weise bezeichnen sie für die Kunst des 20. Jahrhunderts charakteristische Positionen; am

---

7 Im Alter verfaßte Selbstbiographien, wie etwa Oskar Kokoschkas *Mein Leben* (München 1971; dokumentarische Mitarbeit von Remigius Netzer), wurden nicht berücksichtigt. Auch das Künstlertagebuch oder eine Autobiographie allein waren als Auswahlkriterium nicht hinreichend, weshalb weder Klee noch Beckmann oder Nolde berücksichtigt wurden. Die vorgelegte Auswahl ist weniger repräsentativ als vielmehr exemplarisch. Wichtig war es mir, einige wenige signifikante Positionen zu Beginn der Moderne im 20. Jahrhundert aufzuzeigen, wobei nicht zuletzt die zeitliche Nähe der autobiographischen Erinnerung ausschlaggebend war.

wichtigsten darunter ist wohl die Position Kandinskys, der als Schriftsteller immer noch wenig bekannt ist. Kubin und Barlach markieren demgegenüber eher eigenwillige, die Subjektivität akzentuierende Positionen. In ihren meist kurzen Lebensrückblicken suchen diese Doppelbegabungen nicht nach neuen Formen der Selberlebensbeschreibung, sondern sie übernehmen traditionelle Muster, die sie jedoch in ihrem Sinne nutzen. Kandinsky etwa versucht, die neuen Inhalte seiner Kunst autobiographisch zu vermitteln und entspricht damit einer gängigen Lesererwartung. Kubin und Barlach haben diesen Ehrgeiz nicht. Ihre Berichte und Notizen aus dem Leben sind pragmatischen Anlässen geschuldet und halten an einer konventionellen Vorstellung des künstlerischen Ich fest.

In seinen 1913 verfaßten *Rückblicken* propagiert Wassily Kandinsky seine neue, dem damaligen Publikum unverständliche Kunst der Abstraktion, indem er seine Kunstauffassung auf seine Lebensgeschichte zurückprojiziert. Damit vollzieht er einen für moderne Autobiographien typischen Blickwechsel: Das eigene Leben wird mit Hilfe der ästhetischen Kategorien lesbar gemacht. Für Kandinsky ist die abstrakte Kunst absolut, d.h. sie ist aufgerufen, die in den Naturwissenschaften in Zweifel geratene Vorstellung der Objektivität und die im Leben erschütterten Verbindlichkeiten (einschließlich der des Ich) zu kompensieren. Die Selbstbiographie soll diesen Anspruch beglaubigen, denn der moderne Künstler steht durch sein Bekenntnis allein für seine Kunst ein. (Die eigene Identität wird Kandinsky dabei nicht zum Problem.) Die ‚unbewußte Sehnsucht des Menschen nach Romantik', von der Kandinsky in einem Brief an Grohmann spricht, findet ihr Pendant im stetigen und notwendigen Streben der Kunst nach dem Geistigen, das Kandinsky zum Programm erhebt. Die Autobiographie – als Antwort auf bestimmte Vorwürfe gegenüber der abstrakten Malerei konzipiert – ist für ihn der Ort, die ‚innere Stimme' in deutlicher Weise sprechen zu lassen. Die Geltung der Kunst aber ist durch die Selberlebensbeschreibung nicht zu erweisen. Das führt Kandinsky in Begründungsnöte und ruft eine Reihe von Mißverständnissen hervor. Nicht zuletzt sein Mißtrauen gegen die Leistungsfähigkeit des Wortes konterkariert die Engführung von theoretischer Darstellung, autobiographischer Erzählung und eigener Werkerklärung.

Alfred Kubin, der Traumzeichner – bekannt für seine Visualisierungen der Dämmerwelten der Seele und des Unbewußten –, legt eine sein Leben begleitende Selbstbiographie vor: *Aus meinem Leben*, begonnen 1911, wird 1917 und 1926 fortgesetzt und 1931, 1946 und 1952 neuerlich ergänzt. Eine innovative autobiographische Schreibstrategie, wie anfangs vermutet, verbirgt sich dahinter nicht. Ein Blick in die Seele des Autobiographen wird durch die mitgeteilten kleinen Ereignisse und durch die großen Namen verstellt; die Aufzählung vielfältiger „Einflüsse" ist zur Charakterisierung der eigenen Person ganz ungenügend. Offensichtlich sucht Kubin nach biographischen Erklärungen, die seine von der Kunstkritik herausgestellte Eigenheit – das Kubineske – rechtfertigen. Die Lebensgeschichte als Legitimation der Kunst aber erweist sich als äußerst zweifelhaft. Kubin stilisiert sich als Künstlerphilosoph und als Eigenbrötler. Die auf Kontinuität und Vollständigkeit hin angelegte Selbstbiographie ist die um ihre andere Seite betrogene Lebensgeschichte des Künstlers, denn sie beschreibt nur die der äußeren Wirklichkeit zugewandte Seite seines Lebens. Die andere, den Träumen, den unbewußten Wünschen und Ängsten, den Obsessionen, dem Bedrängenden und dem Verdrängten zugewandte Seite bleibt der Kunst vorbehalten, seinen Zeichnungen und dem Roman *Die andere Seite*. Damit ist Kubins Autobiographie zum einen Beleg für die Exilierung der Subjektivität in die Kunst, zum anderen veranschaulicht sie das Scheitern traditioneller autobiographischer Ansprüche und verweist so noch auf die Notwendigkeit literarischer Innovationen, die es der Autobiographie gestatten, sich als Gattung in der Moderne zu behaupten.

Auch Ernst Barlach entwirft in *Ein selbsterzähltes Leben* (1928) das Bild einer um ihre inneren Konflikte gebrachten Vergangenheit. Seine chronologisch und teleologisch verfahrende Autobiographie bleibt bewußt skizzenhaft und fragmentarisch. Sie zeigt ein unentschiedenes, von anderen geschobenes Ich. Wie Kubin ist Barlach ein unmoderner Moderner. Im Unterschied zu den von ihm verfaßten Dramen, im Unterschied auch zu seinen Skulpturen, zeigt sich in seiner autobiographischen Prosa und in den Tagebüchern ein anderer, weitgehend unbekannter Barlach. Sein Leben und sein Werk ineinander überführen zu wollen, wie in der Forschung mehrfach versucht, wird dadurch fragwürdig. Insofern ist Barlach noch gegen seine Interpreten zu verteidigen. Die Widersprüchlichkeiten dieses Grenzgängers zwischen Literatur und Kunst, dessen Grundthema die Frage nach dem Verhältnis des Menschen zum Übersinnlichen ist, zu einem unbekannten Gott, findet in seiner Selbstbiographie kein gebührendes Echo. Damit unterläuft Barlach nicht nur die eigenen ästhetischen Ansprüche, sondern er läßt, wie beiläufig, das Leben über die Kunst den Sieg davontragen.

Ausführlich zum Verhältnis von Wort und Bild sowie zum Verhältnis von Kunst, Literatur und Philosophie äußert sich Hugo Ball in seiner in der Form eines Tagebuches verfaßten Selberlebensbeschreibung. *Die Flucht aus der Zeit* (1927) ist ein ‚polyphones Buch': Neben vielen zeitkritischen und autobiographischen Reflexionen dokumentiert es die Entstehung von DADA Zürich und zeichnet Balls (Re)Konversion zum Katholizismus nach. Solche Dissonanzen waren früh auf Widerspruch gestoßen. Nicht zuletzt deshalb legt Ball die Autobiographie als Rechtfertigungsschrift vor. „Was mich beschäftigte, war die Wiedergeburt der Gesellschaft aus der Vereinigung aller artistischen Mittel und

Mächte", bekennt er in *Die Flucht aus der Zeit*. Diese Ausgangsposition teilt Ball mit Kandinsky, aber auch mit den Expressionisten. Sein eigener Weg war dann so radikal wie unkonventionell. War auch Ball ein Sonderling und kein Avantgardist? Sein revolutionärer Impuls richtete sich aufs ganze Leben, dem die Kunst, gegen die ‚Krankheit der Zeit', die schöpferische Kraft zurückgeben sollte. Für Ball war DADA kein ‚Narrenspiel aus dem Nichts'. Die dem Dadaismus von ihm unterlegte Spiritualität hat viele befremdet. Der Wunsch, im Geist der Romantik Kunst und Leben zu integrieren, führte Ball im weiteren Verlauf seiner eigenen Biographie zu einer Orientierung an den Legenden mittelalterlicher Heiliger und zum Studium des ‚Byzantinischen Christentums'. In dem ganz traditionellen Sinne als Bekenntnis zum Glauben, der den Fluchtpunkt seines Lebens bildet, ist denn auch seine Selbstbiographie abgefaßt. Deutlich ist dem Buch Balls Bestreben eingeschrieben, seinem Leben eine innere Ordnung zu geben. Die äußere Form des Tagebuches widersteht diesem Bestreben allerdings. Ball lebt und schreibt in Gegensätzen. Nicht nur zur Klärung der Hintergründe seiner Bücher, sondern vor allem zu einer kritischen Bestandsaufnahme und Selbstverständigung der Moderne trägt *Die Flucht aus der Zeit* Entscheidendes bei: Balls Autobiographie zeigt deren dilemmatische Grundstruktur.

Die Malerei René Magrittes ist „ein Denken, das sieht". Eigenen Ausführungen zufolge, versuchen seine ‚poetischen Bilder', „das Bild eines Denkens zu malen, das der Welt ähnelt", mithin eines Denkens, das inspiriert ist und deshalb inspirierend wirkt. Auch Magritte will ‚zurück zu den Dingen selbst' und zu einer in der Sinnlichkeit fundierten Erkenntnis. Diese hatte bereits Kandinsky mit seiner abstrakten Malerei im Auge, während Kubin und Barlach die Erkenntnis auf bestimmte den Menschen betreffende Bereiche hin orientieren, auf die Dämonie der Triebe und Träume bzw. auf eine greifbare Weltfrömmigkeit. Auch die folgenden, von philosophischen Fragen ausgehenden Schriftsteller sind mit dem Problem ‚sinnlicher Erkenntnis' befaßt, für das sie in der eigenen Geschichte nach einer Antwort suchen. Deren erster Beleg ist jeweils die Autobiographie selbst.

Die Frage nach dem Ich, die ein traditionelles Verständnis von Urbild und Abbild verkehrt, und der Wunsch, dem Prinzip der Identität zu entkommen, sind bei den Surrealisten besonders stark ausgeprägt. Der Exkurs über Magritte und Breton wirft ein Schlaglicht auf einzelne Aspekte. Das Ich als aktualisierende Wiederholung seines Vorentwurfs – die Paradoxie nachgeholter Ursprünglichkeit – steht am Anfang von *Nadja* (1928), der dokumentarisch angelegten Selbstbiographie André Bretons. Mit Nadja kommt ihm seine surrealistische Muse entgegen, die auch ein Wunschbild der eigenen Person ist und in der sich – in gewissem Sinne – sein Scheitern spiegelt. Als surrealistische Autobiographie hat *Nadja* Modellcharakter, denn für die sich buchstäblich ins Leben stürzenden Surrealisten nimmt die Autobiographie die Selbstauflösung der Literatur im Leben vorweg. Deshalb will Breton einen ‚Bericht direkt aus dem Leben' geben, der selbst das Zufällige und Überraschende nachbildet. Die Unterbrechung, das Nichtmitteilbare und das sich Versagende spielen dabei eine große Rolle. Zwar versucht Breton, das Schreiben dem Leben immer dichter anzunähern, aber das Schreiben bleibt notwendig hinter dem Leben zurück, was noch den melancholischen Grundzug der Literatur erklärt. Als ein Bleibendes jedoch wird das Leben paradoxerweise im Schreiben erst konstituiert. Dieser Zwiespalt kennzeichnet alle modernen Selbstbiographien. Er wird hier nicht nur immer wieder reflektiert, sondern soll durch unterschiedliche gestalterische Tricks, durch allerlei literarische Kunststücke übersprungen werden.

Die autobiographischen Berlin-Bücher Walter Benjamins rekurrieren auf einen surrealistischen Erfahrungskontext. Aus dem Kontinuum der Vergangenheit werden einzelne Erinnerungen herausgesprengt und in doppelter, einander widerstreitender Perspektive gezeigt. Im Besonderen das Allgemeine darstellend, beschreibt Benjamin den Niedergang der bürgerlichen Klasse, evoziert zugleich aber auch das ihr inkorporierte Versprechen einer besseren Zukunft. In der *Berliner Kindheit* schreibt er durch individuelle Erfahrung beglaubigte Geschichte, die auf eine für ihn charakteristische Weise historischen Materialismus und politischen Messianismus verbindet. Die hier zusammengestellten ‚Lebensbruchstücke' sind nicht chronologisch, sondern topographisch geordnet; darüber geben noch die autobiographischen Reflexionen der *Berliner Chronik* Auskunft. Unter ihnen findet sich auch der Hinweis auf ein am Auditiven orientiertes Erinnerungskonzept, das von den gängigen, am Bild orientierten, autobiographischen Selbstverständigungmodellen abweicht. Ich schlage deshalb eine an der Leitmetapher des Echos orientierte Lesart der *Berliner Kindheit* vor. Gegenüber anderen Interpretationen, die den Gesichtspunkt des Denkbildes oder den Begriff der Allegorie herausstellen, bringt diese Lesart einen neuen Gesichtspunkt ins Spiel, der nicht zuletzt im Hinblick auf eine Diskussion innovativer Tendenzen moderner Selberlebensbeschreibungen an Relevanz gewinnt.

Der folgende komparatistische Exkurs stellt den portugiesischen Schriftsteller und Dichter Fernando Pessoa vor, dessen radikale literarische Selbsterkundungen in einer das künstlerische Selbstverständnis der Moderne untersuchenden Studie nicht fehlen dürfen. Der um seine Heteronyme und Halbheteronyme multiplizierte Dichter ist in der Literaturgeschichte ein wohl einzigartiger Fall. Das Ineinandergreifen von wirklicher und erfundener Welt, seine zu Persönlichkeitsspaltung und Hysterie neigenden literarischen Selbstinterpretationen sind den von einer skeptischen Position ausgehenden Reflexionen über das sprachlich Vermittelte allen Wissens geschuldet. (Pessoas reale Disposition zum Wahnsinn verschlägt dabei nichts.) Seine Reflexionen führen ihn zu der paradoxen Einsicht, daß nur die als Fiktion präsentierte Geschichte des eigenen Lebens Anspruch auf Wahrheit erheben kann. Im *Buch der Unruhe des Hilfsbuchhalters Bernardo Soares* (geschrieben zwischen 1929 und 1934) entwirft er skizzenhaft die eigene Biographie, die ein bewußtes Sich-Verkennen propagiert sowie eine seiner Substantialität und Zentralität beraubte Subjektposition. Pessoas Metaphern des Ich sind von einer abgründigen Vieldeutigkeit, denn das Fingieren begleitet ihn ‚wie ein Schatten'. Welche Person diesen Schatten wirft, kann ebensowenig geklärt werden wie die Frage, ob er überhaupt von jemandem herrührt. Die durch Pessoas Maskenspiel entstehenden existentiellen Irritationen senken sich dem Leser als Selbstzweifel ein.

Eine entindividuierte Autobiographie, allerdings ganz ohne literarische Kunstgriffe, schreibt Salomo Friedlaender in den dreißiger Jahren. (Sie ist nur auszugsweise publiziert, das vollständige Manuskript befindet sich im Literaturarchiv in Marbach.) Philosophisch propagiert Friedlaender das neutrale, indifferente Ich, dem er schöpferische Kräfte zuschreibt und dessen Zentralität er behauptet. Das Subjekt ist „der berühmte Niemand=und=Jedermann". Am Nullpunkt des Erkennens, Empfindens und Vorstellens ansetzend, betreibt Friedlaender eine Anonymisierung des Ich und wird so zu einem grotesken Grenzgänger zwischen Literatur und Philosophie, zwischen einer vormodernen und einer postmodernen Position. Seine literarischen Werke publiziert er nicht unter dem eigenen Namen, sondern pseudonym und wählt, seinem philosophischen Programm folgend, ein Anagramm von ‚anonym': „der einzelne Mensch wird abgedankt". Als Titel seiner autobiographischen Skizze wählt er die 1. Person Singular, das inhaltsleere *Ich*. In seiner Selbstbiographie betont Friedlaender/Mynona das *autos* gegenüber dem *bios* und vernachlässigt deshalb das Individuelle gegenüber der Demonstration eines allgemeinen Freiheitsstrebens. Sein Bemühen eines solchermaßen systematischen Lebenslaufes schlägt fehl, die Autobiographie gerät zum philosophischen Traktat. Seine seltsam ungebrochene Position innerhalb der Moderne pendelt zwischen einer philosophischen Hypertrophierung des Ich und seiner literarischen Annihilierung.

In seiner Autobiographie *Doppelleben* (1950) spielt Gottfried Benn von der Warte eines Geschichtspessimismus die Kunst gegen das Leben aus. Seine Position eines sich durchaus auch politisch verstehenden Intellektualisten hat er damit aufgegeben. Die Kunst wird zum moralfreien Raum erklärt, eine gesellschaftliche Verantwortung des Künstlers in Abrede gestellt. Benns Autobiographie ist aber nicht nur Selbstverständigung des Autobiographen als Künstler, sondern hat ihren Anstoß von außen erfahren: Benn sollte sein Verhältnis zum

Nationalsozialismus rechtfertigen. Erwartet wurde ein Schuldeingeständnis. Was Benn hingegen vorlegt, ist inhaltlich unzureichend und formal disparat. Besonders irritierend ist, daß in der Selbstbiographie von 1950 zwei einander neutralisierende Legitimationsstrategien präsentiert werden, denn Benn nimmt seine autobiographische Schrift *Lebensweg eines Intellektualisten* (1934), die seine nichtjüdische Herkunft beweisen soll und ein Bekenntnis zum Nationalsozialismus darstellt, als ersten Teil in seine 1950 publizierte Autobiographie auf, in der er unter dem Titel *Doppelleben* seine innere Emigration rechtfertigt. Dieses Legitimationsmodell ist so zweifelhaft wie erfolgreich. Insgesamt ist Benns autobiographische Argumentation schwer einzuschätzen, zentral bleibt die Frage nach seinem ästhetischen Nihilismus. In der Bestimmung des schöpferischen Ich kehrt das problematische Verhältnis von Geist und Geschichte wieder; als der Kunst immanentes ist es für Benn im Grunde nicht mehr abweisbar. Gegen die Intentionen des Autobiographen klärt *Doppelleben* auch darüber auf. Antworten hingegen hat Benn nicht parat. Die Auseinandersetzung mit seinem eigenen Leben ist merkwürdig unwillig, zum Teil ganz oberflächlich.

So wie für Friedlaender/Mynona das Ich seinen Ort in der Philosophie hat, so für Benn in der Kunst. (Subjektivität ist für ihn ausschließlich ein Stilproblem.) Die philosophisch überformte und die literarisch nicht durchgearbeitete Selbstbiographie korrespondieren einander. Entsprechende Bezüge der beiden Autoren zur Postmoderne bestätigen das: „Der bisherige Mensch ist zu Ende", schreibt Benn; das großgeschriebene Ich ist auch bei ihm zur bloß funktionalen Leerstelle geworden. Der philosophische Standort Friedlaender/Mynonas und der ästhetische Standort Benns geben so das Terrain für die Autobiographie als Gattung preis. Ein Zusammentreffen zwischen Philosophie und Kunst resp. Literatur findet nicht statt, sondern die Autobiographie markiert genau diesen Zwischenraum. Nicht zuletzt daraus ergibt sich die Dringlichkeit, sie als literarisches Genre aufzufassen und entsprechend umzumodeln. (Ob Benns Versuch einer Reanthropologisierung des Ästhetischen zu einer Ästhetisierung der Anthropologie führt, ist noch offen.) Die sich in der literarischen Selberlebensbeschreibung aussprechende Wahrheit muß ernstgenommen und in ihren Konsequenzen – den damit verbundenen Gefährdungen und den darin enthaltenen Innovationen – bedacht werden. Das führt zu Fernando Pessoas Selbstdarstellung in Form der Heteronymie zurück und weist auf die ins Literarische transformierten Reflexionen zur Autobiographie bei Gertrude Stein voraus.

Dem für sie als Schriftstellerin uninteressanten Bereich der menschlichen Natur – hierin wußte sie sich mit allen dezidiert Modernen einig – gewinnt Gertrude Stein noch dadurch künstlerisches Interesse ab, daß sie, die Erinnerung der Freundin imaginierend, die eigene Lebensgeschichte schreibt. *The Autobio-*

graphy of Alice B. Toklas (1933) ist ein Grenzfall des Genres, die in den Titel aufgerückte Gattungsbezeichnung verräterisch. Die in die Selberlebensbeschreibung eingeführte Erzählperspektive der Freundin Alice B. Toklas markiert die Trennung von Subjekt und Objekt einer Autobiographie – Stein selbst rückt sich in die Position des Objekts, derjenigen, über die berichtet wird –, und außerdem dokumentiert sie eine glückliche gemeinsame Geschichte. Nach dem (überraschenden) Erfolg des Buches setzt Gertrude Stein ihre Experimente im Genre der Autobiographie fort und liefert mit *Everybody's Autobiography* (1937) ein Modell moderner Selberlebensbeschreibung: „Jedermann' bezeichnet das Publikum, die anonymen Anderen, durch die die Identität des Ich allererst Bestätigung erfährt. Identität aber, so schreibt Gertrude Stein, ist das für den Künstler am wenigsten Interessante; auf Anerkennung durch das Publikum hingegen ist der Autor angewiesen. Die Akzentverschiebung von der Produktion einer Autobiographie zur Rezeption signalisiert die Differenz zwischen der *Autobiographie von Alice B. Toklas* und *Jedermanns Autobiographie*: Die neue, entschieden moderne Selbstbiographie wird vom Leser gemacht. Daran werden viele Literaten nach 1945 anknüpfen, denn alles kommt auf die Präsenz des Schreibenden im Geschriebenen an und auf die Gegenwart des Lesers in der Lektüre.

Das letzte Kapitel meiner Studie über die literarische Moderne als Integrationseinheit von Autobiographie und Poesie resümiert die autobiographischen Tendenzen: die Dokumentation und Aktualisierung im literarischen Tagebuch einerseits, die Fiktionalisierung und Distanzierung der eigenen Lebensgeschichte andererseits. Diese widersprüchlichen Tendenzen stehen jeweils im Dienste der Aufrichtigkeit. Die modernen Autobiographen setzten die Suche nach der Wahrheit über das Ich fort und entdecken dabei die Aporien der Selbstentblößung sowie die Paradoxien ästhetischer Selbstbehauptung. In den Reflexionen über Möglichkeiten und Schwierigkeiten autobiographischen Schreibens tritt die sinnstiftende Funktion der Sprache deutlich hervor. Als Orientierungsmodell wird sie auch dem Leser angeboten. Mit Rekurs auf Nietzsche, auf den sich viele Schriftsteller und Künstler im 20. Jahrhundert berufen und der in postmodernen Diskussionen zu einem der wichtigsten Gewährsmänner avanciert, wird zum Schluß noch einmal die dialogische Grundstruktur der Autobiographie herausgestellt. Das für die Moderne konstitutive Spannungsverhältnis von Ästhetik und Existenz findet in anderen, sich romanhaften Formen öffnenden Selberlebensbeschreibungen seinen spezifischen Ausdruck, wie sie etwa von Peter Weiss, Thomas Bernhard und Christa Wolf verfaßt werden. Auch Alain Robbe-Grillet treibt die Suche nach neuen literarischen Formen der Selbstbesinnung und die alternativen Entwürfe des Ich voran. Die von ihm in Analogie zum *Nouveau Roman* konzipierte *Nouvelle Autobiographie*, die nicht nur theoretisch proklamiert, sondern auch praktisch durchgeführt wird, bezeichnet einen vorläufigen Schlußpunkt in der Entwicklung der Gattung. Auf dem zwischen Autobiographen und Leser verwüsteten Terrain beginnt Nathalie Sarraute einen neuen Dialog.

Kapitel II

Schöpferische Konfessionen, künstlerische Doppelbegabungen und die Interdependenz der Künste

Die Moderne in Deutschland zu Beginn des 20. Jahrhunderts trägt den Namen Expressionismus.[1] Im Unterschied zu den Avantgarde-Bewegungen im strengen Sinne – dem Futurismus, dem Dadaismus und dem Surrealismus[2] – hält der Expressionismus am Werkbegriff fest, erstrebt also keine Überführung der Kunst in Lebenspraxis, sondern will das Leben nach den Regeln der Kunst verändern und beginnt damit, das in der Literatur dargestellte Leben zu ändern. Seine Triebkräfte liegen überwiegend im ethischen, nicht im ästhetischen Bereich.[3] Er faßt eine Revolutionierung des Menschen ins Auge, die Heraufkunft eines neuen Menschen nach dem visionär antizipierten Weltende.[4] So uneinheitlich, ja wi-

---

1 Der zeitlich frühere Jugendstil und seine das Leben reformierenden Konzeptionen gehören zwar auch in die Moderne, sie reichen aber nicht an die deklarierte Radikalität der im Expressionismus erstrebten Weltveränderung heran.
2 Vgl. die einschlägigen Beiträge von Dietrich Mathy in: Die literarische Moderne in Europa, Bd. 2: Formationen der literarischen Avantgarde, hrsg. von Hans Joachim Piechotta u.a., Opladen: Westdt. Verl. 1994, S. 79–145.
3 Der „große Gedanke der Menschheit", ihre Idee, die um „Liebe, Gott, Gerechtigkeit" kreist, stellt ausdrücklich die „Frage der Moralität. Solche Dichtung ist ethisch von selbst: der Mensch vor die Ewigkeit gestellt." Kasimir Edschmid spricht begeistert – in expressionistischer Manier; sein Pathos endet bei Gott, im Glauben findet er Zuflucht aus der Sinnlosigkeit des Lebens und der Nichtigkeit der Welt. „Aber die Menschheit weiß noch nicht, daß die Kunst eine Etappe ist zu Gott." (Kasimir Edschmid, Frühe Manifeste. Epochen des Expressionismus, Darmstadt/Neuwied/Berlin: Luchterhand 1960, S. 19ff. u. S. 38; im weiteren abgekürzt „KE".)
4 Vgl. u.a.: Expressionismus. Literatur und Kunst. 1910–1923. Eine Ausstellung des Deutschen Literaturarchivs im Schiller-Nationalmuseum Marbach a. N. 1960; Begriffsbestimmung des literarischen Expressionismus, hrsg. von Hans Gerd Rötzer, Darmstadt: Wiss. Buchges. 1976; Theorien des Expressionismus, hrsg. von Otto F. Best, Stuttgart: Reclam 1976; Paul Raabe, Die Autoren und Bücher des literarischen Expressionismus. Ein bibliographisches Handbuch, in Zus.arbeit mit Ingrid Hannich-Bode, Stuttgart: Metzler 1985; Expressionismus. Der Kampf um eine literarische Bewegung, hrsg. von Paul Raabe, Zürich: Arche 1987; Silvio Vietta und Hans-Georg Kemper, Expressionismus, München: Fink, 5. verb. Aufl. 1994; Die Darmstädter Sezession 1919–1997. Die Kunst des 20. Jahrhunderts im Spiegel einer Künstlervereinigung, hrsg. von Sabine Welsch und Klaus Wolbert, Institut Mathildenhöhe Darmstadt 1997.

dersprüchlich sich die Exponenten der expressionistischen Bewegung über ihre Kunstauffassung auch sonst geäußert haben, so sehr auch ihre Weltanschauungen im einzelnen voneinander abweichen, die Zentralstellung des Menschen, der zum ganzen Inhalt der Kunst avancieren sollte, war ihnen durchaus gemeinsam. Die Revolution ist eine und unteilbar. Sie fand bekanntlich nicht statt. Die expressionistische Kunst und Literatur ist aus heutiger Perspektive ein Dokument gescheiterter Hoffnungen. Ihre kritische Zeitdiagnose erscheint zunehmend als fragwürdig, zumindest als unzureichend. Der pathetisch vorgebrachte Änderungswille, der sich auf „das Einfache, das Allgemeine, das Wesentliche" (KE: 39) zurückbesinnt, ist vielfach zu Recht kritisiert worden.

In seiner 1917 gehaltenen Rede *Über den dichterischen Expressionismus* führt Kasimir Edschmid aus, daß Impressionismus und Futurismus das Ende einer langen Entwicklung seien, mit der der Expressionismus jedoch nichts zu tun habe. Er sei ein großes, umspannendes Weltgefühl, das den Kern und das Ursprüngliche des Menschen erfasse. Das von ihm vertretene Weltbild ist einfach, eigentlich und unmittelbar. (Alle Adjektive, aber auch die Substantive und Verben müßten in Anführungszeichen gesetzt und so unter Vorbehalt gestellt werden.) Vision und Erlebnis, zwei Zentralbegriffe expressionistischen Selbstverständnisses, sind auf das ‚Wesentliche' ausgerichtet: Die Menschwerdung, ein in Zukunft einzulösender Humanismus, wird unter Verzicht auf gewohnte Psychologie vom Expressionismus zu seinem Thema gemacht. Sich gegen „öde Abstaktion" wendend (KE: 41), erklärt Edschmid, die neue Kunst sei intuitiv und übernational, eine „Forderung des Geistes. Sie ist kein Programm des Stils. Sie ist eine Frage der Seele. Ein Ding der Menschheit." (KE: 40)

In einer im Mai 1918 in Schweden gehaltenen Rede, der ebenfalls programmatischer Stellenwert zukommt, erläutert Edschmid, daß die junge künstlerische Generation in Deutschland durch das gemeinsame Ziel geistiger Kunst geeint werde. Gemeint ist eine „Revolution des Geistes", aus der eine neue, revolutionäre Kunst entspringt, die den ihr angestammten Bereich überschreitet und ins Leben übergreift, um es nach den künstlerischen Visionen umzugestalten. Das Idealistische und Unpolitische sowie daraus folgende Mißverständnisse und Konsequenzen sind seit der sogenannten Expressionismusdebatte immer wieder betont worden.[5] Die von Edschmid reklamierte Tradition der expressionistischen Generation – der deutsche Sturm und Drang, Goethe, die Romantik in Deutschland und Frankreich – ist „die Tradition des von selbst sich auswirkenden tätigen Geistes" (KE: 17). Edschmid zufolge ist diese Tradition gekennzeichnet durch junge Dichter, die ihr Leben zerstörten, weil sie so leben wollten, wie sie

---

5 Vgl. Die Expressionismusdebatte. Materialien zu einer marxistischen Realismuskonzeption, hrsg. von Hans-Jürgen Schmitt, Frankfurt/M.: Suhrkamp 1973.

dichteten. Demgegenüber richtete sich die Kunst der deutschen Jugend zu Beginn des 20. Jahrhunderts gleich auf das Leben: Sie machen es zum Inhalt ihrer Dichtung, ihrer Prosatexte, ihrer Dramen, und hier wird es dann auch nach den neuen Vorstellungen gemodelt. Die junge Generation dichtet so, wie sie leben will.

Die Autobiographie als Selbstaussage und Bekenntnis ist traditionell diejenige Gattung, in der sich das Schreiben ausdrücklich nach dem Leben richtet. Ihr kommt nun eine Schlüsselstellung zu, weil die Programmatik der Moderne deren angestammten Platz besetzt: Das Leben, erzählt aus der ganz eigenen, individuellen Perspektive, wird zum vorrangigen Inhalt der Kunst. Der Blick zurück und der Blick nach vorn treffen sich im Biographischen. Selberlebensbeschreibung und dichterische Äußerung schieben sich in dem Maße ineinander, wie die Subjektivität zum dominierenden Prinzip wird. Daß zugleich das Ich als Subjekt des Geschehens an Bedeutung verliert – der anfänglichen Entfremdung folgt die sukzessive Entmachtung, eine Zersplitterung oder gar Auflösung des Ich –, bezeichnet die Kehrseite dieses Prozesses. Die in der einschlägigen Forschungsliteratur immer wieder konstatierte Annäherung von Autobiographie und Roman – einige Autoren gehen sogar soweit, den autobiographischen Roman als die der Moderne angemessene Form der eigenen Lebensbeschreibung zu proklamieren[6] – hat in dieser Entwicklung ihren Grund. Gleichwohl scheint es geboten, die Differenzen zwischen Autobiographie und Poesie aus heuristischen Gründen aufrechtzuerhalten.

1. Künstlerische Bekenntnisse

Die grundlegenden Probleme, Ansprüche und Ziele der expressionistischen Generation werden einerseits fokussiert in ihren poetologischen und autobiographischen Schriften und äußern sich andererseits, ebenfalls unverstellt, in ihren literarischen Texten im engeren Sinne. (Unverstellt meint hier nicht unmittelbar, sondern authentisch.[7]) Wenn Kasimir Edschmid etwa von ‚Bekenntnissen' spricht, meint er nicht Schuldeingeständnis und Beichte, auch nicht einfach den Bericht der eigenen Lebensgeschichte, sondern den Bekennermut und das Zeugnis einer besseren Zukunft, die in der Kunst vorweggenommen wird. Bekenntnis

---
6 Vgl. u.a. Michaela Holdenried, Im Spiegel ein anderer. Erfahrungskrise und Subjektdiskurs im modernen autobiographischen Roman, Heidelberg: Winter 1991.
7 Vgl. Dietrich Mathy, Authentizität. Zu einer Kategorie der Ästhetik Adornos, in: ders., Von der Metaphysik zur Ästhetik oder Das Exil der Philosophie. Untersuchungen zum Prozeß der ästhetischen Moderne, Hamburg: von Bockel 1994, S. 112–123.

ist somit ein für den Expressionismus typischer Sprachgestus.[8] In der „Vorbemerkung" seiner 1960 erschienenen Sammlung *Frühe Manifeste. Epochen des Expressionismus* hebt er den Band 13 der „Tribüne der Kunst und Zeit", einer von ihm in den Jahren 1919 bis 1922 im Verlag Erich Reiss in Berlin herausgegebenen Reihe,[9] hervor:

> Der reizvollste dieser Bände war der, welcher den Titel ‚Schöpferische Konfession' führte. In ihm sprachen Beckmann, Schönberg, Felixmüller, Marc, Däubler, Georg Kaiser, Edwin Scharff, Johannes R. Becher, Gottfried Benn, Fritz von Unruh, Max Pechstein, René Schickele, Rudolf Grossmann und Paul Klee über ihr Werk, die Zeit und die Welt – am Rande des gerade vorbeigezogenen Krieges und in Erwartung eines Ruhmes, dessen Legitimität vielen von ihnen erst spät bestätigt werden sollte. (KE: 12)

Die Aufzählung der Autoren ist unvollständig, es fehlen: Adolf Hölzel, Bernhard Hoetger, Carl Sternheim und Ernst Toller. Die Reihenfolge entspricht nicht der im Buch, offensichtlich zitiert Edschmid, ohne ein Exemplar zur Hand zu haben. Der 1920 erschienene Band *Schöpferische Konfession*, in dem der Herausgeber selbst nicht schreibt, präsentiert achtzehn Künstler, meist aus der Generation der achtziger Jahre stammend, die alle in den näheren oder weiteren Umkreis des Expressionismus gehören, deren Einfluß zumindest damals (1920) vorherrschend war. „Es reden hier eine Anzahl der schärfsten künstlerischen Profile, die unserer Epoche Gestalt geben, über sich selbst: das Werk, die Zeit, die Welt."[10] Die meist kurzen Texte stellen eine enge Verbindung von Autobiographie und Poesie, von künstlerischem Selbstverständnis, Bekenntnis und Por-

---

8 Einleitend zu seinen expressionistischen Manifesten schreibt Edschmid: „Hier aber, in diesen Manifesten aus der Zeit des ersten Weltkrieges und der kurzen, ihm nachfolgenden Periode, geht es weniger um Attacken als um *Bekenntnisse*, um Zeugnisse einer Generation, deren geistige Existenz durch Hitler und seinen Krieg rasch in die literarischen Vernichtungslager geschickt wurde, eine Epoche, deren Ethos verkannt und deren Deutung schon in formalen und mystischen Unsinn umgewandelt wurde. / Es war ein Zeitraum, dessen vielfältiges Ensemble, dessen rauschhafte Dynamik und streitbaren Impetus eine spätere Jugend sich schwer zu vergegenwärtigen vermag. Denn niemand zweifelte, daß eine neue Welt sich aufzubauen begann, ... in göttlicher Unbefangenheit, die heiter um sich schlug und Utopien mit einer Ergriffenheit an sich preßte, als seien sie lebendige Wesen." (KE: 9)
9 Es erschienen insgesamt 29 Hefte; im erste Heft ist Kasimir Edschmid vertreten mit den hier resümierten Reden *Über die dichterische deutsche Jugend* (Mai 1918, Schweden) und *Über den dichterischen Expressionismus* (Dezember 1917, Berlin). Als „Dokumente einer bestimmten Epoche und ihrer Gesinnung" kommt ihnen, wie Edschmid selber später betont, exemplarischer Stellenwert zu (KE: 7). In diesem Sinne wird auch die Sammlung *Schöpferische Konfession* (1920) zur Exposition des Themas Autobiographie und Poesie einleitend herangezogen.
10 Schöpferische Konfession, hrsg. von Kasimir Edschmid, Berlin: Erich Reiss Verlag 1920, S. 7 (Tribüne der Kunst und Zeit. Eine Schriftensammlung, Bd. 13); im weiteren abgekürzt „SK".

trät her. Es handelt sich um mehr oder weniger persönlich abgefaßte Bekenntnisse zum Menschen und zur Kunst. Da das expressionistische Selbstverständnis keine scharfe Trennungslinie zwischen Kunst und Leben zieht, sondern in den Werken den neuen Menschen und ein besseres Leben präfiguriert, halten diese Künstler der eigenen Zeit den Spiegel einer glücklicheren Zukunft vor, die sie durch ihr Tun befördern wollen. Insofern greift die Kunst direkt ins Leben ein, aber auch nur in diesem sehr vermittelten, ganz und gar nicht tatkräftigen Sinne. Die Auswahl der Künstler erscheint heute willkürlich, gleichwohl kann sie als repräsentativ gelten, nicht nur weil auch die zwischenzeitlich in Vergessenheit geratenen Künstler das Profil ihrer Zeit mitbestimmen, sondern weil die Programmatik des Bandes für sich spricht.

Unter den 18 in *Schöpferische Konfession* versammelten Künstlern befinden sich 8 Dichter und Schriftsteller, 9 Bildende Künstler (Zeichner, Maler und Bildhauer) sowie ein Musiker. Die Zuordnung ist nicht ganz eindeutig, unter den Beiträgern sind eine Reihe sogenannter künstlerischer Doppelbegabungen – Schriftsteller, die auch malen, wie z. B. Fritz von Unruh, und Maler, die auch schreiben, wie z. B. Klee und Marc. „In Deutschland bildet zur Zeit des Expressionismus die künstlerische Doppelseitigkeit fast eher die Regel als die Ausnahme. Die neue Auffassung einer Kunst, die alle Formvollendung im herkömmlichen Sinne verwirft und der jedes Sprachmittel erlaubt ist, wenn es seelische Erregung und Ergriffenheit zum Ausdruck bringt, löst Dichtungen und Bildwerke von gleicher, ungehemmter Spontaneität aus."[11] Daß „zwischen beiden Äußerungsformen ein geistiges Band besteht", setzt Herta Wescher hier unbefragt voraus und erläutert es lapidar damit, „daß der künstlerischen Spezialisierung häufig ein genereller, schöpferischer Gestaltungswille zugrunde liegt, der sich der verschiedenen Ausdrucksmittel bedienen kann."[12] Ob jede Äußerungsform der Subjektivität zugleich als künstlerisches Bekenntnis zu werten ist, mag zweifelhaft sein und wird noch geprüft. Dem Selbstverständnis der Expressionisten wird Herta Wescher mit ihrer Einschätzung sicherlich gerecht, auch den unterschiedlichen Äußerungen der Maler, Dichter und Musiker selbst, legt man ihre eigenen schriftlichen Erläuterungen zugrunde, wie sie etwa in der Sammlung *Schöpferische Konfession* dokumentiert sind. Neben autobiographisch orientierten Prosatexten finden sich in dieser Sammlung lyrisch gehaltene Prosatexte und Gedichte, Briefe und programmatische Texte. Sie sollen nun im Hinblick auf ihre autobiographische Relevanz der Reihe nach kurz vorgestellt werden. (Eine umfassende Würdigung der Beiträge und eine weiterführende

---
11 Herta Wescher in der FAZ vom 31. 8. 1957, zit. nach: Malende Dichter – dichtende Maler (Ausstellungskatalog), hrsg. von Ernst Scheidegger u.a., Zürich: Arche 1957, S. 9.
12 Ebd., S. 8.

Klärung der ästhetischen Positionen ist in diesem Zusammenhang nicht zu leisten.) Als Titel tragen die Ausführungen der einzelnen Künstler meist lediglich deren Namen, wodurch die Individualität betont, also die Verbindung von Autobiographie und Poesie akzentuiert wird.

Den Band eröffnet René Schickele (1883–1940), der mit expressionistischem Pathos über Liebe, Dichtung und Politik spricht, wobei autobiographische Aspekte nur beiläufig erwähnt werden. Seinen Aufruf zur Veränderung faßt er so zusammen: „Liebe entdeckt das Gefühl, die Dichtung verleiht ihm Ausdruck, die Politik schaffe sein Statut." (SK: 18) Von dem ‚tiefen, eigenen Gefühl' ausgehend, weist er der Kunst eine Vermittlerrolle zu, im Hinblick auf reale Veränderungen, die von der Politik geleistet werden sollen.

In kurzen abgehackten Sätzen – oft sind es Einwortsätze, die zur zusätzlichen Betonung noch mit einem Ausrufungszeichen versehen sind – formuliert Max Pechstein (1881–1955) sein uneingeschränktes Bekenntnis zur künstlerischen Arbeit, deren rauschhafte Dimension die eigene Person, den Körper und seine Befindlichkeit annihiliert. Durch Reihung von Verben und durch Wiederholung von Worten erzeugt Pechstein eine entsprechende Intensität, so daß die inhaltliche Aussage durch den deklamatorischen Stil unterstützt wird.

Die existentielle und handwerkliche Seite seiner Kunst betonend, gibt sich Fritz von Unruh (1885–1970) das Thema noch einmal vor: „Muß, Glaube und Ziel meines Schaffens." (SK: 21) Seine schriftstellerische und künstlerische Tätigkeit, die ihm lebensnotwendig ist, wird getragen von dem „Glauben an das konstante Gesetz des Lebendigen" (SK: 22) und ist zielhaft auf eine Zukunft orientiert, in der jedem Individuum die volle Menschlichkeit möglich ist. Er schließt mit einem persönlichen Bekenntnis zu des „Schaffens Zucht", d.h. ihm erscheinen „strenge Arbeit und der energische Drang zur Form als die entscheidenden Handwerker jeglicher Inspiration" (SK: 24).

Rudolf Großmann (1882–1941), ein heute weitgehend vergessener Zeichner und Lebemann – er gehört in den Umkreis des Darmstädter Spätexpressionismus, aus dem 1919 die durch Kasimir Edschmid und Carl Gunschmann gegründete „Darmstädter Sezession" hervorging –, gibt sich weniger ambitioniert: „Die große Geste nach Ewigkeit liegt mir nicht und ich vermag nicht, Dinge wie Kunst so wichtig zu nehmen, daß ich das Leben darüber vergäße." (SK: 25f.) Derart moderate Töne fallen in der Sammlung *Schöpferische Konfession* als unüblich auf. Ein durch Kunst und Literatur nicht ausreichend dokumentiertes Leben aber verliert sich nur allzu leicht im Dunkel der Vergangenheit.

„Kunst gibt nicht das Sichtbare wieder, sondern macht sichtbar." (SK: 28) In seinem vielzitierten Beitrag – mit dreizehn Seiten ist er der längste der Sammlung – erläutert Paul Klee (1879–1940) in sieben Punkten seine Kunstlehre: die

„Formelemente der Graphik" (SK: 28) und ihr Zusammenspiel, wobei er die Zeit als diejenige Dimension erweist, welche die Kunst zeigen soll; insofern macht die Kunst auch die Realität der sichtbaren Dinge offenbar und entreißt sie dem bloß Zufälligen. Dieser Text ist ganz unpersönlich gehalten, nie spricht Klee in der Ich-Form; nur einmal verwendet er die verallgemeinernde Umschreibung „wir" (SK: 32), und er schließt seine Ausführungen mit der an alle Menschen gerichteten, für die Zeit sehr charakteristischen Aufforderung: „Auf Mensch!" (SK: 39) Die Kunst besteht nicht für sich allein, sondern ist an den Menschen gerichtet. Klee ermuntert zu einer zwischenzeitlichen Erholung vom grauen Alltag im Reich der Kunst, die als Analogon zur Schöpfung an die letzten Dinge heranreicht; wir können sie dort erfahren, selbst wenn wir uns ihr unwissend und spielerisch nähern. Der tödliche Ernst gehört nicht in die Kunst, denn sie „spielt mit den letzten Dingen ein *unwissend* Spiel und erreicht sie doch!" (SK: 39)

Ernst Toller (1893–1939) ist in *Schöpferische Konfession* mit zwei Briefen vertreten. Der erste, 1917 geschrieben, ist an Gustav Landauer gerichtet und enthält die nachdrückliche Bitte, an der Münchner Räterepublik mitwirken zu dürfen. Im zweiten, kürzeren Brief, den Toller im Festungsgefängnis Eichstätt im Oktober 1919 schreibt, macht er einige Bemerkungen zu seinem Erstlingsdrama *Die Wandlung* (1917). Toller bekennt sich dazu, daß er mit diesem Stück die jungen Leute gegen den Krieg „aufhetzen" wollte, und indem er an „der Unbedingheit revolutionären *Müssens* (Synthese aus seelischem Trieb und Zwang der Vernunft)" (SK: 48) festhält, beglaubigt er seine eigene politische Haltung. Keineswegs war der Expressionismus nur unpolitisch.

Gottfried Benn (1886–1956) erläutert in seinem Beitrag – es ist der siebte der Sammlung – „das Problem des *südlichen Worts*" (SK: 49) an Beispielen aus seiner Prosa (*Gehirne*) und gesteht, daß ihn „das Wort ohne jede Rücksicht auf seinen beschreibenden Charakter rein als assoziatives Motiv" sensationiert (SK: 51). Benn sieht folglich weder einzelne Personen noch Geschehnisse, sondern will nur „das Ich" und „das Dasein" in den Blick rücken (SK: 51). In Band 14 der Reihe „Tribüne der Kunst und Zeit" wird Benns Abhandlung *Das moderne Ich* erscheinen. Diese programmatischen Äußerungen sind als mögliche Ergänzung und theoretische Fundierung zu lesen; außerdem lassen sie Bezüge zu den späteren, ausdrücklich autobiographischen Schriften Benns erkennen.

Einen recht unpersönlich gehaltenen Text über das Verhältnis von Bildhauerei und Plastik, der erst gegen Ende an Pathos und Emphase gewinnt, legt Bernhard Hoetger (1874–1949) vor. Seine Argumentation, abgefaßt in der ersten Person Plural, ordnet die damaligen expressionistischen Kunstbestrebungen in einen größeren historischen Zusammenhang ein und hat programmatischen Charakter. Darin ist sie für die Sammlung typisch, wie übrigens auch mit der Aufforderung „Sei Untertan dir selbst" (SK: 59). Ohne persönlichen Appell also kommt selbst die kunsttheoretische Abhandlung nicht aus.

Max Beckmann (1884–1950) beginnt seinen Text ganz direkt und persönlich: „Meine Form ist die Malerei und ich bin recht zufrieden damit, denn ich bin eigentlich von Natur mundfaul" (SK: 61). Starke Gefühle (Liebe, Haß) äußert Beckmann ganz unprätentiös. Sein eigenes Leben, seine Empfindungen und Aussichten nimmt er zum Ausgangspunkt, um zu allgemeinen Stellungnahmen fortzuschreiten: „Gerade jetzt müssen wir uns den Menschen so nah wie möglich stellen." (SK: 64) Für das Leben wünscht er sich entschieden mehr Humanität, in der Kunst setzt er auf eine von ihm so genannte ‚transzendente Sachlichkeit', d.h. „die Liebe zu den Dingen um ihrer selbst willen" soll zur Ausbildung eines „großen, allgemeinen Stilgefühl[s]" werden (SK: 66). Beckmann schließt mit der für den damaligen Zeitgeist ganz typischen „verrückte[n] Hoffnung", die Kunst könnte in Zukunft zur sinnstiftenden Instanz, zum Garanten für Geborgenheit und Glück werden, womit die Trennung von Kunst und Leben ebenso aufgehoben wäre wie die Partialisierung der Künste.

Der kurze Text des Bildhauers Edwin Scharff (1887–1955) hingegen ist wiederum ganz unpersönlich gehalten und zeichnet sich durch einen recht sachlichen Sprachduktus aus. Scharff bezweifelt, daß „über das künstlerische Schaffen etwas wirklich wesentlich Neues" gesagt werden kann (SK: 68), plädiert dann allerdings, ganz im Sinne der Expressionisten, für die „Reinigung vom Unwesentlichen" (SK: 69) und für den künstlerischen Beitrag zur ‚Menschwerdung'.

Von Johannes R. Becher (1891–1958) ist in der Sammlung *Schöpferische Konfession* an Position elf ein im Stil der Zeit gehaltenes, gleichermaßen persönliches wie programmatisches und poetologisches Gedicht mit dem Titel *Der Dichter* abgedruckt. Es endet mit den Zeilen: „Ihr Dichter meiner Zeit … und Atmer in Oboen! / Ihr grauseren Himmels-Türmer über Gottes Sturz. / Unter den Trümmern des Mondes. / Mitten im Urwald der Nacht. / Euer Wort schmelz die kläffenden Höllen ein! / Birken und Milch stille den Wanderer klein." (SK: 72)

In seinen Ausführungen, die unter dem Titel *Gewißheit* stehen, erklärt der einzige Musiker des Bandes, Arnold Schönberg (1874–1951), daß es im Leben und in der Kunst nicht darauf ankomme, glatte Antworten zu geben und gerade Linien nachzuzeichnen. Er selbst wisse nie genau, wo er stehe, geschweige denn, wie sein Leben weiter verlaufen werde; selbst über seine Vergangenheit sei er sich nicht sicher. Sein irritierend paradoxes Fazit: „Ja, wenn man gut beobachtet, werden einem diese Dinge allmählich unklar." (SK: 75). Nachdrücklich plädiert Schönberg für ein Leben im Augenblick, d.h. man soll die Vergangenheit vergessen und nicht auf die Zukunft schielen. Als regelrechtes Programm aber mag er seine ‚Augenblicks-Philosophie' nicht ausgeben. Er stellt seine Überlegungen jedem einzelnen anheim und macht ausdrücklich auf Risiken, die mit dieser Art ‚bewußter Nachlässigkeit' verbunden sind, aufmerksam.

Für Georg Kaiser (1878–1945), dessen Konfession distanziert in der dritten Person abgefaßt ist (der Dichter; er), ist die Vision von der Erneuerung des Menschen das große Thema der Dichtung und zugleich ihr Motor. Kaiser geht soweit, die utopische Vorstellung mit der Mündigkeit des Menschen gleichzusetzen, d.h. auch er nimmt eine Engführung von Kunst und Leben vor, will die künstlerische Vision des neuen Menschen in Lebenspraxis überführen, wobei der revolutionäre Anspruch der Kunst nach seiner für den Expressionismus ganz charakteristischen Auffassung über sie hinausweist.

Auch Felixmüller (1897–1977), der jüngste Beiträger in der Sammlung *Schöpferische Konfession*, beschwört die Gemeinschaft der Menschen, die Gemeinschaft von Ich und Du, von Mann und Frau als Ausdruck „eines ewigen Geschehens" (SK: 82). Anders jedoch als der vorherige Schriftsteller und Dramatiker biegt der expressionistische Maler das Pathetisch-Allgemeine tendenziell ins Persönliche und Individuelle zurück.

Carl Sternheim (1878–1942) gibt in seinem autobiographisch gehaltenen Text Auskunft über die Motive (Selbstverwirklichung und Freiheitsdrang) sowie die Ziele seiner Publikationen, die darin liegen, das Fundament menschlicher Freiheit zu legen und die Konfrontation mit den Gesetzen der Natur darzustellen. Sternheim rechnet es sich zur Ehre an, „das weithin wirkende Beispiel geistiger Unvoreingenommenheit gegeben zu haben" (SK: 87). Dieses Künstlerbekenntnis ist insofern besonders aussagekräftig, als hier poetologisches Selbstverständnis und künstlerischer Anspruch mit der eigenen Lebensgeschichte zusammengesehen werden.

Auch Adolf Hölzel (1853–1934), der älteste der in *Schöpferische Konfession* vertretenen Künstler, bindet die Grundfrage aller Ästhetik – die Frage nach dem ‚Wesen' der Kunst – an die eigene Person. Seine individuell verbürgte Antwort hat Beispielcharakter. In seinem explikativen und sachlichen Text betont Hölzel den unerläßlichen Anteil an Wissen, Bewußtheit und Theorie in der Kunst. Das Wesentliche einer Kunst zu erlernen, erfordert ein Lebensstudium, und d.h. für Hölzel, der Künstler wird lebenslang ein Lernender sein, und er wird vom Leben bzw. in Auseinandersetzung mit dem Leben lernen.

Mit einem Auszug aus den *Aufzeichnungen aus dem Felde 1915*, dem einzigen posthum publizierten Text, ist Franz Marc (1880–1916) in der Sammlung vertreten. Er wirft die Frage nach der Bedeutung der Vergangenheit auf, und zwar so, daß die allgemeine Frage auch aufgefaßt wird als an die eigene Zeit und den persönlichen Standort gerichtet. In seinen Ausführungen insistiert Marc auf dem engen Zusammenhang von Kunst und Politik: „die Gedanken sind nicht im vielbeschrienen Atelier der Moderne geboren, sondern im Sattel und unter dem Dröhnen der Geschütze. Gerade, und nur diese dröhnende Wirklichkeit riß die erregten Gedanken aus der gewohnten Bahn der traulichen Sinneserlebnisse in ein fernes Dahinter, in eine höhere geistigere Möglichkeit als diese unmögliche Gegenwart." (SK: 95f.) Wie alle anderen Bekenntnisse entbehrt auch dieser Text einer Kommentierung durch den Herausgeber, er gewinnt aber vor dem Hintergrund des Wissens um Marcs Tod im Felde 1916 einen bedrückend authentischen Charakter.

Der letzte Text in *Schöpferische Konfessionen* beginnt mit dem Geständnis: „Ich habe nur eines auszudrücken: die Idee des Nordlichts." (SK: 97) Diese aufgrund der Privatmythologie des Dichters schwer verständliche Konzeption liegt auch seinem Epos gleichen Titels zugrunde. Als knappe Zusammenfassung seiner Idee läßt Theodor Däubler (1876–1934) einige erläuternde Verse folgen. Er ist überzeugt von der Verheißung, daß sich die Menschheit erfüllen wird. Ausgehend von einer natürlichen Religiosität, greift Däubler später zu einer christlichen Terminologie. Für ihn wie für viele Expressionisten und andere Künstler der Moderne zu Beginn des 20. Jahrhunderts ist der Glaube das einigende Band zwischen Kunst und Leben, insofern enthält der Begriff ‚Bekenntnis' immer noch viele seiner ursprünglichen religiösen Konnotationen, was mit der Parallelisierung von Weltschöpfung und Kunstproduktion zusammenhängt – eine Fragestellung, mit der sich viele Künstler und Schriftsteller der Zeit auseinandersetzen.

Unter dem Titel *Künstlerbekenntnisse* publizierte Paul Westheim 1925 beim Ullstein-Verlag in Berlin Selbstaussagen von 63 modernen Künstlern ganz unterschiedlicher Richtungen und Nationalitäten, darunter keine Literaten. Der Band enthält neben den Texten 42 Abbildungen von Gemälden, Zeichnungen oder auch Modellen, allerdings – wie schon die Sammlung *Schöpferische Konfession* – keine weiterführenden Angaben zu Leben und Werk der Künstler. Diese äußern sich selbst in ganz verschiedenen, meist kurzen Texten zu ihrem Schaffen. Paul Westheim sieht in seiner Sammlung „ein Dokument der Zeit, einen Beitrag zu ihrer künstlerischen Charakteristik".[13] So wie hinter aller Kunst „die Persönlichkeit des Schaffenden" steht, so „kann man sagen, daß alles, was der Künstler spricht und schreibt, wie alles, was er schafft, Bekenntnis oder Geständnis ist."[14] Der Zusammenhang von Person und Werk, von Kunst und Leben wird also auch von Westheim für seine Sammlung betont. Die von Edschmid

---

13 Paul Westheim, Vorwort zu: Künstlerbekenntnisse, hrsg. von Paul Westheim, Berlin: Ullstein o. J. (1925), S. 10.
14 Ebd., S. 8.

intendierte Zuordnung zu einer Richtung moderner Kunst, dem Expressionismus nämlich, fehlt den *Künstlerbekenntnissen* Westheims, oder positiv formuliert: Seine Sammlung gibt das ganze Panorama wieder,[15] wobei allerdings die Literatur ganz fehlt. Westheims Credo, daß die Künstler über ihre eigene Kunst am besten Auskunft geben können,[16] darf bezweifelt werden. In ihren Autobiographien aber antworten die Künstler selbst nur allzuoft auf diese geläufige Vorstellung, womit sie ihrerseits noch einen Beleg dafür liefern, daß ihre autobiographischen Reflexionen und ihre Selberlebensbeschreibungen nach denselben Strukturprinzipien verfaßt sind wie ihre Werke, nämlich nach ästhetischen, nicht solchen einer vermeintlich objektiven Weltwahrnehmung. Unter diesem Aspekt wollen die Autobiographien der Künstler und Literaten neu gelesen werden. Die Interdependenz der Künste spielt dabei eine wichtige Rolle.

2. Zur wechselseitigen Erhellung der Künste

Ein in der Moderne zu Beginn des 20. Jahrhunderts in ganz unterschiedlichen Ausprägungen und Zusammenhängen immer wieder diskutiertes Phänomen ist die Grenzüberschreitung der Künste. Von den Avantgardisten in ihrer radikalen Form als Überführung der Kunst in Lebenspraxis propagiert, erstrebten die in der Tradition der Romantik stehenden Schriftsteller und Künstler eine Symbiose der Künste.[17] So wird verständlich, daß sie nicht nur in einem Medium tätig waren, sondern ihre ‚ganze Persönlichkeit' entfalten, die Vielfalt ihres Talents zur Geltung bringen wollten. „Expressionismus, ‚Sturm'-Bewegung, Bauhaus suchten die Grenzen der Künste zu sprengen, auf dem Wege zu neuen Synthesen."[18] 1938 legte Herbert Günther unter dem Titel *Künstlerische Doppelbegabungen* den ersten Versuch einer zusammenfassenden Darstellung dieses Phänomens vor. Die erheblich erweiterte Neuausgabe von 1960 ordnet die kurzen Künstler-

---

15 Es kommt dabei lediglich zu drei Überschneidungen: Max Pechstein, Rudolf Großmann und Conrad Felixmüller sind sowohl in dem Band *Schöpferische Konfession* von Edschmid als auch in den von Westheim herausgegebenen *Künstlerbekenntnissen* vertreten, und zwar mit jeweils verschiedenen Texten, deren Vergleich keine Rückschlüsse auf Anlage und Ausrichtung der Sammlungen zuläßt. Kunsttheoretische, essayistische, autobiographische und poetische Texte stehen mit- und gegeneinander.
16 Vgl. Westheim (Anm. 13), S. 7f.
17 Vgl. Ulrich Weisstein, Einleitung. Literatur und bildende Kunst: Geschichte, Systematik, Methoden, in: Literatur und bildende Kunst. Ein Handbuch zur Theorie und Praxis eines komparatistischen Grenzgebietes, hrsg. von Ulrich Weisstein, Berlin: E. Schmidt 1992, S. 11–32.
18 Herbert Günther, Künstlerische Doppelbegabungen. Erweiterte Neufassung, München: E. Heimeran 1960, S. 22; im weiteren abgekürzt „KD".

biographien, insgesamt sind es 184, nun nicht mehr alphabetisch, sondern chronologisch, um so Wahlverwandtschaften zu betonen, den Zeitgeist und den Zeitstil herauszustellen (vgl. KD: 11). Günthers biographische Orientierung ist weitgehend ohne kritische Wertung, problematisch seine These, „daß die künstlerische Doppelbegabung in besonderem Maße ein deutsches Ereignis ist" (KD: 7); auch in der Neuausgabe distanziert er sich von dieser Einschätzung nicht. Günther behandelt alle möglichen Kombinationen doppelter Begabung, wobei er feststellt, daß die Verbindung von „Musik und Malerei" sehr selten ist, die von „Dichtung und Malerei oder Zeichnung" hingegen häufig (vgl. KD: 26 u. 30). Künstlerische Doppelbegabung als „Ausdruck innerer Fülle" verstehend (KD: 7), verfolgt Günther bei seiner Darstellung einen psychologischen Ansatz, d.h. er fragt nach der „schaffenspsychologischen Bedeutung" des doppelten Talents (KD: 34), wobei er davon ausgeht, daß hinter den Künsten „der Urgrund aller Kunst" liege (KD: 25), daß also „immer ein innerer Zusammenhang" walte (KD: 26). Mit diesem Ansatz wird Günther traditionsbildend. Den Idealtypus der künstlerischen Doppelbegabung sieht er in der universalen Persönlichkeit und zitiert in diesem Zusammenhang des öfteren Goethe. Den „Argwohn gegen künstlerische Doppelbegabungen" (KD: 14), die meist Autodidakten waren, begründet er mit der Gefahr, in den Dilettantismus abzugleiten. 1948 erläutert Karl Scheffler in *Lebensbild des Talents* den Begriff folgendermaßen:

> Das Wort Doppelbegabungen besagt, daß sich in einer Individualität zwei künstlerische Fähigkeiten vereinen. Sehen wir uns aber nach Beispielen um, so zeigt sich, daß das eine Talent entweder weniger stark entwickelt gewesen ist als das andere, oder auch, daß beide Talente zweiten Ranges waren. Am häufigsten haben Dichter einen Hang zum Zeichnen und Malen. Dieses Interesse erklärt sich daraus, daß die Dichtkunst in der Mitte zwischen den optischen und den akustisch orientierten Künsten steht. Dichter müssen auch Augenmenschen sein.[19]

Doppelbegabungen erlauben, das Verhältnis der Künste zueinander am einzelnen Fall, in seiner konkreten Ausprägung bei einem Künstler, der sich in verschiedenen Bereichen äußert, zu untersuchen mit dem Ziel einer ‚wechselseitigen Erhellung der Künste' (Oskar Walzel). Studien zum Phänomen künstlerischer Doppelbetätigung gehen meist, mehr oder weniger explizit, von einer „Ursymbiose der Künste" aus,[20] wobei die unterschiedlichen künstlerischen Äußerungsformen Doppelbegabter als künstlerischer Überschuß bewertet werden,

---

19 Zit. nach: Jens Christian Jensen, Doppelbegabungen, in: Merkur 4 (1995), S. 373.
20 Vgl. Kurt Wais, Symbiose der Künste: Forschungsgrundlagen zur Wechselberührung zwischen Dichtung, Bild- und Tonkunst (1937), in: Literatur und bildende Kunst. Ein Handbuch (Anm. 17), S. 34–53.

als ein kreatives Potential, für das eine Sparte allein nicht ausreichend ist.[21] Die von Albert Paris von Gütersloh (eigentl. Albert Conrad Kiehtreiber, 1887–1973) in seinem Buch *Bekenntnisse eines modernen Malers* (Wien/Leipzig 1926) vertretene Position stellt demgegenüber eher eine Ausnahme dar. In § 24 schreibt er:

> Wer von den Hervorbringungen meiner Hand nichts als die Bildwerke kennt, oder nichts als die Schriften, wird, wie wohl dem Belesenen Namensgleichheit auffällt, den Maler nicht für den Schriftsteller halten. Denn: ich selber erkenne schreibend mich nicht wieder und malend liegt meines Wesens andere Hemisphäre mir in unzugänglichem Dunkel. Nie unterstützen meine Talente einander, nie bemühn sie sich ums Selbe, stets setzt der abwesenden Neigung die herrschende ihren Fuß – wahrlich in effigie – auf den Nacken. Was immer ich treibe, verdecke ich ein im Augenblicke Nichtgetriebenes.[22]

Die Selbstaussagen vieler Künstler hingegen entsprechen den in der Forschung aufgestellten Thesen von der allseitigen Entwicklung des Talents. Die Synthese der Künste, verkörpert in der ‚Personalunion eines Doppelbegabten' (Kurt Wais), scheint eingelöst im Werk Oskar Kokoschkas (1886–1980), „der zusammen mit Barlach als exemplarisch für eine glückliche Ehe von Literatur und Bildender Kunst in der expressionistischen Ära gelten darf".[23] Belegt wird diese These von Henry I. Schvey durch Kokoschkas ‚visionäre' Auffassung der Kunst,

---

21 Das Phänomen der Doppelbegabungen ist wenig untersucht, die aufgestellten Thesen sind allesamt vorläufig und in ihrer Reichweite begrenzt, oft auch wenig spezifisch. Zu Recht wurde immer wieder bemängelt, daß die entsprechenden Untersuchungen zu eng an der Biographie orientiert sind, sich meist auf Fragen der Inspiration und der Kreativität verlegen, so auch noch die verdienstvolle Arbeit von Kurt Böttcher und Johannes Mittenzwei, *Dichter als Maler*, von 1980, die 170 malende und zeichnende Schriftsteller aufführen; die Palette reicht von Heinrich Seuse (lat. Suso; 1295–1366) bis Christoph Meckel (geb. 1935). In der Einleitung heißt es: „In diesem Buch aber geht es sowohl um den Beleg, das Vorweisen von Ergebnissen künstlerischer Doppelbetätigung, als auch um die Erhellung der wechselseitigen Einwirkung des literarischen und bildkünstlerischen Schaffens beim einzelnen Künstler und im Ablauf der Geschichte." (Kurt Böttcher und Johannes Mittenzwei, Dichter als Maler, Stuttgart/Berlin/Köln/Mainz: Kohlhammer 1980, S. 9.) Zwar konstatieren die Autoren, daß künstlerische Grenzüberschreitungen „in recht unterschiedlicher Intensität und mit sehr unterschiedlichen Zielstellungen und Leistungen" geschehen, fassen aber ihre eigene Vorstellung des Phänomens dahingehend zusammen: „In jedem Fall, selbst in den Konzentrationsübungen oder zufälligen Kritzeleien, wie sie von F. Kafka oder G. Büchner überliefert sind, ergeben die zeichnerischen und malerischen Produktivitäten ein tieferes Verständnis der emotionalen und geistigen Struktur der künstlerischen Persönlichkeit und so auch Rückschlüsse auf das Eigentliche, das dichterische Werk." (Ebd., S. 9)
22 Paris von Gütersloh, Bekenntnisse eines modernen Malers, Wien/Leipzig: Verlagsanstalt Dr. Zahn u. Dr. Diamant 1926, S. 134f.
23 Henry I. Schvey, Doppelbegabte Künstler als Seher: Oskar Kokoschka, D.H. Lawrence und William Blake, in: Literatur und bildende Kunst. Ein Handbuch (Anm. 17), S. 73–85; hier: S. 78.

die mit seiner eigenen Gefühls- und Lebenswelt eng zusammenhängt. Schveys Argumentation ist allerdings mehr suggestiv als diskursiv. Die Frage nach der Einheit der Kunst wird durch mangelnde Differenzierung der Künste erschlichen, wobei biographische und psychologische Gründe vorgeschoben werden; unberücksichtigt bleiben die aufgrund unterschiedlicher Materialien differierenden Aussagen:

> Obwohl nach dem autobiographischen *Orpheus und Euridike* Kokoschka bis zu *Comenius* – 1934 begonnen und 1972 vollendet – keine weiteren Dramen schrieb, bilden seine Gedichte, Stücke und Aufsätze dennoch, insgesamt betrachtet, das Musterbeispiel einer Doppelbegabung, bei der die bildkünstlerischen und sprachlichen Fähigkeiten stark ausgeprägt sind und, sich ergänzend, entsprechen. Tatsächlich kann wie bei den Dramen, Plastiken und graphischen Arbeiten Barlachs, auch in diesem Fall vom Gebrauch einer einzigen Symbolsprache gesprochen werden, in der das Medium weniger entscheidend ist als die Vision, die mit seiner Hilfe zum Ausdruck kommt, weil in allen Medien die unsichtbare Welt persönlicher Ängste und Zwangsvorstellungen gespiegelt wird.[24]

Zwar hatte Kurt Wais 1937 gerade in der Übertragung analytischer Begriffe aus einem Bereich der Kunst auf einen anderen die Legitimation für die Untersuchung der ‚Wechselberührung der Kunst' gesehen,[25] doch ist die andauernde

---

24 Ebd., S. 81. Bezogen auf einzelne Beispiele führt Schvey aus: „Was an Kokoschkas Doppelbegabung vor allem auffällt, ist die Tatsache, daß jede stilistische Neuerung in den berühmten Werken des Malers in dessen dichterischen Produkten mitvollzogen wird. So läßt sich sein erstes Stück, *Mörder Hoffnung der Frauen*, dessen Uraufführung anläßlich der Wiener Kunstschau im Jahre 1909 stattfand, als verbales Gegenstück zu den ‚schwarzen Porträts' bezeichnen, in denen der Künstler die Maske vom Gesicht der Wiener Aristokratie riß, indem er in Bildnissen wie dem des Herzogs und der Herzogin von Rohan-Montesquieu die Furcht und die Ängste einer ganzen Generation zur Schau stellte. Diese Bilder, die genausogut mit dem Skalpell wie mit dem Pinsel hätten gemalt werden können, mögen auf den ersten Blick sehr verschieden von der Welt, die in *Mörder Hoffnung der Frauen* dargestellt ist, anmuten, da dort der Kampf der Geschlechter vermittels von archetypischen Figuren (Mann, Frau, Krieger, Mädchen) geschildert wird. Aber diese scheinbaren Unterschiede ignorieren die wahre Natur der Doppelbegabung, welche in den Bildnissen darin zum Ausdruck kommt, daß die Masken von den Gesichtern der Modelle gerissen werden, während im Drama der Künstler sich selbst der Maske beraubt. [...] In beiden Medien war Kokoschka darum bemüht, seine eigenen Bedürfnisse aufzudecken; und es überrascht daher nicht, daß seine Dramen, Plakate, Illustrationen und Bildnisse aus dieser Zeit stilistisch und thematisch verwandte Züge aufweisen und häufig die gleichen Farben und Symbole verwenden." (Ebd., S. 79f.)

25 „Zusammenfassend wäre zu sagen: daß sich auf einer dritten, der technisch-ästhetischen Ebene die Künste wesensmäßig berühren, kann schon dadurch als bewiesen gelten, daß eine größere Anzahl von auf die Struktur bezogenen Bezeichnungen sich erfolgreich auf mehrere Kunstwissenschaften anwenden ließen." (K. Wais (Anm. 20), S. 39) Wolfdietrich Rasch hat darauf hingewiesen, daß es Walzel und der auf ihn zurückgehenden Forschungen „vor allem um die Wechselwirkung zwischen den Kunstwissenschaften, nicht eigentlich um die Beziehung der Künste selbst" ging. (Bildende Kunst und Literatur. Beiträge

Verwendung unspezifischer, stark metaphorischer Ausdrücke und Vergleiche beklagenswert und kann durch einen Verweis auf mangelnde Forschungsgrundlagen nicht nachhaltig entkräftet werden. Seit Oskar Walzels programmatischer Schrift zur *Wechselseitigen Erhellung der Künste* (Berlin 1917) werfen vergleichbare Arbeiten immer wieder die Frage nach dem ‚Wesen der Kunst' auf, dem sie hoffen dadurch auf die Spur zu kommen, daß sie ihre unterschiedlichen Äußerungsformen vergleichen. Um zu verstehen, was *die* Kunst ist, die eine und unteilbare,[26] versuchen sie, das allen Künsten Gemeinsame herauszufiltern. Im Licht allgemeiner Begriffe soll dann das einzelne Kunstwerk in seiner Eigenart hervortreten. Daß bei einem solchen Vorgehen ‚das Einmalige eines Kunstwerks'[27] stark in Zweifel gezogen wird, nahm Walzel damals bewußt in Kauf. Zwischenzeitlich haben sich Forschungsinteressen und Vorgehensweisen gewandelt. Die Idee einer Symbiose der Künste erscheint uns heute befremdlich, wir fragen eher nach einer Erhellung der Künste durch Differenzierung.[28] Die Parole lautet: „Es gibt keine Kunst, sondern nur Künste", so Werner Hofmann am 25. Januar 1975 in der FAZ.[29] In polemisch zugespitzter Form folgt daraus die These „Es gibt keine Künste, es gibt nur Kunstwerke". Damit allerdings wird das Begründungsproblem von den antiquiert anmutenden Spekulationen über die Symbiose der Künste und den Ursprung der Kunst verlagert auf Reflexionen über die einzelnen Kunstwerke und einen erweiterten, evtl. ganz und gar in Auflösung befindlichen Werkbegriff. Die Verschiebung des Problems beantwortet die Frage „Was ist Kunst?" jedoch gerade nicht, die Pluralisierung und Demokratisierung des Kunstbegriffs geht mit einer Kommerzialisierung der Werke einher, die Grundfragen abschiebt in Expertengremien, die nicht nur über den Wert eines Werkes, sondern vor allem über seinen Preis entscheiden.

Die Frage nach dem Verhältnis der Kunst zu den Künsten bedarf einer Klärung im Sinne einer grundlegenden Reflexion, als endlose Variation oder als institutionelles Spiel darf sie nicht behandelt werden. „Auf ihre reine Einheit so

---

zum Problem ihrer Wechselbeziehungen im neunzehnten Jahrhundert, hrsg. von Wolfdierich Rasch, Frankfurt/M.: Klostermann 1970, S. 8.)
26 Vgl. Wais (Anm. 20), S. 35.
27 Oskar Walzel, Die wechselseitige Erhellung der Künste. Ein Beitrag zur Würdigung kunstgeschichtlicher Begriffe, Berlin: Verlag von Reuther & Reichard 1917, S. 74.
28 Vgl. Ingeborg Hoesterey, Der Laokoon-Faktor in der Moderne. Zum Problem der Mediendifferenzierung in den Künsten, in: Literatur und die anderen Künste, Heft 5/6 (1982), S. 169–180; hier: S. 178.
29 Wiederabgedruckt in: Werner Hofmann, Gegenstimmen. Aufsätze zur Kunst des 20. Jahrhunderts, Frankfurt/M.: Suhrkamp 2/1980, S. 317–327.

wenig wie auf die reine Vielfalt der Künste läßt Kunst sich abdestillieren."[30] Dies erläutert Adorno in seinem Vortrag *Die Kunst und die Künste* (1967) an den durch Martin Heidegger und Rudolf Borchardt vertretenen Positionen. Er selbst „vergleicht das Verhältnis der Kunst zu den Künsten mit dem des Orchesters zu den einzelnen Instrumenten: als Zusammenklang des Verschiedenen. Das heißt, daß es Rückkopplungen geben kann: Die einzelne Gattung, aber auch deren Auflösung, bestimmt den Kunstbegriff, statt sich ihm unterzuordnen."[31] An einem Begriff der Kunst festhaltend, der einzig als „Negation zu fassen" ist, nämlich als einer „der empirischen Realität [...] qualitativ sich entgegensetzenden Sphäre" (KuK: 186f.), sieht Adorno Kunst nur verwirklicht in den Künsten, die bezogen auf ihre Materialien entsprechende neue Äußerungsformen hervorbringen, wobei mit den veränderten ‚Werken' sich die verschiedenen Gattungen und Sparten der Kunst ebenso ändern wie ihr Verständnis insgesamt. „Die Konstellation von Kunst und Künsten wohnt der Kunst selbst inne. Er spannt sich zwischen den Polen eines einheitsstiftenden, rationalen und eines diffusen, mimetischen Moments. Keiner der Pole ist herauszusondern; Kunst nicht auf einen von beiden abzuziehen, nicht einmal auf ihren Dualismus." (KuK: 187) Kunst und Künste bilden Adorno zufolge eine dialektische Einheit, deshalb ist die Frage nach der Vorrangstellung verkehrt. „Zu kündigen jedenfalls ist die naiv logische Ansicht, Kunst sei einfach der Oberbegriff der Künste, eine Gattung, welche jene als Arten unter sich enthält. Dies Schema wird zunichte an der Inhomogenität des darunter Befaßten. Der Oberbegriff sieht nicht bloß von Akzidentellem ab sondern von Wesentlichem." (KuK: 185)

Von dem Befund ausgehend, daß in „der jüngsten Entwicklung die Grenzen zwischen den Kunstgattungen in einander" fließen (KuK: 168), diagnostiziert Adorno einen Verfransungsprozeß, der am nachhaltigsten und überzeugendsten sich da äußert, „wo er tatsächlich immanent, aus der Gattung selbst entspringt" (KuK: 169). Seit sich die Kunst von ihrem ‚kulinarischen Moment' losgesagt hat, weil es dem Geistigen unvereinbar wurde, „revoltiert Kunst gegen jegliche Abhängigkeit von vorgegebenen, der autonomen Gestaltung sich sperrenden Materialien, die in der Klassifikation der Kunst nach Künsten sich widerspiegelt. Denn die zerstreuten Materialien entsprechen den diffusen sinnlichen Reizmomenten." (KuK: 172) Aber, und das erläutert Adorno am Beispiel Kan-

---

30 Theodor W. Adorno, Die Kunst und die Künste, in: ders., Ohne Leitbild. Parva Aesthetica, Frankfurt/M.: Suhrkamp 1967, S. 168–192; hier: S. 185; im weiteren abgekürzt „KuK".

31 Christine Eichel, „Die Kunst und die Künste". Perspektiven einer interdisziplinären Ästhetik nach Adorno, in: Das unerhört Moderne. Berliner Adorno-Tagung, hrsg. von Frithjof Hager und Hermann Pfütze, Lüneburg: zu Klampen 1990, S. 151–178; hier: S. 158.

dinskys, „Vergeistigung, rationale Verfügung über die Verfahrensweisen, scheint den Geist als Gehalt der Sache selbst auszutreiben." (KuK: 174) „An dieser Aporie laboriert seitdem alle Kunst" (KuK: 174). Das den Kunstwerken Heterogene, das Sperrige und Irreduzible opponiert den Ansprüchen der Einheitsästhetik ebenso wie es verhindert, daß „die konträre Forderung einer Materialgerechtigkeit" (KuK: 178) ins Handwerkliche und Selbstgerechte abgleitet. „Das Gleiche, das die Künste als ihr Was meinen, wird dadurch, *wie* sie es meinen, zu einem Anderen. Ihr Gehalt ist das Verhältnis des Was und des Wie. Kunst werden sie kraft ihres Gehalts. Es bedarf ihres Wie, ihrer besonderen Sprache; einem Umfassenderen jenseits der Gattung zerginge er." (KuK: 179)

Ist für Adorno „[k]onsequente Negation des ästhetischen Sinns [...] nur durch Abschaffung der Kunst" möglich (KuK: 190), so beurteilt er die ‚Verfransung der Künste' als einen falschen Untergang der Kunst (vgl. KuK: 191), „weil die Utopie [...], die in jedem Kunstwerk sich chiffriert" (KuK: 192), in der empirischen Realität vollends in ihr Gegenteil umgeschlagen ist. So wenig die Kunst vermag, sich selbst aufzuheben, lautet Adornos Resümee, so sehr werden sich die Künste aneinander verzehren müssen (vgl. KuK: 192). Die aus *Die Kunst und die Künste* resultierende „Erweiterung seines Moderne-Konzepts ist bis jetzt wenig beachtet worden"[32] und für eine Diskusssion zur Grenzüberschreitung der Künste noch auszuschöpfen.

> Mit der These einer Verfransung der Künste überträgt sich ein anarchisches Moment auf die Reflexion. Adorno beantwortet die verwirrenden Grenzüberschreitungen mit einer Öffnung der Ästhetik für Phänomene, die sich nicht mehr ohne weiteres in ein Modell folgerichtiger Entwicklung der Künste der Moderne einfügen lassen. Er steckt zwar einen theoretischen Rahmen für die Betrachtung der Werke ab, orientiert sich aber gerade an den zuweilen exotischen Rändern der Kunst. Er erwägt die ‚Dynamik des Unzeitgemäßen' als Perspektive der Kunst, was nichts anderes ist als die Einsicht, daß im Strom der modischen Innovationssucht der Rückgriff auf Tradition eine Form der Verweigerung sein kann.[33]

Die Autobiographie als diejenige literarische Gattung, die auf der Grenze von Kunst und Leben angesiedelt ist, reflektiert die im Zusammenhang der Doppelbegabungen und der Interdependenz der Künste gestellte Frage nach der Kunst und votiert eindeutig für Individualisierung und Differenzierung, ohne die Fundierung im Ich aus den Augen zu verlieren. Die Selberlebensbeschreibungen von doppelt begabten Künstlern lassen diese Dialektik von Einheit und Vielfalt deutlich erkennen.

---

32 Ebd., S. 157.
33 Ebd., S. 161.

3. „Der Blaue Reiter"

Ein gleichermaßen einmaliges wie herausragendes Beispiel für die Interdependenz der Künste, ihre wechselseitige Erhellung und die Öffnung des traditionellen Kunstbegriffs gegenüber marginalen und ausgegrenzten Äußerungsformen der Kunst ist der *Blaue Reiter*. Er „umfaßt die neueste malerische Bewegung in Frankreich, Deutschland und Rußland und zeigt ihre feinen Verbindungsfäden mit der Gotik und den Primitiven, mit Afrika und dem großen Orient, mit der so ausdrucksstarken ursprünglichen Volkskunst und Kinderkunst, besonders mit der modernsten musikalischen Bewegung in Europa und den neuen Bühnenideen unserer Zeit", so wird *Der Blaue Reiter* im Subskriptionsprospekt programmatisch angekündigt.[34] Dieser 1912 von Wassily Kandinsky und Franz Marc im Piperverlag in München herausgegebene Almanach stellt zugleich „eines der wichtigsten Dokumente moderner Kunst" dar (Laszlo Glozer), wie immer wieder betont wurde. Im maschinenschriftlichen Vorwort der Redaktion heißt es:

> Das Abspiegeln der Kunstereignisse, die im direkten Zusammenhang mit dieser Wendung [dem Erblühen des Geistigen, C.H.] stehen, und der zur Beleuchtung dieser Ereignisse notwendigen Thatsachen auch auf anderen Gebieten des geistigen Lebens ist unser [erstes und] grösstes Ziel. / So findet der Leser in unseren Heften Werke, die durch den erwähnten Zusammenhang in einer *inneren* Verwandtschaft miteinander stehen, wenn auch diese Werke äusserlich fremd zu einander erscheinen. Nicht das Werk wird von uns beachtet und notiert, welches eine gewisse anerkannte, orthodoxe äußere Form besitzt (und gewöhnlich nur als solche existiert) sondern das Werk, welches ein *inneres* Leben hat, im Zusammenhang mit der Grossen Wendung stehend. (BR: 315)

Die durch ihre Zusammenstellung in Kommunikation miteinander tretenden Kunstwerke, die Texte und Bilder, Masken, Zeichnungen und Partituren sind im *Blauen Reiter* weder nach Gattungen noch nach Stoffen und Motiven oder auch nach Herkunft, Rang und Wert geordnet, sondern wurden ausgesucht nach dem in ihnen zum Ausdruck kommenden ‚Geistigen der Kunst', dem Gehalt, der in den verschiedenen Künsten auf je unterschiedliche Weise sich äußert. So problematisch diese Vergeistigungstendenz in der Kunstbetrachtung im weiteren dann auch sein mag, so ist doch unbestritten, daß mit dem sogenannten Geistigen die Funktionsstelle *der* Kunst, ihr einheitsstiftendes Moment, besetzt wird, und außerdem, was als zukunftweisend sich herausstellen sollte, daß die Künste um ungeahnte formale Möglichkeiten und neue Materialien bereichert wurden.

---

34 Zit nach: Der Blaue Reiter, hrsg. von Wassily Kandinsky und Franz Marc. Dokumentarische Neuausgabe von Klaus Lankheit, München/Zürich: Piper 8/1990, S. 318; im weiteren abgekürzt „BR".

Die damit verbundene enorme Erweiterung des Kunstbegriffs steht noch im Zeichen eines Begriffs der Kunst. Ihm hatte sich auch das Nationale und das Persönliche unterzuordnen.

Das Geistige in der Kunst steht nicht im Gegensatz zum Konkreten, sondern betont die Materialität des Kunstwerks, treibt sie geradezu hervor. Das Geistige meint sowohl das Absolute in der Kunst als auch das Neue, Unkonventionelle und Unberührte und war damals zugleich ein geläufiges Synonym für ‚das Lebendige'.[35] Nur das mit ‚innerem Leben' durchdrungene Kunstwerk galt als echt. „Denn alles, was an künstlerischen Dingen von wahrheitsliebenden Geistern geschaffen ist, ohne jede Rücksicht auf die konventionelle Außenseite des Werkes, bleibt für alle Zeiten echt" (BR: 36), schreibt Franz Marc in seinem Beitrag, der zwei Bilder vergleicht: „eine volkstümliche Illustration aus Grimms Märchen aus dem Jahre 1832" (BR: 36) und ein Ölbild von Kandinsky aus dem Jahre 1911 mit dem Titel *Lyrisches*. „Wir meinen nun aber, daß jeder, der das Innerliche und Künstlerische des alten Märchenbildes empfindet, vor Kandinskys Bild, das wir ihm als modernes Beispiel gegenüberstellen, fühlen wird, daß es von ganz gleich tiefer Innerlichkeit des künstlerischen Ausdruckes ist – selbst wenn er es nicht mit der Selbstverständlichkeit genießen kann wie der Biedermeier sein Märchenbild", was Marc auf die derzeitige „Kluft zwischen echter Kunstproduktion und Publikum" zurückführt (BR: 37). Nicht zuletzt durch autobiographische Rückblicke und künstlerische Bekenntnisse soll diese Kluft geschlossen werden.

Die heftige Ablehnung, auf die der *Blaue Reiter*, Ausstellung und Buch, damals stieß, verwundert nicht;[36] symptomatisch hierfür *Ein Protest deutscher*

---

35 Im Vorwort zur zweiten Auflage 1914 schreibt Franz Marc: „Wir gingen mit der Wünschelrute durch die Kunst der Zeiten und der Gegenwart. Wir zeigten nur das Lebendige, das vom Zwang der Konvention Unberührte." (BR: 324)

36 In einem 1936 geschriebenen Aufsatz erinnert sich Kandinsky: „Die Zeit hat seither ihre Ansichten geändert, in einigen Richtungen sogar wesentlich. Ich denke, daß es heute ziemlich schwierig ist, jemanden zu finden, der sich verletzt fühlt und sich erzürnt, wenn er auf einer Leinwand eine zitronengelbe Kuh sieht, ein ultramarinblaues Pferd, einen zinnoberroten Löwen. Aber damals ging das Publikum ‚an den Wänden hoch' und war bis in die Tiefen seiner Seele beunruhigt vor diesen ‚Grimassen' und der Tendenz, ‚den Bürger zu verblüffen' und ihn zu beleidigen. Man fühlte sich angespuckt, mehr noch, man spuckte selber auf unsere Werke. / Man begriff nicht, daß diese auf eine ‚ekelhafte' Weise veränderten Farben und Formen, daß diese ‚Vergewaltigung der Natur' die reine künstlerische Anwendung natürlicher Mittel waren, um die besondere Schöpfungswelt Marcs auszudrücken. Eine phantastische, aber wirkliche Welt. [...] Die Zeit war schwierig, aber heroisch. Wir malten, das Publikum spuckte. Heute malen wir, und das Publikum sagt: ‚Das ist hübsch'. Dieser Wechsel will nicht heißen, daß die Zeiten leichter geworden wären für den Künstler." (Wassily Kandinsky, Essays über Kunst und Künstler, Bern: Benteli 3/1973, S. 198.)

Künstler herausgegeben von Carl Vinnen, einem Angehörigen der Künstlerkolonie Worpswede, verlegt bei Eugen Diederichs in Jena 1911.[37] Bei vielen zeitgenössischen Künstlern allerdings fanden Idee und Konzeption des *Blauen Reiters* begeisterte Zustimmung; Hugo Ball etwa weiß sich dem Programm der Münchner verbunden, wenn er es als „die Wiedergeburt der Gesellschaft aus der Verbindung aller artistischen Mittel und Mächte" kennzeichnet.[38] Auch Hartmut Zemlinsky betont die auf Synthese zielende künstlerische Interdependenz:

> Hinter der ‚Blauen Reiter-Idee' steht der Wunsch nach Unsterblichkeit, nach Ewigkeit, das heißt auch nach Aufhebung der Zeit, und ihr Begriff der Zukunft meint kein Fortschreiten und Fortreiten, sondern ist gerade gegen jeden Fortschritt (= Materialismus) sich wendend als Bewegung zum ‚Himmel' gedacht.[39]

Die Freisetzung der Subjektivität, wie sie in der modernen Kunst zu Beginn des 20. Jahrhunderts zu beobachten ist, ein regelrechter Subjektivitätsschub, geht einher mit einer Wendung zum Religiösen, Mystischen oder auch Okkultistischen, also dem Überkommenen und vermeintlich Veralteten.[40] Die Moderne blickt dem Gott Janus gleich in die Zukunft und in die Vergangenheit. Sie bezieht ihre Kreativität und innovative Kraft gerade aus dieser Polarität, wobei die Frage nach den Traditionsbeständen und ihre die Zeit überdauernde Relevanz die Moderne im Moment der Entstehung begreift und daraus ihre anhaltende Aktualität behauptet.[41] Bemerkenswert in diesem Zusammenhang ist, daß zuerst die Künstler selbst immer wieder hingewiesen haben auf dieses Wechselverhältnis von Altem und Neuem, wobei sie besonders Bedeutung und Funktion der Zeit betonen: ihre Aufhebung im Hinblick auf ein Überzeitliches, ewig Gültiges einerseits und ihre enge Bindung ans Prinzip der Subjektivität andererseits. Hier bereits zeichnet sich ab, daß der Bezug zur Transzendenz zusammenhängt mit den sich modifizierenden Ausdrucksformen des Ich und einer revidierten Zeitlichkeit. Eingedenk seiner Endlichkeit entwirft sich das Ich anders. Später sollte

---

37 Diese Polemiken sind auszugsweise wieder abgedruckt in: Der Blaue Reiter. Dokumente einer geistigen Bewegung, hrsg. u. mit einem Nachwort versehen von Andreas Hünecke, Leipzig: Reclam 1989, S. 413ff.
38 Hugo Ball, Die Flucht aus der Zeit, hrsg. von Bernhard Echte, Zürich: Limmat 1992, S. 17.
39 Zit. nach: Hünecke (Anm. 37), S. 536.
40 Vgl. Okkultismus und Avantgarde. Von Munch bis Mondrian. 1900–1915 (Ausstellungskatalog der Schirn-Kunsthalle), Frankfurt/M.: edition tertium 1995.
41 Dieser Verständniszusammenhang ist in diversen Einzeluntersuchungen exemplarisch dargestellt in: Protomoderne: Künstlerische Formen überlieferter Gegenwart, hrsg. von Carola Hilmes und Dietrich Mathy, Bielefeld: Aisthesis 1996.

die Philosophie Heideggers erweisen, daß der Sinn von Sein die Zeit ist, Subjektivität und Zeitlichkeit also die zwei Modalitäten des Ich bilden.[42]

Der *Blaue Reiter* macht sinnfällig, daß Synthese und Differenz der Künste, ihr mystisches Einheitsstreben einerseits, das Entdecken der Vielfalt und das Beharren auf Unterschieden andererseits in einem produktiven und prekären Spannungsverhältnis zueinander stehen. Die Grundtendenz der Herausgeber des Almanachs geht darauf, „die bisherigen Grenzen des künstlerischen Ausdrucksvermögens zu erweitern".[43] Dazu erschließen sie neue Quellen, experimentieren mit bislang verschmähten Materialien und eröffnen unkonventionelle Perspektiven, auffällig dabei, der geringe Anteil, den Literatur und Dichtung im *Blauen Reiter* einnehmen, so als zielten diese gleich auf ‚Bühnensynthese'. Noch in einem 1936 geschriebenen Aufsatz betont Kandinsky rückblickend:

> Marc und ich hatten uns in die Malerei gestürzt, aber die Malerei allein genügte uns nicht. Ich hatte dann die Idee eines ‚synthetischen' Buches, welches alte, enge Vorstellungen auslöschen und die Mauern zwischen den Künsten zum Fallen bringen sollte, zwischen der offiziellen Kunst und der nicht zugelassenen Kunst, und das endlich beweisen sollte, daß die Frage der Kunst nicht eine Frage der Form, sondern des künstlerischen Gehalts ist. [...] Meine Idee war also, an einem Beispiel zu zeigen, daß der Unterschied zwischen der ‚offiziellen' Kunst und der ‚ethnographischen' Kunst keine Lebensberechtigung hatte; daß die verderbliche Gewohnheit, unter den verschiedenen äußerlichen Formen nicht die innere organische Wurzel der Kunst im allgemeinen zu sehen, zum totalen Verlust der Wechselbeziehung zwischen der Kunst und dem Leben der menschlichen Gesellschaft führen konnte. Und gleicherweise der Unterschied zwischen der Kunst des Kindes, dem ‚Dilettantismus' und der ‚akademischen' Kunst – die Gradunterschiede der ‚vollendeten' und der ‚nicht vollendeten' Form überdecken die Kraft des Ausdrucks und die gemeinsame Wurzel.[44]

Für Kandinsky ist der künstlerische Gehalt also nicht eine Frage der äußerlichen, konventionell geprägten Übereinstimmung von Bild und Gegenstand, sondern die Aufgabe der Kunst ist es, dessen Eigenleben zum Ausdruck zu bringen. Vermöge der Kunst reicht der Mensch an die Dinge heran – wenn diese Entlehnung aus der ‚schöpferischen Konfession' Klees hier gestattet ist –, was Kandinsky zufolge in der Kunst der Kinder, Dilettanten und Primitiven besonders nachhaltig deutlich wird; die Intensität ihrer Bilder und Plastiken überzeugt und ist für den Betrachter direkt erfahrbar.[45] Deshalb nimmt Kandinsky eine

---
42 Vgl. Dietrich Mathy, Unverborgen vorenthalten. Zur Wahrnehmung des Nichtwahrnehmbaren als Index ästhetischer Wahrnehmung, in: Unter Argusaugen. Zu einer Ästhetik des Unsichtbaren, hrsg. von Gerd Held u.a., Würzburg: Königshausen & Neumann 1997, S. 281–300.
43 Kandinsky, zit. nach BR: 289.
44 Kandinsky, Essays (Anm. 36), S. 199f.
45 Vgl. in diesem Zusammenhang auch die von Hans Prinzhorn an der Heidelberger Klinik begründete Sammlung *Bildnerei der Geisteskranken* sowie seine gleichlautende Publika-

Umwertung der unterschiedlichen künstlerischen Ausdrucksformen vor. Diese Umwertung steht im Dienste des Lebens. Die Wiedergewinnung aller artistischen Mittel und Mächte, die Suche nach einer ursprünglichen, d.h. hier lebendigen, ausdrucksstarken und intensiven Kunst wird von Kandinsky nicht um ihrer selbst willen erstrebt – Positionen des l'art pour l'art lehnt er als formalistische Spielereien ab –, sondern dient dazu, die verlorene ‚Wechselbeziehung zwischen Kunst und Leben' zu erneuern. Mit dieser Bestrebung, die sich im *Blauen Reiter* manifestiert, trifft Kandinsky den Nerv der Innovationen und Experimente in der Moderne zu Beginn des 20. Jahrhunderts und wird selbst zu einem ihrer entscheidenden Initiatoren. Dasjenige Medium, in dem diese Erneuerungsbemühungen sich direkt niederschlagen und zugleich reflektiert werden, sind die autobiographischen Schriften der Literaten und Künstler. Der Brief und das Tagebuch, aber auch Memoiren und Selberlebensbeschreibung, sind angesiedelt auf der Grenze zwischen Kunst und Leben. Zählten sie ehemals nur zu den literarischen Gebrauchsformen, waren also lediglich marginale Gattungen, rücken sie nun in den Brennpunkt des Interesses und der Auseinandersetzung.

---

tion (Berlin 1922). Zu der schon damals vielbeachteten Sammlung steuerte u.a. auch Alfred Kubin eigene Werke bei.

Kapitel III

Das Problem der Grenzüberschreitung und die Frage nach der Autobiographie

1. Regionale, globale und andere Grenzüberschreitungen

Eine programmatisch vorangetriebene Interdependenz der Künste, ihre wechselseitige Erhellung und die Suche nach dem ‚Ursprung der Kunst', der darüber Auskunft geben soll, was die Welt im Innersten zusammenhält, kennzeichnen die Moderne zu Beginn des 20. Jahrhunderts. Sie steht also im Zeichen der Grenzüberschreitung und das in mehrfacher Hinsicht: als regionale und als globale einerseits, als die Wirklichkeit übersteigende und als die Wirklichkeit in sich zurückbiegende andererseits. Regionale Grenzüberschreitung meint das Phänomen, daß die unterschiedlichen Sparten der Kunst nicht mehr streng voneinander getrennt werden, sondern sich gegenseitig beeinflussen und durchdringen; als Ziel wird dabei das Gesamtkunstwerk angestrebt, wie es etwa bei Richard Wagner ausgeprägt ist und von Kandinsky mit seiner Konzeption der Bühnensynthese wiederaufgenommen und seiner modernen Kunstauffassung entsprechend modifiziert wird. Auch der *Blaue Reiter* als synthetisches Buch illustriert die regionale Grenzüberschreitung der Künste und ihre Tendenz zum Gesamtkunstwerk. Die globale Grenzüberschreitung der Kunst hingegen ist radikaler, denn sie betrifft die zentrale Forderung der Avantgarde-Bewegungen, Kunst in Lebenspraxis zu überführen. Die Künste verlassen dabei nicht nur den ihnen jeweils zugewiesenen Platz innerhalb einer festgelegten Hierarchie, sondern sie verlassen den angestammten Bereich der Kunst insgesamt und greifen ins Leben über. Dada als A-Kunstbewegung ist in dieser Hinsicht die konsequenteste Ausprägung der Avantgarde. Der Synthesis der Künste steht hier ihre Negation gegenüber dergestalt, daß das Leben selbst sich gleichsam als Gesamtkunstwerk realisiert. Diese revolutionäre Zielprojektion der Avantgarde-Bewegungen blieb bekanntermaßen uneingelöst. (Ob ihr Scheitern auf das Aporetische ihrer Konzeptionen zurückgeht, wie Enzensberger behauptet,[1] oder dar-

---

1 Vgl. Hans Magnus Enzensberger, Die Aporien der Avantgarde (1962), in: ders., Einzelheiten II. Poesie und Politik, Frankfurt/M.: Suhrkamp 1984, S. 50–80.

an festgemacht wird, daß sie, ihre Programmatik verratend, im Kunstbetrieb sich institutionalisiert haben, wie Bürger darlegt,[2] kann für die vorgetragene Typologie der Grenzüberschreitung unberücksichtigt bleiben.) Bewirkt wurde in jedem Fall eine entscheidende Veränderung des Kunstbegriffs, wobei noch nicht absehbar ist, ob diese Erweiterung bloß quantitativer oder doch qualitativer Art ist; zu diskutieren wäre hierbei eine grundlegende Revision des Werkbegriffs. Auf der Ebene künstlerischer Praxis läßt sich die Veränderung dadurch charakterisieren, daß unmittelbare Lebensäußerungen in die Kunst einwandern, man denke etwa an das *objet trouvé* und andere Zufallstechniken oder auch an die Collage, insbesondere die vom Merz-Künstler Kurt Schwitters verwendeten Alltagsmaterialien.[3]

Der Ästhetizismus, als die den hier beschriebenen Ausprägungen der Moderne voraufgehende Richtung, kann entweder beschrieben werden als Negation der Grenzüberschreitung, da ein völliger Rückzug in die Kunst angetreten wird, die sich zum einzigen Lebensinhalt aufbläht und so das Leben ersetzt. Oder aber der Ästhetizismus ist so zu begreifen, als vertrete er die Position einer globalen Grenzüberschreitung, die allerdings nach innen gerichtet ist. Synthetischen Bestrebungen der Kunst verpflichtet, teilt er mit den Avantgarde-Bewegungen eine radikale Polarisierung von Kunst und Leben, wobei jedoch deren Funktionen vertauscht sind.

> Auf die Tendenz ästhetischer Stilisierung des Lebens zur Kunst, welche gerade nicht Kunst und Leben verband, sie vielmehr unendlich voneinander schied und so beider verlustig ging, reagieren die Avantgarde-Bewegungen, indem sie eine neue Beziehung zwischen Kunst und Leben einklagen. Allerdings neigen die Avantgardisten im Zuge ihrer Emanzipation vom Werkbegriff, die ihren Anspruch auf Autonomie ins Leben verstrickt, nun ihrerseits, gewissermaßen inversiv dazu, die Kunst zum Leben zu stilisieren, was die genuin ästhetischen Impulse bisweilen übertönt, die hinter der Lautstärke ästhetischer Programme und Manifeste vielfach zurücktreten.[4]

Ist das Gesamtkunstwerk zu verstehen als Integral der Künste, so streben die Avantgarde-Bewegungen und der Ästhetizismus ein Integral von Kunst und Leben an, wobei jeweils das eine zugunsten des anderen negiert bzw. aufgelöst

---

2 Vgl. Peter Bürger, Theorie der Avantgarde, Frankfurt/M.: Suhrkamp 1974.
3 Vgl. Spielzüge des Zufalls. Zur Anatomie eines Symptoms, hrsg. von Carola Hilmes und Dietrich Mathy, Bielefeld: Aisthesis 1994.
4 Dietrich Mathy, Die Avantgarde als Gestalt der Moderne oder: Die andauernde Wiederkehr des Neuen. Zur Korrespondenz und Grenzüberschreitung der Künste zu Beginn des zwanzigsten Jahrhunderts, in: Die literarische Moderne in Europa, Bd. 2: Formationen der literarischen Avantgarde, hrsg. von Hans Joachim Piechotta u.a., Opladen: Westdt. Verl. 1994, S. 79–88; hier: S. 80. Entscheidende Anregungen zu Konzeption und Verständnis der Avantgarde sowie dem Problem der Grenzüberschreitung verdanke ich Dietrich Mathy.

wird. Die weiteren Möglichkeiten der Grenzüberschreitung, die die Wirklichkeit übersteigende surrealistische und die die Wirklichkeit in sich zurückbiegende, stehen quer zur regionalen und zur globalen Grenzüberschreitung. Während die surrealistische Grenzüberschreitung auf ein Integral von Kunst und dem Ganzen des Lebens zielt, also die unbewußten, dunklen Kontinente des Ich sowie die Bereiche des Traums und des Wahns erkunden und einbeziehen will, beharrt die andere, Wirklichkeit transzendierende Grenzüberschreitung auf einem Differential von Kunst und Leben, was das Andauern der Moderne allererst verständlich macht. Diese die Wirklichkeit in sich zurückbiegende Grenzüberschreitung ist, hierin dem Ästhetizismus vergleichbar, eine nach innen.

Die Grenzen der bekannten Welt zu überschreiten, unbekannte Gebiete zu erobern und so in die Verfügungsmacht des eigenen Wissens zu stellen, sie in das eigene Weltbild zu integrieren, verbindet aufklärerische Impulse mit einem imperialistisch-kolonialistischen Gestus. Dies kennzeichnet die politische Situation der Zeit ebenso wie die der Naturwissenschaften, der Gesellschafts- und Kulturwissenschaften, namentlich die Psychoanalyse und die Ethnologie. Auch der Surrealismus, dem das Verdienst zukommt, in der Kunst die Wirklichkeit auf die Regionen des Traumes, des Unbewußten und des Wahns hin überschritten und erkundet zu haben, ist nicht frei von gegenaufklärerischen Tendenzen, wie etwa André Bretons Hang zum Okkultismus im *Zweiten Manifest des Surrealismus* (1930) belegt. Die Dialektik ästhetischer Innovationen – ein Sonderfall des Umschlagens von Rationalität in ihr Gegenteil – ist hier aber nur insofern relevant, als ihr die letzte Möglichkeit der Grenzüberschreitung, diejenige, die die Wirklichkeit auf ihre Immanenz transzendiert,[5] diametral entgegenge-

---

5 Zum Begriff der Transzendenz heißt es im *Handwörterbuch Philosophischer Grundbegriffe*: „Der Begriff Transzendenz (von *transcendere* = überschreiten, übersteigen) wird durch die Erfahrung gewonnen, daß der Mensch auf der ‚Suche nach Wirklichkeit' ist. Dieser Ausdruck sagt, daß eine Differenz besteht zwischen vorhandener Wirklichkeit, um die es dem Menschen nicht oder nicht allein geht, und jener Wirklichkeit, um die es ihm geht. Diese qualifizierende Differenz trennt nicht vorhandene und gesuchte Wirklichkeit voneinander derart, daß sie zugleich ein Übergehen oder Überschreiten zu anderer Wirklichkeit bedeutet. Diese ist nicht gleicher Art, aber auch nicht so andersartig, daß sie keinen Bezug mehr zur vorhandenen Wirklichkeit hätte, soll sie doch die Suche nach Wirklichkeit wirklich beantworten, und das heißt, die vorhandene Wirklichkeit nicht nur übersteigen, sondern dahingehend verändern, daß nicht nur außer ihr, vielmehr in ihr selbst sich das Suchen beantwortet findet. Der damit gegebene erste Vorbegriff meint Transzendenz als qualifizierten und qualifizierenden, differenzierenden Überstieg und Rückbezug: Überstieg als auf den Grund gehen, Rückbezug als von diesem Grund her Wirklichkeit erschließen, verändern und verbessern. Charakterisiert man die Form der vorhandenen Wirklichkeit als immanent, so ist der Begriff Transzendenz korrelativ dazu: die Bestimmung einer Wirklichkeit als einer immanenten heißt, sie transzendieren, und die Bestimmung des Transzendierens bedeutet, sie auf Immanenz beziehen. In allgemeiner und formaler Fassung ist somit Transzendenz der Prozeß von Überstieg und Rückbezug, genauer:

setzt ist. Auffällig zuerst, daß in diesem Fall die räumlichen Metaphern von zeitlichen abgelöst werden. Die Ausrichtung auf ein Außen wird dadurch auf ein Innen verlegt. Waren regionale und globale Grenzüberschreitung räumlich zu situieren, war selbst noch ein Spekulieren auf das Unbekannte als mögliche räumliche Erweiterung zu deuten, verharrt die Bewegung nun innerhalb eines abgesteckten Rahmens, wobei die Bewegung selbst, der Übertritt, und weniger ihre Gerichtetheit auf ein zu erreichenden Ziel resp. Terrain akzentuiert wird. Es ist also das Transitorische, was diese Grenzüberschreitung charakterisiert. Dem Verständnis Kants zufolge, der den Raum die Anschauungsform des äußeren Sinnes nennt und die Zeit die Anschauungsform des inneren Sinnes, ist diese Grenzüberschreitung als eine nach innen zu begreifen. Die Kunst ist hier weder selbstgenügsam wie im l'art pour l'art, der formalistischen Variante des Ästhetizismus, noch macht sie Prätention auf die große Synthese, idealtypischerweise auf das eine, alles ersetzende Werk. Sie will weder das Leben in Kunst noch die Kunst in Leben überführen, sondern das Leben als ihren entscheidenden Inhalt begreifend, hält Kunst an ihrem Status als Kunst fest und damit die Möglichkeit offen, aus dieser Differenzerfahrung heraus künstlerisch tätig zu werden, und das heißt auch, genau diese Differenzerfahrung zu gestalten. Will Kunst dem Leben gerecht werden, muß sie von ihm verschieden sein und es als ihr anderes in sich aufnehmen. So wie der Riß zwischen Ich und Welt durchs Individuum selbst geht, so verläuft die Spaltung zwischen den Künsten und dem Leben durch die Künste. Ihre Korrespondenz besteht in dem ihnen gegenständlich eingesenkten vielfältigen Impuls zur Grenzüberschreitung,[6] und in diesem Sinne sprach auch Adorno von einer ‚Verfransung der Künste'.[7]

---

    von Überstieg als Rückbezug." (Eberhard Simons, in: Handwörterbuch Philosophischer Grundbegriffe, hrsg. von Hermann Krings u.a., München: Kösel 1974, Bd. 6, S. 1540.)

6 Vgl. Mathy (Anm. 4), S. 81.

7 Mit dem Ausdruck ‚Verfransung der Künste' läßt Adorno die Suchbewegung zwischen Kunst und Künsten changieren zwischen Abirren, was den Bezug auf einen ‚richtigen', geraden Weg impliziert, und der Vorstellung einer neuerlichen Verbindung an den Enden, die nicht ganz ‚sauber', mit harten Schnitten und deutlichen Trennlinien erfolgt. Das Zentrum der Kunst unangetastet lassend, rückt Adorno so nach dem Aufbrechen tradierter Ordnungsmuster und hierarchischer Strukturen alternative Möglichkeiten in den Blick. Die Grenzverwischung ist auch hier als Überstieg und Rückstieg, mithin transzendierend gefaßt. (Vgl. Theodor W. Adorno, Die Kunst und die Künste, in: ders., Ohne Leitbild. Parva Aesthetica, Frankfurt/M.: Suhrkamp 1967, S. 168–192.)

2. Autobiographie als Grenzüberschreitung nach innen

So wie die Frage nach dem Verhältnis der Künste zueinander und ihre Beziehung aufs Leben eine seit der Romantik für die Ästhetik zentrale Fragestellung ist, so kulminiert sie in Reflexionen zur Autobiographie als Gattung in der Moderne. Die Selberlebensbeschreibung partizipiert zwar an allen Formen der Grenzüberschreitung, gehört aber im strengen Sinne dem letzten Typus an: Komplementär zum Programm der Avantgarde-Bewegungen, das Kunst in Leben überführen will, bezeichnet die Autobiographie diejenige literarische Gattung, die das Leben in Schrift überführt, und stellt damit gleichsam eine Grenzüberschreitung nach innen dar. Indem das Ich die Differenz zwischen schreibendem und beschriebenem, erinnertem und erfundenem Ich aufrechterhält, verfaßt es seine Lebensgeschichte oder auch nur Bruchstücke davon als die der anderen Seite seiner selbst und gibt sich damit Kontur. Die eigene Existenz zum Inhalt der Kunst machend, reicht diese nur an jene heran in einer permanenten Wiederholung des Übertritts. Das autobiographische Ich der Moderne entwirft sich als transitorisch, und das heißt, es begreift sich vergegenwärtigend als lebendiges Ich, seine Endlichkeit damit in die Wirklichkeit zurückbiegend. Innerhalb der autobiographischen Praxis prägt sich das Phänomen der Grenzüberschreitung immer weiter aus, indem die Demarkationslinien zwischen Dokumentation und Erinnerung einerseits, Poetisierung und Fiktionalisierung andererseits durchlässig gemacht werden. Die definitorische Festlegung der Autobiographie auf ein aufrichtiges und umfassendes Erzählen der eigenen Lebensgeschichte in der Rückschau – Autobiographie als retrospektiver Prosabericht mit historischem Wahrheitsanspruch – läßt sich spätestens im 20. Jahrhundert nicht mehr aufrechterhalten. Die dermaßen traditionell verfahrenden Selbstbiographien, und das dürften immer noch die meisten sein, sind in gattungstheoretischer Hinsicht als bloß antiquarisch einzustufen. Innovatives autobiographisches Schreiben überschreitet die ihm vorgegebenen Grenzen, so etwa Heimito von Doderer, der unter dem Titel *Meine neunzehn Lebensläufe* (1966), mit Überlegungen zur Unmöglichkeit der Selbstdarstellung für Schriftsteller beginnend, dann ganz unterschiedliche Texte präsentiert und sein Erinnerungsbuch, das auf Wunsch des Verlegers entstand, mit Photodokumenten ergänzt und durch die Beigabe einer Schallplatte, auf der er drei seiner Erzählungen vorliest, erweitert.[8] Dieser ‚Übergriff' auf andere Medien ist kein Einzelfall. Das Bedürfnis, die eigene Lebensgeschichte durch Photographien zu beglaubigen, da sie im Unterschied zu dem in schriftlicher Form Fixierten Individualität und Authentizität angeblich leichter verbürgen können, hat z. B. Roland Barthes dazu veranlaßt, nach ent-

---

8 Vgl. Heimito von Doderer, Meine neunzehn Lebensläufe, München: Biederstein 1966.

sprechenden, mit einem Bildteil verbundenen Eingangsreflexionen den Textteil seiner Selbstdarstellung der durch das Alphabet vorgegebenen Ordnung zu überlassen.[9] Frida Kahlo hinterläßt sogar ein ‚gemaltes Tagebuch', in dem die Textpassagen eine gänzlich untergeordnete Rolle spielen.[10]

Im Unterschied zu dieser die Grenzen zwischen den Künsten überschreitenden Praxis läßt sich auch diejenige Tendenz beobachten, mit der Autobiographie das Leben einzuholen bzw. es im Schreiben verdoppelnd an es heranzureichen; eindrucksvoll hier die vierbändige Selberlebensbeschreibung von Michel Leiris.[11] Fast alle Autobiographen versuchen, im Schreiben vorzudringen in die unbekannten Regionen ihres Ich, was im 20. Jahrhundert zu einer Aporie der Selbstentblößung führt.[12] Verstärkt gibt es nun auch die Bestrebung, das verborgene Reich der Träume zu erkunden – schon von alters her bekannt die ‚Traumtagebücher'; die entsprechenden Experimente der Surrealisten bedeuten demgegenüber einen Innovationsschub, der gleichwohl in dieselbe Richtung zielt. Erschütternde Berichte aus der Geisteskrankheit, in denen romanhafte und dokumentarische Form auf beunruhigende Weise sich mischen – zu nennen sind hier etwa die Bücher von Sylvia Plath, Unica Zürn und Maria Erlenberger[13] –, be-

---

9 Vgl. Roland Barthes par Roland Barthes, Paris: Ed. du Seuil 1975. Vor dem Hintergrund seiner in *La chambre claire. Note sur la photographie* (Paris 1980) entworfenen Theorie des *punctum* gewinnt Barthes' autobiographisches Buch über die spielerisch-zufälligen Züge hinaus an Brisanz; aufgezeigt wird die paradoxe Situation einer Selbstvergewisserung durch ausdrückliche Negation des Subjekts. Für die radikal verstandene Moderne ist diese Situation durchaus charakteristisch.
10 Frida Kahlo, Gemaltes Tagebuch. Mit einer Einführung von Carlos Fuentes, Kommentar von Sarah M. Lowe, München: Kindler 1995.
11 Michel Leiris *Biffures* (1948), *Fourbis* (1955), *Fibrilles* (1966) und *Frêle bruit* (1976). H.R. Picard rechnet diese Schriften zu den ‚existentiell reflektierenden Autobiographien' und sieht ihr Ziel darin, „Leben und Kunst zu verschmelzen, Lebensempfindung und Lebensbewußtsein durch literarische Kunst zu steigern und dauerhaft zu machen". (Hans Rudolf Picard, Anthropologische Funktionen der modernen Autobiographie in Frankreich: Leiris, Roy, Sartre, Sarraute, in: Literaturwissenschaftliches Jahrbuch der Görres-Gesellschaft 34 (1993), S. 361–377; hier: S. 369.)
12 Vgl. Helmut Heißenbüttel, Anmerkungen zu einer Literatur der Selbstentblößer, in: ders., Zur Tradition der Moderne. Aufsätze und Anmerkungen 1964–1971, Neuwied/Berlin: Luchterhand 1972, S. 80–94.
13 Sylvia Plath, The Bell Jar, London/Melbourne/Toronto: William Heinemann Ltd. 1963 unter dem Pseudonym Victoria Lucas; Unica Zürn, Der Mann im Jasmin. Eindrücke aus einer Geisteskrankheit (1965–67), Frankfurt/Berlin/Wien: Ullstein 1977; Maria Erlenberger. Der Hunger nach Wahnsinn. Ein Bericht, Reinbek: Rowohlt 1977. – Bemerkenswert, daß die in der Form des Romans gekleidete Autobiographie Plaths keinen Untertitel trägt; die romanhaft abgefaßte Krankengeschichte der Zürn ist im Untertitel uneindeutig; beide Bücher sind in der dritten Person erzählt. Demgegenüber berichtet Maria Erlenberger in der ersten Person, allerdings gibt die Autorin ihre Identität nicht preis; das auf ihrer wahren Geschichte beruhende Buch erhält 1978 den Bremer Förderpreis für Literatur.

kunden besonders eindringlich die Bemühung, Kunst und Leben ineinander zu überführen; der oft zweifelhafte therapeutische Stellenwert des Schreibens unterstreicht dabei, daß die Literatur in den Dienst des Lebens gestellt und ihre Grenze zunehmend unkenntlich gemacht wird. Der Zielprojektion nach sollte sie ganz verschwinden, was einer Selbstaufhebung der Kunst und Literatur gleichkommt, die allerdings so gerade nicht zu leisten ist.[14] Waren die Expressionisten noch darum besorgt, der Kunst einen lebendigen Ausdruck zu verleihen, so stehen moderne Autobiographen vor der Schwierigkeit, das eigene Leben in eine literarisch-künstlerische Form zu überführen. Diese beiden einander entgegengesetzten Bestrebungen bleiben jedoch spannungsreich aufeinander bezogen, und insofern sind alle Selbstdarstellungen, die der klassischen und die der gegenwärtigen Moderne, ihrer Intention nach sowohl expressionistisch als auch existentiell.

Im Lebenstext ist das Ich außer sich und zugleich auf die innigste Weise mit sich verbunden. Die Transzendierung des Ich im Akt des Schreibens führt es auf seine eigene innere Wirklichkeit zurück, hält sie buchstäblich fest. Diese gegenläufige Bewegung des Außer-sich-bei-sich-selbst-Seins eignet jeder Autobiographie, die nicht nach einem linear teleologisch ausgerichteten Schema verfährt, um zu erzählen ‚Wie ich wurde, der ich war'. (Merkwürdig, daß bei dieser Erzählhaltung ein Standort gleichsam ‚jenseits des Grabes' eingenommen wird.[15]) Dezidiert moderne Selberlebensbeschreibungen antworten auf die Frage ‚Wer bin ich?', wobei sie die permanente Grenzüberschreitung des Ich thematisieren. Sich auf seine Zeitlichkeit im Sinne gegenwärtiger Existenz festlegend, erfährt sich das Ich stets als ein anderes und wird, sich in seiner Endlichkeit begreifend, auch des anderen seiner Existenz als dem ihm Entzogenen gewahr. Insofern läßt sich vom Ich als Grenze sprechen: Sich in andauernder Überschreitung allererst konstituierend, trägt es seinem Leben die Grenzen seiner Existenz qua Endlichkeit ein und reicht damit an ein Jenseits der Grenze heran. (Wenn Nietzsche im *Zarathustra* den Titelhelden als Brücke und Übergang apostrophiert, findet sich das Problem menschlich-übermenschlichen Selbstverständnisses nach dem diagnostizierten Tod Gottes in analoger Weise gefaßt.[16]) In den entsprechend refle-

---

14 Vgl. Adorno (Anm. 7), S. 192.
15 Vgl. François-René Chateaubriand, Erinnerungen (Mémoires d'outre tombe), hrsg., neu übertragen und mit einem Nachwort versehen von Sigrid v. Massenbach, Frankfurt/Wien/Zürich: Büchergilde Gutenberg 1968.
16 Inwieweit damit die Metaphysik endlich verlassen oder aber im Moment ihrer Vollendung begriffen wird, kann hier nicht diskutiert werden (vgl. Martin Heidegger, Wer ist Nietzsches Zarathustra? (1953), in: ders., Vorträge und Aufsätze, Pfullingen: Neske 4/1978, S. 97–122.); bekanntlich stellt Derrida, anknüpfend an seine Lesart Nietzsches, die Bemühungen Heideggers unter einen neuerlichen Metaphysikverdacht.

xiven Selberlebensbeschreibungen der Moderne legen sich die Autoren von diesem Problem Rechenschaft ab und verleihen ihm damit allererst Kontur. Darüber hinaus ist die Autobiographie aber schon eine mögliche Antwort, d.h. die literarische Praxis ist der theoretischen Reflexion voraus, insofern sie das Selbst in künstlerischem Tun gründet. Das, was die Autobiographie vermeintlich nur wiederholt, indem sie die Geschichte des eigenen Lebens erzählt, ist ein originärer Gründungsakt des Selbstverständnisses des Autobiographen als Künstler. (Nach dem deklarierten Ende der Metaphysik fällt der Kunst bekanntlich die Rolle zu, die philosophische Reflexion aufzunehmen und ästhetisch umzusetzen.[17]) Die Selberlebensbeschreibung bildet dabei ein ausgezeichnetes Genre, die Verschränkungen von Philosophie und Poesie einerseits, von Kunst und Leben andererseits zu erfassen.

3. Zum Verstehenshorizont moderner Autobiographien

In unterschiedlicher Weise ist die moderne Korrespondenz und Überschreitung der Künste bezogen auf die Kunsttheorien der Romantik und die damals erprobte literarische Praxis.[18] Um so erstaunlicher, daß keiner ihrer Hauptvertreter eine Autobiographie vorgelegt hat.[19] Weder Tieck noch Clemens Brentano, noch Achim von Arnim verfassen eine Selbstbiographie, auch Friedrich Schlegel und Novalis nicht. In Freundschaftsbünden scheinen sie das neue romantische Ideal

---

17 Vgl. hierzu: Dietrich Mathy, Von der Metaphysik zur Ästhetik oder Die Philosophie im Exil. Untersuchungen zum Prozeß der ästhetischen Moderne, Hamburg: von Bockel 1994; für den Bezug zur Romantik ferner: ders., Kunst & Leben. Nachgetragene Daten zu einer unabgeschlossenen Vorgeschichte. Aufsätze zur Kultur- und Zivilisationskritik, Hamburg: von Bockel (im Druck).

18 Anhand einer Reihe von Aspekten und mit vielen literarischen Beispielen wurde die „konstitutive Leitfunktion der Romantik für die ästhetische Moderne" neuerlich untersucht in dem Sammelband: Ästhetische Moderne in Europa. Grundzüge und Problemzusammenhänge seit der Romantik, hrsg. von Silvio Vietta und Dirk Kemper, München: Fink 1997, S. 15.

19 Diesen Hinweis verdanke ich Ralph-Rainer Wuthenow, mit dem ich über viele Semester das Thema der Selberlebensbeschreibungen diskutiert habe und dessen Forschungen zur Autobiographie für mich richtungsweisend waren; vgl. vor allem Ralph-Rainer Wuthenow, Das erinnerte Ich. Europäische Autobiographie und Selbstdarstellung im 18. Jahrhundert, München: Beck 1974; ders., Europäische Tagebücher. Eigenart, Form, Entwicklung, Darmstadt: Wiss. Buchges. 1990. – Die moderne Autobiographie geht zurück auf einen großen ‚Vorläufer' der Romantik. Die Rede ist von Jean-Jacques Rousseaus *Bekenntnissen* (*Les Confessions*, Genf 1782–89). Zusammen mit Goethes *Dichtung und Wahrheit* bilden sie das Modell autobiographischen Schreibens, an dem noch die moderne Selbstbiographie sich orientiert, sei es auch nur ironisch oder negatorisch.

direkt in Lebenspraxis zu überführen,[20] außerdem ersetzen offensichtlich die das Leben begleitenden Briefwechsel eine Selbstbiographie. Bettine von Arnim wird später Teile ihrer Korrespondenz zu einer ‚dialogischen Autobiographie' umarbeiten.[21] Jean Pauls *Selberlebensbeschreibung* (1818) und seine *Konjektural-Biographie* (1798/99) sind durch ihre parodistisch ironische Form und den kritisch reflexiven Gehalt in ihrem Status ungesichert und verweisen bereits auf moderne Formen autobiographischen Schreibens.[22] Die mit einer Herausgeberfiktion arbeitende Selbstbiographie Johann Wilhelm Ritters, *Fragmente aus dem Nachlasse eines jungen Physikers. Ein Taschenbuch für Freunde der Natur* (1810), ist ebenso ein Sonderfall.[23] Lediglich der späte Rückblick auf seine Jugend- und Studienzeit – Joseph Freiherr von Eichendorffs *Halle und Heidelberg*, zusammen mit *Adel und Revolution* unter den Titel *Erlebtes* (1857) gestellt – wäre hier als ausdrückliche Selbstbiographie eines Romantikers zu nennen; da sie ganz traditionell, fast memoirenhaft verfährt, bleibt sie unter gattungstheoretischen Gesichtspunkten hinter den Forderungen der Romantik zurück.

Diese Befunde legen nahe, den autobiographischen Gehalt der Romane der Frühromantik, namentlich *Lucinde* (1799) und *Heinrich von Ofterdingen* (1799 begonnen, 1802 posthum publiziert), neu zu überdenken. Daß diese Romane als ‚fiktionalisierte Wunschautobiographien' eingestuft werden können – wie vermutlich viele der Romane E.T.A. Hoffmanns, der ebenfalls keine Autobiographie im strengen Sinne verfaßt –, ist dabei weniger interessant als die Feststellung, daß hier unterschiedliche Gattungen sich mischen, Träume ebenso integriert werden wie philosophische Gespräche, Märchen und Gedichte. Erst in diesem Ensemble kommt ihnen der entscheidend programmatische und zugleich poetische Stellenwert zu, sind die autobiographischen Anteile zu integralen Bestandteilen des Romans geworden, und in diesem Sinne sind die Romane als Künstlerbekenntnisse zu lesen: Als Selbstoffenbarung der Kunst angelegt, enthalten sie das je eigene Bekenntnis zur Kunst, zu einer ‚progressiven Universalpoesie' oder einem ‚magischen Idealismus'. Inwieweit die Bekenntnisse zur ei-

---

20 Zu einer Typologie der Romantikerfreundschaften, die unterscheidet zwischen der Seelenverwandtschaft von Wackenroder und Tieck, der Identitätssuche von Schlegel und Novalis und dem Daseinsbündnis von Brentano und Arnim, vgl. Dietrich Mathy, Romantikerfreundschaften, in: ders., Kunst & Leben. (Anm. 17).
21 Vgl. Carola Hilmes, „Lieber Widerhall" – *Bettine von Arnim: Die Günderode*. Eine dialogische Autobiographie, in: GRM Neue Folge Bd. 46 (1996), Heft 4, S. 424–438.
22 Vgl. Gerd Held, Das gewendete Selbst. Autobiographie und katoptrische Poetik bei Jean Paul, in: dies & daß: wie Sprache die vielfältigsten Gesichter macht, hrsg. von Friedrich Friedl u.a., Offenbach: Klingspor Museum 1995, S. 106–121.
23 Vgl. Ralph-Rainer Wuthenow, Autobiographie als Bildungsgeschichte. Zu J.W. Ritters Selbstdarstellung, in: Das spekulative Ohr. Wagner und die deutsche Moderne (Festschrift für Sanko Nagaharu), Tokyo 1994 (Übersetzung ins Japanische).

genen Kunstauffassung mit der Kunstauffassung der anderen konvergieren, sie korrigieren oder ihr korrespondieren, kann hier vernachlässigt werden zugunsten des Hinweises, daß die romantische Kunst angelegt ist auf Austausch, auf Harmonisierung und Differenzierung zugleich. (Schlegel und Novalis sprechen von ‚Symphilosophie‘, Bettine von Arnim und Karoline von Günderrode von ‚Schwebereligion‘, Schleiermacher entwickelt als hermeneutisches Ideal den Dialog und eine Theorie des geselligen Umgangs.) Der autobiographische Gehalt der romantischen Romane liegt also, fernab von biographischen Bezügen und psychologischen Spekulationen, in seinem Modellcharakter existentieller und umfassender Selbstverständigung im Medium der Kunst. A forteriori für moderne Autobiographien gilt folglich, was bereits die Jenaer Romantik für ihr eigenes Selbstverständnis reklamierte. Ihre literarische Praxis ist gekennzeichnet durch Fragmentarisierung und Experiment, durch Heterogenität und Singularität, durch Polyphonie und Polysemie, durch Dissonanzen und Desiderate, kurz: durch Diskontinuität, Unabschließbarkeit und die Vielzahl des Disparaten. Die Liste der Charakteristika liest sich wie eine Summierung dessen, was im Zeichen der sogenannten Postmoderne propagiert wurde, und belehrt so noch darüber, daß damit nicht eine wie auch immer geartete Zeit und Kunst nach dem Ende der Moderne gemeint sein kann, die beliebig über alle Traditionsbestände als Zitat verfügt, sondern sinnvollerweise Prototypen des Modernen gemeint sein müssen.[24]

Das Wort des Novalis, „nach Innen geht der geheimnisvolle Weg", ist für moderne Autobiographien, ihre Konzeption und ihr Verständnis, richtungsweisend. Die Bestimmung der Selberlebensbeschreibung als Grenzüberschreitung nach innen, die sich selbst transzendierende Tätigkeit des Ich, die die eigene Wirklichkeit übersteigend sie rückbezieht auf ihre Immanenz und dadurch den transitorischen Charakter des Ich, seine Zeitlichkeit einschließlich seiner Partizipation an dem seiner Endlichkeit Entzogenen akzentuiert, gehört in diese Tradition der Romantik. Insofern Romantik begriffen wird als Aufklärung über die Möglichkeiten und Grenzen von Aufklärung, also diese fortführend über sie hinausgeht, begründet sie Moderne und deren andauernde Aktualität.[25]

---

24 Vgl. Carola Hilmes und Dietrich Mathy, Wie zukünftig-vergangen ist das Moderne?, in: Protomoderne: Künstlerische Formen überlieferter Gegenwart, hrsg. von Carola Hilmes und Dietrich Mathy, Bielefeld: Aisthesis 1996, S. 7–14.
25 Vgl. abweichend dazu Lyotard: „Ein Werk ist nur modern, wenn es zuvor postmodern war. So gesehen bedeutet der Postmodernismus nicht das Ende des Modernismus, sondern dessen Geburt, dessen permanente Geburt." (Jean-François Lyotard, Beantwortung der Frage: Was ist postmodern?, in: Postmoderne und Dekonstruktion. Texte französischer Philosophen der Gegenwart, mit einer Einführung hrsg. von Peter Engelmann, Stuttgart: Reclam 1990, S. 33–48; hier: S. 45.)

Eine Lektüre der Autobiographien wird sich dann als besonders fruchtbar erweisen, wenn sie nicht als literarische Dokumente von historischem Wert eingestuft werden, sondern ihrerseits als Werke gelesen werden, d.h. das künstlerische Œuvre ist nicht aus der Biographie zu verstehen, sondern das Leben wird der entsprechenden ästhetischen Programmatik zufolge aufgefaßt und dargestellt. Eine psychologisch-biographische Lesart, die den interpretatorischen Umgang mit literarischen Selbstdarstellungen bis heute weitgehend prägt, soll abgelöst werden durch ein Verständnis der Autobiographie als Kunstwerk – daran knüpfen sich noch meine Bemühungen, sie als literarische Gattung zu konsolidieren. Dieser Blickwechsel wird dem genuin ästhetischen Selbstverständnis der Moderne gerecht, ja erkennt die Autobiographie geradezu im Brennpunkt der Kontroversen. Die existielle Verbindung von Kunst und Leben, wie sie in den modernen Selbstdarstellungen, die zugleich an ihrer Trennung festhalten, zum Ausdruck kommt, indem sie gleichsam dem Text eingeschrieben wird, erweitert das Spektrum autobiographischen Schreibens und bringt dabei alternative Entwürfe des Ich ins Spiel. Welche Formen die Selberlebensbeschreibung in Auseinandersetzung mit und in Absetzung von der traditionellen, d.h. teleologisch ausgerichteten und ganzheitlich angelegten Form der Autobiographie in der Moderne annimmt, ist am einzelnen Fall zu überprüfen. Eine Typologie moderner Selbstdarstellungen zeichnet sich beim gegenwärtigen Stand der Forschung nicht ab und ist derzeit nicht zu leisten. Die bis dato vorgeschlagenen Einteilungen und Charakterisierungen bleiben meist beschränkt auf einzelne Gruppen (Frauen, Arbeiter, Kleine Leute)[26] oder auf bestimmte Zeitabschnitte (das Exil, die zwanziger und die siebziger Jahre),[27] oder aber sie greifen einige herausragende Beispiele heraus, an denen bestimmte Fragestellungen exemplifiziert werden.[28] In der vorliegenden Studie soll das Augenmerk nun darauf gelegt

---

26 Geschriebenes Leben. Autobiographik von Frauen, hrsg. von Michaela Holdenried, Berlin: Schmidt 1995. Klaus Bergmann, Lebensgeschichte als Appell. Autobiographische Schriften der ‚kleinen Leute' und Außenseiter, Opladen: Westdt. Verl. 1991. Wolfgang Türkis, Beschädigtes Leben. Autobiographische Texte der Gegenwart, Stuttgart: Metzler 1990.

27 Vgl. Erinnerungen ans Exil – kritische Lektüre der Autobiographien nach 1933 und andere Themen, in: Exilforschung. Ein internationales Jahrbuch, Bd. 2 (1984); Sylvia Schwab, Autobiographik und Lebenserfahrung. Versuch einer Typologie deutschsprachiger autobiographischer Schriften zwischen 1965 und 1975, Würzburg: Königshausen & Neumann 1981. Peter Sloterdijk, Literatur und Organisation von Lebenserfahrung. Autobiographien der Zwanziger Jahre, München: Hanser 1978.

28 Z. B.: Manfred Schneider, Die erkaltete Herzensschrift. Der autobiographische Text im 20. Jahrhundert, München: Hanser 1986; es darf bezweifelt werden, daß diese medial angelegte Analyse, so aufschlußreich sie in ihren Ergebnissen auch ist, zu einer weiterreichenden Typologie ausgebaut werden kann. Demgegenüber bietet die Arbeit von Hans Rudolf Picard, *Autobiographie im zeitgenössischen Frankreich. Existentielle Reflexion*

werden, welche alternativen Modelle von Selbsteigenheit und Selbstverständnis moderne Autobiographien erproben, wobei es nicht darum geht, philosophische Probleme der Subjektivität und des Selbstbewußtseins zu illustrieren, sondern es soll, darin romantischer Tradition getreulich folgend, dem Vorrang künstlerischer Praxis vor der Theoriebildung Rechnung getragen werden. Dieses Vorgehen legitimiert sich auch dadurch, daß dezidiert moderne Autobiographien auf den Status der Selbstaussage ebenso reflektieren wie auf die Möglichkeiten der Selbstbegründung, und daß sie außerdem ausdrücklich auf den tradierten Formenkanon reagieren und sich mit traditionellen Selbstverständigungsmöglichkeiten auseinandersetzen.

Beide, Inhalt und Form, sind in den Selberlebensbeschreibungen verschränkt und können nicht gesondert voneinander verstanden werden, denn schließlich existiert das Ich nicht unabhängig von der Art und Weise, wie es das Ganze seines Lebens faßt. Es ist die Schrift bzw. der Akt des Schreibens, der beides, das Ich und sein Leben, zusammenbringt. Erst indem der Autobiograph eine andere als die durch das Entwicklungsschema des Bildungsromans vorgeprägte Geschichte seines Lebens erzählt, und das heißt, sie in einer anderen Form erzählt, können modifizierte, neue Entwürfe des Ich zur Geltung gebracht werden. Formale und inhaltliche Innovationen bedingen und erhellen sich also wechselseitig. Mit der Autobiographie als Gattung steht auch das Ich auf dem Prüfstand. Welchen Experimenten es sich unterwirft und welche Alternativen seiner Existenz es sich konstruiert, gibt noch Aufschluß darüber, welche Chancen und Perspektiven sich in der Moderne eröffnen. Die Rede vom ‚Tod des Subjekts' bestätigt sich durch die Lektüre moderner Selberlebensbeschreibungen gerade nicht.[29] Die Subjektivität, gleichsam das Herzstück der Moderne, ist entscheidenden Verwandlungen bzw. radikalen Transformationen unterworfen, die sich bevorzugt an den Autobiographien ablesen lassen.[30] (Die Moderne wird dabei nicht unter dem Gesichtspunkt der Verfallsgeschichte begriffen.)

---

und literarische Gestaltung (München: Fink 1978), eher einen vielversprechenden Ansatz für weitere Differenzierungen, ist aber meines Wissens von Picard nicht weiter systematisch verfolgt worden.

29 Die Rede vom ‚Tod des Subjekts', in Analogie und inhaltlicher Nähe zu Nietzsches Wort „Gott ist tot" gebildet, meint lediglich, daß die traditionellen Vorstellungen des Subjekt sich überlebt haben. In der Literatur, insbesondere in den Autobiographien können wir ablesen, wie ein anderes, alternativ verfaßtes Subjekt sich ausspricht, dessen theoretische Bestimmung noch aussteht. (Vgl. hierzu: Tod des Subjekts?, hrsg. von Herta Nagl-Docekal u. Helmuth Vetter, Wien/München: Oldenbourg 1987.)

30 Vgl. Albrecht Wellmer, Zur Dialektik von Moderne und Postmoderne. Vernunftkritik nach Adorno, Frankfurt/M.: Suhrkamp 4/1990, insbes. S. 163f.; ferner: Wolfgang Welsch, Ästhetisches Denken, Stuttgart: Reclam 3/1993, passim.

4. Das Ich und seine begrifflichen Trabanten

Das Ich jedes Autobiographen ist ein anderes, gleichwohl bietet sich das Personalpronomen „ich", das die erste Person Singular bezeichnet und dessen Analyse in die Disziplin der Linguistik fällt, als verallgemeinernder Ausdruck zur Interpretation der Autobiographie an, denn seine Verwendung ist so eindeutig wie (vorläufig) leer. Seine deiktische Funktion verweist unzweifelhaft auf denjenigen, der spricht, und es ist zugleich ein möglicher Kontext mitgesetzt, der die Rede eines Ich von sich selbst allererst sinnvoll erscheinen läßt, ein Du, ein Wir, die anderen. Durch das, was das Ich sagt bzw. schreibt, verleiht es sich Kontur, schreibt es sich seine Geschichte zu. Im Unterschied zu anderen Begriffen wie Subjekt, Person, Individuum oder Selbst, die durch eine wechselvolle begriffsgeschichtliche Tradition vorgeprägt sind,[31] ist das Ich ein vergleichsweise unbeschriebenes Blatt, weshalb ich diesen Begriff für die Interpretation moderner Selberlebensbeschreibungen bevorzuge.

Bekanntlich ist das moderne Ich im Innern ohne „substantialistischen Rest".[32] Die sprachliche ‚Leerform' ich, die erst in der Rede gefüllt werden muß und sich je nach dem Gesagten verändert, erweist sich für diesen Sachverhalt als ganz passend. Wenn einzelne Aspekte des unspezifischen Ich betont werden, verwende ich die entsprechenden Spezialausdrücke. So etwa wird im Hinblick auf die Leibhaftigkeit der Erfahrung vom Ich als Körper die Rede sein oder vom Ich als Person dann, wenn seine unterschiedlichen Rollen in der Gesellschaft gemeint sind, wobei dem Paß identitätsstiftende Funktion zukommt. Die Person als der durch den Paß legitimierte Mensch (resp. Bürger) ist eine dem Ich vergleichbar weite, für Konkretisierungen offene Bezeichnung. Entsprechend umfassend, aber konsequent auf die Psychologie bezogen ist der Begriff des Selbst, etwa bei C.G. Jung. Er meint die bewußten und unbewußten Regionen des Ich, umgreift auch seine Zugehörigkeit zur Welt der Dinge und zu anderen Welten, die durch die Archetypen vertreten werden. In der Bezeichnung „Selbstbiographie" findet so noch der Wunsch nach umfasender Introspektion, einer entsprechenden Einordnung und Legitimation seinen Ausdruck.

---

31 In seiner Einleitung zu *Fragmente einer Schlußdiskussion* der Tagung „Individualität" schreibt Manfred Frank: „Das erste Bedenken, das die stürmische Fahrt unseres Kolloquiums bremste, war dasjenige von Herrn Warning, der uns nachdrücklich an die Plurivozität des Terms ‚Individualität' erinnerte und den gar zu blauäugigen Versuch, ohne weitere begriffsgeschichtliche Zurüstung über Individualität Wesensaussagen mit ahistorischem Geltungsanspruch zu machen, in seine Schranken verwiesen hat." (in: Individualität, hrsg. von Manfred Frank und Anselm Haverkamp, (Poetik und Hermeneutik XIII), München: Fink 1988, S. 608.)

32 So etwa Wolfgang Iser in: Individualität (Anm. 31), S. 95.

Als besonders kompliziert und heikel erweist sich die Verwendung der Begriffe Subjekt und Individuum. Die Rede vom Ich als Subjekt, womit auch das aufklärerische Konzept seiner Autonomie impliziert ist, meint die Selbstbezüglichkeit des Ich (Reflexion) als einen Sonderfall der Subjekt-Objekt-Relation: Das Ich verhält sich in der Reflexion zu sich selbst als Objekt, stets darum bemüht, diese für die Reflexion notwendige Trennung zu unterlaufen. Analog dazu stellt sich die Situation beim Verfassen einer Selberlebensbeschreibung dar: Das autobiographische Ich der Literatur und das Ich des Autobiographen in der Realität müssen als getrennt gedacht werden, zugleich aber werden sie als eines postuliert. Diese Widerspüchlichkeit mag irritierend sein und zu gattungstheoretischen Begründungsproblemen führen, sie ist gleichwohl für die Autobiographie konstitutiv, d.h. sie kann weder hintergangen noch unterlaufen werden.

Die Selbstbegründung des Ich in der Reflexion führt bekanntlich in den unendlichen Regreß.[33] Als Antwort auf dieses Problem führt Manfred Frank, in der hermeneutischen Tradition Schleiermachers argumentierend, das Individuum und dessen Unhintergehbarkeit ins Feld, eine These, die, verkürzt gesagt, auf der notwendig vorausgesetzten Vertrautheit des Ich mit sich selbst insistiert.[34] Insofern ist das Individuum als Zugrundeliegendes (*hypokeimenon*) Eines und unteilbar (In-dividuum). Keineswegs entschieden ist damit, inwiefern es sich selbst dunkel bleibt – so wie das kantische „Ich, das alle meine Vorstellungen muß begleiten können", sich selbst dunkel und unbekannt bleibt – oder aber wie es die Vertrautheit mit sich selbst entfaltet: Ausführungen und Erkundungen, die erst von einer Autobiographie zu erwarten sind. Das Ich als unvergleichliches Einzelnes (Singularität) ist überschattet von dem Satz „individuum est ineffabile". Aufschlußreich nun ist es zu untersuchen, wie die modernen Selberlebensbeschreibungen auf die Unbeschreiblichkeit des Ich reagieren, also das Paradox einer Autobiographie ohne Ich literarisch lösen.[35] (Der Verlust der Autonomie der Person wäre dabei unter dem Gesichtspunkt einer Rückgewinnung der Individualität zu reformulieren.)

Subjektivität als Ermöglichungsgrund aller Erfahrung ist nicht zu hintergehen – wer in dieser Hinsicht das Ich bestreitet, hat die moderne, von Kant aufgeworfene Subjektproblematik allererst vor sich. Ebensowenig zu hintergehen

---

33 Vgl. Manfred Frank, Subjekt, Person, Individuum, in: Individualität (Anm. 31), S. 3–20.

34 Ausführlich dargelegt in: Manfred Frank, Die Unhintergehbarkeit von Individualität. Reflexionen über Subjekt, Person und Individuum aus Anlaß ihrer ‚postmodernen' Toterklärung, Frankfurt/M.: Suhrkamp 1986.

35 Vgl. Carola Hilmes, Die Autobiographie ohne Ich. Alain Robbe-Grillets *Romanesques*, in: Das Paradoxe. Literatur zwischen Logik und Rhetorik, Festschrift für Ralph-Rainer Wuthenow zum 70. Geburtstag, hrsg. von Carolina Romahn und Gerold Schipper-Hönicke, Würzburg: Königshausen & Neumann 1999, S. 306–318.

ist das Postulat der Identität des Ich, beschreibt man es nun als Individuum, Subjekt, Person oder Selbst; „es handelt sich stets um Nicht-Identität des Selbigen – andernfalls landet man im Irrenhaus."[36] (Daß moderne Literatur auch damit zu tun hat, Geisteskrankheit in entsprechenden Selbstdarstellungen immer wieder erörtert wird, verschlägt nichts.) Die Substanzlosigkeit des Ich aber ruft die Frage nach alternativen, über die Zuweisung bestimmter Merkmale hinausgehender bzw. davon abweichender Identitätskonzepte auf den Plan, die über die Beschreibungsmodalitäten Auskunft geben. Identität, verstanden als Selbsteigenheit, nähert sich dem Begriff des Individuums und bleibt so vorläufig eine genauere Trennschärfe schuldig. Identität im Sinne von Identifizierung (Wiedererkennungsmechanismus) kann sinnvoll für das Ich nicht bestritten werden; noch in dem Satz „Ich bin ein anderer" beharrt das Ich auf sich ($I_i = I_s$) und weiß sich zugleich doch als von sich verschieden ($I_s = I_a$). Erst auf dem Umweg des Selbstbezuges (I_s) ist die Differenzierung im Satz „Ich bin ein anderer" ($I_i = I_a$) möglich. Das Ich als Erkenntnissubjekt ist vom Ich als Erkenntnisobjekt stets geschieden. Das Ich als Erkenntnisobjekt kann nur deshalb als ein anderes, potentiell viele andere und vor allem auch als in der Zeit sich verändernd begriffen werden, weil für das Ich als Erkenntnissubjekt Identität gilt.[37]

Für die in modernen Autobiographien vorgetragenen verwickelten Verhältnisse des Ich mit sich selbst empfiehlt sich die Vorstellung transitorischer Identität. Sie läßt sich mit der Konzeption des Ich als Individuum am besten verbinden. Das entsubstantialisierte Ich ist das Ich im Übergang: das sich stets wiederholende Überschreiten der imaginären Trennungslinie zwischen Innen und Außen, zwischen Eigenem und Fremdem. Der Begriff des Ich bezeichnet also eine

---

36 Walther Haug, in: Individualität (Anm. 31), S. 621.
37 Begriffliche Trennschärfe ist hier nur mit einiger Anstrengung zu erreichen; daß sie verfehlt werden kann, dafür ist Jakob van Hoddis vielzitierter Essay *Von mir und vom Ich* (1908/1913) ein schöner Beleg. Van Hoddis jongliert in diesem kurzen Text mit einem „Ur Ich" (Postulat des Denkens) und einer „Ich Idee" (Objekt des Denkens), wobei er dann das Ur-Ich auf das Sein (sich selbst) bezieht und mit dem ‚entschleierten Bild von Sais' in Bezug setzt. Die Ich-Idee hingegen wird mit dem literarischen Ich in Verbindung gebracht, wodurch ein Mißverhältnis entsteht und alles ins Rutschen gerät: „Der ästhetische Ichthyosaurus sucht ein festes – also begriffliches Verhältnis zu seiner Ich-Idee. Er zieht sich Eigenschaften an. Die kann er sich merken. Da weiß er, was er an sich hat. Er wird zum Charakter, zur Persönlichkeit, zum Original. / Wir aber sind uns in jedem Augenblick ein Anderes, stets Unbegreifliches. / Wir fühlen Uns, ohne uns zu definieren. / Er wird zum Halbaffen seiner Ichdefinition. / Wir werden uns zum Dämon." (aus: Die Aktion, Jg. III, 1913, Nr. 52, S. 1204) Die in expressionistischem Sprachgestus vorgebrachte Defizienz, die auch eine Differenzierung zwischen ‚haben' und ‚sein' vermissen läßt, ist der Autor selbstverständlich nicht verpflichtet aufzulösen oder auch nur begrifflich zu machen; vielleicht waren die Überlegungen lediglich eine dem Meister von Sils Maria nachempfundene Spielerei. Einen systematischen Stellenwert jedenfalls können sie nicht beanspruchen.

Grenze, jedoch nicht im Sinne von Begrenzung und Beschränkung, so als ließe sich diese Demarkationslinie einfach überschreiten und als könnte man, sie damit hinter sich lassend, den bekannten Regionen des Ich neue angliedern. Diese räumliche Metaphorik verstellt das Problem. Die Rede vom Ich als Grenze meint, daß das Ich seinen Mittelpunkt überall hat, seinen Umfang nirgends,[38] wobei letzteres seine Substanzlosigkeit reformuliert, ersteres den Ermöglichungsgrund der Erfahrung. Eine zeitliche Metaphorik, die andauernde Verwandlung des Ich, das sich als identisches behaupten kann nur, weil sein ‚Wesen' die Verwandlung ist, erweist sich als angemessener; ob sie deshalb auch schon weniger mißverständlich ist, darf bezweifelt werden. Abzugrenzen ist sie u.a. von dem meist traditionell im Sinne eines organischen Entwicklungsmodells gedeuteten „Werde, der Du bist". Die gleichsam als Motto über allen Autobiographien stehende Aufforderung „Erkenne dich selbst" verbindet sich in der Moderne verstärkt mit Reflexionen auf die Zeitlichkeit des Ich, die sich in modernen Selberlebensbeschreibungen nicht als leerlaufende Bewegung, als blindwütige Dynamik äußert, sondern als Einsicht in die Endlichkeit des Ich, die nun aus existentiellen Gründen unter erkenntniskritischen Gesichtspunkten radikal gefaßt wird. (Analogien, aber auch Differenzen zu früheren, zeitlich weit zurückliegenden Konzeptionen des Ich, dem Beginn autobiographischen Schreibens bei Montaigne etwa,[39] drängen sich auf.) Das autobiographische Ich stiftet den universellen Zusammenhang der Welt des Autobiographen, und das heißt, es ist seine Subjektivität, die alles zusammenhält. (Mit dem gleichermaßen irritierenden wie aufschlußreichen Titel seiner Autobiographie umgreift bereits Goethe diesen konstitutiven Bezug.) Nur vom Ich her erschließt sich Welt, als solche aber liegt sie immer schon erschlossen vor und offenbart in dieser Erfahrung die Endlichkeit des Ich ineins mit seiner Transzendenz. Davon legt die Autobiographie Zeugnis ab: Selbst- und Welterschließung sind miteinander verklammert, werden möglich durch poetisch-praktische Tätigkeit, der die kritische Reflexion eingesenkt ist und die damit einen existentiellen Wert behauptet.

Das Ich und seine begrifflichen Trabanten, die jeweils unterschiedliche Aspekte am Selben betonen, lassen sich methodologisch auch mit dem ‚Prinzip der Familienähnlichkeit' beschreiben.[40] Auf die Frage, was denn alle möglichen

---

38 Vgl. die Ausführungen zu dieser, auch Vorstellungen der Physik vom gekrümmten Raum berücksichtigenden Denkfigur bei: Dietrich Mathy, Leonardos Nichts, in: Protomoderne (Anm. 24), S. 15–30.

39 Vgl. Carola Hilmes, „Ich selbst bin der Inhalt meines Buches". Montaignes Selbsterkundungen, in: Protomoderne (Anm. 24), S. 31–42.

40 In seinen *Philosophischen Untersuchungen* erläutert Ludwig Wittgenstein das „Prinzip der Familienähnlichkeit" folgendermaßen: „Statt etwas anzugeben, was allem, was wir Sprache nennen, gemeinsam ist, sage ich, es ist diesen Erscheinungen garnicht Eines ge-

Spiele, die doch ganz verschieden voneinander sind, berechtigterweise unter den Oberbegriff ‚Spiel' versammelt, antwortet Wittgenstein: „Denk nicht, sondern schau!" Was dem Denken im Sinne strenger, logischer Zuweisungen versagt bleibt, bietet sich der Anschauung unverstellt dar. Wittgensteins Hinweis zu schauen, also sehend zu erkennen, und Ähnlichkeiten und Verwandtschaften zu beschreiben, also vom einen zum nächsten kommend auch Entferntes miteinander in Bezug zu setzen, eignet sich als Interpretationsmaxime insbesondere dann, wenn es darum geht, an den literarischen Phänomenen dasjenige zu erkennen und in den Blick zu rücken, was den (geläufigen) Oberbegriffen und Kategorisierungen nicht ohne Rest zu subsumieren ist. Die in den modernen Autobiographien dargestellten Konstellationen des Ich sind in diesem Sinne interpretatorisch nachzuzeichnen, wobei ihr Erkenntniswert genau in dieser Form der ‚Nachahmung' liegt. Die ihrerseits nicht mehr nach dem Prinzip der Mimesis verfahrende Literatur der Moderne verschiebt dessen Forderungen auf die Seite der Rezipienten.[41] So lernt der Leser durch nachahmenden ‚Nachvollzug' aus der Literatur. Der den Selberlebensbeschreibungen anhaftende pädagogische Impetus hat sich entsprechend verlagert und ist zu einem Impuls der Selbsterkenntnis geworden.

---

meinsam, weswegen wir für alle das gleiche Wort verwenden, – sondern sie sind mit einander in vielen verschiedenen Weisen verwandt. Und dieser Verwandtschaft, oder dieser Verwandtschaften wegen nennen wir sie alle ‚Sprachen'. Ich will versuchen, dies zu erklären. / Betrachte z. B. einmal die Vorgänge, die wir ‚Spiele' nennen. Ich meine Brettspiele, Kartenspiele, Ballspiel, Kampfspiele, usw. Was ist allen diesen gemeinsam? – Sag nicht: „*Es muß* ihnen etwas gemeinsam sein, sonst hießen sie nicht ‚Spiele'" –, sondern schau, ob ihnen allen etwas gemeinsam ist. – Denn, wenn du sie anschaust, wirst du zwar nicht etwas sehen, was allen gemeinsam wäre, aber du wirst Ähnlichkeiten, Verwandschaften, sehen, und zwar eine ganze Reihe. Wie gesagt: denk nicht, sondern schau! […] Und das Ergebnis dieser Betrachtung lautet nun: Wir sehen ein kompliziertes Netz von Ähnlichkeiten, die einander übergreifen und kreuzen. Ähnlichkeiten im Großen und Kleinen. / Ich kann diese Ähnlichkeiten nicht besser charakterisieren als durch das Wort ‚Familienähnlichkeiten'". (Ludwig Wittgenstein, Werkausgabe Bd. 1 (Tractatus logico-philosophicus, Tagebücher 1914–1916, Philosophische Untersuchungen), Frankfurt/M.: Suhrkamp 1984, S. 277f.)

41 Daß wir immer schon wissen müssen, um sehen zu können, obwohl das Sehen dem Erkennen genealogisch vorgeordnet ist, darf uns nicht beunruhigen – zumindest haben wir die ganze Tradition, um aus ihr lernen zu können. Eine Maxime ‚sinnlicher Erkenntnis', die nicht solipsistisch verfährt, könnte etwa lauten: „Sage mir, was ich sehe und ich sage dir, was ich weiß". – Zur Differenz von inventarischer und inventorischer Vernunft vgl. Gerd Held, Der Kuß der Mantis. Die andere Naturgeschichte bei Max Ernst, Georges Bataille und André Masson, in: Protomoderne (Anm. 24), S. 157–176.

5. Probleme mit der Autobiographie als Gattung

Die Schwierigkeiten des Ich mit sich und die Möglichkeiten seiner Beschreibbarkeit, die den inhaltlichen Schwerpunkt der Selbstbiographien bilden, wiederholen sich auf der Ebene, die Autobiographie als Gattung zu bestimmen, ihr also verbindliche formale Merkmale zuzuweisen. Zum gegenwärtigen Zeitpunkt müssen sich Bestrebungen, die Gattungstheorie für die Moderne fortzuschreiben, mit idealtypischen Annäherungen begnügen und bleiben weiterhin angewiesen auf Studien in heuristischer Absicht.[42] Zwei Eckpunkte, zwischen denen eine Gattungstheorie der Autobiographie im 20. Jahrhundert sich bewegt, lassen sich angeben. Sie sind abgesteckt mit Philippe Lejeunes These vom ‚autobiographischen Pakt', der für die Gattung enge definitorische Grenzen setzt, was Lejeune in späteren Arbeiten zur Revision seiner Arbeitshypothese nötigte,[43] und Paul de Mans Ansatz, die ‚Autobiographie als Maskenspiel' zu verstehen, womit er allerdings auf das Autobiographische allen Schreibens abzielt und damit das Spezifische der Autobiographie als Gattung gerade verfehlt.

Einen strengen und zugleich komplexen gattungstheoretischen Ansatz hat 1975 Philippe Lejeune mit *Le pacte autobiographique* (dt.: *Der autobiographische Pakt*, Frankfurt/M. 1994) vorgelegt. Lejeune fragt nicht nach dem unterschiedlichen Funktionieren der Textsorte „Lebensbeschreibung", sondern er stellt ein System von Lektüreverträgen auf. Sein rezeptionsästhetischer Ansatz ist so entschieden wie minimalistisch. Er definiert Autobiographie als *„Rückblickende Prosaerzählung einer tatsächlichen Person über ihre eigene Existenz, wenn sie den Nachdruck auf ihr persönliches Leben und insbesondere auf die Geschichte ihrer Persönlichkeit legt."* (S. 14) Unerschütterliches Zentrum seiner

---

42 Zur Bestandsaufnahme vgl. Die Autobiographie. Zu Formen und Geschichte einer literarischen Gattung, hrsg. von Günter Niggl, Darmstadt. Wiss. Buchges. 1989 (Wege der Forschung Bd. 565); hier auch weiterführende Literaturhinweise. – Oliver Sill, Zerbrochene Spiegel. Studien zur Theorie und Praxis modernen autobiographischen Erzählens, Berlin/New York: de Gruyter 1991; Michaela Holdenried, Im Spiegel ein anderer. Erfahrungskrise und Subjektdiskurs im modernen autobiographischen Roman, Heidelberg: Winter 1991; diese beiden Dissertationen enthalten im ersten Teil jeweils eine Auseinandersetzung mit der Theorie der Autobiographie und der bisherigen Autobiographieforschung. Demnächst wird in der Sammlung Metzler der von Martina Wagner-Egelhaff verfaßte Band *Autobiographie* erscheinen. – Ausgewählte Beiträge des Symposiums „Die Autobiographie im 20. Jahrhundert" (Würzburg 1992) sind abgedruckt in: Literaturwissenschaftliches Jahrbuch der Görres-Gesellschaft 34 (1993), S. 215–377; in seiner Einleitung weist Günter Niggl hier darauf hin, daß „sich in jüngster Zeit das Forschungsinteresse auf die vielfältigen Erscheinungsformen der Gattung im 20. Jahrhundert [konzentriert], wo noch relativ viel Neuland zu entdecken ist." (Ebd., S. 215)

43 Vgl. Philippe Lejeune, Je est un autre. L'autobiographie de la littérature aux média, Paris: Ed. du Seuil 1980; ders., Moi aussi, Paris: Ed. du Seuil 1986.

Gattungstheorie ist die Identität von Autor, Erzähler und Protagonist. Autobiographien in der 3. Person sind dabei als Grenzfall durchaus denkbar, ebenso unter Pseudonym veröffentlichte. Ein autobiographischer Roman allerdings ist keine Autobiographie. „Die Autobiographie ist kein Rätselraten" (S. 27), sondern ein zwischen Autor und Leser geschlossener Pakt, der durch Angabe einer Gattungsbezeichnung oder durch andere sichere Indizien einer Ähnlichkeit zwischen erzählter Geschichte und gelebtem Leben verbürgt wird. (Die Überprüfbarkeit eines solchen „Referenzpaktes" diskutiert Lejeune jedoch nicht.) „Für den Leser ist die Autobiographie in erster Linie durch einen Identitätsvertrag definiert, der durch den Eigennamen besiegelt wird. [...] Das tiefere Thema der Autobiographie ist der Eigenname." (S. 36) Während Lejeune betont, daß „ich" als Personalpronomen äußerungsreflexiv ist, ihm also keine substantielle Bestimmung, sondern lediglich eine Verweisungsfunktion zukommt, markiert es im autobiographischen Text gleichwohl ein irreduzibles Subjekt, das durch den Eigennamen repräsentiert wird. In diesem Sinne ließe sich die Autobiographie als ausgeschriebener Eigenname auffassen. Lejeune weist die „naive Illusion" zurück, daß „der Roman angeblich wahrer (tiefschürfender, authentischer) sei als die Autobiographie" (S. 45), indem er auf den unterschiedlichen Wert der Wahrheit aufmerksam macht. Der „Mythos des ICHS" wird derart erschüttert. Seine Analysen und theoretischen Arbeiten richten sich gegen „die Gefahren des theoretischen Idealismus und die Möglichkeiten einer relativistischen Gattungsanalyse" (S. 402). Lejeune operiert mit gattungstheoretischen Vorgaben ausschließlich unter heuristischen Gesichtspunkten. Jeder Standardfall ist singulär, die Sonderformen hingegen unzählig. Als Weg, „den die Gattungstheorie nehmen sollte", schlägt Lejeune vor: „keine synkretistische Typologie, sondern eine Analyse, die die einzelnen Faktoren systematisch voneinander unterscheidet und sich die Beschreibung ihrer Funktionsgesetze zum Ziel setzt." (S. 407) Meine Untersuchung moderner Selberlebensbeschreibungen ist den grundlegenden Überlegungen Philippe Lejeunes verpflichtet.

Paul de Mans Aufsatz *Autobiography as De-facement* (zuerst erschienen in: MLN 94 (1979), S. 919–930, eine deutsche Übersetzung mit dem Titel „Autobiographie als Maskenspiel" enthält der Band: Paul de Man, Die Ideologie des Ästhetischen, Frankfurt/M. 1993) lehnt eine Theorie der Autobiographie, die die Selberlebensbeschreibung als literarische Gattung festschreiben will, ab; auch einen zweiten Annäherungsversuch, nämlich den, die Autobiographie im Unterschied zur Fiktion zu bestimmen, weist de Man zurück, da er die Möglichkeit von Referenz für illusionär hält – eine äußerst problematische Vorannahme.[44] Statt dessen macht er geltend, daß Autobiographie „keine Gattung oder Textsorte" ist, „sondern eine Lese- oder Verstehensfigur, die in gewissem Maße in allen Texten auftritt. [...] Das heißt aber letztlich nichts anderes, als daß jedes Buch mit einem lesbaren Titelblatt in gewisser Hinsicht autobiographisch ist. [...] Die Bedeutung der Autobiographie besteht dann nicht darin, daß sie eine verläßliche Selbsterkenntnis liefert (was sie auch gar nicht tut), sondern darin, daß sie auf schlagende Weise die Unmöglichkeit der Abgeschlossenheit und der Totalisierung aller aus tropologischen Substitutionen bestehenden textuellen Systeme demonstriert (und das heißt, daß es solche Systeme nicht geben kann)." (S. 134f.) Und genau das will Paul de Man dann zeigen, und das bedeutet, daß er seine Überlegungen zur Autobiographie zum Beleg seiner eigenen Theorie macht. Als Beispiel wählt er Wordsworths *Essays upon Epitaphs*. – Eine Überlegenheit über antithetische Konzeptionen sowie die „Kunst des unmerklichen Übergangs" sieht Paul de Man in der Figur der Prosopopöie gegeben, der „Fiktion der Apostrophierung einer abwesenden, verstorbenen oder stimmlosen Entität, wodurch die Möglichkeit einer Antwort gesetzt und der Entität die Macht der Rede zugesprochen wird. [...]: *prosopon poien*, eine Maske oder ein Gesicht (*prosopon*) geben. Die Prosopopöie ist die Trope der Autobiographie, durch die jemandes Name, wie in dem Gedicht Miltons, so verstehbar und erinnerbar wird wie ein Gesicht. Bei unserem Thema, der Autobiographie, geht es um das Geben und Nehmen von Gesichtern, um Maskierung und Demaskierung, Figur, Figuration und Defiguration." (S. 140) Zur Grundlegung einer Gattungstheorie sind de Mans Ausführungen gänzlich ungeeignet.

Die Bemühungen, die Autobiographie im Rahmen der Erzähltheorien zu diskutieren, sind demgegenüber differenzierter; haben jedoch ihrerseits den Nachteil, das Element der Fiktionalisierung betonend, eine Öffnung der Autobiographie zum autobiographischen Roman festzustellen, dessen Bestimmung dann allerdings noch zu leisten wäre. Es sind wiederum die Ausführungen der Literaten selbst, die hier wegweisend sind; ich denke etwa an Alain Robbe-Grillets Überlegungen zu einer Nouvelle Autobiographie in Analogie zum Nouveau Roman[45] und den vom Autor selbst vorgelegten ‚Illustrationen' in seinen, die übliche Selbstbiographie ersetzenden Schriften *Le miroir qui revient* (1984), *Angélique ou L'enchantement* (1987) und *Les derniers jours de Corinthe*

---

44 Inwieweit diese Konstruktion de Mans – möglicherweise – in Zusammenhang steht mit seiner eigenen Vergangenheit, erläutert Jörg Lau in seinem Aufsatz „Literarische Theorie, theoretische Literatur", in: Merkur 2 (1998), S. 153–159.

45 Alain Robbe-Grillet, Neuer Roman und Autobiographie, übersetzt von Hans Rudolf Picard, Konstanz 1987.

(1994).[46] Da moderne Autobiographien stets auf den Status der Selbstaussage reflektieren, enthalten sie selbst die Bausteine zu ihrer Theorie. In ihnen werden nicht nur Kunst und Leben zusammengefügt, wobei zu fragen ist, wie die Geschichte zur Sprache und das Leben in den Text kommt, sondern in ihnen werden auch Schreibpraxis und Kunsttheorie verbunden, und zwar so, daß beide Komplexe miteinander verschränkt sind: literarisch-künstlerische Tätigkeit, eigenes Selbstverständnis und entsprechende, in der eigenen Lebensgeschichte fundierte Reflexionen. Was sie entfalten, ist die Individualität des Autobiographen, die Einmaligkeit seiner Existenz, die transformiert und damit überhaupt erst zur Geltung gebracht wird in der Kunst bzw. in der Literatur.

---

46 Vgl. Philippe Lejeune, Nouveau roman et retour à l'autobiographie, in: L'auteur et le manuscrit, hrsg. von Michel Contat, Paris: Presses universitaires de France 1991, S. 51–70; Autobiographie & Avantgarde, hrsg. von Alfred Hornung, Tübingen: Narr 1992, insbes. S. 19–132; Carola Hilmes, Moderne europäische Autobiographien, in: Die literarische Moderne in Europa, Bd. 3: Aspekte der Moderne in der Literatur bis zur Gegenwart, hrsg. von Hans Joachim Piechotta u.a., Opladen: Westdt. Verl. 1994, S. 370–392; hier: S. 385f.

Kapitel IV

Sich zeigen und verbergen: das Ich als Grenze
Virginia Woolfs Reflexionen über Leben und Schreiben

„Der Stoff, aus dem das Leben gemacht ist, ist der einzig mögliche Gegenstand eines Romans – aber was ist schon das Leben oder gar der Sinn des Lebens?" So etwa sinniert der Biograph Orlandos, als ihm die phantastische Geschichte seiner Heldin allmählich zu entgleiten droht. Hinter den Worten des Biographen vernehmen wir die Stimme der Autorin dieser fiktiven Lebensgeschichte. Virginia Woolf schreibt: „Das Leben? Die Literatur? Das eine ins andere verwandeln? Aber wie ungeheuer schwierig!"[1] Doch ist diese Klage in einem solchen Buch ganz ernst zu nehmen? Wie schätzt Virginia Woolf selbst diese Biographie ein? In ihrem Tagebuch notiert sie am 18. März 1928: „Ich habe dieses Buch schneller als irgendein anderes geschrieben: & es ist ein einziger Witz; & doch heiter & schnell lesbar, glaube ich; Ferien eines Schriftstellers."[2]

Bei Virginia Woolf ist die Grenze zwischen Roman und Biographie, zwischen Essay und autobiographischen Ausführungen fließend: Fiktion, Dokumentation, Reflexion und Bekenntnis ergänzen und erhellen sich wechselseitig. Ihr schriftstellerisches Ziel, das sie mit anderen modernen Romanautoren teilt, ist es, „dichter ans Leben heranzukommen".[3] Deshalb überschreitet sie Gattungsgrenzen und erprobt immer neue Schreibweisen. Sie will das Leben in den gewöhnlichen, den kleinen und alltäglichen Äußerungsformen beschreiben, weil es sich hier nur allzuoft voller entfaltet als in den für groß gehaltenen Ereignissen (vgl. GL I: 183). Auch in der eigenen Lebensgeschichte spürt sie dem Nichtspektakulären nach.

---

1 Virginia Woolf, Orlando. Eine Biographie, übers. von Brigitte Walitzek, Frankfurt/M.: Fischer 1994, S. 201; im weiteren abgekürzt „O". *Die Gesammelten Werke* Virginia Woolfs werden, sofern sie im Rahmen der von Klaus Reichert herausgegebenen Neuausgabe bereits vorliegen, in deutscher Übersetzung zitiert.
2 Zit. nach: Klaus Reichert, Nachbemerkung zu *Orlando* (Anm. 1), S. 247.
3 Virginia Woolf, Der gewöhnliche Leser. Essays, Bde. I und II, übers. von Hannelore Faden und Helmut Viebrock, Frankfurt/M.: Fischer 1989 und 1990, Bd. I, S. 182; im weiteren abgekürzt „GL".

Über das Verhältnis von Leben und Schreiben, das gemeinhin den neugierigen Blicken entzogen ist, erwarten wir uns Aufschluß durch die Lektüre von Schriftsteller-Autobiographien. Dieser geläufigen Meinung widerspricht Virginia Woolf entschieden: „Kurzum, jedes Geheimnis der Seele eines Schriftstellers, jede Erfahrung seines Lebens, jede Eigenheit seines Geistes steht groß und deutlich in seinen Werken geschrieben, und dennoch bedürfen wir der Kritiker, uns das eine zu erklären, und der Biographen, uns das andere zu erläutern." (O: 148) Wozu aber schreiben Schriftsteller dann ihre eigene Lebensgeschichte? Gewiß sind sie nicht die besseren, weil authentischen Interpreten ihrer Werke. Indem sie selbst die Geschichte ihres Lebens darstellen, gehen sie zurück zu den Quellen ihrer Kreativität und legen sich Rechenschaft ab über ihr Schreiben. Virginia Woolf versucht in ihrer autobiographischen Skizze der Vergangenheit, die geheime Beziehung zwischen Leben und Werk zu erkunden. Die Schriftsteller-Autobiographie ist folglich zu lesen als poetologische Selbstverständigung.[4]

1. *Überlegungen zur Biographie*

Mehrfach hat sich Virginia Woolf mit dem Problem der Biographie auseinandergesetzt, praktisch und theoretisch. Ihre Überlegungen zu diesem Genre sind auch für die Autobiographie von Bedeutung, gilt diese üblicherweise doch als eine vom Autor selbst verfaßte Lebensbeschreibung. Die Viktorianische Biographie war von der Idee des Guten beherrscht und mit Wahrheit überladen, so daß alle porträtierten Personen leicht überdimensioniert erschienen und gänzlich unlebendig, den Wachspuppen im Museum gleich. Diese am äußeren Leben orientierte Biographie war ausschließlich auf Fakten angewiesen, ein historisches

---

4 Trotz der mittlerweile fast unüberblickbaren Sekundärliteratur zu Leben und Werk von Virginia Woolf sind Probleme der Biographie als Gattung und ihr Verhältnis zur Autobiographie und zum Roman ein wenig bearbeiteter Themenbereich. Das bemerkt auch Vera Nünning im Vorwort ihrer Dissertation: *Die Ästhetik Virginia Woolfs. Eine Rekonstruktion ihrer philosophischen und ästhetischen Grundanschauungen auf der Basis ihrer nichtfiktionalen Schriften*, Frankfurt u.a.: Lang 1990, S. V. – In der Sekundärliteratur dominieren zum einen Fragen der Biographie der Autorin, im Brennpunkt des Interesses stehen die „Beziehung zu den Eltern und Halbbrüdern, Ehe und ‚Wahnsinn'" (Christoph Schöneich, Virginia Woolf, Darmstadt: Wiss. Buchges. 1989, S. 15), wobei *Moments of Being* meist als historische Quelle gelesen wird; zunehmend gewinnen auch um das Problem ‚Lesbianism' gruppierte Untersuchungen an Bedeutung, insbes. aus der Perspektive neuerer feministischer Fragestellungen. Zum anderen stehen in der Sekundärliteratur die Romane Virginia Woolfs als moderne experimentelle Romane zur Debatte. Diese zuletzt genannten Aspekte müssen hier ausgeklammert bleiben; vgl. Vera und Ansgar Nünning, Virginia Woolf zur Einführung, Hamburg: Junius 1997.

Dokument also, Geschichte in unterhaltsamer Form. (Mrs. Dalloway etwa liest, wenn sie nachts nicht schlafen kann, Lebensbeschreibungen berühmter Männer. Sonst liest sie kaum noch.)

In *The New Biography* (1927) konstatiert Virginia Woolf, daß die Viktorianische Biographie im 20. Jahrhundert an ihr Ende gekommen ist. Abgelöst wird sie von einer neuen Form der Biographie, in der *facts* und *fiction* gleichermaßen zur Geltung gebracht werden. (*Fiction* meint bei Virginia Woolf ‚erfundene Welt' und zugleich ‚Kunst des Romans'.) Die neue, künstlerisch ambitionierte Form der Lebensbeschreibung läuft allerdings Gefahr, daß sich die Wahrheit der Realität und die Wahrheit des Romans gegenseitig neutralisieren. In der richtigen Dosierung angewandt, können sie jedoch den gewünschten Effekt lebensnaher Personenschilderung durchaus steigern: „a little fiction mixed with fact can be made to transmit personality very effectively".[5] Die Notwendigkeit einer neuen Form der Biographie ist dadurch entstanden, daß nicht mehr nur Werke und Ereignisse des äußeren Lebens allein für die Geschichte einer Person von Bedeutung sind, sondern auch ihr Innenleben, ihre Gefühle und Gedanken, kurz das, was man seit dem 18. Jahrhundert Persönlichkeit nennt.

> We can no longer maintain that life consists in actions only or in works. It consists in personality. [...] biography all through the nineteenth century concerned itself as much with the lives of the sedentary as with the lives of the active. It sought painstakingly and devotedly to express not only the outer life of work and activity but the inner life of emotion and thought. (CE IV: 230)

In dem Maße, wie die Biographie nicht nur den äußeren Lebenslauf nacherzählen will, sondern es sich zur Aufgabe macht, die ganze Persönlichkeit zur Darstellung zu bringen, steigt die Komplexität dieser Gattung an, öffnet sie sich gegenüber künstlerischen Gestaltungsformen. Der Biograph im 20. Jahrhundert „has ceased to be the chronicler; he has become an artist." (CE IV: 231) Damit bringt sich der Biograph selbst ins Spiel.[6] Außerdem nähert sich seine Aufgabe der des Autobiographen, der immer schon vor der Schwierigkeit stand, auch seine Innenwelt mitzuteilen. (Die Selberlebensbeschreibung ist diejenige Gattung, die die Geschichte der Subjektivität dokumentiert.) Die wahrheitsgemäße Übermittlung der Persönlichkeit erfordert Subtilität und Festigkeit gleichermaßen,

---

5 Virginia Woolf, Collected Essays, Vol. IV, London: Hogarth Press 1967, S. 233; im weiteren abgekürzt „CE".
6 Wenn Virginia Woolf anläßlich einer Besprechung von Harold Nicolsons *Some People* als Nachteil des künstlerisch ambitionierten Biographen feststellt, er bringe viel eher sich selbst als die beschriebenen Personen zur Geltung – „Indeed, by the end of the book we realize that the figure which has been most completely and most subtly displayed is that of the author." (CE IV: 233) –, kann sich dieser Nachteil für den Autobiographen möglicherweise zum Vorteil wenden.

denn Innen- und Außenperspektive müssen zusammengebracht werden.⁷ Die Lebensbeschreibung, die eigene und die fremde, „[has] to present that queer amalgamation of dream and reality, that perpetual marriage of granite and rainbow." (CE IV: 235) Die Neue Biographie ist also ein merkwürdig zwiespältiges Genre, das die Grenze der Dokumentation zum Roman hin überschreitet. Diese Zwischenform birgt Untiefen, die Gefahr zu scheitern ist groß.

In ihrem Essay *The Art of Biography* zeigt Virginia Woolf am Beispiel von zwei Biographien ihres Freundes Lytton Strachey, wie eine gute Biographie zu schreiben ist und was in jedem Fall vermieden werden muß. *Queen Victoria* ist deshalb ein Erfolg, weil sich der Biograph hier genau an die Fakten gehalten hat. „About Queen Victoria everything was known. [...] The biographer could not invent her, because at every moment some document was at hand to check his invention. And, in writing of Victoria, Lytton Strachey submitted to the conditions. He used to the full the biographer's power of selection and relation, but he kept strictly within the world of fact. [...] In time to come Lytton Strachey's Queen Victoria will be Queen Victoria, just as Boswell's Johnson is now Dr. Johnson." (CE IV: 224) Stracheys Biographie *Elizabeth and Essex* hingegen ist ein völliger Mißerfolg. Weil über diese Königin sehr wenig bekannt war, hat sich der Biograph dazu verleiten lassen, ihr eine Geschichte zu erfinden. „The Queen thus moves in an ambiguous world, between fact and fiction, neither embodied nor disembodied." (CE IV: 225) Und da niemand das Beste aus beiden Welten machen kann, der der Fakten und der der Fiktionen, plädiert Virginia Woolf in ihrem Essay für eine strenge Trennung:

> The artist's imagination at its most intense fires out what is perishable in fact; he builds with what is durable; but the biographer must accept the perishable, build with it, imbed it in the very fabric of his work. Much will perish; little will live. And thus we come to the conclusion, that he is a craftsman, not an artist; and his work is not a work of art, but something betwixt and between. (CE IV: 227)

Diese Einschätzung bedeutet nun nicht, daß der Biograph minderwertige Dichtung verfasse, wie Virginia Woolf ausdrücklich betont. Er hat das Vergängliche seines Sujets zu akzeptieren und ‚authentische Informationen' zu geben, die reinen Fakten, durch diese aber kann er gleichwohl die Imagination der Leser stimulieren, vielleicht sogar mehr als ein Dichter oder Romanschriftsteller. „He can give us the creative fact; the fertile fact; the fact that suggests and engen-

---

7 Wie man dieser neuen, schwierigen Aufgabe gerecht werden kann, ist eine offene Frage: „if we think of truth as something of granite-like solidity and of personality as something of rainbow-like intangibility and reflect that the aim of biography is to weld these two into one seamless whole, we shall admit that the problem is a stiff one and that we need not wonder if biographers have for the most part failed to solve it." (CE IV: 229).

ders." (CE IV: 228) Wenn der Biograph schon an die Fakten gebunden ist, dann, so folgert Virginia Woolf, hat er ein Recht auf alle verfügbaren Fakten. Seine eigentliche Aufgabe besteht darin, sie in eine lebendige Form zu bringen. „Thus the biographer must go ahead of the rest of us, like the miner's canary, testing the atmosphere, detecting falsity, unreality, and the presence of obsolete conventions." (CE IV: 226) Damit rückt die Aufgabe des Biographen wiederum in die Nähe des Romanschriftstellers, der ebenfalls das Leben in allen seinen Varianten und Verästelungen beschreibt. In diesem Kontext gibt Virginia Woolf nun auch deren geheime Verbindung preis: Der minutiös die historische Wahrheit berichtende Biograph bereitet den Leser auf Sichtweisen und Erfahrungen vor, die er in der Kunst wiederfinden wird. Die Darstellung der Lebensgeschichte eines Schriftstellers etwa schafft eine gewisse Vertrautheit mit der Atmosphäre und den Bildern, die in seinem Werk realisiert sind. Insofern kommt den Biographien eine Mittlerfunktion zu.

> For how often, when a biography is read and tossed aside, some scene remains bright, some figure lives on in the depths of the mind, and causes us, when we read a poem or a novel, to feel a start of recognition, as if we remembered something that we had known before. (CE IV: 228)

So genau ergeht es dem Leser mit Virginia Woolfs autobiographischer Skizze und ihren Romanen, insbesondere mit *To the Lighthouse*. Der Leser kennt diese erfundene Welt bereits aus *A Sketch of the Past* – verblüffend nur, daß die autobiographische Skizze sehr viel später geschrieben wurde als der Roman, dieser also auf jene vorbereitet. Der Leser findet sich wieder in einer bekannten Umgebung, die ihm gleichwohl neue Perspektiven eröffnet: Das vermeintlich Vertraute entpuppt sich als ein Neues, so noch nie Gesehenes. Im Schreiben Virginia Woolfs – ihrer Kunst, erfundenen Welten Leben zu verleihen – wird ihre eigene ästhetische Erfahrung auch für den Leser erkennbar, den sie dadurch als ‚Mitarbeiter und Komplizen' gewinnt (vgl. GL II: 307). In diesem Sinne erhellen sich Roman und Autobiographie wechselseitig.

2. Die Lebensbeschreibung als Roman

„Biography will enlarge its scope by hanging up looking-glasses at odd corners. And yet from all this diversity it will bring out, not a riot of confusion, but a richer unity." (CE IV: 226) Einen wahrlich ganz ungewöhnlichen Blickwinkel wählte Virginia Woolf, als sie das Leben von Elizabeth Barrett-Browning aus der Perspektive ihres Spaniels erzählte. *Flush. Die Geschichte eines berühmten Hundes* – so der Titel der ersten deutschen Übersetzung 1934 – ist offensichtlich eine „Parodie der Gattung, insbesondere der entmythologisierenden Anti-Biographien eminenter Viktorianer, mit denen der kürzlich verstorbene Freund Lytton Stachey berühmt geworden war."[8] Ein Brief an Lady Ottoline Morrell vom 23. Februar 1933 bestätigt das:

> Flush ist nur so eine Art Witz. Ich war so müde nach den Wellen, daß ich im Garten lag und die Liebesbriefe der Brownings las, und die Figur ihres Hundes brachte mich zum Lachen, so daß ich nicht widerstehen konnte, seine Biographie zu schreiben. Ich wollte mich auch über Lytton lustig machen – es sollte ihn parodieren.[9]

So sehr Virginia Woolf auch darum bemüht ist, dem Genre der Biographie gerecht zu werden – sie betreibt entsprechende Quellenstudien, fügt in den Lebensbericht des Hundes Zitate aus Briefen seiner Herrin ein –, so sehr ist *Flush* zugleich auch Roman, was sozusagen in der Natur der Sache liegt. In überzeugender und darüber hinaus noch witziger Weise gelingt Virginia Woolf eine genaue Darstellung der äußeren Umstände, die sie in die Form poetischer Allgemeingültigkeit erhebt. Diesem Prinzip folgte bereits die 1928 publizierte Lebensbeschreibung von Orlando. Die Besonderheit dieser fiktiven Künstlerbiographie liegt im Geschlechtswechsel und in der sich über Jahrhunderte erstreckenden Lebensdauer des Helden bzw. der Heldin. Virginia Woolf schreibt am 30. Oktober 1927 an ihren amerikanischen Verleger Donald Brace:

> Orlando, der Held, wird von den Tagen Elizabeths bis zur Gegenwart leben und auf halbem Wege eine Frau werden. Es wird völlig phantastisch und sehr einfach geschrieben sein, eher in der Art verschiedener Autoren wie Defoe und Lord Macaulay. Ich hoffe, acht Illustrationen zu haben, die nach den Porträts von Zeitgenossen hergestellt sind. Es wird ein Vorwort, Anmerkungen und einen Anhang geben, und das Buch wird in der Ausstattung und Anordnung die übliche Biographie imitieren.[10]

Einer fiktiven Biographie wie *Orlando* kommt ein ungesicherter, zwiespältiger Status zu. Die Frage ist, ob es sich hier vorrangig um einen Roman in der äußeren Form einer Biographie handelt, eine literarische Fingerübung mit dem utopischem Gehalt einer androgynen Vision. Oder aber, ob die Form der Lebensbeschreibung mit all ihren Restriktionen nicht erst einmal ernst genommen wird – dafür sprechen viele der eingeschobenen Kommentare und Reflexionen des Biographen bzw. der Biographin, die im Laufe der Geschichte auffällig zunehmen –, um sie dann immer mehr in die Form des Romans zu überführen, in der

---

8 Klaus Reichert, Nachbemerkung zu *Flush. Eine Biographie*, Frankfurt/M.: Fischer 1994, S. 131; vgl. auch Schöneich (Anm. 4), S. 83: „Die Beschränkung auf die Sinneswahrnehmung eines Spaniels, und hier besonders auf seinen Geruchssinn, erweitert in spielerischer Verfremdung die üblichen biographischen Verfahrensweisen."
9 Zit. nach: Nachbemerkung zu *Flush* (Anm. 8), S. 129.
10 Zit. nach: Reichert, Nachbemerkung zu *Orlando* (Anm. 1), S. 247.

Absicht, deutlich zu machen, daß die Orientierung an Fakten allein nicht ausreicht, um der biographischen Aufgabe gerecht zu werden. *Orlando* kann gelesen werden als Experiment, die Möglichkeiten und Grenzen von Biographie und Roman zu testen, mithin die Notwendigkeit der Wechselwirkung von *facts* und *fiction* zu erkunden. Dabei werden unterschiedliche Formen der Lebensbeschreibung kapitelweise durchgespielt: Der an äußeren Ereignissen reichen Lebensgeschichte des jungen Landedelmannes aus dem späten 16. Jahrhundert, die den Biographen in eine glückliche Lage versetzt, folgt im zweiten Kapitel eine ‚dunkle, geheimnisvolle und undokumentierte Episode' (vgl. O: 46f.), die den Biographen in Verlegenheit bringt. Das äußerst zurückgezogene Leben, das Orlando danach führt, und seine ausschließliche Hingabe an die Literatur geben dem Biographen Gelegenheit, selbst einige Reflexionen über sein Schreiben, die Literatur und die Erinnerung anzustellen. Im dritten Kapitel folgt ein Ortswechsel nach Konstantinopel, wo das Leben Orlandos zunehmend exotisch wird, befremdlich und unglaublich. Der Biograph klagt jetzt, daß über diese Zeit und ihre Ereignisse nur wenige historische Fakten überliefert sind. Der plötzliche Geschlechtswechsel Orlandos, der sich in Konstantinopel nach einem rauschenden Fest mitten in den Wirren einer Revolution ereignet, gehört gänzlich ins Reich des Phantastischen – eine Geschichte wie aus *Tausendundeiner Nacht*, die sich zwar erzählen, nicht aber dokumentieren läßt. So unerklärlich der Geschlechtswechsel auch ist, ein Identitätswechsel ist damit nicht verbunden, wie die Hinweise auf äußere Ähnlichkeit von Orlandos Gesicht und seine Fähigkeit kontinuierlicher Erinnerung bestätigen, d.h. die innere Zeit bleibt intakt.

> Orlando betrachtete sich von Kopf bis Fuß in einem hohen Spiegel, ohne auch nur die geringste Spur von Fassungslosigkeit zu zeigen, und ging, vermutlich, in sein Bad. / Wir mögen uns diese Unterbrechung der Erzählung zunutze machen, um gewisse Feststellungen zu treffen. Orlando war eine Frau geworden – das ist nicht zu leugnen. Aber in jeder anderen Hinsicht blieb Orlando genauso, wie er gewesen war. Der Wechsel des Geschlechts, wenn er auch die Zukunft der beiden änderte, tat nicht das geringste, ihre Identität zu ändern. Ihre Gesichter blieben, wie ihre Porträts beweisen, praktisch dieselben. Seine Erinnerung – aber in Zukunft müssen wir der Konvention zuliebe ‚ihre' statt ‚seine' und ‚sie' statt ‚er' sagen –, ihre Erinnerung also reichte durch alle Ereignisse ihres bisherigen Lebens zurück, ohne auf ein Hindernis zu stoßen. [...] Orlando war ein Mann bis zum Alter von dreißig Jahren; als er eine Frau wurde und es seitdem geblieben ist. (O: 99)

Im weiteren wird die Lebensgeschichte zunehmend turbulenter, besonders spektakulär die nun deutlich hervortretenden Zeitsprünge. Bereits auf der Rückfahrt nach England, im vierten Kapitel, versichert sich der Biograph seiner Immunität, um nicht für das Anstößige des von ihm Berichteten verantwortlich gemacht werden zu können. Außerdem muß er bald eingestehen, daß eine wahrheitsgetreue Beschreibung gesellschaftlicher und menschlicher Verhältnisse nur durch einen Dichter oder Romanschreiber zu leisten ist. Damit tritt er einen Teil seiner Aufgabe an den Schriftsteller ab (vgl. O: 137). Im fünften Kapitel, wir schreiben den 1. 1. 1800, gesteht sich Orlando angesichts ihres Poems *Der Eich-Baum*, an dem sie nun schon fast 300 Jahre arbeitet, daß sie durch alle Veränderungen hindurch dieselbe (resp. derselbe) geblieben ist (vgl. O: 166). Die früher behauptete Identität der Person wird nun durch die Literatur verifiziert. Im letzten Kapitel schließlich nähern sich die Reflexionen der Protagonistin und der Biographin immer mehr an, die aus ihren Romanen bekannten literarischen Gestaltungsprinzipien der Autorin setzen sich immer stärker durch. Mit der Beschreibung einer alltäglichen Szene aus dem Leben Orlandos endet das Buch; der letzte Satz wiederholt, in stilistisch deutlicher Überinszenierung, das Datum: „Und der zwölfte Schlag der Mitternacht erklang; der zwölfte Schlag der Mitternacht, Donnerstag, elfter Oktober, Neunzehnhundertachtundzwanzig." (O: 231) In dem Maße, wie inhaltlich begründete Differenzierungen zur Gliederung einer Lebensgeschichte nicht mehr zur Verfügung stehen, wird die Zeit zu dem Strukturprinzip, an dem sich Biographen orientieren können. Dieses rein äußerliche Gerüst gibt allerdings keinerlei Aufschluß darüber, *wie* zu erzählen ist. Am Ende von *Orlando* wirft Virginia Woolf nicht nur die Frage auf, wie die Biographie einer Frau abzufassen wäre – „aber die Wahrheit ist, daß, wenn wir über eine Frau schreiben, alles fehl am Platze ist" (O: 219) –, sondern die Probleme der Biographie, ihre Abgrenzung gegenüber dem Roman und die Schwierigkeit, das Leben eines Menschen wahrheitsgetreu zu beschreiben, bleiben weiterhin ungelöst, ja sie zeigen sich jetzt erst in ihrer ganzen Komplexität:

> Und in der Tat läßt sich nicht leugnen, daß die erfolgreichsten Betreiber der Kunst des Lebens, übrigens oftmals gänzlich unbekannte Menschen, es irgendwie fertigbringen, die sechzig oder siebzig verschiedenen Zeiten zu synchronisieren, die gleichzeitig in jedem menschlichen Organismus ticken, so daß, wenn es elf schlägt, der ganze Rest einstimmig einfällt und die Gegenwart weder eine gewaltsame Unterbrechung ist noch vollständig in der Vergangenheit vergessen. Von ihnen können wir mit Fug und Recht sagen, daß sie genau die achtundsechzig oder zweiundsiebzig Jahre leben, die ihnen auf dem Grabstein zugeschrieben werden. Bei den übrigen wissen wir von einigen, daß sie tot sind, obwohl sie unter uns wandeln; einige sind noch nicht geboren, obwohl sie die Formen des Lebens durchlaufen; andere sind Hunderte von Jahren alt, obwohl sie sich als sechsunddreißig bezeichnen. Die wahre Länge eines Menschenlebens ist, ungeachtet dessen, was das *Dictionary of National Biography* sagen mag, immer eine strittige Angelegenheit. Denn es ist ein schwieriges Geschäft – dieses Zeitmessen. (O: 214f.)

Mit dem Problem der Zeit stellt sich auch das der Identität noch einmal neu. Die Wechsel der Zeiten und des Geschlechts in *Orlando* sind also nicht bloß Ingredienzien einer phantastischen Geschichte, sondern die literarische Entfaltung problematisch gewordener Grundkonstellationen des menschlichen Selbstverständnisses.[11]

> Denn wenn es (bei grober Schätzung) sechsundsiebzig verschiedene Zeiten gibt, die alle gleichzeitig im Gemüt ticken, wie viele verschiedene Personen gibt es dann erst – Himmel hilf –, die alle zur einen oder anderen Zeit im Menschengeist hausen? Manche sagen, zweitausendundzweiundfünfzig. [...] diese Ichs, aus denen wir aufgebaut sind, eins über dem anderen, die wie Teller auf der Hand eines Kellners aufgestapelt sind, haben anderswo Bindungen, Sympathien, kleine eigene Verfassungen und Rechte, oder wie man sie nennen will (und für viele dieser Dinge gibt es keinen Namen), so daß das eine nur kommt, wenn es regnet, ein anderes nur in einem Zimmer mit grünen Vorhängen, ein anderes, wenn Mrs. Jones nicht da ist, ein anderes, wenn man ihm ein Glas Wein verspricht – und so weiter; denn jeder kann aus seiner eigenen Erfahrung die verschiedenen Bedingungen multiplizieren, die seine verschiedenen Ichs mit ihm ausgehandelt haben – und manche sind zu phantastisch lächerlich, um im Druck überhaupt erwähnt zu werden. (O: 216f.)

Mit *Orlando* versucht Virginia Woolf praktisch und am einzelnen Fall die Reichweite von Fakten einerseits und von Fiktionen andererseits zu bestimmen. Die Frage nach den Grenzen der Gattung, einer Trennung von *facts* und *fiction*, ist insbesondere im Hinblick auf die Personendarstellung relevant, denn das Ich ist zusammengesetzt aus realen und imaginären Anteilen, äußert sich mit ganz vielen unterschiedlichen Stimmen, die alle Ich sagen. Es ist also unerläßlich, historische und dichterische Wahrheit in das ihnen gemäße Verhältnis zu setzen.[12] Auf der Suche nach der Grenze von *facts* und *fiction* enthüllt Virginia Woolf, daß hier Grenze nicht als eine klar zu ziehende Trennlinie zwischen dem einen und dem anderen Bereich verstanden werden kann, sondern als diejenige Zone, in der die Fakten der äußeren Welt in die der Innenwelt übergehen. (Bekanntlich erweist sich die Dialektik der Grenze darin, daß sie als Grenze nur besteht in der Aufhebung von Grenzen.) Demzufolge unterscheiden sich Biographie und Roman lediglich durch die Blickrichtung: Die Lebensbeschreibung führt von der

---

11 Vgl. hierzu die literaturtheoretischen Essays, insbes. *The Narrow Bridge of Art* (1927) in: Virginia Woolf, Granite and Rainbow. Essays, London: Hogarth Press 1958, S. 11–23.

12 Die ‚Wahrheit der Dichtung' sieht Virginia Woolf in der authentischen Vision des Schriftstellers, die nicht an Fakten überprüft werden kann, sondern ihre Wahrheit selbst zu erweisen hat; darin stimmen ihre literaturtheoretischen Essays überein mit den literaturkritischen und rezeptionsästhetischen (denen, die um eine ‚Kunst des Lesens' bemüht sind). In ihrem Essay *Frauen und erzählende Literatur* (1929) etwa bestimmt sie die ‚vollkommene Integrität' als die ‚wesentliche Eigenschaft eines Kunstwerkes' (Virginia Woolf, Frauen und Literatur. Essays, übers. von Hannelore Faden und Helmut Viebrock, Frankfurt/M.: Fischer 1989, S. 13); „making a scene come right, making a character come together" bezeichnet sie in ihren autobiographischen Aufzeichnungen als die Quintessenz ihrer ‚Philosophie' und zugleich als die größte Befriedigung für sie selbst. (Virginia Woolf, Moments of Being, edited and with an introduction by Jeanne Schulkind, London: Grafton Books 1990 (revised and enlarged edition), S. 81; im weiter abgekürzt „MB".)

Darstellung der äußeren Wirklichkeit, die auch von anderen überprüft werden kann, zur Darstellung der inneren Welt, der Persönlichkeit, die ihre Plausibilität nicht allein durch Handlungen und deren Folgen erhält, sondern auch durch die Darlegung der Motive und Emotionen, ohne Erwägungen unterschiedlicher Möglichkeiten also gar nicht auskommt und deshalb in Bereiche des Dichterischen übergreift. Biographen sind stets in Gefahr, in diese Sphäre des ‚Vielleicht' abzugleiten (vgl. O: 217). In der Autobiographie stärker noch als bei der Lebensbeschreibung anderer können beide Blickrichtungen gleichermaßen präsent sein: die von außen nach innen und die von innen nach außen. Die Autobiographie ist folglich eine Gattung auf der Grenze. Zu ihren spezifischen Aufgaben gehört es, den Wechsel der Perspektive zu gestalten und dabei das Ich als Zentrum der Wahrnehmung zu behaupten, denn das Ich ist angesiedelt auf der Grenze zwischen außen und innen, hat Anteil an beiden Welten und ihren vielfältigen Erscheinungsformen. Im strengen Sinne ist es diese Grenze als Übergang. Will es über sich die Wahrheit aussagen, muß es seinem transitorischen Doppelcharakter gerecht werden und nach Darstellungsformen suchen, die den ‚Granit der Realität' und die ‚Träume vom Regenbogen' (CE IV: 221ff.) im Schreiben zusammenbringen. Eine nicht ganz leichte Aufgabe, wie Virginia Woolf bereits in *The New Biography* ausführte, denn Innen und Außen, *facts* und *fiction*, Roman und Biographie schließen einander aus, ziehen einander in Zweifel und neutralisieren sich. Wie die Neue Biographie wird auch die Autobiographie ein Amalgam aus den ‚harten Fakten' und den ‚imaginären Welten' sein. So rücken die fiktive Lebensbeschreibung Orlandos und die autobiographische Skizze ihrer Vergangenheit bei Virginia Woolf in unmittelbare Nähe zueinander – nicht wegen der vielfach diskutierten Bezüge, den personellen Entsprechungen und persönlichen Anspielungen, sondern auf einer reflexiven Ebene: Die Autorin erprobt unterschiedliche Schreibweisen, um das Leben in seiner ganzen Fülle zu erfassen, und legt sich selbst dabei Rechenschaft ab über Möglichkeiten und Grenzen ästhetischer Erfahrung.[13]

---

13 Zu Virginia Woolfs autobiographischen Schriften vgl.:
   1) Avrom Fleishman, „To return to St. Ives". Woolf's Autobiographical Writings, in: ELH 48 (1981), S. 606–618. Fleishman setzt sich mit dem autobiographischen Gehalt der Romane *To the Lighthouse* und *The Waves* auseinander; bei seiner Interpretation von *A Sketch of the Past* sieht er die Rechtfertigung autobiographischen Schreibens darin, daß „it makes *present* life more vivid" (S. 615).
   2) Christopher C. Dahl, Virginia Woolf's *Moments of Being* and Autobiographical Tradition in the Stephen Family, in: JML 10:2 (1983), S. 175–196. Dahls interessante Untersuchung sieht den Erfolg von *A Sketch of the Past* in der „congruence between personal impulse, artistic means, and aesthetic ends" (S. 192).
   3) Daniel Albright, Virginia Woolf as Autobiographer, in: KR 6:4 (1984), S. 1–17. Albright kritisiert, daß es der Schriftstellerin nicht gelinge, zu ihrem ‚inneren Selbst' vor-

3. Eine Skizze der eigenen Vergangenheit

Wie *Flush* (1933) für Virginia Woolf eine Erholung von *The Waves* (1931) war, so *Orlando* (1928) von *To the Lighthouse* (1927). Ihre eigenen autobiographischen Aufzeichnungen notiert sie in den Jahren 1939 und 1940, um sich von der langwierigen und anstrengenden Arbeit an der Biographie Roger Frys (1866–1934) zu erholen – eine Arbeit, unter deren Last sie in ihren Tagebüchern oft klagt.[14] Ganz zu ihrem Vergnügen überläßt sie sich den Erinnerungen an die eigene Kindheit und die glücklichen Sommer in St. Ives. Einerseits flieht sie also von der strengen schriftstellerischen Konzeption ihrer Romane in die Leichtigkeit der Erfindung; inspiriert durch einige wenige historische Fakten fingiert sie Biographien, in denen sie das Genre parodiert. Andererseits flieht sie dann von den harten biographischen Anforderungen zu den Notizen der eigenen Vergangenheit.

A Sketch of the Past enthält neben einzelnen Szenen aus der Kindheit und Jugend einige Familienporträts. Virginia Woolf skizziert die über alles geliebte

---

zudringen, um dieses dann in ihrer Autobiographie zu entfalten, weshalb ihr großangelegtes Projekt dann auch scheitere. Albright resümiert: „I wonder – and here is my risky speculation – whether Virginia Woolf did not in some sense feel that her proper place was that of a muse, with all a muse's frustration and impotence." (S. 17).

4) Phyllis-Frus McCord, „Little Corks That Mark a Sunken Net". Virginia Woolf's *Sketch of the Past* as a Fictional Memoir, in: MLS 16:3 (1986), S. 247–254. Ausgehend von einer Reader-Response-Theory schlägt McCord vor: „if we can read fictional texts the way we read so-called pragmatic ones, as if they were true, we can turn this round and read factual narratives as fiction, and there are many reasons we should." (S. 248) McCord betont die selbstreferentielle Seite der Texte und kommt deshalb zu folgender Einschätzung: „all narratives about the past, whether autobiography, history, or journalism, are only literary creations and are not the past itself." (Ebd.) Die Frage nach wahr oder falsch wird so abgelöst durch die nach den Konstruktionsbedingungen des Textes.

5) Josephine Donovan, Everyday Use and Moments of Being. Toward a Nondominative Aesthetic, in: Aesthetics in Feminist Perspective, ed. by Hilde Hein et al., Bloomington: Indiana UP 1993, S. 53–67. Donovan interpretiert die moments of being, wie übrigens viele andere Interpreten auch, als wichtige ästhetische Kategorie Virginia Woolfs, wobei sie auf deren autobiographische Skizze nur am Rande eingeht.

14 *Roger Fry. A Biographie* (1940) ist vergleichsweise konventionell abgefaßt. Virginia Woolf geht chronologisch vor und zitiert neben anderen Dokumenten auffällig viele Briefe. In ihrer Lebensbeschreibung Frys, die sie auf Drängen seiner Schwester Margery begonnen hatte, konzentriert sich Woolf auf die Arbeit Frys und auf die Entwicklung seiner Theorie postimpressionistischer, moderner und nichtgegenständlicher Kunst, die vor allem in seinen Büchern *Vision and Design* (1920), *Transformations* (1926) und *Cézanne* (1927) erläutert ist. Ob es Virginia Woolf in dieser Biographie gelungen ist, die Persönlichkeit Frys zu entwickeln, muß bezweifelt werden, da sie von seinem Privatleben ziemlich wenig berichtet.

Mutter, den tyrannischen alten Vater,[15] die Halbschwester Stella, die nach dem frühen Tod der Mutter den Haushalt führte, und deren Ehemann Jack Hill; ferner beschreibt sie ihr Verhältnis zu ihrem Lieblingsbruder Thoby. Über ihre Schwester Vanessa äußert sie sich nur indirekt, möglicherweise weil die beiden ein ganz besonders enges Verhältnis zueinander hatten, dem die für eine Charakteristik nötige Distanz fehlt. Außer Vanessa sind alle beschriebenen Familienmitglieder zum Zeitpunkt, als die Notizen zum Lebensrückblick festgehalten werden, bereits tot. Virginia Woolf setzt ihnen dort also ein Denkmal und scheint sich selbst aus dem Zentrum der Erzählung an den Rand zu rücken. Mit diesem Vorgehen verfolgt sie allerdings das Ziel, auch die Skizze zu einem Selbstporträt zu geben – zum einem, weil in der Art der Charakteristik der Eltern und Geschwister die eigene Sicht deutlich wird, zum anderen, weil die Familienmitglieder Virginia gleichsam von außen sehen lassen, ihre äußeren Konturen nachzeichnen. Dieser Versuch, die eigene Subjektivität zu übersteigen, findet sein Pendant darin, die anderen so darzustellen, wie sie dem eigenen Selbstverständnis nach waren. Innen- und Außenperspektive überlagern sich also, und zwar doppelt. Das autobiographische Ich ist dadurch gleichermaßen multiperspektivisch und fragmentarisch.[16]

Virginia Woolfs autobiographische Skizze, die erst 1976 zusammen mit anderen selbstbiographischen Texten aus dem Nachlaß publiziert wurde,[17] besitzt den Status des Unfertigen und Vorläufigen. Der Titel des Lebensrückblicks, *Eine Skizze der Vergangenheit*, hat programmatischen Charakter, denn eine vollständige und endgültige Biographie ist für Virginia Woolf undenkbar. Das bestätigen die besonders zu Beginn von *A Sketch of the Past* recht ausführlichen Reflexionen über die Schwierigkeiten, die sich beim Schreiben einer Lebensge-

---

15 Das am 19. Juni 1940 verfaßte Porträt des Vaters fehlt in der deutschen Übersetzung, die auf die noch unvollständige Erstpublikation von *Moments of Being* 1976 zurückgeht. (Virginia Woolf, Augenblicke. Skizzierte Erinnerungen, übers. von Elizabeth Gilbert, mit einem Essay von Hilde Spiel, Frankfurt/M.: Fischer 1984.)

16 Bereits in *Orlando* erschien es so, als lasse lediglich die veränderte Kleiderordnung der jeweiligen Zeit die Menschen andere Kostüme tragen. Mit dem Aussehen aber, so bemerkt Virginia Woolf, verändert sich unsere Befindlichkeit und unser Weltbild (vgl. O: 133). „So gibt es vieles, was die Ansicht unterstützt, daß es die Kleider sind, die uns tragen, und nicht wir sie" (O: 134). Die Wechselwirkung von außen und innen ist also je nach Perspektive verschieden.

17 Neben *A Sketch of the Past* umfaßt die von Jeanne Schulkind unter dem Titel *Moments of Being* zusammengestellte Sammlung autobiographischer Texte Virginia Woolfs noch *Reminiscences* (1907/08), einen Text, der als Lebensbericht der Schwester Vanessa gedacht war, tatsächlich aber die gemeinsame Kindheit und Jugend der beiden Schwestern erzählt (vgl. Schulkind, Introduction, S. 15), und *The Memoir Club Contributions*, drei kürzere Texte, die einer Gruppe enger Freunde präsentiert wurden: „22 Hyde Park Gate" (1920/21), „Old Bloomsbury" (1921/22) und „Am I a Snob?" (1936).

schichte einstellen. So etwa beginnt Virginia Woolf ihre zweite Eintragung am 2. Mai 1939 mit der Überlegung, daß in den autobiographischen Aufzeichnungen auch die gegenwärtige Zeit präsent sein muß, nämlich als diejenige Plattform, auf der die Verfasserin steht und von der aus sich die Vergangenheit allererst erschließt. (Ähnlichkeiten mit der Zeitphilosophie von Henri Bergson sind unverkennbar.) In ihrer Selberlebensbeschreibung will Virginia Woolf ihr damaliges Ich und ihr jetziges Ich gegeneinander setzen, damit sie sich wechselseitig konturieren, vielleicht auch, um so eine grobe Skizze ihrer ganzen Person in den Blick zu bringen. Die Vielfalt der Außenperspektive findet ihre Entsprechung in der um die Dimension(en) der Zeit erweiterten Innenperspektive, was die Darstellungsprobleme multipliziert und die prinzipielle Unabschließbarkeit einer Autobiographie erklärt. Den beunruhigenden Gedanken, daß die Vergangenheit stets abhängig ist vom aktuellen Standpunkt, das Vergangene folglich nicht ein für allemal feststeht, sondern sich im Laufe der Zeit notwendig verändert, führt Virginia Woolf nicht weiter aus. Sie fährt erst einmal fort, Material zu sammeln, und schreibt einige flüchtige Ereignisse auf, kleine bedeutungslose Szenen aus Kensington Gardens, an die sie sich noch schwach erinnert.

Die im April 1939 begonnenen und bis Juli fortgesetzten autobiographischen Notizen werden nach einer fast einjährigen Unterbrechung wieder aufgenommen, nachdem Virginia Woolf ihre alten Aufzeichnungen zufällig wiederentdeckte, als sie alle alten Unterlagen zu ihrer Biographie Roger Frys wegwerfen wollte. Im zweiten Teil ihres Lebensrückblicks, mit dem sie am 8. Juni 1940 beginnt, dominiert die Schilderung des Erinnerten; die Reflexionen zum Problem der Autobiographie nehmen ab. *A Sketch of the Past* endet mit der Beschreibung eines für die Viktorianische Zeit typischen Tagesablaufes und einer Charakteristik ihres Halbbruders George, der als „perfect fossil of the Victorian age" beschrieben wird (MB: 166); diese letzten Eintragungen stammen vom 11. Oktober 1940. Sie ergänzen die Ausführungen zur häuslichen Situation in *22 Hyde Park Gate* und die Beschreibung des eigenen Zimmers dort, die andeuten, welchen Einfluß dieses Privileg auf ihre weitere Entwicklung ausübte.

A Sketch of the Past ist strukturiert wie ein Tagebuch.[18] Die Tage, an denen Eintragungen vorgenommen wurden, werden stets genannt, auch aktuelle Ereignisse, wie der Krieg, werden zuweilen notiert oder auch „the horrid labour" an der Biographie Roger Frys (MB: 84). Der Lebensrückblick nimmt dadurch die Form eines Arbeitsjournals an, wobei sich natürlich nicht mit Sicherheit sagen

---

18 Im Unterschied zu ihrer Gewohnheit, im Tagebuch ihre Werke mit Kommentaren zu begleiten, gibt es dort nur wenige Hinweise auf *A Sketch of the Past*, was wohl damit zusammenhängt, daß die autobiographischen Ausführungen selbst in Tagebuchform geführt werden, eine doppelte Notation sich also erübrigt.

läßt, ob Virginia Woolf diese Grundstruktur für eine Veröffentlichung beibehalten hätte. Einiges zumindest spricht dafür, daß sie die Vorgehensweise, sich ihrer Vergangenheit schreibend zu versichern, nicht grundsätzlich geändert hätte.[19] Der Wechsel von Reflexion und Erinnerung liefert ein grobes Raster, das eine entsprechende Ausarbeitung gestattet, in der die einzelnen Szenen aus der Kindheit und Jugend zusammen mit den Porträts der Familienmitglieder immer wieder kommentiert und relativiert werden, so daß ein aus ganz unterschiedlichen Steinchen zusammengesetztes Mosaik der Vergangenheit der Autorin entsteht, in dem sie selbst allmählich als Person kenntlich wird – ein Porträt mit Tiefenwirkung. Insofern erweisen sich die Abschweifungen (*digressions*) als konstitutiver Bestandteil der Autobiographie, denn sie weisen den einzelnen Versatzstücken den ihnen gebührenden Platz zu. „Apparently a sketch was an appropriate form for memoir, for it gives a truer idea of her sense of her life as a tentative structure, always in construction, taking shape as she narrated it. She is reluctant to fix it permanently even in a sketch, unless she can render it as transitory, ephemeral, and unfinished as it seemed while living it."[20]

Während Virginia Woolf Szenen der eigenen Vergangenheit notiert, ist sie zugleich bemüht, den Prozeß der Erinnerung mitzubeschreiben. Indem sie ihre Vergangenheit vergegenwärtigt und deren Richtigkeit bestätigt, deckt sie den Mechanismus der Assoziation auf und beschreibt diesen Vorgang: Von einer ersten, spontan sich einstellenden Szene geht es weiter zu anderen, wobei deren Wichtigkeit zunimmt. Hier wird nun auch erkennbar, wie Schreiben und Erinnerung sich einerseits entsprechen und andererseits gegenseitig vorantreiben. Die durch das Schreiben gelenkte Form der Assoziation evoziert neue Erinnerungen, die festgehalten werden müssen. (Erinnerungen können im strengen Sinne nicht protokollarisch festgehalten werden, sondern sind immer schon strukturiert und interpretiert.) Die in der Erinnerung aufsteigenden Szenen erfordern eine entsprechende ‚Transkription'. Darin liegt Virginia Woolfs künstlerische Tätigkeit, und so entdeckt ihre autobiographische Selbstbesinnung den produktiven Zusammenhang von Leben und Schreiben in der Erinnerung.

---

19 Vgl. den Bericht der Herausgeberin von Jeanne Schulkind zu *Moments of Being*. Ferner: McCord, Virginia Woolf's „*Sketch of the Past*" as a Fictional Memoir (Anm. 13), S. 250: „Careful study of the drafts of ‚A Sketch of the Past' in the Woolf archive in the University of Sussex Library – the various manuscripts and the seventy pages of typescript – shows that its tentative form, its quasi-journal appearance and pretense of being only notes or raw material for art, is actually deliberate and permanent. The fact that the memoir was left unfinished at her death does not affect this conclusion, for the number of versions of some of the narrated experiences and the many changes and additions to the typescript reveal that this is the form the memoir took because it represents the only way the past can be apprehended: as process, in motion."
20 McCord (Anm. 13), S. 252.

> I find that scene making is my natural way of marking the past. A scene always comes to the top; arranged; representative. This confirms me in my instinctive notion – it is irrational; it will not stand argument – that we are sealed vessels afloat upon what it is convenient to call reality; at some moments, without a reason, without an effort, the sealing matter cracks; in floods reality; that is a scene – for they would not survive entire so many ruinous years unless they were made of something permanent; that is a proof of their ‚reality'. Is this liability of mine to scene receiving the origin of my writing impulse? (MB: 156)

A Sketch of the Past beginnt mit dem aktuellen Datum und nennt den Anlaß, eine Skizze der eigenen Vergangenheit zu entwerfen. „Two days ago – Sunday 16th April 1939 to be precise – Nessa said that if I did not start writing my memoirs I should soon be too old." (MB: 72) Gleich danach bezeichnet Virginia Woolf die mit einem solchen Vorhaben verbundenen Schwierigkeiten: 1) die Unzahl der Dinge, an die sie sich erinnern kann – das, was sie vergessen hat, erwähnt sie hier nicht als Problem – und 2) die verschiedenen Arten, in denen eine Lebensgeschichte abgefaßt werden kann. Es sind also vorrangig Fragen der Gestaltung, auf denen sie insistiert, denn so, wie das Vergangene nur in der Erinnerung existiert, ist eine Selbstversicherung der Erinnerung nur im Schreiben möglich: Wir *sind* die Geschichte, die wir erzählen. Erstaunlich ist, daß Virginia Woolf eine häufig genannte Schwierigkeit nicht diskutiert, nämlich die zu täuschen, d.h. bewußt oder unbewußt die Unwahrheit zu sagen. So wie alle wahrhaften Romanautoren ihre Vision ihres Werkes und seiner Figuren stets ernst genommen haben und dadurch deren Authentizität allererst bewirken, so verfährt Virginia Woolf offensichtlich mit ihren Lebenserinnerungen vergleichbar aufrichtig. (An einer bewußten Selbsttäuschung kann keinem Autobiographen wirklich gelegen sein.) Das Gestaltungsproblem ist damit keineswegs gelöst. Das Schreiben von Roman und Autobiographie wird dadurch allerdings wiederum parallelisiert. Die größten Schwierigkeiten beider Gattungen liegen darin, nicht über einen verbindlichen Vergleichsmaßstab zu verfügen, der eine wahrheitsgemäße Beschreibung der Person(en) gestattet, und außerdem fehlt eine genügend differenzierte Technik, alle Veränderungen, insbesondere die über Zeiträume hinweg, sowie die Gleichzeitigkeit des Ungleichzeitigen wiederzugeben. In *A Sketch of the Past* wird auf diese Schwierigkeiten mehrfach hingewiesen.

Obwohl sie sich an viele Einzelheiten erinnern kann, stellt Virginia Woolf fest, daß es ihr nicht gelingt, den Fokus des Kindes und die sich daraus ergebenden Proportionen der Außenwelt wiederzufinden (vgl. MB: 87). Hinter dieser Schwierigkeit verbirgt sich das Problem der Einzigartigkeit jedes Menschen: *Individuum est ineffabile*. Nicht das Lückenhafte und möglicherweise sogar Falsche der Informationen über andere stellt also für Biographen das größte Problem dar, sondern der fehlende Maßstab, eine gesicherte Position, von der aus das ganze Leben erkennbar wäre. Diese Außenperspektive – Hilary Putnam hat sie *God's eye view* genannt – gibt es nicht. Autobiographen haben offenbar ein ganz analoges Problem, denn auch die Subjektivität als entsprechendes Innen bietet keinen gesicherten Standort, der eine verbindliche Lebensbeschreibung gestattet. Sie ermöglicht ihrerseits nur immer neue, stets vorläufige Annäherungen. Das Ich als ein festes inneres Zentrum existiert nicht. Virginia Woolf reflektiert dieses Problem, indem sie sich eingesteht, daß es äußerst schwierig ist, gefühlsmäßige Bindungen, Instinkte, Affekte und Leidenschaften zu beschreiben (vgl. MB: 89); sie selbst zumindest hat solche Schilderungen in ihrer autobiographischen Skizze weitgehend ausgespart. Neuerlich verweist sie darauf, daß nur ein Künstler die Persönlichkeit eines Menschen lebendig erscheinen lassen kann (vgl. MB: 95).

In *A Sketch of the Past* stellt Virginia Woolf die Frage, wie sie ihre eigenen Gefühle beim Tod ihrer Mutter schildern soll und wie diese Gefühle zu trennen sind von der Person der Mutter, die eine eigene klare Beschreibung erforderte: „if I turn to my mother, how difficult it is to single her out as she really was; to imagine what she was thinking, to put a single sentence into her mouth! I dream: I make up pictures of a summer's afternoon." (MB: 97) Als Schriftstellerin hat Virginia Woolf dieses Problem zumindest partiell gelöst, indem sie mit Mrs. Ramsay aus *To the Lighthouse* ein literarisches Porträt ihrer Mutter schuf. Dadurch konnte sie sich befreien von dem andauernden Einfluß und der enormen Bedeutung, die ihre Mutter noch lange nach ihrem Tod für sie hatte. Indem die unsichtbare, nur im Bewußtsein vorhandene Präsenz der Mutter literarisch verarbeitet wurde, konnte die von ihr ausgehende Obsession stillgestellt werden. Im sichtbar Gemachten ist die Gefahr gebannt.

> I wrote the book very quickly; and when it was written, I ceased to be obsessed by my mother. I no longer hear her voice; I do not see her. / I suppose that I did for myself what psycho-analysts do for their patients. I expressed some very long felt and deeply felt emotion. And in expressing it I explained it and then laid it to rest. (MB: 90)

Was Virginia Woolf hier als psychotherapeutische Funktion der Literatur diagnostiziert, erklärt auch, warum sie an anderer Stelle behauptet, die Seele des Schriftstellers sei seinen Werken eingeschrieben. Was aber können Schriftsteller dann noch ihrer Autobiographie anvertrauen? Virginia Woolf legt sich in *A Sketch of the Past* Rechenschaft ab über das Verhältnis von Leben und Schreiben, verbindet also persönliche und poetologische Reflexionen, wobei die autobiographische Skizze ihrerseits nur eine weitere Möglichkeit darstellt, eine neue Schreibweise zu erproben, die Selbsterkundungen voranzutreiben. Die Autobiographie ist freilich kein privilegiertes Genre. So wie wir einen Autor aus seinen Werken begreifen, so zählen auch Selberlebensbeschreibungen zu den

Werken, von denen jedes uns andere Perspektiven eröffnet „by hanging up looking-glasses at odd corners". Der unmittelbare Zugang zur Wirklichkeit bleibt dem Leser ebenso verwehrt wie der Blick hinter den Spiegel.

4. Momente des Seins und die Autobiographie

In ihrem Essay *De Quinceys Autobiographie* (1932) schreibt Virginia Woolf, „daß die Kunst der Autobiographie, wie sie das achtzehnte Jahrhundert kannte, in grundlegendem Wandel begriffen ist. Auch die Kunst der Biographie macht eine Wandlung durch. Hiernach konnte niemand mehr behaupten, die ganze Wahrheit über das Leben ließe sich sagen, ‚ohne durch den Nebel zu dringen'; ohne ‚seine eigenen geheimen Beweggründe des Tuns und Lassens' zu enthüllen. Doch haben auch äußere Vorgänge ihre Bedeutung. Um die ganze Geschichte eines Lebens zu erzählen, muß der Autobiograph irgendein Mittel ersinnen, mit dessen Hilfe beide Ebenen der Existenz erfaßt werden können – die schnelle Abfolge von Ereignissen und Handlungen; das langsame Sich-Erschließen einzelner und ernster Augenblicke konzentrierter Empfindung. Es ist das Faszinierende an De Quinceys Seiten, daß die beiden Ebenen in wunderschöner, wenn auch ungleicher Weise vereint sind." (GL II: 163) Ihr eigener Entwurf zu einer Autobiographie ist an Schilderungen äußerer Ereignisse arm, was bei einer Ausarbeitung leicht hätte nachgeholt werden können. Virginia Woolf konzentriert sich jedoch, und das ist programmatisch, ganz auf die Seite der Empfindungen, wobei sie zwei ‚Ebenen der Existenz' unterscheidet: die Augenblicke des Seins, die den Einbruch der Transzendenz in die Immanenz markieren[21] und durch die Erinnerung privilegiert werden, und solche des Nicht-Seins, die Selbstvergessenheit im Gewöhnlichen, das, woran der Autobiograph sich gar nicht oder nur recht vage erinnert und was folglich für die Darstellung enorme Probleme aufwirft. Die Schwierigkeiten, diese beiden Ebenen des Seins darzustellen, und das heißt auch, sie zueinander in Beziehung zu setzen, sind denen der Darstellung des Unsichtbaren, die Virginia Woolf für ihre Romane geltend macht, verwandt. Sie münden stets darin, die allgegenwärtige unsichtbare Präsenz des Geistigen in Erzählung zu überführen, bevorzugt in den wenigen ausgezeichneten Augenblicken des Seins, die aber eingebunden sein müssen ins Alltägliche. „Yet it is by such invisible presences that the ‚subject of this me-

---

21 „For embedded within the material world is the spiritual, the transcendent, revealed in ‚moments of being'." (Donovan, Everyday Use and Moments of Being (Anm. 13), S. 56.)

moir' is tugged this way and that every day of his life; it is they that keeps him in position." (MB: 90)[22]

Den überwiegenden Teil des Tages verbringen wir unbewußt, indem wir eine alltägliche Routine abspulen, ohne daß sie sich in der Erinnerung festsetzt. Virginia Woolf erscheint der größte Teil der Zeit ‚wie in Watte gepackt, unbeschreiblich' (MB: 79). In einer privaten Abkürzungsformel nennt sie diese Ausfallzeiten des Lebens *moments of non-being* – das, was sich einer Darstellung erst einmal entzieht, im Unsichtbaren und im Vergessen verschwindet und von dort aus eine bedrohliche Qualität bekommt:

> This leads to a digression, which perhaps may explain a little my own psychology; even of other people's. Often when I have been writing one of my so-called novels I have been baffled by this same problem; that is, how to describe what I call in my private shorthand – ‚non-being'. Every day includes much more non-being than being. Yesterday for example, Tuesday the 18th of April, was [as] it happened a good day; above the average ‚being'. It was fine; I enjoyed writing these first pages; my head was relieved of the pressure of writing about Roger [Fry, C.H.]; I walked over Mount Misery and along the river; and save that the tide was out, the country, which I notice very closely always, was coloured and shaded as I like – there were the willows, I remember, all plumy and soft green and purple against the blue. I also read Chaucer with pleasure; and began a book – the memoirs of Madame de la Fayette – which interested me. The seperate moments of being were however embedded in many more moments of non-being. I have already forgotten what Leonard and I talked about at lunch; and at tea; although it was a good day the goodness was embedded in a kind of nondescript cotton wool. This is always so. A great part of every day is not lived consciously. (MB: 78f.)

Zu den Aufgaben des Schriftstellers gehört es, beide Arten des Seins – *moments of being* und *moments of non-being* – darzustellen, auch die Augenblicke des Nicht-Seins wollen der Bewußtlosigkeit entrissen, in der Literatur festgehalten und so allererst sichtbar gemacht werden. Anders als bei Romanen, in denen das zum Teil gelingt, liegt hier für das Genre der Lebensbeschreibung, der eigenen und der fremden, ein noch ungelöstes Problem. Das, woran sich der Autobiograph nicht erinnert, kann er nicht (wahrheitsgemäß) berichten. Außerdem ließe eine die Banalität des Alltags in epischer Breite beschreibende Geschichte die porträtierte Person im Unmaß der Belanglosigkeiten verschwinden und wäre schon deshalb nicht wünschenswert. Die Erinnerung heftet sich stets an das Außergewöhnliche und führt dadurch falsche Gewichtungen in die Vergangenheit ein, womit alle Versuche, das Leben genau so beschreiben zu wollen, wie es wirklich war, zum Scheitern verurteilt sind. Ist aber über eine Wiedergabe auch im verkleinerten Maßstab ans Leben nicht heranzukommen, so muß Quantität durch Qualität ersetzt, das Leben in ausgewählten Augenblicken offenbart wer-

---

22 Das notiert Virginia Woolf gleich nach ihren Ausführungen zur unsichtbaren Präsenz ihrer Mutter, die bis zur literarischen Verarbeitung in *To the Lighthouse* andauerte.

den, und der ‚Philosophie' Virginia Woolfs zufolge zeigt sich in den *moments of being* wirklich das Leben in seiner ganzen Lebendigkeit, was sie in ihrer autobiographischen Skizze mit vielen Beispielen belegt. In *A Sketch of the Past* bekennt sie:

> This intuition of mine – it is so instinctive that it seems given to me, not made by me – has certainly given its scale to my life ever since I saw the flower in the bed by the front door of St Ives. If I were painting myself I should have to find some – rod, shall I say – something that would stand for the conception. It proves that one's life is not confined to one's body and what one says and does; one is living all the time in relation to certain background rods or conceptions. Mine is that there is a pattern hid behind cotton wool. And this conception affects me every day. (MB: 81f.)

Das Selbstverständnis Virginia Woolfs basiert auf diesen ontologischen Voraussetzungen, die sowohl ihr Schreiben als auch ihr Leben entscheidend bestimmen. Was sie in ihrem Leben als Evidenz erfährt, versucht sie in ihrem Schreiben zu gestalten, d.h. sich selbst zu erklären und dadurch auch anderen erfahrbar zu machen. Durch die künstlerische Gestaltung verweist sie auf eine jenseits des Sichtbaren liegende Ordnung, was ihr den Ruf einer ‚modernen Mystikerin' eingetragen hat.[23] Die vereinzelt erfahrbare Ganzheitlichkeit und das idealisierte Bild der Mutter korrespondieren und bestätigen einander. „She was the whole thing; Talland House was full of her; Hyde Park Gate was full of her." (MB: 92) Die durch die Mutter repräsentierte Ganzheit – aus anderen Quellen wissen wir, daß es sich um eine Wunschprojektion handelt, die aus Mangel an Aufmerksamkeit und Zuwendung der Tochter gegenüber resultiert – findet Virginia Woolf auch in anderen von ihr *moments of being* genannten Augenblicken wieder. Es sind solche intensiver Erfahrung und gesteigerter Selbsterfahrung, in denen sich das ‚wahre Ich' offenbart und sein tiefes Einverständnis mit sich selbst und zugleich mit den Dingen erfährt. Die durch die *moments of being* bewirkte Selbstbestätigung ist allerdings höchst ambivalent: „I am hardly aware of myself, but only of the sensation. I am only the container of the feeling of ecstasy, of the feeling of rapture." (MB: 76)

An guten Tagen, so führt Virginia Woolf aus, ist die Anzahl der Augenblicke des Seins höher als an schlechten. So bestätigt sich eine schon durch die Nomenklatur vorgenommene Wertung der beiden gegensätzlichen Modalitäten des Seins, die allerdings wenig später korrigiert wird durch die Feststellung: „many of these exceptional moments brought with them a peculiar horror and a physical collapse; they seemed dominant; myself passive." (MB: 80f.) Einerseits sind die *moments of being* verbunden mit dem beglückenden Gefühl, in einem großen Ganzen aufzugehen, in ein übermächtiges Ganzes einzutauchen, andererseits ist

---

23 Vgl. Schöneich (Anm. 4), S. 130f.

die Erfahrung absoluter Ohnmacht und des Selbstverlustes äußerst bedrohlich. Diese paradoxe Grundstruktur, die Selbstbestätigung und Negation des eigenen Ich aneinander bindet, reflektiert Virginia Woolf in ihrer Autobiographie. Die Ambivalenz der Empfindung, eine bis ins Extreme reichende Sensibilität ist ihrer eigenen Einschätzung nach das, was sie zur Schriftstellerin befähigt, denn die mit den *moments of being* verbundenen Schockerfahrungen verlangen nach einer Erklärung, die sie in ihrem Schreiben leistet. Die eigentliche Aufgabe des Schriftstellers sieht Virginia Woolf folglich darin, die hinter den Erscheinungen der Dinge liegende Ordnung zu entdecken, an die der Schock gemahnt, und sich selbst als Teil dieses Ganzen zu begreifen, das sich überhaupt erst in der Erfahrung des Einzelnen als dieses Ganze zu erkennen gibt. Nur vom Ich aus erschließt sich die Welt. „All artists I suppose feel something like this." (MB: 82) Die Subjektivität erweist sich im modernen Roman als herrschendes Prinzip, während zugleich das einzelne Ich immer mehr in der Unkenntlichkeit verschwindet. Diese Spannung ist auch für moderne Autobiographien konstitutiv: Hier erweist sich das Ich als Grenze, die immer wieder überschritten werden muß, will sich das Ich als unverwechselbares in allen seinen Facetten erfassen.[24] Die Selberlebensbeschreibung ist der Versuch, die Geschichte des Individuums zu schreiben. Sie umfaßt neben den äußeren Ereignissen vor allem die inneren, die ausgezeichneten Augenblicke des Seins, aber auch *moments of non-being* – Zeiten, in denen die der Welt eingesenkte Transzendenz nicht erfahren bzw. aktualisiert wird und folglich das Ich gesichtslos und leer bleibt. Vor dem Hintergrund ihrer ‚Philosophie' legt sich Virginia Woolf ihr Leben als Künstlerin aus, und diesen Zusammenhang erläutert sie so explizit nur in ihrer Autobiographie.

> And so I go on to suppose that the shock-receiving capacity is what makes me a writer. I hazard the explanation that a shock is at once in my case followed by the desire to explain it. I feel that I have had a blow; but it is not, as I thought as a child, simply a blow from an enemy hidden behind the cotton wool of daily life, it is or will become a revelation of some order; it is a token of some real thing behind appearances; and I make it real by putting it into words. It is only by putting it into words that I make it whole; this wholeness means that it has lost its power to hurt me; it gives me, perhaps because by doing so I take away the pain, a great delight to put the severed parts together. Perhaps this is the strongest pleasure known to me. It is the rapture I get when in writing I seem to be discovering what belongs to what; making a scene come right; making a character come together. From this I reach what I might call a philosophy; at any rate it is a constant idea of mine; that behind the cotton wool is hidden a pattern; that we – I mean all human beings – are connected with this; that the whole world is a work of art; that we are parts of the work of art." (MB: 81)

---

24 Vgl. den Essay *Mr. Bennett und Mrs. Brown* (1924), in dem Virginia Woolf das Problem der Personendarstellung im modernen Roman erläutert (CE I: 319–337).

Insofern Virginia Woolf davon ausgeht, daß die ganze Welt ein Kunstwerk ist, kann sie den Versuch unternehmen, die Welt im Roman und das Einzelleben in einer Biographie entsprechend wiederzugeben. Auf die platonischen Reminiszenzen ihrer Auffassung ist mehrfach hingewiesen worden,[25] das von ihr vertretene moderne, philosophisch reflektierte Realismuskonzept ist uns mittlerweile vertrauter geworden.[26] Die in den autobiographischen Aufzeichnungen *moments of being* genannten Erfahrungen entsprechen den künstlerischen *moments of vision* der Schriftstellerin; diese sind den Epiphanien bei James Joyce vergleichbar. Leben und Schreiben gründen gleichermaßen in der Erinnerung, die sich jedoch nur an ereignislosen Tagen einstellt, wodurch die *moments of non-being* ihre Kehrseite preisgeben. Sie werden gleichsam zu Katalysatoren für die erinnernde Erfahrung der Augenblicke des Seins. Die für die Vergangenheit durchsichtige und auf sie gestützte Gegenwart gehört zu der von Virginia Woolf als intensiv erlebten Zeit (vgl. MB: 109). Das Leben offenbart seine ganze Fülle also nicht einfach nur im Hier und Jetzt, sondern indem das Ich in die eigene Vergangenheit abtaucht. „I see myself as a fish in a stream; deflected; held in place; but cannot describe the stream." (MB: 90) Virginia Woolf bezeichnet das Leben als großen Strom, den sie als Ganzen nicht überblicken kann, denn sie selbst ist der darin schwimmende Fisch, der ohne Aufgabe und Ziel in seinem Lebensbereich gehalten wird, der aber auch fortgerissen werden kann. Die sich hieraus ergebenden Probleme – aber auch die neuen Möglichkeiten – einer Kunst der Biographie sind sehr groß. Wie ist die Ganzheit des Lebens, bestehend aus wenigen *moments of being* und einer Unmenge von *moments of non-being* als Ganzes überhaupt auszumachen? Wie reiche ich an die eigene Vergangenheit heran? Die Augenblicke des Seins in ihrer Ambivalenz von gesteigerter Erfahrung und Auslöschung des Ich bringen zwar die Lebendigkeit des Lebens in seiner Dialektik zum Ausdruck, die Augenblicke des Nicht-Seins hingegen, die drohende Präsenz des Unsichtbaren und Vergessenen, sind damit keineswegs bewältigt. In ihrer autobiographischen Skizze hat Virginia Woolf darauf keine Antworten, sie wirft nur Fragen auf.

---

25 „The idea of a privileged moment when a spiritually transcendent truth of either personal or cosmic dimensions is perceived in a flash of intuition is, of course, a commonplace of religious experience and in particular of mystical traditions of thought, as well as a recurrent feature of idealist philosophies from Plato onwards." (Schulkind (Anm. 12), S. 22)

26 Vgl. Schöneich (Anm. 4), S. 127ff.; vgl. auch: Willi Erzgräber, Zur Ästhetik des Augenblicks bei Virginia Woolf, in: GRM 34:1–2 (1984), S. 133–148; ferner: Vera Nünning (Anm. 4); hier wird auch die einschlägige Forschungsliteratur diskutiert. Der Zusammenhang von Autobiographie und Poesie bleibt jedoch durch die Konzentration auf die ‚nichtfiktionalen Schriften' unterbelichtet. Vgl. ferner: Claudia Wenner, *Moments of Being. Zur Psychologie des Augenblicks*, Frankfurt: Vervuert 1998.

Kapitel V

Wassily Kandinsky:
Das vom Geistigen Inspirierte Ich

In seiner 1919 als „Beitrag zu einer russischen Enzyklopädie" verfaßten kurzen *Selbstcharakteristik* stellt sich der Begründer der abstrakten Malerei so vor: „Kandinsky Wassily – Maler, Graphiker und Schriftsteller – der erste Maler, der die Malerei auf den Boden der rein-malerischen Ausdrucksmittel stellte und das Gegenständliche im Bild strich."[1] Es folgt ein summarisch knapper, den enzyklopädischen Anforderungen entsprechender Lebenslauf, und am Ende dieses damals nicht publizierten Beitrags faßt Kandinsky (1866–1944) die eigene, für die Moderne zu Beginn des 20. Jahrhunderts eminent wichtige Kunsttheorie zusammen; sie sei hier wegweisend vorangestellt:

> Die Theorie Kandinskys ist auf dem Prinzip der inneren Notwendigkeit gegründet, die er für das Hauptprinzip der sämtlichen Gebiete des geistigen Lebens erklärt. Seine Analyse der zeichnerischen und farbigen Form beruht auf der psychischen Wirkung der Form auf den Menschen. Er lehnt jede Aufstellung einer absoluten Formlösung ab und behauptet, daß die Konstruktionsfrage stets einen rein relativen Wert hat: jedes Werk wählt sich seine Form und unterliegt nur der inneren Notwendigkeit. Jedes Formelement hat seine absolute physische Wirkung (= Wert); die Konstruktion wählt unter diesen Mitteln so, daß sie den absoluten Wert zu einem relativen macht, so daß zum Beispiel Warmes kalt wird und Spitzes stumpf. Der entstehende Zwei- oder Mehrklang bietet unbegrenzte Möglichkeiten. Die absolute Freiheit des Künstlers wird durch die innere Notwendigkeit beschränkt, die wieder von drei Forderungen bestimmt wird: 1. die Aufgabe des einzelnen Künstlers, 2. die Aufgabe der Zeit und des Volkes (solange einzelne Völker existieren) und 3. die Aufgabe der in der Abstraktion lebenden und nach Materialisierung suchenden Kunstelemente des Persönlichen, Element der Zeit und Element des Ewigen, wobei die ersten zwei Elemente mit der Zeit abklingen und das dritte ewig lebendig bleibt. Den Schluss des 19. Jahrhunderts und den Anfang des 20. hält Kandinsky für den Anfang einer der größten Epochen des geistigen Lebens der Menschheit. Er nennt sie die ‚Epoche des großen Geistigen'. (GS: 61f.)

---

1 Wassily Kandinsky, Gesammelte Schriften, Bd. 1: Autobiographische Schriften, hrsg. von Hans Konrad Roethel und Jelena Hahl-Koch, Bern: Benteli 1980, S. 60. (Diese Ausgabe wurde nie über den ersten Band hinaus fortgesetzt.) Im weiteren abgekürzt „GS"; die *Rückblicke* (S. 27–50) werden eigens hervorgehoben und abgekürzt „R".

1. Die Selberlebensbeschreibung im Kontext der Werke

Kandinsky zählt zu den sogenannten Doppelbegabungen, denjenigen Künstlern, die nicht nur in einer Sparte Außerordentliches leisten, sondern mindestens zwei künstlerische Talente besitzen und ausüben. Er war nicht nur auf dem Gebiet der Malerei innovativ, sondern publizierte auch *Gedichte ohne Worte* (1904) und Prosagedichte unter dem Titel *Klänge* (1913);[2] nicht zuletzt trat er mit kunsttheoretischen Schriften hervor. Jelena Hahl-Koch erläutert in ihrem Aufsatz *Zu den Dokumenten einer Künstlerfreundschaft*: „Gleichermaßen charakteristisch für Kandinsky und Schönberg ist ihr ausgeprägter analytischer Verstand, so daß schöpferische Vision und intellektuelle, wertende Arbeit dicht nebeneinander wirksam waren, ohne einander im Wege zu stehen."[3] Diese spezifische Form der Doppelbegabung betont auch der Kunsthistoriker Anselm Riedl: „bildnerische Progression und geistige Auseinandersetzung sind bei Kandinsky auf eine besondere Weise verzahnt."[4] Selbst innerhalb der „Erneuerung der Malerei durch Kandinsky" ist diese doppelsträngige Tendenz zu beobachten, hier ist sie gegenläufig. Sie weist in zwei Richtungen: „nach der expressiven Abstraktion hin und nach der Seite der mathematischen Denkform in der Malerei".[5]

Wassily Kandinsky besitzt ausgesprochen synästhetische Dispositionen. Seine Vorstellung einer Grenzüberschreitung der Künste und ihrer Wechselwirkung verwirklichte er u.a. in dem gemeinsam mit seinem Freund Franz Marc herausgegebenen Almanach *Der Blaue Reiter* (1912), der neben einer Reihe programmatischer Texte ganz unterschiedliche Abbildungen von Werken mo-

---

2 *Gedichte ohne Worte* besteht aus zwölf Schwarz-Weiß-Holzschnitten, zwei Vignetten und einem Holzschnitt auf dem Umschlag, die 1903 entstanden und 1904 in Moskau veröffentlicht wurden; erwähnt werden sie hier wegen ihres programmatischen Titels, der auf eine die Grenzen der Künste überschreitende Arbeit hinweist. – *Klänge*, 1913 im Piper Verlag München in kleiner Auflage erschienen, besteht aus 37 kurzen Texten – man könnte sie vielleicht am ehesten als ‚Gedichte in Prosa' bezeichnen, wobei allerdings zu bemerken ist, daß Form und Inhalt der einzelnen Texte stark differieren – und 11 farbigen Holzschnitten (ohne Titel), 12 ganzseitigen Schwarz-Weiß-Holzschnitten und 28 kleinen, den Texten zugeordneten Schwarz-Weiß-Holzschnitten. „Die Gedichte sind in den Jahren 1908–1913 aus demselben Impuls entstanden wie die Bilder, Kandinsky schrieb 1938 rückblickend, er wechsele nur das Instrument, wenn er dichte." (Will Grohmann, Wassily Kandinsky. Leben und Werk, Köln: DuMont 1958, S. 100.)
3 Jelena Hahl-Koch, Nachwort zu: Arnold Schönberg – Wassily Kandinsky. Briefe, Bilder und Dokumente einer außergewöhnlichen Begegnung, hrsg. von Jelena Hahl-Koch, München: dtv 1983, S. 177–209; hier: S. 185.
4 Peter Anselm Riedl, Wassily Kandinsky mit Selbstzeugnissen und Bilddokumenten, Reinbek: Rowohlt 6/1993, S. 29.
5 Grohmann (Anm. 2), S. 9 u. S. 11.

derner Künstler[6] enthält, ferner Reproduktionen aus der Volkskunst (Votivbilder und bayerische Hinterglasmalerei), die wegen ihrer „verblüffende[n] Eigenschaft der kompositionellen Form"[7] gerade neu entdeckt und gegenüber dem Akademismus aufgewertet wurde, ebenso Abbildungen anderer Werke des sogenannten Primitivismus, darunter auch Kinderzeichnungen, und schließlich noch Musikbeilagen von Arnold Schönberg, Alban Berg und Anton v. Webern. „Jede Kunst hat eine eigene Sprache, d.h. die nur ihr eigenen Mittel",[8] und doch, so führt Kandinsky weiter aus, im „*letzten innerlichen Grunde* sind diese Mittel vollkommen gleich",[9] denn ihr Ziel ist es jeweils, die Seele in Vibration zu versetzen, also den Betrachter, Zuhörer oder Leser zu sensibilisieren. Das ‚Drama der Zukunft' besteht „aus dem Komplex der inneren Erlebnisse (Seelenvibrationen) des Zuschauers."[10] In seiner Schrift *Über das Geistige in der Kunst* (1912) hatte Kandinsky als den Zweck der Kunst die „Entwicklung und Verfeinerung der menschlichen Seele" genannt.[11] Seine Konzeption einer durch Mit- und Gegenwirkung herbeigeführten wechselseitigen Verstärkung der verschiedenen Künste verbindet Kandinsky zu einer Bühnensynthese: Der musikalische Ton und seine Bewegung, der körperlich-seelische Klang und seine Bewegung sowie der farbige Ton und seine Bewegung wirken zusammen, mit und gegeneinander, während die äußere Handlung und ihr Zusammenhang entfallen, Worte auf ihren Klang (und ihre Farbigkeit) reduziert werden.[12] Diese abstrakte Form des Gesamtkunstwerks[13] hat Kandinsky in seinem Bühnenwerk *Der gelbe*

---

6 Im *Blauen Reiter* wurden außer Bildern der beiden Herausgeber Werke von Delaunay, Cézanne, Gauguin, van Gogh und Henri Rousseau abgedruckt, ferner von den Expressionisten Macke, Kirchner, Nolde, Kokoschka, Pechstein, Otto Müller und von Gabriele Münter sowie von Campendonk, Burljuk, Le Fauconnier, A. Bloch, E. Heckel, Baldung-Grien, E. Kahler, W. Morgner, Gontscharowa und Giriend, außerdem Bilder von Kubin, Picasso, Matisse, Arp und Klee; besonders hervorzuheben sind ein Werk von El Greco und zwei Bilder von Arnold Schönberg.
7 Wassily Kandinsky, Über die Formfrage, in: Der Blaue Reiter, hrsg. von Wassily Kandinsky und Franz Marc, Dokumentarische Neuausgabe von Klaus Lankheit, München: Piper 8/1990, S. 132–182; hier: S. 169.
8 Kandinsky, Über Bühnenkomposition, in: Der Blaue Reiter (Anm. 7), S. 189–208; hier: S. 189.
9 Ebd., S. 190.
10 Ebd., S. 207.
11 Wassily Kandinsky, Über das Geistige in der Kunst, 10. Aufl. mit einer Einführung von Max Bill, Bern: Benteli 10/1970, S. 134 (im weiteren abgekürzt „GK").
12 Kandinsky, Über Bühnenkomposition (Anm. 8), S. 206ff.
13 Vgl. Klaus Kropfinger, Wagner – van de Velde – Kandinsky, in: Richard Wagner 1883–1983. Die Rezeption im 19. und 20. Jahrhundert. Gesammelte Beiträge des Salzburger Symposions, Stuttgart: H. D. Heinz 1984, S. 181–206.

Klang umgesetzt,[14] das im *Blauen Reiter* nach seinen programmatischen Ausführungen *Über Bühnenkomposition* abgedruckt ist; signifikant sind die aus der Musik entlehnten Begriffe, die nun für die Malerei sowie für die Lyrik und Dramatik konzeptionelle Bedeutung erlangen. Die theoretischen Texte schreiben den künstlerischen Experimenten und Erfahrungen gleichsam hinterher; *Der gelbe Klang* ist 1909 entstanden, *Über Bühnenkomposition* Ende 1911 geschrieben. „Die Praxis liegt also auch hier vor der Theorie."[15] Sie dient der Selbstverständigung und der Vermittlung der neuen Kunstformen ans Publikum. Der Vorwurf der Theorielastigkeit abstrakter Kunst geht an Kandinskys Intentionen ebenso vorbei wie der, die Abstraktion verberge.[16] „Kandinsky beobachtet, daß die Künste sich im Augenblick der geistigen Erneuerung einander nähern, und zwar durch ihre Wendung zum Abstrakten, zu den Elementen und zur inneren Natur."[17]

Im Zusammenhang seiner Begründung der integrativen Grenzüberschreitung der Künste erhält auch die Selbstbiographie ihren Platz und bekommt eine ihr eigene Bedeutung zugewiesen. In der Grundlegung seiner von einem Entwicklungsmodell ausgehenden Ästhetik, die für die Zeit der Moderne eine Befreiung der Form propagiert – *„der Künstler darf jede Form zum Ausdruck bringen"* (GK: 83) – und ein Streben zum „Nichtnaturellen, Abstrakten und zur inneren Natur" (GK: 54) konstatiert, nennt Kandinsky als Movens dieses Strebens zum Geistigen in der Kunst das Wort des Sokrates: „Erkenne dich selbst!" (GK: 54). Kandinskys ästhetisches Programm trifft sich also mit einem der entscheidenden autobiographischen Impulse. Wenn er das „innere Leben der Kunst" mit der eigenen Seele identifiziert (vgl. R: 40), weist er der Autobiographie eine gewisse Sonderstellung zu. Ihr traditionelles Gattungsziel, die Selbsterkenntnis, behält sie in der Moderne zwar bei, diese Aufgabe bekommt aber einen besonderen Stellenwert, denn von der Selbsterkenntnis werden nun Weltdeutung und Kunstproduktion direkt und unmittelbar abhängig. Das Subjekt wird zum alleinigen Zentrum seiner Welt. Allerdings ist das Ich bei Kandinsky noch nicht in allen Fragen ganz auf sich allein gestellt; die von ihm postulierten metaphysi-

---

14 Vgl. Paul Gerhard Klussmann, Über Wassily Kandinskys Bühnenkomposition *Der gelbe Klang*, in: Das Wagnis der Moderne. Festschrift für Marianne Kesting, hrsg. von Paul Gerhard Klussmann u.a., Frankfurt am Main u.a.: Lang 1993, S. 299–312.
15 Grohmann (Anm. 2), S. 99.
16 Dieses Vorurteil tradiert u.a. Eichner, wenn er schreibt: „Die abstrakte Kunst ist an sich ein Verfahren, das Seelische in eine ungeläufige Sprache zu verstecken." (Johannes Eichner, Kandinsky und Gabriele Münter. Von Ursprüngen moderner Kunst, München: Bruckmann 1957, S. 64) „In der Auflösung der gegenständlichen Motive aber vollzog sich ein Verbergen und Auslöschen von Wirklichkeitserlebnissen, die das Herz erregt und bezwungen hatten." (Ebd., S. 104)
17 Grohmann (Anm. 2), S. 87.

schen Bezüge – eine Selbstoffenbarung der Dinge und eine Integration des Menschen in den Kosmos – sind jedoch nur im Durchgang durchs eigene Ich zu beglaubigen. Die Seele, der innere Kern des Menschen, öffnet ihm zwar den Blick in phantastische, übersinnliche Welten, aber sie markiert auch den kritischen Punkt der Überlegungen Kandinskys, sie ist Einbruch- und Gefahrenstelle. (Einer seiner Zeitgenossen erfindet aus ganz ähnlich gelagerten Begründungsnöten eine eigene Wissenschaft zur Erforschung der Seele.) Nach der Erschütterung tradierter Verbindlichkeiten in Religion, Wissenschaft und Moral „wendet der Mensch seinen Blick von der Äußerlichkeit ab und *sich selbst zu.*" (GK: 43) Gemäß seiner Zeitdiagnose, wie er sie in seiner Schrift *Über das Geistige in der Kunst* vorlegt, ist die Moderne zu begreifen als ein weiterer Schub der Subjektivierung: Der Mensch wird nun radikal auf sich verwiesen.

Kandinsky beharrt auf der traditionellen Vorstellung eines inneren Wesenskerns, den er ganz konventionell Seele nennt und dem er einen göttlich-geistigen Ursprung zuschreibt. Seinen eigenen Werdegang beschreibt er einem Modell von Entwicklung folgend, das Bilder und Begriffe aus der Natur entlehnt. Dadurch legt Kandinsky oft selbst eine mißverständliche, zumindest ganz konventionelle Lesart seiner autobiographischen Texte nahe. Ein solches Organismusmodell suggeriert eine lückenlose Entwicklung auf ein Ziel hin; so als sei ein langer Weg vorgezeichnet, von einer göttlichen Vorsehung etwa, die sich auch als Fatum erweisen kann, dem der Mensch in jedem Fall zu folgen hat.[18] War für den gläubigen Christen die Erkenntnis der Existenz Gottes und seine Hinwendung zu ihm ein unzweifelhaftes Evidenzerlebnis, vor dessen Hintergrund die Autobiographie zum Glaubensbekenntnis wurde – exemplarisch belegt durch die *Confessiones* des Augustinus –, so besitzt das von Kandinsky geltend gemachte Modell, das sich visionär in die Zukunft öffnet, zwar eine analoge Struktur, ohne jedoch auf eine vergleichbare Rückbestätigung vertrauen zu können. Diesen Mangel sollen die Kunstwerke kompensieren; Kandinsky weist ihnen die Funktion zu, das Wesen der Dinge zu offenbaren. Während er nun in seinen theoretischen Schriften, den ästhetischen Rahmen für das Geistige in der Kunst absteckt und in der Praxis neue, abstrakte Formen erprobt, markieren die autobiographischen Schriften genau die Lücke, die zwischen theoretischer Konzeption und ihrer Beglaubigung durch die einzelnen Kunstwerke klafft: Es ist der Streit um den Wert abstrakter Kunst und die Frage, welche Geltungsansprüche sie einlösen kann. Ein authentischer und unumstößlicher Selbstbeweis der Kunst durch

---

18 In diesem Sinne mißverständlich ist Kandinskys Resümee der *Rückblicke*: „dieses gesamte äußere und innere Moskau halte ich für den Ursprung meiner künstlerischen Bestrebungen." (R: 50)

das Leben des Künstlers kann nicht gelingen, denn die Autobiographie neigt sich der einen oder anderen Seite zu bzw. pendelt zwischen beiden Polen.

Während die traditionelle Lesart von Autobiographien das Leben des Autors zum Verständnis seiner Werke heranzieht,[19] diese durch die Biographie enthüllen und erklären will, verfährt die modernen Selberlebensbeschreibungen gegenüber produktivere Lesart genau umgekehrt: Sie erhellt die Autobiographie aus dem Werkzusammenhang, denn in der Moderne nimmt die ästhetische Erfahrung die zentrale Integrationsfunktion wahr. Kandinskys autobiographisches Schreiben orientiert sich auf seine Absage der Gegenständlichkeit hin – wie er sie kurz zuvor in seinem programmatischen Buch *Über das Geistige in der Kunst* dargelegt hatte – und plädiert für eine vom Geistigen inspirierte, auf Erkenntnis zielende neue Form der Kunst, die nicht nur Echo und Spiegel der eigenen Zeit und Person ist, sondern sich durch eine prophetische Kraft auszeichnet. „Auf eine geheimnisvolle, rätselhafte, mystische Weise entsteht das wahre Kunstwerk ‚aus dem Künstler'." (GK: 132) Diese Aura zerstört Kandinsky in seinen autobiographischen Schriften nicht, sondern er bleibt seiner eigenen Auffassung treu und bietet keine Auflösungen an. (Mit der vielbeklagten Unverständlichkeit der abstrakten Kunst hat das erst einmal nichts zu tun.) Weit davon entfernt, in *Rückblicke* die Begründung der abstrakten Malerei durch persönliche Erlebnisse erklären zu können – die entsprechenden Schilderungen bleiben ihrerseits geheimnisvoll und rätselhaft –, unternimmt es Kandinsky doch, einzelne Episoden zu schildern, offensichtlich mit dem Ziel, dadurch seine neue Kunsttheorie zu illustrieren. Seinem eigenen Verständnis zufolge hat die künstlerische Praxis nicht theoretische Forderungen einzulösen, sondern die Kunst geht vielmehr der Reflexion voran, auch der autobiographischen. Nur nachträglich, in Rückblicken, läßt sich die Kunst verständlich machen, ist eine Annäherung möglich. Die Selbstbiographie wird so zum ausgezeichneten Medium der Ver-

---

19 „In dem ‚Rückblick' gibt Kandinsky eine Darstellung seines Lebenslaufes, seiner Bildung als einem organischen Hervorgehen aus Boden und Klima der Familie, der Heimat, dem Volke und den Erlebnissen, welche seinem Gestaltungswillen Impulse gegeben haben. Er spricht nicht davon, was er dem Geist der Zeit, was er etwa Vorgängern verdankt. Nur was seine Seele bewegt hat, was in ihre Tiefe gedrungen ist, teilt er mit." (Ludwig Grote, Einleitung zu: Wassily Kandinsky, Rückblick, Baden-Baden: Woldemar Klein 1955, S. 5–7; hier: S. 5.) Aus unerfindlichen Gründen publiziert Grote den autobiographischen Text Kandinskys aus dem Jahre 1913 unter falschem Titel: „Rückblick" statt „Rückblicke". – Auch Eichner (1957) und Grohmann (1958) in ihren für die Kandinsky-Forschung grundlegenden Studien erzählen Kandinskys Leben an dieser Selbstbiographie entlang. „Unter welchen persönlichen und sachlichen Voraussetzungen Kandinsky aufwuchs, hat er in seinen Rückblicken, einer 1913 geschriebenen Autobiographie, und in Gesprächen selbst angedeutet." (Grohmann (Anm. 2), S. 14) *Rückblicke* wird hier als historisches Dokument gesehen und ausgewertet.

ständigung. Daß hierbei auf das Leben des Künstlers geworfene Licht erhellt einige wenige Äußerlichkeiten, selten Zusammenhänge. Schon Kindheitserinnerungen legt Kandinsky dar unter dem Gesichtspunkt seiner modernen Kunsttheorie und entfaltet sie auf diese hin:

> Alles ‚Tote' erzitterte. Nicht nur die bedichteten Sterne, Mond, Wälder, Blumen, sondern auch ein im Aschenbecher liegender Stummel, ein auf der Straße aus der Pfütze blickender, geduldiger weißer Hosenknopf, ein fügsames Stückchen Baumrinde, das eine Ameise im starken Gebiß zu unbestimmten und wichtigen Zwecken durch das hohe Gras zieht, ein Kalenderblatt, nach dem sich die bewußte Hand ausstreckt und aus der warmen Geselligkeit mit den noch im Block bleibenden Mitblättern gewaltsam herausreißt – alles zeigte mir sein Gesicht, sein innerstes Wesen, die geheime Seele, die öfter schweigt als spricht. So wurde für mich jeder ruhende und jeder bewegte Punkt (= Linie) ebenso lebendig und offenbarte mir seine Seele. Das war für mich genug, um mit meinem ganzen Wesen, mit meinen sämtlichen Sinnen die Möglichkeit und das Dasein der Kunst zu ‚begreifen', die heute im Gegensatz zur ‚Gegenständlichen' die ‚Abstrakte' genannt wird. (R: 30)

2. In der Erinnerung ein Bild der eigenen Seele malen

In seinem 1913 geschriebenen autobiographischen Text *Rückblicke* erinnert sich Kandinsky an Gefühlseindrücke – die er nicht mit Seelenzuständen verwechselt wissen möchte; die Übergänge jedoch sind fließend.[20] In der Erinnerung malt er ein Bild seiner Seele, gibt seine „innere Natur" wieder; äußere Eindrücke sind vergleichsweise unwichtig, weil zufällig. Deshalb enthält *Rückblicke* nur wenige Jahreszahlen. Kandinsky erinnert sich an die Episoden aus seinem Leben wie an das Malen eines Bildes. Inwiefern solche im Rückblick ihrerseits zum Bild verdichteten Erinnerungen wahr sind, also der Biographie des Autors entsprechen, ist nicht entscheidend – könnte im einzelnen auch gar nicht überprüft werden –, authentisch sind sie für Kandinsky allemal, weil Gefühlseindrücke (Seelenvibrationen) immer echt sind. Der Künstler ist hierbei nur sich selbst und seiner inneren Stimme verpflichtet. Kandinsky fordert Ehrlichkeit von jedem Künstler, und wir dürfen sie auch ihm zugute halten. *Rückblicke* beginnt mit Farbeindrük

---

20 „Gefühls*eindrücke*" betonen das Dynamische und den Erlebnischarakter, oft übersetzt es Kandinsky mit Seelenvibrationen; mit dem Begriff „Seelen*zustand*" will er sich abgrenzen vom Expressionismus, dem er anfänglich zugerechnet wurde; unter Expressionismus versteht Kandinsky den Ausdruck des Inneren, der Seelenzustände, im Unterschied zum zeitlich früheren Impressionismus, der die äußeren Eindrücke darstellte. (Vgl. Kandinsky, Mein Werdegang, GS: 51–59.) Kandinskys Ablehnung des Expressionismus richtet sich gegen das Pathetische und das bloß den Einzelnen betreffende dieser zeitgenössischen Stilrichtung; auf der Suche nach dem Wesen bzw. dem Geistigen dagegen sind sie sich sehr ähnlich und verwandt.

ken, die eine dem Horoskop vergleichbare Funktion haben, so als ließe sich der Charakter in Farben malen:

> Die ersten Farben, die einen starken Eindruck auf mich gemacht haben, waren hell-saftiggrün, weiß, karminrot, schwarz und ockergelb. Diese Erinnerungen gehen bis ins dritte Lebensjahr zurück. Diese Farben habe ich an verschiedenen Gegenständen gesehen, die nicht mehr so klar wie die Farben selbst heute vor meinen Augen stehen. (R: 27)

Diese vom Gegenstand abgelösten Farben haben jeweils ihre spezifische Wirkung, einen sogenannten „inneren Klang" – wir sprechen von Klangfarbe und Farbtönen –, und eine der von Kandinsky entworfenen „Malgrammatik" (GK: 85) entsprechende Bedeutung. (Meine Ausführungen folgen dem Kapitel IV der Schrift *Über das Geistige in der Kunst*: „Formen- und Farbensprache".) **Grün** entsteht als ideales Gleichgewicht in der Mischung aus Gelb und Blau, der irdischen und der himmlischen Farbe; es drückt eine irdisch selbstzufriedene Ruhe aus. Die dem Grün eigene Tendenz zur Unbeweglichkeit ist hier konterkariert durch „hell" und „saftig", eine Aufhellung, von der eine belebende Wirkung ausgeht; die Passivität wird zur Reaktivität modifiziert, womit eine Sensibilisierung ausgedrückt ist. Die Nichtfarbe **Weiß** wirkt auf uns als ein großes Schweigen, schreibt Kandinsky, jedoch als ein solches, das „plötzlich verstanden werden kann. Es ist ein Nichts […], *welches vor dem Anfang, vor der Geburt ist.*" (GK: 96) Insofern drückt Weiß auch reine Freude und unbefleckte Reinheit aus (GK: 98). **Rot** ist eine charakteristisch warme Farbe und „wirkt innerlich als eine sehr lebendige, lebhafte, unruhige Farbe" (GK: 99). Die ihr eigene Energie und Intensität gibt ihr den Ausdruck „*eine[r] sozusagen männliche[n] Reife*" (GK: 99). **Schwarz** hingegen drückt tiefe Trauer aus und ist ein Symbol des Todes (GK: 98). „*Und wie ein Nichts ohne Möglichkeit, wie ein totes Nichts nach dem Erlöschen der Sonne, wie ein ewiges Schweigen ohne Zukunft und Hoffnung klingt innerlich das Schwarz.*" (GK: 98) „*Gelb ist die typisch irdische Farbe*" (GK: 91), die geistige Wärme ausströmt und zum Menschen hinstrebt. Im **Ockergelb**, einem dunkleren, abgetönten Gelb ist das Aufdringliche, Schrille und Freche dieser Farbe abgedämpft. Diese Hinweise sind ganz vorläufiger Art, denn die Konstellation der Farben, ihre Stellung zueinander und ihre Gewichtung sind noch ungewiß. Lediglich allgemeine Strukturgesetze lassen sich benennen: Rot und Grün sind Komplementärfarben, Weiß und Schwarz stehen an den entgegengesetzten Enden des Farbspektrums, Gelb verweist auf den ungenannten Antipoden, das Blau. „Unsere Harmonie ruht hauptsächlich auf dem Prinzip des Gegensatzes, dieses zu allen Zeiten größten Prinzips in der Kunst." (GK: 109) Die einzelnen Farbeindrücke bleiben auf der Ebene der Improvisation, sind noch nicht zur Komposition zusammengefügt – um in den Termini der Kunsttheorie Kandinskys zu reden.[21] Im weiteren Text zeichnet er einige Linien ein, zu einem vollständigen, fertigen Bild werden die *Rückblicke* allerdings nicht.

Da Kandinsky rückblickend ohne strenge zeitliche Reihenfolge erzählt, kommt es zu einem „bunten Durcheinander der Episoden".[22] Auffällig ist die Dominanz optischer Eindrücke. Sie werden zu poetischen Bildern verdichtet und nebeneinander gestellt; die einzelnen Ereignisse bleiben unzusammenhängend, sind lediglich verbunden durch ein ‚inneres Band': In seinen Lebenserinnerungen ist Kandinsky auf der Suche nach denjenigen optischen Eindrücken, die zu den entscheidenden (seelischen) Triebkräften für die Entstehung seiner (geistigen) Kunst wurden. *Rückblicke* enthält keine privaten Enthüllungen und Bekenntnisse, geschildert wird Kandinskys Entwicklung zum Künstler. Diese jedoch wird nicht aus seinen familiären und heimatlichen Bezügen plausibel, sondern ordnet sich vor dem Hintergrund seiner neuen ästhetischen Konzeption, mit deren Hilfe er nun auch sein Leben zu begreifen vermag.[23]

---

21 *Impressionen* sind direkte Eindrücke von der äußeren Natur; *Improvisationen* sind Eindrücke von der ‚inneren Natur', meist unbewußt und plötzlich entstanden; *Komposition* nennt Kandinsky die absichtsvoll und mit Vernunft weiterentwickelten Eindrücke der ‚inneren Natur' (vgl. GK: 142). „Diese Einteilung ist an den entsprechend betitelten Bildern […] nur bedingt verifizierbar." (Riedl (Anm. 4), S. 33f.) Auf die autobiographischen Reflexionen läßt sie sich nicht übertragen.

22 Hans Konrad Roethel, Einleitung zu: Kandinsky, Ges. Schriften I (Anm. 1), S. 7–19; hier: S. 14. Der Herausgeber spricht von einer Abweichung von traditionellen Erzählverfahren bzw. Berichtsmustern – „dem Durchbrechen einer strikten chronologischen Ordnung" – und davon, daß Kandinsky „poetisch Dichtung und Wahrheit" verbinde. „Weit davon entfernt, ‚Lebensläufe' in bürokratischem oder literarischem Sinne zu sein, stellen sie – insbesondere die ‚Rückblicke' – eine Form von ‚Dichtung und Wahrheit' dar. Man war bisher geneigt – so die meisten Kunsthistoriker und einige Psychologen –, die ‚Rückblicke' als Memoiren zu lesen. Sie sind jedoch nicht so sehr Erinnerungen an Wirklichkeiten ereignishafter Natur, sondern Rückblicke auf eine dichterisch verklärte Vergangenheit biographischen Charakters. Alles zielt darauf ab, in subjektiver Weise die eigene künstlerische Genese zu beleuchten und die innere Notwendigkeit seiner Entwicklung, seiner Entwicklung zur Abstraktion in der Malerei, zu demonstrieren." (Ebd., S. 14) Auch in dieser Interpretation von Roethel wird das Verhältnis von Genesis und Geltung verdreht.

23 Ähnlich, wenn auch in einem ganz anderen Kontext argumentiert Ringbom: „As a literary composition the *Rückblicke* has a caleidoscopic structure reminiscent of the painted compositions of the period. This formal pattern tends to conceal the author's rearrangement of – for the most part no doubt genuine – details from his earlier life to fit the convictions held at the time of writing, that is, 1913." (Sixten Ringbom, The Sounding Cosmos. A Study in the Spiritualism of Kandinsky and the Genesis of Abstract Painting, Abo 1970, S. 32.) – Ringboms Erklärung der abstrakten Malerei aus theosophisch-okkulten Lehren wird in der Forschung mittlerweile als überzogen eingeschätzt: „Im ganzen weisen Worte und Werke Kandinskys aber so sehr über alle theosophisch-anthroposophische Programmatik hinaus, daß man Ringboms analytischem Zugriff letztlich doch nur recht eingeschränkten Wert zuerkennen darf." (Riedl (Anm. 4), S. 51f.)

Das Sehen hat für Kandinsky Vorrang vor dem Sprechen – mehrfach nennt er die Worte ungenügende Ausdrucksmittel für Gefühle, die Empfindungen der Seele (vgl. GK: 46f. u. 121) –, aber auch vor der Bewegung, dieser gemeinhin vorgängigen, gleichsam ursprünglichen Form der Selbstempfindung. Kandinskys kindliche Reiterspiele, gleich im zweiten Absatz der *Rückblicke* berichtet, sind wesentlich an Farbeindrücke gebunden: braungelb, saftig grün und elfenbeinweiß. Diese Art autobiographischen Schreibens ist nicht als nachträgliche Stilisierung und künstlerische Uminterpretation zu bewerten, sondern er macht hier vielmehr seine kindliche Entwicklung mit den Mitteln seiner Ästhetik lesbar. Ganz besonders deutlich wird das an einer etwas später erzählten Episode:

> Als ganz kleines Kind tuschte ich einen scheckigen Schimmel mit Wasserfarben an; alles war fertig bis auf die Hufe. Meine Tante, die mir beim Malen half, mußte ausgehen und empfahl mir, mit den Hufen auf ihr Zurückkommen zu warten. Ich blieb allein vor dem unfertigen Bild und quälte mich vor der Unmöglichkeit die letzten Farbenflecke auf das Papier zu bringen. Diese letzte Arbeit schien mir so leicht zu sein. Ich dachte, wenn ich die Hufe recht schwarz mache, so sind sie doch sicher vollkommen naturgetreu. Ich nahm so viel Schwarz auf den Pinsel, wie ich nur konnte. Ein Augenblick – und ich sah vier schwarze, dem Papier ganz fremde, ekelhafte, häßliche Flecken an den Füßen des Schimmels. Ich fühlte mich verzweifelt und grausam bestraft! Später verstand ich gut die Angst der Impressionisten vor Schwarz und noch später kostete es mich eine ordentliche Seelenangst, reines Schwarz auf die Leinwand zu bringen. Solch ein Unglück des Kindes wirft einen langen, langen Schatten durch viele Jahre des weiteren Lebens. (R: 34)

Recht verstanden, ist es nicht die eigene Lebensgeschichte, die als Erklärungsmodell für die Kunst dient, sondern die kindlichen Erfahrungen erhalten erst im Zusammenhang der später gewonnenen ästhetischen Positionen ihren Stellenwert. Lebensgeschichtliche Episoden führt Kandinsky an als Beispiele und Belege für die eigene Kunstauffassung. Erst sie verleiht seinem Leben Sinn und Bedeutung, stiftet den gesuchten inneren Zusammenhang.

Bei den ganz verschiedenen Studien, die Kandinsky treibt – Nationalökonomie, römisches Recht, Kriminalrecht, Geschichte des russischen Rechts und des Bauernrechts, schließlich noch Ethnographie (vgl. R: 31f.) –, hebt er jeweils das für ihn Wesentliche hervor: abstraktes Denken, Konstruieren und Kombinieren, die Ideen von Freiheit und Glück sowie die Kenntnis der Volksseele. Damit sind die zentralen Elemente seiner Ästhetik genannt, und während er noch den Anschein erweckt, seine Kunstauffassung hätte sich – quasi naturwüchsig[24] – aus seinen Studien entwickelt, wird bei der Lektüre von *Rückblicke* deutlich, daß er erst im nachhinein das ihm Wesentliche erkennt und dann entsprechend her-

---

24 Kandinsky legt selbst immer wieder Mißverständnisse dieser Art nahe; so lautet ein in der Handschrift von *Rückblicke* getilgter Zusatz: „bemerkte, daß meine ganze Kunstidee aus dem Boden der Volksseele herausgewachsen war." (GS: 150f.)

ausstellt. „Ich habe viel skizziert – diese Tische und verschiedene Ornamente. Sie waren nie kleinlich und so stark gemalt, daß der *Gegenstand* sich in ihnen *auflöste*. Auch dieser Eindruck kam mir erst viel später zum Bewußtsein." (R: 38) Die Geltung seiner Kunstauffassung ist nicht lebensgeschichtlich zu erklären, sondern Kandinsky projiziert seine Kunstauffassung auf seine Lebensgeschichte zurück. Indem er Genesis und Geltung vertauscht, erfindet er dem Künstler seine Geschichte. Nach der theoretischen Darlegung der für sein weiteres künstlerisches Werk grundlegenden Kategorien ‚Über das Geistige in der Kunst' schreibt Kandinsky sie nun auch biographisch fest.

Den gängigen Topoi der Künstlerbiographie folgend, gibt Kandinsky zwei künstlerische Initiationserlebnisse an: „Das war die französische impressionistische Ausstellung in Moskau – in erster Linie ‚Der Heuhaufen' von Claude Monet – und eine Wagneraufführung im Hoftheater – Lohengrin." (R: 32) Als das für ihn an diesen beiden Ereignissen Wichtige nennt Kandinsky den Vorrang der Farbe und ihre entgegenständlichende Wirkung in Monets Gemälde sowie die durch die Musik Wagners evozierten Bilder, die ihm die Wirkungsmacht der Kunst und zugleich ihre Unverfügbarkeit offenbarten.

> Vorher kannte ich nur die realistische Kunst [...] Und plötzlich zum ersten Mal sah ich ein *Bild*. Daß das ein Heuhaufen war, belehrte mich der Katalog. Erkennen konnte ich ihn nicht. Dieses Nichterkennen war mir peinlich. Ich fand auch, daß der Maler kein Recht hat, so undeutlich zu malen. Ich empfand dumpf, daß der Gegenstand in diesem Bild fehlt. Und merkte mit Erstaunen und Verwirrung, daß das Bild nicht nur packt, sondern sich unverwischbar in das Gedächtnis einprägt [...] Die Malerei bekam eine märchenhafte Kraft und Pracht. Unbewußt war aber auch der Gegenstand als unvermeidliches Element des Bildes diskreditiert. (R: 32)

Auf welches Gemälde Monets er sich bezieht – vermutlich *Die Heuhaufen in der Sonne*, evtl. aber auch *Heuhaufen bei Sonnenuntergang bei Giverny* –, läßt Kandinsky im unklaren (vgl. GS: 151f.); das ist für seine Argumentation offensichtlich ebensowenig wichtig wie seine spätere Distanzierung von *Lohengrin* in der russischen Ausgabe der *Rückblicke* von 1918.[25] Woran er sich erinnert, ist die Erregung, die ihn angesichts eines Bildes ohne Gegenstand überfallen hat, und daran, daß die Gefühlsintensität durch das Zusammenwirken unterschiedlicher Künste gesteigert werden kann. Die Musik ist eine nicht mimetische, abstrakte Kunst – von der Programmusik hat sich Kandinsky ausdrücklich distanziert (vgl. GK: 56) –, die unmittelbar auf den Rezipienten wirkt. Deswegen verwendet Kandinsky immer wieder die Musik oder dem Bereich dieser Kunst zugehörige Begriffe zur vergleichenden Verdeutlichung seiner Ästhetik. Natürlich

---

25 Vgl. GS: 153, wo es heißt: „Erst später erfühlte ich die ganze süßliche Sentimentalität und oberflächliche Sinnlichkeit dieser schwächsten Oper Wagners."

will er nicht Musik malen,²⁶ sondern mit seinen abstrakten Bildern beabsichtigt er, eine der Musik vergleichbare, und das heißt, ebenso unmittelbare wie intensive Wirkung zu erzielen.

> Lohengrin schien mir aber eine vollkommene Verwirklichung dieses Moskau zu sein. Die Geigen, die tiefen Baßtöne und ganz besonders die Blasinstrumente verkörperten damals für mich die ganze Kraft der Vorabendstunde. Ich sah alle meine Farben im Geiste, sie standen vor meinen Augen. Wilde, fast tolle Linien zeichneten sich vor mir. Ich traute mich nicht, den Ausdruck zu gebrauchen, daß Wagner musikalisch ‚meine Stunde' gemalt hatte. Ganz klar wurde mir aber, dass die Kunst im allgemeinen viel machtvoller ist, als sie mir vorkam, daß andererseits die Malerei ebensolche Kräfte wie [sie] die Musik besitzt, entwickeln könne. (R: 33)

Unmittelbar nach diesen beiden künstlerischen „Initiationserlebnissen" und ihrer nachträglich deutenden Einordnung innerhalb seiner auf Seelenerregung zielenden abstrakten Kunst führt Kandinsky als weiteres für ihn bedeutendes Ereignis ein wissenschaftliches an, das er für die Erschütterung und Revolutionierung seines gesamten Weltbildes verantwortlich macht:

> Das war die weitere Teilung des Atoms. Das Zerfallen des Atoms war in meiner Seele dem Zerfall der ganzen Welt gleich. Plötzlich fielen die dicksten Mauern. Alles wurde unsicher, wackelig und weich. Ich hätte mich nicht gewundert, wenn ein Stein vor mir in der Luft geschmolzen und unsichtbar geworden wäre. Die Wissenschaft schien mir vernichtet: ihre wichtigste Basis war nur ein Wahn, ein Fehler der Gelehrten, die nicht im verklärten Licht mit ruhiger Hand ihr göttliches Gebäude Stein für Stein bauten, sondern in Dunkelheit aufs Geratewohl nach Wahrheiten tasteten und blind einen Gegenstand für einen anderen hielten. (R: 33)

Die durch die „weitere Teilung des Atoms"²⁷ bewirkte grundlegende Veränderung des wissenschaftlichen Weltbildes, nach der nunmehr Objektivität und Realismus als äußerst zweifelhaft sich erwiesen haben, provoziert im Gegenzug eine Kunstauffassung, die von solchen „Unsicherheiten" frei ist: Die abstrakte Kunst ist absolut, bekommt einen gleichsam göttlichen Ursprung zugeschrie-

---

26 Vgl. Kandinsky, Mein Werdegang (GS: 58): „Ich will keine Musik malen. Ich will keine Seelenzustände malen." Verwahrt er sich mit der letzten Aussage gegen eine Zuordnung zum Expressionismus, wendet er sich mit der ersten Feststellung gegen das Mißverständnis, die Abstraktion sei eine dem Farbenhören analoge Malweise.

27 Hans Roethel und Jelena Hahl-Koch weisen in ihrem Kommentar darauf hin, daß Kandinsky sowohl die Entdeckung der natürlichen Radioaktivität („Atomzerfall") durch Henri Becquerel 1896 in Paris gemeint haben könnte als auch die Einführung des Bohrschen Atommodells im Jahre 1913; bei einer solchen Kalkulation allerdings entstehen chronologische Ungenauigkeiten. Offensichtlich zielt aber auch hier Kandinsky nicht auf ein korrektes Referat der äußeren Ereignisse, sondern vielmehr auf Verdeutlichung der für ihn herausragenden Erlebnisse sowie die daran gebundene Neuauslegung der Welt und die entsprechenden Konsequenzen für seine Kunstproduktion.

ben.[28] Zweimal betont Kandinsky in *Rückblicke*, daß ihn nur das Zeichnen „außer Raum und Zeit leben ließ" (R: 33), d.h. ihn in ein „Reich des Geistes" versetzte. Allein die Kunst ist von der in Zweifel geratenen (natur)wissenschaftlichen Beschreibung der Welt nicht betroffen; gegenüber den Verunsicherungen seiner Zeit bildet sie geradezu ein Refugium.[29] In der künstlerisch produktiven Umsetzung seiner existentiellen Krisenerfahrung – das Idiosynkratische seiner Reaktionen (Überempfindlichkeiten und Überinterpretationen) ist deutlich zu erkennen – hält Kandinsky an einem ‚Wesentlichen' fest, das nicht vom Ich des Künstlers abhängig ist, sondern sich unabhängig von persönlichen Überzeugungen und Handlungen gleichsam hinter dem Rücken des Ich durchsetzt. Es ist „das Geistige in der Kunst", das er in seiner Zeit heraufdämmern sieht, das „Ewig Objektive" (GK: 82). In dessen Dienst stellt der Autor auch seine Selberlebensbeschreibung, und zwar insofern, als der diesem ‚Mystischnotwendigen' (GK: 84) angemessene Erzählmodus das Bekenntnis ist.

Wenn Kandinsky frühe Begegnungen mit Kunst schildert, hebt er nicht auf ein Bildungserlebnis ab, sondern auf die durch Kunstwerke ausgelöste Wirkung. Auffällig an Kandinskys Begegnung mit Rembrandt in der Eremitage von St. Petersburg ist seine Beschreibung dieses Gemäldes als ein modernes, abstraktes Bild. Hervorgehoben wird seine Klangintensität, ein vielstimmiges Mit- und Gegeneinander unterschiedlicher Töne; um welches Rembrandt-Gemälde es sich handelt, bleibt wiederum unklar.[30]

---

28 Ringbom stellt einen anderen, umgekehrt argumentierenden Zusammenhang zwischen „Zerfall der Materie" und Abstraktion her: „Kandinsky's concept of matter forms an important part of his justification of abstract art in *Über das Geistige* which was written three years before the *Rückblicke*. The dissolution of matter, which even positivistic science is beginning to recognize, will expose the futility of rendering material objects in painting; hence the ‚pure composition' is not far away" (Ringbom (Anm. 23), S. 33); „since matter was disappearing anyway, time had become ripe for pure composition and abstraction." (Ebd., S. 35) In gleicher Richtung argumentierte bereits Grohmann (1958): „Der Zerfall des Atoms bestätigt Kandinsky die Fragwürdigkeit der Wissenschaft […] Das Bild der materiellen Wirklichkeit schwindet in den Jahren nach 1900 auch [sic] in den exakten Disziplinen […] Die Sphären des Wissenschaftlichen und Künstlerischen berühren sich." (Grohmann (Anm. 2), S. 85)

29 Gleich nach seiner Reaktion auf die Teilung des Atoms berichtet Kandinsky, daß nur das Zeichnen ihn aus seiner kindlichen Verzweiflung und seinen Selbstzweifeln (er)lösen konnte (vgl. R: 33), und rückblickend auf seine wissenschaftlichen Studien, die ihn damals durchaus begeisterten, bekennt er: „Nur verblaßten diese Stunden bei der ersten Berührung mit der Kunst, die allein die Macht hatte, mich außer Zeit und Raum zu versetzen." (R: 32)

30 „Es kann nicht ausgemacht werden, um welches Gemälde es sich im einzelnen gehandelt hat. Doch kämen für die ‚Teilung des Helldunkels' am ehesten vier Gemälde der Eremitage in Betracht: 1. die Kreuzabnahme von 1634, 2. die Danae von 1636, 3. die Heilige Fa-

> Rembrandt hat mich tief erschüttert. Die große Teilung des Hell=Dunkel, die Verschmelzung der Sekundärtöne in die großen Teile, das Zusammenschmelzen dieser Töne in diese Teile, die als ein Riesendoppelklang auf jede Entfernung wirkten und mich sofort an die Trompeten Wagners erinnerten, offenbarte mir ganz neue Möglichkeiten, übermenschliche Kräfte der Farbe an sich und ganz besonders die Steigerung der Kraft durch Zusammenstellungen, d.h. Gegensätze. Ich sah, daß jede große Fläche an sich nichts Märchenhaftes enthielt, daß jede dieser Flächen ihre Abstammung von der Palette sofort bloßlegte, daß aber diese Fläche durch die ihr entgegengesetzte andere Fläche tatsächlich eine märchenhafte Kraft gewann, so daß ihre Abstammung von der Palette auf den ersten Eindruck unglaubwürdig erschien. (R: 34f.)

Neben der Intensität und Komplexität der Wirkung dieses Gemäldes sowie der Irritation über die Verkehrung von Genesis und Geltung (von Herkunft und Eindruck) hebt Kandinsky hier außerdem noch den zeitlichen Faktor hervor.[31] Er spricht von „Rembrandt-Prinzip" (R: 36). Es wird zu einer der wichtigsten Aufgaben seiner Kunst werden, Zeitlichkeit ins Bild zu übersetzen. Dieses für die Malerei ganz ungewöhnliche Element – die Malerei gilt gemeinhin als räumliche Kunst, die Musik als zeitliche – wird bei Kandinsky dann zu einem der Kennzeichen seiner Bilder: Sie wollen gelesen werden wie eine Partitur. Nur mit der Zeit, sukzessive vermag der sich ins Bild vertiefende, aufmerksame Betrachter die in ihm versteckten Farbtöne zu erkennen und wird der in ihnen verborgenen unheimlichen Kraft inne, die ihm die Kunst als eine andere, alternative Welt offenbart. „Ich habe viele Jahre die Möglichkeit gesucht, den Beschauer *im Bilde* ,spazieren' zu lassen, ihn zu der selbstvergessenen Auflösung im Bilde zu zwingen." (R: 38) Durch eine nichtgegenständliche, abstrakte Kunst wird dieses Erlebnis, die Erfahrung der Zeitlichkeit, entschieden befördert.[32] Sich in einem Kunstwerk frei zu bewegen, herumzuspazieren, bringt Kandinsky in Zusammenhang mit einer anderen Episode seines Lebens, einer Reise in das Gouvernement Wologda:

> Ich kam in Dörfer, wo plötzlich die ganze Bevölkerung von oben bis unten grau gekleidet war und gelblichgrüne Gesichter und Haare hatte, oder plötzlich eine Buntheit der Trachten zeigte, die wie bunte lebende Bilder auf zwei Beinen herumliefen. Die großen, mit

---

milie mit Engeln von 1645 und der Verlorene Sohn von 1600" (Roethel und Hahl-Koch (Anm. 1), S. 154f.).
31 „Ich fühlte andererseits ziemlich unbewußt, daß diese große Teilung bei Rembrandt seinen Bildern eine Eigenschaft gibt, die ich bis dahin nie gesehen hatte. Ich empfand, daß seine Bilder ,lange dauern', und erklärte es mir dadurch, daß ich erst *einen* Teil dauernd erschöpfen mußte und dann den *anderen*. Später verstand ich, daß diese Teilung ein der Malerei erst fremd und nicht zugängliches Element auf die Leinwand hinzaubert – *die Zeit*." (R: 35)
32 Auf dem Terrain der Kunst treffen sich Maler und Betrachter, sie begegnen sich gleichsam im Bild; hier deutet Kandinsky moderne rezeptionsästhetische Vorstellungen an, denen zufolge das Bild im Kopf des Betrachters entsteht.

Schnitzereien bedeckten Holzhäuser werde ich nie vergessen. In diesen Wunderhäusern habe ich eine Sache erlebt, die sich seitdem nicht wiederholt hat. Sie lehrten mich, im Bilde mich zu bewegen, *im Bilde* zu leben. (R: 37)

Durch diese Reise lernt Kandinsky erstmals die Volkskunst in ihrer Wirkung und Bedeutung kennen. Diese Begegnung führt er jedoch nicht an, um daraus irgendwelche Einflüsse der (russischen) Volkskunst auf sein künstlerisches Schaffen abzuleiten, sondern er hebt bei der Schilderung dieses Erlebnisses auf ein Prinzip seiner Ästhetik ab, auf Authentizität (das Lebensechte, Lebendige und Originale) und auf Offenbarung. Die im Leben des Volkes verwurzelte Kunst läßt noch einen weiteren Grundzug moderner Kunst erkennen, den ihr zugeschriebenen quasi sakralen Wert. Für Kandinsky entspringt alle Kunst einem religiösen Impetus, einem göttlichen Furor. „Bei dem Wort *Komposition* wurde ich innerlich erschüttert und stellte später zu meinem Lebensziel, eine ‚Komposition' zu malen. Dieses Wort selbst wirkte auf mich wie ein Gebet." (R: 36)[33] Die Kunst nimmt insofern den Platz der Religion ein, als deren Aufgaben nun von ihr übernommen werden bzw. übernommen werden sollen. Die ehemals durch die Religion ausgelösten Gefühle, die durch den Glauben verbürgten Empfindungen einer nicht nur irdischen Existenz, fallen nun in den Bereich der Kunst. „Die Kunst ist in vielem der Religion ähnlich" (R: 46), bekennt Kandinsky. Seine abstrakte Kunst ist ideell überhöht und metaphysisch fundiert. Vermutlich in Anlehnung an die damals weithin wirksame Theosophie, der sich insbesondere die Künstler neugierig und experimentierfreudig näherten, ist Kandinsky um „innere Erkenntnis" bemüht.[34] Alle seine Bestrebungen zielen auf

---

33 In der russischen Ausgabe heißt es verdeutlichend: „endlich, nach vielen Jahren, gelang es mir, in der ‚Komposition 2' das Wesentliche auszudrücken, was mir jedoch erst vor kurzem bewußt geworden ist. Schon von Anfang an klang für mich das Wort ‚Komposition' wie ein Gebet." (GS: 156.) Die russische Ausgabe der *Rückblicke* ist zuweilen ausführlicher, so finden sich hier etwa Verweise auf Träume und fieberwahnähnliche Zustände, die in der deutschen Ausgabe fehlen.

34 Der Einfluß der Theosophie auf Kandinsky, seine Anlehnung an die Lehren Rudolf Steiners ist in der Forschung mehrfach betont, vereinzelt auch bestritten worden (vgl. Evelin Priebe, Angst und Abstraktion. Die Funktion der Kunst in der Kunsttheorie Kandinskys, Frankfurt/Main 1986 und die grundlegenden Arbeiten von Sixten Ringbom, The Sounding Cosmos. A Study in the Spiritualism of Kandinsky and the Genesis of Abstract Painting, Abo 1970; ders., Kandinsky und das Okkulte, in: Kandinsky und München. Begegnungen und Veränderungen 1896–1914, Städt. Galerie im Lenbachhaus, München 1982, S. 85–101). Auf der Suche nach neuen Welterklärungsmodellen und Selbstverständigungsmustern erscheint es mir jedoch wenig sinnvoll, Kandinskys Bemühungen mit Verweisen auf andere – sogenannte „Einflüsse" – klären zu wollen. Vielmehr sollen hier Kandinskys Texte selbst herangezogen werden, um das Spezifische seiner eigenen Konzeption herauszustellen und im Hinblick auf seine autobiographischen Schriften zu interpretieren. Zum Thema „Okkultismus und Avantgarde" vgl. auch den Ausstellungskatalog der Schirn (Frankfurt/M. 1995), der die vielfältigen, zum Teil wenig bekannten Wechsel-

das Geistige in der Kunst, deren Ziel ist, die menschliche Seele in Vibrationen zu versetzen. Seine Kunsttheorie, das ist oft bemerkt worden, zeichnet sich durch einen starken messianischen Impetus aus. An genau dieses Element konnten die Expressionisten anknüpfen.

3. Dem Diktat der inneren Stimme folgend

Durch seine Erfahrungen in Rußland – meist sind es solche, die einen direkten Bezug zur Kunst haben (Monet, Lohengrin, Rembrandt, die Volkskunst) – steckt Kandinsky den Rahmen ab, der für die Ausprägung seines persönlichen Stils relevant ist. Seine Erfahrungen, die er in München machen wird, in der „damals sehr berühmten Schule von Anton Ažbè" (R: 42) und bei Franz von Stuck (vgl. R: 44f.), nimmt Kandinsky zum Anlaß, den Epochenstil zu reflektieren und darzulegen, was er davon aufnimmt und wovon er sich absetzt. Die „drei mystischen Gründe", aus denen die „innere Notwendigkeit" – die innere Stimme des Künstlers – entsteht, sind 1. die Elemente der Persönlichkeit (der eigene individuelle Ausdruck), 2. der Epochenstil (die historische Einbettung) und 3. das „Rein- und Ewig-Künstlerische" (GK: 80). Die beiden ersten Elemente, die subjektive Seite der Kunst, illustriert Kandinsky durch Ereignisse und Erfahrungen aus seinem Leben. Das dritte, objektive Element steht nicht in der persönlichen Verfügungsmacht des Künstlers, es äußert sich ganz plötzlich und unerwartet; es ist ein Offenbarungserlebnis. Über die Geburtsstunde der abstrakten Malerei erzählt Kandinsky folgende biographische Begebenheit. Es ist (s)eine Legende zur Entstehung der modernen Kunst. Was bis zur Stunde unbewußt in seiner Seele schlummerte, wird ihm jetzt zur Gewißheit.

> Es war die Stunde der einziehenden Dämmerung. Ich kam mit meinem Malkasten nach einer Studie heim, noch verträumt und in die erledigte Arbeit vertieft, als ich plötzlich ein unbeschreiblich schönes, von einem inneren Glühen durchtränktes Bild sah. Ich stutzte erst, dann ging ich schnell auf dieses rätselhafte Bild zu, auf dem ich nichts als Formen und Farben sah und das inhaltlich unverständlich war. Ich fand sofort den Schlüssel zu dem Rätsel: es war ein von mir gemaltes Bild, das an die Wand angelehnt auf der Seite stand. Ich versuchte den nächsten Tag bei Tageslicht den gestrigen Eindruck von diesem Bild zu bekommen. Es gelang mir aber nur halb: auch auf der Seite erkannte ich fortwährend die Gegenstände und die feine Lasur der Dämmerung fehlte. Ich wußte jetzt genau, daß der Gegenstand meinen Bildern schadet. (R: 38)

---

wirkungen in diesem Bereich an einer Fülle von Material belegt und auch neuere Forschungsergebnisse einbezieht.

Auf die entscheidende Frage, was den Gegenstand ersetzen soll, antwortet Kandinsky: sein „innerer Klang".[35] Da die äußere Erscheinungsform arbiträr ist, ganz zufällig, muß ihre naturgetreue Wiedergabe unzureichend bleiben. Um das Wesentliche der Dinge zu erfassen und ins Bild zu setzen, müssen neue Ausdrucksmöglichkeiten erprobt werden. Erst in Absehung von allen Äußerlichkeiten kommt der Künstler zum geistigen Kern der Dinge; das erfordert eine entsprechende Darstellungsform, die Abstraktion. Diese Form der Idealisierung betrachtet Kandinsky als die große Zukunft der Kunst, in die er selbst all seine Hoffnungen und Energien setzt. Seine Vision vom Geistigen in der Kunst ist immer auch mystisch und prophetisch. Im Grunde, wenn es ums ‚Wesentliche' geht, hält Kandinsky an einer Mimesisvorstellung fest; es ist eine Nachahmung in gleichsam „höherem Sinne". Insofern geht er auch davon aus, daß die „große Abstraktion" (das „Reinkünstlerische") und die „große Realistik" (das Reingegenständliche in seiner Größe) zu ein und demselben Ziel führen.[36] Beide Hauptströmungen der Kunst wollen die Seele des Gegenstandes zum Klingen bringen.

Kandinsky verwendet „innerer Klang" und „das Geistige" weitgehend synonym.[37] Beides bezeichnet den ‚eigentlichen' Inhalt der Kunst, an dessen Vorrang er ausdrücklich festhält – „nicht die Form (Materie) im allgemeinen ist das wichtigste, sondern der Inhalt (Geist)".[38] Er bildet den absoluten Wert der Kunst, der eine Relativität der Form nicht nur ermöglicht, sondern überhaupt erst begründet. Kandinsky lehnt zwar äußere Begrenzungen für die Kunst ab, eine Verpflichtung des Künstlers auf bestimmte perspektivisch-naturalistische

---

35 „If, as Theosophy maintained, there was a world of form and colour independant of material objects, then such forms could be exploited artistically and provide the content replacing the object." (Ringbom, The Sounding Cosmos (Anm. 23), S. 88) Ringbom bezieht Begriffe und Vorstellungen der Kunsttheorie Kandinskys sämtlich auf theosophisch-anthroposophische Lehren, z. B. innerer Klang, innere Erkenntnis, innere Notwendigkeit, Vibrationen und die dritte Offenbarung ebenso wie die Bedeutung von Farben und Musik, die synasthetischen Vorstellungen wie auch die Idee, daß Kunst der Religion ähnlich ist. Daß diese Begriffe auch einer romantischen Kunstauffassung zugehören können, bestreitet Ringbom nicht, weist jedoch deren Relevanz für Kandinsky mit folgendem Argument zurück: „Theosophy becomes relevant simply because we happen to know that he had studied it, whereas we have no evidence of his knowledge of specialized romantic texts." (Ebd., S. 208)
36 Vgl. Kandinsky, Über die Formfrage (Anm. 7), S. 154 u. S. 148. Hier stellt er fest, daß reale und abstrakte Formen „*innerlich gleich sind.*" (Ebd., S. 162)
37 Thürlemann hat darauf hingewiesen, daß Kandinsky unter „abstrakter Kunst", im Unterschied zum heute üblichen Sprachgebrauch, „geistige Kunst" versteht; außerdem verwendet Kandinsky „abstrakt" noch in dem Sinne von „rein" und „reinkünstlerisch". (Felix Thürlemann, Kandinsky über Kandinsky. Der Künstler als Interpret eigener Werke, Bern: Benteli 1986, S. 73f. u. S. 76.)
38 Kandinsky, Über die Formfrage (Anm. 7), S. 140.

Darstellungsweisen etwa will er nicht gelten lassen. Die von ihm propagierte Befreiung von traditionellen Formen und die entschiedene Subjektivierung der Kunst sind jedoch an übergeordnete Verbindlichkeiten rückgebunden: „das zur Offenbarung gereifte Geistige".[39] Ihm schuldet der Künstler absoluten Gehorsam. Dieser kategorisch befehlenden Stimme muß er bedingungslos folgen, will er ein wahres Kunstwerk schaffen und nicht bloß ein dekoratives Abbild liefern oder sich in „geometrische Ornamentik" verlieren. *„Die Schönheit der Farbe und der Form ist […] kein genügendes Ziel in der Kunst."* (GK: 115)

An diesem Punkt neigt sich Kandinsky den aus der Genieästhetik bekannten Topoi zu. Der nach dem Prinzip (s)einer „inneren Notwendigkeit" verfahrende Künstler schafft ‚wie die Natur': „Werkschöpfung ist Weltschöpfung." (R: 41) Es ist die innere Stimme, die dem Künstler seine Inhalte vorgibt, die Form kann er frei wählen. In seinem Vortrag über Wassily Kandinsky hat Hugo Ball die Reformulierung der Vorstellung von Inspiration und Intuition das „freiheitliche Prinzip der inneren Notwendigkeit" genannt und darauf hingewiesen, daß es letztlich „der einzige Führer und Verführer" in Kandinskys Kunsttheorie ist.[40] Einerseits bedeutet Orientierung an der inneren Notwendigkeit eine Befreiung von konventionellen Normen, andererseits verpflichtet sie auf die durch das Geistige gesetzten höheren Werte, die in einer besseren Zukunft gelten sollen. Dieses Kunstprinzip verführt allerdings dazu, die ideellen Bezüge zu kappen, sich von metaphysischen Verbindlichkeiten zu befreien. Diese Gefahren deuten sich bei Kandinsky bereits an; passagenweise lesen sich seine Texte schon wie eine moderne an Material und Zufall orientierte Ästhetik. „Alle Formen, die ich je brauchte, kamen ‚von selbst', sie stellten sich fertig vor meine Augen und es blieb mir nur, sie zu kopieren, oder sie bildeten sich schon während der Arbeit, oft für mich selbst überraschend." (R: 39) Dieses Vertrauen in die Selbstoffenbarung der Dinge, die eine weitgehende selbstgewisse Selbstvergessenheit des Künstlers erzwingt, eine merkwürdig reaktive Passivität, ist nicht mehr eindeutig rückgebunden an künstlerische Intuition oder inspirierte Genialität. Selbst Talent scheint nicht mehr erforderlich. Viel ist einem „rätselhaften[n] Spiel der dem Künstler fremden Kräfte" (R: 40) geschuldet: „sie haben mich mehr als irgendein Lehrer oder Meister gelehrt" (R: 40f.), schreibt Kandinsky. Für ihn ist auch das eine Äußerungsform der inneren Notwendigkeit, daran läßt er keinen Zweifel. Eine Entnormierung der Kunst hat er nicht beabsichtigt. Die „drei gro-

---

39 Ebd., S. 147.
40 Siehe Andeheinz Mößer, Hugo Balls Vortrag über Wassily Kandinsky in der Galerie Dada in Zürich am 7. 4. 1917, in: DVjs 1977, S. 676–704; hier: S. 700. Thürlemann weist darauf hin, „dass ‚innere Notwendigkeit' zu Beginn unseres Jahrhunderts in der Kunstliteratur jeglicher Art, selbst in praktischen Lehrbüchern für Maler, eine gängige Formel war." (Thürlemann (Anm. 37), S. 158)

ßen Gefahren", die der reinen Malerei drohen, sind, Kandinskys Ausführungen in einem anderen autobiographischen Text zufolge, 1. die stilisierte, 2. die ornamentale und 3. die experimentelle Form; sie bezeichnen abgestorbene, bloß äußerliche oder gänzlich willkürliche Äußerungsformen der Kunst, denn ihnen fehlt es an Lebendigkeit, innerer Schönheit und an Intuition.[41] Diese aber machen gerade das Geistige in der Kunst aus, dem der Künstler absolut verpflichtet ist; er arbeitet „der kategorischen Stimme gehorchend", heißt es unmißverständlich in *Mein Werdegang*.[42]

Wie aber kann sich diese ‚innere Stimme' Gehör verschaffen? Zu fragen ist also zum einen nach ihren Äußerungsformen, und zum anderen danach, wie diese gegen Mißverständnisse immunisiert werden können. Damit steht neuerlich das Verhältnis von Gefühl und Verstand sowie das von Text und Bild zur Debatte, auf das Kandinsky mit seinem autobiographischen Rückblick in spezifischer Weise antwortet. „Nur durch Gefühl, besonders im Anfang des Weges, ist das künstlerisch Richtige zu erreichen." (GK: 84) Wenn Kandinsky also in *Rückblicke* seine ersten Gefühlseindrücke wiedergibt, will er zum einen sich selbst über den ‚Ursprung' (die Anfänge) seiner künstlerischen Entwicklung Rechenschaft ablegen, und zum anderen will er den Leser von der (Folge-) Richtigkeit der gewonnenen Lösungen überzeugen. Es ist noch ein langer und mühevoller Weg, bis Kandinsky zu seiner, „der abstrakten=absoluten Kunst" (R: 49) finden wird. Ihr voraus gehen seine Auseinandersetzungen mit traditioneller Malerei, das Mißverständnis der Kollegen und die Abweisung durch die Akademie.[43] Es klingt der Topos vom verkannten Künstler an, was jedoch nicht unter dem Gesichtspunkt des Ressentiments gelesen werden darf. „Der Künstler ist kein Sonntagskind des Lebens: Er hat kein Recht, pflichtlos zu leben, er hat immer schwere Arbeit zu verrichten, die oft zu seinem Kreuz wird." (GK: 135) So etwa ist es das ‚Schicksal' des Künstlers, ununterbrochen sehen zu *müssen*.[44]

---

41 Kandinsky, Mein Werdegang (GS: 58); dieser autobiographische Text wurde ungefähr zeitgleich mit *Rückblicke* verfaßt und zur Eröffnung einer Ausstellung seiner Bilder im „Kreis für Kunst Köln im Deutschen Theater" im Januar 1914 verlesen.

42 Ebd., S. 59.

43 „Als einige meiner Kollegen meine Hausarbeiten sahen, stempelten sie mich zum ‚Koloristen'. Manche nannten mich nicht ohne Bosheit den ‚Landschaftsmaler'. Beides kränkte mich, obwohl ich die Gerechtigkeit dieser Bezeichnungen einsah. Um so mehr! Ich fühlte tatsächlich, daß ich im Reich der Farben mich viel heimischer fühlte, als in dem der Zeichnung. Und ich wußte nicht, wie ich mir diesem drohenden Übel gegenüber helfen sollte." (R: 44) – Diese Begebenheiten sind als ganz typische Erfahrungen künstlerischer Lehrjahre zu sehen; sie werden auch nicht weiter dramatisiert. An seiner Vision von dem ins Bild zu übersetzenden „inneren Klang" scheint Kandinsky nie wirklich irre geworden zu sein.

44 „Ganz unbewußt nahm ich fortwährend Eindrücke in mich auf und manchmal so intensiv und so unaufhörlich, daß ich fühlte, wie meine Brust gepreßt und der Atem schwer wurde.

Kandinsky hat, für einen Maler erst einmal nicht weiter verwunderlich, ein „Augengedächtnis" (R: 39). Daran knüpft er die Erfahrung, daß „er eine Landschaft ‚nach der Erinnerung' besser als nach der Natur" malen konnte (R: 39).[45] Um das ‚Wesentliche' zu sehen, ist es besser, von vielem abzusehen. Die Vorstellung vom Künstler als Visionär verbindet sich hier mit der von abstrakter Malerei. Das erklärt auch Kandinskys starke Aversion gegen die Arbeit nach Modell (vgl. R: 42ff.). Aber noch einen weiteren für die Reflexionen auf den autobiographischen Kontext relevanten Hinweis enthält diese Überlegung: Erst in der Erinnerung, im Rückblick, vermag Kandinsky das Charakteristische seiner Biographie zu erkennen. Auf den inneren Zusammenhang von Kunst und Leben weist er in diesem Kontext ausdrücklich hin. „Meine Fähigkeit, mich in das innere Leben der Kunst (und also auch meiner Seele) zu vertiefen stieg so stark, daß ich deshalb oft an äußeren Erscheinungen vorbeiging, ohne sie zu bemerken" (R: 40).

Nachdem er anfangs mit seiner Kunst auf Unverständnis und Ablehnung stieß, seine Bilder provozierten nur Hohn und Spott und Haß (vgl. GS: 60), stellten sich 1911/12 erste Erfolge ein. Sie waren durchschlagend. Sein erstes abstraktes Gemälde – *Bild mit Kreis*, Öl auf Leinwand, 200 x 150 cm, verschollen[46] – entsteht zeitgleich, zumindest stellt es Kandinsky in seiner *Selbstcharakteristik* von 1919 so dar (vgl. GS: 60). Im Rückblick ist es immer ganz leicht, einzelnen Ereignissen eine entsprechende Bedeutung zuzuweisen, ihnen die richtige Stelle im Lebenslauf zu geben. Demgegenüber viel interessanter ist es zu beobachten, wo Kandinsky die vernünftige, diskursive Erklärung verweigert und so den autobiographischen Rationalisierungszwang unterläuft. Quasi traumwandlerisch findet er seinen Weg zur Abstraktion und zum „Geistigen in der Kunst". Anknüpfend an die Erinnerung an „das Erlebnis der aus der Tube kommenden Farbe" (R: 40), das er als dreizehn- bis vierzehnjähriger Junge hatte, nachdem er seinen ersten Malkasten mit Ölfarbe gekauft hatte, erzählt er eine abermals ins Legendäre tendierende Geschichte, die den Entstehungszusammenhang seiner Kunstauffassung plausibel machen und ein Schlaglicht auf ihre theoretische Ausformulierung werfen soll:

Ich wurde dermaßen übermüdet, überfüttert, daß ich oft mit Neid an Beamte dachte, die nach ihrer Arbeitszeit sich vollkommen ausspannen dürfen und können. Ich sehnte mich nach stumpfsinniger Ruhe, nach Augen, die Böcklin Packträgeraugen nannte. Ich *mußte* ununterbrochen sehen." (R: 39f.)

45 „Diese eidetische Veranlagung Kandinskys kommt den erfundenen und ‚romantischen' Bildern zugute" (Grohmann (Anm. 2), S. 50).

46 Vgl. Abb. 42 in: Kandinsky, Ges. Schriften I (Anm. 1), sowie die entsprechenden Erläuterungen der Hgg. (ebd., S. 187).

So wurden diese Empfindungen von Farben auf der Palette (und auch in den Tuben, die seelisch machtvollen aber bescheiden aussehenden Menschen gleichen, welche plötzlich im Notfalle ihre bis dahin verborgenen Kräfte entblößen und aktiv machen) zu seelischen Erlebnissen. Diese Erlebnisse wurden weiter zum Ausgangspunkt der Ideen, die sich vor zehn bis zwölf Jahren schon bewußt zu sammeln anfingen und die zum Buch ‚Über das Geistige in der Kunst' führten. Dieses Buch hat sich mehr von selbst geschrieben, als ich es geschrieben hätte. Ich schrieb einzelne Erlebnisse nieder, die, wie ich später bemerkte, in einem organischen Zusammenhang miteinander standen. (R: 41f.)

4. Exkurs über Kunstkritik und Verstehen

Kandinsky vertritt einen ästhetischen Monismus, der ihn in allen seinen Texten immer wieder zur Selbstmystifikation verleitet und der den Unterschied der Gattungen einebnet. So betont er bereits im Vorwort zu *Über das Geistige in der Kunst*, daß die hier entwickelten Gedanken „Resultate von Beobachtungen und Gefühlserfahrungen" sind (GK: 17). Mehrfach hat er sich dagegen verwahrt, seine Schriften als theoretische „Programme" zu deuten, so als habe er deren Ziele nachträglich in seiner Kunst realisiert (vgl. R: 49). Außerdem will er auch die nicht ausdrücklich dichterischen Texte – mithin auch die autobiographischen Schriften – als durchaus künstlerische verstanden wissen, denn sie sollen sensibilitätssteigernd wirken,[47] und zwar um so ein „Erleben der Kunst"[48] zu ermöglichen. Das Subjektive und zugleich Idealistische seiner Ästhetik ist überhaupt nicht zu unterschätzen. Die ‚unbewußte Sehnsucht des Menschen nach Romantik' findet bei Kandinsky ihr Pendant im stetigen und notwendigen Streben der Kunst nach dem Geistigen. (In dieser für eine der Romantik verpflichteten Moderne durchaus typischen Denkfigur konvergieren Ausgangspunkt und Ziel.) Kandinsky ist im Grunde seiner Seele Romantiker. In einem Brief an Grohmann schreibt er:

Sie ließen einmal das Wort Romantik fallen, und ich habe mich gefreut. Ich hatte einmal Lust, der neuen Auflage des ‚Geistigen' ein Kapitel über Romantik anzufügen. Seitdem haben sich meine Buchpläne geändert, es kann eventuell lange dauern, bis ich zur Romantik komme. Was ich aber weiß, ist die unbewußte Sehnsucht des Menschen nach der Romantik.[49]

---

47 Vgl. Thürlemann (Anm. 37), S. 150: „Kandinsky wiederholt hier die These, die er bereits in ‚Rückblicke' vertreten hatte, wonach die Theorie die Funktion habe, die Wahrnehmungskompetenz des Rezipienten – der im Falle des Kunstschülers auch Produzent ist – zu verbessern."
48 Vgl. Kandinsky, Über Kunstverstehen, in: Der Sturm Jg. 3, Nr. 129 (Okt. 1912), S. 157f.
49 Zit. nach: Wassily Kandinsky zum 100. Geburtstag, hrsg. von Will Grohmann, Berlin: Akademie der Künste 1967, S. 12.

Die Herkunft seiner Kunstauffassung aus der Romantik gibt Kandinsky öfter zu erkennen, wobei eher von „Seelenverwandtschaft" als von Lektüreerfahrungen auszugehen ist; so erwähnt er z. B. an entscheidender Stelle in *Rückblicke* eine Reise nach Rothenburg o. T. und seine durch die Großmutter vermittelte Vertrautheit mit deutschen Märchen (R: 28). Es ist nur konsequent, daß der romantische Geist sich einen Kunstkritiker wünscht, der selbst über schöpferische Kräfte verfügt, denn schließlich setzt der Kritiker das Werk fort und muß dazu eine „Dichterseele" besitzen.[50] In diesem Sinne schlüpft nun auch Kandinsky in die Rolle des Kunstkritikers und verfaßt neben seinen dichterischen auch theoretische und autobiographische Werke. Sie alle sind von demselben romantisch-modernen Geist beseelt, wenn auch in ihrem diskursiven Stellenwert durchaus verschieden.

In *Rückblicke* nennt er für seine eigene künstlerische Entwicklung keine äußeren Einflüsse – so entsteht noch der falsche Eindruck als käme seine Kunst gleichsam naturgemäß aus ihm selbst. „Im Grunde gingen alle ihren eigenen Weg und ließen sich mehr bestätigen als beeinflussen."[51] Kandinsky sieht sich mit seiner abstrakten Malerei an der Spitze einer nach vorwärts und aufwärts strebenden Entwicklung der Kunst (vgl. GK: 26ff.), begreift seine Vorreiterrolle so wie alle Avantgardisten, nämlich als notwendig und nicht von zufälligen Einflüssen abhängig. Das Erleben von Kunst ist nicht auf sprachliche Umsetzung („Definitionen") angewiesen, ja das „lebendige Werk" kann gar nicht durch „tote Worte" erklärt werden, denn: „Das Kunstwerk ist der durch die Form redende, sich offenbarende und weiter befruchtende Geist."[52] Erklärungen der Kunst wirken immer nur indirekt, vorrangig als Vermittlung der Form, dem Geist hingegen ist nur Gehör zu verschaffen durch die Kunst selbst. „Also soll man nicht durch Vernunft und Verstand sich der Kunst nähern, sondern durch Seele und Erleben."[53] Eine Crux liegt nun darin, daß Kandinsky viel reden und schreiben, also vernünftig argumentieren muß, um die Hörer, Leser und Betrachter der Kunst vorzubereiten auf das Neue, mit dem sie hier konfrontiert werden.

---

50 Vgl. Kandinsky, Über die Formfrage (Anm. 7), S. 166. Vgl. ferner: Walter Benjamin, Der Begriff der Kunstkritik in der deutschen Romantik, Frankfurt/M.: Suhrkamp 2/1978; Klaus Lankheit, Die Frühromantik und die Grundlagen der ‚gegenstandslosen' Malerei, in: Neue Heidelberger Jahrbücher 1951, S. 55–90; August Karl Wiemann, Romanticism and its continued heritage in Kandinsky and the German Expressionism, Northwestern University 1971.
51 Grohmann (Anm. 2), S. 82.
52 Vgl. hierzu: Kandinsky, Über Kunstverstehen (Anm. 48), S. 158.
53 Ebd.

Für Kandinsky bedeutet Verstehen „Heranbildung des Zuschauers auf den Standpunkt des Künstlers".[54] Für die Kunstkritik seiner Zeit hat Kandinsky wenig übrig, ihre konventionell normativen Kriterien bleiben dem Kunstwerk ganz äußerlich, sind akademisch und aufgesetzt. Diese Kritik an den in der Zeit des Wilhelminismus gültigen, unbefragt aus dem 19. Jahrhundert übernommenen ästhetischen Wertmaßstäben teilt er mit vielen anderen. Für den hier entfalteten Kontext relevant ist, daß er besonders die Form der Kunstkritik zurückweist, die durch sogenannte „Einflüsse" Kunst erklären will und ihre Entwicklung daraus abzuleiten sucht. Seine eigene Suche nach den Anfangsgründen der Malerei, den persönlichen ebenso wie den im Zeitstil verwurzelten, unterscheidet sich von konventioneller Einflußforschung, insofern sie mit dem Geistigen in der Kunst eine neue, absolut gültige Verbindlichkeit einführt bzw. geltend machen will, von der noch das Entwicklungsmodell der Kunst seine Legitimität erhält. Das äußere Geschehen, und dazu zählen Zufallsbekanntschaften ebenso wie sonstige Beeinflussungen, spielt demgegenüber eine untergeordnete Rolle. In seiner Studie *Kandinsky über Kandinsky. Der Künstler als Interpret eigener Werke* argumentiert Felix Thürlemann, daß die Ablehnung der abstrakten Bilder durch die professionellen Kunstkritiker Kandinsky seinerseits zu einer ablehnenden Haltung dieser Zunft gegenüber führte, die nun „die konkrete Erläuterung des einzelnen Werkes durch den Künstler selbst" als nötig erwies.[55] Mag auch der psychologische Aspekt dieses Arguments fragwürdig sein, so bestätigt es doch Stellenwert und Bedeutung der Selbstaussage, nämlich ihren notwendigen und diskursiven Charakter, der die Gültigkeit der eigenen Kunst erweisen soll.

Kandinskys Vorstellungen von Verfall und Erneuerung sind kritische Zeitdiagnose und utopische Vision zugleich; eingebunden sind sie in ein kulturelles Entwicklungsmodell, dem er auch die eigene Lebensgeschichte einschreibt. Vorläufiges Ziel und Höhepunkt dieser Entwicklung ist die Abstraktion. Für

---

54 Thürlemann (Anm. 37), S. 53. Daß bereits im Ideal romantischer Kunstkritik Produzent und Rezipient auf eine Ebene gestellt werden, darauf geht Thürlemann nicht ein.
55 Thürlemann (Anm. 37), S. 61. Thürlemann schließt rein autobiographische und theoretische Texte von seiner Definition der Selbstinterpretation aus, was mit dem von ihm gewählten methodischen Ansatz zusammenhängt: „Ziel der vorliegenden Studie war es, das Phänomen der Selbstinterpretation in der bildenden Kunst am Beispiel Kandinskys zu analysieren, um einige der möglichen Interaktionsmodi von Sprachtext und Bildtext in der Moderne darzustellen. Als Leitprinzip diente dabei der Vorsatz, die sprachlichen und malerischen Phänomene aus der gleichen kritischen Distanz, aber auch mit der gleichen Ernsthaftigkeit anzugehen." (Ebd., S. 9) „Wir berufen uns im folgenden auf die Grundzüge des semiotischen Modells, wie es von Louis Hjelmslev entworfen und von Algirdas Julien Greimas in den letzten zwanzig Jahren weiterentwickelt worden ist. Dieses Modell scheint im Augenblick das einzige zu sein, das gleichzeitig allgemeinen Charakter und eine genügende explikative Leistung besitzt." (Ebd., S. 15)

Kandinsky gehören seine revolutionären Formeninnovationen zu einer „dritten" Offenbarung, nämlich der des Geistes (vgl. R: 46 u. 48).[56] Der Geist offenbart sich dem Menschen durchs Gefühl, denn die Seele ist das göttliche Organ des Menschen, wohingegen das Gehirn das Verstandesorgan ist und verantwortlich gemacht wird für die Mißstände der eigenen Zeit.[57] Der auf die bloße Rechenhaftigkeit reduzierte Verstand, so wie er sich in den Wissenschaften niederschlägt als Positivismus und Historismus und so wie er dem Menschen in seiner vergegenständlichten Form als technischer und industrieller Fortschritt entgegentritt, wird als Verunsicherung erfahren und als Entfremdung oder, poetisch ausgedrückt, als Entseelung. Kandinskys Konzeption zufolge ist es die neue Kunst, die sich dieser Entwicklung entgegenstellt, zuerst einmal auf ihrem eigenen Terrain. Darüber hinaus äußert er sich selbst fast ausschließlich als Kunsttheoretiker und Kulturkritiker.[58]

Zu leicht setzt sich Kandinsky mit seiner zeitgemäßen Rationalismuskritik dem Vorwurf des Irrationalismus aus, wenn er betont: „Nichts lag mir ferner, als an den Verstand, an das Gehirn zu appellieren." (R: 49) In der russischen Ausgabe der *Rückblicke* spricht er sogar „vom vielgefürchteten Anteil der Gehirnarbeit in der Kunst" (GS: S. 169).[59] Daß aber gerade zu Beginn des 20. Jahrhun-

---

56 „So trat ich endlich in das Reich der Kunst […] Heute ist der große Tag einer der Offenbarungen dieses Reiches. […] Hier fängt die große Epoche des Geistigen an, <die Offenbarung des Geistes. Vater – Sohn – Geist.>" (R: 45; der in spitze Klammern gesetzte Zusatz fehlt in der russischen Ausgabe). Der Argumentation Ringboms folgend, der geltend macht, daß Kandinsky sich hier in die Tradition eines Neo-Joachismus stellt (vgl. Ringbom, The Sounding Cosmos (Anm. 23), S. 169ff.), interpretiert Fischer diese Stelle der *Rückblicke* als „Bekehrung" zu theosophischen Geheimlehren (vgl. Friedrich Wilhelm Fischer, Geheimlehren und moderne Kunst, in: Fin de siècle, hrsg. von Roger Bauer u.a., Frankfurt/M.: Klostermann 1977, S. 344–377; hier: S. 367).

57 Geist und Seele sind nahe verwandt und werden im Gefühl lokalisiert – in der Romantik wurde ihnen als Sitz das Herz oder auch das Gemüt zugewiesen –, während Verstand und Vernunft davon unterschieden und im Gehirn angesiedelt wurden; entgegen einer immer noch nicht völlig verschwundenen Fehleinschätzung der Romantik ging es insbesondere den Frühromantikern um die wechselseitige Bezogenheit der Empfindungs- und Verstandesvermögen. Auch Kandinsky steht, bei aller Widersprüchlichkeit, in der Tradition solcher Konzeptionen.

58 Kandinsky ist kein Sozialrevolutionär, selbst in den dreißiger Jahren wird er sich nicht zur politischen Wirklichkeit äußern; wie so viele seiner Zeitgenossen bleibt er bloß „Kulturkritiker" (vgl. Priebe (Anm. 34), S. 159ff.).

59 Während für die Zeit des Lernens Denken unerläßlich ist, soll der Künstler später bei der Arbeit nicht mehr denken, sondern sich ganz seiner Tätigkeit überlassen (vgl. Denken und Nichtdenken, GS: 66). Im Textzusammenhang besteht an der Stoßrichtung der Argumentation kein Zweifel. – Bereits Grohmann (1958) argumentiert gegen den Vorwurf des Intellektualismus, der die Kehrseite zum Unverständlichkeitvorwurf ist – beide Vorwürfe verbinden sich zum Unbehagen an „esoterischen Geheimlehren"; bei Grohmann allerdings gerät das Gegenargument zur Mythologisierung des Künstlerischen: „Kandinsky

derts im irrationalen Denken auch ein kritisches und innovatives Potential steckt, läßt sich nicht zuletzt an Kandinskys Position belegen.[60] Das hat ihn gegen Mißverständnisse nicht geschützt, auch nicht gegen Fehler und Fallen der eigenen Weltanschauung. Zwar zielt Kandinsky auf die große Synthese, Brüche und Widersprüche jedoch bleiben. Es ist allgemein bekannt, daß „rationale Ansätze zu einer Verwissenschaftlichung der Untersuchungs- und Produktionsmethoden mit dem Irrationalismus esoterischer Erlösungslehren" verschmelzen.[61] Die Verwandtschaft von Konstruktion und Intuition, von Logik und Gefühl[62] ist für Kandinsky ebenso typisch wie für Kunst und Theorie der Moderne grundlegend. Ihre Gewichtung im einzelnen ist stets prekär.[63] In seinen autobiographischen Schriften gehen das aufrichtige Bekenntnis und die gleichsam mystifizierende Selbststilisierung eine enge Verbindung ein, wie sie für viele moderne Selberlebensbeschreibungen typisch ist. Kandinskys Konzeption ist höchst ambivalent, immer wieder verstrickt er sich in Paradoxien. Dem Geistigen in der Kunst, das durch ein Hören auf die eigene innere Stimme befördert wird, eignet eine ungeheuer befreiende Kraft, doch es bedeutet zugleich absolute Verpflichtung. Die idealistischen Voraussetzungen und die messianischen Ziele hat er nie in Zweifel gezogen. Genausowenig aber hat er die eigene Kunsttheorie dogmatisch verfestigt, sondern sich stets eine experimentelle Offenheit bewahrt.

5. Die Selbstbiographie als Versuch, die abstrakte Malerei zu erläutern

Kandinsky schließt seine Lebenserinnerungen, die lose Chronologie der erzählten Ereignisse endgültig verlassend, mit einem kurzen Bericht über die Wurzeln seiner Familie – Ausführungen, die gewöhnlich am Anfang von Selbstbiographien stehen –, um dann zu resümieren:

---

war als Maler seiner Theorie voraus, er malte ohne zu wissen." (Grohmann (Anm. 2), S. 152) Dieses angeblich fehlende Wissen aber ist es gerade, das Kandinsky nachträglich theoretisch und autobiographisch einholen will.

60 Vgl. auch: Max Horkheimer, Zu Bergsons Metaphysik der Zeit, in: ders., Kritische Theorie, Frankfurt/M.: Suhrkamp, 1977, S. 175–199.
61 Hubertus Gassner und Wolfgang Kersten, Physikalisches Weltbild und abstrakte Bildwelten, in: Funkkolleg Moderne Kunst, Studienbegleitbrief 5, Deutsches Institut für Fernstudien an der Universität Tübingen 1990, S. 55–91; hier: S. 73.
62 Vgl. Grohmann (Anm. 2), S. 97.
63 Kandinskys Entwicklung über die von Grohmann sogenannte Geniezeit (1910–1914) hinaus, die Frage, ob bzw. in welcher Weise Kandinsky seine Ideen während der Zeit am Bauhaus weiterentwickelt, modifiziert oder gar revidiert, muß in diesem Kontext ausgeklammert bleiben.

Moskau: Die Doppelheit, die Kompliziertheit, die höchste Beweglichkeit, das Zusammenstoßen und Durcheinander in der äußerlichen Erscheinung, die im letzten Grunde ein eigenes, einheitliches Gesicht bildet, dieselben Eigenschaften im inneren Leben, was dem fremden Auge unverständlich ist (deshalb die vielen, sich widersprechenden Urteile der Ausländer über Moskau) und was doch ebenso eigenartig und im letzten Grunde vollkommen einheitlich ist – dieses gesamte äußere und innere Moskau halte ich für den Ursprung meiner künstlerischen Bestrebungen. Es ist meine malerische Stimmgabel. Ich habe das Gefühl, daß es immer so war, und daß ich mit der Zeit und dank den äußeren formellen Fortschritten dieses ‚Modell' nur immer mit stärkerem Ausdruck, in vollkommener Form, im Wesentlicheren gemalt habe und jetzt male. Die Abstecher, die ich auf diesem doch geraden Wege gemacht habe, waren mir im großen und ganzen nicht schädlich. (R: 50)

Moskau bedeutet für Kandinsky „die Vereinbarung von Tradition mit echtem Freigeist", ein Zusammenklang „aus starker Nervosität und imponierender majestätischer Ruhe und heldenhafter Selbstbeherrschung" (R: 50). Moskau ist für ihn der Inbegriff seiner geistigen Heimat: „Mutter-Moskau". Hier will er den Ursprung seiner künstlerischen Bestrebungen finden, seine „malerische Stimmgabel". Die (subjektive) Geltung seiner Kunst führt er am Ende der *Rückblicke* auf ihre biographische Genese in der russischen Heimat zurück, diese aber bezeichnet keinen geographischen Ort, sondern die Grundgestimmtheit seiner Seele; „dieses gesamte äußere und innere Moskau" bildet den ideellen, geistigen Rahmen seiner Kunst. Noch einmal dient ihm die Musik als Metapher für die neue abstrakte Malerei, die eine vergleichbar intensive und unmittelbare Wirkung erzielen soll. Gerade diese Suche nach dem „Ursprung", den „Wurzeln des Geistes", seine Bemühungen um eine neue Unmittelbarkeit, die nicht nur das Gefühl betonen, sondern vernunftfeindlich sich gebärden, und eine ideelle Überhöhung der Wirklichkeit, die darüber das Leben vergißt, laden zu Mißverständnissen ein und haben immer wieder zu Kritik an Kandinsky und seiner abstrakten Malerei geführt – eine Kritik, die Kandinsky durch den Rückblick aufs eigene Leben gerade entkräften wollte. Entschieden wendet er sich gegen die gängigen Vorurteile gegenüber der Abstraktion, daß sie ins Kryptisch-Subjektive fliehe, daß sie kommunikationsfeindlich und unverbindlich sei.[64] „Viele Texte Kandinskys besitzen deutlich einen Antwort-Charakter, indem sie versuchen, eine angenommene falsche Vorstellung des Rezipienten zu korrigieren."[65] In seinen theoretischen und in seinen autobiographischen Schriften hat er

---

64 Vgl. Riedl (Anm. 4), S. 8. Neben dem Vorwurf der Theorielastigkeit gehört der der Unverständlichkeit zu den Standardvorwürfen Kandinsky und seiner Kunst gegenüber; ihr Verhältnis zueinander ist merkwürdig schief, spiegelt darin aber die durchaus ambivalente Position Kandinskys wider.

65 Thürlemann (Anm. 37), S. 39. Es ist nicht zuletzt die „polemisch-manipulative Funktion der Selbstinterpretationen" (ebd., S. 41), die zu neuen Mißverständnissen führt, so z. B. wenn Kandinsky auf den Vorwurf der Theorielastigkeit seiner Werke mit einer Überbeto-

sich stets um Aufklärung bemüht, ja regelrecht für seine Ideen geworben, und wenn sie sich auch nicht immer durch Klarheit und Folgerichtigkeit auszeichnen, so sind die hier sichtbar werdenden Ambivalenzen und Widersprüche noch deshalb von Interesse, weil sie die Weichenstellung für weitere Entwicklungen zeigen.[66] Zum Verständnis der Moderne zu Beginn des 20. Jahrhunderts erweisen sich Kandinskys Schriften als sehr aufschlußreich, da autobiographische und theoretische Auseinandersetzungen eine Allianz eingehen, die sich in den Dienst der Kunst stellt. Der Autobiograph insistiert dabei auf seiner Rolle als Bekenner.

In dem von Herwarth Walden 1913 im Sturm Verlag publizierten Kandinsky-Album, in dem *Rückblicke* erstmals gedruckt wurde, erläutert Kandinsky selbst drei seiner abstrakten Gemälde: *Komposition IV*, für die er eine kurze nachträgliche Definition liefert, *Komposition VI* und *Das Bild mit dem weißen Rand*, zu denen er jeweils die Entstehungsgeschichte des Bildes erzählt, über seine Schwierigkeiten bei der Fertigstellung berichtet und einige Erläuterungen zur Maltechnik gibt.[67] Und während er über das Bild spricht, können die Augen des Betrachters im Bild spazieren gehen, geführt durch künstlerische Anleitung. Die Produktionsgeschichte ist zu lesen als „eine indirekte Antwort auf die Kri-

---

nung des Gefühls reagiert, die ihm dann den Vorwurf des Irrationalismus einträgt. „Mit dem Vorwurf, wonach die Theorie in seinem Schaffen eine zu wichtige Rolle spiele, hängt – wir haben dies bereits ausgeführt – Kandinskys Schritt zur Selbstinterpretation überhaupt zusammen. Nach der Disqualifikation jeglicher Art von Kunstkritik war die Selbstinterpretation als einzige *nicht-theoretische* Diskursform zur Vermittlung zwischen Maler und Publikum übrig geblieben." (Ebd., S. 164)

66 Viele für die Expressionisten, Dadaisten und andere moderne Künstler wichtige Zusammenhänge lassen sich aus den von Kandinsky formulierten Positionen besonders gut begreifen; so z. B. die Entwicklung vom rhythmisierten Klanggedicht über das Lautgedicht zur konkreten Poesie (vgl. „Möglichkeiten für die Zukunftsliteratur", GK: 46). Vgl. für diesen Zusammenhang: Dietmar Kammler, Die Auflösung der Wirklichkeit und Vergeistigung der Kunst im ‚inneren Klang', in: Hugo Ball Almanach 1983, S. 17–55; Heribert Brinkmann, Wassily Kandinsky als Dichter, Düsseldorf (Diss.) 1980.

67 Diese drei unter dem Titel „Notizen" versammelten Selbstinterpretationen untersucht Thürlemann als Fallstudie. Er kommt zu folgenden Ergebnissen: „Über die Analyse der thematischen Sinneffekte der syntagmatischen Form erweist sich *Komposition IV* als ein Werk, das sich in die europäische Tradition der Historienmalerei eingliedern lässt. Es sind jedoch nicht die bekannten Helden der Geschichte, die Kandinsky in seinem Werk darstellt. Den Bildkonfigurationen selber ist die Rolle von Akteuren überantwortet. Sie sind es, die über ihre kontrastive syntagmatische Gestaltung und ihr kompositionelles Zusammenspiel eine komplexe thematische Bedeutung hervorbringen. Es kann zwar nicht bestritten werden, dass einzelne Motive aus der religiösen Tradition und der Lebenswelt des Künstlers in der Werkgenese eine Rolle gespielt haben; für die Lektüre jedoch ist ihre Kenntnis nicht mehr von Belang." (Thürlemann (Anm. 37), S. 113) *Komposition VI* interpretiert Thürlemann als eine „Hierarchie physiognomischer Sinneffekte" (ebd., S. 135), und im Kapitel über *Das Bild mit weißem Rand* unternimmt er es, „die diskursiven Mechanismen darzulegen, welche dem ‚naiven' bildbeschreibenden Diskurs zu seiner interpretativen Leistung verhelfen." (Ebd., S. 146)

tik".⁶⁸ Der Bildanalyse folgt eine abschließende Deutung: „Da dieser weiße Rand die Lösung des Bildes war, so habe ich nach ihm das ganze Bild genannt."⁶⁹ Ausgangspunkt für *Komposition VI* war die Sintflut, Kandinskys vorläufiges Fazit lautet: „Ein großer, objektiv wirkender Untergang ist ebenso ein vollständig und im Klang abgetrennt lebendes Loblied, wie ein Hymnus der neuen Entstehung, die dem Untergang folgt."⁷⁰ Ziel seiner Ausführungen zu den abstrakten Gemälden ist es, seine neue Kunstauffassung an einzelnen Beispielen zu verdeutlichen und dadurch die abstrakte Malweise dem Publikum verständlich zu machen; auch am Ende von *Über das Geistige in der Kunst* stehen einige Beispiele und knappe Erläuterungen. Dem Primat der Kunst werden theoretische, exemplarische und autobiographische Ausführungen untergeordnet.

„Kandinsky hat sich als erster vorgenommen darzulegen, wie das abstrakte Bild Bedeutungsträger sein kann."⁷¹ Diese „Elemente einer ‚abstrakten' Bedeutungstheorie"⁷² sollen den Vorwurf der Unverständlichkeit seiner abstrakten Malerei entkräften (darin besteht für Thürlemann auch die Aufgabe zukünftiger Forschung). Zu fragen ist allerdings, wie hoch der Erklärungswert zu veranschlagen ist von Aussagen wie „und sah plötzlich vollkommen klar, was noch fehlte",⁷³ oder „die innere Stimme diktierte gebieterisch".⁷⁴ Offensichtlich kommt Kandinsky ohne die Terminologie der Intuition, Inspiration und der Offenbarung in keinem seiner Texte aus, es bleiben Unklarheiten und es entsteht Raum für weitere Mißverständnisse. Durch die Engführung von theoretischer Darstellung, autobiographischer Erzählung und eigener Werkerklärung leistet Kandinsky der gängigen Einschätzung Vorschub, die abgedruckten und selbstkommentierten Bilder ließen sich im Kontext seines Lebens besser begreifen, seine Kunsttheorie bekommt dadurch einen privatistischen Beiklang. Das allerdings läuft seinen Absichten und Aussagen zuwider. In seinem Vortrag *Mein Werdegang*, in dem er exemplarisch für seine neue Ästhetik sein Bild *Komposition 2* erläutert (GS: 55f.), stellt er fest, „daß es unmöglich ist, durch das Wort

---

68 Thürlemann (Anm. 37), S. 162.
69 Kandinsky, in: Grote (Anm. 19), S. 43. Die Bilder haben eine römische Numerierung, die Selbstinterpretationen im Kandinsky-Album hingegen eine arabische Zählung.
70 Ebd., S. 40.
71 Thürlemann (Anm. 37), S. 179. „Unsere Untersuchung hat gezeigt, dass wenigstens Kandinsky ernsthaft darum bemüht war, die Verständlichkeit seiner Malerei mittels eines rationalen Diskurses aufzuzeigen. Aus diesem Grund und nicht weil er als Autor der Werke Hüter ihrer Wahrheit wäre, hat sich der Selbstinterpret im Diskursvergleich als die überlegene Figur erwiesen." (Ebd., S. 180)
72 Ebd., S. 179.
73 Kandinsky, in: Grote (Anm. 19), S. 43.
74 Vgl. ebd., S. 42.

das Ziel eines Werkes zu geben".[75] Das Mißtrauen, mit dem Kandinsky der Erklärungsleistung des Textes begegnet, die er doch ausdrücklich anstrebt, wirft seine Schatten auch auf die eigenen „Übersetzungsbemühungen". Trotzdem versucht er immer wieder Annäherungen, insbesondere im Kontext seiner autobiographischen Schriften. Sie sind genau der Ort, ein dem Religiösen vergleichbares Empfinden, wie er es in seinen abstrakten Bildern ausdrückt, zu motivieren, sich selbst zu vergegenwärtigen und gegenüber den Lesern zu bekennen, in der Hoffnung, auf ein entsprechendes Verständnis zu stoßen. Seine Kunst ist auf diesen Widerhall konzeptionell angewiesen, will sie nicht im bloß Privaten verharren oder im Hermetischen enden.

Rückblicke ist kompositionell nicht so innovativ wie etwa die Bühnensynthese *Der Gelbe Klang*[76] oder auch Kandinskys Malerei.[77] Die vergleichsweise konventionelle Form der *Rückblicke* mag den pragmatischen Entstehungsbedingungen ebenso geschuldet sein wie dem Bemühen um Verständlichkeit. Das Kandinsky-Album von 1913 ist ein Versuch Waldens, die Moderne zu popularisieren; letztlich dient er zur Selbstverständigung einer intellektuellen Minder-

---

75 Solche Schwierigkeiten entstehen u.a. auch deshalb, „weil der Künstler selbst nie in vollem Maße sein Ziel ergreifen und erkennen kann" (GS: 58). Diese aus der Genieästhetik kommenden Vorstellungen sind ihrerseits „erklärungsbedürftig", um so mehr als man sie bei einem modernen, konstruktivistischen Künstler nicht unbedingt erwartet. Ganz unmißverständlich geht aus dieser Feststellung allerdings noch hervor, daß der Künstler kein exklusiver Interpret der eigenen Werke ist.

76 Die Formeninnovationen in seiner Bühnenkomposition *Der gelbe Klang* sind gekennzeichnet durch folgende Merkmale: 1) einzelne Elemente (Farben, Töne, Bewegungen) werden isoliert und neu zueinander in Beziehung bzw. gegeneinander gesetzt, 2) Wiederholungen und Variationen sind ebenso hervorstechend wie die äußere Handlung und Wortbedeutung von nur untergeordneter Rolle, und 3) die Erregung des Zuschauers (Seelenvibration) erfolgt nicht unmittelbar (durch Sentimentalisierung), sondern dadurch, daß der innere Zusammenhang durch das Geistige gestiftet wird. (Vgl. hierzu auch: Ulrika-Maria Eller Rüter, Kandinsky. Bühnenkomposition und Dichtung als Realisation seines Synthese-Konzepts, Hildesheim u.a.: Olms 1990.)

77 Von dieser Einschätzung abweichend, urteilen Grohmann und Eichner: „Diese autobiographischen Aufzeichnungen sind eine fast musikalisch aufgebaute Komposition aus Erinnerung, Lebens- und Kunstphilosophie, Kritik und Prophetie. Er verwebt mit äußerstem Geschick die Dinge, die er dem Leser nahebringen will, indem er mit einem Thema beginnt, ein zweites folgen läßt, unterbricht, an einer ganz anderen Stelle wieder einsetzt, er geht zeitlich vor- und rückwärts und erreicht damit eine wohlbeabsichtigte Verwirrung und zugleich eine innere Teilnahme des Lesers." (Grohmann (Anm. 2), S. 91) Grohmanns Einschätzung der *Rückblicke* hat offensichtlich stark metaphorischen Charakter; er belegt seine Behauptungen nicht, sondern liest Kandinsky in emphatischem Überschwang modern. Ähnlich metaphorisch, wenn auch sehr viel ungenauer, gänzlich ins Wolkig-Allgemeine und Blumig-Unverbindliche sich verlierend, schreibt Eichner: Kandinskys *Rückblicke* erweisen „eine an ostasiatisch zeitloses Denken erinnernde Gestimmtheit, das in der Abfolge getrennt Gegebene zusammenzuschauen und zusammenklingen zu lassen." (Eichner (Anm. 16), S. 117)

heit. Für den diskutierten autobiographischen Kontext bemerkenswert ist, daß Kandinsky nie ein Selbstporträt gemalt hat. Wie eine genuine Selbstdarstellung in der abstrakten Kunst aussieht, erfahren wir durch ihn also nicht. Vielleicht ist es auch gar nicht möglich. Es sei denn, man hätte dabei Selbstbilder vor Augen, die den theosophisch-okkultistischen Lehren gemäß als Visualisierungen der „Aura" des Künstlers zu verstehen wären.[78] Eine entsprechende Übersetzung in die Schriftform wäre erst noch zu leisten. *Rückblicke* zumindest ist keine abstrakte Autobiographie.

Die zwei Hauptstränge der Kunst kennzeichnet Kandinsky mit *virtuos*, d.h. eine künstlerische, schöpferische Interpretation der Natur, wie z. B. im Porträt, und mit *kompositionell*, das sind aus dem Künstlerischen entstehende Werke, die eine zukunftsweisende Tendenz zum Absoluten und folglich eine Nähe zur abstrakten Kunst haben (vgl. R: 47; mit diesen Ausführungen in einer Fußnote gegen Ende der *Rückblicke* gibt Kandinsky möglicherweise eine entsprechende Leseanweisung.) Die Autobiographie ist wohl zur virtuosen und nicht zur kompositionellen Kunst zu rechnen. Vieles spricht dafür, daß Kandinsky die Selbstbiographie als Zweckform anerkannte, ihren künstlerischen Wert aber als nachgeordnet einstufte. Insofern gehören seine autobiographischen Schriften eher in den Kontext seiner theoretischen Äußerungen, die der Verständigung und Selbstverständigung dienen. Obwohl Kandinsky traditionellen Gattungsvorstellungen verhaftet bleibt, funktionalisiert er die Autobiographie und biegt sie ganz in seinem Sinne um. Zum einen fungiert sie als Bekenntnis und Dokument der ausgeprägten Subjektivität des modernen Künstlers, wobei dem Gefühlsausdruck ein nicht nur auf den Einzelnen begrenzter Wert zukommt.[79] Zum andern ist sie genau der Ort, die „innere Stimme" sprechen zu lassen, eine Selbstvergewisserung in geistiger bzw. ideeller Absicht. Die Forderungen seiner modernen Kunsttheorie, deren Gültigkeit theoretisch nicht zu erweisen ist, will Kandinsky exemplarisch an seinem eigenen Leben beglaubigen. Selbstbiographie und Geltungsansprüche der Kunst werden so ineinander verwoben. Im Rückblick auf die eigene Biographie stellt er heraus, daß es Eindrücke, Erschütterungen der Seele, sind, die er in seinen Bildern gestaltet und die auf das Geistige vorausweisen. Dessen Geltung aber läßt sich über die Genesis nicht erweisen. Durch die autobiographischen Erläuterungen, mit denen er seine Kunstauffassung illustriert, besteht Kandinsky auf deren quasi natürlicher Dignität; die Fragwürdigkeit des

---

78 In diesem Sinne interpretiert Ringbom Kandinskys Bild *Dame in Moskau* von 1912 (vgl. Ringbom, Kandinsky und das Okkulte (Anm. 34), S. 94ff.).

79 Carl Einstein schrieb in *Die Kunst des 20. Jahrhunderts*, daß Kandinskys Kunsttheorie „die Verallgemeinerung eines im Selbst verengten Erlebnisses" sei (Berlin: Propyläen 3/1931, S. 208), was er abwertend meinte; von Kandinsky wurde es genau umgekehrt gewertet und akzentuiert.

Konstruierten und Künstlichen, auch des aufs Absolute zielenden Geltungsanspruches, soll dadurch verdrängt und zum Verstummen gebracht werden. Was für den heutigen Leser bei dieser autobiographischen Argumentationsstrategie allderdings noch deutlich wird, ist eine zunehmende Abhängigkeit moderner Kunst von der Individualität des jeweiligen Künstlers, die im Werk selbst zwar negiert wird, deren Relevanz aber durch Reflexion eingeholt werden muß, sei sie theoretisch oder auch autobiographisch.

Kapitel VI

Alfred Kubin:
Diese und die andere Seite des Ich

> Der bis vor kurzem nur dem Freundeskreis bekannte Künstler, ein Zeichner von schrankenloser Phantasie, unerschöpflichem Ideenreichtum und individuellster Gestaltungskraft, ist ein junger Mann von 27 Jahren, klein, blaß, mit mächtiger Stirne und akzentuierten Zügen. Sein Gehaben ist unfrei, seine Stimme ohne Ausdruck. Er ist hastig und stockend, erregbar und befangen, willkürlich und neugierig. In seiner kleinen Bibliothek nimmt E.T.A. Hoffmann einen Ehrenplatz ein. [...] Kubin ist ein Moralist im Sinne des Hogarth, des Goya, des Klinger, ein Painter-poet und ein Philosoph.[1]

So stellt Richard von Schaukal in einem großen Artikel in der *Wiener Abendpost* vom 3.1.1903 Alfred Kubin (1877–1959) der Öffentlichkeit vor. Der junge Zeichner aus Leitmeritz (Böhmen) hatte mit seinen sehr eigenwilligen und ausdrucksstarken Blättern erste künstlerische Erfolge zu verzeichnen; im Januar 1902 war seine erste Ausstellung in der Galerie Paul Cassirer in Berlin,[2] 1903 verlegte Hans von Weber die erste Kubin-Mappe mit 15 Faksimiledrucken. „Noch heute wird Alfred Kubin bisweilen als Dämoniker und Satanist gesehen, der unermüdlich eine Welt unter der Herrschaft des Bösen darstellt",[3] schreibt Hans Bisanz im Vorwort des von ihm 1977 publizierten Bildbandes über den Zeichner, Schriftsteller und Philosophen. Diese Einschätzung bezieht sich insbesondere auf das Frühwerk Alfred Kubins, meist Schwarz-Weiß-Zeichnungen, die befremdlich bedrohliche Visionen aus einem seelischen Zwischenreich ent-

---

1 Richard von Schaukal, Ein österreichischer Goya – Alfred Kubin, in: Wiener Abendpost, 3.1.1903, zit. nach: Alfred Kubin. Leben, Werk, Wirkung, hrsg. von Paul Raabe, Hamburg: Rowohlt 1957, S. 22f.
2 Über diese Ausstellung schreibt Kubin in seiner Autobiographie: „Leider war der pekuniäre Erfolg der Ausstellung kaum nennenswert, doch erhielt ich eine große Anzahl anerkennender Kritiken, die mich als neuen Künstler begrüßten. Einige allerdings entsetzten sich auch über ‚die Schreckenskammer'. Die Aufmunterung der Presse freute mich sehr, aber daß mein Geld so stark zur Neige ging, war drückend." (Alfred Kubin, Aus meinem Leben. Gesammelte Prosa mit 73 Abbildungen, hrsg. von Ulrich Riemerschmidt, München: Spangenberg 1974, S. 29; im weiteren abgekürzt „AmL".)
3 Hans Bisanz, Alfred Kubin. Zeichner, Schriftsteller und Philosoph. Mit 64 Tafeln und 20 Abbildungen im Text, München: Spangenberg 1977, S. 5.

werfen; das zum Teil noch mangelnde zeichnerische Können[4] wird durch die suggestive Kraft dieser Bilder einer Dämmerwelt mehr als kompensiert.[5] In seinem *Brevier für Einsame* (1923) zeigt sich Oscar A.H. Schmitz, der Schwager Kubins, fasziniert von dem heimlichen Durchbruch der dunklen Welt durch die lichte, „wo in einem fast traulichen Alltag sich plötzlich der Boden wie durch Maulwurfshügel zu heben scheint und die Unterwelt ihre Dämonen emporschickt".[6] Diese Wirkung hat sich bis heute erhalten, sie geht nicht auf in Zuordnungen wie symbolistisch, phantastisch oder surrealistisch. Alfred Kubin, der Traumzeichner[7] und Künstlerphilosoph,[8] ist ein Einzelgänger. In seiner Autobiographie schreibt er: „ich bin nächst Künstler Grübler, Seher." (AmL: 42)

> Die Ratlosigkeit vor der ebenso auffälligen wie schwer zu benennenden Eigenart des zeichnerischen und schriftstellerischen Werks von Alfred Kubin hat sich in eine schlagwortartige Begriffsneubildung geflüchtet: kubinisch oder kubinesk. Sie nennt das Phänomen kurzerhand beim Eigennamen. Kubinesk umschreibt eine Bildwirkung oder Stimmung, in der Traumhaftes, Visionäres, Phantastisches, Unheimliches, Hintergründiges, Grauen, Dämonie und schwarzer Humor dominierende Momente sind. Das Wort ist sogar als ‚Inbegriff alles Hintergründigen, Unheimlichen, Gespenstischen' [Raabe] in den Sprachgebrauch eingegangen, besonders in phantastischen Erzählungen und in der literarischen Groteske.[9]

Die von ihm dargestellten „Dämonen und Nachtgesichte" – so der Titel einer Ausgabe seines Werkes (1931) – sind mit der Bezeichnung grotesk unterbestimmt, die Begriffsneubildung kubinesk – in auch inhaltlicher Analogie zu kafkaesk – betont das Einzigartige, ohne es damit schon zureichend erfassen zu können. In seiner Autobiographie hat Alfred Kubin selbst sich dieses Problem vorgelegt, er will hier die Frage beantworten, wie er dazu kam, solche Sachen zu machen (vgl. AmL: 43). Das biographisch-psychologische Erklärungsmodell ist, ausgehend von der Selbstdarstellung Kubins, immer wieder gewählt und in unterschiedlicher Hinsicht produktiv umgesetzt worden.[10] Meine Fragestellung an

---

4 Alfred Kubin spricht selbst mehrfach von „formale[n] Unbehilflichkeiten der Zeichnungen" (AmL: 35) und bekennt, daß er „kein starkes formales Talent" besitzt (AmL: 42).
5 Vgl. Alfred Kubin. Das zeichnerische Frühwerk bis 1904. Texte von Christoph Brockhaus, hrsg. von Hans Albert Peters, Staatliche Kunsthalle Baden-Baden 1977.
6 Oscar A.H. Schmitz, Brevier für Einsame. Fingerzeige zu neuem Leben, München: Georg Müller 1923, S. 47.
7 Ferdinand Avenarius, Traumbildnerei, in: Kunstwart 16 (1903), S. 593–596.
8 Georg Jakob Wolf, Ein Künstlerphilosoph – Alfred Kubin, in: Die Kunsthalle 9 (1903), S. 65–66.
9 Gunhild Roggenbuck, Das Groteske im Werk Alfred Kubins (1877–1959), Hamburg: Hartmut Lüdke 1979, S. 1.
10 Vgl. Wolfgang K. Müller-Thalheim, Erotik und Dämonie im Werk Alfred Kubins. Eine psychopathologische Studie, Wiesbaden: VMA 1970, S. 7–61; Hartmut Kraft, Der Weg aus der Krise. Interdisziplinäre Aspekte der Stilentwicklung bei Alfred Kubin, in: Alfred

die Selberlebensbeschreibung Kubins im Rahmen der Untersuchung zur Integrationseinheit von Autobiographie und Poesie in der Moderne weicht von solch biographistisch argumentierenden Analysen insofern ab, als ich herausstellen möchte, welche Seite seines Ich Kubin in dem Text *Aus meinem Leben* darstellt und welcher Status dieser Selbstaussage im Vergleich zu seinen künstlerischen und anderen literarischen Werken zukommt. Der Befund ist paradox: Sein in der Ich-Form geschriebener phantastischer Roman *Die andere Seite* (1908/09), dessen autobiographische Anteile immer wieder betont wurden,[11] enthält einen authentischeren Selbstausdruck des Autors. Dieser Roman ist gleichsam die andere Seite der Autobiographie, eine in literarischer Form gehaltene wahrhafte Wiedergabe der seelischen Verfaßtheit des Autors. Persönliche Erlebnisse, seine Zerrissenheit, das ihn Bedrängende und das Verdrängte, seine geheimen Wünsche, die Ängste und seine Befreiung daraus gestaltet Kubin im Genre der Fiktion. Das Romangeschehen verlegt er in ein fernes Traumreich, dessen Untergang der Ich-Erzähler, wenn auch psychisch stark angeschlagen, wie durch ein Wunder überlebt. Die Autobiographie gibt Aufschluß über die Bedeutung dieses Buches:

,Die andere Seite' steht im Wendepunkt einer seelischen Entwicklung und deutet das versteckt und offen an vielen Stellen an. Ich gewann während ihrer Verfassung die gereifte Erkenntnis, daß nicht nur in den bizarren, erhabenen und komischen Augenblicken des Daseins höchste Werte liegen, sondern daß das Peinliche, Gleichgültige und Alltäglich-Nebensächliche dieselben Geheimnisse enthält. Das ist der Hauptsinn des Buches. (AmL: 41)

Bereits 1902 hatte Kubin anläßlich der von ihm verfaßten philosophisch-poetischen Kosmogonie *Der Sohn als Weltenwanderer* (der Text gilt als verschollen)[12] an Hans von Müller geschrieben: „Es ist der größte Theil meines

---

Kubin 1877–1959, hrsg. von Annegret Hoberg, Städtische Galerie im Lenbachhaus, München (Ausstellungskatalog), München: Spangenberg 1990, S. 109–116.
11 Vgl. hierzu die von Brockhaus zusammengestellte Liste der autobiographischen Züge im Roman. (Christoph Brockhaus, Rezeptions- und Stilpluralismus. Zu Alfred Kubins Roman „Die andere Seite", in: Pantheon. Internat. Zs. f. Kunst, Jg. 32, H. 3, 1974, S. 272–288; hier: S. 283f. (Fußnote 4).)
12 In seiner Dissertation *Träumer auf Lebenszeit. Alfred Kubin als Literat* (Wien/Köln/Weimar: Böhlau 1995) weist Andreas Geyer nach, daß es eine zusammenhängende Schrift mit dem Titel *Der Sohn als Weltenwanderer* gar nicht gegeben hat. Die Mitteilung in Kubins Selbstbiographie ist also falsch, zumindest jedoch irreführend. Geyers Recherchen im Kubin-Archiv haben ergeben, daß es sich aller Wahrscheinlichkeit nach bei dem legendären „poetisch-philosophischen Frühwerk" Kubins lediglich um kurze, fragmentarische Äußerungen handelt, die von einem hohen Grad der Selbststilisierung zeugen, aber keineswegs durchgearbeitet sind. Diese in den Münchner Skizzenbüchern enthaltenen, schwer lesbare „Selbsthuldigung" aus der Zeit um 1902 trägt den Titel „Einige Worte über das *Schaffen* und den *Menschen* Alfred Kubin" und ist vorgeblich niedergeschrieben

Menschen darin enthalten. – kennt man meine Zeichnungen kennt man dieses Buch so kennt man mich fast so wie ich mich selbst kenne."[13] Diese Einschätzung gilt a forteriori für *Die andere Seite*, denn der Roman faßt die weltanschaulichen und privaten, die intellektuellen und künstlerischen Anschauungen des jungen Kubin zusammen und gilt darüber hinaus als eine kongeniale Verbindung seines schriftstellerischen und zeichnerischen Talents.[14] Kubin entwirft hier, eigenen Angaben zufolge, „ein seelisches Zwischenreich" und die dem „zwittrigen Dämmerbereich" zugehörigen Beziehungen.[15] Was aber kann dann seine Selbstbiographie noch mitteilen? Vom stark ausgeprägten Individualismus seiner zeichnerischen und literarischen Arbeiten ist die Schrift *Aus meinem Leben* frei. Kubin verfährt hier ganz konventionell und beschreibt nur noch die der äußeren Wirklichkeit zugewandte Seite seines Ich. Ganz offensichtlich sucht er nach biographischen Erklärungen, die seine von der Kunstkritik herausgestellte Eigenheit – das Kubineske – rechtfertigen. Die an traditionellen Vorstellungen der Persönlichkeitsentwicklung orientierte Selbstauffassung Kubins aber tritt in Widerspruch zu den in der Kunst zum Ausdruck gebrachten Erfahrungen. Insofern weist seine Selberlebensbeschreibung eklatante Mängel auf. Die Exilierung

---

„von seinem treuesten vertrautesten Freunde", der „wegen seines hohen Standes" anonym bleiben muß.

13 Alfred Kubin, Brief an Hans von Müller, Schärding, 5.7.1902, Kubin-Archiv, München, zit. nach: Dirk Heißerer, Wort und Linie. Kubin im literarischen München zwischen 1898 und 1909, in: Alfred Kubin 1877–1959, (Anm. 10), S. 67–90; hier: S. 70; in diesem Originalbeitrag für den Ausstellungskatalog deckt Heißerer eine Reihe interessanter biographischer und literarischer Bezüge des Romans *Die andere Seite* auf.

14 In seiner Studie über den Roman vertritt Heinz Lippuner die These, daß das Buch „nur aus der Zusammenschau von Text und Illustration gedeutet werden könne"; selbst interpretiert er die Illustrationen als „die ‚andere Seite' im literarischen Werk". (Heinz Lippuner, Alfred Kubins Roman „Die andere Seite", Bern und München: Francke 1977, S. 153 und S. 168.) – Der Roman *Die andere Seite* kann nicht als eine überzeugend durchgestaltete Erzählung gewertet werden; insbesondere der zweite Teil des Romans, die Eskalation des Schreckens bis zur Katastrophe, ist bloß additiv, das Ende erscheint vollends willkürlich. Zu einer anderen Einschätzung kommt G. Brandstetter, die die Kompositionsprinzipien des Romans mit Hilfe der „Termini aus Freuds Traum-Deutung (die Kubin kannte)" interpretiert. (Gabriele Brandstetter, Das Verhältnis von Traum und Phantastik in Alfred Kubins Roman „Die andere Seite", in: Phantastik in Literatur und Kunst, hrsg. von Christian W. Thomsen und Jens Malte Fischer, Darmstadt: Wiss. Buchges. 1980, S. 255–267; hier: S. 258) Der Anlage und Intention nach versucht Kubin in *Die andere Seite* eine literarische Umsetzung der für ihn charakteristischen Traum- und Zwischenwelten; insofern ist es nur konsequent, daß er in diesem Roman einen authentischeren Selbstausdruck sieht als in der Autobiographie, die er unter pragmatischen Gesichtspunkten schreibt und die auf Festigung seines Ruhmes bedacht ist.

15 Alfred Kubin, Dämmerungswelten (1933), in: ders., Aus meiner Werkstatt. Gesammelte Prosa mit 71 Abbildungen, hrsg. von Ulrich Riemerschmidt, München: Nymphenburger Verlagshandlung 1973, S. 40; im weiteren abgekürzt „AmW".

der Subjektivität in die Kunst – eine die Moderne konstituierende Erfahrung – läßt für Kubin die Autobiographie als diejenige Gattung zurück, in der sich der Künstler über sein Schaffen Rechenschaft ablegt, indem er summarisch sein Leben erzählt und dabei ein Wunschbild für die Nachwelt entwirft.[16] Der Autobiograph avanciert so zu seinem ersten Interpreten – die Momente der Selbstverkennung und der Stilisierung entsprechen dabei der déformation professionelle des Kritikers. Der autobiographische Diskurs erhält dadurch zwar einen gewissen kunsttheoretischen Stellenwert, als literarischer Ausdruck der Subjektivität aber verliert er hier an Rang. Außerdem lockt Kubin mit seiner Selbstbiographie den Leser auf das unsichere Terrain eines biographisch verkürzten Verständnisses von Kunst und verstrickt sich in die Widersprüchlichkeit seiner eigenen Reflexionen.

1. Parallelaktion von Leben und Schreiben

Die erste Fassung seiner Autobiographie datiert aus dem Jahre 1911; der Text *Aus meinem Leben* ist Kubins Sansara-Mappe beigegeben. Auch die zweite, aktualisierte Fassung seiner Selbstbiographie hat einen pragmatischen Anlaß: den Neudruck seines Romans *Die andere Seite* im Jahre 1917 ergänzt Kubin durch eine erweiterte Selberlebensbeschreibung. Neun Jahre später führt er sie fort in *Dämonen und Nachtgesichte* (131 Bildtafeln mit einer Selbstdarstellung des Künstlers, Dresden: Carl Reißner 1926). Weitere, recht kursorische Fortsetzungen folgen 1931, 1946 und 1952. Die Teile I und II der autobiographischen Skizze von 1911 umfassen ungefähr die Hälfte des gesamten Textumfangs, die Teile III und IV aus den Jahren 1917 und 1926 zusammen nochmals ca. ein Drittel. Die restlichen Texte sind sehr kurz gehalten, so als lägen die der ausführlichen Mitteilung nötigen und werten Lebensabschnitte mit 50 Jahren lange hinter dem Künstler. Sie werfen lediglich „in verdichteter Form ein Streiflicht auf die Lebenslage des nun alternden Autobiographen" (AmL: 74), schreibt Kubin schon 1931. „Ich schließe mit einem Lebewohl an die Freunde meiner Kunst" (AmL: 82), heißt es dann 1946 und sechs Jahre später: „Das Alter ist da! Was braucht es da noch viele Namen oder Ereignisse aufzählen?" (AmL: 82).

---

16 Zu einer ähnlichen Einschätzung kommt auch Christoph Settele in seiner Untersuchung *Zum Mythos Frau im Frühwerk Alfred Kubins* (Luzern: zyklop 1992); dort heißt es: „Neben seinen Selbstzeugnissen wird auch die im Zeitraum von 1911–1923 verfasste Autobiographie nur sehr vorsichtig und kritisch als Quelle eingesetzt, da sie erwiesenermassen als Überlieferung eines Wunschbildes für die Nachwelt gedacht ist." (S. 10) Und in der Fußnote ergänzt Settele, Kubin schweige „sich (selbstverständlich) über sein Geschlechtsleben und seine Ausschweifungen aus" (S. 130).

Kubins Anlehnung an herkömmliche autobiographische Topoi erweist deren Unzulänglichkeit unter den besonderen Entstehungs- und Kontextbedingungen der Moderne. Auffällig schon bei den frühen Abschnitten der Selbstdarstellung ist die Distanz, mit der Kubin auf sein Leben zurückblickt, so als wäre der für den Autobiographen ideale Erzählerstandort der von jenseits des Grabes, denn erst mit dem Tod wird das Leben als Ganzes überschaubar. Damit soll der von Selbstbiographien traditionell in Anspruch genommene Ausgriff auf Ganzheitlichkeit und eine durch sie verbürgte feste Ich-Identität gesichert werden – ein Ziel, das hier verfehlt wird. Auffällig ist außerdem Kubins mehrmalige Aktualisierung seiner Selbstdarstellung, die das Leben begleitende Beschreibung läuft also parallel zu den Ereignissen, ohne doch – trotz aller Bemühungen – mit ihm wirklich Schritt halten zu können. Anders als Chateaubriand, der durch die Parallelaktion von Leben und Schreiben vor die Schwierigkeit einer doppelten Buchführung gestellt wird,[17] wählt Kubin die Distanz als Modus, sich die Geschichte seines Lebens zu erzählen – so als hätte er es immer schon hinter sich. Die klare Unterscheidung zwischen Schreibendem und Beschriebenem aber ist falsch, nährt den Verdacht der Unaufrichtigkeit und läuft damit den Intentionen des Autobiographen zuwider.

In seinem Lebensbericht verfährt Kubin konventionell: Von einem ‚erhöhten geistigen Standpunkt' aus erzählt er chronologisch, zielt dabei auf Vollständigkeit der wesentlichen Ereignisse und beteuert seine Aufrichtigkeit, beides für die Autobiographie als Gattung konstitutive Merkmale. Am Ende des II. Teils von *Aus meinem Leben* heißt es: „Wir sind bei der Gegenwart angelangt. Blicke ich zurück auf meinen Lebenslauf, so glaube ich die Zusammenhänge und wichtigsten Punkte meiner Entwicklung ohne große Lücken gezeigt zu haben." (AmL: 43) Kubin will also Lebensweg und Charakter zu einer in sich plausiblen und wahren Geschichte verbinden. Das gelingt dem Autobiographen aber nur unter gewissen Vorbehalten, durch entsprechende Stilisierungen und durch diskretes Verschweigen besonders heikler Angelegenheiten.[18] Solche Beschönigungen

---

17 Vgl. François-René de Chateaubriand, Erinnerungen (Mémoires d'outre-tombe), hrsg., neu übertragen und mit einem Nachwort versehen von Sigrid von Massenbach, Frankfurt/Wien/Zürich: Büchergilde Gutenberg 1968. – In ihrem Nachwort führt die Herausgeberin aus: „Der Beginn der Memoiren ist von Chateaubriand auf das Datum des 4. Oktober 1811 festgelegt worden: er war gerade 43 Jahre alt geworden. Von diesem Zeitpunkt an müssen wir genau genommen mit zwei ‚Biographien' rechnen, mit dem Ablauf seines eigenen Lebens und mit seinen Memoiren, die er in den folgenden dreißig Jahren mit unnachgiebiger, ja geradezu trotziger Energie weiter auf- und ausbaut, ausfeilt, stutzt und poliert." (Ebd., S. 771)
18 So finden seine notorischen Liebesaffairen lediglich Erwähnung, als er von der besonders einfühlsamen, duldsamen und mütterlichen Art seiner Ehefrau spricht: „Nächst meiner Kunst gab mir die Ehe das größte Glück, das ich gefunden habe." (AmL: 71).

und Verzerrungen halten sich zwar durchaus im Rahmen des für die Gattung der Selbstbiographie Üblichen und Vertretbaren,[19] führen aber im Laufe der Lektüre zu Irritationen, da der Lebensbericht in Etappen geschrieben wird. Brüche und Unvereinbarkeiten zeichnen sich ab; markant etwa der Wechsel in der Grundhaltung zwischen 1911 und 1917, der von Kubin eigens kommentiert wird. Der „skeptischen Haltung" (AmL: 44) aus dem Jahr 1911 folgt mit der Einschätzung einer souveräneren Verfügung über die künstlerischen Mittel eine selbstzufriedene und abgeklärte Haltung bereits in der bis 1917 fortgesetzten Selbstdarstellung.[20] Diese Tendenz stabilisiert sich:

> Es sind fast zehn Jahre vergangen, seit ich die Schlußworte des vorigen Abschnittes schrieb. Mitten in der Zeit eines schreckensreichen Krieges bezeugen sie das gewonnene größere Gleichgewicht nach zahllosen Schwankungen. Meine Zuversicht hat sich bewährt; nie mehr habe ich die innern Zügel ganz und gar verloren und bin bisher mit den ungeheuerlichen Dingen, die uns alle trafen, auf meine Weise fertig geworden. Nun schreiben wir das Jahr 1926. Es ist mein fünfzigstes. (AmL: 59)

Kubins autobiographische Erzählstrategie ist voller Tücke: Zum einen beteuert sie die Lebensnähe und das Dokumentarische, zum anderen ist sie voller Lücken. Was fehlt alles im Lebenstext, weil es durch die Maschen der Erinnerung, der Selbstzensur oder der Eitelkeit gerutscht ist? Was wurde geglättet? Das Ideal der Vollständigkeit und der Aufrichtigkeit gerät heftig ins Wanken, die Autobiographie als zugleich wahrer und wesentlicher Bericht aus dem eigenen Leben wird hier nicht bewältigt. Der Gattung droht die Selbstauflösung. Die in Fortsetzung verfaßte Selbstbiographie ist verräterisch. Kubin aber rettet sich in Äußerlichkeiten und flüchtet in Klischees.

„Ich wurde am 10. April 1877 in Leitmeritz, einer kleinen Stadt Nordböhmens, geboren." (AmL: 7) Das Kind ist eine kleine Bestie, der Junge veranstaltet „Folterszenen an armen kleinen Tieren", was ihm „starke Lustgefühle" verursacht (AmL: 8). Später äußern sich diese „dämonischen Lustgefühle" als „merkliches Glücksempfinden" bei Katastrophen und wandeln sich zu „kalter, klarer Neugierde" (AmL: 13), etwa wenn er sich beim Schlächter oder Schinder aufhält. Kubins Kindheit ist nicht glücklich, sondern überschattet von Todesfällen

---

19 Auf der Kunstgewerbeschule in Salzburg bekommt Alfred Kubin keineswegs „Vorzugszeugnisse" (vgl. AmL: 13f.), sondern muß die Schule wegen unbefriedigender Leistungen verlassen (vgl. Alfred Kubin 1877–1959, (Anm. 10), S. 14) – aber das sind Lappalien, wenn man nicht vorrangig daran interessiert ist, über die Autobiographie historische Wahrheit zu rekonstruieren. Daß Kubin auch seine innere Entwicklung nur mit großen Abstrichen nachzeichnet, ist demgegenüber bedauerlich.

20 Die bis 1917 fortgesetzte Selbstdarstellung endet folgendermaßen: „Ein Sonnenstrahl fängt sich im Spiegel, wie zufällig; gestört durch den Lichtglanz, blicke ich auf, und ich sehe im Glas mein beleuchtetes Gesicht. Es lächelt." (AmL: 58f.)

und Krankheiten, von Unverständnis und persönlichem Unglück.[21] Die sensible Mutter stirbt früh an Schwindsucht, zu dem als übermächtig erfahrenen Vater hat der Knabe ein äußerst ambivalentes Verhältnis; er reagiert mit Haß und Trotz, ein durch Prügel verstocktes Kind, das sich den väterlichen Ansprüchen verweigert und aus der äußeren Welt in eine innere flieht. Es ist keine kindlich-harmlose Traumwelt, sondern eine ins Groteske und Monströse verzerrte Vorstellungswelt. Der junge Kubin sieht sich mit „grausamen Instinkten" (AmL: 8) konfrontiert, ist ganz einem „eigentümlichen Hang zur Übertreibung und Phantastik" (AmL: 9) preisgegeben, schwankt zwischen realer Ohnmachtserfahrung und den Wünschen nach Freiheit und Größe. Im Sinne einer Sublimationstheorie bewertet Kubin diese „Zeit vollkommenster Verlassenheit" als ungeheuer belebend für seine Phantasie (vgl. AmL: 12f.).

Die Argumentationsstrategie des Autobiographen ist nur allzu deutlich: Kubin will seine Kunst aus den prägenden Erfahrungen seiner Kindheit erklären.[22] Dabei darf er auf das besondere Interesse der eigenen Zeitgenossen rechnen, denen die Traumdeutung Freuds und die sich gerade herausbildende Psychoanalyse neue, insbesondere Kindheitserlebnisse stark akzentuierende Erklärungsmodelle für das Verständnis des Seelenlebens bereitstellte, des normalen ebenso wie des „abgeirrten", deformierten. Auch spätere Interpreten Kubins haben dieses psychologisch-biographische Erklärungsangebot gerne angenommen. Das Werk eines Künstlers aus seiner Lebensgeschichte verständlich zu machen, ist eine ebenso beliebte wie zweifelhafte Interpretationsmethode. Daß ihr die Künstler selbst oft Vorschub leisten, mag in ihrem Wunsch nach Anerkennung begründet liegen. Wird die Autobiographie aber nicht werkerläuternd gelesen, sondern für sich betrachtet, zeigt sich deutlich, daß Kubin die Vorwürfe gegenüber seinem Werk, auch das ihm entgegengebrachte Unverständnis und das geäußerte Befremden, auf die Erfahrungen der eigenen Kindheit rückprojiziert und damit im Wege der Tautologie Erklärung erschleicht oder anders, positiv bio-

---

21 Im zarten Alter von elfeinhalb wurde Kubin „durch eine ältere Frau in sexuelle Spielereien verwickelt", was ihn naturgemäß „maßlos aufregte" und bis in seine „frühe Manneszeit seine Schatten warf." (AmL: 10)

22 „Ich nehme an, daß alle meine gezeichneten Rauf- und Mordszenen Abkömmlinge dieses unvergeßlichen Vorfalls sind." (Gemeint ist ein Vorfall um 1900 in Salzburg.) „Überhaupt alle diese verkommenen Geschöpfe, Betrunkene, Dirnen und Bettler, stammen von einigen wenigen Urtypen, die auf mein kindlich aufnehmendes Gemüt einen wunderbar vertieften Eindruck ausübten. Die starr bohrenden Blicke meines Vaters im Zorn, das schreckliche Grinsen meines bestgehaßten Lehrers, solche Eindrücke kann ich nicht vergessen, ich kann nicht darüber hinweg und versuche, mich im Bilden von immer neuen Physiognomien von dem Rest der Angst, die unbewußt in mir haust, zu erlösen." (AmW: 23)

graphistisch formuliert: daß er mit seiner Autobiographie um Verständnis wirbt und um Nachsicht bittet.

> Ich hatte von jeher einen eigentümlichen Hang zur Übertreibung und zur Phantastik: die Kuh mit vier Hörnern war mir allemal lieber wie die mit zwei, die man damals in Zell am See an jeder Gassenecke sehen konnte. Und ganz entsprechend waren auch meine kindlichen Zeichnungen beschaffen. Sie wimmelten von Zauberern, komischem und schrecklichem Viehzeug, zeigten Landschaften ganz aus Feuer, kurz, der ganze spätere Kubin war schon im Keim darin enthalten. (AmL: 9f.)

In dem autobiographisch-kunsttheoretischen Text *Aus halbvergessenem Lande. Über künstlerische Befruchtung* (1926) schreibt Kubin, die Argumentation von *Aus meinem Leben* fortführend und bestätigend:

> Jedoch im ganzen kann ich feststellen, daß die schier unübersehbare Fülle zeichnerischer Motive bei mir auf eine verhältnismäßig geringe Anzahl jugendlicher Eindrücke zurückgeht, die immer wieder nach Gestaltung drängen. Neue Erlebnisse berühren mich auch heute noch innerlich am stärksten, wo ich Ähnlichkeiten mit längst Vergangenem wieder zu erkennen glaube. Eine reiche Fundgrube sind mir Träume. Ich halte sie für schlechthin unergründbar. (AmW: 24)

Kubin erklärt die Kindheitserinnerungen zum ‚Mutterboden' seiner Kunst und ruft den Topos von der „inneren Stimme" auf, deren „unerbittlich diktierender Kraft"[23] er folgen muß: „Seit je fühlte ich mich bei meinem Schaffen triebmäßig geführt, und bemerkenswerte Bewußtheit darf dabei selten vorausgesetzt werden." (AmW: 39) Eine solche Renaturalisierung der Kunst ist nicht nur äußert fragwürdig, sondern sie macht aus Kubin einen Künstler des 19. Jahrhunderts, der spezifische Erfahrungen der Moderne verleugnet. Diese Einschätzung trifft sich noch mit seiner „Sucht nach Vergangenheit",[24] ist aber nicht die ganze Wahrheit, denn Kubin hat einzelgängerisch „den Weg für Spontaneität, Offenlegung der seelischen Bedrängnisse, Direktheit und Unverwechselbarkeit des

---

23 Alfred Kubin, Dämmerwelten (1933), in: AmW: 40. – In *Aus meinem Leben* stellt Kubin im Zusammenhang mit seiner Erzählung der von Klingers Zyklus *Fund eines Handschuhs* ausgelösten Ereignisse heraus, daß er seinem Schaffenstrieb ebenso ausgeliefert sei wie seinen Selbstzweifeln (vgl. AmL: 25ff.).

24 Vorwort zu: Alfred Kubin 1877–1959, (Anm. 10), S. 9. Vgl. ferner: Claudia Gerhards, Apokalypse und Moderne. Alfred Kubins „Die andere Seite" und Ernst Jüngers Frühwerk, Würzburg: Königshausen & Neumann 1999. Gerhards arbeitet heraus, daß es „bezeichnend für die Kubinsche Apokalypse ist, daß sie die Gegenentwürfe zu jenen Faktoren erprobt, die konstitutiv für die Moderne sind". (Ebd., S. 51) Diese Dissertation entfaltet nicht nur in der Forschung bisher vernachlässigte Bezüge zwischen dem literarischen Werk Kubins und dem Frühwerk Ernst Jüngers im Hinblick auf deren unterschiedliche Apokalypse-Konzepte, sondern sie macht auch darauf aufmerksam, daß im Roman *Die andere Seite* das „Einfallstor für die Technik … der Okkultismus" ist (ebd., S. 61).

künstlerischen Ausdrucks geebnet".[25] Sein in legitimatorischer Absicht verfaßter Lebensrückblick bleibt von diesen innovativen, zukunftsweisenden Tendenzen allerdings ausgeschlossen, denn sie werden durch die autobiographische Darstellung regelrecht wegrationalisiert. Der äußere Lebenslauf und geläufige Erläuterungen stellen die dem Tag zugewandte Seite des Autobiographen heraus. Es ist die um ihre andere Seite betrogene Lebensgeschichte des Künstlers.

2. Widersprüchliche Reflexionen des Traumkünstlers

In der Selbstbiographie sind einige wichtige die eigene Kreativität betreffende Hinweise und Erwägungen enthalten. So gesteht Kubin, daß er „aus Träumen gute Einfälle geschöpft" hat (AmL: 44) und bejaht die Einschätzung als „Traumkünstler".

> Nach dem großen Sansarazyklus kam mir die Idee, den *Traum*, wie er sich unmittelbar nach dem Aufwachen noch im Gedächtnis spiegelt, auch im Bild festzuhalten. Nächtliche wie auch sogenannte Tag- oder Wachträume waren für mich seit Jahren eine reiche Mine, deren künstlerische Schätze des richtigen Bergmanns harrten – der wollte ich sein. [...] Nun studierte ich den Traum aber förmlich methodisch. Ich las alte und auch ganz moderne Theorien darüber. Beobachten des eigenen Traumlebens war aber für mich, der ich das *Bild* suchte, schließlich das Fruchtbarste. (AmL: 44f.)

Kubin läßt es mit diesen Erwähnungen in seiner Selbstbiographie von 1926 bewenden. An dieser Ausführung wird noch deutlich, daß er das Bild sucht und sich nur deshalb in das spukhafte Traumwesen einlebt. Im Beobachten des eigenen Traumlebens kommt er, wenn auch widerwillig, den „wie in einem Dämmerlicht der Seele auftauchenden Gebilde[n]" (AmW: 60; *Rhythmus und Konstruktion*, 1924) auf die Spur. Es geht ihm dabei nicht um Analyse und Bericht, sondern um künstlerische Komposition und um die in Analogie zu den „komponierende[n] Traumgesetze[n]" verfahrenden Zeichnungen.[26] Aus seinem Leben und aus seiner Werkstatt erzählt Kubin den eigenen Angaben zufolge noch deshalb, weil „über den rätselhaften Vorgang bei der Entstehung eines Bildwerks" keine allgemein gültige Regel aufgestellt werden kann, denn „jeder

---

25 Christoph Brockhaus, Alfred Kubin nach 1909. Versuch einer künstlerischen Charakterisierung, in: Alfred Kubin 1877–1959, (Anm. 10), S. 131–138; hier: S. 138.

26 Vgl. Alfred Kubin, Über mein Traumleben (1922), in: AmW: 7–10; dieser Text beginnt mit dem programmatischen Satz: „Das Leben ist ein Traum!" – In *Aus meinem Leben* stellt Kubin eine Verbindung zwischen Traum und Erinnerung her, die eine Seelenverwandtschaft beider Erfahrungsmodi nahelegt: „Wie an einen langen, langen Traum denke ich heute an all die Scheunen, Ställe, Werkstätten, Gartenhäuser, Mühlen, an die sandigen Ufer des Sees und den Wald, der mir wie eine einzige, behaglich mit Moos ausgepolsterte Wohnung vorkam." (AmL: 8)

Künstler erlebt und schafft rein persönlich" (AmW: 19). Und weiter erläutert Kubin in dem Text *Über künstlerische Befruchtung*:

> Dies alles ist noch wenig erforscht und selten beschrieben, darum erzähle ich hier einiges, was ich an mir selbst in dieser Hinsicht beobachtet habe. Vielleicht läßt sich am Ende gar einer oder der andere Leser dadurch anregen, ähnliche fruchtbare Augenblicke bei sich selbst festzustellen. (AmW: 19)

Die autobiographischen und kunsttheoretischen Schriften Kubins – eine strenge Unterscheidung dieser beiden Schreibweisen bzw. Diskurstypen ist hier nicht möglich – sind, wie bei Kandinsky, an die Rezipienten gerichtet. Ihr Ziel ist der Appell an die kreativen Fähigkeiten des Lesers oder Betrachters: Auch sie sollen das in der Kunst vermittelte Übersinnliche erfahren.[27] Daran, daß Kunst von metaphysischem Rang ist, läßt Alfred Kubin keinen Zweifel: „In der Verworrenheit der Welt verbürgt uns die Kunst das Wunder der inneren Verwandtschaft mit dem Göttlichen" (AmW: 18), schreibt er in *Bekenntnis* (1924). Die Ansätze der modernen Psychoanalyse lehnte Kubin für sich ab.[28] Obwohl er in seiner Autobiographie reichlich Material für solche Erklärungen liefert, zieht er sich selbst auf einen anderen Standpunkt zurück, auf den des Künstlers, der aus innerer Notwendigkeit schafft, wobei er das Triebmäßige stark betont, und der Verborgenes sichtbar machen will. Es ist noch nicht eine „Verklärung des Gewöhnlichen" (A. Danto), die Kubin dabei im Auge hat und die er im Anschluß an *Die andere Seite* ankündigt (vgl. AmL: 41), sondern die Visualisierung der Dämmerwelten der Seele und des Unbewußten. „Für mich ist Kunst mit dem Unbewußten untrennbar verbunden." (AmW: 22) Die an Alpträume gemahnenden Schwarz-Weiß-Zeichnungen Kubins sind dafür Beleg (vgl. AmL: 26ff.).

Mehrfach betont Kubin, daß die „eigentliche und letzte Triebkraft" seines Schaffens ihm rätselhaft bleibt. Er belegt sie mit dem Namen der Phantasie; sie führte ihn „in der Kindheit zu Träumen und dummen Streichen, später in eine Krankheit und schließlich zur Kunst" (AmL: 43). Damit leistet er neuerlich biographisch-psychologischen Erklärungsansätzen Vorschub, auch wenn er das Verständnis der Kunst nicht darauf reduzieren möchte, was ihm dann den Vorwurf eingetragen hat, er kultiviere einen Hang zum Irrationalismus.[29] In Fragen der Kunst ist Kubin durchaus um eine gewisse Klarheit bemüht. (Sein Mißtrauen gegen das Wort allerdings erweist sich als hinderlich.) Er versteht Phantasie als

---

27 Vgl. Alfred Kubin, Malerei des Übersinnlichen. Die Welt im Erlebnis der künstlerischen Seele (1933), in: AmW: 43–45.
28 Vgl. Annegret Hoberg, Kubin und München 1898–1921, in: Alfred Kubin 1877–1959, (Anm. 10), S. 43–66; hier: S. 49.
29 Okkultistische Interpretationen seiner Kunst weist Kubin ausdrücklich zurück (vgl. AmW: 41f.; *Dämmerwelten* (1933)).

‚persönliche göttliche Einbildungskraft' und als ‚quellende Macht des Daseins'
(vgl. AmW: 18). Sie scheint dem metaphysischen Konstrukt vom Lebensstrom
verwandt, der seine verbindliche Gestaltung in der Kunst findet.[30] Sein zugleich
persönliches und ästhetisches *Bekenntnis* (1924) beginnt der Künstler mit dem
Satz: „Auf dem Grund der Dinge ist alles Phantasie." (AmW: 18). Und am Ende
der Autobiographie von 1911 heißt es: „Sicher ist es die Phantasie, die meinem
Dasein den Stempel aufdrückt, die mich glücklich und traurig macht." (AmL:
44)[31] In seiner Selbstbiographie vermag Alfred Kubin die Phantasie lediglich zu
benennen und ihr den Stellenwert einer „Letztbegründung" zuzuweisen. Für sich
selbst spricht sie hier, anders als in der Kunst, nicht. Der Autobiograph ist zwar
‚Zeuge der eigenen inneren Entwicklung', vermag aber deren Stationen bloß
aufzuzählen. *Aus meinem Leben* nennt Ereignisse, vielfältige Einflüsse und Begegnungen, die sich daraus kristallisierende Erfahrung aber und die künstlerische Kreativität lassen sich bestenfalls erahnen. Kubins Selbstbiographie bleibt
plakativ.

> Ich bin durchdrungen von der Überzeugung, einen grundsätzlich neuen Beginn zu erleben.
> Diese ganze Entwicklungsgeschichte läßt sich zusammenfassen in einige große Namen als
> Wegzeiger oder Meilensteine, denen entlang ich geeilt bin, bis ich auf einmal stehen
> blieb, mich umsah und mir den Schlaf aus den Augen rieb. Aus dumpfer Abhängigkeit im
> Denken entsprang Klugheit, aus irrer Angst ein geschmeidiger Mut. Es ist ja das Unendli-
> che selbst, das sich vergessen hatte und wiederfindet. *Sonst gibt es nichts.* (AmL: 58)

Daß sich der Autobiograph seines Lebens in kontinuierlich aufsteigender Linie
versichert, darf ebensowenig verwundern wie die Bestätigung der pessimisti-
schen Weltanschauung, daß hinter dem durchschauten Spuk nichts ist (vgl.
AmL: 58). Verwunderlich ist vielmehr, daß Kubin dermaßen oberflächlich – oft
nur aufzählend – berichtet, selten Anekdoten einstreut, diese dann meist recht
knapp hält und wenig anschaulich schildert. Die den jungen Kubin in große
Angst versetzende Episode mit einem durchgegangenen Pferd etwa, das in seinen Werken eine nachhaltige Rolle spielt, wird in *Aus meinem Leben* nur nebenbei erwähnt (vgl. AmL: 13). Zum Thema „Wie Jugendeindrücke haften" hat Kubin für das Berliner Tageblatt vom 21.10.1928 diese Episode sehr viel konkreter

---

30 Gegen Ende der Autobiographie von 1911 schreibt Kubin: „Jetzt waren es nicht mehr die
   rein persönlichen Herzensnöte, die aus mir schrien und auf sonderbare, ruckartige Weise
   in Visionen sich auslösten. Jetzt ergriff mich mehr das allgemeine Leben, das so mysteri-
   ös in den Menschen, Tieren und Pflanzen, in jedem Stein, in jedem geschaffenen oder un-
   geschaffenen Ding webt." (AmL: 42)
31 1926 verkündet er in *Aus meinem Leben* sogar: „die Phantasie ist das Schicksal." (AmL:
   71) Das bestätigt seine fatalistische Einstellung und ist hier als entschuldigende Erklärung
   für sein unbändiges Liebesverlangen angeführt, das er unter moralischen Gesichtspunkten
   ablehnen muß.

und eindringlicher geschildert (vgl. *Angst und Bangigkeit* (1928), in: AmW: 27). Die Beschreibungen in der Autobiographie bleiben auch sonst weitgehend äußerlich, vermitteln keinen wirklichen Eindruck vom Seelenleben des Künstlers. Ausdrücklich betont Kubin, er wolle „nur in großen Zügen [s]eine allgemeine Entwicklung schildern" (AmL: 41). Das Spezifische seiner Person, wie er es in seinen Zeichnungen ausdrückt, geht dabei gerade verloren. Insofern bestätigt er in seiner Autobiographie noch die Unaussprechlichkeit des Individuellen. Da er sich selbst gleichwohl behaupten muß, beginnt er zu mystifizieren; bemerkenswert in diesem Kontext ist seine Erwähnung, daß schon das Kind einen Hang zur mystischen Einkehr zeigte: „oft hat es [das dämmrige Kirchengewölbe] mein junges Herz in mystischer Erhebung und wahrhafter Einkehr gesehen!" (AmL: 8). Dadurch erläutert er seinen Hang zur Phantastik (AmL: 9) sowie seinen angegriffenen seelischen Zustand schon im Vorgriff und bereitet außerdem auf seine Vorstellung von der *Malerei des Übersinnlichen* (1933) vor (AmW: 43–45). Trotz aller mitgeteilten Dissonanzen soll der Eindruck entstehen, es füge sich alles: Der in sich zerrissene Künstler will gleichwohl eine in sich geschlossene Persönlichkeit sein. Solche Widersprüchlichkeiten entlarvt die Selberlebensbeschreibung gegen die Intentionen des Autobiographen. (Ähnliche Ungereimtheiten lassen sich für Kubins Vorstellungen des Übersinnlichen vermuten; anders als bei Kandinsky ist es kein rein Geistiges, sondern changiert zwischen einer auf die verdrängte Triebkraft gerichteten Phantastik und einer dem christlichen Erbe geschuldeten Erlösungshoffnung.)

Als charakteristische Belegstelle, in der der Autobiograph zugleich die Grenzen des für ihn Mitteilbaren absteckt, sei die häufig zitierte Passage zur sogenannten Buddhismuskrise Kubins im März 1916 angeführt; sie war die Reaktion auf die Nachricht vom „Schlachttod meines lieben Kollegen Franz Marc" und auf die Nachricht vom „Selbstmord durch Gift einer mir gut bekannten Dame in Paris" (AmL: 54). Extreme Formen der Selbsterfahrung übersteigen hier die sonst bemühten Erklärungsmuster.

> Ich aß weniger als sonst, möglichst kein Fleisch, und wanderte stundenlang bei jedem Wetter umher. Einmal entfernte ich bei Regen Tausende von Würmern von der Landstraße, damit sie nicht umkämen. Ich war meist sehr glücklich, vor jeder Zerrissenheit gefeit, und erlebte in einer Dauerekstase solche Ungeheuerlichkeiten, wie ich sie mir früher oft für meine Bilder ausgedacht hatte und wie sie die Legende etwa dem heiligen Antonius zuschreibt. Manchen Tag war in mir ein fortwährendes Hallen von vielerlei Schritten, die sich näherten oder entfernten, ein Sausen, Schreien und Gebrüll wie von einer großen Menschenmasse. Sprach ich mit Leuten, so bekam alles einen Doppelsinn, das Gewöhnlichste, Alltäglichste war merkwürdig: Steine, Kothaufen, Baumstämme und dergleichen waren von einer so ungeheuren Formkraft erfüllt, daß ich, obgleich mir froh und lind zumute war, kaum hinzusehen wagte, weil all diese Gegenstände mir wie Gespenster und Larven vorkamen, die mich angrinsten. Die tollsten unwahrscheinlichsten Vorgänge eig-

nen sich nicht zur offenen Mitteilung, sind in vielen Fällen überhaupt nicht schilderbar. (AmL: 55)

An dieser Schilderung bemerkenswert ist das freimütige Eingeständnis, daß das persönliche Erleben an literarischen und kunsthistorischen Traditionen orientiert ist und außerdem, daß diese jenem vorangehen. Lediglich im Modus des Verweisens also kann davon berichtet werden.[32] Zu einer eigenständigen Gestaltung sind ausschließlich die Dichtung und die Kunst fähig. Daß er sich selbst autobiographisch und sogar kunsttheoretisch äußert, verstrickt ihn in Widersprüche. Kubins wiederholt geäußertes Mißtrauen gegenüber der Sprache – gegenüber dem, was mit Worten sich ausdrücken läßt – darf sicherlich nicht dahingehend verstanden werden, daß er in erster Linie Zeichner war und seine schriftstellerischen Möglichkeiten also nur von sekundärem Rang gewesen wären, noch so, daß Bilder per se die visionären Eindrücke der Seele besser darstellen können, obwohl er selbst öfters eine solche Einschätzung nahelegt, etwa wenn es heißt: ihm „ist das Schreiben selbst eine unsympathische Tätigkeit" (AmL: 41).[33] Kubins Sprachskepsis ist nicht zuletzt Ausdruck eigener Ratlosigkeit und Unsicherheit. Der Bericht aus dem Leben ist für ihn ebensowenig wie seine anderen autobiographischen und kunsttheoretischen Texte das geeignete Genre, die seelischen Erschütterungen und die Erfahrung des Gespenstischen der Welt zusammenhängend darzustellen. „Man hat ein Gefühl dafür, aber das Wort versagt." (AmW: 41) In der Selbstbiographie werden die für das Ich konstitutiven Erfahrungen, eine gleichsam traumatische Auseinandersetzung mit der Welt, lediglich thesenhaft benannt und, anders als in dem Roman *Die andere Seite*, an der Abfolge einzelner Lebensstationen festgemacht. So verkommt die Autobiographie zum resümierenden Bericht des äußeren Lebenslaufs.

---

32 Schon früher hatte Kubin seine traurige Jugend mit einem „Aschenbrödeldasein" verglichen (AmL: 15) und, bezogen auf die glücklichen Münchner Jahre um 1900, schreibt er: „Wir musizierten, zeichneten Karikaturen, lasen und liebten, kurz, wir führten ein Dasein frei nach Murgers' ‚Zigeunerleben'." (AmL: 22)

33 „Ein Bild sagt mehr als 1000 Worte." Diese Aussage ist ebenso richtig wie ihr Gegenteil; wichtig vor allem ist, daß Wort und Bild verschiedenes sagen, denn nur wenn sie nicht dasselbe in bloß anderer Form sagen, ist die Grenzüberschreitung der Künste systematisch zu begründen. So haben die in *Die andere Seite* aufgenommenen Zeichnungen nicht nur Illustrationsfunktion, sind nicht lediglich dekorative Verdopplung des Gesagten, sondern selbst konstitutiver Bestandteil des Romans (vgl. hierzu: Lippuner (Anm. 14)). Daß einige von ihnen ursprünglich als Illustrationen für Gustav Meyrinks Roman *Der Golem* geplant waren, verschlägt nichts (vgl. Alfred Kubin, Wie ich illustriere (1933), in: AmW: 73).

3. Dokumentation, Selbststilisierung und Verhüllung

Kindheit, Jugend, Schulbesuch und Photographielehre[34] nebst allen damit verbundenen Unbilden endeten mit einem theatralisch inszenierten Selbstmordversuch auf dem Grab seiner Mutter im Oktober 1896. Kubin hatte beschlossen, seinem „unnützen und verpfuschten Leben ein Ende" zu setzen; dem waren eine erste Schopenhauerlektüre und Experimente mit Hypnose vorausgegangen, die seine schwache nervliche Konstitution angriffen und eine „dumpfe Lebensunlust" heraufbeschworen (AmL: 17). Es folgten eine kurze Militärzeit in Laibach, zu der sich Kubin freiwillig gemeldet hatte,[35] und ein dreimonatiger Aufenthalt im Garnisonsspital in Graz, wo er eine schwere Nervenkrise kurierte. Anschließend findet er eine herzliche Aufnahme durch seinen Vater, dem er von nun an in Liebe und Einverständnis verbunden bleibt.[36] „Mit der militärischen Karriere war es natürlich aus." (AmL: 20) So endet der erste Teil seiner Autobiographie.

1898 dann Übersiedlung nach München, Beginn einer künstlerischen Ausbildung, die er sich aufgrund einer kleinen Erbschaft leisten kann, und erste künstlerische Erfolge. Nennenswert ferner die überraschende Verheiratung mit Hedwig Gründler Ende März 1904, kurz nachdem seine über alles geliebte Braut Emmy Bayer im Dezember 1903 gestorben war, was ihn in eine neuerliche seelische Krise gestürzt hatte.[37] (Keine der beiden Frauen wird in *Aus meinem*

---

34 Während seiner vierjährigen Lehrzeit (1892–96) lebte Kubin „zwischen den vielen Tausenden von Bildern" (AmL: 14) – „Aber ich lernte so gut wie nichts!" (AmL: 15) In diesen Jahren überkam ihn das „Lesefieber" (AmL: 15), und sein sexuelles Interesse für das weibliche Geschlecht erwachte. 1894 war „ein zügelloses Jahr" (AmL: 16), schreibt er.

35 „Mein Wunsch wurde gewährt, und schon am nächsten Abend fuhr ich mit meiner Marschroute nach Laibach, der Landeshauptstadt von Krain, zu meinem Regiment. Dort diente ich genau achtzehn Tage und fühlte mich dabei eigentlich viel wohler als in den vergangenen achtzehn Jahren. Denn die Unterordnung und der Zwang waren hier etwas Allgemeines, und ich hatte nie das Gefühl, ich allein werde niedergedrückt. […] In meinem Schicksal war es beschlossen, daß ich nicht Soldat bleiben sollte, und der zufällige äußere Anlaß zu einem neuerlichen Umschwung meiner Verhältnisse war der plötzliche Tod unseres Divisionskommandanten. Im allgemeinen Trubel beim Zurichten der Paradeuniformen für die Leichenfeier fiel ich durch übertriebenes, nervöses Gebaren auf; ich weiß nur noch, daß ich in allerhöchster Angst war, ob auch alles klappen und die Kompagnie gut abschneiden würde." (AmL: 19)

36 Über den Tod des Vaters schreibt Kubin in seiner Autobiographie (1911): „Den Eindruck dieses Verlustes habe ich bis heute noch nicht überwunden, ich muß jede Erinnerung daran mit Gewalt unterdrücken. […] In jenen schweren Tagen verkohlte gewissermaßen der größte Teil meiner heftigen Lebensbegierden, und an die Stelle wilder Gefühlsschwankungen trat nun sanfteres Wesen; seither ist es mir gar nicht mehr möglich, mit alter, feuriger Kraft Furcht, Wunsch oder Hoffnung zu fühlen. Um diese Sensationen bin ich ärmer geworden." (AmL: 39)

37 In dem berühmten Abschiedsbrief an seine Schwester Maria vom 20. Februar 1904 schreibt Kubin: „Seit ich als Mensch zu denken angefangen habe, kam ich zur bittern un-

Leben namentlich genannt, ein ungewöhnliches Verfahren, da Freunde und Bekannte sonst fast immer genau bezeichnet werden und auch die zeitlichen Datierungen meist stimmen.) Im Oktober 1906 dann endgültige Übersiedlung nach Zwickledt in Oberösterreich, wo Kubin bis zu seinem Lebensende bleiben und arbeiten wird. Warum ihm die Stadt „unleidlich geworden war" (AmL: 36), erzählt er nicht. Er macht sein damaliges „künstlerisches Dilemma" dafür verantwortlich; aber das sind offensichtlich vorgeschobene und unzureichende Gründe. Heißerer weist nach, daß Kubin wohl nicht zuletzt auch vor dem Spott der Leute über seine Beziehung zur verwitweten Hedwig Gründler aus München geflohen war.[38] Später interpretiert Kubin seinen Rückzug dahingehend, daß ihm das Tempo seiner Zeit zu schnell gewesen wäre: er sei „nun ganz Landmensch geworden" (AmL: 48). Die Perspektive ländlicher Abgeschiedenheit wird sich immer mehr durchsetzen (vgl. AmL: 72).

Was Kubin über die äußeren Geschehnisse hinaus in seiner Autobiographie mitteilt (besonders im dritten Teil von 1917), sind die ihn prägenden philosophischen „Einflüsse" – die erneute Lektüre Schopenhauers, Nietzsches, der ihn vor allem durch *Ecce homo* und *Zarathustra* beeindruckt, und, vermittelt durch Salomo Friedlaender, die Lektüre Kants.[39] Außer seiner Beschäftigung mit den Werken Schopenhauers um 1900, die ihn zur Ausarbeitung einer „seltsamen Kosmogonie" veranlaßte,[40] bleibt die spätere Aufnahme und Verarbeitung der

---

ausweichlichen Erkenntnis, daß das Leben, mein Leben, immer, zu jeder bewußten Minute ein wesentlich schmerzhaftes sei. – Von leisem Unbehagen, vom Gefühl unerfüllten Wunsches bis zur tollsten Körperqual oder gräßlichster Verzweiflung mit unzählbaren Zwischenstufen wechseln die unangenehmen Zustände aneinander gereiht gleich den Perlen einer Gebetschnur. – [...] Die Summe meines Denkens: ich will nicht mehr sein. – Ich will aufgehört haben." (Zit nach: Raabe (Anm. 1), S. 24f.)

38 Heißerer (Anm. 13), S. 73ff.
39 „Neben diesem schöpferischen Tun schulte ich auch, soweit es mir möglich war, meine *erkennenden* Kräfte. Noch erfüllte mich jenes stille schauervolle Erlebnis eines Abends in Friedenau, das sich an den Namen Kant knüpft und das diese Aufzeichnungen ja auch erwähnen. Und mit einer gewissen Überwindung meiner Heimlichkeit spreche ich es hier aus, daß es die erhabenen Entdeckungen Kants waren, die mir den stärksten Begriff vom Wert der Philosophie beibrachten. Nicht bewunderndes Lob, sondern tiefes Schweigen ungeheurer Ehrfurcht gebührt dem besonnensten Geist, der auf Erden wandelte. Seine Nachfolger, für mich die Reihe Schopenhauer, Mainländer, Bahnsen, verwalteten das große Erbe je nach der Stärke ihres Talentes, und mein Denken stand den größten Teil meiner jungen Jahre unter den Einflüssen dieser Lehren, bis ich allmählich für mich jede strikt verneinende Lebensauffassung ablehnte und um 1909 in einen spröden Skeptizismus verfiel, was der Schluß des zweiten Teils dieser Biographie auch ausspricht." (AmL: 52)
40 „Ich stellte mir also vor, daß ein an sich außerzeitliches, ewig seiendes Prinzip – ich nannte es ‚den Vater' – aus einer unergründlichen Ursache heraus das Selbstbewußtsein – ‚den Sohn' – mit der zu ihm unscheidbar gehörigen Welt schuf. Hier war natürlich ich selbst ‚der Sohn', der sich selbst, solange es dem eigentlichen, riesenhaften, ihn ja spiegel-

genannten Philosophen recht dunkel. Ihre Erwähnung verhüllt mehr als sie erhellt. Das gilt auch für die literarischen „Einflüsse"; hier ist zuerst Paul Scheerbart zu nennen, den er „für den radikalsten, weithinausschweifendsten unserer modernen Dichter" hält (AmL: 36), dann der Schwager Oscar A.H. Schmitz, der Kubins phantastischem Roman den Titel gab und der „das Polare der Kubinschen Doppelwelt" herausstellte,[41] ferner der Künstlerfreundeskreis die „Sturmfackel" (1901/02), der Dichter Maximilian Dauthendey, der ihn dem Kunstliebhaber Hans von Weber vorstellt (AmL: 30), schließlich Fritz von Herzmanovsky, mit dem er 1908 nach Oberitalien und Venedig reist (AmL: 40), sowie Kontakte zum Kosmikerkreis.[42] Vor allem aber sind zu nennen die vielen von Alfred Kubin illustrierten Autoren, die er, beginnend mit der zweiten Fortsetzung von *Aus meinem Leben* 1926, minutiös auflistet.[43] Die Autobiographie gewinnt dadurch stark dokumentarischen Charakter. Dieser Eindruck wird noch dadurch verstärkt, daß er der Aufzählung seiner Werke – und die Jahre 1916 bis 1926 gehören zu seinen „allerergiebigsten" (vgl. AmL: 66) – längere Ausführungen zur Geldwirtschaft voranstellt (vgl. AmL: 63ff.) – es war die „Zeit der schlimmsten Inflation" (AmL: 65).

---

    reflexartig frei schaffenden Vater genehm ist, narrt, peinigt und hetzt. Es kann also ein derartiger Sohn jeden Augenblick mit seiner Welt verschwinden und in die Überexistenz des Vaters aufgehoben werden. Es gibt immer nur einen Sohn, und von dessen erkennendem Gesichtspunkt aus konnte man vergleichsweise allegorisch sagen, daß dieser ganze äffende und qualvolle Weltprozeß geschieht, damit an dieser Verwirrtheit der Vater erst seine allmächtige Klarheit und Endlosigkeit merkt – mißt. Mit den philosophischen und poetischen Einzelausführrugnen des ‚Sohnes als Weltenwanderer' füllte ich oft in nächtlichen Stunden Dutzende von Heften". (AmL: 24f.) Vgl. hierzu: Geyer (Anm. 12).
41 Schmitz (Anm. 6), S. 74. Mit ihrem Konzept des „Kubinschen Pendels" folgt Hewig dieser von Schmitz in die Diskussion gebrachten Grundkonstellation (Anneliese Hewig, Phantastische Wirklichkeit. Interpretationsstudie zu Alfred Kubins Roman „Die andere Seite", München: Fink 1967). Alfred Kubin selbst bekennt sich zur „Lust am Gegensatz" (AmL: 38). Das Sperrige der verrätselten phantastischen Schreibweise des Romans betont Joanna Jablkowska, Die Apokalyptik um die Jahrhundertwende. Alfred Kubins „Die andere Seite", in: Die Rampe. Hefte für Literatur 2 (1989), S. 7–24.
42 Erwähnt werden Karl Wolfskehl (AmL: 48) und sehr viel später auch Ludwig Klages, „eine faszinierende Erscheinung, ein Forscher ersten Ranges, für mich der bedeutendste Seelenkundige unserer Tage" (AmL: 72). „Im Herbst 1924 reiste ich mit einem jungen Dichter in die Schweiz. Ich besuchte dort unter andern auch Dr. Ludwig Klages, den Freund des geheimnisvollen Alfred Schuler (gest. 1923) sowie des Dichters Friedrich Huch (gest. 1912), die ich alle drei aus der Münchener Zeit zu Beginn des Jahrhunderts kannte." (AmL: 72) – Erwähnenswert ist außerdem die Lektüre der „Schriften verschiedener alter Mystiker" (AmL: 39), die Beschäftigung mit alten Kosmogonien und okkulten Werken (vgl. AmL: 53).
43 Vgl. Paul Raabe, Alfred Kubin als Buchillustrator, in: Alfred Kubin 1877–1956, (Anm. 10), S. 151–159. Ferner: Alfred Kubin, Wie ich illustriere (1933), in AmW: 69–77.

> Diese etwas eintönige Aufzählung, für die bestimmt, die sich für meine Werke interessieren, ist für mich nicht gar so langweilig. Bei jedem einzelnen Titel kommt mir wieder die Zeit in den Sinn mit all ihren angenehmen und peinlichen Umständen, die sich während der Entstehung der Arbeiten ergaben. Ein junger Hamburger, Dr. Kurt Otte, beschäftigt sich seit einigen Jahren damit, den Spuren meines Tuns nachzugehen, soweit dieses im Verlagswesen sichtbar geworden ist. Er will jetzt einen Katalog beenden, der auch alle lithographischen Einzelblätter beschrieben enthalten soll. (AmL: 68)

Und so findet bereits der spätere Archivar 1927 Eingang in die Autobiographie. Aktualität und Ruhm, den es auch posthum zu sichern gilt, greifen ineinander. In den späteren Teilen seiner Lebensbeschreibung wird Kubin die Ehrungen zu seinen Geburtstagen wohlwollend herausstellen. Schon bei der ersten Übersichtsaustellung 1921 in München wurde sich der Autobiograph selbst historisch (vgl. AmL: 68). Die „angenehmen und peinlichen Umstände", die sich bei der Entstehung seiner Arbeiten ergaben, teilt Kubin in seiner Selbstdarstellung insbesondere in den späteren Fortsetzungen von *Aus meinem Leben*, meist nicht mit.

Die Auseinandersetzung mit den zeichnerischen „Einflüssen" ist in seiner Autobiographie breiter angelegt. Kubin wird hier ausführlicher und berichtet, daß Max Klingers Zyklus *Fund eines Handschuhs* in jungen Jahren auf ihn großen Eindruck machte: „Hier bot sich mir eine ganz neue Kunst, die genügend Spielraum für den andeutenden Ausdruck aller nur möglichen Empfindungswelten gab. Noch vor den Blättern gelobte ich mir, mein Leben dem Schaffen solcher Dinge zu weihen." (AmL: 25) Anschließend im Varieté überkommt ihn plötzlich „ein ganzer Sturz von Visionen schwarz-weißer Bilder – es ist gar nicht zu schildern, was für einen tausendfältigen Reichtum mir meine Einbildungskraft vorspiegelte." (AmL: 26) Diese Wechselwirkung aus Inspiration und Einfluß, die Kubin „Wunderrausch" nennt, sollte sich später noch öfter ereignen, wenn auch in abgeschwächter Form.

> Zu Hause sank ich wie ein Toter ins Bett und schlief fest und traumlos bis gegen den Abend des nächsten Tages. Die folgende Zeit lebte ich sehr zurückgezogen. Ich verfertigte ganze Reihen von Tuschzeichnungen; lernte das gesamte zeichnerische Werk von Klinger, Goya, de Groux, Rops, Munch, Ensor, Redon und ähnlicher Künstler kennen, die abwechselnd meine Lieblinge waren und mich hin und wieder, wenn auch unbewußt, beeinflußten. […] Doch gerade an den Werken solcher Meister sah ich deutlich, daß meine Arbeiten einen ganz ausgesprochen persönlichen Stil hatten. (AmL: 28)

Bei allen zugestandenen „Einflüssen" – und welcher Künstler wäre schon vom tradierten Arsenal der Bilder frei? – besteht Kubin auf einem eigenen, unverwechselbaren Stil. „Jeder Künstler erlebt und schafft rein persönlich." (AmW: 19) Sich darüber Rechenschaft abzulegen, war eines der Hauptmotive seiner Autobiographie. Sicherlich richtig ist, daß das Besondere erst Kontur erhält im

Kontrast zum Allgemeinen, zu den herrschenden Stilrichtungen einerseits und zu den prägenden „Einflüssen" andererseits. „Die verborgenen Einflüsse zu bezeichnen, war hier nicht mein Vorhaben" (AmL: 43), schreibt er in *Aus meinem Leben* (1911) und unterläuft damit neuerlich die für eine Selberlebensbeschreibung konstitutive Dimension, die Individualität des Autobiographen zu gestalten. Kubin lenkt die Aufmerksamkeit auf Äußerlichkeiten und Einflüsse, wobei er noch das Offensichtliche gegen vermeintlich Verborgenes ausspielt. Er nennt lediglich das ohnehin Auffällige und schmückt es ein wenig biographisch aus; so z. B. seine erste Begegnung mit Breughel in Wien, die ihn fast ebenso überwältigte wie 1898 sein erster Besuch in der Pinakothek in München.

> Ich hatte wohl schon manches über diesen Meister gehört, aber ich muß sagen, auf diese den Künstlersinn so verwegen und vertraut ansprechenden Herrlichkeiten war ich nicht vorbereitet. Dieser Tag gehört zu den reichsten meines Lebens, und wenn ich schon erzählte, daß der erste Besuch der Alten Pinakothek mich in eine staunende Ekstase gebracht hat, die mich zuerst in den Himmel hob, um mir nachher das Bewußtsein meiner Nichtigkeit diesen ewigen Werken gegenüber nur desto deutlicher zu machen, wenn ich später sagte, daß meine Bekanntschaft mit Klingers Frühwerk meinen äußern Weg entschied, indem sie mich der Graphik zuwies – hier war das Erlebnis ein ganz anderes. Es war etwas ganz eigenartig Vertrautes, Tolles und Heiliges, tief Erregendes, was mir aber doch wieder so unendlich bekannt war und jede Saite meines Innern ins Zittern brachte wie niemals sonst der Anblick eines Kunstwerkes früher oder später. Es ist nicht etwa nur das Gegenständliche, was mich bei diesem Meister so anspricht, sondern vor allem das Elementar-Visionäre seiner Kunst, das aus dem Unbewußten auftaucht und mit beinahe nüchtern einfachen Handwerksmitteln die Flut der Gestalten wunderbar bändigt." (AmL: 33)

In seinen Bemühungen, das persönliche Erleben und Schaffen von Kunst sprachlich zu fassen, zielt Kubin nicht aufs Individuelle als dem rein zufälligen Ich, sondern durch die Individualität des Künstlers wieder auf ein allgemein Verbindliches und Übersinnliches, das sich in seinem lebendigen Ich ausdrückt (vgl. AmL: 54). In diesem Kontext erhält die Selbstbiographie einen wichtigen Stellenwert, denn sie soll die Personalunion von empirischem und kreativem Ich bezeugen. Nicht zuletzt deshalb konzentriert sich *Aus meinem Leben* ganz auf die „persönliche Entwicklung" (AmL: 59). Das aus dem Unbewußten auftauchende Elementar-Visionäre, das gleichermaßen individuell und verbindlich ist, findet demgegenüber in Kubins Autobiographie keinen Eingang. Er hat es ausschließlich seiner Kunst vorbehalten. Damit aber unterbietet er den eigenen Anspruch in autobiographischer und in künstlerischer Hinsicht.

4. Eine um die Subjektivität des Künstlers verkürzte Autobiographie

Mehrfach spricht Kubin von seiner „autobiographischen Studie" und zeigt damit an, daß er sich in seiner Selbstdarstellung zum Gegenstand objektivierender Beobachtung macht; er unterstreicht so noch deren historischen Quellenwert. Eine Auseinandersetzung mit Politik und Gesellschaft, wie sie für Memoiren üblich ist, enthält Kubins Selbstdarstellung nicht. Der Erste Weltkrieg und die „großen politischen Umwälzungen" (AmL: 59) werden nur am Rande behandelt; Kubin schildert „ein kleines, halb visionäres Erlebnis" (AmL: 60) und „allerlei Nachkriegsszenen" (AmL: 62). Resümierend schreibt er: „Ich erzähle hier einfach die Dinge streifend. Der Weltkrieg machte einen Riß in jedes erwachsenen Menschen Leben." (AmL: 63) Das Urteil seines Schwagers, „Kubin war stets ein unpolitisches Tier in reinster Form",[44] wird insofern durch die Selbstbiographie bestätigt. Kubin selbst motiviert seine Schreibstrategie anders, nämlich mit pragmatischen Zwängen, dem Gebot der Kürze und der persönlichen Perspektive: „Wie sich die Ereignisse in dem Winkel, den ich bewohne, im einzelnen auswirkten, kann ich in einer kurzen, autobiographischen Studie, die nur die persönliche Entwicklung behandeln soll, nicht ausführen." (AmL: 59)

Aber auch derjenige, der über die innere Wirklichkeit des Autobiographen etwas erfahren möchte, wird von der Schilderung des äußeren Lebenslaufs enttäuscht sein und Aufschluß über das Selbstverständnis des Autors als Künstler und über seine seelische Verfaßtheit in anderen Werken suchen müssen. *Aus meinem Leben* ist eine um die Subjektivität des Autors, seine künstlerischen Visionen, seine Ängst und Anfeindungen weitgehend verkürzte Selbstbiographie. Den pragmatischen Schreibanlässen entsprechend, bedient sie den Wunsch nach Kenntnis der persönlichen Lebensgeschichte des Künstlers. Das Anekdotische überdeckt hierbei meist das Werk selbst. Das „Erleben des Übersinnlichen" (AmW: 43), das wie ein (Alp)Traum ablaufende Leben und die Äußerungsformen des Unbewußten werden in der Autobiographie gerade nicht gestaltet. Diese „zwittrigen Dämmerungsbereiche" bleiben einem anderen Genre vorbehalten.

> Ich selbst habe in meinem schon 1908 geschriebenen illustrierten Roman ‚Die andere Seite' (Verlag A. Langen / G. Müller, München) auf bedeutsame, in dieses Gebiet gehörige Beziehungen hingewiesen. Ja, man kann eigentlich dieses Buch als eine Art Baedeker für jene nur halb vertrauten Länder benutzen. Jedenfalls war es ein Zwang, der mir gebot, die vielen Blätter zu zeichnen und das Buch zu schreiben, und mein ganzes künstlerisches Lebenswerk steht heute da und überrascht vielleicht mich selbst am allermeisten. (AmW: 40)

---

44 Schmitz (Anm. 6), S. 71.

Mit seiner Selberlebensbeschreibung hingegen konnte und wollte Kubin sich nicht überraschen. Zum jeweiligen Zeitpunkt der Niederschrift lag seine Geschichte überschaubar hinter ihm. Der retrospektive Bericht fällt entsprechend distanziert und souverän aus. Das Zwischenreich der Dämmerung, die ‚Grenzzone zwischen Bewußtem und Unbewußtem', in dem sich das Ich konstituiert und in ständigem Wandel hält, kommt hier nicht zur Sprache. Zum einen läßt sich Alfred Kubins Werk als Ganzes autobiographisch deuten, als Psychogramm für Ängste, Bedrohungen und Obsessionen, zum anderen kann es auch verstanden werden als Beleg für die Elastizität des Ich, seine Sublimations- und Transformationsfähigkeit. Dieser Aspekt allerdings wird in der Selbstdarstellung tunlichst verschwiegen.[45] Kubin orientiert sich hier an einem ganz konventionellen Verständnis der Person und wählt die dementsprechende traditionelle Form. *Aus meinem Leben* läßt ein Bemühen um Normalität und Sicherheit erkennen, das mit dem Alter immer mehr zunimmt. Nach dem Tod seiner Braut und anläßlich seiner Verheiratung mit Hedwig Gründler im März 1904 schreibt Kubin:

> Vor allen Dingen versuchte ich nun, normaler über mein vergangenes Schicksal zu denken, die mich noch stark schmerzende, einschneidende Katastrophe als unabänderlich hinzustellen und mich in meinem neuen Hausstand möglichst behaglich einzuleben. Gewiß – zu solchen seelischen Aufschwüngen wie früher war ich nun nicht mehr fähig, eine tüchtige Narbe war zurückgeblieben, mit der ich mich so gut wie möglich abfinden mußte. Aber durch meine Ehe war so viel neues Glück über mich gekommen, daß ich doch bald wieder den Anreiz zur Arbeit in mir fand. (AmL: 32)

Kubins Autobiographie ist so angelegt, die Wunden, die ihm in jungen Jahren geschlagen wurden, auch solche, die er sich selbst zugefügt hatte, alle Verletzungen und Mangelerfahrungen, die er in seiner Kunst sublimiert und produktiv umsetzt, in einen Prozeß der Heilung und Vernarbung zu überführen. Die Niederschrift der eigenen Biographie soll diesen Heilungsprozeß beschließen. Auch deshalb muß sich Kubin immer wieder neu der gewonnenen Saturiertheit, der Ruhe und Abgeschiedenheit versichern. Rückblickend auf die zwanziger Jahre schreibt er:

> Die nun angebrochene Periode meines Lebens ist mir unstreitig lieber als die dumpfen und stürmischen Zeiten der Jugend und die wilden frühen Mannesjahre. Das stelle ich gerne fest trotz der hypochondrisch eingebildeten wie der nebensächlichen Mängel als Folge der Jahre (AmL: 70).

Alfred Kubin treibt die Selbstdistanzierung und Selbststilisierung so weit, daß er seine Jugend im Alter nicht mehr wiedererkennt. Davon wissen Autobiograph

---

45 Psychologischen Spekulationen, warum gerade ein psychisch labiler Mensch sich seines Lebenslaufes in kontinuierlich aufsteigender Linie vergewissert, möchte ich hier weiter keinen Raum geben.

und Leser aber nur, weil sie hier mit einer Selberlebensbeschreibung in Fortsetzung konfrontiert sind. 1946 schreibt der seinen Lebensrückblick wieder lesende nun fast Siebzigjährige: „Zu jener Jugendzeit muß ich faktisch wie ein anderer Mensch gewesen sein." (AmL: 80) Die Autobiographie in Fortsetzung begleitet zwar den Lebenslauf – hierin wird sie fast dem Tagebuch ähnlich und vergleichbar –, ein Dokument seiner Kontinuität und der Ganzheitlichkeit seiner Persönlichkeitsentwicklung ist sie nicht. Kontinuierlich ist nur die zunehmende Abgeklärtheit und ein Bemühen, das Vergangene auf Abstand zu halten, sowie die daraus resultierenden Stilisierungen und Verhüllungen.

In welcher Hinsicht Kubin die Interpretation seiner Werke durch die Berichte ihrer Entstehung beeinflußt und in welcher Richtung er sie lenkt, wie Unsicherheiten und Eitelkeiten einander bedingen und wie Unfähigkeiten umgelenkt und kompensiert werden, läßt sich an der Schilderung der Entstehung des Romans *Die andere Seite* ablesen:

> Ich gab mich allen Reiseeindrücken ganz wahllos hin, und schon auf dem Heimweg – am Gardasee – spürte ich ein zitterndes Verlangen, mich wieder zeichnerisch zu betätigen […]. Voll Eile und Sehnsucht kam ich zu Hause an. Als ich dann eine Zeichnung anfangen wollte, ging es absolut nicht. Ich war nicht imstande, zusammenhängende, sinnvolle Striche zu zeichnen. Es war, wie wenn ein vierjähriges Kind zum erstenmal die Natur abkonterfeien sollte. Diesem neuen Phänomen stand ich erschrocken gegenüber, denn, ich muß es wiederholen, ich war innerlich ganz und gar mit Arbeitsdrang gefüllt. Um nur etwas zu tun und mich zu entlasten, fing ich nun an, selbst eine abenteuerliche Geschichte auszudenken und niederzuschreiben. Und nun strömten mir die Ideen in Überfülle zu, peitschten mich Tag und Nacht zur Arbeit, so daß bereits in zwölf Wochen mein phantastischer Roman ‚Die andere Seite' geschrieben war. In den nächsten vier Wochen versah ich ihn mit Illustrationen. Nachher war ich allerdings erschöpft und überreizt und machte mir bange Gedanken über dieses Wagnis. (AmL: 40f.)

Kubin erzählt hier eine ins legendäre umgebogene Geschichte genialischer Inspiration. Daß der Schwager den Titel gibt, wird ebenso verschwiegen wie alle Vorbereitungen zu diesem Roman und sogar die Tatsache, daß bereits für Meyrinks *Der Golem* angefertigte Zeichnungen vorlagen. Die Anerkennung, die der phantastische Roman erfuhr, vermerkt Kubin dann fast selbstgefällig. (Seine mehrfach vorgebrachte Sprachskepsis hat also nur eingeschränkte Geltung. Kubin versucht sich in durchaus unterschiedlichen Bereichen.) So wie hier zum Schreiben hat Kubin immer wieder auch Zuflucht zur Philosophie (vgl. AmL: 24), namentlich der Schopenhauers, genommen.[46] Dadurch gewinnt er nicht nur eine durchgängig pessimistische Weltanschauung,[47] sondern bestätigt auch seine

---

46 Kubin schreibt 1911: „Ich lese Philosophie mit leidenschaftlicher Neugierde, wie man Romane liest, und bin jedesmal gespannt, ‚was dabei herauskommt'. Eine tiefe Resignation bildet allerdings seit Jahren meine Grundstimmung." (AmL: 43f.)
47 „Meine Gedanken umkreisen nach wie vor das unheimliche und doch vertraute Wesen

"Lust am Gegensatz" (AmL: 38) – diesbezüglich dürfte er durch den Polaritätsgedanken Friedlaenders starke Bestätigung erfahren haben.[48] Aber Kubin versteht sich nicht als Philosoph, sondern als interessierten Laien (vgl. AmW: 35), und auch die Rolle des Schriftstellers weist er von sich: Er bezeichnet das Abfassen seiner abenteuerlich-gespenstischen Geschichte aus dem Traumreich lediglich als „klärendes Zwischenspiel", das ihn „erleichtert und schaffensfroh" zurückließ und durch das er seine „künstlerischen Fähigkeiten und ihre Grenzen" klar erkannte (AmL: 41). Sein eigentlicher Wirkungskreis ist die Kunst. In *Aus meinem Leben* (1917) schreibt er:

> Zum Schluß, und sich wieder im Kleinen findend: ich bin weder Philosoph noch Schriftsteller, sondern so recht mit Fleiß und Leidenschaft Künstler. Bei Papier, Stiften und Tusche verbringe ich meine besten Stunden. Das Handwerk zäh zu betreiben ist mir tiefste Lust. Wenn ich auch im abstrakten Geist Richtung suchend mich umtat, so gab ich dabei kein Jota meiner Künstlerschaft auf. (AmL: 58)

Kubin räumt der Kunst im Unterschied zur Philosophie und zur Schriftstellerei einen höheren Rang ein, weil ihm nur hier ein Höchstmaß an Verbindlichkeit möglich ist. 1933 schreibt er in *Dämmerwelten*: „Erst in den letzten Jahren erkenne ich ein wenig klarer, daß es ein seelisches Zwischenreich ist, eine Region der Dämmerwelt, was in mir nach gültiger Gestaltung ringt." (AmW: 40) In diesem Zusammenhang kommt es dann auch zu einer Neubewertung des Romans *Die andere Seite*: „Ja, man kann eigentlich dieses Buch als eine Art Baedeker für jene nur halb vertrauten Länder benutzen." (AmW: 40) Während die Kunst also den Betrachter gleichsam unmittelbar mit dem das wache Bewußtsein und die Sinnlichkeit Übersteigenden konfrontiert, unterrichten Literatur und Philosophie über diese Erfahrungen, bereiten den Rezipienten vor, stimmen ihn ein. Sie sind einem Reiseführer in das Reich des Traumes und des Unbewußten vergleichbar. (Insofern hat die hier gesprochene Sprache durchaus ihre Bedeutung, ist das schriftlich Niedergelegte verbindlich und fällt nicht unter das Verdikt der Sprachskepsis.) Auch der Autobiographie kommt eine solche Erläuterungsfunktion zu: Für Kubin ist sie die begleitende Reisebeschreibung durchs Leben. In der Kunst hingegen wird wirklich ein Leben in anderen Regionen eröffnet, sie hat welterschließende Funktion und erhält deshalb den Vorrang.

---

des Lebens in dieser Welt. Es ist das Traumartige, Vergehende aller Erscheinungen. Um es tiefer erforschen und zeichnerisch darstellen zu können, möchte ich gern noch eine gute Weile dableiben" (AmL: 74), schreibt Kubin am Ende der Autobiographie 1927. Sein Pessimismus geht bis zur völligen Schicksalsergebenheit. In dem 1931 verfaßten *Fragment eines Weltbildes* heißt es: „*Schicksal ist alles!* Daher bin ich Fatalist." (AmW: 37)

48 Vgl. Salomo Friedlaender/Mynona – Alfred Kubin. Briefwechsel, hrsg. von Hartmut Geerken und Sigrid Hauff, Wien/Linz: edition neue texte 1986.

Entschieden moderne Töne sind in Kubins Lebensrückblick selten. Im Anschluß an die Schilderung seiner ‚Buddhismuskrise' gibt es eine sich dem pessimistisch-abgeklärten Grundton seiner Autobiographie nicht bruchlos einfügende Passage:

> Nicht nur die ungetrübtesten, sondern auch die seligsten, von unirdischem Glück erfüllten Monate erlebte ich seitdem. Mit Sorgfalt pflege ich meine Nüchternheit, um die Herrschaft über meine schaffende Phantasie immer fester in die Hand zu bekommen. Da ich mich in die Schlangenwindungen einer Weltmaschine hineinverstrickt glaubte, brauchte es lange Jahre, bis mir dämmerte, daß das Ganze ein Versteckspiel des ewigen unendlich überschwänglichen Geistes mit notwendig verteilten Rollen ist. *Wir*, unser eigenstes Rätselwesen, sind Dichter, Regisseur und Spieler des Stückes. Wer könnte in den armen Worten unsrer Sprache mehr als ein Gleichnis des Unaussprechlichen geben? (AmL: 56)

Das dem Leser hier aufgegebene Rätsel meint das multiple, vielgestaltige Ich der heraufdämmernden nachmetaphysischen Zeit, das in sich differente Ich der modernen Literatur. Es ist Schöpfer seiner selbst, Realisator und Akteur. Es spielt die sich selbst aufgegebenen Rollen einfach herunter. Die Welt literarischer Metaphern erst gestattet ihm, sein eigenes Selbstverständnis angemessen zu formulieren. Im *Buch der Unruhe des Hilfsbuchhalters Bernardo Soares*, ein dem Autor Fernando Pessoa vermeintlich zugespieltes Tagebuch – in Wirklichkeit ist es eine „faktenlose Autobiographie" des Autors, der die literarischessayistische Form der Selbstreflexion wählt – lesen wir:

> Ich erschuf in mir verschiedene Persönlichkeiten. Ich erschaffe ständig Personen. Jeder meiner Träume verkörpert sich, sobald er geträumt erscheint, in einer anderen Person; dann träumt sie, nicht ich. [...] Ich bin die lebendige Bühne, auf der verschiedene Schauspieler auftreten, die verschiedene Stücke aufführen.[49]

Diese Form des Selbstverständnisses lag dem aus seinem Leben erzählenden Kubin ganz fern – der Künstler mag etwas davon geahnt haben. Indem er in seiner Autobiographie seine unterschiedlichen Rollen als Zeichner und Traumkünstler, als Schriftsteller und als Philosoph gegeneinander ausspielt, zeigt er bereits etwas von dem in sich Widersprüchlichen des modernen Ich. Während die Intention des Autobiographen auf Ganzheitlichkeit zielt und ein an der Geschlossenheit der Person orientiertes Ich lanciert wird, kündigen sich bereits in dem chronologisch und recht traditionell verfahrenden und ganz äußerlich bleibenden Bericht aus dem Leben zukunftsweisende Momente an: „*Wir* [...] sind Dichter, Regisseur und Spieler des Stückes", das wir unser Leben nennen.

---

[49] Fernando Pessoa, Das Buch der Unruhe des Hilfsbuchhalters Bernardo Soares, aus dem Portugiesischen übersetzt und mit einem Nachwort versehen von Georg Rudolf Lind, Frankfurt/M. : Fischer 1987, S. 61.

Kapitel VII

Ernst Barlach, die verkehrte Unmittelbarkeit und die Authentizität des Beiläufigen

Die Selbstbiographie Ernst Barlachs (1870–1938) ist aus pragmatischen Zusammenhängen heraus entstanden.[1] Sein Freund, der Kunsthändler und Verleger Paul Cassirer, plante eine Monographie über den Bildhauer Ernst Barlach. Als der mit der Einleitung zu diesem Band beauftragte Kunsthistoriker keinen Beitrag lieferte, wurde der Künstler selbst um einen entsprechenden Text gebeten. Daß diese Selberlebensbeschreibung Barlachs als Einführung in sein Werk zweckdienlich ist, darf bezweifelt werden, unzweifelhaft hingegen ist ihr literarischer Wert, und unter literaturhistorischen Gesichtspunkten ist sie noch deshalb von Interesse, weil konventionelle Merkmale der Autobiographie sich hier verbinden mit einer Reihe für die Moderne charakteristischer autobiographischer Beschreibungsmodi. *Ein selbsterzähltes Leben*, wie geplant 1928 bei Cassirer in Berlin erschienen, ist ein kurzer, durch 24 Zeichnungen und ein Selbstbildnis (Lichtdruck) ergänzter Prosatext, der in 15 Kapitel gegliedert ist.[2] Barlach schildert vor allem seine Kindheit und Jugendzeit. Seine Ausbildung zum Bildhauer, seine Studienreise nach Paris und die für seine künstlerische Entwicklung wichtige Reise mit dem Bruder Niko nach Rußland 1906 werden nur recht kurz abgehandelt. Je weiter die Lebensbeschreibung fortschreitet, desto größere Zeiträume faßt Barlach zusammen. Die Autobiographie endet mit dem Hinweis auf seine von der Mutter und dem eigenen Sohn begleitete Übersiedlung nach Güstrow im Jahre 1910. Erst nach dem Rückzug in die Provinz findet er allmählich als Bildhauer Anerkennung. Davon berichtet der Autobiograph nicht mehr.

---

1 Vgl. Elmar Jansen, Barlachs „Ein selbsterzähltes Leben". Zur Vor- und Wirkungsgeschichte der Buchausgabe von 1928, in: Marginalien (Berlin), Heft 52, 1973, S. 1ff.
2 Ernst Barlach, Ein selbsterzähltes Leben, Berlin: Paul Cassirer 1928 (im weiteren abgekürzt „SL"; alle Zitate aus der Erstausgabe); vgl. auch Ernst Barlach, Das dichterische Werk in drei Bänden, 2. Bd.: Die Prosa I, hrsg. von Friedrich Droß, München: Piper 1958, S. 11–59 und Anmerkungen S. 507–511 (im weiteren abgekürzt „Pr. I").

1. „Ein selbsterzähltes Leben" und die unbeschriebenen Seiten des Ich

Der von Ernst Barlach im Alter von 68 Jahren selbst verfaßte Lebensrückblick orientiert sich an den Merkmalen traditioneller Autobiographien: Barlach beschreibt sein Leben aus der Retrospektive, erzählt in der Ich-Form und ordnet die Ereignisse chronologisch. Erzählzeit ist die Vergangenheit. Ganz offensichtlich verfährt der Selbstbiograph teleologisch, d.h. von einem erreichten Punkt seiner Entwicklung aus, seiner souveränen Künstlerschaft, wird auf diesen Punkt hin erzählt. Die Genese trägt zum Verständnis seines künstlerischen Werkes jedoch wenig bei, da die mitgeteilten Ereignisse meist familiärer Art sind und eine ausdrückliche Auseinandersetzung mit Kunst, der eigenen und der der Zeitgenossen, fehlt. Seinen Parisaufenthalt 1895/96 – er schrieb damals an seinem Geisterroman *Reise des Humors und des Beobachtungsgeistes* – spielt Barlach in der Bedeutung für seine künstlerische Entwicklung herunter. Außer einigen Bohèmegeschichten berichtet er vom obligatorischen Besuch des Louvre nur, daß er sich hier heimisch gefühlt habe (SL: 54f.), behauptet, daß Rodin nichts über ihn vermochte und daß er sich an keinen einzigen Daumier erinnern könne. Barlach legt kein Geständnis ab und enthüllt keine Geheimnisse, weder private noch professionelle. Die Selbstbiographie des häufig als mystisch und grüblerisch bezeichneten Schriftstellers und Künstlers bleibt merkwürdig an der Oberfläche und erscheint so als insgesamt unfertig und in sich ambivalent.

Über konventionelle Merkmale der Autobiographie hinausgehende, zur Ästhetisierung drängende Züge sind in Barlachs *Selbsterzähltem Leben* nicht festzustellen. Das die Chronologie der Ereignisse aufzählende, die Niederschrift nicht reflektierende Erzählverfahren ist äußerst schlicht. Auffällig sind einige Besonderheiten, wie die für Barlachs Prosa charakteristische Verwendung des Plattdeutschen, etwa die Rede der den Doktor herausrufenden Bauern im 5. Kapitel, verblüffend auch der für das Genre ungewöhnliche Satz „Großvater Barlach hatte Liebeskummer und seine Söhne wachten mit ihm und halfen seufzen" (SL: 9), mit dem die Selbstbiographie beginnt. Ungewöhnlich ist nicht, auf die Generation des Großvaters zurückzugehen, sondern der erwähnte Liebeskummer, was um so erstaunlicher ist, als im weiteren von Liebe und Liebesleid nicht mehr die Rede sein wird. Solche Ungereimtheiten sind für Barlachs *Selbsterzähltes Leben* zusammen mit seiner offensichtlichen Stilisierung als Künstler charakteristisch.

Gleich am Anfang steht die Betonung des künstlerischen Potentials der Familie, wobei Barlach seinen Vater mit dem Zeichnen, seine Mutter mit dem Erzählen in Zusammenhang bringt. Das mit dem väterlichen Erbe in Verbindung gesetzte künstlerische Vermögen hat allerdings nur scheinbar den durch die Kapitelüberschrift „Der Vater zeichnet" suggerierten Vorrang – im Hauptberuf ist der Vater Arzt. Die direkt mit dem Leben verbundenen imaginativen Fähigkeiten der Mutter werden demgegenüber im Text dann eigens hervorgehoben: „Meine Mutter malte weder noch zeichnete, noch schrieb sie, aber sie war herrlich empfänglich für alle Wirklichkeit und wußte aus einem gesegneten Gedächtnis heraus von allen bitteren und heiteren Stücken zu erzählen, in denen die vor mir waren sich bewährten oder versagten." (SL: 10) Solche offensichtlichen Ambivalenzen oder auch Unentschiedenheiten fordern die Interpretation heraus. Barlach selbst trägt zu ihrer Deutung in seiner Autobiographie nicht ausdrücklich bei, sondern er sammelt lediglich Anekdoten aus seinem Leben, denen eine verbindende Argumentation fehlt. Diese Lücken im Text verweisen auf die leeren, unbeschriebenen Seiten seines Ich.

Im zweiten Kapitel, noch bevor er sich auf die Faktizität seines Lebenslaufes einläßt, berichtet Barlach von seiner ersten, gleichsam vorbewußten Begegnung mit der Kunst, dem Roland auf dem Markt in Wedel. Diese frühe Orientierung und Stilisierung des eigenen Lebens auf die Kunst hin wird durch die Kapitelüberschrift „Ich blicke mich um" unterstrichen. Barlach betont so die für den Künstler entscheidend wichtige Wahrnehmung mit den Augen, verwunderlich ist nur, daß diese komplexeste und intellektuellste Form der Wahrnehmung hier als unmittelbar ausgegeben wird. Daß diese Sicht der Dinge zu Fehleinschätzungen führen kann, davon weiß Barlach noch humorvoll zu berichten:

> Ich wurde am 2. Januar 1870 geboren. Die Welt, die ich anzuschauen bekam, ließ es sich von meinem guten Platz aus gefallen, dem Eckhaus am Markt, wo ich vom Balkon herab einen Leichenzug mit herzlichem Hurra begrüßte, da ich den Unterschied von einem Schützenmarsch noch nicht wahrnahm. Knöpfe, die man mir zum Spielen reichte, fraß ich auf, desgleichen Zigarettenstummel, die mein Vater wegwarf, und vom Mistberg mußte man mich gelegentlich wegbesorgen, weil ich mir da etwas an Üblem zugute tat, ich nahm eben die Welt in der Weise in mich auf, die ich am schnellsten begriff. (SL: 11f.)

Diese Art kritischer Distanz ist in Barlachs *Selbsterzähltem Leben* selten. Es dominiert die Bestrebung nach einer Unmittelbarkeit der Darstellung, so als könnten die erzählten Fakten ganz und gar für sich sprechen. Für den Bildhauer mag diese Sicht der Dinge naheliegen – Barlachs Plastik setzt auf direkte Wirkung, will das Gefühl des Betrachters unmittelbar ansprechen[3] –, die Übersetzung in ein anderes, geistiges Medium konfrontiert den Künstler mit Schwierigkeiten, die sich im Statuarisch-Starren, der Kurzatmigkeit und dem zum Schematisch-Dualistischen Neigenden der Sprache Barlachs niederschlagen. Die

---

3 Vgl. Diario Däubler, in: Ernst Barlach, Das dichterische Werk in drei Bänden, 3. Bd.: Die Prosa II, hrsg. von Friedrich Droß, mit einem Nachwort von Walter Muschg, München: Piper 1959, S. 367–375 (im weiteren abgekürzt „Pr. II").

recht knapp gehaltenen und in thesenhafter Form verfaßten Erklärungen zum künstlerischen Selbstverständnis lassen Reflexionen über seine Arbeit und ihren gesellschaftlichen Standort vermissen. Deshalb bleiben sie im schlechten Sinne abstrakt. Sie zielen auf Verallgemeinerungen, ein Überindividuelles, das durch das *Selbsterzählte Leben* nicht gedeckt ist, weil Inhalt und Form auseinander klaffen. Das an Barlach immer wieder gerühmte visionäre Element, seine ‚wahrhaft dichterische Schau' – so etwa Fritz Strich 1924, als er Ernst Barlach den Kleist-Preis zusprach[4] – werden in der Selbstbiographie als unmittelbares Erlebnis in der Kindheit ausgegeben:

> Beim Streifen durchs Fuchsholz aber fiel mir die Binde von den Augen, und ein Wesensteil des Waldes schlüpfte in einem ahnungslos gekommenen Nu durch die Lichtlöcher zu mir herein, die erste von ähnlichen Überwältigungen in dieser Zeit meines neunten bis zwölften Jahrs, das Bewußtwerden eines Dinges, eines Wirklichen ohne Darstellbarkeit – oder wenn ich es hätte sagen müssen, wie das Zwinkern eines wohlbekannten Auges durch den Spalt des maigrünen Buchenblätterhimmels. (SL: 18)

Das Visionäre an der Wirklichkeit wahrzunehmen und in der Kunst nachzuahmen – Barlachs erklärtes ästhetisches Programm –, wird im autobiographischen Bericht in die Unmittelbarkeit kindlicher Erfahrung rückübersetzt, wobei die nachträgliche Stilisierung deutlich zu erkennen ist. Eine Auseinandersetzung mit Gott, der sich hinter allem verbirgt, wie es in seinem Drama *Die Sündflut* (1923/24) in Analogie zu dieser Stelle heißt, wird jedoch ausgespart. Ganz unbefragt wähnt sich Barlach in der Rückschau im Einklang mit der Natur, eingebunden in die ‚Einheit des Seins'; es fehlen jegliche Irritation oder Überraschung. Auch durch das Resümee seines künstlerischen Credos gegen Ende des *Selbsterzählten Lebens* wird diese Erfahrung inhaltlich nicht gefüllt, sondern die Deutung der Kindheit steht ihrerseits im Dienste seiner Kunstauffassung. Auf die Wiedergabe von Träumen und die detaillierte Schilderung von Visionen verzichtet die Selbstbiographie. Barlach beteuert lediglich, daß ihm die Wirklichkeit selbst ihren visionären Gehalt zeigt. Seine Art der ‚Verklärung des Gewöhnlichen' oszilliert zwischen Geheimniskrämerei und Banalität. Einen unverwechselbar eigenen künstlerischen Ausdruck, zu dem er als Bildhauer zweifellos vordringt und der ihn noch als durchaus eigenwilligen Dramatiker auszeichnet,[5] findet er im *Selbsterzählten Leben* nicht. Insofern erscheint sein auto-

---

4 Fritz Strich, Warum ich Barlach den Kleistpreis zusprach (1924), in: Ernst Barlach, Werk und Wirkung. Berichte, Gespräche, Erinnerungen, gesammelt und hrsg. von Elmar Jansen, Frankfurt/M.: Athenäum 1972, S. 249–252.

5 Vgl. Thomas Mann, Barlach und Brecht. Ein Theaterbrief aus Deutschland für die New-Yorker Zeitschrift „The Dial" (1924), in: Ernst Barlach, Werk und Wirkung, (Anm. 4), S. 142–149. „Gar zu unkollegialisch sondert sich dieser Outsider mit seinem Stück [Der tote Tag, [C.H.] von ihnen [den Berufsdramatikern, C.H.] ab, – es steht tatsächlich außer

biographisches Ich als ein um seine Selbsteigenheit gebrachtes Ich, zumindest bleibt die Individualität seines Ich unausgesprochen. Dieser Lesart liegen gegenläufige Intentionen des Autobiographen zugrunde. Die Barlachs Werk inhärenten Ambivalenzen kehren im *Selbsterzählten Leben* als Ungereimtheiten und Lücken wieder.

Erstes und auffälligstes Indiz für die Lückenhaftigkeit seines Lebensrückblicks ist das Verschweigen seiner Affaire mit dem Malermodell Rosa Limona Schwab in Berlin 1905. Barlach erwähnt zwar dieses ‚Jahr in der Hölle' (SL: 63), die genaueren Umstände aber gibt er nicht preis. Das *Selbsterzählte Leben* enthält nur den lapidaren Hinweis: „Und doch hatte sich in diesen dunkelsten Zeiten ein junges Leben auf den Weg gemacht, wie um meine Hand zu fassen und mich in ein ansteigendes Dasein zurückzuleiten." (SL: 64) Eindeutig verklärt wird hier die Bedeutung seines Sohnes Nikolaus, den er in einem längeren Rechtsstreit der Mutter mit höchst umstrittenen Argumenten abjagen wird. Davon aber legt sich Barlach in seiner Autobiographie keine Rechenschaft ab. Sie ist in privaten und Herzensangelegenheiten ohnehin sehr verschwiegen. Auch die Konflikte mit der eigenen Mutter, von denen er in seinem nicht zur Publikation bestimmten *Güstrower Tagebuch* ganz offen berichtet, erzählt er in seinem Lebensrückblick nicht, auch ihre frühe Einweisung in eine Nervenheilanstalt deutet er in seiner ganzen Reichweite nur an.[6] Mag in diesem Falle Pietät, im Falle seiner Vaterschaft eine aus doppelter Moral resultierende falsche Scham als Rechtfertigung gelten, der für den Literaturwissenschaftler einzig relevante Aspekt der Bruchstückhaftigkeit des *Selbsterzählten Lebens* jedenfalls ergibt sich aus der gestalterischen Anlage dieses Werkes. Das Skizzenhafte und Fragmentarische der Autobiographie Barlachs hat durchaus programmatischen Stellenwert.

Barlach schildert einzelne Szenen aus seinem Leben, ohne einen erklärenden Zusammenhang herzustellen. Diese „Blickbilder der Erinnerung"[7] sind von un-

---

aller Literatur, etwas Wildbürtiges, schwerfällig Urwüchsiges und Unzünftiges, etwas Unmodisches, ja Uncivilisiertes haftet ihm an, es ist ein Werk sui generis, ausgefallen und unmöglich, grundkühn und grundsonderbar, – das Stärkste und Eigentümlichste, meiner unmaßgeblichen Meinung nach, was das jüngste Drama in Deutschland hervorgebracht hat." (Ebd., S. 142f.)

6 Im 6. Kapitel, „Ich erzähle", wird mitgeteilt, „daß unsere Mutter abwesend sei, auf kurze, vielleicht auf längere Zeit. Wir antworteten nicht, fragten nicht und taten zueinander, als sei da alles auf dem sichern Boden des Notwendigen – und mein Vater, der wissen mußte, was er über seine Frau verhängt hatte, schwieg seinerseits in der gleichen Scheu vor Gefühlsäußerungen, die er bei uns dankbar respektierte, nur, daß er mich von Zeit zu Zeit aufforderte, einen Weihnachts- oder Geburtstagsbrief zu schreiben." (SL: 21f.)

7 Konrad Weiss, Ernst Barlach als Selbstbiograph (1929), in: Ernst Barlach, Werk und Wirkung, (Anm. 4), S. 355–358; hier: S. 356.

terschiedlicher Intensität und Aussagekraft: harmlose Jugendstreiche, ganz gewöhnliche Schulerfahrungen, eindrückliche Konfrontationen mit Krankheit und Tod. Barlach erzählt alles der Reihe nach und läßt die Episoden unverbunden nebeneinander stehen. Seine Abneigung gegen psychologisierende Interpretationen seiner Theaterstücke, seine nachweisliche „Verteidigung eines Künstlers gegen das Andringen der Psychoanalyse",[8] mag ihn dazu bewogen haben, sich in seiner Selberlebensbeschreibung entsprechender Deutungen zu enthalten. Daß eine Autobiographie bevorzugt Material für psychologische Spekulationen liefert, ist aus Barlachs Sicht kontraproduktiv. An einer die Tiefen des Ich auslotenden Selbstbefragung hat der Autobiograph offensichtlich kein Interesse. Einerseits ist Barlachs *Selbsterzähltes Leben* sehr ichbetont – 12 der 15 Kapitelüberschriften beginnen mit ‚Ich' –, andererseits erhält dieses Ich im Laufe der Erzählung keine Substantialität. Dieser für moderne Autobiographien konstitutive Widerspruch nimmt bei Barlach ein ganz eigenes Gepräge an. Auffällig zuerst, daß trotz aller Zweifel, auf die er gelegentlich hinweist, er selbst sich ganz unproblematisch bleibt. Nur eine der Kapitelüberschriften ist in Frageform gefaßt: „Wohin treibt der Kahn?" Aus der Rückschau erscheint diese Frage aber als bloß rhetorisch. Die Erzählperspektive schließt zwar nicht zwangsläufig eine aufrichtige Selbstbefragung aus. Das erzählte Ich Barlachs jedoch ist ein um seine inneren Konflikte gebrachtes und damit um seine Individualität betrogenes Ich.

Barlachs Position wirkt merkwürdig abgeklärt und distanziert, da er sich ganz von außen betrachtet. Die eigene Geschichte ist ihm weit entrückt, ihr fehlt jegliche Präsenz. Seine Kindheit und Jugend erscheint als unwiederbringlich vergangen. Was Barlach an anderer Stelle eindrucksvoll als ‚Heimweh nach der kommenden Gewesenheit' beschreibt,[9] vermag er in seiner Selbstbiographie nicht zu realisieren. Der Lebensrückblick ist nostalgisch, die Erinnerungen an die Kindheit und Jugend zeigen diese als ein in der Vergangenheit Verlorenes. Einen Blickwechsel, der ihm Kindheit und Jugend zeigte als ein ihm aus der Zukunft entgegenkommendes Versprechen, nimmt Barlach nicht vor. Diese fehlende Gegenwärtigkeit seines *Selbsterzählten Lebens*, die nur für einzelne Schilderungen und Begebenheiten nicht gilt, ist strukturell angelegt: Die Chronologie

---

8 Wolfgang Beutin, „Er hat wohl tiefe Keller in seiner Seele". Die Tiefenpsychologie Barlachs – Barlach und die Tiefenpsychologie, in: Barlach-Studien. Dichter, Mystiker, Theologe, hrsg. von Wolfgang Beutin und Thomas Bütow, Hamburg: von Bockel 1995, S. 111–139; hier: S. 117. Ferner: Wolfgang Beutin, Barlach oder der Zugang zum Unbewußten. Eine kritische Studie, Würzburg: Königshausen & Neumann 1994, passim.

9 Zit. nach: Gunter Martens, Das hüllensprengende Drängen des Werdens. Bemerkungen eines Literaturwissenschaftlers zur Beziehung zwischen Bild und Text im Gesamtwerk Ernst Barlachs, in: Barlach-Studien 1995 (Anm. 8), S. 41.

stellt für die einzelnen Episoden nur eine äußerliche Richtschnur dar, die Kapitelüberschriften geben eine recht unspezifische thematische Ordnung vor. Das Ende bleibt programmatisch offen: „Ich finde freie Bahn". Damit wird das Voraufgegangene zur abgeschlossenen Vorgeschichte erklärt, deren Relevanz für seine zukünftige Existenz als Künstler im unklaren bleibt. Die vollentwickelte Subjektivität des Künstlers wird am Schluß zwar angedeutet, aber nicht auf die vergangenen Erfahrungen rückbezogen. Darin liegt eine falsche Aufrichtigkeit.

Barlach stellt sein Leben dar als Wandlungen des Schicksals, das man erleidet, nicht eines, das man bemeistert. Es wird von außen bestimmt durch Sachzwänge, den puren Zufall oder andere geheimnisvolle Mächte. Es ist das Leben selbst, das ihn formt, ihm seinen Stempel aufdrückt. Catharine Krahmer macht auf die Doppeldeutigkeit des Titels von Barlachs Autobiographie *Ein selbsterzähltes Leben* aufmerksam: „ein Leben von ihm selbst erzählt, das sich aber gewissermaßen selbst erzählt."[10] Die von ihm klaglos hingenommene Fremdbestimmung seines Lebens benennt Barlach im Falle der Berufswahl ausdrücklich:

> Der Sohn des Kantors Hempel hatte sein Zeichentalent an der Hamburger Gewerbeschule mit Erfolg gepflegt, hier war eine ‚gewerbliche' Bahn aufgetan, die das Glücken eines bescheidenen Vorsatzes wahrscheinlich machte. Der Herr Zeichenlehrer riet zu, der Vormund fand kein unstatthaftes Zuhochhinaus zu bemängeln, ich folgte fast mehr dem Willen der Andern als dem eigenen, die kindliche Welt wurde hinter mir abgeriegelt. (SL: 35f.)

Barlach ist bereit, sich zu fügen. Auch einige Kapitelüberschriften, wie „Ich werde hörig" und „Ich werde geschoben", deuten auf unausweichliche überindividuelle Einflüsse, evtl. verhängnisvolle Verstrickungen, die allerdings nicht als sonderlich bedrohlich erfahren werden. Barlach zeigt sich recht indifferent, biegt die mangelnde Autonomie programmatisch ins Positive um. Die Rezeptivität und Reaktivität sind die Kehrseite seiner Unentschiedenheit und Getriebenheit. Im Hinblick auf sein Künstlertum etwa betont er die sein Leben bestimmende Sensibilität, so als mache er sich selbst für die Dinge durchlässig, sei lediglich Medium der Wirklichkeit. Die Kapitelüberschriften „Ich muß erfahren" und „Ich fühle mich sehr" geben das thematisch ebenso vor wie die fehlende Objektbestimmung: ‚was muß ich erfahren?' und ‚was fühle ich sehr?' Daß Barlach konzeptionell auf Einzelheiten so wenig Wert legt, ist inhaltlich wohl darauf zurückzuführen, daß er die Individualität als Fluch betrachtet[11] und daß er sich

---

10 Catherine Krahmer, Ernst Barlach mit Selbstzeugnissen und Bilddokumenten, Reinbek: Rowohlt 5/1995, S. 10.
11 Vgl. Ernst Barlach, Die Briefe. 2 Bände (I: 1888–1924; II: 1925–1938), hrsg. von Friedrich Droß, München: Piper 1968/69, Bd. II, S. 337; (im weiteren abgekürzt „Br. I" und „Br. II").

selbst schildert als jemanden, der sich stets gleichgeblieben ist. Das Fazit seiner Pariser Zeit fällt enttäuschend aus: „ich war mir übrigens gründlich gleichgeblieben, hatte bitterwenig gelernt und gar nichts vergessen." (SL: 58) Das vorhandene Wissen aber bleibt, wie er bei der Beurteilung seiner künstlerischen Fähigkeiten weiß, ein bloß abstraktes Wissen – Modellierarbeit, keine Plastik (vgl. SL: 65). So wenig das ins Dunkel der Vergangenheit gestoßene Ich Präsenz gewinnt, so wenig stellt Barlach die Beweggründe seines Tuns heraus.

Sich von unbekannten Mächten geschoben fühlend (Kapitel 9), berichtet Barlach im nächsten, sein Talent befragenden Kapitel vom Beginn seiner Ausbildung zum Zeichner im Alter von 18 Jahren. Unter der Überschrift „Ich beiße an" schreibt er: Ich „zog schneckengleich wohnend im kleinen Kämmerchen des willenlosen Gehorsams, unbewußt des Weges zum unbekannten Ziel." (SL: 38) Daß Barlach mit willenlosem Gehorsam seinem Weg folgt, zitiert den Topos von der Kunst als der dem Künstler und seinem Willen vorgeordneten Instanz, sie ist übermächtig und beansprucht absolute Gültigkeit;[12] nur allzu leicht verbindet sich diese Position mit einer diffusen ‚Schicksalsgläubigkeit', von der auch *Ein selbsterzähltes Leben* nicht ganz frei ist. Wie es zu dem entscheidenen künstlerischen Durchbruch kam, teilt Barlach nicht mit, sondern er verleiht ihm die Zwangsläufigkeit eines vorherbestimmten Geschehens, und das, obwohl er selbst es doch ist, der dem Sein eine produktive Weltsicht abgewinnt.

> Es begab sich irgendwann bei arglosem Hin- und Hertreiben eine Abkehr vom unbedachten Hinnehmen jeder Zufallsform. [...] Zaghaft genug fing ich an, wegzulassen, was zur Stärkung einer unklar gewußten oder gewollten Wirkung nicht beitragen konnte, war nicht mehr schlechthin Dulder und Diener des sichtbaren Seins. Es unterlief mir die Frechheit, es zu organisieren. (SL: 60).

---

12 Barlachs ‚willenloser Gehorsam' ist der ‚inneren Notwendigkeit' Balls verwandt, der mit diesem Terminus den Begriff des ‚inneren Klangs' aus Kandinskys Konzeption eines Absoluten in der Kunst, das ein Geistiges ist, erläutert. „Für Kandinsky bestand- – im Gegensatz zu dem ‚mystischen' Bildhauer aus dem Norden – kein Widerspruch zwischen der ‚großen Abstraktion' und der ‚großen Realistik', es seien ‚zwei Wege, die schließlich zu *einem* Ziel führen' würden [Kandinsky, Über die Formfrage]. Dieses Ziel war die Übereinstimmung des ‚inneren' künstlerischen Empfindens mit der ‚äußeren' Formgestalt, Kandinskys Begriff des ‚Schönen'. Auch hier gab es wiederum eine Identität mit Barlach, der die ‚verblüffende Einheit von Innen und Außen' [Br. I: 594], die er 1906 bei seinem Rußlanderlebnis empfand, auf die Symbolsprache seiner Kunst übertrug. Diese definiert er als ‚die äußere Darstellung eines inneren Vorgangs' [Barlach im Gespräch (1918), S. 26]." (Anita Beloubek-Hammer, Ernst Barlach und die Skulptur des Expressionismus, in: Ernst Barlach. Bildhauer, Zeichner, Graphiker, Schriftsteller. 1870–1938 (Ausstellungskatalog Antwerpen), hrsg. von Jürgen Doppelstein, Leipzig: E. A. Seemann 1995, S. 328–349; hier: S. 343.)

Diese angemaßte Strukturierung des Seins faßt Barlach als Anfang seiner künstlerischen Entwicklung auf. Ihre Fortentwicklung gibt er in *Ein selbsterzähltes Leben* nurmehr skizzenhaft wieder. Mögliche weitere Erläuterungen seines künstlerischen Credos sind da schon eher im *Russischen Tagebuch* zu finden, wo er „die Entpuppung des Geistes aus der Irdischkeit, die Gestalt der Steppe als Seele" (Pr. I: 273) beschreibt.[13] Die Leerstellen seiner Autobiographie laden zu vielerlei Interpretationen ein, die Ungereimtheiten befördern Mißverständnisse.

2. Vorzüge tagebuchartigen Schreibens

Den Weg ins eigene Ich tritt Barlach in seiner Autobiographie nicht an. Die psychologische Tiefendimension fehlt ihr ebenso wie die geistige Durchdringung. In seinem *Selbsterzählten Leben* unterschlägt er die dunklen irdischen Seiten, die Leiblichkeit mit ihren Leidenschaften, das Dumpfe, Schwere und Bedrückende, aber auch das Lichte, Leichte und intellektuell Spielerische. Die daraus resultierende mangelnde künstlerische Wahrhaftigkeit ist für den Expressionismus typisch.[14] Zwar ist seine Selbstbiographie frei von jeglichem Oh-Mensch-Pathos, die ihr zugrundeliegende falsche Abstraktion aber zeigt sich gleichwohl in eklatanter Weise. Die Wesensbestimmung des Menschen, die Barlach in seiner Autobiographie an der eigenen Person hätte konkretisieren müssen, bleibt leer. Verwunderlich ist nur, daß sich der in seinen Dramen expressionistischen Erneuerungsideen verpflichtete Schriftsteller die Aufgabe der Suche nach dem ‚Wesen' des Menschen, den Appell an einen von humanistischen Idealen durchdrungenen ‚innersten Kern' angesichts der eigenen Person gar nicht erst stellt. Zu einer in sich geschlossenen Persönlichkeit, wie es seinem konventionellen

---

13 Auf der *Reise nach Rußland* notiert Barlach: „Zum ersten Mal sah ich die Farben Weiß, Grün und Blau im großen Maßstabe die Harmonie großer architektonischer Werke begleiten" (Pr. I: 244).
14 Vgl. Theodor W. Adorno, Expressionismus und künstlerische Wahrhaftigkeit. Zur Kritik neuer Dichtung, in: Noten zur Literatur (Ergänzungen), Gesammelte Schriften Bd. 11, hrsg. von Rolf Tiedemann, Frankfurt/M.: Suhrkamp 4/1984, S. 609–611. Barlachs Zuordnung zum Expressionismus ist im Hinblick auf seine Dramen in der einschlägigen Forschung vielfach diskutiert und grundsätzlich bestätigt worden. Jansen gibt sogar zu bedenken: „Aus bisher weitgehend unbekannten Vorübungen zur Selbstverständigung in einem ‚Amateur-Denkerei' überschriebenen Taschenbuch von 1905/Frühjahr 1906 ergibt sich, daß er [Barlach, C.H.] – alliterierendem Sprachgebrauch stets zugeneigt – an der Begriffsbildung des Wortes Expressionismus Anteil hatte, ja, sie vielleicht – kurz bevor er 1907 in die Berliner Sezession aufgenommen wurde – sogar initiiert hat." (Elmar Jansen, Ein halbmythischer Mann namens Barlach, in: Ernst Barlach (Ausstellungskatalog Antwerpen), (Anm. 12), S. 284–309; hier: S. 291.)

Entwicklungsgedanken entsprochen hätte, vollendet sich das Bild des Autobiographen nicht. Dem *Selbsterzählten Leben* fehlen deshalb auch die Merkmale des Vorbildlichen und Exemplarischen; dieser Modernitätsaspekt steht gegen inhaltliche Erwägungen Barlachs, der vor allem am Überindividuellen interessiert ist. Das „Glück des Einklangs in überpersönliches Sein" (SL: 44), wie er es während seiner Kindheit erfuhr, ist durch bloße Benennung jedoch nicht zu beglaubigen, es nachträglich zu beschwören, ist unglaubwürdig. Hier bleibt Barlachs nach rückwärts gewandte Utopie im Individuellen blind. Zum Existentiellen seiner Lebenserfahrungen dringt er in der Autobiographie nicht vor, das behält er – hierin Alfred Kubin ähnlich – seiner Kunst vor.

Der in seinen Werken, auch den dramatischen, mit dem unbekannten Gott ringende Künstler reduziert sich in seiner Selberlebensbeschreibung auf ein menschliches Normalmaß. Diese angemaßte Normalität wird zwar dem Künstler nicht gerecht – dafür spricht noch die signifkante Abweichung des schlichten, schnörkellosen autobiographischen Stils von dem mit Bedeutung aufgeladenen, mit Allegorien und Symbolen befrachteten Dramenstil –, sie zeigt aber die für den Beginn des 20. Jahrhunderts kennzeichnende Dominanz grauer Alltäglichkeit, die zur einschlägigen Erfahrung des modernen Menschen gehört. Das fremdbestimmte, sich gleich bleibende, vom Ballast der Vergangenheit befreite und nur von außen betrachtete Ich ist gesichtslos, in gewisser Weise einförmig und monoton – ein ganz gewöhnliches Ich. Die Summe aller erzählten Episoden aus der Selbstbiographie ergibt einen Grauwert. Barlach mag sich sprachlich modeln und modellieren wie er will, ein plastisches Bild seiner Person entsteht nur in einzelnen Szenen. In dem wie beiläufig Erzählten seines Lebenslaufes aber, den mit leichter Hand hingeworfenen Skizzen, die ganz bewußt eines Sinnzusammenhanges beraubt sind, steckt das Authentische dieser Autobiographie. Die Identität von Autor-, Erzähler- und Figuren-Ich, wie sie für dieses Genre traditionell gültig ist, behauptet hier keine Zentralstellung des Ich. Es spielt gleichsam nur nebenher. Unter diesem Gesichtspunkt erscheinen einige Mängel als Vorzüge, etwa daß Barlachs Selberlebensbeschreibung frei ist vom Gestus zwanghaften Bekenntnisses, bohrender Selbstbefragung und schamloser Selbstentblößung. Das ganz äußerlich bleibende Ich des Autobiographen ist substantieller Inhalte bar, fast schon ein dissoziiertes Ich.

Die autobiographische Form der Beiläufigkeit ist das Tagebuch.[15] *Ein selbsterzähltes Leben* wirkt durch die stichwortartige Unterteilung, das Unzusammen-

---

15 Sein *Russisches Tagebuch* (1906) leitet Barlach mit folgenden Überlegungen ein: „Was soll man immer Briefe schreiben, mir ist das Tagebuch lieber. Der Brief spricht zum fernen, das Tagebuch zum nahen Freund; man erlebt miteinander, was der Tag zum Leben herauskehrt, man redet so her, wie es herankommt, ein paar Worte oder ein paar Striche an einem leeren, einen Satz oder einen Absatz an einem vollen Tage, jedesmal ein Ding

hängende der Mitteilungen und die fehlende Rechtfertigung der Niederschrift eher einem Tagebuch nachgebildet, denn als durchkonstruierte rückblickende Lebensbetrachtung. Barlach sieht in der Regellosigkeit des Tagebuches einen Vorteil. An seinen Vetter Karl schreibt er am 20.5.1916 aus Güstrow:

> das ‚Tagebuchartige' Deiner Arbeiten gewährt einen großen Vorteil, Du brauchst nicht zu komponieren, brauchst nicht um Rahmen und Akustik zu sorgen, ich finde immer, das Tagebuch ist das wahre Epos, man braucht nicht ‚Anfang, Mitte u. Ende', der Zeitstrom Ewigkeit wird stückweis in seiner Majestät beleuchtet, selbst wenn das Licht persönlich zaghaft und eng begrenzt in seinem Bereich ist, immer bleibt das Gefühl, daß da ein Anteil an einem Geschehen ist, dessen Unheimlichkeit oft mehr geahnt als gespürt wird. Und die Verknüpfung mit mir oder mit dem Großen der Zeit ist immer so herrlich schlicht und schicksalsmäßig selbstverständlich – ehrwürdig, undramatisch – kinderhaft leichtbegreiflich und zugleich verwunderlich abenteuerlich wie Traumgeschehen, das man hinnimmt und hinterher nicht zusammenreimen und erklären kann. (Br. I: 484)

Das hier formulierte epische Ideal erhellt die Anlage von *Ein selbsterzähltes Leben*. Barlachs schriftstellerisches Ziel, die Wiedergabe der Wirklichkeit in ihrer so unmittelbaren wie unbegreiflichen Wirkung, bildet er, aufs eigene Leben bezogen, in seiner Autobiographie nach. Daß ihm die Subjektivität als Begrenzung erscheint, weil er nach dem Überindividuellen, dem ewig Gültigen strebt, bezeichnet den Widerspruch, aus dem *Ein selbsterzähltes Leben* seine Brisanz gewinnt. Nur was gegen Barlachs Wunsch nach Einbindung des Einzelnen in ein übergreifendes ‚Sein' und gegen seinen Wunsch nach direkter Wirkung Kontur gewinnt, erlangt künstlerische Glaubwürdigkeit. Es ist das sich selbst organisierende Material seines Lebens, das in seiner Singularität Unverstandene und des überirdischen Sinnes Beraubte seiner Existenz, das seiner Autobiographie Authentizität verleiht. Das Unzusammenhängende und das Beiläufige des in tagebuchähnlicher Form Mitgeteilten verweist – durchaus gegen die Intentionen des Selbstbiographen – auf ein fragmentarisches Ich. Das mangelnde Durchhaltevermögen, das Barlach bei vielen seiner Prosaschriften beklagt, auch die mangelnde sprachkompositionelle Durchdringung und intellektuelle Rechtfertigung können dadurch allerdings nicht völlig kompensiert werden. Solche ‚Defizite' finden noch darin ihren Niederschlag, daß alle Romane Barlachs Fragment bleiben. Auch der ganz offen gehaltene Schluß von *Ein selbsterzähltes Leben* hebt das Unfertige und Bruchstückhafte seiner Autobiographie hervor und betont so die ihr inhärenten Gegenläufigkeiten.

Das Tagebuch ist ein schriftlich geführtes Selbstgespräch, also eine im Grunde monologische Form, die als Dialog mit sich selbst fingiert wird. Insofern er-

---

wie einen Aufriß von der Idee einer Sache, ein ganz kleiner, aber manchmal architektonisch glücklicher Spruch, der Niederschlag einer Betrachtung, – und gar nicht zurechtgemacht." (Pr. I: 239)

gibt sich eine weitere Lesart des Titels: Barlach erzählt sich selbst die eigene Lebensgeschichte. Bezüge zu potentiellen Lesern stellt er nicht her; ein entsprechendes Vorwort etwa fehlt. Er selbst scheint – durchaus im Widerspruch zum Schreibanlaß – der einzige Adressat seines Buches. Die Niederschrift der eigenen Erfahrungen dient ihm in den authentischen Tagebüchern als Materialsammlung für seine schriftstellerischen Arbeiten, sie hat also die Funktion eines Arbeitsjournals. Im *Güstrower Tagebuch* (1914–1917), das „– vor allem beim Ausbruch des Krieges – als Ausgleich gegen die Lähmung künstlerischer Produktion" geführt wurde,[16] notiert Barlach am 10. Dezember 1914:

> Schreibt man an sich, wenn man schreibt? Oder für sich – und wenn, was heißt für sich? Doch wohl nichts?! Denn wie weit ist man denn aufrichtig und bloß Berichterstatter und nicht Künstler? Ich denke doch im Geheimen, das Tagebuch für den guten Seespeck nutzbar zu machen. (Pr I: 133)

Daß das autobiographische Material in den Dienst der Kunst treten soll, ist durchaus üblich. Erstaunlich jedoch ist, daß Barlach im *Selbsterzählten Leben* Verweise in umgekehrter Richtung gibt: „Mein Leben in Wedel [1901–04] ist wesentlich gezeichnet in dem Kapitel ‚Wedeler Tage' meines unfertig gebliebenen Seespeck-Romans" (SL: 63).[17] Dieser Hinweis unterstreicht die gegen Ende zunehmende Lückenhaftigkeit seiner Selbstbiographie, hebt aber insbesondere Barlachs durch keine festen Trennungslinien begrenztes Schweifen zwischen Kunst und Leben hervor, das begleitet wird von der Illusion direkter Übersetzbarkeit der Wirklichkeit in den Text.

3. Der andere, unbekannte Barlach

Während Barlach als Künstler und Dramatiker nach einer Rückbindung des Menschen an eine metaphysische Instanz sucht, verzichtet er in seiner Autobiographie auf Reflexionen zu diesem Problem. Die ‚Gläubigkeit seines Wesens' sei nicht in Worte zu fassen, schreibt er später auf eine Anfrage nach seinem dichterischen Bekenntnis, und auch die Wahrheit ist unnennbar, heißt es in „Dichterglaube" (1930/31). Nur über die Kunst hat der Mensch teil am ‚großen

---

16 Wolfgang Theopold, Ernst Barlachs *Güstrower Tagebuch*. Zur formalen und inhaltlichen Eigenart, Hannover (Diss.) 1982, S. 11. Theopold weist bei den Schreibmotiven Barlachs darauf hin, daß sich im *Güstrower Tagebuch* auch erste Notizen zu seinen Dramen finden (vgl. ebd.), und daß Barlach „im Tagebuch eine neue Möglichkeit schöpferischer Produktion" erprobt (vgl. ebd., S. 12).

17 Vorabdruck dieses Teil unter der Überschrift „Aus Seespecks Wedeler Tagen" in: Die weißen Blätter. Eine Monatsschrift, 7. Jg., Jan.–Juni 1920, S. 561–570.

schöpferischen Geschehen', wird ihm Transzendenz erfahrbar. Gott hingegen bleibt ihm ewig unbekannt.[18] Barlachs großes Thema ist die Wesensbestimmung des Menschen, den er zwischen Himmel und Erde angesiedelt weiß (vgl. Br. II: 796).[19] Das Verhältnis von Mensch und Gott – wir haben es hier mit zwei Unbekannten zu tun – bildet das Zentrum seines Werkes. In seiner Selbstbiographie reflektiert er jedoch nicht auf die mögliche eigene ‚Gottmenschlichkeit'. Daß er die Erzählung des eigenen Lebens abkoppelt von dem wichtigsten Grundmotiv seines Schaffens, spricht für die Abstraktheit seines Fragens und das Schematische seines Denkens. Dabei sind die Selbstvergewisserung und die Frage nach der eigenen Identität sowie das künstlerische Selbstverständnis bei Barlach mit seiner Gottesvorstellung, der Suche nach dem Einklang mit dem Sein eng verbunden; problematisiert wird das im *Selbsterzählten Leben* nicht.

Aus seinen Briefen wissen wir, daß seinen Vorstellungen zufolge das eigentliche Ich Vaterstelle vertritt (vgl. Br. I: 480) und daß Vater für Gott steht. Der letzte Satz seines Dramas *Der tote Tag* (1912) lautet: „Sonderbar ist nur, daß der Mensch nicht lernen will, daß sein Vater Gott ist."[20] Barlachs Gottesvorstellung[21] zielt auf eine Dauer und Verbindlichkeit verbürgende Instanz. Es ist weder ein persönlicher noch ein christlicher Gott gemeint, sondern „aus menschlichem und künstlerischem Unvermögen zum Gestalt- und Begrenzungslosen [ist] Gott geworden" (Br. II: 337). Gott repräsentiert für Barlach also stets das Unbekannte, Gott ist unsagbar und unsichtbar. Bei seiner Gottessuche bleibt die Identitätsproblematik unausgesprochen, ist aber in der Analogie der Attribute unschwer zu erkennen: *indivduum est ineffabile*. Stellvertretend für die verhaßte

---

18 Vgl. Dichterglaube, in: Pr. II: 407–409.
19 „Ich meinte, mit Lyrik oder doch lyrischem Streben etwas zu schaffen; wenn ich diese Versuche (nicht wenig, sondern massenweise) überprüfe, so bleibt kaum hin und wieder ein Satz bestehen; das Dramatische fing aber um dieselbe Zeit an, Gestalt zu bekommen, in der meine plastischen Arbeiten Erfolg hatten. Ich darf vielleicht sagen, daß mein immer gleiches Motiv die Gottmenschlichkeit ist, deutlicher: die immer erneute Festlegung der Situation des Menschen als Prozeß zwischen Himmel und Erde, eine Mischung von Verzweiflung und Getrostheit. Ich sehe aber bei dieser Feststellung nicht triumphierend drein, vielmehr sauer, bin zu sehr Künstler, um letzten Endes nicht vor der Frage zu scheuen: Was kommt bei all diesen schönen Dingen als Kunstwert heraus? Denn ich empfinde ganz tief und aufrichtig, daß Kunst von ewigen Dingen in einer unvernünftigen, überlogischen Sprache spricht, wenn eben Kunst und nichts als Kunst vorliegt." (Brief vom 16. Februar 1924 an Dr. Fritz Endres; Br. II: 796)
20 Ernst Barlach, Das dichterische Werk in zwei Bänden, 1. Bd: Die Dramen, hrsg. von Klaus Lazarowicz in Gemeinschaft mit Friedrich Droß, München: Piper 1956, S. 95.
21 Vgl. hierzu: Gunter Martens, Wenn es Götter gäbe, wie hielte ich es aus, kein Gott zu sein, in: Mitteilungen der Ernst Barlach Gesellschaft 1989, S. 11–39; Heinz Beckmann, Ich habe keinen Gott. Ernst Barlachs religiöse Provokation, München: Chr. Kaiser 1974; Helmut Gross, Zur Seinserfahrung bei Ernst Barlach. Eine ontologische Untersuchung von Barlachs dichterischem und bildnerischem Werk, Freiburg/Basel/Wien: Herder 1965.

Individualität des Menschen – Barlach zielt damit eher auf den von allen seinen Zeitgenossen angeprangerten Egoismus, denn auf ein unverwechselbares Charakterbild (vgl. Br. II: 337) – beschwört er Gott. Das macht ihn zu einem janusköpfigen Autor der Moderne: der unsichtbare Gott spiegelt dem Künstler ein gesichtsloses Ich, die göttliche Transzendenz läßt den Menschen transparent erscheinen, macht ihn durchlässig für die Welt. Dies aber ist nicht die ganze Wahrheit, sondern nur die ideale Seite seiner Weltsicht. Vom radikal auf sich selbst gestellten Menschen jedoch, den er als *Armen Vetter* durchaus kennt, erzählt er in seinem Lebensrückblick nicht. Die auffällige Abweichung seines autobiographischen Stils von seiner Prosa und seinen Dramen markiert diese Differenz.

> Der Niederdeutsche Barlach hat als Erzähler die ihm gemäße, ihn ausdrückende Prosa in reiner Nachhaltigkeit auszubilden vermocht. Sie hat den schweren Atem, die Fülle und Gewalt der visionären Fähigkeit, die dieser überragenden Persönlichkeit eigen war. Fabelnd lädt sie in die Breite aus, bis zur mit dicken Strichen gezogenen Arabeske, zum behaglichen Schnörkel. Das darf nicht idyllisch mißverstanden werden. Da wo die Prosa Barlachs sozusagen auf der Stelle tritt, sich über Gebühr aufhält, sammelt sie sich für neue Entladungen in die Hintergründigkeit von Gesprächen, Landschaften, Antlitzen, Gesten. Schon der starke Gestenreichtum verhindert die Temperenz der Idylle und bewegt und belebt die Handlung dort, wo sie übersprör̈de zu werden droht oder zu verdorren beginnt.[22]

In dieser 1948 verfaßten Würdigung des dichterischen Nachlasses von Ernst Barlach bezieht sich Karl Krolow auf das frühe Romanfragment *Seespeck* und den ebenfalls posthum erschienenen und unvollendet gebliebenen Roman *Der gestohlene Mond*. Den Stil der autobiographischen Prosa verfehlt diese Beschreibung in signifikanter Weise, das für Barlach sonst Charakteristische ist in *Ein selbsterzähltes Leben*, aber auch im *Güstrower Tagebuch* und selbst noch in dem nachträglich stark bearbeiteten *Russischen Tagebuch* nicht ausgeprägt. Sein autobiographischer Stil ist frisch und unprätentiös, detailgenau und frei von grüblerischer Bedeutungsschwere. Es ist der gegenüber dem Versuch romanhafter Gestaltung direktere Ausdruck, weitgehend unbelastet von konzeptionellen Erwägungen und die wirkliche Welt in ihrer Sichtbarkeit überschreitenden Ambitionen. Dieser Aspekt seiner Prosa blieb bislang unbeachtet.[23] Barlach gibt sich in seiner Autobiographie recht unverfälscht, wenn auch ganz untypisch.

Mit dem Hinweis auf den autobiographischen Gehalt seiner Werke wird dieser andere, unbekannte Barlach verstellt. Schmidt-Henkel etwa versucht in seiner Dissertation von 1955 „aufzuzeigen, welche Bedeutung die beiden posthu-

---

22 Karl Krolow, in: Ernst Barlach, Werk und Wirkung (Anm. 4), S. 485.
23 In ähnlicher Richtung argumentiert H.O. Müller den Briefstil Barlachs betreffend; vgl. Horst Otto Müller, Die Bedeutung der Briefe Ernst Barlachs, in: Ernst Barlach (Ausstellungskatalog Antwerpen), (Anm. 12), S. 382–395.

men Fragmente Sp und GM für die ‚nachträgliche Entstehung' des Autors Barlach haben können",[24] wobei er die „These von Barlachs dichterischem Schaffen auf der Grundlage eigener Erlebnisse" verfolgt.[25] Schmidt-Henkel weist auf den „nur unvollkommen getarnten Tagebuch-Charakter der Romanfragmente"[26] hin und führt aus: „was im Spiegel von Barlachs Persönlichkeit sichtbar wird, ist in Wirklichkeit in einer Sphäre des Überpersönlichen angesiedelt".[27] Damit ist zugleich auch die Unvereinbarkeit von Autobiographie und Roman benannt, das Ausweichen Barlachs auf den Roman ebenso erläutert wie dessen autobiographischer Gehalt. Eine Selbstbiographie erweist sich damit als obsolet, denn das Überindividuelle kann hier nur eine untergeordnete Rolle spielen. Auf die Unverwechselbarkeit des eigenen Ich aber hat es Barlach auch gar nicht abgesehen. Diese doppelte, das Individuelle und das Überpersönliche betreffende Marginalisierung gibt dem autobiographischen Erzählen seine lückenhafte Textur, in der sich der Verdacht einnistet. Er richtet sich gegen die Selbstinterpretation des Künstlers ebenso wie gegen die sein Leben und Werk zur Einheit amalgamierenden Fremdinterpretationen. Sich der Regellosigkeit der Ereignisse überlassend, zeichnet Barlach, wie beiläufig, eine Skizze seiner Person. Anders als ein Roman scheint ihm die Autobiographie keinerlei künstlerischen Respekt abzufordern. Ihr literarischer Wert kristallisiert sich gleichsam hinter seinem Rücken.

Barlachs bewußte, bevorzugt auf Inhalte gerichtete Argumentation steht dazu quer. Die von ihm suggerierte Unmittelbarkeit aber – etwa wenn er im *Selbsterzählten Leben* die verlorene Einheit mit der eigenen Kindheit heraufbeschwört – ist verkehrt, denn der Autobiograph vermeint, in den „Elementarbüchern des Geschehens" (SL: 26) lesen zu können.[28] Stets privilegiert Barlach das Leben selbst, darin unterscheidet er sich von Alfred Kubin. Die meist leidvollen Erfahrungen, die es für den Menschen bereit hält, gelten ihm als wirkliche Wirklichkeit, und sie versucht er, in seiner Kunst nachzuahmen. Die Selbstvergessenheit, von der er während seiner jugendlichen Lektüre zu berichten weiß, ist ihm aus der Perspektive des Erwachsenen als Flucht in eine Traumwelt verdächtig. Die-

---

24 Gerhard Schmidt-Henkel, Ernst Barlachs posthume Prosafragmente „Seespeck" und „Der gestohlene Mond". Ein Beitrag zur Erkenntnis der existentiellen Autobiographik in Romanform, Berlin (Diss.) 1955, S. 7.
25 Ebd., S. 26.
26 Vgl. ebd., S. 44.
27 Ebd., S. 52.
28 Seine wahllose Lektüre beschreibend, berichtet Barlach: „Schmöker jeder Art waren willkommen, ich lief ihnen nach, kannte und achtete nicht Namen, Rang noch Stand – alles war gut, wenn es nur den Zauber besaß, mich meiner selbst ledig und von mir vergessen zu machen. Doch das Leben nahm mich bisweilen am Genick und stieß mich mit der Nase in seine Wirklichkeit, ich bekam die Elementarbücher des Geschehens um die Ohren geschlagen, daß mir der Kopf brummte." (SL: 26)

ser doppelte Blick auf seine Vergangenheit – sie erscheint als verlorenes Paradies, dem die ganze Sehnsucht gilt, und zugleich als eine völlig irreale Welt – bezeichnet einen unauflöslichen Widerspruch in Barlachs Selbstverständnis, der noch seiner Kunst ihr unverwechselbares Gesicht verleiht. Dieses Dilemma kehrt in vielfacher Variation wieder. Im *Selbsterzählten Leben* bezeichnet er es einmal als „das unbewußte Wissen vom Einssein mit allen Menschenwesen und der Unentrinnbarkeit vor dem mit ihm verketteten Fluch" (SL: 45). Die forcierte Tendenz ins Grundsätzliche und eine moralische Absicht spielen sich hier unangenehm in den Vordergrund. Bereits im unveröffentlichten Tagebuch von 1906 schrieb Barlach, daß „die Menschenseele des Ästhetischen doch bloß als Schmuck bedarf."[29] Er propagiert eine ins Existentielle gewendete Kunst.

Barlachs Begeisterung für russische Volkskunst, die sein eigenes Schaffen nachhaltig prägt, liegt darin begründet, daß hier in aller Einfachheit eine Einheit von Form und Inhalt, die Identität von Wesen und Erscheinung zum Ausdruck kommt.[30] Diese Erfahrung aus der Kindheit und während seiner Rußlandreise will er in seiner Kunst wiederholen. Aber was ihm in seinem plastischen Werk zweifellos gelingt, ist auf sein schriftstellerisches Œuvre nicht einfach zu übertragen. In seinen ans Unspielbare grenzenden Dramen, die mit tiefsinnigen, zuweilen schwer verständlichen Allegorien und bedeutungsvollen Symbolen überfrachtet sind, scheitern seine Bemühungen. Die Übersetzung des Lebens auf die Bühne mißlingt. Seine Schauspiele sind reine Gedankenstücke, Lesedramen. Seine beiden Romane schließlich, in denen die wiedergewonnene Einheit in ihrer ganzen Brüchigkeit hätte gestaltet werden sollen und die zugleich Prätention machen aufs Lebensechte, bleiben unvollendet.[31] Seine Selbstbiographie ist von dieser Art geistiger Überlastung weitgehend frei. Im gleichsam unbedacht mit leichter Hand Hingeschriebenen der einzelnen Episoden, bevor sie forciert verallgemeinert und ins Leere gezogen werden, spricht das *Selbsterzählte Leben* für

---

29 Zit nach: Ernst Barlach, Ehrlichgemeinte Eigene Überzeugung, in: Sinn und Form 41 (1989), S. 183–200; hier: S. 184.
30 Auch Kandinsky hebt an der Volkskunst und anderen Werken sogenannter primitiver Kunst die Einheitlichkeit und Wirkungsmächtigkeit hervor; der *Blaue Reiter* ist dafür ein überzeugender Beleg. Beim Bericht über seine eigene Reise nach Rußland akzentuiert Kandinsky allerdings die dem modernen Kunstwerk inhärente Zeitlichkeit und dessen durch die Subjektivität des Betrachters sich allererst erschließende Fülle und Lebendigkeit, kurz: ihre Welthaltigkeit. Darum aber geht es Barlach gerade nicht. Er sucht in der Welt das Göttliche. Indem er die Wirklichkeit für die Transzendenz durchsichtig machen will, entweicht ihm die Welt in die Wesenlosigkeit der Transparenz.
31 Die Prosawerke bestechen zuerst durch die Personenzeichnungen, in seiner Drastik besonders eindrucksvoll das Porträt des betrunkenen Bäckers am Anfang von *Seespeck*. Die Handlung der Romane ist gegenüber dem Szenischen stark zurückgedrängt, es triumphiert auch hier das Material über den gestalterischen Eingriff des Schriftstellers.

sich selbst. Demgegenüber verblassen die, gleichermaßen deutungsbedürftigen wie deutungsfähigen, programmatischen Äußerungen; so etwa die vielzitierte Passage, in der er sein künstlerisches Selbstverständnis zusammenfaßt:

> Ich finde es überflüssig, mich gegen die Legende zu wenden, daß ich ‚erst durch Rußland' zum plastischen Ausdruck geführt sei – oder wie man sowas sonst formuliert hat. Die Tatsache besteht, daß die Wirklichkeit für mein Auge plastische Wirklichkeit war und daß ich mein bisher unbefriedigtes Bedürfnis mit mir heranführte, Bereitschaft und Fähigkeit zum Sehen nicht der andern, sondern der plastischen Werte. Rußland gab mir seine Gestalten, aber freilich und vermutlich bin ich nicht ohne Anteil an dem Sosein des endlichen Ausfalls, denn als ich zurückkehrte und die ersten beiden Bettler, diese Bettler, die mir Symbol für die menschliche Situation in ihrer Blöße zwischen Himmel und Erde waren, in Friedenau im alten Stübchen anlegte, drang der alte Zweifel zu: wird das nun auch endlich wirklich Plastik oder wieder Modellierarbeit? Restlich mußte doch nicht schlecht gekämpft werden und der Dumme mag glauben, daß die in Rußland gewonnene Form aus der reichen Hand beiläufig und trinkgeldmäßig in meine Arme gelegt sei.
> Form – bloß Form? – Nein, die unerhörte Erkenntnis ging mir auf, die lautete: du darfst alles Deinige, das Äußerste, das Innerste, Gebärde der Frömmigkeit und Ungebärde der Wut, ohne Scheu wagen, denn für alles, heiße es höllisches Paradies oder paradiesische Hölle, gibt es einen Ausdruck, wie denn wohl in Rußland eines oder beides verwirklicht ist. (SL: 65f.)

4. Im Niemandsland zwischen Kunst und Leben

Da Barlach die eigenen Probleme, die ihn wirklich bedrängenden Fragen in die Kunst verlagert, wo sie ihren spezifischen Ausdruck finden, bleibt das in der Autobiographie erinnerte Ich ganz äußerlich, zerfällt den lebensgeschichtlichen Fakten entsprechend in eine Reihe von Anekdoten. Dieser Umstand hat viele Interpreten dazu bewogen, den mangelnden psychologischen Tiefgang oder auch den ausgesparten metaphysischen Höhenflug nachzutragen, wobei Barlachs gesamtes Œuvre mehr oder weniger autobiographisch gedeutet wird. Demgegenüber soll hier darauf abgehoben werden, daß sich Barlach in seiner Selbstbiographie im Niemandsland zwischen Kunst und Leben bewegt. Das hängt eng zusammen mit seinem künstlerischen Selbstverständnis: Barlach ist ein dezidiert unmoderner Moderner. Er geht nicht soweit, die Kunst ins Leben überführen zu wollen, sondern die Kunst soll das Wesentliche des Lebens und damit auch der eigenen Person erfassen. Damit allerdings verschwindet die Differenz von Kunst und Leben in der Wesenlosigkeit. Bemerkenswert ist nun nicht, daß Barlach persönliche Erlebnisse in seine Werke überführt – daß in der Kunst das Leben nachgeahmt werden soll, ist ein alter Topos, Werke vor dem Hintergrund der Biographie zu lesen, ganz traditionell –, bemerkenswert ist vielmehr, daß Barlach die eigene Erfahrung in ihrer überindividuellen Bedeutung darzustellen versucht – ein Bestreben, das er mit anderen Modernen, Kandinsky etwa, teilt. Barlach aber nimmt die Subjektivität völlig in die naturgetreue Wiedergabe der äußeren Erscheinung zurück. An dieser Anforderung muß die Autobiographie zerbrechen.

Der abstrakten Kunst Kandinskys steht Barlach feindselig gegenüber, das bezeugt sein Brief vom 28. Dezember 1911 an Reinhard Piper, der ihm gleich bei Erscheinen ein Exemplar *Über das Geistige in der Kunst* geschickt hatte. Barlach bezweifelt, „daß man eine neue Kunstweise logisch darstellen kann so, wie Herr Kandinsky denkt" (Br. I: 395). In ähnlicher Weise argumentiert er in dem ca. 1912–14 verfaßten *Diario Däubler*, wo er sich gegen Picassos ‚psychische Geometrie' ausspricht, die auf ihn keinerlei unmittelbare, gefühlsmäßige Wirkung ausübe (Pr. II: 373f.). Barlach lehnt die moderne nichtgegenständliche, nicht realistisch verfahrende Kunst ab, denn für ihn „ist das Organische in der Natur der Ausdruck eben des Inneren, die Menschengestalt der Ausdruck Gottes" (Pr. II: 374). Ganz traditionell geht Barlach davon aus, daß sich das Wesen des Menschen in seiner äußeren Erscheinung zeige. Dieses muß nachgebildet werden, indem alles Innere vollständig ins Äußere verlagert wird, damit es direkt sichtbar ist und das Gefühl bzw. die Seele des Menschen unmittelbar anspricht. Der Zeichnung traut er diese Leistung nicht mehr in vollem Umfang zu, da die Linien bereits eine abstrahierende Reduktion erfordern. Da Barlach alles Innere nach Außen bringen will, findet er das ihm eigene Feld in der Bildhauerei. Dem Medium der Sprache steht er mit großen Vorbehalten gegenüber.[32]

Der die Moderne begleitende Irrationalismus und der Hang zum Mystischen äußert sich auch bei Barlach als Sprachskepsis. Er vertraut der Sprache nicht, vertraut ihr auch nichts Persönliches an, denn alles Wesentliche – und das ist auch für Barlach das Geistige – ist seiner Überzeugung nach nur intuitiv zu erfassen. Anders als Kandinsky glaubt Barlach nicht an die Möglichkeit einer intellektuell-abstrahierenden Übersetzung, bezweifelt zumindest deren Zuverlässigkeit. Alles sprachlich Mitgeteilte ist verfälscht. Am 3. Dezember 1932 schreibt Barlach in einem wichtigen, sein Selbst- und Weltverständnis zusammenfassenden Brief an Pastor Johannes Schwartzkopff:

---

32 Bei einer Selberlebensbeschreibung ist nicht entschieden, ob sie die Subjektivität, das Innere des Menschen nach außen, in die Schrift überführt, oder aber, ob sie alles Äußere, die Ereignisse des eigenen Lebens, nach innen, in die Selbsteigenheit aufnimmt und dadurch der Sichtbarkeit entzieht. Die Autobiographie kann in beide Richtungen gelesen werden. Als Bildhauer privilegiert Barlach die erste Variante, und auch als Dramatiker versucht er das Innere des Menschen, seinen Drang zum Transzendenten auf die Bühne zu bringen, was mißlingt, weil die Subjektivität nicht genügend ausgeprägt ist. Als Romanschriftsteller neigt er der zweiten Variante zu. Das *Selbsterzählte Leben* bleibt unentschieden zwischen beiden Varianten. In dieser Indifferenz verschwindet Barlachs Ich.

> Ich glaube aber, daß alles Notwendige empfangen und als selbstverständlich hingenommen werden muß, glaube obendrein, daß das Wort ein elender Notbehelf, ein schäbiges Werkzeug ist und das eigentliche und letztliche Wissen wortlos ist und bleiben muß. (Br. II: 338)

Inwieweit Barlach mit dieser Sprachkritik nur auf die Mitteilungsfunktion der Alltagssprache zielt und in welchem Umfang er bereit ist, die poetische Sprache von dieser Kritik auszunehmen, läßt sich schwer entscheiden. An einer anderen exponierten Stelle gesteht er der Literatur die Möglichkeit zu, das Geistige zu erfassen (vgl. Br. I: 395), sonst wäre wohl kaum verständlich, warum er selbst sich parallel zu seinem Schaffen als Bildhauer und Zeichner um einen dichterischen Ausdruck bemühte. Eine logisch-intellektuelle Durchdringung jedoch lehnt er durchgängig ab und vertraut ganz auf Intuition. Das hängt sicherlich auch zusammen mit der Geringschätzung seiner intellektuellen Fähigkeiten. Im *Selbsterzählten Leben* gesteht er sich ein, daß „das Verhalten des scheidenden und erkennenden Ich vor der Natur bedauerlich infantil geblieben" war. (SL: 60) Im Unterschied zu Hofmannsthal etwa, dessen ‚Brief des Lord Chandos' als Synonym für die Sprachkrise der Autoren zu Beginn des 20. Jahrhunderts gelten kann, setzt sich Barlach mit der Sprachproblematik nicht direkt auseinander. Er ist davon ja auch nicht in gleicher Weise existentiell betroffen, da ihm andere künstlerische Ausdrucksmöglichkeiten offen stehen. Daß er gleichwohl immer wieder schriftstellerische Versuche unternimmt, zeugt davon, daß er dieses Problem ein Leben lang als offene Wunde mit sich herumträgt. Über sein Verhältnis zu Text und Bild schreibt Barlach:

> Nun kann mir aber die Plastik nicht ganz genügen, deshalb zeichne ich, und weil mir das nicht ganz genügt, schreibe ich. Diesen Drang verspürte ich schon als Knabe, der glücklich lesen und schreiben gelernt hatte und nun immerfort las und dann das Gelesene in Spielen, in Erzählungen und zugleich in Niederschriften variierte. Jetzt habe ich gelernt, selbst zu beobachten […] Dabei habe ich erkannt, daß ich eine unerschöpfliche Quelle von gediegenen Stoffen in mir habe, wie jeder Mensch, und daß aus dieser Quelle nur zu schöpfen und in geeignete Gefäße zu fassen ist. (Br. I: 57)

Das Phänomen des doppelbegabten Künstlers, dessen Talente dem gängigen Verständnis zufolge auf eine Überfülle an Möglichkeiten zurückgeführt werden, bestätigt Barlach in diesem frühen Brief an seinen Freund Friedrich Düsel. Zur Erklärung der unterschiedlichen Künste und ihres Verhältnisses zueinander sind solche Thesen allerdings wenig geeignet, da der Vergleichspunkt ins Innere des Künstlers verlegt und damit einer diskursiven Erörterung entzogen wird. Außerdem bleibt das Problem der äußeren Form unbeachtet bzw. unbeantwortet. Über das Verhältnis der verschiedenen künstlerischen Äußerungsweisen Barlachs ist viel geschrieben worden, bis hin zu dem Versuch, sie aus ihrer Unvergleichbarkeit abzuleiten. „Der Text sucht insbesondere das zu fassen, was der Plastik und Zeichnung versagt bleiben muß, Bild und Text ergänzen sich, indem sie Unterschiedliches fassen; die eine Kunstform die andere negierend bilden sie insgesamt dennoch eine Einheit – freilich eine sehr spannungsgeladene Einheit, eine Einheit des in sich selber Geschiedenen".[33] Im Kontext seiner Selberlebensbeschreibung sind die Verhältnisse sehr viel einfacher: Die in den Text eingestreuten 23 Zeichnungen (eine weitere dient der Titelgestaltung) stehen in keinem erkennbaren Zusammenhang zum Text. Sie haben also eine bloß dekorative und, was Barlach als Zeichner betrifft, in begrenztem Umfang auch dokumentarische Funktion. Zusammen mit dem vorangestellten Selbstporträt des Künstlers und den im Anschluß an *Ein selbsterzähltes Leben* abgedruckten 84 Tafeln, auf denen Barlachs Plastiken abgebildet sind, stellt der Band eine erste Monographie dar. Mit der Kapitelüberschrift „Ich gehöre zween Meistern" benennt Barlach seine Unentschiedenheit und seine Doppelbegabung. Ihre Problematik aber wird nicht ernsthaft diskutiert, geschweige denn inhaltlich gelöst.

Die Metaphorizität der Sprache und die Literarizität der Bilder, diese in ihrer Komplementarität die Moderne kennzeichnende Tendenz, verfehlt Barlach in spezifischer Weise. Die Bildlichkeit der Sprache übersteigert er in seinen Dramen ins Allegorische, wobei eine Versinnlichung des sprachlichen Ausdrucks mißlingt. Die Reduktion auf einfache, unmittelbar zugängliche Formen in seiner Plastik verzichtet auf das kunstvoll erzählerische Moment. Daß Barlach hier gleichwohl eine Vergeistigung gelingt, liegt begründet in der Rückführung der menschlichen Figur auf Grundformen, die den Seelenausdruck im buchstäblichen Sinne greifbar machen. An der Gegenständlichkeit festhaltend, verweigert Barlach eine intellektuelle Durchdringung seiner Kunst, darin liegt die nach rückwärts, in die Vergangenheit gewandte Seite seiner Modernität. Ihre Kehrseite gelangt bei ihm nicht zu einem klaren Ausdruck. Nur allzuoft neigt Barlach zu mystifizierenden Erwägungen. Seine Zerstörung der Scheinvollkommenheiten gilt jedoch, für Thomas Mann etwa, als „diejenige Erscheinungsform des modernen Irrationalismus, die dem reaktionären Mißbrauch unzweideutig wi-

---

33 Gunter Martens, Das hüllensprengende Drängen des Werdens, in: Barlach-Studien 1995, (Anm. 8), S. 27–47; hier: S. 30. Als frühes Zeugnis für Barlachs Doppelbegabung vgl. Arthur Holitscher, Übereinstimmung und Kontrast (1924), in: Ernst Barlach, Werk und Wirkung, (Anm. 4), S. 359–366. Die umfangreichste und theoretisch weitreichendste Studie zum Thema hat Hooper vorgelegt; sie bestätigt die These: „When one concentrates on formal features that characterize Barlach's works, one can show that the artist strives for the same results in different media. One important implication of this finding is that a relation between works in differing media by any *Doppelbegabung* must be due to a similarity of formal features, expressive of a unified artistic vision." (Kent W. Hooper, Ernst Barlach's Literary and Visual Art. The Issue of Multiple Talent, Ann Arbor/London: UMI Research Press 1987, S. 96.)

dersteht."³⁴ Bestätigt wird diese Einschätzung noch durch die Reaktion nationalsozialistischer Kulturpolitik, die die Parteinahme Barlachs für die Opfer, wie sie besonders eindringlich in seinen Ehrenmalen zum Ausdruck kommt, entschieden ablehnte. Neun seiner Werke wurden in der Ausstellung „Entartete Kunst" 1937 in München gezeigt, insgesamt ca. 400 seiner Exponate beschlagnahmt und aus deutschen Museen entfernt.³⁵ Barlach hat sich gegen diese menschenverachtende Behandlung gewehrt. Die Geschichte hatte den Unpolitischen eingeholt.

Die Auslassungen und Ungereimtheiten, wie sie auch für seine Autobiographie kennzeichnend sind, können leicht zu Mißverständnissen führen. Diese spiegeln sich in der Rezeption. Barlachs Werk polarisierte in extremer Weise und verhinderte so noch seine Popularität. (Erst durch Bertolt Brechts Votum erfuhr Barlach in der DDR eine positive Bewertung.³⁶) Hochschätzung und entschiedene Ablehnung liegen ganz eng beieinander, entzünden sich am selben Gegenstand. Über die Premiere von Barlachs Drama Die *Sündflut* vermerkt Alfred Polgar im *Tage-Buch* von 1925:

> Letzte Zweifel [...] behob andern Tags die Kritik. [...] Da stand es schwarz auf weiß, klar und eindeutig, wie die Sache gewesen und was von ihr zu halten sei. So lautete der eine Spruch: ‚Es ist reiner Dilettantismus, maßlose Langeweiligkeit, ein scheintiefes Mißdrama', und so der andere: ‚Ein großer, unvergeßlicher Abend, Barlachs Werk überwältigte'. Ich bin ganz der Meinung der beiden Herren.³⁷

---

34 Zit. nach: Barlach-Studien 1995 (Anm. 8), S. 138.
35 Vgl. Barlach und die nationalsozialistische Kunstpolitik. Eine dokumentarische Darstellung zur ‚entarteten Kunst', hrsg. von Ernst Piper, München/Zürich: Piper 1983; hier: S. 187.
36 Vgl. Ernst Piper, Einleitung, zu: Barlach und die nationalsozialistische Kunstpolitik, (Anm. 35), S. 26; vgl. ferner: Bertolt Brecht, Notizen zur Barlach-Ausstellung (1952), in: Ernst Barlach, Werk und Wirkung, (Anm. 4), S. 496–501.
37 Alfred Polgar, Premiere (1925), in: Ernst Barlach, Werk und Wirkung, (Anm. 4), S. 296–301; hier: S. 301.

Kapitel VIII

Hugo Ball und sein flüchtiges Ich:
Ein Dilemma

Die Flucht aus der Zeit, erschienen im Januar 1927 bei Duncker und Humblot in München, ist die in Form eines Tagebuches abgefaßte Autobiographie Hugo Balls (1886–1927). Sie enthält neben persönlichen Notizen und Anekdoten des Alltags vor allem Zeit- und Kulturkritik, wobei es zu einer eigenwilligen Mischung aus Mystik und Anarchismus kommt, außerdem Berichte über Dada Zürich, Reflexionen zur eigenen Entwicklung, Mitteilungen über gelesene Bücher, eigene Gedanken, Pläne und Verse. Das Material ist äußerst vielfältig, fast disparat, und doch will Ball dem Buch und damit seinem Leben eine Struktur unterlegen. Am 14. März 1926 schreibt er an seinen Lektor Dr. Feuchtwanger:

> Das neue Buch ist fertig. Es stellt den in sich abgeschlossenen I. Band eines Tagebuches dar, dem ich den Titel ‚Konversionen' geben könnte. Die vorliegenden XII Abschnitte (15 Bogen) umfassen die Zeit von 1913/14–17 (Auseinandersetzungen mit Theater, Kunst, Politik, Philosophie). Ein sehr polyphones Buch, das vielerlei Interessen begegnen wird; abschließend vor Beginn der republikanischen Aktion in Bern. Der Inhalt dieses ersten Bandes ist, wenn ich persönlich darüber etwas wissen kann, ein Ausbruch von Kunst und ‚Romantik', den materiellen Bindungen gegenüber. Ein Eintreten für die verdrängte ‚Übernatur' und Aesthetik gegen die Naturdoktrinen. Vielleicht noch einiges andere … Aber Sie werden selbst sehen. Der zweite Band wird in wenigen Monaten ebenfalls fertig sein. Es wird Bern, Flensburg, die Studien zum ‚Byzantinischen Christentum' und die eigentliche Konversion enthalten. (An Stelle von Kunst und Romantik tritt jetzt die Kirche.) Ich hoffte erst, das Ganze in einem Bande geben zu können, hatte aber das in all den Jahren notierte Material unterschätzt. Es ist im ganzen Buche nirgends von Privatsachen die Rede, es sind nur Extrakte, die von kleinen Lokalangaben belebend unterbrochen sind.
> Ich bin überzeugt, lieber Herr Doktor, daß das Buch Sie interessieren wird. Man wird zum ersten Male deutlich sehen, aus welcher Quelle, aus welchen nationalen Motiven meine Bücher und meine Ansichten kommen. Die Anerkennung namhafter Persönlichkeiten wird hinter diesem Werk stehen. Ich habe Grund anzunehmen, daß das Buch einen wahrhaft populären Erfolg haben und alle Widerstände, mit denen ich bisher zu kämpfen hatte, überwinden wird.[1]

---

1 Hugo Ball, Briefe 1911–1927, hrsg. von Annemarie Schütt-Hennings, Einsiedeln: Benzinger 1957, S. 244f.; im weiteren abgekürzt „Briefe".

So annonciert Hugo Ball kurz vor seinem frühen Tod im September 1927 Ludwig Feuchtwanger, dem Lektor des Verlages Dunker & Humblot, seine Selberlebensbeschreibung *Die Flucht aus der Zeit*. Er faßt Inhalte, Intentionen und auch die mit dem Buch verbundenen Hoffnungen treffend zusammen, besonders betont er die Vielfältigkeit der Themen, die Konversionen seiner eigenen Entwicklung und die sich immer mehr in den Vordergrund schiebende Bedeutung der Religion, die gleichsam als Fluchtpunkt angenommen wird. Ganz deutlich sind Balls Bemühungen, seinem Leben eine innere Ordnung zu geben, durch die die ganz unterschiedlichen Richtungen seiner Interessen und Aktionen zusammengehalten werden. Trotzdem eignete sich die traditionelle Form der Autobiographie, die, auf das Erreichte im Leben zurückblickend, kontinuierlich erzählt, für Hugo Balls Selbstdarstellung schlecht. Er wählt, wohl um das Disparate und Unzusammenhängende seiner Existenz nicht zu unterschlagen, die Form des Tagebuches.

Die Flucht aus der Zeit ist in zwei Teile unterteilt: Der erste Teil umfaßt „Vorspiel – Die Kulisse" (5 Kapitel), wo Balls vordadaistische Phase, u.a. der Expressionistenabend in Berlin am 12.V.1915 dargestellt wird,[2] und „Romantizismen – Das Wort und das Bild" (7 Kapitel), wo einleitend die Ereignisse im Cabaret Voltaire in Zürich 1916 behandelt werden. Diesem bekanntesten Kapitel seiner Lebensgeschichte ist das folgende unmittelbar entgegengesetzt: die ausdrückliche Distanzierung Balls von Dada. Der zweite Teil von *Die Flucht aus der Zeit* – insgesamt nur ca. ein Drittel der Aufzeichnungen – umfaßt die Abschnitte „Von Gottes- und Menschenrechten" (3 Kapitel), der mit der Trauung von Emmy Hennings und Hugo Ball an dessen Geburtstag am 22.II.1920 endet, und „Die Flucht zum Grunde" (2 Kapitel), in dem Ball seine Entwicklung vom Anarchisten und Dadaisten zum Gottsucher zusammenfassend darstellt und zu legitimieren sucht. (Emmy Ball-Hennings' Erinnerungsbuch *Hugo Balls Weg zu Gott*, erschienen 1931 im Verlag Kösel & Pustet in Kempten, ist also keine nachträgliche Verfälschung des Lebensweges von Hugo Ball, sondern schreibt die in *Flucht aus der Zeit* vom Autor selbst eingeschlagene Richtung lediglich fort.[3]) Die Jahre 1915 bis 1917 werden in zwölf Kapiteln ausführlich dargestellt, die Jahre 1918, 1919, 1920 und 1921 erhalten im zweiten Teil jeweils nur noch ein Kapitel; ansonsten fallen Jahresgrenzen nicht immer mit Kapiteleinteilungen zusammen. Die Ordnung der Tagebucheintragungen

---

[2] Hugo Ball, Die Flucht aus der Zeit, hrsg. und mit Anmerkungen versehen von Bernhard Echte, Zürich: Limmat 1992, S. 30; im weiteren abgekürzt „FaZ".

[3] Die anderen autobiographischen Bücher von Emmy Ball-Hennings bestätigen diese Tendenz (vgl. Aus dem Leben Hugo Balls, gedruckt in: Hugo Ball-Almanach 8 (1984), S. 103–130; 15 (1991), S. 51–119; 16 (1992), S. 1–38; 17 (1993), S. 1–58; 18 (1994), S. 63–103.)

richtet sich erst einmal nach den Orten, an denen die Aufzeichnungen gemacht wurden; im zweiten Teil dann sind die Aufzeichnungen aus der Zeit in Bern nach Jahren eingeteilt. Über diese rein äußerlichen Ordnungsprinzipien hinaus erfolgt die Einteilung der Kapitel – insgesamt sind es siebzehn, 12 im ersten und 5 im zweiten Teil – wohl auch nach inhaltlichen Erwägungen und Gewichtungen, die allerdings nicht immer klar erkennbar sind; manchmal scheinen sie ganz ‚nach den Gesetzen des Zufalls geordnet'. Es darf unterstellt werden, daß Ball die von seinem Freund Hans Arp in die Kunst eingeführten experimentellen Konstruktionsprinzipien[4] in seiner Selberlebensbeschreibung erprobt hat.

Daß es sich bei diesem Tagebuch nicht um Originalaufzeichnungen, mithin um historische Dokumente handelt, wird bereits durch Einteilung und Anordnung deutlich. Sie bilden in ihrer vermeintlichen Willkür die Zufälligkeit der Ereignisse nur nach, wobei sie zugleich stark mit Bedeutsamkeit aufgeladen sind, so etwa wenn Ball an seinem 35. Geburtstag Gedanken zum Todesproblem aufschreibt (FaZ: 280). Da in einem Tagebuch normalerweise Ereignisse unmittelbar notiert werden, sind Erinnerungsfehler eigentlich nicht möglich. Unsicherheiten in der Datierung und falsch wiedergegebene Sachverhalte jedoch (vgl. FaZ: 19f.) lassen Balls Ausführungen in *Die Flucht aus der Zeit* als Erinnertes und nachträglich Bearbeitetes erkennen. Das erste Kapitel enthält einen einzigen wahrscheinlich authentischen Tagebucheintrag, nämlich den vom Februar 1914. Ball hat ihn in Anführungszeichen gesetzt und so als Zitat eigens kenntlich gemacht. Er wird, neben vielen anderen Autoren, im weiteren noch öfter sich selbst zitieren. Die ursprünglichen Tagebücher gelten als verschollen, die Bearbeitungen im einzelnen sind demnach nicht nachweisbar.[5] Es spricht für

---

4 Vgl. Zufall als Prinzip. Spielwelt, Methode und System in der Kunst des 20. Jahrhunderts, hrsg. von Bernhard Holeczek und Linda von Mengden, Ludwigshafen: Wilhelm-Hack-Museum 1992; Spielzüge des Zufalls. Zur Anatomie eines Symptoms, hrsg. von Carola Hilmes und Dietrich Mathy, Bielefeld: Aisthesis 1994.

5 Auf meine Anfrage beim Hugo Ball Archiv in Pirmasens nach dem Verbleib der ursprünglichen Tagebücher antwortete Ernst Teubner am 6. November 1995: „Soweit mir bekannt ist, existieren die Tagebücher Balls, die für die ‚Flucht' bearbeitet wurden, nicht mehr." Eine entsprechende Anfrage beim Robert Walser Archiv in Zürich, wo sich Balls Tagebücher der Jahre 1922 und 1923 befinden, bestätigte diesen negativen Befund. Am 23.9.1996 teilte Bernhard Echte außerdem mit, daß sich im Robert Walser Archiv ein ‚Exzerptbuch' Balls befindet, in dem Lektüreeindrücke der Werke all der Autoren notiert sind, die im Eingangskapitel von *Die Flucht aus der Zeit* Erwähnung gefunden haben; ferner befinden sich neuerdings im Robert Walser Archiv auch „einige fragmentarische Blätter", „aus denen sich wörtliche Übernahmen in der ‚Flucht' finden", von denen der Herausgeber aber z.Zt. seiner Neuedition der *Flucht* noch keine Kenntnis hatte. – In der „Editorischen Notiz" des Herausgebers zur Neuausgabe von *Die Flucht aus der Zeit* 1992 schreibt Bernhard Echte über die Abweichungen zwischen der Erstausgabe 1927 und der veränderten zweiten Auflage, die 1946 im Verlag Josef Stocker in Luzern erschienen ist: „Da das Originalmanuskript des Buches verschollen ist und sich in der Verlagskorrespon-

die Umarbeitung der ursprünglichen tagebuchähnlichen Notizen zu einer Selbstdarstellung, die das ganze Leben überblickend ihm eine Struktur unterlegen und aus dieser inneren Ordnung Sinn und Zweck der eigenen Existenz ableiten, daß Ball eine Reihe dezidiert selbstreflexiver Passagen in *Die Flucht aus der Zeit* aufgenommen hat, in denen er sich über seine Arbeit als Autobiograph Rechenschaft ablegt – Passagen, wie sie aus keiner modernen Selberlebensbeschreibung wegzudenken sind; so etwa die Hinweise auf das Wiederlesen alter Tagebuchaufzeichnungen als Stimulanz für die Erinnerungsarbeit, die Bedeutung der Träume für das eigene Selbstverständnis und die Notwendigkeit sie aufzuzeichnen, schließlich alle sich ausdrücklich mit Modellen des Ich auseinandersetzenden Eintragungen. Daß *Die Flucht aus der Zeit* ein bearbeitetes Tagebuch ist und also gelesen werden muß als eine Autobiographie in Form eines Tagebuches, ist außerdem aus den Briefen bekannt. Schon Anfang Dezember 1923 teilt Ball aus Agnuzzo der Ehefrau Emmy mit, daß er die Tagebücher wieder vorgenommen und an ihnen „gearbeitet" habe (Briefe: 168), denn für Ball war „Authentizität nur durch Gestaltung und Durchdringung, nicht aber durch bloße Präsentation des Rohmaterials zu erreichen."[6] Am 10. November 1925 schreibt er an Professor Carl Muth, den Herausgeber der katholischen Zeitschrift *Hochland*, in der er bereits mehrere Artikel veröffentlicht hatte:

> Die peinliche Abschiedskorrespondenz, in der ich gegenwärtig mit D. & H. [dem Verlag Duncker & Humblot in München; C.H.] stehe, führte mich dazu, meine Tagebücher seit 1913 nachzulesen und darin ein wenig Bestätigung und Ermutigung meiner selbst zu finden. Ich hatte seit längerer Zeit die Absicht, diese meine Notizen, von 1913 etwa, ins Reine zu bringen und sie im Wesentlichen, in der geistigen Linie, unter Weglassung alles Privaten und Zufälligen, in I Bande zu publizieren. Ein Drittel davon, etwa 6 Bogen, brachte ich schon in Agnuzzo ins Reine, die andern zwei Drittel (bis zur Herausgabe vom ‚Byz. Christentum') werde ich in kürzester Zeit, etwa innerhalb drei Monaten fertigstellen können. Es ist ja nicht ungewöhnlich, daß man noch zu Lebzeiten ein Tagebuch publiziert. Diese Aufzeichnungen, die den Hintergrund meiner Bücher bilden, könnten klärend und versöhnend wirken. Nur deshalb, weil ich Frieden haben möchte und Raum für meine weiteren Arbeiten, denke ich an die Publikation. Das Buch würde sich an die verschiedensten Interessen wenden: Theater, Politik, Philosophie, Artistik, Literatur, Religion.

---

denz keine erklärenden Hinweise finden, läßt sich über die Ursachen dieser Differenz allenfalls spekulieren. Für die vorliegende Ausgabe wurde die Erstausgabe zugrunde gelegt, da nur sie von Ball autorisiert ist. Die Abweichungen des Zweitdrucks sind in den Anmerkungen jeweils vollständig dargestellt." (FaZ: 317) Meiner Interpretation ist die von Echte herausgegebene Ausgabe zu Grunde gelegt.

6 Bernhard Echte, Nachwort zu FaZ: 305. – Ball hat wiederholt einzelne Abschnitte seines Lebens in Literatur ‚übersetzt', so etwa seine gemeinsam mit Emmy Hennings beim Varieté-Ensemble Maxim, unter der Leitung von Ernst Michel genannt Flamingo, verbrachte Zeit (Oktober bis Dezember 1915), die er in dem kleinen Roman *Flametti oder Vom Dandysmus der Armen* (Erich Reiss Verlag Berlin 1918) porträtierte.

Die Form ist diejenige kurzer, aber wesentlicher Auseinandersetzungen mit Lektüre, Menschen und Geschehnissen. Was meinen Sie dazu?" (Briefe: 224f.)

Ball betont abermals, daß er das bloß ihn persönlich Betreffende weglassen und das an seinem Leben für die Zeit Charakteristische aufschreiben will. Gleichwohl verschweigt er den persönlichen Anlaß seines Lebensrückblickes nicht: Rechtfertigung und Bekenntnis sowie die daraus zu erwartende Versöhnung, nicht zuletzt mit sich selbst, das sind auch bei Ball entscheidende autobiographische Impulse.

1. Geordnet nach einer Magie der Unterbrechung

„Vorspiel – Die Kulisse". Hugo Ball beginnt seine Selbstdarstellung mit einer kurzen, an Rathenaus *Kritik der Zeit* anschließenden Bestandsaufnahme der politischen, wirtschaftlichen und gesellschaftlichen Zustände, die recht düster ausfällt – Ball spricht von ‚moderner Nekrophilie' (FaZ: 12). Mit einer Erwähnung seiner eigenen Stellung in dieser Zeit – „1910–1914 war für mich alles Theater: das Leben, die Menschen, die Liebe, die Moral" (FaZ: 13) – leitet er über zu einer ausführlicheren Darstellung der Situation der Kunst, die er als vielversprechend einstuft: „Bilder um 1913. In der Malerei mehr als in jeder anderen Kunst sprach sich ein neues Leben aus. Ein visionärer Advent war hier ausgebrochen." (FaZ: 13) Wie viele seiner Zeitgenossen so gesteht auch Ball am Beginn des neuen Jahrhunderts der Malerei die Rolle eines Vorreiters unter den Künsten zu, woraus sich noch seine später ausgeführte Einschätzung des Bildes als „Mutter des Wortes" (FaZ: 301) erklärt. Bemerkenswert und für Ball charakteristisch ist die Verwendung eines der christlichen Religion entstammenden Vokabulars und einer entsprechenden Metaphorik. Das unterscheidet ihn von dem sonst so hoch geschätzten Kandinsky, der seine ‚Entlehnungen' eher in okkultistischen und theosophischen Lehren findet. In ihren Zielen einer wiederzugewinnenden Spiritualität waren sie sich gleichwohl einig und deshalb gilt, was Ball über Kandinsky schreibt, auch für ihn selbst: „Was ihn beschäftigte, war die Wiedergeburt der Gesellschaft aus der Vereinigung aller artistischen Mittel und Mächte." (FaZ: 17)[7] Anschließend erwähnt Ball sein aus demselben Geist geborenes Engagement für ein expressionistisches Theater, das seinen eigenen Vorstellungen entsprechend „eine neue Auffassung des Gesamtkunstwerks" enthält, „eine Festspielidee", „die Urbilder wecken und Megaphone gebrauchen" will (FaZ: 19).

---

7 Vgl. Dietmar Kammler, Die Auflösung der Wirklichkeit und Vergeistigung der Kunst im ‚inneren Klang'. Anmerkungen zum Material-, Künstler- und Werkbegriff bei Wassily Kandinsky und Hugo Ball, in: Hugo Ball-Almanach 7 (1983), S. 17–55.

Die ‚Suche nach Urbildern' teilt Ball mit den Expressionisten, den sogenannten Primitivisten und den Vertretern einer abstrakten Kunst. Da sie ihn sein ganzes Leben hindurch verfolgt, bleibt sie im ganzen Buch erhalten. Sie bildet gleichsam einen Ariadnefaden durchs Labyrinth seines Lebens. Für Ball wie für Kandinsky ist die Suche nach Urbildern verknüpft mit einer ebenso grundlegenden wie weitreichenden Erörterung des Verhältnisses von Philosophie, Kunst und Religion im Hinblick auf eine Veränderung der bestehenden Verhältnisse.[8] Dieser revolutionäre Aspekt der modernen Kunst und ihrer Akteure darf nicht unterschätzt werden, so als handele es sich lediglich um aufs Ästhetische begrenzte Umwälzungen. Der Rückzug in die schöne Welt des Scheins, die Positionen der Décadence und des l'art pour l'art, wurde vielmehr ausdrücklich kritisiert. Balls theoretische Überlegungen folgen stets einem alles umwälzenden lebenspraktischen Impetus, der auf das Ganze seiner Zeit ausgelegt und für ihn selbst von existentieller Bedeutung ist.[9]

> Es konnte den Anschein haben, als sei die Philosophie an die Künstler übergegangen; als gingen von ihnen die neuen Impulse aus. Als seien sie die Propheten der Wiedergeburt. Wenn wir Kandinsky und Picasso sagten, meinten wir nicht Maler, sondern Priester; nicht Handwerker, sondern Schöpfer neuer Welten, neuer Paradiese. (FaZ: 16)

Bei dieser Vorrangstellung der Kunst vor der Philosophie und selbstverständlich auch vor den positiven Wissenschaften wird es nicht bleiben, die Rolle des Priesters und des Heiligen, mithin die der Religion, wird zunehmend an Bedeutung gewinnen, was jedoch keineswegs den auf das Diesseits berechneten revolutionären Impuls der Überzeugungen Balls anficht, sondern ganz im Gegenteil ihn nachdrücklich unterstreichen soll. In der während seines ganzen Lebens geführten Debatte zum Verhältnis von Wort und Bild sind deutliche Akzentverschiebungen zu erkennen. Schwer rekonstruierbar und eine offene Frage ist, ob sie sich zu einer einheitlichen Theorie fügen oder aber, ob Unentschiedenheiten und Unstimmigkeiten dominieren. Da Ball in *Die Flucht aus der Zeit* die Kontinuität seiner Entwicklung herausstellen will, vernachlässigt er die Differenzen zugun-

---

8 „Die Rezeption der futuristischen Bilder und Manifeste, Nietzsches Diagnose der modernen ‚Seele' ein an der ‚dionysischen Weltanschauung' orientierter ästhetischer Aktivismus und an Wassily Kandinskys Plädoyer für eine neue Geistigkeit in der Kunst werden von Ball zu einem eigenen Kunstprogramm synthetisiert." (Hansgeorg Schmidt-Bergmann, Hugo Ball und Nietzsches „Physiologie der Kunst", in: Hugo Ball-Almanach 17 (1993), S. 59–84; hier: S. 76.)

9 „Gegen den Ästhetizismus seiner Zeit setzt Ball die dionysische Revolte: Den Künstler als Erlöser der Welt, als ‚Priester', als einen ‚Schöpfer neuer Welten, neuer Paradiese'". (Hansgeorg Schmidt-Bergmann, Die Anfänge der literarischen Avantgarde in Deutschland. Über Anverwandlung und Abwehr des italienischen Futurismus. Ein literarhistorischer Beitrag zum expressionistischen Jahrzehnt, Stuttgart: M & P 1991, S. 273.)

sten der angeblichen Stimmigkeit, doch trotz aller Bemühungen unterlaufen Ball bei der Bearbeitung der Tagebucheintragungen ‚Fehler'. *Die Flucht aus der Zeit* ist nicht aus einem Guß.

Es gehört zu den Strukturprinzipien des Buches, daß Ball sich stets im Spiegel der Zeit und in Bezug zu anderen sieht, die zustimmend oder ablehnend zitiert werden. (Inwieweit Ball Konzeptionen und Stellungnahmen der Zeitgenossen und historischer Personen richtig wiedergibt, ist in dem hier dargelegten Zusammenhang von untergeordneter Bedeutung und wird deshalb vernachlässigt, denn es geht mir darum, Balls Selbstverständnis, wie er es in *Die Flucht aus der Zeit* entfaltet, nachzuzeichnen und nicht darum, seinen Bildungsstand zu beurteilen.) Im ersten Kapitel fehlen die in einem Tagebuch sonst üblichen Datierungen. Die einzelnen, unterschiedlich langen Abschnitte sind lesbar als fortlaufender, ein Zeitpanorama entfaltender Text, der jedoch nicht als inhaltlich geschlossene Abhandlung präsentiert wird. Balls Konstruktionsprinzip ist die Unterbrechung. „Auf die Verbindung kommt es an, und daß sie vorher ein bißchen unterbrochen wird", formuliert er sein künstlerisches Credo am Eröffnungsabend der Galerie Dada in Zürich am 14. Juli 1916.[10] Nach dieser Devise organisiert er dann in den zwanziger Jahren offensichtlich auch seine Tagebucheintragungen.

Im zweiten Kapitel beginnen mit „Berlin, Nov. 1914" die für ein Tagebuch üblichen Datierungen, die im weiteren beibehalten werden. Die Eintragungen sind von unterschiedlicher Länge, wie auch die zeitlichen Abstände, wodurch das Fragmentarische und Flüchtige betont und Authentizität nachgeahmt wird. Bei genauerer Lektüre jedoch werden Bezüge erkennbar und thematische Akzentuierung, so daß die Aufzeichnungen und Notate eine innere Zusammengehörigkeit aufweisen, die wiederum die innere Einheit des Ich durch alle Verwandlungen hindurch bestätigen soll. Daß Ball an dieser ganz konventionellen Vorstellung des Ich festhält, belegen die entsprechenden Ausführungen in *Die Flucht aus der Zeit* sowie die in den Briefen formulierte Absicht über das Abfassen einer Selberlebensbeschreibung. In einem Brief an den befreundeten Pater Beda Ludwig vom 18. März 1926, in dem er eine Lebensbeichte ablegt, schreibt er über sein autobiographisches Projekt: „In meinem jetzt vorbereiteten Tagebuch suche ich die Wirrnis all dieser Jahre auf eine Einheit zu bringen und aufzuräumen. Ich werde nach dieser Arbeit, so hoffe ich, klarer mein Ziel sehen und entschiedener die Mittel wählen können." (Briefe: 249) Um die anvisierte Einheit der Entwicklung darstellen zu können, ordnet Ball das Material in *Die*

---

10 In: Hugo Ball, Der Künstler und die Zeitkrankheit. Ausgewählte Schriften, hrsg. von Hans Burkhard Schlichting, Frankfurt/M.: Suhrkamp 1984, S. 40; im weiteren zitiert als „Ausgewählte Schriften". Vgl. Carola Hilmes, Einzelheiten: Ball – Benjamin – Barthes, in: Die Magie der Unterbrechung, hrsg. von Carola Hilmes und Dietrich Mathy, Bielefeld: Aisthesis 1999, S. 124–143.

Flucht aus der Zeit häufig antithetisch an. Das den Gegensätzen Gemeinsame – und ein solches muß es bei dieser Relation notwendigerweise geben – stellt er der Reflexion des Lesers anheim. So etwa, wenn er unter dem 17.VIII.1921 notiert: „Man wird fragen: wie gehen Negermusik und koptische Heilige zusammen? Ich glaube es gezeigt zu haben, wie sie zusammen-, oder eben nicht zusammengehen. ‚Der Schwarze' ist in den alten Texten das Symbol des Bösen selbst." (FaZ: 301) Das eine ist hier als Gegensatz im anderen enthalten und so sind beide miteinander vermittelt. Diese Form der Anordnung – sie ist bei einzelnen Aspekten ebenso zu erkennen wie in der Anlage des ganzen Buches – soll die höhere Einheit, die Synthese, als verbindlich, ja als zwingend erscheinen lassen. Die anvisierte Einheit des Ich kann jedoch nicht als erreicht und gesichert gelten, sondern sie muß in Auseinandersetzung mit dem Material, den späteren Lebenserfahrungen und Erlebnissen stets neu hergestellt werden.

Standen im ersten Kapitel Theater, Kunst und Ästhetik im Vordergrund, so im zweiten Politik und Philosophie. „Ich lese jetzt Kropotkin, Bakunin, Mereschkowsky. Vierzehn Tage bin ich an der Grenze gewesen. In Dieuze sah ich die ersten Soldatengräber." (FaZ: 21) Ball nimmt hier, wie so oft in *Die Flucht aus der Zeit*, eine retrospektive Erzählhaltung ein. Die Mitteilungen aus seinem Leben bleiben dabei recht skizzenhaft. Es empfiehlt sich deshalb, die Chronik seines Lebens,[11] die Briefe und *Die Flucht aus der Zeit* parallel zu lesen. „Ball hatte sich am 6. 8. 1914 in München als Kriegsfreiwilliger gestellt, war jedoch aus gesundheitlichen Gründen abgewiesen worden. Er fuhr daraufhin zu seinen Eltern nach Pirmasens und unternahm von dort, u.a. um einen verwundeten Bekannten zu treffen, eine Erkundungsreise durch frontnahe Orte in Lothringen. [...] Zwei Tage später beging sein Freund Leybold in einem Lazarett Selbstmord, was Balls anfängliche Kriegsfaszination ins Gegenteil umschlagen ließ."[12]

In der Philosophie, die Ball auf ihre politischen Implikationen hin betrachtet, wird Kant als der ‚Erzfeind' ausgemacht, denn er verkörpert für Hugo Ball „die Kaserne in ihrer metaphysischen Potenz" (FaZ: 21). Gemeinsam mit Luther wird Kant für den sukzessive sich durchsetzenden Rationalismus und für die sich daraus ergebende verhängnisvolle Entwicklung Deutschlands verantwortlich gemacht.[13] Nietzsches radikale Kritik am Kantianismus, die den jungen Ball

---

11 In: Hugo Ball (1886 1986). Leben und Werk, hrsg. von Ernst Teubner, Berlin: publica 1986; im weiteren zitiert als „Ausstellungskatalog".
12 Anmerkungen zu FaZ: 321f.
13 Vgl. hierzu auch Hugo Ball, Zur Kritik der deutschen Intelligenz Frankfurt/M.: Suhrkamp 1980 (Erstveröffentlichung im Freien Verlag in Bern 1919). In der Verlagsankündigung damals hieß es: „Der Verfasser verkündet eine Renaissance des Christentums außerhalb der staatlichen Despotie; ein Evangelium der Armen und Entrechteten, nach Beseitigung des Kastengeistes, der volksfremden Metaphysik und der Parteibevormundung." (Zit.

stark beeinflußte, hat mittlerweile abgedankt.[14] Der Nihilismus muß überwunden werden. Ball gibt nun die Parole aus: „Dem Instinkt mehr als der Absicht folgen." (FaZ: 22) Im Unbewußten scheint er die Gründe einer ‚höheren Vernunft' zu finden, die einen Bruch mit den Vernunftprinzipien erfordern. Inwieweit Ball selbst einem Irrationalismus verfällt, ist ein heikles Thema und wird in der Forschung kontrovers diskutiert.[15] Sein Freund Richard Huelsenbeck bekennt in seinen autobiographischen Fragmenten ganz freimütig: „Wir nannten uns kreative Irrationalisten."[16] Die Abkehr vom Rationalismus und die Überwindung der durch seine unumschränkte Herrschaft dominierten Realität führen resp. verführen Ball dazu, Revolution und Religion miteinander zu verzahnen; so will er z. B. erkennen, daß sich hinter der atheistischen Attitüde der russischen Anarchisten und Rebellen ‚ketzerische Kirchenlehren' verbinden, jene als diese sich entpuppen (vgl. Eintrag vom 12.XII.1914, FaZ: 25f.).[17] Nach und mit diesen politisch-philosophischen Überlegungen verabschiedet sich Ball von seiner vorwiegend auf künstlerische Innovationen ausgerichteten Frühphase.

Der Kritik der Expressionisten an ihrer Zeit fehlte die Radikalität und politische Relevanz, ihre utopische Vision vom Neuen Menschen entbehrte jeglicher

---

nach: Ausstellungskatalog (Anm. 11), S. 31.) – Daß Ball in Bern von Ernst Bloch auf Thomas Müntzer aufmerksam gemacht wurde, ist bekannt. (Siehe: Ernst Bloch, Zur Kritik der deutschen Intelligenz, in: Die Weltbühne, Jg. 15, Nr. 29 vom 10. 7. 1919, S. 53–44, Berlin 1919.)

14 Balls Zeit- und Kulturkritik kann ihre Herkunft aus der Philosophie Nietzsches nicht verleugnen. In einer frühen, als Dissertation geplanten Streitschrift beschäftigt er sich ausführlich mit Nietzsche. (Jetzt abgedruckt in: Hugo Ball, Ausgewählte Schriften (Anm. 10), S. 61–101.) Der Gestus, den Philosophen des Nihilismus zu überwinden, ja ihn zu widerlegen, zieht sich durch das ganze Tagebuch. In „Die Flucht zum Grunde" heißt es: „Dionysius Areopagita ist die vorgesehene Widerlegung Nietzsches." (FaZ: 284) – Zu Balls Nietzsche-Rezeption vgl.: Philip Mann, Ball and Nietzsche. A Study of the influence of Nietzsches philosophy on Hugo Ball, in: Forum for Modern Language Studies, vol. 16, No. 4, Oct. 1980, S. 293–307.

15 Vgl. Dionysius DADA Areopagita. Hugo Ball und die Kritik der Moderne, hrsg. von Bernd Wacker, Paderborn: Schöningh 1996.

16 Richard Huelsenbeck, Reise bis ans Ende der Freiheit. Autobiographische Fragmente, aus dem Nachlaß hrsg. von Ulrich Karthaus und Horst Krüger, Heidelberg: Lambert Schneider 1984, S. 96; Huelsenbeck erläutert seine Auffassung hier folgendermaßen: „Man muß aber verstehen, was Irrationalismus hier heißt. Es heißt bei Gott nicht, die Vernunft abzulegen, der Vernunft zu widersprechen oder das Unvernünftige zum Prinzip zu machen. Es heißt das Wesen der Dinge hinter der Wand der Vernunft zu erkennen, das Wesen, das sich nicht in Worte fassen läßt und das nur durch die Kunst oder die Religion, den Glauben durch die Symbole erkannt werden kann. Der Irrationalismus ist, wie wir in Dada sagten das ‚Nichts', aber nicht das Nichts als ein Sturz ins Wahnsinnige sondern die Erkenntnis der Begrenztheit der Rationalität durch die Anerkennung höherer Gewalten."

17 Vgl. Manfred Steinbrenner, Theoretischer Anarchismus und „Imitatio Christi". Zur Bedeutung der Einflußnahme Bakunins auf Ball, in: Hugo Ball-Almanach 7 (1983), S. 57–89.

Fundierung in der Wirklichkeit, deswegen sagt sich Ball von ihnen los, und zwar genau in dem Moment, in dem sie sich in Berlin am 12. Mai 1915 formieren. Seine Flucht aus der Zeit beginnt. Sie ist auch eine Suche nach der eigenen Identität: „Wer bin ich?" Ball flieht unter anderem Namen. Um dem Militärdienst zu entgehen, hatte er sich falsche Papiere besorgt und war nach Zürich ausgereist, wo er am 30. Juli 1915 eine provisorische Aufenthaltserlaubnis erhielt.[18] In äußerster Armut wird Ball im Schweizer Exil neue Möglichkeiten der Selbstverwirklichung erproben.

Im nächsten, dem dritten Kapitel stehen Erinnerungen neben alltäglichen Ereignissen, Episoden neben Epochalem, auch selbstreflexive Passagen hat Ball nun öfter aufgenommen. Die Relevanz der einzelnen, konkreten Beispiele sowie die Bezüge der unzusammenhängenden, widersprüchlichen Ausführungen muß der Leser selbst erkennen bzw. herstellen. Die Kenntnis der Lebensgeschichte von Hugo Ball aus anderen Quellen ist für solche Einschätzungen erforderlich.[19] Balls Schreibweise enthält zwar verallgemeinernde, durchaus apodiktische Aussagen, diese werden jedoch durch den Kontext wieder relativiert. Die Unentrinnbarkeit eines dogmatischen Systems fehlt. Die persönlichen Notizen, das Vorläufige und Skizzenhafte der als Tagebucheintragungen deklarierten Überlegungen beziehen den Leser ausdrücklich mit ein und nötigen ihn zu einem eigenen Urteil. Damit hat Ball eine Form gefunden, die ein Höchstmaß an Freiheit gewährt, ohne unverbindlich zu werden.[20]

2. Zeitkritik, Zerrissenheit und Zuflucht

Balls Argumentationsstruktur ist, wie schon erwähnt, antithetisch.[21] Die erste klare Selbstaussage in *Die Flucht aus der Zeit* lautet: „Ich bin kein Anarchist." (FaZ: 34) Damit beansprucht Ball für sich eine Position, die die Negation der Negation bezeichnet. Er will zwar die bestehenden Verhältnisse ändern – diesen revolutionären Anspruch teilt er mit den Anarchisten –, als strikter Pazifist lehnt er es aber ab, die Satzung und Gesetzgebung eines Staates mit Gewalt aufzuheben. Er geht zwar nicht, wie Rousseau etwa, von einem positiven Menschenbild

---

18 Vgl. Anmerkungen zu FaZ: 323.
19 Ausführlich informiert der „Ausstellungskatalog" über das Leben von Hugo Ball. Die Einschätzung von Leben und Werk Hugo Balls durch seine Freunde ist häufig im Urteil getrübt.
20 Echte erklärt Ball „zum Pionier einer neuen literarischen Gattung: der Notat- und Aufzeichnungsliteratur" und ordnet ihn in die Tradition von Pascal, Lichtenberg, Novalis und Baudelaire ein. (Echte, Nachwort zu FaZ: 306f.)
21 Zu Balls Bekenntnis zum Denken in Gegensätzen vgl. FaZ: 36.

aus, einer idealtypisch angenommenen Tugendhaftigkeit des Menschen. Er postuliert vielmehr „die allgemeine, natürliche Gotteskindschaft" (FaZ: 34), so daß er als Synthese und Utopie ins Auge faßt, was er als Ursprung seinen Konzeptionen zu Grunde legt. Ganz analog hatte bereits Rousseau Ursache und Wirkung ineins gedacht, seine Gesellschafts- und Staatstheorie als Kritik am Niedergang moralischer Werte ansetzend.[22] Aus einer Décadence-Analyse allein entspringen keine neuen Werte, diese sind bei beiden auf Glauben gegründet, sei es in die Güte des Menschen oder in die eines Gottes. Die größere Aufrichtigkeit Balls, eine ganz auf die Existenz des Einzelnen abzielende Erwägung, wird erkauft durch eine größere Labilität und Anfechtbarkeit seiner Position. Warum sollten wir glauben, was er beschwört? Zu seinen Verdiensten zählt sicherlich, solche Leerstellen in aller Eindringlichkeit abermals zu markieren. In der Romantik war die Forderung nach einer Neuen Mythologie aus demselben Dilemma erwachsen, wie der zweite Abschnitt von *Die Flucht aus der Zeit* darlegt.[23] Ob das Heil, wie Ball vermutet, wirklich im Katholizismus zu finden sein wird, darf bezweifelt werden. Es ist sehr wahrscheinlich, daß ihm eine Konfrontation mit der katholischen Kirche nur durch seinen frühen Tod erspart blieb.[24] Selbst Hermann Hesse, der sich Ball innig im Geiste verbunden fühlt, äußert sich skeptisch:

> Das Innerste in Balls Charakter, sein Urantrieb, das was alle seine Schritte lenkte, was ihn sowohl zur heutigen Wissenschaftstechnik wie zum heutigen Theater, zu den Politikern sowohl wie zu den offiziellen Kirchenkatholiken in unheilbaren Gegensatz brachte, war seine Religiosität. Nicht irgendeine Art von Frömmigkeit oder Glaube, nicht eine bestimmte Art von Christlichkeit oder von Katholizismus, sondern Religiosität schlechthin: das immer wache, immer quellende Bedürfnis nach einem Gottesleben, nach einer Sinngebung unsres Tuns und Denkens, nach einer überzeitlichen, dem Streit und der Mode entrückten Norm des Denkens und Gewissens.[25]

---

22 Vgl. Dietrich Mathy, Rousseaus Strategie. Vom Unbehagen, das die Erfahrung der Idee begleitet, in: ders., Kunst & Leben. Nachgetragene Daten einer unabgeschlossenen Vorgeschichte. Aufsätze zur Kultur- und Zivilisationskritik, Hamburg: von Bockel (im Druck).
23 Schmidt-Bergmann zufolge beinhaltet die Forderung Balls „die Aufhebung dieser [romantisch, C.H.] individuellen Kunstphilosophie zugunsten einer neuen – religiös fundierten – kollektiven Metaphysik". „Damit wechselt Ball endgültig die Seite: von der avantgardistischen Literatur der Moderne sagt er sich los". (Schmidt-Bergmann, Die Anfänge der literarischen Avantgarde in Deutschland (Anm. 9), S. 320f.)
24 „Hermann Hesse hat in dem Dankbrief für Emmy Ball-Hennings' Buch ‚Hugo Balls Weg zu Gott' zum Ausdruck gebracht, daß Ball vermutlich durch seinen frühen Tod der Konflikt mit dem praktischen Katholizismus erspart worden sei." (Friedrich Wilhelm Kantzenbach, Eine Alternative zum „Übermenschen". Zur Standortbestimmung von Hugo Balls „Byzantinischem Christentum" im geistes- und wissenschaftsgeschichtlichen Zusammenhang, in: Hugo Ball-Almanach 11 (1987), S. 87–137; hier: 121.)
25 Hermann Hesse, Vorwort zu: Briefe (Anm. 1), S. 11.

Für Hugo Ball steht angeblich schon sehr früh fest – zumindest stellt er es in den nachträglich bearbeiteten Tagebüchern so dar, wobei die stete Betonung recht verräterisch ist –, daß nur durch die Anrufung Gottes, im Glauben also, eine Rettung des Einzelnen möglich ist. In der Religiosität scheint er den Fluchtpunkt gefunden zu haben, „von welchem aus diese ganze Hölle von Krieg, Korruption, Entseelung zu überblicken und zu überwinden ist".[26] Gesellschaft und Moral der Zeit jedenfalls bieten keinen Halt, der Wahnsinn des Krieges hat alle dem Irdischen entspringenden Hoffnungen zerstört (vgl. FaZ: 52f.). Ob Ball wirklich bereits im Jahre 1915 in der geschilderten Weise allein auf Gott vertraute, ist durch andere autobiographische Dokumente nicht ausreichend belegt. Wenn er also spätere Motive seinen früheren Einschätzungen bei der Umarbeitung des Tagebuches unterlegt, verfährt er wie alle konventionellen Autobiographen, die die Geschichte ihres Lebens mit einer teleologischen Ausrichtung erzählen. Diese Stilisierung ist nicht unter dem Gesichtspunkt der historischen Wahrheit und ihrer Beugung im autobiographischen Text von Interesse, relevant ist vielmehr, wie Ball versucht, die Einheit seiner Entwicklung zu dokumentieren, in einer Form nämlich, die auf vereinzelten, Disparates nebeneinander setzenden Eintragungen besteht. Hat er sich mit der Wahl des Tagebuches eine besonders schwierige Aufgabe gestellt, oder soll der durch diese autobiographische Form verbürgte hohe Grad an Authentizität, der Anspruch auf unmittelbare, unverfälschte Wahrheit, die nachträglichen Korrekturen überspielen? So sehr Ball sich auch darum bemüht, die Einsträngigkeit seiner Entwicklung zu betonen, das Fragmentarische der Tagebucheintragungen steht dem entgegen: Irrungen und Wirrungen eines Gottsuchers können in dieser Form zu keinem glücklichen Ende kommen, dem widerstreiten die Vorläufigkeit der Überlegungen ebenso wie der ihnen damit eingeprägte skeptische Grundzug. Ball weiß um dieses Dilemma und erwähnt es mehrmals, so als wären die Gefahren durch Benennen zu bannen. An Offenheit und Wahrhaftigkeit hat es ihm nie gefehlt. In seinem Brief vom 26. November 1925 an Pater Beda Ludwig, der ihm zur Klärung seines eigenen Selbstverständnisses – seines jetzigen Standortes und seiner Entwicklung – zu einer Bearbeitung der Tagebücher geraten hat, bekennt Ball über *Die Flucht aus der Zeit*:

> Diese Tagebücher enthalten in einer breiten Kurve meine Rückkehr zur Kirche aus dem modernen Leben, das ich bis in die letzten politischen, philosophischen und künstlerischen Konsequenzen durchkostet habe. Ich glaube, dieses Tagebuch würde erklären können, warum jemand, der diese unsere Zeit an sich erfahren hat, nur zweier Dinge noch achten mag: der Passion, und ihrer Verhöhnung. (Briefe: 229)

---

26 Ebd., S. 12.

Die entschiedene Verachtung der eigenen Zeit und des modernen Lebens führt Ball zu Reflexionen über die eigene Leidensgeschichte, die er zunehmend religiös verklärt. Ein Grundzug seines Charakters ist sicherlich die Kompromißlosikeit, mit der er sich den unterschiedlichen Erfahrungen ausliefert. Die Unerbittlichkeit, mit der er Politik, Philosophie und Kunst seiner Zeit analysiert, erhebt er auch zum Maßstab des eigenen Lebens. Indem er seine Zeit mit ihrem Rationalismus und Nationalismus bekämpft und sie überwinden will, flieht er immer mehr aus der Gegenwart, sucht Zuflucht bei einem überzeitlich Gültigen. Zu Beginn seines Exils in der Schweiz stehen noch der an einer grundlegenden Veränderung der Verhältnisse interessierte und engagierte Zeitkritiker und der aufs Phantastische und die Macht der Träume setzende Künstler im Vordergrund. Die intellektuellen Auseinandersetzungen entstammen ganz aktuellen Anlässen. Von seiner privaten Existenz, von persönlichen Sorgen und materiellen Nöten, schreibt Ball fast nie. Er berichtet nur das in seiner Person sich niederschlagende Allgemeine, für die Zeit Symptomatische. Dabei stilisiert er sein Einzelschicksal als Exemplum, diesen Impuls teilt er mit vielen Autobiographen. Am stärksten hat wohl Rousseau seine Einzigartigkeit beteuert, und von solchen Eitelkeiten ist auch Ball nicht frei. Aber wie bei Rousseau wirft Balls „grenzenlose Liebe zum Anderssein" (FaZ: 56), seine ausgeprägte Individualität, die Frage auf, wie die in ihrer Singularität behauptete Existenz noch Ausdruck der Gattung sein kann.

> Ich neige dazu, meine privaten Erlebnisse mit denen der Nation zu vergleichen. Eine gewisse Parallelität darin wahrzunehmen, rechne ich fast zu meinem Gewissen. Es mag eine Marotte sein, aber ich könnte nicht leben ohne die Überzeugung, daß sich in meinem persönlichen Schicksal eine Abbreviatur des Volksganzen darstellt. (FaZ: 49)

Für Ball soll die Vermittlung von Einzelschicksal und Weltlauf über die Auslöschung der bürgerlichen Existenz erreicht werden.[27] Diese (vermeintliche) Lösung des Problem ist so rabiat wie paradox. Ball bringt sie auf die Formel: „Man muß sich verlieren, wenn man sich finden will." (FaZ: 27) Im weiteren bemüht er die mystische Tradition, um diesen grundlegenden Selbstwiderspruch in einer höheren Einheit aufzuheben. Die Unbeschreiblichkeit des Individuums versucht er durch seine Einbindung in eine übergeordnete Totalität zu lösen. Selbsterkenntnis und Klitterung der Lebensgeschichte wechseln. Die geschlossene Form traditioneller Autobiographien wird in den einzelnen Tagebuchmitteilungen zerbrochen.

---

27 In seinen Briefen hat Ball ausdrücklich mehrmals darauf hingewiesen, das Persönliche und Private sei wegzulassen; Briefe: 168f., 224ff., 244ff.

‚Erkenne dich selbst.' Als ob es so einfach wäre! Als ob es dazu nur guten Willens und eines nach innen gerichteten Blickes bedürfte. Wo ein ewiges Ideal in festgefügten Formen der Erziehung und Bildung, der Literatur und der Politik verankert liegt, dort mag der Einzelne sich vergleichen, dort mag er sich sehen und korrigieren können. Wie aber, wenn alle Normen erschüttert und in Verwirrung sind? Wenn Trugbilder nicht nur die Gegenwart, sondern die Generationen beherrschen; wenn Rasse und Tradition, wenn Blut und Geist, wenn aller zuverlässige Besitz der Vergangenheit entgottet, entweiht und entwertet sind? Wenn alle Stimmen der Symphonie miteinander im Streite liegen? Wer will sich dann selbst erkennen? Wer will sich dann finden? (FaZ: 55)

Vor dem Hintergrund dieser genauen Analyse der Bedingungen für Selbsterkenntnis wird klar, warum nur eine Flucht aus der Zeit und ihren eklatanten Mängeln gestattet, eine Position zu finden, von der aus ein gesichertes Selbstbild entworfen werden kann. Ball findet sie in der Religiosität. Der Glaube, der auf eine Auslöschung der Subjektivität abzielt, ist aber für den modernen Menschen gerade keine Lösung, wenn es darum geht, die unverwechselbare *eigene* Geschichte niederzuschreiben. *Individuum est ineffabile*. Eingedenk dieses Problems sucht Ball nach adäquaten Mitteilungsformen für die Selbstbiographie. Gegen die traditionelle Form autobiographischen Schreibens wendet er sich entschieden: „Menschen, die ihre Erlebnisse notieren, sind nachträgliche, rachsüchtige Menschen, deren Eitelkeit verletzt worden ist." (FaZ: 69) Die Erinnerungsbücher als Instrumente der Rechtfertigung zeugen vom Rachebedürfnis der im Leben Benachteiligten – der zu kurz Gekommenen, wie Nietzsche sie genannt hat – und werden deshalb von Ball als Zeugnisse der Menschenfeindlichkeit gewertet. „Man muß sich hüten, dieser Art Misanthropie zu verfallen. Der Realismus des letzten Jahrhunderts verrät einen pedantischen Glauben an die strafende Gerechtigkeit. Alle die vielen Tagebücher, Briefwechsel und Promemorias, was sollten sie sonst?" (FaZ: 69) Ball intendiert, eine andere Form der Selberlebensbeschreibung vorzulegen. Aber auch dann bleibt die Frage, wem gegenüber der Autobiograph Rechenschaft ablegt. Wer ist mein Richter: Gott, die Mitmenschen, die Nachwelt oder allein ich selbst? Vielleicht wählt Ball das Tagebuch nicht zuletzt deshalb zur Form seiner Selbstdarstellung, weil es die ganz persönliche, nicht auf Dialog und Publikation angelegte autobiographische Äußerungsform ist. Daß Persönliches und Privates ausgeklammert werden soll, verschlägt nichts. Durch Umarbeitung und Veröffentlichung verleiht er der Form des Tagebuchs zusätzlich eine gegenläufige Tendenz, wodurch eine gewisse Grundspannung erhalten bleibt, die nicht harmoniesüchtig Differenzen verkleistert. In der durch aktuelle Ereignisse stimulierten Erinnerung verschmelzen Kindheitserinnerungen, aktuelle Wünsche und Ängste, literarische Reminiszenzen, philosophische Überlegungen und politische Strategien. Bei der auf Zäsuren hin berechneten schriftlichen Fixierung bleiben die unterschiedlichen

Ebenen gleichwohl sichtbar. Außerdem gelingt es Ball auf diese Weise, noch ein anderes selbstgesetztes Ziel zu erreichen, nämlich den „Jargon des Abstrakten" zu vermeiden (FaZ: 71) und seine Liebe zu den kleinen Dingen auszudrücken (FaZ: 37).[28] Zum Ende des „Vorspiels" schreibt er, sicherlich auch im Hinblick auf das vorliegende Buch: „Alle lebendige Kunst aber wird irrational, primitiv und komplexhaft sein, eine Geheimsprache führen und Dokumente nicht der Erbauung, sondern der Paradoxie hinterlassen." (FaZ: 74f.)

3. DADA oder Wir dichten täglich das Leben um

Der zweite Abschnitt des ersten Teils, überschrieben „Romantizismen – Das Wort und das Bild", hat die Jahre 1916 und 1917 zum Gegenstand; er umfaßt ca. ein Drittel der in *Die Flucht aus der Zeit* publizierten Tagebucheintragungen und enthält damit den am ausführlichsten dargestellten Zeitraum. Ball beginnt diesen Abschnitt mit einer Pressenotiz vom 2.II.1916, die die Gründung des Cabaret Voltaire in Zürich meldet. Das erste Kapitel enthält die bekannten, im Rahmen einer Geschichte des Dadaismus immer wieder als historische Dokumente zitierten Passagen über die turbulenten Ereignisse in der Spiegelgasse 1, außerdem Balls Erläuterungen über die Entstehung des Begriffs Dada (FaZ: 95), seine programmatische Erklärung zu Dada als „Narrenspiel aus dem Nichts" (FaZ: 98f.)[29] und seine Erläuterungen zu der neuen Form der Laut- und Klanggedichte, der durch Marinettis „Parole in libertà" angeregten „Verse ohne Worte" (FaZ: 102 u. 105). Ausdrücklich weist Ball auf die Herkunft seiner „Wortalchimie" aus der Vorstellungswelt der Romantik hin – er zitiert Novalis mit dem Satz „Die Sprachlehre ist die Dynamik des Geisterreichs." (FaZ: 83) – und bindet sie an einen religiösen Kontext zurück: „Wir haben das Wort mit Kräften und Energien aufgeladen, die uns den evangelischen Begriff des ‚Wortes' (logos) als eines magischen Komplexbildes wieder entdecken ließen." (FaZ: 102) Aufschlußreich ist auch die Passage, in der Ball erzählt, wie er sein Gedicht *Gadji beri bimba* im Cabaret Voltaire vortrug und dabei allmählich in „die uralte Kadenz der priesterlichen Lamentation" verfiel, „jenen Stil des Meßgesangs, wie er durch die katholische Kirche des Morgen- und Abendlandes wehklagt." (FaZ: 106) In dieser Art des Vortrags will Ball eine ‚innere Notwendig-

---

28 „Vierzigstündiges Gebet zu Goethe um die Gnade der Liebkosung aller kleinen Dinge." (FaZ: 37) Dies ist die erste Erwähnung des von Ball hoch geschätzten Goethe.
29 Vgl. hierzu Hanne Bergius, Der Da-Dandy – Das „Narrenspiel aus dem Nichts", in: Dada in Europa. Werke und Dokumente, Städtische Galerie im Städelschen Kunstinstitut Frankfurt am Main, Berlin: Reimer 1977, S. 3/30–3/42.

keit' sehen.[30] Seinem in *Die Flucht aus der Zeit* geäußerten Selbstverständnis zufolge ist Dadaismus kein beliebiges Spiel und kein toller Spaß, sondern von tiefer Resignation getragener verzweifelter Protest, der zum „Grund und Wesen" der Zeit und der Dinge vorzudringen sucht (FaZ: 89). In der Forschung ist diese Position umstritten. Oft wird Balls Entwicklung unter dem Gesichtspunkt eines späteren Bruches mit Dada interpretiert,[31] wodurch die magischen und religiösen Impulse seiner Lautgedichte unterschätzt werden, das, was Ball „die innerste Alchimie des Wortes" nennt und die er programmatisch mit seiner Dichtung verbindet.[32] Unstrittig ist der zeitkritische Aspekt des Dadaismus, der besonders von Huelsenbeck und Dada Berlin betont wurde.[33]

> Unser Kabarett ist eine Geste. Jedes Wort, das hier gesprochen und gesungen wird, besagt wenigstens das eine, daß es dieser erniedrigenden Zeit nicht gelungen ist, uns Respekt abzunötigen. Was wäre auch respektabel und imponierend an ihr? Ihre Kanonen? Unsere große Trommel übertönt sie. Ihr Idealismus? Er ist längst zum Gelächter geworden, in seiner populären und seiner akademischen Ausgabe. Die grandiosen Schlachtfeste und kannibalischen Heldentaten? Unsere freiwillige Torheit, unsere Begeisterung für die Illusion wird sie zuschanden machen. (FaZ: 92)

---

30 Schmidt-Bergmann führt aus: Sprache „ist für Ball nicht mehr ein Medium der Idee, sondern vielmehr eine umfassende Kundgebung des Körpers, eine magische Verschmelzung des Intellekts mit einer gestischen Körpersprache. Was Ball anstrebte [...] war die Rettung des ‚letzten heiligen Bezirks' der Dichtung und damit der ästhetischen Aura, die durch die Anknüpfung an die kirchlichen Lamentationen [...] wiedergewonnen werden sollte". (Schmidt-Bergmann, Die Anfänge der literarischen Avantgarde in Deutschland (Anm. 9), S. 303.)

31 Vgl. Andeheinz Mößer, Hugo Ball – Die Flucht vor Dada, in: Hugo Ball-Almanach 3 (1979), S. 50–85; Burkhard Hoellen, „Man muß sich verlieren, wenn man sich finden will." Ein Beitrag zu Hugo Balls Bruch mit Dada, in: Hugo Ball-Almanach 15 (1991), S. 120–164. In seiner, die psychologische Seite der Entwicklung hervorhebenden Interpretation deutet Hoellen Balls ‚Flucht vor Dada' als Aktion im Dienste seiner ‚seelischen Gesundheit'.

32 „Vor den Versen hatte ich einige programmatische Worte verlesen. Man verzichte mit dieser Art Klanggedicht in Bausch und Bogen auf die durch den Journalismus verdorbene und unmöglich gewordene Sprache. Man ziehe sich in die innerste Alchimie des Wortes zurück, man gebe auch das Wort noch preis, und bewahre so der Dichtung ihren letzten heiligsten Bezirk." (FaZ: 106) – Schmidt-Bergmann erläutert: „Den Dadaismus verstand Ball, nicht nur in der Rückschau, als eine Synthese der avantgardistischen Tendenzen und als eine radikale Vollendung der literarischen Moderne seit der Romantik. Diese Tradition wird von Ball in seinen Ausführungen über die Poetik der ‚Verse ohne Worte' eindeutig benannt. Das Festhalten an der Aura der Kunst durch eine ‚Alchimie des Wortes', die er vor dem Journalismus zu retten versucht, zielt unmittelbar auf die Poetik der klassischen Moderne, wie sie für Ball durch Rimbaud beispielhaft repräsentiert wurde." (Schmidt-Bergmann, Die Anfänge der literarischen Avantgarde in Deutschland (Anm. 9), S. 304.)

33 Vgl. Hanne Bergius, Das Lachen Dadas. Die Berliner Dadaisten und ihre Aktionen, Gießen: anabas 1989.

Ball sieht im Kabarett eine entschieden moderne „Art von ‚Candide' gegen die Zeit", wobei er die „Bildungs- und Kunstideale als Variétéprogramm" (FaZ: 101) zur zeitgemäß-unzeitgemäßen Äußerungsform erhebt. Über die Gedichte seines Freundes Richard Huelsenbeck – es handelt sich um die *Phantastischen Gebete* – und deren Vortrag im Cabaret Voltaire schreibt Ball:

> Seine Verse sind ein Versuch, die Totalität dieser unnennbaren Zeit mit all ihren Rissen und Sprüngen, mit all ihren bösartigen und irrsinnigen Gemütlichkeiten, mit all ihrem Lärm und dumpfen Getöse in eine erhellte Melodie aufzufangen. Aus den phantastischen Untergängen lächelt das Gorgohaupt eines maßlosen Schreckens." (FaZ: 85f.)

Was Ball anstrebt und in seiner dadaistischen Phase erprobt, ist eine Revitalisierung der erstarrten Kunst mit dem Ziel einer umfassenden ‚menschlichen Revolution'.[34] Die Kunst soll in Lebenspraxis überführt werden. „Um den Menschen geht es, nicht um die Kunst. Wenigstens nicht in erster Linie um die Kunst." (FaZ: 84) Dieses avantgardistische Programm faßt er, phänomenologische und existentialistische Komponenten verbindend,[35] in der Parole zusammen: „Seien wir neu und erfinderisch von Grund aus. Dichten wir das Leben täglich um." (FaZ: 86) Damit wird nicht nur der Begriff des Werkes im strengen Sinne verabschiedet und der Anspruch des Künstlers auf Originalität zurückgewiesen,[36] sondern die Sphäre der Kunst als eines vom Leben getrennten Bereichs wird aufgelöst; auch hier ist die Traditionslinie von der frühromantischen Kunstauffassung mit ihrem universalisierenden Anspruch, wie sie sich etwa ausdrückt, in der Aufforderung, das Leben zu romantisieren, zum Selbstverständnis der Avantgarde deutlich erkennbar.[37] Novalis zitierend schreibt Ball in *Die Flucht aus der Zeit*: „Mensch werden ist eine Kunst" (FaZ: 119); das gilt um so mehr,

---

34 Vgl. Huelsenbeck, Reise bis ans Ende der Freiheit (Anm. 16), S. 112.
35 „Es war das Sein, das uns am Herzen lag, nicht die Kunst. So waren wir Phänomenologisten und Existentialisten, und Sartre hat einmal von sich gesagt: ‚Moi, je suis le nouveau Dada.'" (Richard Huelsenbeck, Mit Witz, Licht und Grütze. Auf den Spuren des Dadaismus, hrsg. von Reinhard Nenzel, Hamburg: Edition Nautilus 1991, S. 26.)
36 Die Freunde tragen im Cabaret Voltaire nicht nur gemeinsam Gedichte vor, sondern Ball erwähnt auch, daß er gemeinsam mit Huelsenbeck dichtet (vgl. FaZ: 100). – „Der Künstler, der aus der freischaltenden Imagination heraus arbeitet, erliegt in puncto Ursprünglichkeit einer Täuschung. Er benutzt ein Material, das bereits gestaltet ist, und nimmt also Klitterungen vor." (FaZ: 82). Gleichsam als ‚Flucht nach vorn' nimmt Ball diese Schreibtechnik für seine Selbstbiographie in Anspruch. Die vernutzte Form wird damit verwandelt.
37 Vgl. hierzu: Peter Bürger, Theorie der Avantgarde, Frankfurt/M.: Suhrkamp 1974; „Theorie der Avantgarde". Antworten auf Peter Bürgers Bestimmung von Kunst und bürgerlicher Gesellschaft, hrsg. von W. Martin Lüdke, Frankfurt/M.: Suhrkamp 1976; ferner die Beiträge von Dietrich Mathy zu den Avantgarde-Bewegungen des *Futurismus, des Dadaismus* und des *Surrealismus* in: Die literarische Moderne in Europa, Bd. 2, hrsg. von Hans Joachim Piechotta u.a., Opladen: Westdeutscher Verl. 1994, S. 89–145.

als der Erste Weltkrieg den Menschen „die wirkliche Hölle" bereits auf Erden erleben ließ. Mit dieser Einschätzung des Menschen bekommt nun auch die Selberlebensbeschreibung eine besondere Rolle zugewiesen innerhalb der im Dienste des Lebens stehenden Künste.

> Das ursprünglichste und nächste Material ist der Mensch immer sich selber. An sich selbst arbeiten wie an einer Bildsäule, an der nicht zu rütteln und nicht zu deuten ist. Alle Systeme der Philosophen sind ja nur Glossen zu großen Persönlichkeiten. Die große Persönlichkeit ist das System einer Zeit in nuce. Doppelte Aufgabe: Selbsterziehung und Abwehr. (FaZ: 120)

Die Dringlichkeit der Selbsterziehung entspringt aus der Abwehr der zerstörerischen Einflüsse der Zeit. Die Autobiographie ist hierbei nicht nur Medium der Reflexion und der Rechtfertigung, sondern zugleich künstlerisches Dokument gelungenen Lebens, das die Umsetzung der schöpferischen Kräfte bezeugen und dadurch die revolutionären Forderungen unterstützen soll. Als den großen Vorläufer nennt Ball mehrfach Rimbaud, von dem er dann allerdings behauptet, daß er einen „falschen Weg bis zu Ende ging", denn er hatte „das Wunder der Plattitüde und die Mirakel des Alltags noch nicht entdeckt." (FaZ: 103) Ball sucht nach einem anderen, dem richtigen Weg, dessen Richtung er in *Die Flucht aus der Zeit* angibt; daß er seinen Lebensweg konsequent zu Ende geht, daran haben wir keinen Grund zu zweifeln. Will er aber die eigenen Ziele nicht verraten, muß er sich von den dadaistischen Weggefährten aus Zürich lossagen.

Für Ball war der Dadaismus, von dem er sich bereits im nächsten, dem zweiten Kapitel verabschiedet, nur eine Episode. Am 13.X.1916 notiert er: „In einer seltsamen Art von Wesensspaltung habe ich heute ‚Flametti' beendet, einen kleinen Roman von etwa 170 Seiten. Als eine Gelegenheitsschrift, als eine Glosse zum Dadaismus mag er mit diesem verschwinden." (FaZ: 123) In seinen Briefen ist Ball, wie so oft, sehr viel deutlicher: „Kurzum, ich mache keinen Dadaismus und keine Phantastik mehr", schreibt er am 6.X.1916 an Käthe Brodnitz.[38] Erstaunlich, daß er die Schließung des Cabaret Voltaire Ende Juni 1916 in *Die Flucht aus der Zeit* nicht erwähnt. Sein Abrücken vom Dadaismus in dem Moment, als dieser sich auf Drängen von Tristan Tzara als Kunstrichtung formiert, betont er hingegen ausdrücklich:

Mein Manifest beim ersten *Öffentlichen* Dada-Abend (im Zunfthaus Waag) war eine kaum verhüllte Absage an die Freunde. Sie haben's auch so empfunden. Hat man je erlebt, daß das erste Manifest einer neu gegründeten Sache die Sache selbst vor ihren Anhängern widerrief? Und doch war es so. (FaZ: 109)

---

38 Zitiert nach: Ausstellungskatalog (Anm. 11), S. 25. Dem Jugendfreund August Hofmann schreibt Ball am 7. Oktober 1916: „Auch habe ich über den Dadaismus, den ich selbst gegründet habe, rasch wieder umgelernt." (Briefe: 66)

Mit diesem widerspüchlich erscheinenden Verhalten, das nicht einfach mit dem negatorischen Gestus des Dadaismus verrechnet werden darf,[39] bleibt sich Ball in gewisser Weise treu. Bereits in dem am 14. Juli 1916 vorgetragenen Eröffnungsmanifest heißt es: „Dada ist das Herz der Worte."[40] Damit charakterisiert Ball seine eigene, von anderen Vertretern dieser Richtung durchaus abweichende Auffassung von Dada, die er auf die quasi magische Wirkung des Wortes gründet und die auf eine wiederzugewinnende Spiritualität zielt. Getrennt von den Freunden und ihren weiteren Aktionen beschäftigt sich Ball während des Sommers 1916 mit historischen Theorien zur Sprache[41] und mit Grundsatzfragen künstlerischer Sprachpraxis,[42] mit dem Problem von „Genie und Irrsinn" (FaZ: 110) sowie mit den Bereichen der Imagination, der Erinnerung und der Kindlichkeit. In diesem Zusammenhang nimmt er auch die Diskussionen um das Verhältnis von Wort und Bild im Hinblick auf ihre Beziehung zum Ding wieder auf. „Die Bilder aber sind die Dinge selbst, wenn auch die Dinge nicht nur Bilder sind." (FaZ: 112). Außerdem, und das ist wichtig, motiviert er sein ständiges Abschiednehmen, seine Flucht aus der Zeit.

Ball will gerade in diesem Entzug „die Garantien des Übersinnlichen" (FaZ: 116) erkennen, ein Arsenal des Protestes und ein Refugium. Aber während er mit Flucht auf Rettung zielt, folgt dem Exil in der Schweiz nun ein weiterer Rückzug, und zwar ins Innere und in die Welt des Geistigen. Das notorische Sich-Entziehen verhindert, daß Ball wirklich Ruhe und Zuflucht findet; selbst seine spätere Ankunft im Katholizismus – eigentlich ist es eine Rückkehr, denn er ist getaufter Katholik (vgl. FaZ: 298) – erweist sich nicht als Beruhigung in Gott und im Glauben, sondern als ständiges Ringen. Die ‚Flucht aus der Zeit' als

---

39 In dem von allen Akteuren unterzeichneten *dadaistischen Manifest* aus dem Jahre 1918 (wiederabgedruckt in: Dada-Almanach, im Auftrag des Zentralamts der deutschen Dada-Bewegung hrsg. von Richard Huelsenbeck, Berlin: Erich Reiss 1920) heißt es abschließend: „Gegen dies Manifest sein heißt, Dadaist sein!"
40 Hugo Ball, Ausgewählte Schriften (Anm. 10), S. 40.
41 So etwa mit Wilhelm von Humboldt, der die ‚Sprache als soziales Organ' einstuft und ihr eine hohe Wirkungsmacht zuschreibt (FaZ: 112); vgl. hierzu: Dietmar Kammler, Wirklichkeit als Sprachansicht. Zur Entwicklung sprachlicher Vernunft im Raum der Philosophie des Deutschen Idealismus. Ein Beitrag zum Verständnis der Lautdichtung Hugo Balls, Hamburg (Diss.) 1987.
42 Vgl. „Aus ‚Flaubert und die Kritik' von Heinrich Mann" (FaZ: 114f.). Ball, wie übrigens auch der frühe Heinrich Mann (1916), traut den Sprachkünstlern mehr zu als den Literaten, die sich in ihren Texten als politische Propagandisten profilieren. Deshalb ist ein Asket wie Flaubert mehr wert. – In der Kontroverse zwischen den „Moralikern" (wie etwa Rubiner, Schickele, Frank, Ehrenstein u.a.) und den dadaistischen „Ästhetikern", wie sie unter den Emigranten in der Schweiz geführt wurde, zählte Ball zu den Ästhetikern, die gleichwohl ihren moralischen Anspruch nicht aufgeben wollten (vgl. hierzu seinen Brief an August Hofmann vom 26. Juni 1917; Briefe: 81f.).

Möglichkeit, zu einer gesicherten Identität zu gelangen, muß diese notwendig verfehlen. Das flüchtige Ich vermag sich selbst nicht einzuholen. Der Titel des Buches bezeichnet also das unlösbare Dilemma in Balls Leben. *Die Flucht aus der Zeit* enthält allerdings nicht die Aufzeichnungen eines Feiglings und Drückebergers, diese moralisierende Bedeutung des Titels weist bereits Hermann Hesse zurück[43] und schlägt vor, besser von „Bekämpfung" oder „Überwindung der Zeit" zu sprechen.[44] Es ist jedoch kein Zeichen der Bescheidenheit, sondern vielmehr Ausdruck seiner Aufrichtigkeit, wenn Ball von „Flucht" spricht und damit noch sein Scheitern eingesteht. Die Tagebucheintragungen bezeugen seine Rückzugsgefechte, mit denen er sich immer mehr aus dem gegenwärtigen Leben verabschiedet, um in der Rolle des Asketen seine wirkliche, die ‚ursprüngliche' Identität (wieder)zufinden.

Das Thema der Flucht als Weltflucht oder, wie er es nennt, ‚Flucht aus der Zeit' war Ball durch das Studium der Heiligenleben, insbesondere das des Joannes Klimax bekannt. In seinem Buch *Byzantinisches Christentum* schreibt er: „Nicht laut genug kann Joannes die Abkehr, die Trennung, die Loslösung rühmen."[45] Und aus der Lebensgeschichte des Asketen zitierend heißt es: „Keiner […] gelangt in den himmlischen Schoß und zur Krone der Ewigkeit, der nicht den ersten, zweiten und dritten Weg der Absage, des Verzichtes und der Weltflucht beschritt."[46] Ganz offensichtlich orientiert sich Ball bei der Abfassung seiner Selbstdarstellung am Modell mönchisch-asketischen Lebens, und insofern kommt dem Titel ein durchaus programmatischer Stellenwert zu. Daß er, dem Selbstverständnis Balls folgend, bereits für seine dadaistische Phase gilt, er sie also in seine Flucht aus der Zeit bruchlos mit einbezieht, unterstützt noch die Bemühung des Autobiographen, sein ganzes Leben in den Blick zu nehmen und dessen Einheit zu erweisen. (Gegen den Vorwurf des Eskapismus kann er sich

---

43 Vgl. Hermann Hesse, Vorwort (Anm. 25), S. 13; dort heißt es: „Ich bin am Ende. Die aber, welchen es mit dem Kennenlernen dieses Denkers und Frommen ernst ist, bitte ich nochmals: Saget statt ‚Flucht aus der Zeit' etwas anderes, oder gebet dem Wort ‚Flucht' nicht diesen erbärmlichen engen Sinn, als ob dieser heroische, unerhört tapfere und opferfähige Mensch eine Art von Feigling und Drückeberger gewesen wäre! Der Ort, an den er aus der ‚Wirklichkeit' zu fliehen strebte, war nicht das Unwirkliche, der Traum, die Verantwortungslosigkeit oder gar das Kinderspiel mit gewesenen Formen des Lebens und Denkens, das Theaterspiel mit Mittelalter und Klosterromantik! Vielmehr suchte Ball immerzu gerade die höchste Wirklichkeit, das brennendste Leben zu erreichen, den Ort, wo Gott entsteht, wo der Mensch im Kampf um das glühendste Verwirklichen seiner Möglichkeiten sich aller Spiele und Eitelkeiten entkleidet und sein Leben dargibt, um es zu erneuern."

44 Ebd., S. 8.

45 Hugo Ball, Byzantinisches Christentum. Drei Heiligenleben, Frankfurt/M.: Insel 1979, S. 30 (Erstveröffentlichung bei Duncker & Humblot in München 1923).

46 Ebd., S. 30.

dabei nur schwer immunisieren.) In dem bereits erwähnten Brief Hugo Balls an Emmy Ball-Hennings aus Agnuzzo Anfang Dezember 1923 heißt es:

> Auch die Tagebücher liegen wieder da und ich schau durch, was ich davon bis jetzt gearbeitet hab. Entweder ich begrenze es auf ein ‚Tagebuch aus dem Exil' mit allen Komplexen, die man von einem solchen Buch billigerweise erwarten kann (also nicht mehr, nichts darüber hinaus) oder ich lasse die Idee, ein Tagebuch zu publizieren, ganz fallen und schreibe einen Entwicklungsroman. Ich muß sehen, wie ich damit fertig werde. So oder so: ich will nur ein sehr übertragenes Buch publizieren. (Briefe: 168)

An dieser frühen, das autobiographische Projekt erstmals genauer charakterisierenden Briefstelle, erwägt Ball Tagebuch oder Entwicklungsroman noch als Alternativen, was dafür spricht, einen in sich geschlossenen Zeitabschnitt und eine auf Einheitlichkeit abzielende Entwicklung zu beschreiben. Diesen Plan gibt Ball nicht auf, sondern realisiert ihn mit *Flucht aus der Zeit* in einer spezifischen, auf Unterbrechungen basierenden Schreibweise. Diese für ein Tagebuch übliche Form gestattet ihm, Kontinuität und Diskontinuität, Einheit und Vielfalt mühelos zu integrieren. Daß es keine Autobiographie im traditionellen Sinne werden soll, sondern „ein sehr übertragenes Buch", eines also, das Persönliches und Privates nurmehr als Ausdruck des für die Zeit Allgemeingültigen festhält, darüber ist sich Ball von vornherein ebenso klar wie darüber, daß das Exil die bevorzugt zu beschreibende Zeit ist. Bemerkenswert ist, daß er, konzeptionelle Vorgaben beibehaltend, das „Tagebuch aus dem Exil" ausweitet zu einer *Flucht aus der Zeit*. Das Thema Exil wird also generalisiert, meint nicht mehr nur die Ausreise in die Schweiz, sondern auch die innere Emigration aus der Zeit, ihren äußeren Ereignissen, dem Krieg, der bürgerlichen Gesellschaft mit ihren Werten und Sekuritäten ebenso wie aus den ihnen opponierenden Bestrebungen der Künstler und Intellektuellen. In dieser Radikalität bedeutet Flucht aus der Zeit aber auch die Flucht in Permanenz, ein ständiges Abschiednehmen, ein nie enden wollender Leidensweg.

4. *Stationen einer ‚inneren Emigration': Kunst Politik Religion*

Für die Zukunft lehnt Ball den dadaistischen Gestus ab.[47] Zustimmend zitiert er einen Brief von Huelsenbeck, in dem dieser von ‚dadaistischer Hybris' schreibt (FaZ: 121). Der Dadaismus, geboren aus der „Verzweiflung über eine entgötterte Welt" (FaZ: 122), kommt über das „Empfinden der Absurdität" (FaZ: 123) und des Ungehörigen der Zeit nicht hinaus. Deshalb gibt Hugo Ball ihn preis

---

47 Eine entsprechende Begründung liefert Ball in FaZ: 120f.

und sucht nach anderen Möglichkeiten, das Übel zu beseitigen, oder in der von ihm gewählten Bildlichkeit ausgedrückt, nach Mitteln, die ‚Krankheit der Zeit' auszukurieren.[48] Das Thema Flucht variierend notiert Ball am 6.X.1916: „Der Lügenbau stürzt zusammen. Möglichst weit ausweichen, in die Tradition, in die Fremde, ins Übernatürliche, um nicht getroffen zu werden." (FaZ: 121) Es folgt eine Zeit der „Demütigungen und Kasteiungen".

Zu Beginn des anschließenden kurzen dritten Kapitels erwähnt Ball die Episode von den verlorenen dadaistischen Gedichten Tristan Tzaras, die, wie er bemerkt, Leonhard Frank psychologisch so deutet, daß Ball nichts mehr mit dem Dadaismus zu tun haben möchte. Auf seine persönlichen Querelen mit Tzara kommt der Tagebuchschreiber nicht eigens zu sprechen. Für den biographisch unterrichteten Leser jedoch illustriert der erwähnte Verlust auch diese Ebene des Konflikts. Der Verweisungscharakter der nachträglich ausgewählten und neu zusammengestellten Tagebucheintragungen geht über die mitgeteilte Einzelheit und ihre ausgeführte Deutung hinaus. Oft haben sie exemplarischen Charakter, meist stellvertretende Funktion. Stets sind sie bewußt plaziert und nicht der Chronologie der Ereignisse überlassen. Alles Zufällige und bloß Protokollarische, wie es für ein wirkliches Tagebuch kennzeichnend ist, schaltet Ball weitgehend aus. Die Umarbeitung der Notizen folgt einem wohlüberlegten Kalkül. Die den einzelnen Notaten unterlegte Bedeutsamkeit ist im Kontext ebenso ablesbar wie die der Zusammenstellung zugrundeliegende Argumentation; noch die Zäsuren sind bewußt gesetzt.

Im Roman, so führt Ball aus, geht der Dichter seiner Seele verlustig, denn er verschreibt sie gleichsam dem Teufel der Dichtung. In einem aufrichtigen Selbstbekenntnis hingegen, in einer entschlossenen Selbstdarstellung, vermag er sie wiederzufinden, d.h. sich allererst ihrer zu versichern. Die Selberlebensbeschreibung zählt damit bereits zu einer ‚Kunst der Zukunft', einer Literatur, die über die Misere der gegenwärtigen Zeit hinausweist, da sie zum einen die Grenzen zwischen den unterschiedlichen Sparten der Kunst in die Bedeutungslosigkeit verweist – Wort und Bild bleiben über ihren Bezug auf die Dinge ebenso aufeinander bezogen wie Kunst und Philosophie auf Religion. Zum anderen überschreitet die Selberlebensbeschreibung die Grenze zwischen Kunst und Leben, indem sie nicht nur die eigene Geschichte zu ihrem Inhalt macht, sondern die in der Kunst wirksamen schöpferischen Kräfte auf das Leben selbst überträgt. Aus der Geschichte der Autobiographie erwähnt Ball zwei Bekenntnisbücher, das von Augustinus und das von Rousseau (vgl. FaZ: 128). Da Ball in Anlehnung an seine Kritik „der reformatorischen Säkularisation" die von ihm

---

48 Hugo Ball, Der Künstler und die Zeitkrankheit, in: Ausgewählte Schriften (Anm. 10), S. 102–149.

sogenannte Zeitkrankheit im allgemeinen und die „Demoralisation in Deutschland" im besonderen als „eine Folge des Mangels an Dogmen und an kanonischen Individuen" begreift, gilt es „zur Tradition durchzustoßen" (FaZ: 132). Deshalb erinnert er an die Bekehrungsgeschichte des spätantiken Kirchenvaters und an die Selbstdarstellung des Bürgers von Genf, der als einer der ersten auf der Unverwechselbarkeit seines Ich besteht. Das erste von Ball in *Die Flucht aus der Zeit* genannte Werk mit autobiographischer Relevanz jedoch ist Baudelaires *Raketen*, „eine bunte Folge von Aphorismen, Entwürfen, privaten Aufzeichnungen, Anmerkungen zu Gelesenem und Notizen zu geplanten Arbeiten der gleichen Epoche [1855–1862; C.H.]. Ton und Stil der Aufzeichnungen sind im allgemeinen die des bewußten, als Künstler gestaltenden und zum anderen sprechenden Schriftstellers, und es fehlt ihnen, von wenigen Stellen abgesehen, jegliche Note des ‚Intimen'."[49] Zweifellos hat sich Ball an dieser Art der Selbstreflexion und Zeitkritik orientiert und sie für seine eigene Selbstdarstellung produktiv umgesetzt. Seine inhaltliche Ausrichtung hingegen erfolgte an den großen traditionsbildenen, exemplarischen Autobiographien von Augustinus und von Rousseau, die er zu den kanonischen Individuen zählte. Daß Goethe hingegen es verschmäht hat, die Einheit seiner Person zu behaupten, bleibt Ball unverständlich (FaZ: 196).[50]

„Wie kann man dem Wort seine Macht wiedergeben?" (FaZ: 137) Diese zentrale Frage wirft Ball im vierten Kapitel erneut auf und hat dabei nichts Geringeres als eine Überwindung des Kantianismus im Auge. Es soll, wie er bereits im ersten Abschnitt angedeutet hat, das ‚Ding an sich' mit der Sprache zusammentreffen (FaZ: 71), und im nächsten Kapitel heißt es ausdrücklich: „Vor allem zu fordern ist die Verschmelzung der Namen und der Sachen, die möglichste Vermeidung von Worten, zu denen es keine Bilder gibt." (FaZ: 157) Seine künstlerischen Experimente und sein politisches Engagement treffen sich an diesem Punkt, und als Lösung des Problems setzt Ball das Christentum ein – nicht den bilderstürmenden, kunstfeindlich ‚antiromantischen' Protestantismus (FaZ: 181), sondern die mystische und gnostische Tradition, wie er sie etwa im

---

49 Friedhelm Kemp, Anmerkungen zu: Charles Baudelaire, Sämtliche Werke / Briefe in 8 Bdn., hrsg. von Friedhelm Kemp und Claude Pichois zusammen mit Wolfgang Drost, Frankfurt/M.: Zweitausendeins 1995, Bd. 6, S. 319.

50 „Der Goethe'sche Geist: entspringt er nicht einer Verlegenheit, unter hundert Möglichkeiten die Person zu finden? Ist er nicht Folge einer vielseitigen Hemmung individueller Anlagen und Talente? Überall ist dieser unheimliche Geist von seinen Stimmen und Berufen ins Breite geführt und stets auf sich selbst zurückverwiesen: ein Bild der ganzen Nation. Das besondere aber ist, daß er sich entschließt, auf die Person zu verzichten, statt sich zur Einheit zu nötigen. Bei seiner Größe als Künstler ist das unbegreiflich und muß einer Philosophie, einem Willen entspringen." (FaZ: 196) Die Vielfalt der eigenen Person, der Goethe souverän begegnet, war Ball offensichtlich fremd.

Byzantinischen Christentum verkörpert sieht, den Heiligenlegenden und einem quasi magischen, bildermächtigen Katholizismus. Ball laboriert an einer „Renaissance des Christentums aus dem Orient" (FaZ: 135) und gibt zu bedenken: „Um den Kubismus zu verstehen, muß man vielleicht die Kirchenväter lesen." (FaZ: 137) Was die revolutionären Kunstrichtungen zu Beginn des 20. Jahrhunderts mit den Ausführungen der Kirchenväter verbindet, ist ihr Ringen um das ‚Wesen der Dinge', eine die Sichtbarkeit und Abbildbarkeit übersteigende Präsenz. Es geht um die Suche nach dem Absoluten und die Verwirklichung des ‚Geistigen in der Kunst', wie sie auch Kandinsky unter diesem Titel anstrengt; insofern ist die Kunst „der Religion bei weitem näher als die Wissenschaft" (FaZ: 138). In diesem Punkt unterscheidet sich Ball von seinem philosophischen Gewährsmann.[51] Während Nietzsche in *Die Geburt der Tragödie* geltend macht, daß das Christentum alle ästhetischen Werte negiere, bezeichnet Franz von Baader „sehr gegensätzlich im Anschlusse an Baco die Religion, und also das Christentum als die höhere Dichtkunst." (FaZ: 139) Was Ball unter systematischen Gesichtspunkten für das Christentum eingenommen haben dürfte, ist die Vorstellung, daß es „die Kunst mehr in die Persönlichkeit als in die Werke verlegt" (FaZ: 140). Nicht mehr die Summe aller Werke gibt das Vollbild der Persönlichkeit eines Künstlers, sondern das Leben selbst wird in den Rang eines Kunstwerkes erhoben. Deshalb gewinnt die eigene Lebensgeschichte für die Literatur in der Moderne entscheidend an Bedeutung. Die Avantgarde fordert den ganzen Menschen, eine nachträgliche Beschreibung des Lebens (als Selbstbiographie oder als autobiographischer Roman) wird durch künstlerische, d.h. schöpferische Lebenspraxis abgelöst. Mit den anderen Werken verschwindet folgerichtig auch die Autobiographie in ihrer traditionellen Form. Es gibt lediglich noch einzelne Fragmente, unmittelbare Äußerungen mit dokumentarischem Wert, wie Ball sie in *Die Flucht aus der Zeit* nachbildet bzw. auf eine zukünftige Literatur der Selbstdarstellung vorausweisend präsentiert.

Ball plädiert weiterhin nachhaltig für die Notwendigkeit genereller Veränderung, wie er sie bereits im Dadaismus gesucht hatte und die er verbunden sieht mit einer Entfesselung der Phantasie, einer Befreiung der Träume und einer daraus folgenden Verzauberung des Alltagslebens. Das hat für sein eigenes Selbstverständnis entsprechende Konsequenzen: „Die Selbstbehauptung legt die Kunst

---

51 Nietzsche ist der in *Die Flucht aus der Zeit* mit Abstand am häufigsten erwähnte Autor (39 mal), nur auf die Lebensgefährtin und spätere Ehefrau Emmy Ball-Hennings wird noch öfter verwiesen (41 mal). Luther, Kant und Hegel werden jeweils 16 mal erwähnt, Goethe und Bakunin jeweils 20 mal, Marx noch 14 mal und von den Freunden: Tzara 17 mal, Huelsenbeck 14 mal, Kandinsky und Schickele 13 mal, Janco und Arp jeweils 12 mal. Alle anderen Verweise – auch die auf Léon Bloy (10 mal), Franz von Baader (9 mal) und Novalis (5 mal) – sind seltener.

der Selbstverwandlung nahe", schreibt Ball und bezeichnet nun die Magie als „die letzte Zuflucht der individuellen Selbstbehauptung, vielleicht des Individualismus überhaupt." (FaZ: 140) Auf diesem Fluchtweg jedoch liegt kein Segen, das erfährt Ball noch als Wesensspaltung. „Zwischen Sozialismus und Kunst kann ich keinen Ausgleich finden. Wo ist der Weg, der den Traum mit der Wirklichkeit verbindet, und zwar den entlegensten Traum mit dem der banalsten Wirklichkeit?" (FaZ: 146) Aber während Ball an dem Glauben festhält, „ein einziger Blitz" könne die getrennten Hälften verschmelzen (FaZ: 146), und sich später regressiven Einheitssehnsüchten hingibt, formuliert er hier die für die kommende Avantgarde-Bewegung grundlegende Frage einer Verbindung von Traum und Wirklichkeit. Bereits für seine eigene Biographie war sie von immenser Bedeutung, ohne daß er vermocht hätte, die ihr verhafteten Aporien zu lösen. Offen gesteht er sich sein Dilemma ein: „So spiele ich den Sozialismus gegen die Kunst und die Kunst gegen die Moralismen aus, und bleibe vielleicht doch nur ein Romantiker." (FaZ: 146). Ball sieht sich hier als einen Schwärmer mit gestutzten Flügeln, d.h. einen um seine reale Wirkungsmacht gebrachten Revolutionär.[52]

Nach diesen grundlegenden Erwägungen, die Ball auf den Winter 1916/17 datiert, setzt er sich im folgenden, dem fünften Kapitel noch einmal, jetzt mit größerem Abstand und zahlreichen Vorbehalten, mit den Bemühungen der zeitgenössischen Kunst auseinander, wobei der Vorrang der Maler vor den Dichtern bestätigt, die Interdependenz der Künste und die Grenzüberschreitung zum Leben abermals betont werden. Neben den Aktivitäten der Galerie Dada diskutiert werden Expressionismus, abstrakte Kunst und andere neue Richtungen, die sich auf die ‚Suche nach den Urbildern' begeben und die „Paradiesessprache" (FaZ: 152) wiederfinden wollen. Hier erfolgt nun eine weitere Distanzierung vom Dadaismus. Am Ende des fünften Kapitels versieht Ball seine früheren Ausführungen mit einem Fragezeichen: „Der Dadaismus – ein Maskenspiel, ein Gelächter? Und dahinter eine Synthese der romantischen, dandystischen und – dämonistischen Theorien des 19. Jahrhunderts?" (FaZ: 166) Die Herkunft der modernen Kunst aus der Romantik ebenso wie seine eigene intellektuelle Geschichte wer-

---

52 Eine umfassende Studie zu Balls Verständis der Romantik steht meines Wissens noch aus, ebenso eine Untersuchung zu den in eine Tradition der Romantik gehörenden Figuren des Dandy und des Dilettanten, des Dämonikers und des Heiligen, wie Ball sie in einer recht eigenwilligen Weise seinem Selbstverständnis zugrunde legt. Als Einzelstudien liegen vor: Erdmute Wenzel White, Hugo Ball und Novalis: Vom Bewußtsein der Sprache, in: Hugo Ball-Almanach 9/10 (1985/86), S. 295–319; Andreas Kramer, „Wundersüchtig". Carl Einstein und Hugo Ball, in: Hugo Ball-Almanach 13 (1989), S. 63–100. Kramer hat darauf hingewiesen, daß „Einstein in einem langen Essay über den russischen Maler und Bühnenbildner Leon Bakst den ersten Abschnitt mit ‚Flucht aus der Zeit' überschreibt", und hat das als Ball-Zitat gedeutet (ebd., S. 93f.).

den ihm zweifelhaft, und er fragt sich: „Unser jetziges Stilbemühen – was versucht es? Sich zu befreien von der Zeit, auch im Unterbewußten, und dadurch der Zeit ihre innerste Form zu geben." (FaZ: 153) In der ‚Flucht zum Grunde' wird Ball später die gesuchte Befestigung finden wollen. Die synthetisierende Leistung des Christentums sieht er in einer Verschmelzung von Wort und Bild, die nicht nur die Funktion des künstlerischen Sinnbildes besitzt, sondern der Realitätshaltigkeit zukommt. In ihm ist, um in ketzerischer Weise mit ästhetischem Vokabular zu sprechen, das ‚Gesamtkunstwerk' schon verwirklicht.[53]

> Nur was genannt wird, ist da und hat Wesen. Das Wort ist die Abstraktion des Bildes, und also wäre doch das Abstrakte absolut. Aber es gibt Worte, die zugleich Bilder sind. Gott ist vorgestellt als der Gekreuzigte. Das Wort ist Fleisch, ist Bild geworden: und doch ist es Gott geblieben. (FaZ: 160)

Ganz offensichtlich nimmt Ball hier im Sinne eines wahrhaft Gläubigen die metaphorische Rede des Christentums buchstäblich. Was die Religion vor der Romantik auszeichnet, ist die Überführung der Idealität in Wirklichkeit. In der Kirche sieht Ball, wie er im folgenden Kapitel erläutert, „die Vermittlung zwischen Gott und Menschen, die Bildwerdung Gottes" (FaZ: 174). Selbst wenn Ball seine dadaistische Vergangenheit nun ganz verleugnen will und im Sommer 1917 aus Zürich ins Tessin flieht,[54] kann er die politische und vor allem die moralische Seite seines Engagements nicht ganz so einfach abschütteln. In Magadino erinnert er sich an eine ‚seltsame Begebenheit', mit der er das sechste Kapitel einleitet:

Während wir in Zürich, Spiegelgasse 1, das Kabarett hatten, wohnte uns gegenüber in derselben Spiegelgasse, Nr. 6, wenn ich nicht irre, Herr Ulianow-Lenin. Er mußte jeden Abend unsere Musiken und Tiraden hören, ich weiß nicht, ob mit Lust und Gewinn. Und während wir in der Bahnhofstraße die Galerie eröffneten, reisten die Russen nach Petersburg, um die Revolution auf die Beine zu stellen. Ist der Dadaismus wohl als Zeichen und Geste das Gegenspiel zum Bolschewismus? (FaZ: 167)

---

53 Insofern ist es nur konsequent, wenn der Großmeister des Gesamtkunstwerkes sich schließlich Parzival zuwendet. Daß Nietzsche über diesen angeblichen Verrat an der Kunst empört mit Wagner bricht, erklärt sich aus seiner generellen Ablehnung des Christentums. Demgegenüber bringt Ball andere Perspektiven ins Spiel.
54 Den Abbruch seiner Züricher Arbeit läßt Ball in *Die Flucht aus der Zeit* unerwähnt, und damit auch seine neuerliche Flucht nach Magadino unbegründet. Demgegenüber heißt es in einem Brief an August Hofmann vom 26. Juni 1917: „Du kannst Dir denken, was für einen Skandal es gab, als ich kurze Zeit darauf überraschenderweise alles im Stich ließ und einfach abreiste. Ich hielt es aus verschiedenen Gründen nicht aus und die ästhetische Hemisphäre flog in die Luft." (Briefe: 82) Meist ist bei Hugo Ball mit dem Wechsel des Ortes auch ein entscheidender Wandel seiner inneren Haltung verbunden; dieser zieht jenen nach sich.

Diese Frage bleibt unbeantwortet. Vorbehalte gegen die frühere ästhetische Position, die zur Machtlosigkeit verdammt war, und Sympathien für die Revolution werden deutlich. Aber nun verlagert Ball seine Kunst und Leben gleichermaßen umwälzenden Wunschphantasien immer entschiedener aus den Zeitereignissen, von Dada und der Politik weg, auf die Kirche und die Religion. „Nur eine theologische Veränderung könnte uns vorwärtsbringen" (FaZ: 167), heißt es im Sommer 1917, und im Herbst, während seiner Zeit als Mitarbeiter der *Freien Zeitung* in Bern, schreibt er: „Eine radikale Lösung der politischen Frage [...] ist nicht möglich ohne die Lösung der religiösen." (FaZ: 197) Das Miteinander von Politik und Religion, das Ball ehemals auch seinem Engagement für DADA unterlegt hatte, verschiebt sich nun deutlich zugunsten einer „christlichen Republik"; das ist „das Ideal, dem ich alle meine Kräfte, meine beste Einsicht widmen will." (FaZ: 169)

5. Stilisierung zum Heiligen oder die Kunst moralischer Existenz

Aufgebracht über Balls ‚Bruch mit Dada' und über seine doch sehr befremdlich wirkende Konversion zum Katholizismus, für die man wesentlich den Einfluß von Emmy Ball-Hennings verantwortlich machte,[55] hat es eine um den ganzen zweiten Teil gekürzte Ausgabe von *Die Flucht aus der Zeit* gegeben.[56] Dabei wurde die auf Einheitlichkeit zielende Anlage des Buches offensichtlich übersehen, die Technik der Unterbrechung ignoriert und das Tagebuch als historisches Dokument mißverstanden. Spätestens im siebten, den zweiten Abschnitt des ersten Teiles beschließenden Kapitel jedoch tritt Ball ausdrücklich, wie vor ihm Baader und Görres, für eine „Fortsetzung des alten katholischen Deutschtums" ein (FaZ: 179) und verschreibt sich damit einem restaurativen Ideal. Wie die Romantiker will er den ‚katholisierenden Kultursehnsüchten' ihr verlorenes Terrain zurückgewinnen. Daraus erklärt sich nicht nur sein Plädoyer für das sogenannte Primitive, das Kindliche und das Übersinnliche, worin er wesentliche Kennzeichen der Romantik sieht, sondern darauf gründet er sein Programm ei-

---

55 Siehe insbes.: Richard Huelsenbeck, Mit Witz, Licht und Grütze (Anm. 35), S. 11; ferner ders., Reise ans Ende der Freiheit (Anm. 16), S. 101. Vgl. auch: Reinhard Nenzel, Hugo Ball und Richard Huelsenbeck. DADA – Kunst gegen Kunst. Aspekte ihrer Beziehung, in: Hugo Ball-Almanach 14 (1990), S. 115–226.
56 Hugo Ball, Die Kulisse. Das Wort und das Bild, Zürich/Köln: Benzinger 1971 (vgl. Nachwort zu FaZ: 314ff.).

ner Verbindung von Gottes- und Menschenrechten, wie er es im ersten Abschnitt des zweiten Teils darlegt.[57]

Nach seinem Abschied von Dada und seiner Flucht aus Zürich wendet sich Ball zunächst dem politischen Journalismus zu; in Bern arbeitet er seit September 1917 (bis März 1920) für *Die Freie Zeitung. Unabhängiges Organ für Demokratische Politik*, ab August 1918 auch für den Freien Verlag. Diese Tätigkeit führt schließlich zum Abschied auch aus der Politik und zur eigentlichen Konversion im Sommer 1920. Als immer wieder Flüchtender bleibt sich Ball gleich, und trotzdem gelingt es ihm nie, die eigene Vergangenheit ganz zu verleugnen. Die gesuchte Identität bleibt stets ungesichert. Eine nennenswerte zeitliche Zäsur zwischen dem ersten und zweiten Teil von *Die Flucht aus der Zeit* gibt es nicht, die Grundthemen werden, wenn auch in modifizierter Gewichtung, wieder durchgespielt. Der zweite Teil beginnt mit der Eintragung „Bern, 7.IX.1917":

> Hierhergefahren, um den Herausgeber[58] zu sehen, habe ich ihn flüchtig gesprochen, dann reiste er nach Beatenberg. Nun fühle ich mich in dieser mir fremden Stadt recht verlassen. In Zürich die ästhetische, hier die politische Hälfte; ich aber fühle mich in meinen Interessen so geteilt, daß ich eigentlich auf dem Punkte stehe, den Ästheten der Politik aufzuopfern. (FaZ: 191)

Diese Aussage gehört zu den wenigen, in denen Ball die eigene persönliche Situation mit seinen grundsätzlichen Überlegungen zum Verhältnis von Politik und Kunst ausdrücklich verbindet; implizit ist dieser Bezug durch die Mitteilungsform des Tagebuches stets vorhanden. Die Literatur wird Ball nie ganz aufgeben, auch wenn er nur wenige Seiten später betont: „Ich kann keine Romane mehr lesen." (FaZ: 194) Er bestätigt dadurch seine Flucht aus der Zeit und

---

57 „Die droits de l'homme sind Naturrechte; sie werden mit dem Menschen geboren. Sind die primitivste Voraussetzung geordneter Zustände, insbesondere nachdem der Souverän durch die kirchliche Zucht nicht mehr gebunden ist. Sie geben dem einzelnen eo ipso das Gefühl seiner Menschenwürde, und sind auf dieses Gefühl aufgebaut. Gleichwohl bleiben sie nur Geburtsrechte. Das religiöse Bewußtsein könnte eines Tages verlangen, daß die Rechte, die mit dem Menschen geboren werden, eine Ergänzung finden durch die Rechte, die Gott und der Mensch durch die Sakramente (der Taufe und der Firmung) gewinnen. Da sich das religiöse und kirchliche Leben in der Gesellschaft abspielt und da die Religion ohne Zweifel einen höheren Rang einnimmt als die bloße Natur, so ist, wenn schwere Konflikte vermieden und alle Kräfte einer Nation gesammelt werden sollen, vorauszusehen, daß um die Gottesrechte demnächst ein ebensolcher Streit entbrennen wird, wie er einmal um die Menschenrechte geführt wurde und heute noch tobt. Die Aufklärung hatte ihre Zeit und man wird sie aus der Geschichte nicht streichen können; aber sie ist nicht der einzige modus vivendi. Seien wir auch nicht hypokrit. Verlangen wir nicht die Taube, ehe wir den Sperling haben. Wie die Dinge heute liegen, muß man eher eine reinlichere Scheidung von Kirche und Staat verlangen, als eine engere Verbindung." (FaZ: 199f.)
58 „Gemeint ist wohl der leitende Redakteur der ‚Freien Zeitung', Siegfried Streicher". (Echte, Anmerkungen zu FaZ: 337.)

ihren Krankheiten, zu denen er auf dem ästhetischen Gebiet neben den Décadence-Erscheinungen insbesondere die genialische Selbstüberschätzung der Kunst rechnet, der er während seiner dadaistischen Phase selbst erlegen war, wie er bekennt.[59] In seiner demonstrativen Ablehnung der eigenen Zeit aber spielt er die Kontinuitäten seines Lebens herunter.

In einer für die Avantgarde durchaus charakteristischen Weise fordert Ball auch weiterhin, das in der Romantik begründete Kunstverständnis zu realisieren, also die dem Menschen eigene Kreativität in Lebenspraxis umzusetzen. „Der Autor selbst sollte ein Roman sein und sich zum besten geben (wenn nicht zum besten halten)." (FaZ: 194) In Anlehnung an die Metapher vom Schauspieler und mit leisem Anklang an das Maskenspiel und Gelächter von Dada wendet Ball die Ästhetik ins Existentielle und Politische. Das hat Konsequenzen besonders für seine Einschätzung der Autobiographie. Anläßlich der *Erinnerungen eines Terroristen* (gemeint sind die von Ropschin alias Sawinkow) notiert Ball: „Die Romane werden Wirklichkeit." (FaZ: 195) Die Mitteilungen aus dem revolutionären Leben werden sich in Zukunft nicht mehr der überkommenen Formen bedienen können. Mit seinen eigenen, für die Veröffentlichung überarbeiteten Tagebucheintragungen, die sich lesen lassen wie ein moderner Roman, erprobt Ball eine Form, die philosophische und theologische, ästhetische und politische Reflexionen mit Aktuellem, Alltäglichem und Anekdotischem zusammenstellt, so daß für den Leser, auf den die Publikation berechnet ist, eine Vielzahl von Bezügen und Querverbindungen erkennbar werden. Dabei ist Die *Flucht aus der Zeit* gerade keines der Ball so verhaßten „romantisierenden Bücher von Leuten, die niemals imstande wären zu sein, was sie träumen" (FaZ: 194), sondern eine gleichermaßen existentiell und politisch motivierte Selberlebensbeschreibung von literarischem Wert und überindividueller Bedeutung.

Das folgende Kapitel zeugt von einer resignativen Grundstimmung. Die meist längeren Eintragungen dieses Kapitels – es ist von dem vorausgehenden sowie von dem nachfolgenden durch einen relativ großen Zeitsprung von jeweils einem halben Jahr getrennt – stehen thematisch in Zusammenhang mit Balls Arbeit an seinem Buch *Die Kritik der bürgerlichen Intelligenz*, das zwischen November 1917 und Dezember 1918 entsteht und im Januar 1919 im Freien Verlag in Bern erscheint; es ist eine Generalabrechnung mit der religiösen, philosophischen und politischen Tradition Deutschlands, die Ball für den Ausbruch des Ersten Weltkrieges verantwortlich macht.[60] „Sehr bedauere ich,

---

59 Jetzt lehnt Ball Bergsons Vorstellung von der Intuition als schöpferischem Prinzip ab, läßt auch eine Parallelisierung von Künstler und Schöpfer nicht mehr gelten, da jener nicht wirklich zu bilden vermag, sondern lediglich nachbilden kann. (FaZ: 157 u. 191f.)
60 Vgl. Gerd-Klaus Kaltenbrunner, Zwischen Anarchie und Mystik, in: Schweizer Monatshefte, Jg. 50, Zürich 1970/71, S. 526–535.

daß ich über der literarischen Arbeit versäumte, die aktuellen Ereignisse sorglicher zu notieren" (FaZ: 227), bemerkt Ball einleitend zum dritten Kapitel des zweiten Teils von *Die Flucht aus der Zeit*. Im weiteren verfährt der Tagebuchschreiber dann so, daß er die wichtigen Ereignisse nachträglich verzeichnet. So etwa am 24.V.1919:

> Zweimal bin ich inzwischen in Deutschland gewesen, anfangs März und anfangs Mai, und zwar in München, Berlin, Frankfurt und Mannheim. In Berlin fand ich freundlichste Aufnahme. [...] Ich schneite da eines abends (incognito, so glaubte ich) in eine Dada-Veranstaltung hinein und mußte mit in die Wohnung des Dr. Lubasch kommen, wo es recht bunt zuging: es tanzten ungefähr zwanzig Paare zu Grammophonmusik.
> Resultat: daß die politische Aktion in der Schweiz keinen Sinn mehr hat, und daß es kindisch ist, diesem Treiben gegenüber auf Moral zu bestehen. Ich bin gründlich geheilt, von der Politik nun auch, nachdem ich den Ästhetizismus bereits früher abgelegt hatte. Es ist notwendig, noch enger und ausschließlicher auf die individuelle Basis zu rekurrieren; nur der eigenen Integrität zu leben, auf jedes korporative Wirken aber ganz zu verzichten. (FaZ: 233)

Mit dieser Aussage ist der entscheidende Punkt in Balls Entwicklung bezeichnet: Geheilt von Ästhetizismus und Politik will er nunmehr ausschließlich der eigenen Integrität leben, als Individuum und allein. Damit ist seine Flucht aus der Zeit abgeschlossen. Aber er hat nicht nur den Dichter in sich nahezu getötet, sondern er lebt auch weiterhin wie verschollen (FaZ: 255). Seine innere Emigration aus der Zeit führt zu einer ‚Flucht zum Grunde'. Es ist eine Flucht zu Philosophie und Poesie des Mittelalters, denen Ball nun längere, inhaltlich zusammenhängende Ausführungen widmet und die er existentiell mit seinem eigenen Leben verknüpft. Es ist eine Flucht zu Heiligenlegenden, zum Ideal der freiwilligen Armut und zum Mönchtum. Bemerkenswert ist, daß Ball seinen Abschied von der Politik über eine ästhetische Erfahrung motiviert, was noch für die Verbundenheit der beiden Bereiche in einem moralischen Grundimpuls spricht, der das jeweilige Engagement beglaubigt. Diesem Grundimpuls, der ihn schließlich zur Religion zurückführt, bleibt Ball bei aller Diskontinuität seiner Aktivitäten treu.

Mit der eigenen Sprache den Text zu durchtönen und die Geschichte des eigenen Lebens in authentischer Form zu gestalten, das bedeutet für Ball, zum eigenen Namen den unverwechselbaren Ausdruck, den eigenen Stil zu finden. An dieser bereits auf das Jahr 1915 zurückgehenden Aufgabe hält er weiterhin fest; damals notierte er: „Und doch sollten Ideale identisch sein mit der Person, die sie vertritt; sollte der Stil eines Autors seine Philosophie darstellen, auch ohne daß er sie eigens entwickelt." (FaZ: 39) Leben, denken und schreiben zur Einheit zusammenzufügen, nennt Ball hier als die große Aufgabe seines Lebens. Darin sieht er seine Integrität begründet. Aufschlußreich in diesem Kontext ist auch die Verbindung, die Ball später zwischen Gläubigem und Dandy herstellt: Beide haben, wie er schreibt, „zum ewigen Wort einen lebendigen Zugang." (FaZ: 255) Der früher behaupteten Vorrangstellung des Bildes setzt er nun das Wort Gottes als substantielle Erfahrung entgegen. „Personare heißt durchtönen. Die Sprache ist die Substanz im Menschenbereich, und zwar die Sprache Gottes." (FaZ: 251) Damit legt sich Ball fest und stellt die ewige Verwiesenheit von Wort und Bild aufeinander, wie er sie für den Bereich der Kunst geltend gemacht hatte, still. Das verzweifelt gesuchte ‚Wesen der Dinge' ist damit gefunden, Ball ist am ‚Ursprung' angelangt. Aber statt Kreativität wie sonst üblich in der permanenten Verwiesenheit von Anschauung und Begriff zu gründen und dergestalt die Einheit von sinnlicher und intellektueller Erfahrung im Kunstwerk allererst zu vermitteln, substantialisiert er diese Erfahrung und sucht Zuflucht bei Gott, so als könne durch diesen Bezug ein Abglanz des Ewigen auf die eigene Person fallen. Paradoxerweise will Ball gerade durch diese Konstruktion die Zentralstellung des Menschen behaupten. Aber der im Glauben Sinn und Zweck seines Leben Findende verharrt gegenüber Gott in einer absolut peripheren Position. Dieses Dilemma läßt sich nicht lösen. Für den Gläubigen mag sich die Situation anders darstellen, denn für ihn ist, wie für den Heiligen, allein die Teilhabe am Göttlichen entscheidend.

Nachdem er bereits im ersten Abschnitt des zweiten Teils ausführlich aus Susos Leben zitiert und diese existentielle Form der Selbstbiographie besonders hervorgehoben hat (FaZ: 246f. u. 291f.), notiert Ball unter dem 30.VI.1919 ein Gedicht, in dem es heißt: „Der Heilige steht über und außerhalb der Zeit." (FaZ: 248) Das ist programmatisch zu verstehen, denn Ball wandelt sich selbst immer mehr zum Heiligen und zum ‚Wundersüchtigen'; bezeichnend, daß er diese Selbststilisierung auch lebt. Dabei verstrickt er sich in vielerei Widersprüchliches. Glaube, Dichtung und Philosophie nehmen ein ungewöhnliches, ganz unorthodoxes Gepräge an. Am 15.VII.1920 beendet er seinen phantastischen Roman, den er nach dem Kirchenpoeten Laurentius Tenderenda benennt (FaZ: 265).[61] Ball hat also das Dichten keineswegs aufgegeben, sondern widmet es auf ketzerisch zu nennende Art um. So wie er bereits die Kenntnis der Kirchenväter zum Verständnis des Kubismus reklamierte (FaZ: 137), so verbindet sich nun im Begriff des Wundersüchtigen die Heiligenlegende mit einem phantastischen Roman in dadaistischer Manier. (Diese apokryphen Beziehungen sind noch selten ernst genommen worden.) Auch Balls theologische Studien zum *Byzantinischen Christentum* werden dem eigenen Anspruch an eine ‚Wunderphiloso-

---

61 Vgl. Claudia Rechner-Zimmermann, Die Flucht in die Sprache. Hugo Balls „Phantastenroman" im kulturgeschichtlichen Kontext zwischen 1914 und 1920, Marburg: Hitzeroth 1992.

phie'[62] eher gerecht als theologisch-wissenschaftlichen Ansprüchen;[63] sie sind, wie schon die *Kritik*, zu lesen als intellektuelle Selbstverständigung und als Aufarbeitung religiöser, philosophischer und kulturhistorischer Traditionsbestände, die für die eigene Geschichte wichtig waren bzw. noch sind. Sie verbinden auf durchaus eigenwillige Weise Freiheitsdrang und Sinnsuche. Seine Enwicklung überblickend und ihr bei allem unsteten, ganz widersprüchlich erscheinenden Verhalten doch eine Einheit verleihend, charakterisiert Ball seine Individualität, seinen Eigenwillen und seinen Freiheitsdrang gegen Ende seiner Autobiographie folgendermaßen:

> Er [mein Eigenwillen] ging politisch bis zur Anarchie und künstlerisch bis zum Dadaismus, der eigentlich meine Gründung, oder besser gesagt, mein Gelächter war. Die moralische Atmosphäre der Schweiz, die ich oftmals sehr drückend empfand, diese Atmosphäre hat mir im ganzen doch gutgetan. Ich lernte die Auflösungssymptome und ihre Herkunft verstehen; ich begriff, daß die ganze, ringsum ins Nichts zerstäubende Welt als Ergänzung nach der Magie schrie, nach dem Worte als einem Siegel und letzten Kernpunkt des Lebens. Vielleicht vermag man einmal, wenn die Akten geschlossen sind, meinem Bemühen um Wesen und Widerstand einige Zustimmung nicht zu versagen. (FaZ: 270)

Balls Suche nach einer Spiritualität bleibt aufs engste mit dem Wort verbunden. Diese Suche zwang ihn wiederholt zur Flucht aus seiner ‚geistlosen Zeit' in einen immer entschiedeneren Rückzug ins eigene Innere und endet damit, daß sich Ball in die *Acta Sanctorum* vertieft und sich mit Heiligenleben umgibt (FaZ: 276). Er will „nichts mehr wissen von Zeitkritik und Kulturproblemen" (FaZ: 277). Nicht mehr „Kritik des Gewissens", wie noch für Nietzsche, sondern religiöse Gewissenserforschung stehen nun im Vordergrund. Sein auf die Moralität des eigenen Ich insistierendes Credo lautet: „Mea culpa, mea maxima culpa." (FaZ: 277) Damit legt er sich endgültig den Gestus des Heiligen zu und bekennt in der ersten Eintragung des neuen Jahres, die für seinen weiteren Lebensweg bestimmend sein wird:

> Seitdem der Banause nacheinander Dichter und Philosoph, Rebell und Dandy geworden ist, gebietet der Takt, ihm die freiwillige Armut, die rigoroseste Abstinenz, wenn nicht die gewollte Verschollenheit, in der er das höchste der Wunder sähe, entgegenzusetzen. (FaZ: 279)

Die zentralen Begriffe seines früheren Verständnisses als rebellisch engagierter Künstler und Zeitkritiker sind noch präsent, werden nun allerdings in einen christlichen Kontext rückgebunden. Das Wunder als Name für ein wirklich sich ereignendes Übersinnliches gestattet Ball, nachdem das Wunder keine Basis

---
62 „Der Theologe ist ein Wunderphilosoph, und als solcher der allerliebste." (FaZ: 255)
63 Vgl. Werner Hülsbusch, Zu Hugo Ball *Byzantinisches Christentum*. Einführung in eine prophetische Therapeutik, in: Hugo Ball-Almanach 16 (1992), S. 39–100.

mehr in der Volkskultur hat (FaZ: 134), einen gleitenden Übergang vom ästhetischen Begriff der Romantik, die für ihn den Ort des Übersinnlichen markiert – hier meint Wunder das Wunderbare im Sinne des Phantastischen, also die Einbildungskraft, wie sie sich in den Dichtern verkörpert[64] –, zu christlichen Vorstellungen, denen zufolge jeder Heilige ein Wunder gewirkt haben muß, durch das seine Erwähltheit bezeugt wird, was ihn dann zu einem ausgezeichneten Mittler zu Gott macht. Was Ball darüber hinaus für die Person des Heiligen eingenommen haben dürfte, ist das Kanonische ihrer Existenz, das Leben nach strengen Regeln, eingebunden in einen festgefügten (Glaubens-) Zusammenhang. Sie haben – um noch ein letztes Mal eine ästhetisch-ketzerische Terminologie zu wählen – ihr Leben gleichsam zum Kunstwerk gemacht und das durch ihre Biographie bezeugt. Mit dem Bekenntnis seines eigenen Lebens legt auch Ball ein entsprechendes Zeugnis ab. Daß er sich der Institution Kirche und ihrer Dogmatik nicht bruchlos einfügt, sondern mit der inhaltlichen Ausrichtung seiner Studien eher auf Kollisionskurs geht, argwöhnten bereits die Freunde.[65] Auch Ball selbst deutet Unstimmigkeiten an: „Ich habe inzwischen mancherlei über Dionysius Areopagita gelesen. Nur weniges von dem, was die Kompendien empfehlen, stimmt indessen mit den Werken selbst überein. Die Unzuverlässigkeit der Fachliteratur ist mir ein neues Erlebnis." (FaZ: 282)

6. Leben und Schreiben in Gegensätzen:
Über die Spiritualität des Narrenspiels aus dem Nichts

Im letzten Kapitel seiner autobiographischen Aufzeichnungen kreisen die meist kurzen Notate, trotz ihrer ganz unterschiedlichen Inhalte, thematisch um das Leben der Heiligen. Wenn Ball also gegen Ende der *Flucht aus der Zeit* noch einmal die früheren Themen aufgreift und zusammenfaßt, geschieht es unter diesem

---

64 „Es wäre gut, wenn die Dichter und die Gelehrten wieder mehr Literaten (Wortkünstler, Buchstabenfuchser) und die Literaten wieder mehr Gelehrte und Dichter (Logiker und Wundersüchtige) würden." (FaZ: 114) Aber auch von Heraklit behauptet Ball, er erzähle bewußt ‚Wundergeschichten' und sei darum Paradoxologe (FaZ: 93). Das ist in seiner Terminologie die höchste Auszeichnung, denn die Paradoxologie umgreift Philosophie und Poesie; insofern gehört sie in die Tradition der Romantik, namentlich die des Dandysmus.
65 Für die Kirche sind die um die Heiligen sich rankenden Legenden ein heikles Thema, da hier der Volksglaube der Kanonisierung zu entgleiten droht. In dem strengen Reglement, das die Kirche für die Prozesse der Selig- und Heiligsprechung ausgearbeitet hat, spiegelt sich dieses Problem.

Gesichtspunkt.[66] So etwa notiert er, etwas kryptisch sein intellektuelles und spirituelles Programm formulierend: „Dionysius Areopagita ist die vorgesehene Widerlegung Nietzsches." (FaZ: 284) Hat er diese Widerlegung bereits geleistet, im *Byzantischen Christentum* etwa oder in seiner Autobiographie? Ebenfalls im letzten Kapitel, unter dem Datum vom 18.VI.1921, erzählt Ball eine neue, recht wundersame Legende von der Entstehung des Wortes Dada, die in den entsprechenden historischen Dokumentationen meist fehlt, für den hier diskutierten Kontext allerdings von Belang ist:

> Als mir das Wort ‚Dada' begegnete, wurde ich zweimal angerufen von Dionysius. D. A. – D. A. (über diese mystische Geburt schrieb H...k; auch ich selbst in früheren Notizen. Damals trieb ich Buchstaben- und Wort-Alchimie). (FaZ: 296)

Die damals 1916 im Cabaret Voltaire mit den Klanggedichten betriebene Buchstaben- und Wortalchimie ermöglicht Ball im Lebensrückblick den Übergang vom Dadaisten zum Gottsucher,[67] dem „Narrenspiel aus dem Nichts" wird, und das nicht nur im nachhinein, eine Spiritualität unterlegt, die von weitreichender, den ganzen Menschen umfassender, Kunst und Leben verbindender und die Zeit revolutionierender Bedeutung ist. Rückblickend auf die gemeinsame Zeit in Zürich schreibt Hans Arp in „Dada war kein Rüpelspiel":

> *Die Flucht aus der Zeit* von Hugo Ball ist ein philosophisches und religiöses Tagebuch voll hoher Betrachtungen. In diesem Buch stehen die wesentlichsten Sätze, die bisher über Dada geschrieben worden sind. *Die Flucht aus der Zeit* ist die Flucht aus dem Materialismus. [...] Wir sprachen von Dada als von einem Kreuzzug, der das gelobte Land des Schöpferischen zurückgewinnen werde. Wir sprachen gläubig über die Kunst, die das Schöpferische zu beschwören vermag, ähnlich wie die Religion das Unaussprechliche zu beschwören vermag.[68]

Legendenbildung und Selbststilisierung Balls zeugen immer wieder von der Absicht, die Einheit des Ich zu erweisen. Nicht zuletzt deshalb kehrt er in seiner Selbstbiographie zu den Anfängen seiner revolutionären und experimentellen

---

66 Er ist während dieser Zeit mit den Vorbereitungen für sein Buch *Byzantinisches Christentum* beschäftigt. Dieser pragmatische Verweis bleibt jedoch hinter der inhaltlichen Tragweite seiner Ausführungen zurück.
67 Eine Alternative zum Übermenschen sieht Ball, Kantzenbach zufolge, in der Lehre von den Engeln. „Es führt auch ein Weg von Balls Dadaismus zu dieser Art von integralem Katholizismus" (Kantzenbach, in: Hugo Ball-Almanach 12 (1988), S. 86). – Vgl. für diesen Zusammenhang auch: Dionysius DADA Areopagita. Hugo Ball und die Kritik der Moderne, hrsg. von Bernd Wacker, Paderborn: Schöningh 1996; Carola Hilmes, Unter falscher Flagge. Geheime Verbindungen zwischen Dadaismus und Mystizismus, in: Hugo Ball-Almanach 23 (1999), S. 113–153.
68 Hans Arp, Unseren täglichen Traum... Erinnerungen, Dichtungen und Betrachtungen aus den Jahren 1914–1954, Zürich: Arche 1955, S. 20f.

Frühphase zurück. Das Verhältnis von Wort und Bild betreffend, bemerkt er anläßlich der Publikation von Emmy Ball-Hennings' *Das Brandmal* (1920), einem als Tagebuch deklarierten autobiographischen Roman, „daß es die Dichter sind, die an Stelle der Philosophen und Theologen treten." (FaZ: 277) Die leeren Worte der Wissenschaften sollen abgelöst werden durch die bildhaften, göttlich inspirierten Dichterworte. Dabei hat Ball jetzt nicht mehr die modernen Dichter und Schriftsteller im Auge, sondern mißt die aktuelle literarische Produktion eher am Ideal der mittelalterlichen Dichter, die – wie im vorletzten Kapitel ausgeführt – nicht nur Dichter, Denker und Redner, sondern zugleich Asketen, Mönche und Priester waren. Die Bedeutung der eigenen Lebensbeschreibung ist in diesem Kontext evident, denn das Werk der mittelalterlichen Priesterdichter liegt im gläubigen Lebensvollzug, den sie durch ihre Lebensgeschichte bezeugen.[69] Wie seine Frau will auch Ball diesem Beispiel folgen und zeichnet in *Die Flucht aus der Zeit* einen entsprechenden Weg nach.

In einer späten Notiz bestätigt Ball seine frühere Annahme, daß „die Philosophie an die Künstler übergegangen" sei (FaZ: 16). Die Entwicklung, die zwischen diesen beiden Aussagen liegt, umfaßt Balls Flucht aus der Zeit, die wesentlich eine Suche nach der eigenen Identität ist. In einer großen Kreisbewegung ist er gleichsam zu seinen Anfängen zurückgekehrt. Die zentrale Frage „Wer bin ich?" ist damit allerdings nicht beantwortet. So sehr Ball auch darum bemüht ist, durch alle Verwandlungen hindurch sein ‚wahres Ich', den ‚inneren Kern' zu bewahren, so wenig gelingt es ihm doch, zu einem gesicherten Selbstverständnis vorzudringen. „Ich krümme mich vor Abscheu und vor meiner eigenen Nichtigkeit. […] Bin ich ein Dichter, bin ich ein Denker? Ich bin ein ‚landflüchtiger Dilettant'." (FaZ: 220) Bezeichnenderweise lautet der letzte Eintrag in *Die Flucht aus der Zeit* vom 29.IX.1921: „Wir reisen nach Deutschland." (FaZ: 302) Will Ball nun die Emigration aufgeben? War *Die Flucht aus der Zeit* vielleicht nur das Vorspiel zu einer Selberlebensbeschreibung? Ball läßt den Leser – evtl. sogar sich selbst – darüber im unklaren. Seine Moralität allerdings ist unangefochten.

„Es ist notwendig, daß ich alle Rücksicht auf Herkommen, Meinung und Urteil fallen lasse. Es ist notwendig, daß ich den flatternden Text auswische, den andere geschrieben haben." (FaZ: 56) Diejenigen Tagebucheintragungen, in denen Ball das eigene Ich problematisiert und die hier abschließend herangezogen werden sollen, sind äußerst widersprüchlich. Auf die Verwandlungsfähigkeit des Menschen als Versprechen und als Gefahr weist Ball sehr früh hin. Seine Einschätzung des Schauspielers, der die Verwandlung ja professionell betreibt, ist ambivalent: Zum einen wendet er sich gegen das oberflächliche Rollenspiel, zum

---

69 Auf die Bedeutung von Suso weist Ball mehrfach hin (FaZ: 246f. u. 291f.).

anderen löst der Schauspieler die von Ball aufgestellte Identitätsforderung gerade dann ein, wenn er in der Ausübung seiner Kunst fortgerissen wird zu einem tieferen Einverständnis.[70] „Man muß sich verlieren, wenn man sich finden will." (FaZ: 27) Vollständig traut Ball dem künstlerischen Spiel jedoch nicht. Erst die vom Heiligen gelebte Ganzheit des Ich will er als Vorbild gelten lassen.[71] Denn, so Ball in *Die Flucht aus der Zeit*, ohne Gott ist die Erkenntnis der menschlichen Seele nicht möglich (vgl. FaZ: 54). Aber auch der Glaube vermag das grundlegende Dilemma in Balls Leben nicht zu lösen. Er fordert mit Nachdruck die Einheit der Person, die er selbst nicht herstellen kann. Er bekennt: „Nie sind alle meine Kräfte im Spiel, immer nur ein Teil. Ich bin Zuschauer, ich dilettiere nur." (FaZ: 39) Dies erfährt Ball als Mangel und als ‚Wesensspaltung'. Aus diesem Ungenügen heraus unternimmt er noch die Anstrengung einer generellen Lebensbeichte, einer umfassenden Selbstreflexion und Rechtfertigung seines Entwicklungsganges.

In *Die Flucht aus der Zeit* gesteht er sich sehr früh ein: „ich bin mir selbst zur Kuriosität, zur Anomalie und zum Totengräber geworden." (FaZ: 60) Gegen diesen nur negativen Befund schreibt Hugo Ball in seiner Autobiographie dann permanent an. Aber während er sein Heil in einer ‚inneren Emigration' sucht und in ein Reich des Geistes flüchtet, entdeckt er, fast beiläufig, einen anderen Bereich, dem er für die Zukunft und für das eigene Selbstverständnis die entscheidende Rolle zuweist: die Träume. Das stete Bemühen, ein ‚transzendentes Leben' zu führen, bringt Ball zu folgender, über seine Flucht aus der Zeit hinausweisenden Einsicht:

Alle Träume der Kindheit sind selbstlos und gelten der Wohlfahrt und Befreiung der Menschheit. Geboren werden die Menschen allesamt als Erlöser und Könige. Aber die wenigsten vermögen sich zu behaupten, oder, wenn sie sich schon verlieren, sich wiederzufinden. Wer das Leben befreien will, muß die Träume befreien. (FaZ: 66)

---

70 Vgl. hierzu die Ausführungen Balls zum Maskenspiel FaZ: 96f.
71 In *Der Künstler und die Zeitkrankheit* (1926) beklagt Ball, daß in der Psychiatrie und in der Psychoanalyse die Persönlichkeit keine große Rolle spielt, denn sie hat hier lediglich „eine Maskenbedeutung, bei der Kirche dagegen ist sie Voraussetzung der Heilung und zugleich ihr Ziel." (Ausgewählte Schriften (Anm. 10), S. 139) Ball fährt in seinen Erläuterungen fort: „Die geringe Einschätzung der Persönlichkeit könnte man historisch damit erklären, daß die Begriffe von Seele und Geist, für identisch erklärt und völlig an den Staat gebunden, allgemach von einer Unzahl romantischer und romantisierender Kritiker als hohl, unmenschlich und unästhetisch zugleich empfunden und benannt wurden. Nur bliebe dabei zu beachten, daß die geistige Nährmutter der Romantik ursprünglich das Mittelalter und die Kirche war; daß jenes ‚Zurück zu den Ursprüngen', das heute in weitestem Sinne die Magie wieder heraufführt, nur als Versuch erscheinen kann, das Bild der Mutter auch in der *natürlichen* Phylogenese zu verstehen." (Ebd., S. 139)

In *Die Flucht aus der Zeit* gibt Ball damit eine Richtung vor, die seinen notorischen Entzug umlenkt und produktiv wendet. Aus solchen Erwägungen heraus schlägt er als autobiographisches Programm später folgendes vor: „Als ich aufwachte, dachte ich: man könnte ein Leben nur in Träumen schreiben, die als Wahrheit erzählt sind." (FaZ: 284) Er selbst löst diese Forderung einer Selberlebensbeschreibung als Traumbuch mit *Die Flucht aus der Zeit* nicht ein.[72] Das Ich als Grenze sowie den multiplen Menschen allerdings faßt er bereits ins Auge, wenn auch nur äußerst zögerlich und skeptisch; Balls auf Einheit des Ich fixierter Blick trübt hier seine Einschätzung, macht ihn unsicher und seine Ausführungen unstimmig. In Anlehnung an Nietzsche notiert er im Oktober 1915 in Zürich:

> Das Ich ablegen wie einen durchlöcherten Mantel. Was nicht aufrechtzuerhalten ist, muß man fallen lassen. Es gibt Menschen, die es absolut nicht vertragen, ihr Ich herzugeben. Sie wähnen, daß sie nur ein Exemplar davon haben. Der Mensch hat aber viele Ichs, wie die Zwiebel viele Schalen hat. Auf ein Ich mehr oder weniger kommt es nicht an. Der Kern ist immer noch Schale genug. (FaZ: 47)

Das alte, durch die Zeitkrankheit durchlöcherte Ich soll abgelegt, das Terrain der ungeahnten produktiven Fähigkeiten des Menschen entdeckt werden. Das vielfältige, multiple Ich aber ist ohne einen festen Kern. Diese Vorstellung ist Ball offensichtlich nicht ganz geheuer. Was passiert wirklich, wenn die altbewährte Vorstellung vom in sich festgefügten Ich zugungsten eines Zwiebelmodells aufgegeben wird? Wird damit auch noch der Kern als Schale entlarvt, wie hier Ball Nietzsche interpretiert, oder aber, wie eine andere Textstelle nahelegt, zerstört man damit ‚den Menschen überhaupt', die tradierte Vorstellung vom Humanum, das mit seiner Zentralität eine Sonderstellung in der Welt behauptet? Unter dem Datum vom 20.VI.1915 notiert Ball:

> Mein Denken bewegt sich im Gegensatz. Ich wollte gerade sagen, daß alles Denken sich im Gegensatze bewegt, finde aber, daß es noch eine andere Möglichkeit gibt: das Durchdringen. Ein Ansatz zum Höchsten liegt in jedem Menschen. Die Frage ist nur, ob man zu diesem Funken noch durchdringen kann, ohne die ihn einengenden und erstickenden Wände abzutragen. Soziologisch betrachtet, ist der Mensch ein Krustengebilde. Zerstört man die Kruste, zerstört man auch den Kern. (FaZ: 36)

---

72 Rechner-Zimmermann schlägt vor, *Tenderenda* – „ein Schlüsselroman des literarischen Dadaismus" – als „phantastische Autobiographie des Autors zu lesen. (Claudia Rechner-Zimmermann, Dadaistische Satanismen. Untersuchungen zu Hugo Balls Romanexperiment „Tenderenda der Phantast", in: Hugo Ball-Almanach 16 (1992), S. 101–156; hier: S. 102.) Rechner-Zimmermann hebt autobiographische Aspekte des Phantastenromans hervor, indem sie die „verschlossene, manchmal fast unzugängliche Groteske" (ebd., S. 103) entschlüsselt; gattungstheoretische Fragen hingegen wirft sie nicht auf.

Trotz aller Zeitkritik diesen ‚inneren Wesenskern' des Menschen zu erhalten und zu entfalten, zählt zu den wichtigsten Aufgaben, die sich Ball gestellt hat.[73] Dafür ist er bereit, immer weiter zu fliehen. Gegen seine erklärte Absicht legt er mit *Die Flucht aus der Zeit* jedoch eine Selberlebensbeschreibung vor, die das fragmentarisierte Ich und die gespaltene Persönlichkeit zum Ausdruck bringt. Wenn auch nachträglich umgestaltet, um die Einheit des Ich und die Kontinuität des Lebensweges zu erweisen, ist es doch vor allem ein vielstimmiges und dissonantes Buch. Auch in diesem Sinne behält Ball noch gegen sich selbst recht. Er lebt und schreibt in Gegensätzen.

---

73 Gleich im Anschluß an die zitierte Passage wird Ball Nietzsches Attacken gegen die Kirche einen „ungeheuren Mißgriff" nennen und am Ende dieser Passage sich selbst zur Phänomenologie bekennen. Die präzise Durchgestaltung der einzelnen Tagebucheintragungen ist hier deutlich zu erkennen; sie erhalten dadurch den Status von Fragmenten im Sinne der Romantiker.

Kapitel IX

Auf der Suche nach dem surrealistischen Ich
Individualität und Wiederholung: Magritte und Breton

1. „Ich bin viele"

Noch bevor er von seiner Begegnung mit Nadja berichtet, erwähnt André Breton die achte Episode aus dem Film *Die Umarmung des Kraken*, der ihn nachhaltig beeindruckt hat: „un Chinois, qui avait trouvé, je ne sais quel moyen de se multiplier, envahissait New York à lui seul, à quelques millions d'exemplaires de lui seul. Il entrait, suivi de lui-même, et de lui-même, et de lui-même, et de lui-même, dans le bureau du président Wilson, qui ôtait son binocle."[1] In ihrer Studie *André Bretons poetischer Materialismus* interpretiert Elisabeth Lenk diese „dämonische Vervielfachung der Person" als Antwort auf die in *Nadja* eingangs gestellte Frage nach dem Ich: „Das Original ist verloren gegangen. Das Individuum ist für sich selbst nur eine – und nicht einmal die beste – der Kopien, die von ihm in Umlauf sind. […] Breton abstrahiert vom Prinzip der Identität. Die innere Einheit verschwindet. Er selbst ist es, der ‚in freier Ausübung (seiner) Persönlichkeit' auf sich folgt."[2]

Der Film ist der Vergessenheit anheimgefallen.[3] Ein Gemälde von René Magritte aus dem Jahre 1953 mag statt dessen die von Breton geschilderte Episode illustrieren: Ein in schlichtes Schwarz gekleideter Mann – er trägt einen Anzug, Mantel und Krawatte, auf dem Kopf einen Bowler – bedeckt in unzähligen Kopien die ganze Leinwand. Zu sehen ist jeweils die Vorderansicht des Mannes, außerdem eine Häuserfront mit Fenstern und rote Dächer, keine Straße,

---

[1] André Breton, Œuvres complètes, 2 Bde., hrsg. von Marguerite Bonnet, Paris: Gallimard 1988 u. 1992, Bd. I, S. 663 (im weiteren abgekürzt mit Bandangabe und Seitenzahl).

[2] Elisabeth Lenk, Der springende Narziß. André Bretons poetischer Materialismus, München: Rogner & Bernhard 1971, S. 82.

[3] „L' Etreinte de la pieuvre, en anglais The Trail of the Octopus, film en quinze épisodes réalisé en 1919 par Duke Worne avec Ben Wilson et Neva Gerber dans les rôles principaux, a été projeté en France en 1921. D'après Hebdo-film qui présente les premiers épisodes dans son numéro du 26 février 1921, c'est un ‚serial fantastique' où les machinations d'une société secrète dangereuse ressemblent à l'étreinte d'une pieuvre gigantesque." (Anm. I: 1533)

viel blauer Himmel: ein ganz irreales Szenario. Zwar sind die einzelnen Bestandteile ganz alltäglich, ihre gewohnte Ordnung aber hat sich verschoben, so wie das etwa in Träumen geschieht. Gemalt sind die Figur(en) und auch die Dinge in der für Magritte charakteristischen, die Oberfläche betonenden Weise. In der Form verzichtet der Maler auf persönlichen Ausdruck, seine Bilder sind typisierend und ‚korrekt' gemalt.

Der standardisierte Mann mit dem Bowlerhut – bekannt aus vielen Bildern Magrittes, fast eines seiner Wahrzeichen, wie auch die Pfeife – intendiert die Verkörperung des Nichtindividuellen. „The man with the bowler is just middle class man in his anonymity", erklärt Magritte 1966 in einem Interview in *Life*; „the men are dressed the same, as simply as possible, to indicate a crowd."[4] Es geht Magritte also um die Anonymität des Einzelnen in der Masse. Allem Anschein nach ist es immer derselbe Mann, nur seine Position hat sich jeweils leicht verändert. Alle Einzelnen jedoch sind verschieden, nur auf den ersten Blick wirken sie alle gleich. Trotz genauer Betrachtung jedoch sind die individuellen Züge nur schwer zu erkennen. Lediglich der Mann in der Mitte der zweiten Reihe fällt auf durch die Ähnlichkeit mit Jean Scutenaire, dem befreundeten surrealistischen Schriftsteller. Als ihm ein vergrößertes Detail dieser Figur vorgelegt wurde, bestätigte Scutenaire, daß Magritte es als ein ‚geheimes Portrait' von ihm intendiert haben könnte.[5]

Im November 1953 schreibt der Maler an Gaston Puel, den französischen Schriftsteller, das Bild sei eine ganz spontane Antwort auf das Problem der Raumdarstellung.[6] Das Gemälde zeigt eine auffällige Raumstaffelung: Die Figur wird in drei Reihen hintereinander angeordnet. In der letzten Reihe ist sie winzig und unkenntlich. Auf diese Weise wird die Tiefendimension des Bildes überpointiert, während die vertikale Ordnung der Figur repetitiv ist. Der Mann mit dem Bowler überschwemmt das ganze Bild. Er fällt vom Himmel und das gleich reihenweise, in schöner Ordnung. Der Abstand der Figuren zueinander ist regelmäßig, die Gesetze der Perspektive werden befolgt. Ein Rapport ist nicht zu erkennen. Wiederholung und Gleichartigkeit der Figur betonen das Nichtindividuelle des Mannes mit dem Bowler. Standardisierung und Serialität bestätigen einander: der Mensch als unendliche Kopie seiner selbst. Die Frage nach dem Original scheint aus dem Bild verbannt, denn Singularität und Selbsteigenheit des Einzelnen werden durch die Art und Weise der Darstellung gerade negiert.

---

4 Zit. nach: René Magritte, Catalogue raisonné, hrsg. von David Sylvester, Bd. III: Oil Paintings, Objects and Bronzes. 1949–1967, The Menil Foundation, London 1993, S. 206 u. S. 205 (im weiter zitiert als „Magritte, Catalogue").

5 Vgl. ebd., S. 205.

6 „*Golconde* est aussi le tableau d'une vision instantanée. Il aurait pu être le résultat d'une recherche parlant de la ‚question espace'." (Ebd., S. 205.)

Genau darin besteht für mich der Bezug zur dämonischen Vervielfältigung des Ich, von der Breton in *Nadja* spricht. Da ich den Film *Die Umarmung des Kraken* nicht kenne, sehe ich beim Lesen immer das Bild von Magritte. Der Text und seine (falsche) Illustration gehören für mich unabweislich zusammen. Nur der Beiklang des Dämonischen fehlt. Fliegen, in der Luft schweben, im Himmel sein, wohlbehalten auf die Erde kommen. Irgendwie hat das mit Märchen zu tun, ist in meiner Erinnerung positiv konnotiert. Den Ausführungen von Magritte zufolge drückt das Bild Freude oder sogar einen gewissen Optimismus aus.[7] Es zeigt also nicht nur die Entindividuierung, den traurigen Verlust des Ich, sondern die beliebige Vervielfachung des Ich, mithin seine schier unendliche Bereicherung. Die Person wird von der Last der Individualität befreit: Ich bin viele und dadurch vielleicht auch mir selbst eine Überraschung. Die traditionellen Vorstellungen des Ich zumindest werden angefochten. Die scheinbare Schwerelosigkeit der Person ist dabei äußerst ambivalent: sie ist irreal, vorgetäuscht, ganz und gar nichts Außergewöhnliches, offensichtlich angenehm – und immer auch das Gegenteil.

René Magritte, Golconde, *1953, Öl auf Leinwand 80,7 x 100,6 cm, The Menil Collection, Houston*

---

7 „There is, if you like, joy in the painting because it is a marvel. And there is some optimism, too." (Ebd., S. 206.)

„Nous faut-il analyser ces fantômes?", fragte Marcel Lecomte bereits im April 1954 in *La Carte d'après nature*.[8] Das Gemälde Magrittes zeigt – darin durchaus anderen seiner Bilder verwandt – die Dialektik des Ich: die Vereinzelung in der Menge und das prekäre Gleichgewicht des sich multiplizierenden Einzelnen, mithin seine Gefährdung von innen und von außen, aber auch neue Perspektiven und Chancen. Denn nicht nur das Stereotype und Serielle hat Magritte im Auge, sondern das ‚Mysterium des Realen', die schier unendlichen, noch nicht realisierten Möglichkeiten des Wirklichen. Im Bild scheinen die Gesetze der Gravitation außer Kraft gesetzt. Die Wahrnehmung der Welt durch den Menschen (nur durch die Figuren hindurch erkenne ich die Häuserzeile mit den Fenstern) kann sich offensichtlich über ihre etablierten und anerkannten Gesetze auch hinwegsetzen. Michel Foucault, der den Maler in seinem Essay *Ceci n'est pas une pipe* (1968) auf die Arbitrarität des Zeichens und die Gleichartigkeit (similitude) hin interpretierte, wird damit dem ins Metaphysische ausgreifenden Selbstverständnis René Magrittes nicht gerecht: Mit seinen ‚poetischen Bildern' will er Ähnlichkeit (ressemblance) evozieren. „Das Mysterium ist keine der Möglichkeiten des Realen. Das Mysterium ist das, was unbedingt notwendig ist, damit es Reales gibt."[9]

Golconde ist der bis jetzt ungenannte Titel des Gemäldes. Golconda, Name für eine ‚Zauberstadt' in Indien, von der Mitte des 14. bis zum Ende des 17. Jahrhunderts Regierungshauptstadt legendärer Sultane, war berühmt für ihren unermeßlichen Reichtum, berüchtigt wegen des verschwenderischen Luxuslebens. Heute ist das alte Golconda nur noch eine Ruinenstadt, 10 km westlich von Hyderabad im Südosten Indiens gelegen. Magritte könnte von ihr gewußt haben, da im Siebenjährigen Krieg Golconda zu den Verbündeten Frankreichs zählte.[10] Genaueres war nicht zu recherchieren, Bildinhalt und Titel fallen in eklatanter Weise auseinander.[11] In dem schon mehrfach zitierten, nur auf englisch erschienen Interview erklärt Magritte: „As for the title – Golconda was a magical city. A fanciful city of riches and luxury, so the title means something of a marvel."[12] Es ist viel über die Titel seiner Bilder und deren scheinbares

---

8 Zit nach: Magritte, Catalogue, S. 205.
9 René Magritte, Sämtliche Schriften, hrsg. von André Blavier, aus dem Französischen von Christiane Müller und Ralf Schiebler, München: Hanser 1981, S. 433 (im weiteren zitiert als „Magritte, Schriften").
10 Bei meinen Recherchen über Golconda hat mich Margrit Pernau-Reifeld unterstützt, der ich hiermit danken möchte.
11 Vgl. David Sylvester, *Golconde* by René Magritte, in: The Menil Collection. A Selection from the Paleolithic to the Modern Era, New York 1987, S. 216–220.
12 Magritte, Catalogue, S. 206.

Mißverhältnis zum Dargestellten geschrieben und gerätselt worden.[13] Magritte will zeigen, was er denkt, dabei unsere Sehgewohnheiten verwirrend, so daß auch wir mehr und anderes an den Dingen wahrnehmen als gewöhnlich. In „Die Lebenslinie (I)", einem Vortrag von 1938, erläutert Magritte,

> daß die Titel meiner Bilder ein Anlaß für Gespräche sind und keine Erklärungen. Die Titel sind so gewählt, daß sie überdies verhindern, meine Bilder in einem vertrauten Bereich anzusiedeln, den der automatische Ablauf des Denkens für sie finden könnte, um ihre Reichweite zu unterschätzen. Die Titel müssen ein zusätzlicher Schutz sein, der jeden Versuch, die wahre Poesie auf ein folgenloses Spiel zu reduzieren, entmutigen wird.[14]

Die Frage nach dem Sinn seiner Bilder hat Magritte stets abgewiesen: Sie sind, was sie zeigen. Das aber gibt Rätsel auf und wahrt, selbst bei sophistischen Überlegungen, ihr Geheimnis. Die ‚poetischen Bilder' verstehen, heißt: sie „als solche nehmen – und nicht erklären".[15]

> Die Kunst des Malens verdient es wahrlich, die Kunst der Ähnlichkeit genannt zu werden, wenn sie darin besteht, das Bild eines Denkens zu malen, das der Welt ähnelt: da das Ähneln ein spontaner Akt des Denkens ist und nicht ein vernünftiges oder wahnsinniges Gleichartigkeitsverhältnis. [...] Die Ähnlichkeit – die geeignet ist, durch die Malerei sichtbar zu werden – erfaßt nur Figuren, wie sie in der Welt erscheinen: Personen, Vorhänge, Waffen, Sterne, feste Körper, Inschriften usw., spontan in der Ordnung vereint, wo das Vertraute und das Fremdartige ins Mysterium zurückversetzt sind.[16]

In seinen Bildern will René Magritte das ‚Mysterium des Realen' evozieren. Dabei werden tradierte Sehgewohnheiten durchbrochen, die für ihn charakteristischen irritierenden Effekte entstehen: Unsere an der Oberfläche der Dinge orientierte Wahrnehmung der Welt wird durchsichtig für ihren geheimen inneren Zusammenhang. Indem Magritte die Dinge in einem ‚endlosen Netz von Ähnlichkeiten' verknüpft, besteht er allerdings darauf, „daß die Art und Weise, wie wir die Dinge mit unseren – verbalen und visuellen Zeichen darstellen, niemals von diesen Dingen selbst determiniert sein kann."[17] Magritte will zurück zu den Dingen selbst. An Foucault schreibt er: „was ich denken mag, [...] evoziert die

---

13 In seinem Artikel über „Die Titel" (1946) expliziert Magritte selbst diese Frage an einer Reihe von Beispielen (vgl. Magritte, Schriften, S. 207–213). Diese Erläuterungen sind sehr anregend, ihr diskursiver Wert ist umstritten; mehrfach ist Magritte für seinen besonders in den späten Jahre zum Apodiktischen neigenden und ins Dunkle gehenden Stil kritisiert worden.
14 Magritte, Schriften, S. 86.
15 Ebd., S. 570 („Die Poesie ...").
16 Ebd., S. 421 („Die Kunst des Malens ...").
17 Karlheinz Lüdeking, Die Wörter und die Bilder und die Dinge. Magritte & Foucault, in: René Magritte. Die Kunst der Konversation, (Ausstellungskatalog der Kunstsammlung Nordrhein-Westfalen, Düsseldorf), München/New York: Prestel 1996, S. 58–72; hier: S. 58.

Realität der Welt, die Erfahrung und Vernunft konfus betrachten."[18] Das Poetische und Geheimnisvolle seiner Bilder ist das Wunder an den Dingen selbst. Magrittes inspiriertes Denken ist noch daran zu erkennen, daß es auch die Betrachter seiner Bilder inspiriert. „Indem es inspiriert wird, hört das Denken auf, banal, außergewöhnlich, verrückt oder genial zu sein: es ähnelt der Welt, indem es Gleichartigkeiten mit dem hat, was die Welt ihm bietet, UND indem es das Mysterium dessen evoziert, was es empfängt."[19]

Im „Fragebogen einer Schülerin" (ca. 1960) schreibt Magritte: „Für mich ist es das Wesentliche *zu wissen, was ich male*. Das *Wie* besteht nur darin, korrekt zu malen, was ich malen muß."[20] Er versteht sich weniger als Künstler, denn als in Bildern Denkender,[21] mithin als jemand, der unmittelbare Erkenntnis evozieren will. Nicht auf ein durch die Vernunft und ihre Kategorien vermitteltes Wissen zielt Magritte, sondern auf eine durch Sehen erreichte Erkenntnis.[22] Sie ist evident und in der Sinnlichkeit fundiert. Dieses Bestreben teilt er mit vielen modernen Künstlern seiner Zeit, dessen erster, nach wie vor unerreichter Meister allerdings ist Leonardo da Vinci. Magrittes Malerei ist ein „*Denken, das sieht*".[23] (Während die Schrift „eine unsichtbare Beschreibung des Denkens" ist, ist die Malerei dessen sichtbare Beschreibung; die ‚literarische Malerei' hingegen befaßt „sich mit Ideen und Gefühlen [...], indem sie deren Pseudodarstellung benutzt, die konventionellen Symbole."[24])

Magrittes Rückkehr zu den Dingen selbst geht über die Erfahrung der bekannten empirischen Wirklichkeit hinaus und belegt seinen „Glauben an die unerkannten Möglichkeiten des Lebens".[25] Indem Magritte die ‚kategoriale Brille' ablegt, befreit er „die Malerei aus ihrer Fixierung auf das ‚Retinale'", schreibt Lüdeking und führt weiter aus, „daß die ‚Ordnung der Ähnlichkeit', die Magritte in seiner Malerei enthüllen möchte, unseren semantischen Konventionen ebenso widersprechen kann wie unserem empirischen Wissen."[26] Darin liegt dann auch die innovative, besser: die subversive Funktion seiner Kunst. Die in seinen Bildern eröffnete neue Dimension der Realität kennzeichnet Magrittes Zugehörigkeit zum Surrealismus und spezifiziert sein Verständnis von ihm. Trotz erheblicher Differenzen mit anderen Vertretern dieser Richtung und trotz entschiedener

---

18 Magritte, Schriften, S. 534 („Brief an Michel Foucault").
19 Ebd., S. 468 („Die sichtbare Poesie").
20 Ebd., S. 343.
21 Vgl. „Das Denken und die Bilder" (1954) in: Magritte, Schriften, S. 305–312.
22 Vgl. „Die Ähnlichkeit" (drei Fassungen), in: Magritte, Schriften, S. 405ff., S. 428ff., S. 437ff.
23 Ebd., S. 308 („Das Denken und die Bilder").
24 Ebd., S. 570 („Die Poesie ...").
25 Ebd., S. 89 („Lebenslinie (I)").
26 Lüdeking (Anm. 17), S. 63.

Ablehnung der Psychologie durch Magritte, bekannte er sich schon früh zum Surrealismus. In „Die Lebenslinie (I)" schreibt er:

> Schließlich der Surrealismus, der der Menschheit eine Methode und geistige Orientierung gibt, die geeignet sind, Untersuchungen in den Bereichen zu verfolgen, die man ignorieren oder mißachten wollte und die den Menschen doch unmittelbar betreffen. Der Surrealismus fordert für das wache Leben eine Freiheit, die der, die wir beim Träumen haben, ähnlich ist.[27]

Wie aber versteht sich dieses surreale Ich, das tagträumend in Freiheit lebt? Das vom Surrealismus neu gestellte Problem von Identität und Wiederholung verweist auf die Rätselhaftigkeit des Ich. Der freischwebend im Raum dargestellte Mann mit dem Bowler ist Jedermann und zugleich ein Phantom. Das Ich im traditionellen Verständnis hat sich in Luft aufgelöst, in unzähliger Wiederholung ist die immer gleiche Figur hinter- und nebeneinander angeordnet. Die Frage nach dem Verhältnis von Original und Kopie, von Urbild und Abbild wird von Magritte gegen die Konventionalität des Denkens entfaltet. Erst im Akt der Negation versichert sich das Ich paradoxerweise seiner Identität, oder anders formuliert: seine Wiederholung begründet seine Individualität. So wie jede Selbstauflösung die Vorgängigkeit des Ich voraussetzt, diese also durch jene bestätigt wird, so muß das Ich immer schon mit sich vertraut sein, um sich als selbes (wieder)zuerkennen. Jede Wahrnehmung setzt Wissen voraus, aber erst in der Differenzwahrnehmung konstituiert sich das Ich. Es ist stets ein anderes. *Individuum est ineffabile*. Das existentiell und logisch Frühere erfährt seine Bestätigung ex negativo durch Späteres. Das Irritierende, aber auch das Sinnfällige der Bilder Magrittes liegt nun darin, daß er die zeitliche Ordnung der Dinge in den Raum projiziert. Das setzt unsere Sehgewohnheiten außer Kraft. Indem sie das Geheimnis des Wirklichen zeigen, konfrontieren sie uns zugleich mit dem ‚Mysterium des Ich'. Während sich das Ich in den Dingen gespiegelt erkennt, verliert es sich an die Welt. Diese Dialektik läßt sich ad infinitum durchspielen. Nur wer die Kraft der Distanznahme und Negation aufbringt, wird darin nicht ganz und gar verschwinden.[28] Nadja gelingt bekanntlich dieser überlebensnotwendige Akt nicht, und insofern ist das Buch, das André Breton ihr widmet, ein Dokument tragischen Scheiterns. Es ist aber auch eine Liebeserklärung an seine

---

27 Magritte, Schriften, S. 79.
28 Die Zwischenüberschrift für diesen Abschnitt habe ich der deutschen Übersetzung des Buches *The Flock* von Joan Frances Casey und Lynn Wilson entnommen: *Ich bin viele*. Die in diesem Buch dokumentierte ‚ungewöhnliche Heilungsgeschichte' einer multiplen Persönlichkeit wird abwechselnd aus der Perspektive der Patientin und der sie behandelnden Psychotherapeutin geschildert; bei den gewählten Namen handelt es sich um Pseudonyme.

‚surrealistische Muse', eine nachträgliche zwar, aber in dieser Form eine die Aktualität ihrer Begegnung überdauernde.

2. Bretons Versuch einer surrealistischen Autobiographie

In *Nadja*, einem Buch, das keine Gattungsbezeichnung trägt, eröffnet Breton einen Diskurs über den Stellenwert des Ich. Eingangs stellt er die Frage „Wer bin ich?"[29] Um ein Bestimmter zu werden, müssen alle anderen Möglichkeiten, die das Leben bereit hält, ausgeschlagen werden. Die ganze Fülle des Lebens ist unerreichbar. Ich bin stets nur ein Abglanz meiner selbst. Der Abstieg von der Möglichkeit in die Wirklichkeit wird zwar wahrgenommen als Verlust – Breton weist ausdrücklich darauf hin, daß das nichts mit Erbsünde zu tun hat –, dieser Fall aber birgt die einzige Realisierungschance. Auf seiner Suche muß sich das Ich also bereits voraussetzen,[30] findet sich in der aktualisierenden Wiederholung seines Vorentwurfs, wobei sich seine Individualität als spezifische Differenz konstituiert.

„Qui suis-je? Si par exception je m'en rapportais à un adage: en effet pourquoi tout ne reviendrait-il pas à savoir qui je ‚hante'?" (I: 647). Breton biegt die Frage nach dem Ich und seiner Identität auf diese sprichwörtliche Redeweise um: „Sage mir, mit wem Du umgehst, und ich sage Dir, wer Du bist." Er beginnt mit der Überlegung, daß das Ich sich erst im Spiegel der anderen zu erkennen vermag. Das Ich, hauptsächlich durch seine Umgebung und seine Erfahrungen geprägt, ist also nicht einfach mit sich identisch, sondern sich selbst nur über Distanz und Differenz erfahrbar, die ihm deshalb auch als spezifisch zugehörig eingeschrieben ist: „je m'efforce, par rapport aux autres hommes, de savoir en quoi consiste, sinon à quoi tient, ma différenciation" (I: 648). Am Ende des Buches wird Breton auf die Frage nach dem Ich zurückkommen und sie mit der Frage des Schreibens verbinden, wobei er das eigene Selbstverständnis und den Text aus dem Leben parallelisiert: Vom Leben, vom Ich und vom Anderen können wir dauerhaft nur wissen durch das Schreiben. Die Autobiographie vermag zwar nicht die eigene Geschichte in ihrer ganzen Komplexität und Fülle in Literatur zu übersetzen, aber nur das, was sie festhält, ist dem Vergessen entrissen (vgl. I: 707f.). Die Selberlebensbeschreibung wiederholt das Leben im Schreiben, indem sie es in dieser Form allererst schafft.

---

29 Nachweislich geht Bretons Frage nach dem Ich auf das Jahr 1916 zurück und vertieft sich im Laufe der Zeit (vgl. I: 1523; Anm.).

30 „Cette vue sur moi-même ne me paraît fausse qu'autant qu'elle me présuppose à moi-même, qu'elle situe arbitrairement sur un plan d'antériorité une figure achevée de ma pensée qui n'a aucune raison de composer avec le temps" (I: 647).

Breton gibt für seine autobiographische Skizze genaue Rahmenbedingungen an: „Je prendrai pour point de départ l'hôtel des Grands Hommes, place du Panthéon, où j'habitais vers 1918, et pour étape le Manoir d'Ango à Varengeville-sur-Mer, où je me trouve en août 1927 toujours le même décidément" (I: 653). Die Publikation von *Nadja* erfolgt im Frühjahr 1928, d.h. die im Buch berichteten Ereignisse des dritten Teils finden erst während der Niederschrift statt. Der selbstbiographische Bericht schreibt sich also immer enger ans Leben heran. Im Vorwort zur zweiten Auflage 1963 unterstreicht Breton diesen Aspekt und versichert „à n'altérer en rien le document ‚pris sur le vif'" (I: 646).[31] Nach seinen einleitenden Reflexionen über das Ich erzählt Breton eine Reihe von Anekdoten über Schriftsteller und Künstler. Er liebt diese Art persönlicher Geschichten, weil sie kurz und knapp sind und weil sie „die Person des Autors außerhalb des Werkes"[32] erfassen, also das Alltägliche und Spezifische herausstellen, das einer allgemeinen Betrachtung entgeht (vgl. I: 648 u. 1524). In dem Maße, wie sich Breton vom psychologischen Roman und seinen Unaufrichtigkeiten, seinen Tricks und Konstruktionsfehlern distanziert,[33] ist ihm auch die traditionelle Form der Autobiographie verwehrt, und er ist genötigt, für seinen Lebensbericht eine eigene Schreibweise zu finden.

> Je n'ai dessein de relater, en marge du récit que je vais entreprendre, que les épisodes les plus marquants de ma vie *telle que je peux la concevoir hors de son plan organique*, soit dans la mesure même où elle est livrée aux hasards, au plus petit comme au plus grand, où regimbant contre l'idée commune que je m'en fais, elle m'introduit dans un monde comme défendu qui est celui des rapprochements soudains, des pétrifiantes coïncidences, des réflexes primant tout autre essor du mental, des accords plaqués comme au piano, des éclairs qui feraient voir, mais alors *voir*, s'ils n'étaient encore plus rapides que les autres. (I: 651)

Bretons autobiographische Erzählung geht weder chronologisch vor noch folgt sie einer organischen Anordnung, d.h. weder der zeitliche Ablauf noch ein auf Funktionalität und Zusammenhang orientiertes Muster strukturieren seinen Bericht des eigenen Lebens. Seine Ambition geht offensichtlich auf eine auch der Form nach dem Surrealismus verpflichtete Autobiographie. Das Zufällige, das

---

31 Die zum Teil erheblichen Abweichungen zwischen erster und zweiter Auflage betreffend vgl. Claude Martin, *Nadja* et le mieux-dire, in: Revue d'Histoire Litteraire de la France 2 (1972), S. 274–286. Eine gute Übersicht der unterschiedlichen Interpretationen von *Nadja* gibt Renée Riese-Hubert, *Nadja* depuis la mort de Breton, in: Œuvres et Critiques 2 (1977), S. 93–102.
32 André Breton, Nadja, aus dem Französischen übersetzt und mit einem Nachwort von Max Hölzer, Frankfurt/M.: Suhrkamp 1986, S. 9.
33 Bereits im *Ersten Manifest des Surrealismus* bezieht Breton gegen traditionelle Formen des Erzählens Stellung (vgl. I: 313ff.).

Überraschende und das Nichtmitteilbare spielen dabei eine wichtige Rolle.[34] Breton will um den im Zentrum des Buches stehenden Bericht seiner Begegnung mit Nadja herum einige markante Episoden seines Lebens anführen. Eine umfassende Rechtfertigung kann und will er nicht geben.[35] Angeblich ohne vorgefaßten Plan notiert er, was ihm spontan in Erinnerung kommt.[36] Als surrealistische Autobiographie behauptet *Nadja* Modellcharakter.[37]

Nach all diesen einleitenden Überlegungen und Erwägungen – bei aller Kürze hat *Nadja* durchaus repetitive Elemente – reiht Breton zwölf Begebenheiten aneinander. Er berichtet von bedeutungsvollen Zufallsbegegnungen, von seltsamen Zufallsfunden (einem Halbzylinder, einem Bronzehandschuh) und beschreibt einige für den Surrealismus charakteristische Praktiken, so die Schlafexperimente von Robert Desnos, die Kunst, sich durch Paris treiben zu lassen, ferner Theater- und Kinobesuche, etwa den Film *Die Umarmung des Kraken* oder auch die Aufführung von *Les Détraquées*, die eine ausgiebige Würdigung erfährt. Ein Stichwort aus der einen Episode evoziert die jeweils neue Begebenheit, die Assoziation ist also der Ariadnefaden durchs Labyrinth der Stadt und des Lebens. Die zufälligen Begegnungen, Erinnerungen, Wünsche und Ängste werden von Breton in eine Reihenfolge gebracht, die ihre Beliebigkeit akzentuiert und zugleich darauf insistiert, ihren gemeinsamen Ort lediglich im wahrnehmenden und erlebenden Ich zu haben. Dieses wird durch jenes bestimmt und ist deshalb nicht nur wandlungsfähig, sondern stets vorläufig. Mit einer fast traumwandlerischen Sicherheit scheint sich Breton auf das ihm aus der Zukunft entgegenkommende Bild seiner selbst zu zu bewegen.

> J'espère, en tout cas, que la présentation d'une série d'observations de cet ordre et de celle qui va suivre sera de nature à précipiter quelques hommes dans la rue, après leur avoir fait prendre conscience, sinon du néant, du moins de la grave insuffisance de tout calcul soi-disant rigoureux sur eux-mêmes, de toute action qui exige une application suivie, et qui a pu être préméditée. (I: 681)

---

34 Der Begriff des ‚objektiven Zufalls' (hasard objectif) kommt in *Nadja* noch nicht vor; statt dessen spricht Breton von ‚rapprochement soudains' und ‚pétrifiantes coïncidences' (vgl. I: 1540; Anm.).

35 „Qu'on n'attende pas de moi le compte global de ce qu'il m'a été donné d'éprouver dans ce domaine. Je me bornerai ici à me souvenir sans effort de ce qui, ne répondant à aucune démarche de ma part, m'est quelquefois advenu, de ce qui me donne, m'arrivant par des voies insoupçonnables, la mesure de la grâce et de la disgrâce particulières dont je suis l'objet; j'en parlerai sans ordre préétabli, et selon le caprice de l'heure qui laisse surnager ce qui surnage." (I: 652f.)

36 Auf das Konstruierte und Stilisierte von *Nadja* ist mehrfach hingewiesen worden (vgl. Marguerite Bonnet, Notice, I: 1495–1517).

37 Im Unterschied zu der für den Surrealismus charakteristischen écriture automatique zeichnet sich die Selberlebensbeschreibung Bretons durch ihre leichte Lesbarkeit aus. Ins Leben zurückübersetzt wird der Surrealismus also ganz leicht lesbar.

In der achten Episode, einem Besuch im Théâtre Moderne, verdichten sich die bisher aufgezählten Ereignisse. Hier offenbart Breton seinen Wunsch, nachts im Wald eine schöne nackte Frau zu treffen. „J'ai toujours incroyablement souhaité de rencontrer la nuit, dans un bois, une femme belle et nue" (I: 668). Alles in allem hält er eine solche Begegnung nicht für unmöglich. Sie hätte ihn aus dem Alltag herausgerissen, den normalen Ablauf der Zeit stillgestellt. Dieser Herzenswunsch Bretons weist deutlich auf seine Bekanntschaft mit Nadja voraus, so wie auch alle anderen Episoden im ersten Teil den Leser ins surrealistische Szenario einspinnen. Die Begegnung mit einer schönen nackten Frau nachts im Wald ist weniger sexuell konnotiert als Inbegriff surrealen Erlebens: Eine solche Begegnung ist überraschend, wunderbar, erotisch. Sie eröffnet den Eintritt in eine andere Welt, in der der raisonierende und kalkulierende Verstand abwesend ist. Es ist der Wunsch nach potenziertem Leben, der sich hier ausdrückt, und um den Versuch einer Selbstvergewisserung innerhalb dieses gesteigerten Lebens geht es Breton in seinem Rechenschaftsbericht. Aber, so räsoniert der Autobiograph weiter, hätte eine solche Begegnung wirklich stattgefunden, hätte er sich ganz in seinem Wunsch und damit ans Leben verloren. Dieses Ereignis hätte sicherlich einen anderen aus ihm gemacht. Zumindest hätte er nicht mehr aufschreiben können, was er gerade schreibt. „Il me semble que *tout* se fût arrêté net, ah! je n'en serais pas à écrire ce que j'écris." (I: 668) Ob deshalb alles Schreiben immer auch unglücklich sein muß, ist an diesem Punkt noch nicht zu beantworten.[38]

Bevor Nadja die Szene betritt, beschließt Breton den ersten Teil des Buches mit einer dezidierten Kritik am Begriff der Arbeit, die zu einem Wert an sich verklärt wird – übrigens auch von den Kommunisten, in deren Partei er gerade eingetreten ist. Breton hebt demgegenüber die Entfremdung hervor – „Rien ne sert d'être vivant, le temps qu'on travaille." (I: 681) – und spricht der Arbeit jeden moralischen Wert ab. In der Hoffnung auf eine umfassende Freiheit votiert Breton für eine Revolutionierung der bestehenden sozialen Strukturen. Dieser Umsturz beginnt jeweils beim eigenen Selbstverständnis. Auf der Suche nach dem Ich und seiner Beziehung zum anderen, die auch für Breton sehr eng mit der Suche nach dem Sinn des Lebens verbunden ist, vertraut er auf „la disponibilité, l'errance, l'attente" (I: 1540; Anm.). Mit der Nadja-Episode werden diese Fähigkeiten exemplarisch in Szene gesetzt. Zur Diskussion stehen das Verhältnis von Kultur und Natur einerseits, deren Beziehung zu einer anderen, über Kultur und Natur hinausgehenden Sphäre andererseits. Verdeutlicht wird dieses Problem mit der zwölften Episode, in der die legendäre Dame mit dem Hand-

---

38 Vgl. Roger Navarri, *Nadja* oder das unglückliche Schreiben (1973), in: Der Surrealismus, hrsg. von Peter Bürger, Darmstadt: Wiss. Buchges. 1982, S. 191–204.

schuh Breton vor ein veränderliches Bild führt, auf dem von links nach rechts betrachtet zuerst eine Vase, dann ein Tiger und schließlich ein Engel zu sehen sind. Breton bewegt sich – Kultur und Natur, vertreten durch den Kunstgegenstand und das wilde Tier, hinter sich lassend – in Richtung auf einen angelischen Bereich, eine geistige Sphäre. Dieser surrealen Welt gehört Nadja an – zumindest solange, bis der Engel in die Hölle der Psychiatrie abstürzt.

3. „Nadja" als exemplarischer Fall

Die erste Begegnung mit Nadja findet am 4. Oktober 1926 statt: Vor einer Kirche stehend sieht Breton plötzlich eine junge Frau, die ihm aus entgegengesetzter Richtung entgegenkommt. Er ist von ihren Augen fasziniert und von ihrem geheimnisvollen Lächeln. „Elle me dit son nom, celui qu'elle s'est choisi: ‚Nadja, parce qu'en russe c'est le commencement du mot espérance, et parce que ce n'en est que le commencement.' Elle vient seulement de songer à me demander qui je suis (au sens très restreint de ces mots). Je le lui dis." (I: 686) Die eingangs gestellte Frage ‚Qui suis-je?' kann offensichtlich durch einfache Namensnennung, also ganz konventionell und äußerlich, beantwortet werden, was aber nur funktioniert, um sich bekannt zu machen. Noch im Laufe des ersten Gesprächs wird ausdrücklich betont, daß die Frage nach dem Namen alle anderen Fragen zusammenfaßt (vgl. I: 688). In diesem Sinne sagt Nadja über sich selbst „Je suis l'âme errante." (I: 688), und mit ihren visionär-prognostischen Fähigkeiten sagt sie über Breton: „C'était vraiment une étoile, une étoile vers laquelle vous alliez." (I: 688)

Im Laufe der weiteren Begegnungen – Breton und die junge Frau werden sich bis zum 13. Oktober täglich treffen – stellt sich heraus, daß Nadja ganz viele verschiedene Rollen verkörpert, literarisch und biographisch vorgeprägte ebenso wie selbstgewählte. Sie sieht sich als Solange und Hélène,[39] als Sphinx und Melusine,[40] als der über den Wassern schwebende Geist in einem spiegellosen Raum,[41] und von Breton wird sie gesehen als ein romantischer Teufel.[42] Für ihn ist sie die inspirierte und inspirierende Kreatur, aber auch die ärmste der

---

39 Solange (Sol/Ange), gespielt von Blanche Derval, ist die schöne Morphinistin aus *Les Détraquées* von Pierre Palau (vgl. I: 1544; Anm.); Hélène Smith war ein damals sehr bekanntes Medium (vgl. I: 693).
40 Vgl. I: 691, 713 u. 721, wo sich Nadja in einem Doppelporträt von ihr und Breton als Sirene darstellt.
41 „Je suis la pensée sur le bain dans la pièce sans glaces." (I: 708)
42 Nadja, qui a rejeté un pan de sa cape sur son épaule, se donne, avec une étonnante facilité, les airs du Diable, tel qu'il apparaît dans les gravures romantiques." (I: 708)

Frauen.⁴³ Insbesondere die soziale Deklassierung – Nadja ist mittellos und verdingt sich als kleine Prostituierte – wird für Breton zu einem persönlichen, gefühlsmäßigen Problem. Was Breton an Nadja bewundert, ist ihre wunderbare Art und Weise, mit der sie am Leben hängt, diese anbetungswürdige Mischung aus Leichtigkeit und Inbrunst (vgl. I: 701). Ihr Wahlspruch lautet: „il faut que toute chose arrive à son heure" (I: 710). Obwohl er sich schon nach wenigen Tagen mit ihr zu langweilen beginnt, kann er vom Umgang mit ihr nicht lassen, denn mit Nadja ist er näher an den Dingen, die sich wie ein listiger Hund ihr zu Füßen legen (I: 714). Diese Durchlässigkeit für die Welt, ihre medialen Fähigkeiten und die Gabe, sich willenlos ganz ans Leben hinzugeben, lassen ihn in Nadja die wahre Vertreterin des Surrealismus erkennen. Über das moralisch zweifelhafte seines Verhältnisses zu der jungen Frau ist sich Breton früh bewußt, allerdings ohne einen Ausweg aus diesem Dilemma zu finden.

> Je suis mécontent de moi. Il me semble que je l'observe trop, comment faire autrement? [...] Il est impardonnable que je continue à la voir si je ne l'aime pas. Est-ce que je ne l'aime pas? Je suis, tout en étant près d'elle, plus près des choses qui sont près d'elle. Dans l'état où elle est, elle va forcément avoir besoin de moi, de façon ou d'autre, tout à coup. (I: 701)

Wie unwiderstehlich auch den Surrealisten das Traumwandlerische und Geistesabwesende Nadjas angezogen hat, so wenig war er sich doch über den Grad ihrer geistigen Verwirrung im klaren. Einige Zeit nach ihrer Trennung erfährt Breton ganz zufällig, daß Nadja in eine psychiatrische Anstalt eingewiesen wurde; auch den Leser trifft diese Nachricht unvermittelt. „On est venu, il y a quelques mois, m'apprendre que Nadja était folle. A la suite d'excentricités auxquelles elle s'était, paraît-il, livrée dans les couloirs de son hôtel, elle avait dû être internée à l'asile de Vaucluse." (I: 736) Breton wird Nadja nie wiedersehen, was er mit seiner kritischen Haltung gegenüber der Psychiatrie begründet. Zwar ist seine heftige Kritik am Gefängnischarakter der Psychiatrie und seine Einsicht, daß in diesen Anstalten, weit davon entfernt zu heilen, die Geisteskrankheit nur verschlimmert wird, mehr als berechtigt, sein Verhalten der internierten Freundin gegenüber bleibt jedoch mehr als fragwürdig. Seine Feststellung, daß ihre Armut allein für ihre Verurteilung ausreicht, entbehrt nicht eines gewissen Zynismus. Nadja, so konstatiert Breton, war für die Freiheit geschaffen, die umfassende Befreiung des Menschen in dieser Welt aber noch nicht durchgesetzt; ihr Scheitern ist deshalb nicht abwendbar. Da Breton Nadja unter surrealistisch-revolutionärer Perspektive wahrgenommen hat, erschien ihm ihr außerordentli-

---

43 „Qui est la vraie Nadja [...] la créature toujours inspirée et inspirante [...] la plus pauvre de toutes les femmes" (I: 716).

ches Verhalten nicht weiter beunruhigend. Dieser Vorrang der Literatur vor dem Leben führt zu fatalen Mißverständnissen.

> Les lettres de Nadja, que je lisais de l'œil dont je lis toutes sortes de textes poétiques, ne pouvaient non plus présenter pour moi rien d'alarmant. Je n'ajouterai, pour ma défense, que quelques mots. L'absence bien connue de frontière entre la *non-folie* et la folie ne me dispose pas à accorder une valeur différente aux perceptions et aux idées qui sont le fait de l'une ou de l'autre. Il est des sophismes infiniment plus significatifs et plus lourds de portée que les vérités les moins contestables: les révoquer en tant que sophismes est à la fois dépourvu de grandeur et d'intérêt. (I: 741ff.)

Bretons Begegnungen mit Nadja zwischen dem 4. und dem 12. Oktober 1926 sind in der Form eines Tagebuches abgefaßt, was die Atemlosigkeit der vergangenen Ereignisse verdeutlicht und die Authentizität der Mitteilungen steigert. Obwohl *Nadja* keine Gattungsbezeichnung trägt, hat der Autor offensichtlich autobiographische Intentionen.[44] Die Wege ihrer Spaziergänge durch Paris etwa und ihre Aufenthaltsorte sind genau zu recherchieren.[45] Mehrfach hat Breton den historischen Wahrheitsgehalt seiner Äußerungen betont und den dokumentarischen Charakter durch 47 (später 51) Photographien unterstrichen.[46] Im „Avant-dire (dépêche retardée)", das er der revidierten Neuauflage 1963 voranstellt, bekräftigt er seinen ‚autobiographischen Pakt'. Getreu dem surrealistischen Programm ist *Nadja* ein Bericht direkt aus dem Leben, was noch Bretons ‚anti-literarische Voreinstellung' erklärt.[47] Neben den Tagebucheintragungen enthält *Nadja* essayistische und erörternde Passagen, deren Bekenntnischarakter unverkennbar ist. Beendet wird das Buch mit einer Zeitungsmeldung, also einem anderen Dokument direkt aus dem Leben. Der Stilwille und das nachträglich Konstruierte sind unbestritten, der autobiographische Gehalt ebensowenig. Da für Breton Literatur und Leben nicht mehr getrennt sind (bzw. getrennt sein

---

44 Bei *Nadja* handelt es sich selbstverständlich nicht um eine Autobiographie im traditionellen Sinne, darauf hat Peter Bürger in seinen Studien über den französischen Surrealismus bereits 1971 hingewiesen. Da das Buch kein eindeutig lesbares Titelblatt hat, ist eine Lektüre als spezifisch moderne Selberlebensbeschreibung durchaus möglich, um so mehr als diese Lesart durch den Autor selbst im ersten Teil thematisiert wird.

45 Eine topographisch strukturierte Autobiographie zieht später auch Walter Benjamin in *Berliner Chronik* in Erwägung; als ein Orientierungsmuster bleibt die Topographie auch in der *Berliner Kindheit* erhalten.

46 Vgl. Jean Arrouye, La Photographie dans *Nadja*, in: Melusine 4 (1982), S. 123–151. – Im dritten Teil des Buches muß Breton feststellen, daß „der Illustrationsteil zu Nadja sehr unbefriedigend ausfiel", denn die unter subjektivem Blickwinkel aufgenommenen Photographien wehrten sich gegen seine dokumentarische Absicht; aber auch eine objektive Widergabe der Stadt wird nun in Zweifel gezogen (vgl. Breton, Nadja (dt.), S. 116f.).

47 Bretons ‚anti-literarische Voreinstellung' geht, Beaujour zufolge, auf einen ‚spitzfindigen Realismus' zurück. (Vgl. Michel Beaujour, Was ist *Nadja*?, in: Der Surrealismus (Anm. 38), S. 173–190; hier: S. 178f.

sollen), avanciert die Selberlebensbeschreibung zu derjenigen Gattung, die alle anderen umgreift. Auf der Suche nach einer neuen, dem surrealistischen Selbstverständnis angemessenen Schreibweise erprobt Breton in Nadja unterschiedliche Erzählperspektiven. Neben dem Bemühen um Dokumentation besonders auffällig und aussagekräftig sind die Binnengliederungen.

Nadja gliedert sich in drei Teile, deren erster, nach einer einleitenden Problematisierung des Ich, den Leser auf die Welt der Surrealisten vorbereitet, deren zweiter in Form eines Tagebuches die Geschichte des Autors mit Nadja erzählt. (Besonders signifikant ist hier, daß Breton nach der ersten gemeinsamen Nacht mit Nadja – die sexuelle Bedeutungsebene ihres Aufenthalts im Hôtel du Prince de Galles wird in der zweiten Auflage verwischt – die Form des Tagebuches aufgibt und nun sehr viel distanzierter und resümierender berichtet; außerdem werden die weiteren Ereignisse von den vorauffliegenden durch eine unterbrochene Linie getrennt – ein Stilprinzip, das er noch mehrfach wiederholen wird, durch diese Art der Unterbrechung Trennung und Durchlässigkeit gleichermaßen markierend.) Im letzten, mit zeitlichem Abstand geschriebenen Teil schließlich sind nachträgliche Reflexionen sowie ein die aktuelle Situation bedenkender Ausblick in die Zukunft enthalten. Leitmotivisch durch alle drei Teile des Buches zieht sich die Frage nach Individualität und Identität des Autors, die sich, anders als in traditionellen Autobiographien, mit dem Fortgang des Buches allererst entwickelt. Daß keine abschließende zufriedenstellende Antwort gefunden werden kann, verschlägt nichts.

Wie vor ihm schon Dada war der Surrealismus dem eigenen Selbstverständnis nach keine Kunstrichtung, sondern eine das ganze Leben umfassende revolutionäre Bewegung.[48] Die Einebnung der literarischen Gattungsschranken und die Überschreitung der Grenzen zwischen den einzelnen Sparten der Kunst finden darin ihre systematische Begründung.[49] Das surrealistische Manifest von 1924 wurde ergänzt durch *Poisson Soluble*, eine Sammlung automatischer Texte Bretons, die das in der programmatischen Erklärung theoretisch Vorgestellte und Geforderte durch eine entsprechend individuelle literarische Einlösung fundieren und beglaubigen. *Poisson Soluble* ist als integraler Bestandteil des *Ersten*

---

48 Vgl. hierzu André Breton, Entretiens – Gespräche: Dada, Surrealismus, Politik; die Radio-Gespräche 1913–1952, übers. u. hrsg. v. Unda Hörner u. Wolfram Kiepe, Amsterdam: Verl. der Kunst 1996. Diese Radio-Gespräche enthalten „Bretons persönliche Geschichte des Surrealismus" (Nachwort, S. 381), die sich selbst als Ergänzung und Korrektur versteht zu Maurice Nadeaus *Geschichte des Surrealismus* (1945; dt. 1986).

49 Vgl. Dietrich Mathy, Die Avantgarde als Gestalt der Moderne oder: Die andauernde Wiederkehr des Neuen. Zur Korrespondenz und Grenzüberschreitung der Künste zu Beginn des zwanzigsten Jahrhunderts, in: Die literarische Moderne in Europa, 3 Bde., hrsg. von Hans Joachim Piechotta u. a., Opladen: Westdt. Verl. 1994, Bd. II, S. 79–88.

Manifests zu lesen; diese Verbindung von poetischen, kulturkritischen und radikale Veränderung adaptierenden Aussagen ist für den Surrealisten Breton charakteristisch. „*Poisson soluble*, n'est-ce pas moi le poisson soluble, je suis né sous le signe des Poissons et l'homme est soluble dans sa pensée! La faune et la flore du surréalisme sont inavouables." (I: 340)

Sollte sich im automatischen Schreiben, das Breton 1919 gemeinsam mit Philippe Soupault begann und dessen Resultate unter dem Titel *Les Champs magnétiques* veröffentlicht wurden, das dunkle und geheimnisvolle Ich unmittelbar äußern, wobei allerdings die Selbstaufgabe des Schreibenden gefordert ist, so eröffnet *Nadja* einen Diskurs über den Stellenwert des Ich. Die psychoanalytische Maxime Freuds „Wo Es war, soll Ich werden" kehrt der Surrealismus um, und fordert, vereinfacht gesprochen, „Wo Ich war, soll Es werden."[50] Gemeint ist die Befreiung der Triebe und der Träume, die Zweckfreiheit des Denkens, das die Grenzen der Vernunft überschreitet und mit einer gefährlichen Idealisierung des Wahns und des Irrationalen einher geht. „Das Ich soll die Schranken seiner Selbstkontrolle durchbrechen, soll die im Wege des Realitätsprinzips verhängten Zensurmechanismen unterlaufen und sich der Sprache des Unbewußten anvertrauen."[51] Nadja fällt ihrer äußerst sensiblen doppelten Wahrnehmung der Wirklichkeit zum Opfer – die Diagnose lautet auf Schizophrenie.[52] Breton hingegen vermag sich in die Normalität des Alltags zu retten,[53] was ihm vielfältige Kritik eingetragen hat.[54] Wie von Nadja vorausgesagt, schreibt er ein Buch über ihre Begegnung,[55] in dem er nach Selbstvergewisserung sucht und nach Recht-

---

50 Vgl. Ginka Steinwachs, Mythologie des Surrealismus oder die Rückverwandlung von Kultur in Natur, 2. Aufl., Basel/Frankfurt: Stroemfeld/Roter Stern 1985.
51 Dietrich Mathy, Europäischer Surrealismus oder: Die konvulsivische Schönheit, in: Die literarische Moderne (Anm. 49), Bd. II, S. 123–145; hier: S. 140.
52 Nadja, geb. am 23. Mai 1902 in der Nähe von Lille, mit bürgerlichem Namen Léona-Camille-Ghislaine D., wurde im März 1927 in die Psychiatrie eingewiesen, wo sie am 15. Januar 1941 starb. Breton hat sie nie wiedergesehen. Ihr in *Nadja* erzählter bisheriger Lebenslauf stimmt, soweit das zu überprüfen ist (vgl. I: 1509ff; Anm.).
53 „J'avais, depuis assez longtemps, cessé de m'entendre avec Nadja. A vrai dire, peut-être ne nous sommes-nous jamais entendus, tout au moins sur la manière d'envisager les choses simples de l'existence. Elle avait choisi une fois pour toutes de n'en tenir aucun compte, de se désintéresser de l'heure, de ne faire aucune différence entre les propos oiseux qu'il lui arrivait de tenir et les autres qui m'importaient tant" (I: 735).
54 Vgl. Silvia Volckmann, Die Lust am Verrücktsein. Eros und Wahnsinn im Surrealismus, in: Literarische Utopie-Entwürfe, hrsg. von Hiltrud Gnüg, Frankfurt/M.: Suhrkamp 1982, S. 250–265. Zur Kritik am Frauenbild der Surrealisten, mit der bereits Simone de Beauvoir in *Le Deuxième Sexe* (1949) begonnen hatte, vgl. Xavière Gauthier, Surrealismus und Sexualität. Inszenierung der Weiblichkeit, übersetzt von Heiner Noger, 2. Aufl., Wien/Berlin: Medusa 1980.
55 „André? André?... Tu écriras un roman sur moi. Je t'assure. Ne dis pas non. Prends garde: tout s'affaiblit, tout disparaît. De nous il faut que quelque chose reste…" (I: 707f.)

fertigung. In *Nadja* erweist sich das Schreiben als diejenige künstlerische Praxis, erste und zweite Natur in eine neue, Kunst und Leben synthetisierende Form zu überführen.[56] Analoge Versuche Nadjas, die im Laufe ihrer Beziehung zu Breton begonnen hatte zu zeichnen, werden von Breton zwar als authentische Selbstaussagen gewürdigt und in eine Reihe mit Bildern von Matisse, Braque, de Chirico und Max Ernst gestellt (vgl. I: 727ff.), sind aber nicht von entsprechendem Erfolg gekrönt und haben zudem keine überlebenspraktisch-therapeutische Funktion. Als sich hinter ihr die Türen von Vaucluse schließen, fällt sie endgültig in Natur zurück.[57]

Die Begegnung mit Nadja wirft Breton mit voller Wucht auf die Frage nach dem Sinn des Lebens und der eigenen Identität zurück. Im „Qui vive?" am Ende des zweiten Teils klingt das „Qui-suis-je?" vom Anfang nach. Der pathetische Aufschrei bleibt ohne Antwort. Breton fragt: „Est-il vrai que l'*au-delà*, tout l'au-delà soit dans cette vie?" (I: 743) Ist es wahr, daß das Jenseits, das ganze Jenseits in diesem Leben ist? An dieser Hoffnung, deren Inkarnation Nadja war, wird Breton ein Leben lang unbeirrbar festhalten. Die literarische Hommage an seine surrealistische Muse ist davon ein schwacher Abglanz.

4. Leben im Glashaus

Der letzte Teil, ein vergleichsweise kurzer Epilog, beginnt, wie schon die Einleitung, mit einer Redensart: „J'envie (c'est une façon de parler) tout homme qui a le temps de préparer quelque chose comme un livre" (I: 744). Beneidet Breton wirklich die Leute, die ein Buch schreiben, oder verweist er nicht vielmehr darauf, daß gerade die nachträgliche Rekonstruktion verhindert, sich der Atemlosigkeit des Lebens zu überlassen? Neben diesen existentiellen Zweifeln äußert Breton auch solche, die das autobiographische Projekt im engeren Sinne betreffen: „Comment pourrais-je me faire entendre?" (I: 746) Wie sind gegenwärtige und vergangene Gefühle wirklichkeitsgetreu darzustellen bzw. wahrheitsgemäß wiederzugeben? Paris, Spiegel für Bretons Individualität – er spricht von „paysage mental" (I: 749) – hat sich zwischenzeitlich ebenso verändert wie seine

---

56 Vgl. Steinwachs (Anm. 50), passim.
57 Nadja verstummt für immer. Das Werk von Unica Zürn, insbesondere *Der Mann im Jasmin. Eindrücke einer Geisteskrankheit*, können gelesen werden als Innenansichten des Wahns; wohl deshalb wurde die Zürn auch als ‚sprechende Nadja' bezeichnet. Im Hinblick auf einen Vergleich surrealistisch inspirierter Schreibweisen vgl. Carola Hilmes, Buchstabenrätsel. Unica Zürn und die Kunst der Anagramme, in: Spielzüge des Zufalls. Zur Anatomie eines Symptoms, hrsg. von Carola Hilmes und Dietrich Mathy, Bielefeld: Aisthesis 1994, S. 149–162.

Sicht auf die Stadt. Ein wie auch immer gesicherter Standort des autobiographischen Erzählens ist nicht zu gewinnen. Jetzt, wo die Person Nadjas weit weg ist, bietet allein der Glaube an das Wunder die nötige Kontinuität. In diesem Zusammenhang ist auch das am Schluß von *Nadja* berichtete Heraufdämmern einer neuen Liebe zu verstehen. Die Liebe – und Breton meint ausdrücklich die allen Prüfungen standhaltende, also die absolute Liebe (vgl. I: 748) – muß sich immer neue Inkarnationen suchen: zuerst die legendäre Dame mit dem Handschuh, dann Nadja, nun die ungenannte Frau; in weiteren Büchern wird Breton die Reihe fortsetzen. (Die Ehe als gesellschaftlich etablierte Form der Gemeinschaft bleibt davon unberührt.) Stets erscheint die jeweilige Geliebte unersetzbar, das Leben aber fordert seinen Tribut. Damit die absolute Liebe realisiert werden kann, muß sie in die Endlichkeit eintreten. Sie muß also durch eine Frau verkörpert werden, potentiell durch alle Frauen. Die Wahl ist zufällig, wenn auch nicht beliebig. Vielleicht bleibt die neue Frau deshalb ohne Namen.[58] Sowenig wie die Schönheit kann die Liebe statisch sein. Sie ist aber auch nicht dynamisch, blind fortschreitend, sondern konvulsivisch, denn nur so ist Wirklichkeit als Dauer im Wechsel gesichert. Leidenschaft ist pulsierend wie das Leben selbst. Die leidenschaftliche Liebe ermöglicht die intensivste Lebenserfahrung und wird deshalb von den Surrealisten über alles geschätzt. Diese Idee aufgeben, hieße, sich selbst aufgeben.

„La vie est autre que ce qu'on écrit." (I: 689) Diese frühe Feststellung Nadja gegenüber scheint Breton im Epilog nachdrücklich zu bestätigen. Der Herausgeberkommentar ist eindeutig: „Opposant l'écrit au vécu, Breton déprécie le premier" (I: 1500; Anm.). Auch die aufrichtigste und umfassendste Autobiographie reicht ans Leben nicht heran. Ein Eingeständnis des Scheiterns der surrealistischen Utopie ist das noch nicht. Breton hält am Prinzip des totalen Umsturzes, wie es durch die Liebe und die Revolution verkörpert wird, durchaus fest. Er fordert wiederholt, daß Buch und Leben gleichermaßen offen sein sollen: „battant comme une porte" (I: 651 u. 751). Das hängt zusammen mit einer doppelten Weigerung, zum einen der, einen Roman zu schreiben, d.h. den traditionellen Strukturprinzipien zu folgen, zum anderen der Weigerung, ein Buch zu Ende zu bringen. In den Anmerkungen heißt es: „le récit ne so clôt pas sur l'histoire de Nadja" (I: 1559; Anm.). So wie Nadja eine in der Reihe der von Breton geliebten Frauen ist, so das Buch eines von weiteren. Es folgen: *Les Vases communicants* (1932), *L'Amour fou* (1937) und *Arcane 17*, das erst posthum veröffentlicht wird. Breton „nennt *Nadja* ein ,livre à porte battante' ein ,Buch,

---

58 Biographische Recherchen klären darüber auf, daß es sich um Suzanne Muzard handelt, die später den gutsituierten Emmanuel Berl heiratet, durch dessen damalige Ehefrau Breton sie überhaupt erst kennengelernt hatte.

wo die Tür klappt'."⁵⁹ Walter Benjamin hat das Umstürzlerische dieser Forderung als einer der ersten erkannt: „Im Glashaus zu leben ist eine revolutionäre Tugend par excellence. Auch das ist ein Rausch, ist ein moralischer Exibitionismus, den wir sehr nötig haben."⁶⁰ Nicht zuletzt in diesem Sinne hat Breton *Nadja* geschrieben. Er zeigt viele Facetten seiner Person, verschweigt aber auch nicht die Gefahren, die im surrealistischen Programm liegen.

Die bewußt betriebene Entgrenzung und Multiplikation des Ich bezeichnet die Kehrseite seiner vielbeklagten Fragmentierung, wobei sich das Ich stets als das Ungreifbare erweist, als Phantom. Bretons surrealistische Erkundungen der Subjektivität, die ihn mit Nadja durch Paris führen, wo er die Poesie des Lebens und die intellektuelle Macht der Liebe erfährt, lassen für den Leser keine genaue Konturierung seiner Person erkennen. Die scharfen Detailaufnahmen ergeben kein festes Bild. Der Projektion seiner Existenz im Glashaus entsprechend, entzieht sich das Ich jeglicher substantiellen Bestimmung und erweist sich seinem Wesen nach als transparent. Das Glas, durch das man blickt, um etwas zu sehen, tritt selbst nicht in Erscheinung, es bleibt unsichtbar.

> Pour moi, je continuerai à habiter ma maison de verre, où tout ce qui est suspendu aux plafonds et aux murs tient comme par enchantement, où je repose la nuit sur un lit de verre aux draps de verre, où qui je suis m'apparaîtra tôt ou tard gravé au diamant. (I: 651)

La maison de verre (1939) heißt ein Bild von Magritte. Es zeigt einen Mann, der aufs Meer blickt. Zu sehen sind, im Vordergrund groß, der Hinterkopf und die Schulterpartie. Aus einem ausgesparten Teil der Frisur blickt uns das Gesicht des Mannes an. Wir sehen Augen, Nase und Mund, gemalt in ganz realistischer Manier. Psychologischen Interpretationen zufolge blickt der Mann in die Zukunft und zugleich in die eigene Vergangenheit.⁶¹ Liegt folglich die Zukunft in der Kunst, die Vergangenheit im Betrachter? Hier ist der Blick zurück zumindest nicht melancholisch. Offen bleibt, womit uns dieses Bild konfrontiert. Magritte tat sich schwer, einen Titel zu finden „Pour l'homme devant la mer, vu de

---

59 Walter Benjamin, Der Sürrealismus (1929), in: Der Surrealismus (Anm. 38), S. 17–31; hier: S. 20.
60 Ebd., S. 20. In diesem Aufsatz berichtet Benjamin über eine eigene Erfahrung analoger Art: „In Moskau wohnte ich in einem Hotel, in dem fast alle Zimmer von tibetanischen Lamas belegt waren, die zu einem Kongreß der gesamten buddhistischen Kirchen nach Moskau gekommen waren. Es fiel mir auf, wie viele Türen in den Gängen des Hauses stets angelehnt standen. Was erst ein Zufall schien, wurde mir unheimlich. Ich erfuhr: in solchen Zimmern wohnten Angehörige einer Sekte, die gelobt hatten, nie in geschlossenen Räumen sich aufzuhalten. Dieser Schock, den ich damals erfuhr, muß der Leser von ‚Nadja' verspüren." (Ebd.)
61 Vgl. Ellen Handler Spitz, Museums of the Mind. Magritte's Labyrinth and Other Essays in the Arts, New Haven/London: Yale University Press 1994, S. 29.

dos, avec le visage cependant visible".[62] *La maison de verre* ist ein Pendant, vielleicht eine Ergänzung zu dem bekannten, in seiner Durchführung wohl auch besser gelungenen Gemälde *La réproduction interdite* (1937), das einen Mann vor dem Spiegel zeigt, der nicht, wie nach den Regeln der Optik zu erwarten, das Gesicht des Mannes widerspiegelt, sondern dessen Rückseite, den wohlfrisierten Hinterkopf und die breiten Schultern im schwarzen Jackett. Der Betrachter des Gemäldes sieht den Mann also zweimal von hinten. Das auf dem Kaminsims liegende Buch *Aventures d'Arthur Gordon Pym* gibt der Spiegel richtig wieder, nämlich spiegelverkehrt.[63] Während der gemalte Spiegel auf das Bild als Spiegel verweist – in ihm spiegelt sich der Betrachter so, wie es das Bild zeigt –, blickt der Mann aus dem Glashaus den Betrachter an und verweist so noch darauf, daß die Kunst auf uns selbst hin durchsichtig ist.[64] Alles kommt auf den Blickwinkel an und darauf, daß er gewechselt wird. Nur in permanenter Wiederholung gibt die Frage nach dem Ich ihr Geheimnis zu erkennen.

Türen und Fenster trennen Innen und Außen, die Literatur und das Leben, die bekannte von einer noch zu entdeckenden Welt. Sie markieren damit aber auch Orte des Übergangs und der Überschreitung, gestatten also Begegnung und Vermittlung. Vision und Programm des Surrealismus sind zusammengefaßt im Bild vom Satz, ‚der an ein Fenster klopft' – das über der Alltagswelt Angesiedelte meldet seine Ansprüche an, wobei Bedrohung und Versprechen hier eng beieinander liegen. Unabweislich durch Assoziation verbunden ist dieses mit einem anderen Bild: Es zeigt einen in der Körpermitte von einem Fenster zerschnittenen Mann. „Ohne Zweifel handelte es sich einfach um die aufrechte Stellung eines Mannes, der sich aus dem Fenster gelehnt hat. Da aber dieses Fenster die räumliche Veränderung des Mannes mitgemacht hatte, wurde mir klar, daß ich es hier mit einem Bild ziemlich seltener Art zu tun hatte, und sogleich hatte ich keinen anderen Gedanken, als es meinen poetischen Baumaterialien einzuverleiben."[65] Im ersten surrealistischen Manifest hat dieses Bild die Funktion, die neue Schreibweise der écriture automatique einzuführen. Bezogen auf den Autor, dem diese Vision im Traum erscheint, hat es die Funktion, auf die Entzweiung des Mannes hinzuweisen – auf eine scharfe Trennung zwischen

---

62 René Magritte, Catalogue raisonné, hrsg. von David Sylvester, Bd. IV: Gouaches, Temperas, Watercolours and Papier Collés. 1918–1967, The Menil Foundation, London 1994, S. 1994, S. 42.

63 René Magritte, Catalogue raisonné, hrsg. von David Sylvester, Bd. II: Oil Paintings and Objects. 1931–1948, The Menil Foundation, London 1993, S. 244.

64 Magritte weist darauf hin, daß die beiden Bildern zugrunde liegende Fotografie des Londoner Bankiers und Sammlers Edward James ihm gestattet habe „de montrer un bel exemple de la représentation des choses invisibles" (Magritte, Catalogue, Bd. IV, S. 42).

65 André Breton, Die Manifeste des Surrealismus, aus dem Französischen übersetzt von Ruth Henry, Reinbek: Rowohlt 1986, S. 23f. (vgl. Breton I: 325).

oberem und unterem Bereich, die nicht zuletzt deshalb verwunderlich ist, weil sie die gewöhnliche Zuordnung um 45 Grad verrückt und dadurch stereotype Ersetzungen (Geist versus Geschichte, Kunst versus Leben, Traum versus Realität) verhindert.

Die erste in *Nadja* erzählte Vision betrifft das Wort Bois-Charbons (vgl. I: 658), das schon in den gemeinsam mit Philipp Soupault verfaßten Texten der *Champs Magnétiques* eine Rolle spielte: „l'image hallucinatoire d'un des rondeaux de bois peints sur la façade des boutiques Bois et Charbons, mentionée au début de *Nadja*, qui fonctionne comme une invitation à sauter par la fenêtre", erläutert Breton später selbst (vgl. I: 1172; Anm.). Die surrealistischen Verlockungen sind lebensgefährlich, stets geht es um alles oder nichts. So wie man sagt, jemand stürze sich in die Literatur – Breton erwähnt, daß ihm von einer Unbekannten mit diesen Worten die Ankunft von Benjamin Péret in Paris angekündigt worden war (vgl. I: 658) –, so könnte man von den Surrealisten sagen, sie stürzten sich ins Leben. Literatur und Kunst werden dabei zum Existentiellen hin überschritten. Im Abenteuer des Surrealismus geht es immer um Leben und Tod. Darauf verweist Breton nachdrücklich noch einmal am Ende des Buches, wo er leidenschaftliche Liebe und konvulsivische Schönheit analogisiert und damit das Pulsierende des Lebens in der Literatur akzentuiert.

In ihrer Untersuchung über *Nadja* schreibt Elisabeth Lenk, Breton wähle einen doppelten Ausstieg aus dem Buch: was „einmal unterm positiven Vorzeichen der Leidenschaft dargestellt wird" – gemeint ist die Begegnung mit Madame X –, „figuriert zugleich als ein Negatives: als Sturz."[66] Die Geschichte von Monsieur Delouit – die Schreibweise des Namens ist ebenso unklar wie die genaue Herkunft dieser Geschichte (vgl. I: 749) – ist die Geschichte von ihm selbst: de lui; erzählt und präsentiert in surrealistischer Manier. Breton greift damit die eingangs gestellte Frage nach dem Ich wieder auf.

> Un monsieur se présente un jour dans un hôtel et demande à louer une chambre. Ce sera le numéro 35. En descendant, quelques minutes plus tard, et tout en remettant la clé au bureau: ‚Excusez-moi, dit-il, je n'ai aucune mémoire. Si vous permettez, chaque fois que je rentrerai, je vous dirai mon nom: Monsieur Delouit. Et chaque fois vous me répéterez le numéro de ma chambre. – Bien, monsieur.' (I: 749)

Offensichtlich braucht der eigene Name kein Gedächtnis, aber nur innerhalb eines normalen, alltäglichen Erwartungshorizontes reicht der Name zur Identifikation aus. In außergewöhnlichen Situationen hingegen versagt dieses Erkennungszeichen. Nach seinem Sturz aus dem Fenster geht das surrealistische alter ego Bretons wieder ins Hotel, arg mitgenommen, aber offensichtlich ohne

---

66 Vgl. Lenk (Anm. 2), S. 99.

schwerwiegende Verletzungen. Der Portier erkennt ihn nicht. In welches Zimmer wird er ihn schicken?

Leben im Glashaus. Die stets offenen, klappenden Türen. Ein Satz, der ans Fenster klopft. Ein Mann, der aus dem Fenster fällt. Schade, daß die deutsche Redewendung ‚mit der Tür ins Haus fallen' nicht innerhalb des entsprechenden Assoziationsrahmens ins Französische zu übersetzen ist, ebensowenig wie umgekehrt das für die Surrealisten charakteristische etwas verrückte, realitätssüchtige Gebaren, sich aus Lebensfreude, aus reiner Neugier und aus Übermut aus dem Fenster stürzen zu wollen.[67] Der deutsche Ausdruck ‚aus der Rolle fallen' ist vorwiegend negativ konnotiert, führt die Assoziation in andere Bereiche, ins Theater als moralische Anstalt etwa. In seinem kleinen Porträt von Max Ernst schreibt Breton: „Qui sait si, de la sorte, nous ne nous préparons pas quelque jour à échapper au principe d'identité?" (I: 246) Mit diesen Vorbereitungen ist die Literatur auch heute noch befaßt. Die Versuche der Surrealisten, das ‚Kryptogramm des Lebens' zu entziffern, bezeichnen ein Ensemble der am weitesten vorgerückten Positionen.

---

[67] Vgl. André Bretons „La Confession dédaigneuse", den ersten Beitrag in *Les Pas perdus* (1924), wo es abschließend heißt: „Et c'est assez pour l'instant, qu'une si jolie ombre danse au bord de la fenêtre par laquelle je vais recommencer chaque jour à me jeter." (I: 202)

Kapitel X

Lebensbruchstücke
Walter Benjamins autobiographische Berlin-Bücher

„Die *Berliner Kindheit* ist zu Beginn der dreißiger Jahre entstanden. Sie gehört in den Umkreis jener Urgeschichte der Moderne, um die Benjamin während der letzten fünfzehn Jahre seines Lebens sich mühte, und bildet das subjektive Gegengewicht zu den Stoffmassen, die er für das projektierte Werk über die Pariser Passagen zusammentrug."[1] Das schrieb Adorno im Nachwort der 1950 von ihm herausgegebenen Erstausgabe der *Berliner Kindheit um 1900*. Bei der Lektüre der von Adorno zusammengestellten 37 Texte wird deutlich, daß für Benjamin die eigene Kindheit „eine mit Jetztzeit geladene Vergangenheit [ist], die er aus dem Kontinuum der Geschichte heraussprengte."[2] So charakterisiert Benjamin in seinem späten Text *Über den Begriff der Geschichte* einmal Robespierres revolutionäre Aneignung des antiken Rom. „Nicht anders wollte Benjamin im *Passagen-Werk* verfahren."[3] In der Einleitung zu diesem ebenfalls posthum erschienen Werk erläutert Tiedemann, daß der „historische Materialismus Benjamins [...] von politischem Messianismus kaum zu scheiden"[4] sei, wobei er nicht ideologiekritisch verfahre, sondern „der Idee einer materialistischen Physiognomik nach[hing], die er wohl als Ergänzung oder Erweiterung der marxistischen Theorie sich vorstellte. Physiognomik schließt vom Äußeren aufs Innere, sie entziffert das Ganze aus dem Detail, stellt im Besonderen das Allgemeine dar."[5] Untersucht werden soll, wie Benjamins „Konzeption des Konkreten"[6] –

---

1 Theodor W. Adorno, Nachwort zu *Berliner Kindheit um 1900*, in: ders., Über Walter Benjamin, hrsg. u. mit Anmerkungen versehen von Rolf Tiedemann, Frankfurt/M.: Suhrkamp 1970, S. 30–32; hier: S. 30.
2 Walter Benjamin, Gesammelte Schriften, unter Mitwirkung von Theodor W. Adorno und Gershom Scholem, hrsg. von Rolf Tiedemann und Hermann Schweppenhäuser, 7 Bde., Frankfurt/M.: Suhrkamp 1991 (Taschenbuch-Ausgabe), Bd. I, S. 701. (Nachweise aus dieser Ausgabe erfolgen im Text durch Band und Seitenzahl in Klammern.)
3 Rolf Tiedemann, Einleitung des Herausgebers, in: Walter Benjamin, Das Passagen-Werk, 2 Bde., S. 9–41; hier: S. 33.
4 Ebd., S. 36.
5 Ebd., S. 29.

„Er hat darauf bestanden, alle Gegenstände so nah anzusehen, bis sie fremd wurden und als fremde ihr Geheimnis hergaben."[7] – in Anwendung auf die eigene Kindheit zu verstehen ist, wobei die Bearbeitungstendenzen des in der *Berliner Chronik* zusammengestellten biographischen Materials wichtige Hinweise liefern. Beide Berlin-Bücher sollen also verglichen, ihre Differenzen bestimmt und das durchgehaltene Erkenntnisinteresse herausgearbeitet werden. Die nicht mehr aufs eigene Ich zentrierte autobiographische Schreibweise Benjamins wird sich dabei als für die Moderne prototypisch erweisen.

1. Autobiographische Reflexionen in der „Berliner Chronik"

In seinem Nachwort zur *Berliner Chronik*, die er 1970 aus dem Frankfurter Nachlaß Benjamins publizierte, nennt Scholem dieses Buch die ‚Keimzelle' der *Berliner Kindheit*. Bald nach Abbruch des ersten Manuskripts noch im Herbst 1932 begann Benjamin mit einer ‚literarischen Ausarbeitung'. „Der Unterschied zwischen den beiden Versionen ist daher sehr bedeutend."[8] Während die *Berliner Chronik* autobiographisches Material aus der Kindheit, der Schulzeit und den Studentenjahren enthält, konzentriert sich Benjamin bei der weiteren Bearbeitung zunehmend auf Kindheitserinnerungen und erste Erfahrungen in der Schule.[9] Die Erinnerungen an die Studentenzeit entfallen, deshalb werden auch die Studienfreunde nicht mehr genannt, wodurch noch der Eindruck entsteht, daß Bezüge „auf seine unmittelbare reale Biographie" ausgeschieden werden.[10] Eine Entpersönlichung, ein bewußtes oder gar verschleierndes Zurücktreten der eigenen Person ist darin jedoch nicht zu sehen, sondern eine Durcharbeitung des ‚zufällig Biographischen'[11] auf das gesellschaftlich Verallgemeinerbare, das

---

6 Theodor W. Adorno, Charakteristik Walter Benjamins (1950), in: ders., Über Walter Benjamin (Anm. 1), S. 11–29; hier: S. 14. Vgl. auch: Walter Benjamin, Briefe, 2 Bde., hrsg. und mit Anmerkungen versehen von Gershom Scholem und Theodor W. Adorno, Frankfurt/M.: Suhrkamp 1978, S. 491f. (Brief an Gerhard Scholem vom 15. März 1929).

7 Theodor W. Adorno, Zu Benjamins Gedächtnis (1940), in: ders., Über Walter Benjamin (Anm. 1), S. 9–10; hier: S. 9.

8 Gershom Scholem, Nachwort, in: Walter Benjamin, *Berliner Chronik* (revidierte Ausgabe), Frankfurt/M.: Suhrkamp 1988, S. 93–99; hier: S. 93. Vgl. auch: Gerhard Scholem, Benjamin und sein Engel. Vierzehn Aufsätze und kleine Beiträge, hrsg. von Rolf Tiedemann, Frankfurt/M.: Suhrkamp 1983.

9 Die Tendenz einer Konzentration auf die Kindheit setzt sich bis zur ‚Fassung letzter Hand' fort, in der die Stücke „Der Lesekasten", „Neuer deutscher Jugendfreund", „Schülerbibliothek" und „Das Pult" entfallen.

10 Vgl. Scholem, Nachwort (Anm. 8), S. 94.

11 Walter Benjamin, Vorwort zur *Berliner Kindheit um 1900*. Fassung letzter Hand und Fragmente aus früheren Fassungen, Frankfurt/M.: Suhrkamp 1987, S. 9f. (vgl. VII: 385).

Benjamin offenbar eher in dem „wohlgebornen Bürgerkind"[12] sieht, als in dem bereits kritisch und mit umstürzlerischen Ideen gegen die eigene niedergehende Klasse sich wendenden Studenten. Der Übergang zur Schulzeit und damit die ersten, meist noch ganz diffusen Entfremdungserfahrungen sind im Zuge der Bearbeitung erhalten geblieben. Der Übergang vom glücklichen Kind zum gedemütigten Schüler markiert einen wichtigen Einschnitt, insofern er das Ende einer unbeschwerten Zeit bildet, die nun der Vergangenheit angehört und nur noch über die Erinnerung zugänglich ist. Für das Selbstverständis des Erwachsenen wird diese Erinnerung als Sinnbild utopischer Hoffnung von eminenter Bedeutung.

Für drei Fünftel der Aufzeichnungen der *Berliner Chronik* finden sich in der *Berliner Kindheit* keine Entsprechungen, aber auch „von den übrigen zwei Fünfteln ist das meiste nur in tiefgreifender Verwandlung und Umarbeitung" aufgenommen worden.[13] Neben der Konzentration auf die Kindheit zunächst auffällig ist, daß die in der *Berliner Chronik* vielfältig enthaltenen Reflexionen zum autobiographischen Schreiben fast alle entfallen.[14] Es wird zu prüfen sein, ob sie nach einer ersten theoretischen Vorverständigung bei der weiteren Bearbeitung überflüssig geworden oder aber ob sie in die Art und Weise der Darstellung eingewandert sind. Davon hängt auch die Entscheidung einer weiteren Frage ab, die nach der politischen Aussagekraft der *Berliner Kindheit*. Scholem bemerkt die Umarbeitungen betreffend: „Merkwürdig ist dabei auch, daß gerade bei dieser literarischen Metamorphose die in dem vorliegenden Text zahlreichen Bezüge auf seine sozialistische und klassenkämpferische Überzeugung so gut wie vollkommen verschwunden sind."[15]

Beiden Erinnerungsbüchern gemeinsam ist der fragmentarische Charakter – Benjamin nennt die *Berliner Kindheit* ein „zerschlagenes Buch"[16] –, das Unabgeschlossene und Unabschließbare der eigenen Vergangenheit wird damit her-

---

12 *Berliner Chronik* in Bd. VI der Ges. Schriften, S. 465–519; Anm. S. 797–807; hier: S. 465.
13 Scholem, Nachwort (Anm. 8), S. 93.
14 Entfallen sind auch fast alle ausdrücklichen literarischen Verweise, der auf Proust ebenso wie in der ‚Fassung letzter Hand' der auf Kafkas Odradek („Der Nähkasten"). Als intertextuelle Spuren sind sie gleichwohl der *Berliner Kindheit* deutlich ablesbar. An prominenter Stelle erhalten geblieben ist der Verweis auf Aragons *Le paysan de Paris*, dessen deutsche Neuübersetzung mittlerweile nicht mehr entstellend pittoresk *Pariser Landleben* (Übersetzung: Rudolf Wittkopf) heißt, sondern *Der Pariser Bauer* (Übersetzung: Lydia Babilas).
15 Scholem, Nachwort (Anm. 8), S. 94.
16 Benjamin, Briefe (Anm. 6), S. 695 (Brief an Gerhard Scholem vom 24. Oktober 1935); vgl. auch: Walter Benjamin / Gershom Scholem, Briefwechsel 1933–1945, hrsg. von Gershom Scholem, Frankfurt/M.: Suhrkamp 1980, S. 209.

ausgestellt. Außerdem gemeinsam ist den beiden Berlin-Büchern die nicht chronologische Anordnung der einzelnen autobiographischen Texte; sie findet sich in allen späteren Fassungen und gilt bereits für die erste Materialsammlung. Benjamin intendiert mit der Bezeichnung ‚Chronik' offenbar keine zeitliche Abfolge seiner eigenen Erfahrungen, sondern eine Ansammlung einzelner Szenen und Begebenheiten aus seinen frühen Berliner Jahren, die ein charakteristisches Panorama dieser Zeit ergeben sollen: Die Jahrhundertwende markiert dabei den Zeitpunkt, an dem die aus dem 19. Jahrhundert überkommenen Versprechen der bürgerlichen Ära obsolet werden. Für die in sich ambivalenten Erinnerungen bezeichnet die Zeit um 1900 den Wendepunkt. Was Benjamin schreibt, ist eine Chronik zeittypischer Bilder am Leitfaden der eigenen Erfahrungen.[17] Diese objektivierende Tendenz findet ihren Ausdruck nicht zuletzt in der Bezeichnung des Ortes – Berlin –, dessen prominente Plazierung im Titel durchgehalten wird. Die traditionelle Subjektorientierung der Autobiographie wird also auf das gesellschaftlich Relevante hin geöffnet und knüpft damit an das Genre der Memoiren an, die so noch eine ausdrückliche Politisierung erfahren.

Insbesondere am Anfang der *Berliner Chronik* stehen Benjamins Selbstverständigungen autobiographischen Schreibens. Mit dem Bild von der Stadt-Landschaft als Labyrinth verbindet sich die Vorstellung, den eigenen Lebensraum graphisch zu erfassen (vgl. VI: 466f.). Die in Selbstbiographien traditionell übliche zeitliche Abfolge wird durch ein räumliches Nebeneinander ersetzt, wobei eine Stringenz des Lebensweges ebensowenig erforderlich ist wie eine Konsistenz des Charakters. Die vorliegenden Aufzeichnungen, so resümiert Benjamin ungefähr in der Mitte der *Berliner Chronik*, sind keine Autobiographie im herkömmlichen Sinne, denn sie folgen nicht dem kontinuierlichen Nacheinander (dem ‚Fluß des Lebens'), sind also nicht chronologisch strukturiert, sondern topographisch geordnet, wobei die einzelnen Momentaufnahmen der Vergangenheit das Unstete und Diskontinuierliche des eigenen Lebenslaufes herausstellen.[18] Eine Darstellungsform für dieses Selbstverständnis muß Benjamin noch suchen. Darin ist die Hauptaufgabe seiner autobiographischen Arbeit zu sehen.

---

17 In seiner ins Memoirenhafte ausgreifenden Autobiographie nannte bereits Goethe als Hauptaufgabe des Biographen, „den Menschen in seinen Zeitverhältnissen darzustellen". (Johann Wolfgang von Goethe, Werke, Hamburger Ausgabe in 14 Bänden, hrsg. von Erich Trunz, München: dtv 1988, Bd. 9, S. 9.)

18 „Erinnerungen, selbst wenn sie ins Breite gehen, stellen nicht immer eine Autobiographie dar. Und dieses hier ist ganz gewiß keine, auch nicht für die berliner Jahre, von denen hier ja einzig die Rede ist. Denn die Autobiographie hat es mit der Zeit, dem Ablauf und mit dem zu tun, was den stetigen Fluß des Lebens ausmacht. Hier aber ist von einem Raum, von Augenblicken und vom Unstetigen die Rede." (VI: 488)

Später berichtet Benjamin davon, einmal in Paris ein ‚graphisches Schema seines Lebens' angelegt zu haben, in dem die Namen seiner Freunde und anderer für ihn wichtiger Personen sowie deren Querverbindungen untereinander verzeichnet waren, „einer Reihe von Stammbäumen ähnlich" (VI: 491). Der von Benjamin intendierte Vorrang des Schauplatzes vor den Bildern der Menschen steht jedoch in eklatantem Mißverhältnis zur Art und Weise dieser Darstellung. Dieser Stammbaum, eine Graphik aus Namen, in dem alle Personen einen genauen Ort zugewiesen bekommen, hat zwar für Benjamin selbst einen hohen Aussagewert – als er das Blatt verlor, war er untröstlich (VI: 491) –, er ist in seiner Einmaligkeit aber weder leicht zugänglich noch verläßlich reproduzierbar. „Nie wieder habe ich es so herstellen können, wie es damals vor mir stand" (VI: 491).[19] Deshalb kommt Benjamin auf diese verlorene, graphisch offensichtlich nicht überzeugende Anordnung im weiteren nicht mehr zurück, sondern wendet sich erneut dem Bild des Labyrinths zu, in dem sich die Dimensionen von Raum und Zeit eigentümlich verbinden.[20]

Ein Labyrinth hat viele Eingänge, Irr- und Nebenwege, aber es bleibt stets auf sein Zentrum hin orientiert. Darin liegt der ursprüngliche Wortsinn von Labyrinth, der in der kabbalistischen Tradition wieder aufgenommen wurde.[21] „Was in der Kammer seiner rätselhaften Mitte haust, Ich oder Schicksal, soll mich hier nicht kümmern, umso mehr aber die vielen Eingänge, die ins Innere führen." (VI: 491.) Benjamin geht es also um einen steten Neubeginn, eine Suche nach Erkenntnis, die den Weg vor dem Ziel auszeichnet. Der geheime Sinn des methodischen Durcheinander ist die Mitte; „Methode ist Umweg", schreibt Benjamin in der erkenntniskritischen Vorrede seines Trauerspiel-Buches (I: 208), wo er ebenfalls auf das Labyrinth verweist. In der Nachschrift zum *Namen der Rose* unterscheidet Umberto Eco drei Arten von Labyrinthen:

Erstens das klassisch-griechische, das des Theseus. In diesem Labyrinth kann sich niemand verirren: Man tritt ein und gelangt irgendwann ins Zentrum und vom Zentrum wieder zum Ausgang. [...] Zweitens gibt es das barock-manieristische Labyrinth, den Irrgarten. [...] Es hat einen Ausgang, aber der ist nicht leicht zu finden. Man braucht einen Faden der Ariadne, um sich nicht zu verirren. Dieses Labyrinth ist ein Modell des *trial-and-error*-Verfahrens. Drittens schließlich gibt es das Labyrinth als Netzwerk oder, um den Begriff von Deleuze und Guattari aufzunehmen, als Rhizom. Das Rhizom-Labyrinth ist so

---

19 Der Anhang der *Berliner Chronik* druckt einen späteren Versuch ab; das ursprüngliche Schema ist verloren gegangen (vgl. VI: 803f.).
20 Vgl. Anna Stüssi, Erinnerung an die Zukunft. Walter Benjamins *Berliner Kindheit um 1900*, Göttingen: Vandenhoeck & Ruprecht 1977, S. 14ff.
21 Vgl. Labyrinth der Welt und Lusthaus des Herzens. Johann Amos Comenius (1592–1670), hrsg. vom Museum Bochum, Kultur Ost-West e.V., Comeniusforschungsstelle der RUB o.J. (1992); Helmut Jaskolski, Das Labyrinth. Symbol für Angst, Wiedergeburt und Befreiung, Stuttgart: Kreuz Verl. 1994.

vieldimensional vernetzt, daß jeder Gang sich unmittelbar mit jedem anderen verbinden kann. Es hat weder ein Zentrum noch eine Peripherie, auch keinen Ausgang mehr, da es potentiell unendlich ist.[22]

Bei Benjamin überlagern sich die Vorstellungen vom klassisch-griechischen und vom barock-manieristischen Labyrinth. Die moderne Konzeption vom Labyrinth als Netzwerk, einer unter der strukturierten Oberfäche sich entfaltenden Komplexität, die geeignet ist, die Textur der Schrift zu erfassen,[23] steht in den autobiographischen Berlin-Büchern jedoch nicht im Vordergrund. Benjamins Bemühungen adäquater Selbstaussage gehen zwar von für dieses Genre untypischen topographischen Orientierungsmustern aus, ergänzt werden sie aber in der für Autobiographien ganz traditionellen Weise um die zeitliche Dimension, die im Bild vom in der eigenen Erinnerung grabenden Archäologen gefaßt ist. Die Zeit als vierte Dimension wird damit ausdrücklich zum Thema, während die Vorstellung vom ‚Netzwerk der Sprache' und vom Rhizom-Labyrinth auf die Dreidimensionalität beschränkt bleibt. Durch die Akzentuierung der Topographie gegenüber der Chronologie scheint Benjamin zwar selbst eine solche Lesart nahezulegen. Die im Bild vom Labyrinth implizierte zeitliche Dimension aber darf demgegenüber nicht vergessen werden. Der Irrgarten ist nicht nur ein räumliches Schema, sondern bestimmt durch die vielen, alle auf das Zentrum ausgerichteten Wege. Wichtig ist, diese Wege auszuschreiten, wobei die Suche selbst Vorrang hat vor dem Ankommen. Mit dem Vollzug des Gehens, das stets ein Hin und Her ist, gewinnt der zeitliche Faktor für das Labyrinth an Bedeutung. Deshalb preist Benjamin die Kunst, sich verirren zu können: „Sich in einer Stadt nicht zurechtzufinden – das mag uninteressant und banal sein. Unkenntnis braucht es dazu – sonst nichts. In einer Stadt sich aber zu verirren – wie man in einem Wald sich verirrt – das bedarf schon einer ganz anderen Schulung." (VI: 469)

Zu Beginn der *Berliner Chronik* nennt Benjamin fünf Führer durchs Labyrinth der Stadt: Zuerst die Kinderfräulein und seine Kinderliebe Luise von Lan-

---

22 Umberto Eco, Nachschrift zum *Namen der Rose*, aus dem Italienischen von Burkhart Kroeber, München: Hanser 1984, S. 64f.
23 Vgl. Bettine Menke, Sprachfiguren. Name – Allegorie – Bild nach Walter Benjamin, München: Fink 1991, S. 266ff. Diese Lektüre Benjamins reklamiert ihn als ‚Vorläufer' der Dekonstruktion (vgl. ebd., S. 273): Benjamins „Modell der Konstellation entwirft ein nicht (mehr) auf einen ‚Mittelpunkt' hin geordnetes ‚Labyrinth' der Sprache, ein Labyrinth der nicht (mehr) vom ‚Zentrum' – des Bedeuteten – her zu sistierenden Vexationen." (Ebd., S. 269) Gerade für die autobiographischen Berlin-Bücher jedoch erweist sich die angebliche Leugnung des Sinns durch Benjamin nicht als überzeugend. Die Reflexionsprosa der *Berliner Kindheit* versucht vielmehr eine Selbstbehauptung des Ich, die das Leben im Text einholt. Die Selberlebensbeschreibung ist nicht nur endloser Umweg, ein notorisch auswegloses und inhaltsleeres ‚Umsprechen' des eigenen Ich, sondern Selbstaussage in konstitutivem Sinne.

dau, zuletzt die Stadt Paris und den Freund Franz Hessel, durch den er die in Paris erlernte Kunst des Flanierens auf seine Heimatstadt überträgt.[24] Die autobiographischen Aufzeichnungen stehen eindeutig in einem surrealistisch geprägten Erfahrungskontext, der durch alle Bearbeitungsstufen hindurch aufrechterhalten wird. Als dritten Führer, der die in Berlin erfahrene Liebe mit den in Paris gemachten Erfahrungen verbindet, nennt Benjamin die Huren der Stadt. Sie wohnen im Zentrum des Labyrinths. In der ‚Kammer mit dem Minotaurus' trifft Benjamin auf ein ‚mythologisches Ungeheuer mit drei Köpfen', nämlich die „Insassen des kleinen Bordells in der Rue La Harpe" (VI: 469). Die zentrale Bedeutung der Huren wird in der *Berliner Kindheit* nicht mehr mit dieser Deutlichkeit ausgesprochen. (Scholem hatte ausdrücklich auf die Sekretierung des Prostitution und Religiosität aufs engste verbindenden Textes „Erwachen des Sexus" gedrängt.[25]) Gleichwohl hält Benjamin in dem „Tiergarten" betitelten Text auch in der *Berliner Kindheit* weiterhin an den fünf Führern fest. Als leises, wenn auch deutliches Echo auf die Huren, die im Mittelpunkt der labyrinthischen Stadtlandschaft hausen, redet Benjamin nun nicht mehr von den ‚Müttern des Seins', sondern nur noch von den Müttern dieses Gartens, zu denen hinab ihn sein Weg führt. Es ist die Liebe, die kindlich reine ebenso wie die verworfen sexuelle, die Benjamin als Ariadnefaden durchs Labyrinth des Lebens dient. Im Bild vom Labyrinth sind nicht nur Raum und Zeit verschränkt, sondern das eigene Selbstverständnis (Ich) wird in Abhängigkeit von anderen Personen oder auch gesellschaftlichen Umständen (Schicksal) gezeigt. Beide Aspekte sind füreinander durchlässig und ohne einander nicht denkbar. In der rätselhaften Mitte des Labyrinths hausen – je nach der Richtung, aus der man sich nähert – das Ich, die Huren oder das Schicksal. Stets geht es Benjamin darum, das Innere durch die äußere Form sichtbar zu machen, dabei des unabweislichen Zusammenhangs von Form und Inhalt eingedenk.[26] Nicht zuletzt deshalb wird die Suche nach den Darstellungsmöglichkeiten zur ersten Aufgabe des Autobiographen.

---

24 Die *Berliner Chronik* enthält den Hinweis auf zwei Bücher Hessels. *Spazieren in Berlin* (1927) und *Nachfeier* (1929). Der Name des Freundes wird in der *Berliner Kindheit* ersetzt durch den sehr aussagekräftigen Ausdruck „Bauer von Berlin". Ich sehe in dieser Präzisierung keine Zurücknahme biographischer Eindeutigkeit, zumal Benjamin den Namen seiner ersten Liebe nennt – zu Beginn der *Berliner Chronik* hatte er Luise von Landau demgegenüber nur im mythischen Bild der Ariadne vorgestellt. Durch ihre Namensnennung in *Berliner Kindheit* will Benjamin möglicherweise geheime Spuren zur vorher erwähnten Königin Luise legen, will evtl. Querverbindungen herstellen, die die Wirrnis noch undurchdringlicher machen.

25 Vgl. Benjamin, Briefe (Anm. 6), S. 560ff. (Benjamin an Scholem am 15.1.1933 und am 28.2.1933); vgl. auch: Briefwechsel Benjamin/Scholem (Anm. 16), S. 35ff.

26 Vgl. „Der Strumpf", einem für die ‚Fassung letzter Hand' aus dem Text „Schränke" herausgelösten und bearbeiteten Text; dort heißt es abschließend: Der Vorgang des Spiels

> Lange, jahrelang eigentlich, spiele ich schon mit der Vorstellung, den Raum des Lebens – Bios – graphisch in einer Karte zu gliedern. Erst schwebte mir ein Pharusplan vor, heute wäre ich geneigter zu einer Generalstabskarte zu greifen, wenn es die vom Innern von Städten gäbe. (VI: 466)

Von einer äußeren, topographischen Anordnung des eigenen Lebens ausgehend, stößt Benjamin auf die Notwendigkeit, auch die inneren, und d.h. die zeitlichen Dimensionen zu erfassen. Deren Medium ist die Erinnerung. Die gelebte eigene Vergangenheit in Berlin will er sich erinnernd erschließen, die jeweiligen Örtlichkeiten sind dabei Auslöser des Erinnerungsprozesses, Schauplatz des Erinnerten und Möglichkeit ihrer Strukturierung, in einem Stadtplan etwa. Benjamin sucht noch nach anderen Möglichkeiten, die verlorene Zeit zu beschreiben, und weiß sich Proust doch verwandt.[27] Ausdrücklich weist Benjamin darauf hin, daß die Gegenwart desjenigen, der sich erinnert, festlegt für welchen „Schnitt durch die Folge seiner Erfahrung" er sich entscheidet (VI: 471). Es sind also der in den dreißiger Jahren aktuelle gesellschaftspolitische Kontext und Benjamins damalige philosophische Überzeugung, die Ausformung und Gliederung seiner Erinnerungsbilder bestimmen. So wie er Literatur stets als Organon der Geschichte begriffen hat, versteht er auch die eigene Geschichte von seinem gegenwärtigen Standort aus und ordnet sie auf diesen hin. (Mit dem traditionell teleologischen Verfahren der Autobiographie hat das nur noch oberflächlich Ähnlichkeit, da Benjamin mit seiner Vorgehens- und Betrachtungsweise dezidiert politisch argumentiert; seine Zielorientierung setzt nicht auf Kontinuität, sondern auf Stillstand und Unterbrechung.)

Die Autobiographie ist ihm die für die Erkenntnis der Vergangenheit grundlegende Schrift – Organon gelebten Lebens und zugleich erträumter Zukunft. Es ist für die Erinnerung Benjamins spezifisch, daß sie die Erwartungen des Kindes zum Erfahrungsraum späterer Hoffnungen macht, die zwar von der Geschichte enttäuscht wurden, an deren utopischem Potential der Erwachsene

---

mit den eingerollten Strümpfen „lehrte mich, daß Form und Inhalt, Hülle und Verhülltes dasselbe sind. Er leitete mich an, die Wahrheit so behutsam aus der Dichtung hervorzuziehen wie die Kinderhand den Strumpf aus ‚Der Tasche' holte." (VII: 417) Warum in dekonstruktivistischer Lektüre die Wahrheit nichts ist – ein Nicht ist (vgl. Menke, Sprachfiguren (Anm. 23), S. 273), bleibt gerade im Kontext dieser Textpassage ein Rätsel, weist doch Benjamin ausdrücklich darauf hin, daß das Kind am Ende den Strumpf in der Hand hält. Außerdem betont er in der ‚Fassung letzter Hand', daß das kindliche Vertrauen in die Magie offensichtlich übertragbar ist auf die Literatur, an deren Wahrheit Benjamin ein Leben lang festhält.

27 Benjamin, so erläutert Bohrer, „verschränkte sozusagen Prousts ‚mémoire involontaire' mit Aragons *Paysan* über dem Versuchsfeld des kaiserlichen Vorkriegsberlins der eigenen Kindheit." (Karl Heinz Bohrer, Labyrinth zwischen ‚Ereignis' und ‚Interieur'. Über Benjamins Phantasma-Stadt, in: Merkur 1994, Heft 2, S. 95–108, hier: S. 101.)

unter dem Schleier der Trauer aber weiterhin festhält. Die Erfahrungen des Kindes werden dabei nicht illusionistisch verklärt, sondern das im kindlichen Mißverständnis Entstellte wird für die Gegenwart gerettet. In einer frühen Aufzeichnung, die bei den weiteren Bearbeitungen in dieser Deutlichkeit nicht mehr aufgenommen wurde, beschreibt Benjamin seine, für das Kind und den Schriftsteller charakteristische, von Jetztzeitlichkeit bestimmte Wahrnehmung: Auf dem Bahnhof bei der Abreise in die Sommerfrische wird dem Kind das Gegenwärtige aufs Erwartete hin transparent, dieses an jenem erfahrbar (vgl. VI: 468f.). Bei dem sich ans Vergangene erinnernden Erwachsenen ist die Blickrichtung entgegengesetzt. Der Moment, in dem sich beider Blicke treffen, löst den Schock der Erkenntnis aus. Es ist zugleich der Moment der Identitätsstiftung, einer emphatischen Beglaubigung des Ich. Auf diese spezifische Weise verbindet Benjamin Vergangenes und Zukünftiges, den Verlust erkennend, bewahrt er das Verlorene im Eingedenken.[28] Der Blick des Melancholikers auf die Geschichte gewahrt deren Bilder in doppelter Belichtung.

> Mit diesem Glück, das ich erinnere aber verschmilzt ein andres: dies in der Erinnerung zu besitzen. Ich kann die beiden heute nicht mehr voneinander trennen: es ist als sei es von dem Geschenk des Augenblicks, von dem ich hier berichte, nur ein Teil: daß er die Gabe mitbekam, mir nie mehr ganz verloren zu gehen – sollte es auch [J]ahrzehnte zwischen den Sekunden w[äh]ren, wo ich seiner gedenke. (VI: 515f.)

Die jeweilige Erinnerung ist nicht an die Zeitdauer des Erinnerten gebunden. Was sie wiedergibt, sind Momentaufnahmen der Vergangenheit. So ungesichert im einzelnen ihr Status, so bruchstückhaft aufs Ganze des Lebens berechnet sie auch sein mögen, so unbezweifelbar und fest steht in ihrem Mittelpunkt immer das sich erinnernde Ich (VI: 516). Ähnlich wie Virginia Woolf unterscheidet auch Benjamin ein „waches, gewohntes, taggerechtes Ich" (VI: 516), seine äußere funktionale Seite, von dessen Innenseite, die unsere Identität ausmacht, sich uns aber nur in außerordentlichen Augenblicken offenbart. Diese Erfahrung ist paradoxerweise gebunden an die Selbstvergessenheit des Ich, eine fast mystisch zu nennende Erfahrung der Einheit mit den Dingen (Virginia Woolf spricht von *moments of being*). In diesen seltenen ‚Augenblicken des Außer-Uns-Seins' werden wir „vom Chock betroffen wie das Häufchen Magnesiumpulver von der Streichholzflamme. Dies Opfer unseres tiefsten Ichs im Chock ist es, dem unsere Erinnerung ihre unzerstörbarsten Bilder zu danken hat." (VI: 516) Es ist eine Form der Offenbarung. Für Virginia Woolf war diese Fähigkeit, plötzlich Erinnerungsbilder wahrhaften Seins zu empfangen, die geheime Triebkraft ihres

---

28 Vgl. Peter Szondi, Hoffnung im Vergangenen. Über Walter Benjamin (1961), in: ders., Schriften II, Frankfurt/M.: Suhrkamp 1978, S. 275–294.

Schreibens. Bei Benjamin wird sie zum Brennpunkt seines Denkens. Inhaltlich evoziert er mit seinen Kindheitserinnerungen die zweite Hälfte des 19. Jahrhunderts, und daran liest er zum einen den der Bürgerklasse eingeschriebenen Niedergang ab, zum andern aber auch das in ihren Überresten und Versatzstücken, allem Randständigen und Veralteten inkorporierte Versprechen, das als überkommenes Totes ins Leben hineinragt.[29]

Ein der Erinnerung analoges Selbstvergewisserungsverfahren ist der Traum. Auch durch ihn erhalten wir Aufschluß über uns eigene innere Bereiche, die, aus der Welt des Tages ausgeklammert, dem verständesmäßigen und bewußten Zugang verschlossen sind. Zusammen mit seiner kindlichen „Ohnmacht vor der Stadt" (VI: 466) hebt Benjamin seine ‚träumerische Resistenz' beim Gang durch die Straßen der Stadt hervor. Damit beschreibt er nicht nur ein dem Kind und dem Erwachsenen Gemeinsames, sondern verweist auch auf eine dem Surrealismus verpflichtete Weltsicht, die den Alltag nach der Logik des Traumes strukturiert.[30] Die Position eines sich seiner Rolle bewußten Beobachters und die angemaßte Verfügungsgewalt über die Dinge werden dabei aufgegeben zugunsten eines reaktiven, ganz auf die Wahrnehmung ausgerichteten Verhaltens. Dieses Sich-durch-die-Stadt-treiben-Lassen führt zu überraschenden Selbstbegegnungen, die als wunderbar und beglückend erfahren werden. Die Ohnmacht des Kindes wird zur Tugend und Stärke des Erwachsenen; sie besteht darin, die Dinge sein zu lassen und sich selbst in dieses Schicksal zu fügen. Es zählt zu den charakteristischen Grunderfahrungen des Kindes, sich den Dingen anähnelnd mit seiner Umwelt in Einklang zu bringen. Das Trügerische dieser Erfahrung erkennt erst der Erwachsene und bezeichnet sie als ‚entstellte Ähnlich-

---

29 Die Verwendung des Allegorie-Begriffs wurde mit Bedacht vermieden, da die Beschreibung der autobiographischen Reflexionen Benjamins von begrifflichen Vorentscheidungen freigehalten werden sollten. Anders verfährt Heinz-Joachim Drügh in *Anders-Rede. Zur Struktur und historischen Systematik des Allegorischen* (Frankfurt: Diss. 1996), der die *Berliner Kindheit* als allegorische Autobiographie liest: „Denn die autobiographische Schreibweise in Benjamins Text folgt insofern einem allegorischen Arrangement, als im Rahmen der Autobiographie das *eigene Leben* im *Zeichenmedium*: in Anders-Rede objektiviert werden soll. Diese mediale Überformung des vergangenen Lebens begreift Benjamin in Analogie zu den Antinomien des Allegorischen aus dem *Trauerspielbuch*." (Ebd., S. 276)

30 Vgl. Karlheinz Stierle, Der Mythos von Paris. Zeichen und Bewußtsein einer Stadt, München/Wien: Hanser 1993, S. 12–50. Mit ausdrücklichem Bezug auf „die Erbschaft des Surréalismus" (V: 1089) vgl. auch: Burkhardt Lindner, Das *Passagen-Werk*, die *Berliner Kindheit* und die Archäologie des Jüngstvergangenen, in: Passagen. Walter Benjamins Urgeschichte des neunzehnten Jahrhunderts, hrsg. von Norbert Bolz und Bernd Witte, München: Fink 1984, S. 27–48.

keit',[31] damit Einklang und Entfremdung zugleich nennend. Mit dem Stichwort der „Tiergartenmythologie" zielt Benjamin auf ein surrealistisch entstelltes Berlin, das im Abgelegten und Alten, im Ausgestoßenen und Anachronistischen die Reste desjenigen erkennt, an das die kindliche Hoffnung sich heftete.[32]

Wie die Erinnerung meist Bilder evoziert und Szenen heraufruft, so auch der Traum. Mehrfach spricht Benjamin davon, die eigene Vergangeheit, sein Leben in Berlin in Bildern, in Momentaufnahmen, festzuhalten. Um 1900, so heißt es in der *Berliner Chronik*, war die Stadt noch photographisch zu erfassen. Heute, über dreißig Jahre später, so spekuliert Benjamin, wäre wohl der Film das ihr angemessene Medium. Die Beschleunigung des Lebens, auch die der individuellen Erfahrung, lassen die photographische Momentaufnahme als unzeitgemäß erscheinen. Im letzten Text der *Berliner Kindheit* greift Benjamin diese Überlegungen auf, wenn er darauf hinweist, daß die von ihm verzeichneten einzelnen Erinnerungsbilder hintereinander gehäftet und vor dem Auge des Betrachters als ‚Daumenkino' schnell durchgeblättert werden sollen; je nach der gewählten Reihenfolge der Bilder wird der so entstehende ‚Film' – ein Vorläufer des Kinematographen – sich leicht verändern.[33] (In der ‚Fassung letzter Hand' ist diese Passage gestrichen.) Benjamins Suche nach angemessenen Möglichkeiten autobiographischen Schreibens geht weiter.

Im Zeitalter der technischen Reproduzierbarkeit ist der Charme alter Bilder anachronistisch, reine Nostalgie. Gleichwohl wird in ihnen Verlorenes sichtbar, um dessen Rettung Benjamin streitet. Sein Medium ist die Schrift, mit der ihr eigenen Bildlichkeit und Klanglichkeit.[34] Nur wenn er eine dem (technischen) Stand der Zeit angemessene literarische Form der Darstellung findet, kann er

---

31 Unter diesem Titel vgl. auch Sigrid Weigel, Enstellte Ähnlichkeit. Walter Benjamins theoretische Schreibweise, Frankfurt/M.: Fischer 1997.

32 Adornos Einwand, Benjamins Argumentation könne ins Irrationale umkippen, die er anläßlich der Baudelaire-Arbeit Benjamins vorbringt (vgl. Benjamin, Briefe (Anm. 6), S. 782–790), entbehrt gerade im autobiographischen Kontext der Grundlage, denn die bewußte subjektive Sicht der Dinge macht den doppelten Blick auf Geschichte klar erkennbar.

33 „Ich denke mir, daß jenes ‚ganze Leben', von dem man sich erzählt, daß es vorm Blick der Sterbenden vorbeizieht, aus solchen Bildern sich zusammensetzt, wie sie das [bucklichte] Männlein von uns allen hat. Sie flitzen rasch vorbei wie jene Blätter der straff gebundenen Büchlein, die einmal Vorläufer unserer Kinematographen waren. Mit leisem Druck bewegte sich der Daumen an ihrer Schnittfläche entlang; dann wurden sekundenweise Bilder sichtbar, die sich voneinander fast nicht unterschieden." (IV: 304)

34 Eine Privilegierung der Stimme bzw. der Mündlichkeit, wie sie von Derrida u.a. vertreten wird, ist damit nicht gemeint. Benjamin hält am Medium der Schrift fest, lediglich die Metaphern sollen vom Optischen ins Akustische wechseln. Diese Erwägung am Ende der *Berliner Chronik* eröffnet eine entsprechende Lesart der *Berliner Kindheit*, die bisher wenig beachtet wurde.

hoffen, Gehör zu finden bzw. in der gewünschten Form auf den Leser Einfluß zu nehmen und somit zu dessen eigener Selbstverständigung beizutragen.[35] Die autobiographische Selbstaussage ist an die Schreibweise, deren bildliche Kraft und intellektuelle Durchdringung gebunden. An exponierter Stelle kommt Benjamin auf einen Vergleich mit dem Labyrinth zurück: Paris „hat den Traum erfüllt, dessen früheste Spuren die Labyrinthe auf den Löschblättern meiner Schulhefte waren." (VI: 469; vgl. auch IV: 237; VII: 393) Und wenn auch das Leben, insbesondere die Liebe, seine ‚graphischen Träumereien' übertrifft, so wird jene doch erst durch diese lesbar. Die auf dem Löschblatt spiegelverkehrt und unvollständig wiedergegebene Schrift will entziffert werden. Und wie Benjamin in seinen alten Schulheften lesend seine Vergangenheit ausbuchstabiert, so hat auch der Leser die Linien dieser fragmentarischen Lebensschrift auszuziehen und die in ihnen verrätselten Botschaften zu entschlüsseln. In der bildlichen Redeweise, die sich auf das Schreiben und das Lesen bezieht, verbinden sich graphisch-räumliche Zeichen mit einem zeitlichen Element, dem des Begreifens und Interpretierens. Die zentrale Bedeutung der Subjektivität ist damit unabweislich. Benjamin selbst insistiert ausdrücklich darauf, indem er im biographischen Kontext, und nur hier, das Wort „ich" gebraucht (vgl. VI: 475). Den Sonderstatus dieses Schreibens hebt er dadurch hervor, daß er dieses Personalpronomen ausschließlich für Briefe und für die Selberlebensbeschreibung reserviert. (In der *Berliner Chronik* wird das im Unterschied zur *Berliner Kindheit*, die durchgängig in der Ich-Form und im Präsens geschrieben ist, noch uneinheitlich gehandhabt.)

Anläßlich seiner Erinnerung an den früh verstorbenen Freund Fritz Heinle bestätigt Benjamin, daß ihm heute „diese räumliche Stelle, in der wir damals zufällig unser Heim eröffneten, der strengste bildliche Ausdruck [ist] für die geschichtliche, die diese letzte wirkliche Elite des bürgerlichen Berlin einnahm." (VI: 478) Seine topographischen Erwägungen führen ihn – auf der Verfahrensebene betrachtet – im weiteren dazu, das Gedächtnis als den Schauplatz zur Erkundung der Vergangenheit und nicht als deren bloßes Instrument zu begreifen (vgl. VI: 486),[36] wobei nicht nur ein Inventar der Ereignisse, sondern auch ein Verzeichnis derjenigen Orte, an denen sie erinnert wurden, erstellt werden soll. Die Gleichzeitigkeit von Vergangenheit und Gegenwart zwingt ihn also zu einer ‚doppelten Buchführung' – einer Überblendung des Lebens im Lichte jetztzeitlicher Erfahrung. (Der ihr eingeschriebene revolutionäre Impetus ist bekannt.[37])

---

35 Vgl. Benjamin, Der Autor als Produzent (II: 683–701).
36 Vgl. Weigel, Entstellte Ähnlichkeit (Anm. 31), S. 27–51.
37 Vgl. Hans Heinz Holz, Philosophie der zersplitterten Welt. Reflexionen über Walter Benjamin, Bonn: Pahl-Rugenstein 1992.

Oft sind es nicht die gut sichtbaren Außenansichten der Stadt, die Repräsentationsbauten und Fassaden, die Erinnerungen auslösen, sondern entlegene Winkel oder Innenräume, die Kleinigkeiten des Dekors, eine spezifische Geste alltäglicher Verrichtungen; oft erschließt sich die Vergangenheit auch über Berührungen oder über akustische Signale.[38] Prominentestes Beispiel dafür ist der spät geschriebene, ausdrücklich als Selbstporträt bezeichnete Text „Loggien".[39] Der für Benjamin charakteristische Erinnerungsmodus wird mit verschiedenen Mitteln präzisiert und immer wieder mit anderen Bildern und Vergleichen veranschaulicht: Wie der wahrhaft Reisende im Weiten und Fernen stets sich selbst begegnet, so der Autobiograph beim Verzeichnis des eigenen Lebens, das die Wege des labyrinthischen Ich ausschreitet und dabei in die Tiefe der Vergangenheit gräbt.[40] Autobiographisches Schreiben darf für Benjamin deshalb weder berichtend noch erzählend, sondern es muß episch und rhapsodisch sein.[41] Die vermeintliche Objektivität des Berichts, der sich auf Daten, Fakten und Zahlen beschränkt, wird von Benjamin verworfen, da die hergestellten Zusammenhänge ganz oberflächlich bleiben und den Kern der Sache nicht treffen – Kracauer verwirft aus nämlichen Gründen die Reportage und plädiert für die Montage, eine literarische und d.h. künstlerisch konstruktive Bearbeitung und Präsentation

---

38 Anderen Sinnen als dem Sehen und Hören gewidmete Texte sind in *Berliner Kindheit* selten: Der Geruchssinn wird durch den Duft des Bratapfels in „Wintermorgen" thematisiert; die Geschmackserfahrung in „Die Farben" – wodurch zugleich auf Synästhesie hingedeutet wird – und in „Die Speisekammer"; dieser Text und „Der Strumpf" akzentuieren auch den Tastsinn.
39 Vgl. Benjamin, Briefe (Anm. 6), S. 589. Vgl. dazu: Hermann Schweppenhäuser, Ein Physiognom der Dinge. Aspekte des Benjaminschen Denkens, Lüneburg: zu Klampen 1992, insbes. S. 47ff.
40 Vgl. Peter Szondi, Benjamins Städtebilder (1962), in: ders., Schriften II, Frankfurt/M.: Suhrkamp 1978, S. 295–309, hier: S. 296. „Wer die eigene Stadt schildert, reise ins Vergangene statt ins Fremde", erläutert Szondi. Die Sehnsucht des Autobiographen geht nicht ins Ferne und Fremde, sondern nach Hause, und d.h. ins eigene Ich (vgl. „Kaiserpanorama").
41 „Die Sprache hat es unmißverständlich bedeutet, daß das Gedächtnis nicht ein Instrument zur Erkundung der Vergangenheit ist sondern deren Schauplatz. Es ist das Medium des Erlebten wie das Erdreich das Medium ist, in dem die toten Städte verschüttet liegen. Wer sich der eigenen verschütteten Vergangenheit zu nähern trachtet, muß sich verhalten wie ein Mann, der gräbt. [...] Und gewiß bedarf es, Grabungen mit Erfolg zu unternehmen, eines Plans. Doch ebenso ist unerläßlich der behutsame, tastende Spatenstich ins dunkle Erdreich und der betrügt sich selber um das Beste, der nur das Inventar der Funde und nicht auch dies dunkle Glück von Ort und Stelle des Findens selbst in seiner Niederschrift bewahrt. Das vergebliche Suchen gehört dazu so gut wie das glückliche und daher muß die Erinnerung nicht erzählend, noch viel weniger berichtend vorgehen sondern im strengsten Sinne episch und rhapsodisch an immer andern Stellen ihren Spatenstich versuchen, in immer tieferen Schichten an den alten forschend." (VI: 486f.)

der mitzuteilenden Begebenheiten.[42] Aber auch das einen intakten Lebenszusammenhang und ungebrochenen Traditionsbezug voraussetzende Konzept des Erzählens lehnt Benjamin als unzeitgemäß ab.[43] Statt dessen plädiert er für eine Unmittelbarkeit und Subjektivität betonende Schreibweise, die scheinbar unzusammenhängend ihr Thema immer wieder einkreist und im bewußt Bruchstückhaften verbleibt. Das dem Rhapsodischen zugeordnete Epische verweist auf den großen Zusammenhang, innerhalb dessen das Einzelne überhaupt zum Thema gemacht werden kann, den Rahmen des Ich gleichsam.[44]

Zu den von Benjamin verworfenen Möglichkeiten, sein Lebensschicksal zu entschlüsseln, zählen die Erblehre und die Erziehungstheorie. Neben diesen gesellschaftlichen und rassischen Erklärungsmodellen schließt er auch astrologische aus; hierin ist evtl. eine Replik auf Goethe zu sehen, der die Konstellation der Gestirne zum Zeitpunkt seiner Geburt an den Anfang von *Dichtung und Wahrheit* setzt. Im 20. Jahrhundert wagt kaum noch jemand eine solche Vorgehensweise. „Es gibt Menschen, die glauben den Schlüssel ihrer Lebensschicksale in der Heredität, andere im Horoskop, wieder andere in ihrer Erziehung zu finden. Ich selber glaube, daß ich manche Aufklärung über mein späteres Leben in meiner Ansichtspostkartensammlung fände, wenn ich sie heute noch einmal durchblättern könnte." (VI: 500) In dieser vermeintlich theoretischen Unterbietung seiner autobiographischen Selbstverständigung weist Benjamin auf die ihm eigene, an den banalen, zwischenzeitlich ganz aus der Mode gekommenen Alltagsdingen orientierten Verfahrensweise hin. Der bildliche Charakter des Erinnerten ist dabei ebenso grundlegend wichtig wie der Hinweis auf seine Sammlerleidenschaft vielsagend.

2. Lesarten der „Berliner Kindheit"

Benjamins autobiographische Reflexionen aus der *Berliner Chronik* werden in den verschiedenen Fassungen der *Berliner Kindheit* in durchaus unterschiedlicher Akzentuierung umgesetzt.[45] Auffällig zuerst die topographische Orientierung, die Tendenz zur Verknappung und die Konzentration auf die Kindheit.

---

42 Vgl. Michael Makropoulos, Wirklichkeiten zwischen Literatur, Malerei und Sozialforschung, in: Konzepte der Moderne (DFG-Symposion 1997), hrsg. von Gerhart von Graevenitz, Stuttgart/Weimar: Metzler 1999, S. 69–81.
43 Vgl. Benjamin, Der Erzähler. Betrachtungen zum Werk Nikolai Lesskows (II: 438–465).
44 Vgl. Benjamin, „Vorwort" zur *Berliner Kindheit* (VII: 385).
45 *Berliner Kindheit* in Bd. IV der Ges. Schriften, S. 235–304; Anm. S. 964–986. Die ‚Fassung letzter Hand' in Bd. VII, S. 385–433; Anm. S. 691–723; zitiert werden beide Fassungen.

Von der Forschung herausgestellt werden dabei die in Auseinandersetzung mit Proust gewonnene Funktion der Erinnerung,[46] die auf Baudelaire zurückgehende Vorstellung der Correspondance und die für die Beschreibung der Moderne fürderhin wichtige Kategorie des Schocks, der von Bohrer unter dem Gesichtspunkt der Zeit als Plötzlichkeit begriffen wird. Immer wieder betont wird die Relevanz der Sprachauffassung Benjamins auch für seinen literarisierten Lebensrückblick. Die *Berliner Kindheit* wird dann gelesen als allegorische Autobiographie, eine moderne, nicht mehr auf Einheit und Sinnzusammenhang zielende Form der Selbstdarstellung.[47] Bei einem solchen Vorgehen wird die literarische Umsetzung theoretischer Postulate untersucht,[48] und die Texte der *Berliner Kindheit* werden dabei meist als Denkbilder behandelt.[49] Ein solches Verfahren kann durchaus eine gewisse Berechtigung beanspruchen, denn Benjamin integriert die literarischen Lebensbruchstücke in sein philosophisches Universum.

> Wie bei der Stückelung in kapriziöse Teilchen die Majestät den Mosaiken bleibt, so bangt auch philosophische Betrachtung nicht um Schwung. Aus Einzelnem und Disparatem treten sie zusammen; nichts könnte mächtiger die transzendente Wucht, sei es des Heiligenbildes, sei's der Wahrheit lehren. Der Wert von Denkbruchstücken ist um so entscheidender, je minder sie unmittelbar an der Grundkonzeption sich zu messen vermögen und von ihm hängt der Glanz der Darstellung im gleichen Maße ab, wie der des Mosaiks von der Qualität des Glasflusses. (I: 208)

Eine dem Mosaik verwandte Form ist – den einleitenden Ausführungen im Trauerspiel-Buch zufolge – der Traktat, denn beide „gehören ihrer höchsten abendländischen Ausbildung nach dem Mittelalter an" (I: 208f.). Benjamin ver-

---

46 Detlev Schöttker, Erinnern, in: Begriffe Benjamins, hrsg. von Michael Opitz und Erdmut Wiszisla, Frankfurt/M.: Suhrkamp (im Druck).
47 Zuletzt Heinz-Joachim Drügh, Anders-Rede. Zur Struktur und historischen Systematik des Allegorischen (Diss. Frankfurt 1996; Publ. in Vorb.).
48 Vgl. Günter: „die theoretischen Reflexionen, die in der *Chronik*-Version dazu neigen, sich zu verselbständigen, werden streng an die besondere Erfahrung gebunden und die methodologischen Überlegungen weichen ihrer praktischen Umsetzung." (Manuela Günter, Anatomie des Anti-Subjekts. Zur Subversion autobiographischen Schreibens bei Walter Benjamin, Siegfried Kracauer und Carl Einstein, Würzburg: Königshausen & Neumann 1996, S. 115.)
49 Vgl. Weigel: „Denkbilder sind aber auch gelesene Bilder, geschriebene Bild-Lektüren, in denen sich der Schriftcharakter von Bildern – sei es von Gemälden, Erinnerungsbildern, Traumbildern, von in Architektur oder in Dingen materialisierten Wunschbildern – buchstäblich in Schrift transformiert. An den Denkbildern wird am deutlichsten, daß Schreib- und Denkweise bei Benjamin nicht zu trennen sind, daß sein Bilddenken der spezifischen Weise seiner Theoriebildung, seines Philosophierens und Schreibens das eigene Gepräge gibt, daß seine Schriften also nicht in Form und Inhalt zu trennen sind." (S. 60) „Genau dies ist das Feld seiner spezifischen Schreibweise, seiner Sprachpraxis, mit der er jene Denkbilder entfaltet, die jenseits des Gegensatzes von poetischer Sprache und philosophischem Diskurs ihren Ort haben." (Weigel, Entstellte Ähnlichkeit (Anm. 31), S. 62)

wendet den „scholastischen Terminus des Traktats [...], weil er jenen wenn auch latenten Hinweis auf die Gegenstände der Theologie enthält, ohne welche der Wahrheit nicht gedacht werden kann." (I: 208) Auf diesen emphatischen Begriff von Wahrheit hat Benjamin nie verzichtet. Mit innerem Bezug zur Anschauungs- und Darstellungsform des Labyrinths bemerkt er: „Darstellung als Umweg – das ist denn der methodische Charakter des Traktats." (I: 208) In der „Erkenntniskritischen Vorrede" seiner Studie *Ursprung des deutschen Trauerspiels* charakterisiert Benjamin die Traktat-Form[50] als systematische Verknüpfung von „Denkbruchstücken". In Analogie dazu läßt sich in der *Berliner Kindheit* von Lebensbruchstücken sprechen, wobei noch das Programmatische der Texte anklingt und ihre Relevanz innerhalb der (späten) Konzeptionen Benjamins betont wird (von systematischer Bedeutung wage ich nicht zu sprechen). Darüber hinaus erhellt ihr Stellenwert für die Diskussion der Konzepte der Moderne: einer Lektüre der Autobiographie als Werk, dessen notwendig fragmentarischer Charakter, die intellektuell-reflexive Qualität und der Entwurf alternativer Selbstbilder, die durch eine spezifische Verknüpfung von Form und Inhalt entstehen.

Das 1982 im Nachlaß Georges Batailles von Giorgio Agamben entdeckte Manuskript von Benjamins *Berliner Kindheit*, das sogenannte „Handexemplar, komplett", das dreißig überarbeitete und neu geordnete Texte enthält sowie zwei weitere eingelegte[51] und neun Stücke unberücksichtigt läßt, kann nicht mit Sicherheit als die endgültige Fassung des Buches angesehen werden.[52] Deshalb wurde auch die von Bernd Witte vorgelegte, die antithetische Struktur der ‚Fassung letzter Hand' herausstellende Analyse der *Berliner Kindheit* mehrfach in Zweifel gezogen.[53] Detlev Schöttker, der seinerseits herausarbeitet, wie Benjamin in der *Berliner Kindheit* das Prinzip der Mnemotechnik umsetzt,[54] betont demgegenüber die Austauschbarkeit der einzelnen Stücke.[55] Nicht zuletzt wegen der breiten Rezeption der Adorno/Rexroth-Fassung werden alle zweiundvierzig

---

50 Vgl. auch die entsprechenden Ausführungen in *Einbahnstraße* (IV: 111); vgl. dazu: Detlev Schöttker, Konstruktiver Fragmentarismus. Form und Rezeption der Schriften Walter Benjamins, Frankfurt/M.: Suhrkamp 1999, S. 43ff. u. S. 181ff.
51 „Das Karussell" aus *Einbahnstraße* ist noch unbearbeitet; die 3. Person, die sonst in *Berliner Kindheit* konsequent in die 1. Person umformuliert wurde, ist in diesem Text noch erhalten. Außerdem beigelegt ist der Text „Erwachen des Sexus", auf den Benjamin trotz der Interventionen Scholems offensichtlich nicht einfach verzichten wollte; vgl. die Anmerkungen zur ‚Fassung letzter Hand' VII: 691–723.
52 Vgl. die Zweifel der Herausgeber VII: 695.
53 Bernd Witte, Bilder der Endzeit. Zu einem authentischen Text der *Berliner Kindheit* von Walter Benjamin, in: DVjS 58 (1984), S. 570–592.
54 Vgl. Schöttker, Konstruktiver Fragmentarismus (Anm. 50), S. 228ff.
55 Vgl. Schöttker, Erinnern (Anm. 46).

Einzeltexte der *Berliner Kindheit* zu berücksichtigen sein.[56] Aufbau und Struktur des Buches können dabei allerdings nicht als grundlegende Orientierung der Interpretation dienen, sie wird sich vielmehr auf eine Analyse der Themen und Motive konzentrieren müssen. Fokus meines Interesses ist die Autobiographie als Form. Dieser Aspekt wurde von der Forschung wenig beachtet.

Als eigenständiges Werk wurde die *Berliner Kindheit* nur selten untersucht; neben älteren Aufsätzen von Peter Szondi,[57] Christiaan L. Hart Nibbrig[58] und dem von Bernd Witte (Anm. 53) ist die frühe Studie von Anna Stüssi hervorzuheben (Anm. 20). Die mittlerweile schier unübersehbare Forschungsliteratur zu Benjamin, die hier nicht im einzelnen diskutiert werden kann,[59] thematisiert die *Berliner Kindheit* meist im Kontext seiner Philosophie, d.h. sie verwendet Aussagen der Berlin-Bücher als Beleg für bestimmte philosophische Positionen Benjamins. Das gilt auch für diejenigen Arbeiten, die die *Berliner Kindheit* als allegorische Autobiographie interpretieren, wobei meist das Hauptgewicht auf Benjamins Allegoriebegriff gelegt und das Autobiographische als selbstverständliche Charakterisierung verwendet wird.[60] Eine Ausnahme bildet die Arbeit von Manuela Günter, die die Miniaturen der *Berliner Kindheit* zusammen mit Siegfried Kracauers Roman *Ginster* und Carl Einsteins Romanprojekt *BEB II* unter dem negativen Vorzeichen der ‚Anti-Autobiographie' thematisiert, in der Negation den Bezug auf die Autobiographie im Blick haltend. Untersucht wird die Subversion autobiographischen Schreibens der drei genannten „Grenzgänger' zwischen Literatur, Philosophie und Kunsttheorie",[61] wobei das „Anti-Subjekt, das hierbei zum Vorschein kommt, [...] im Rahmen einer selbstreflexiv gewendeten Moderne betrachtet" wird.[62] Den Autobiographie-Aspekt ins Zentrum gerückt hat auch eine andere, nämlich diskursanalytische Lesart der *Berliner Kindheit*. Manfred Schneider beschreibt Benjamins autobiographischen Text

---

56 Eine historisch-kritische Ausgabe der *Berliner Kindheit* ist nach Auskunft des Benjamin-Archivs in Frankfurt a. M. nicht zu erwarten (Brief vom 23.10.1997 an Verf.).
57 Peter Szondi, Schriften II, Frankfurt/M.: Suhrkamp 1978, S. 275–309.
58 Christiaan L. Hart Nibbrig, Das Déjàvu des ersten Blicks. Zu Walter Benjamins *Berliner Kindheit um 1900*, in: DVjs 47 (1973), S. 711–729.
59 Vgl. die entsprechenden Forschungsberichte, insbes.: Literatur über Walter Benjamin. Kommentierte Bibliographie 1983–1992, hrsg. von Reinhard Markner u. Thomas Weber, Hamburg: Argument 1993. Einen guten Überblick über Benjamins Denken sowie Hinweise auf neuere Forschungsliteratur gibt der Band *Begriffe Benjamins*, hrsg. von Michael Opitz und Erdmut Wiszisla, Frankfurt/M.: Suhrkamp (im Druck).
60 Zuletzt Drügh, der – in Kontrastierung mit traditionellen Formen autobiographischen Erzählens – die *Berliner Kindheit* aufgrund ihrer allegorischen Schreibweise zum alternativen Paradigma der Autobiographie rechnet (vgl. Drügh, Anders-Rede (Anm. 47), S. 293).
61 Günter, Anatomie des Anti-Subjekts (Anm. 48), S. 10.
62 Ebd., S. 9.

unter dem Gesichtspunkt eines ‚medialen Wechsels ins akustische Inkognito'.[63] Als Zentralmetapher stellt er das Telefon heraus, das Benjamin selbst als seinen Zwillingsbruder apostrophiert (VII: 390; IV: 242). Die im 20. Jahrhundert ‚erkaltete Herzensschrift' sucht sich – so Schneider – neue, technische Arsenale: die Photographie in Prousts *Recherche*, das Kino in Sartres *Les Mots*, das Grammophon in Leiris' *La Règle du Jeu* und das Telefon in Benjamins *Berliner Kindheit*. Diese neuen, kalten Medien negieren, Schneider zufolge, die traditionell mit Herzblut geschriebenen Selbstbiographien früherer Zeiten, in denen sich das Ich eine eigene, unverwechselbare Geschichte zuschrieb.

Schneiders Ausführungen zur Bedeutung des Akustischen – entsprechende Hinweise finden sich auch bei Günter – verdankt meine am Leitmotiv des Echos orientierte Interpretation der *Berliner Kindheit* wesentliche Anregungen. Bestärkt wurden sie durch einen Aufsatz von Bernhard Greiner, der die Sprachorientierung der Autobiographien von Elias Canetti und Walter Benjamin hervorhebt.[64] Die ‚akustische Maske' – ein Begriff, den Greiner von Canetti übernimmt – meint die Charakteristik einer Person nach Wortwahl, Sprechmelodie und -rhythmus unter Absehung von der Bedeutung des Gesagten.[65] Greiners Lesart der *Berliner Kindheit*, die er auf Benjamins Theorie der Sprache zurückführt, akzentuiert die Widersprüchlichkeiten der Allegorie und zielt auf den „Umschlag von allegorischem Versenken in das Entstellte zur messianischen Erwartung."[66]

Eine auf den Gesichtspunkt des Sprachlich-Akustischen sich konzentrierende durchgängige Interpretation der *Berliner Kindheit* wurde – soweit mir bekannt – bisher nicht vorgelegt. Meiner Lesart zufolge werden im Motiv des Echos autobiographische und philosophische Aspekte so verknüpft, daß sie sich wechselseitig beglaubigen. Wichtig dabei ist, daß Benjamins frühe ‚magische Sprachauffassung' mit ihrer adamitischen Namenstheorie eine späte Bestätigung in der Erinnerung an die eigene Kindheit findet. Die für den Begriff der Allegorie herausgearbeitete Gegenzügigkeit von Destruktion und Konstruktion wird so durch das Leben fundiert.

Bereits im letzten Text der *Berliner Chronik* findet sich ein wichtiger Hinweis auf die Bedeutung der Akustik, der der Vorrang einzuräumen ist gegenüber den gängigen, an der Optik orientierten Selberlebensbeschreibungen; erinnert

---

63 Manfred Schneider, Die erkaltete Herzensschrift. Der autobiographische Text im 20. Jahrhundert, München: Hanser 1986, S. 105–149.
64 Bernhard Greiner, Akustische Maske und Geborgenheit in der Schrift: Die Sprach-Orientierung der Autobiographien von Elias Canetti und Walter Benjamin, in: Literaturwissenschaftliches Jahrbuch der Görres-Gesellschaft, Bd. 34, 1993, S. 305–325.
65 Vgl. ebd., S. 308.
66 Ebd., S. 323.

sei an die Rede vom Spiegelbild, vom Panorama des vergangenen Lebens, von den Momentaufnahmen des eigenen Ich oder der Übersetzung von Selbstbiographie in Selbstporträt. Daß Benjamin die Umgestaltung der *Berliner Chronik* zur *Berliner Kindheit* bewußt unter dem Vorzeichen akustischer Metaphern vornimmt, läßt sich, durch entsprechende Äußerungen in Briefen etwa, nicht belegen und auch die weiteren Bearbeitungen deuten darauf nicht zwingend hin. Daß unter der Leitmetapher des Echos gleichwohl eine aufschlußreiche, neue Lesart möglich ist, muß die Interpretation erweisen. Sie geht aus von den erwähnten Überlegungen in der *Berliner Chronik*, wo es heißt:

> Man hat das déjà vu sehr oft beschrieben. Aber ich frage mich, ob die Bezeichnung eigentlich glücklich und die Metapher, welche allein dem Vorgang angemessen ist, nicht viel besser dem Bereich der Akustik zu entnehmen wäre. Man sollte von Vorfällen reden, welche uns betreffen wie ein Echo, zu dem der Ruf, der Hall der es erweckte, irgendwann im Dunkel des verfloßnen Lebens ergangen scheint. Dem entspricht, wenn wir nicht irren, daß der Chock, mit welchem Augenblicke als schon gelebt uns ins Bewußtsein treten, meist in Gestalt von einem Laut uns zustößt. Es ist ein Wort, ein Klopfen oder Rauschen, welchem die magische Gewalt verliehen ist, mit einem Male uns in die kühle Gruft des Einst zu bannen, von deren Wölbung uns die Gegenwart nur als ein Echo scheint zurückzuhallen. Hat man aber je dem Gegenbilde dieser Entrückung nachgeforscht, dem Chock, mit dem wir auf eine Geste oder auf ein Wort gestoßen sind, wie man mit einmal einen vergeßnen Handschuh oder Pompadour bei sich entdeckt. Und wie uns die auf eine Fremde schließen lassen, welche da war, so gibt es Worte oder Gesten, die uns auf jene unsichtbare Fremde schließen lassen, die Zukunft, welche sie bei uns vergaß. (VI: 518f.)

Diesen Überlegungen Benjamins folgt der kurze Bericht, daß der Vater dem etwa fünf Jahre alten Kind die Nachricht vom Tode des Vetters bringt, ohne die Todesursache zu nennen: die Syphilis; das Wort und seine Bedeutung wird Benjamin erst sehr viel später lernen.[67] Von Kindheit an vertraut ist ihm das Bedrohliche dieser Krankheit, die verbunden ist mit einer beunruhigenden Nähe und seltenen Intimität, deren Zusammenhang erst einmal ganz unbegreiflich bleibt. Stets können wir nur lernen, was wir schon kennen.[68] In Abwandlung einer bekannten Arbeitsmaxime Benjamins könnte die folgende Interpretation der *Berliner Kindheit* unter das Motto gestellt werden: Was nie gesprochen wurde, hören.

---

67 Vgl. auch „Eine Todesnachricht" in der Adorno/Rexroth-Fassung (IV: 251f.); in der ‚Fassung letzter Hand' sind in diesem Stück die Überlegungen zur Bedeutung des Akustischen und zur Metapher des Echos entfallen (vgl. VII: 410f.).

68 Paradox wendet diesen Zusammenhang Marguerite Duras in *Sommerregen*, wo der Junge mehrfach beteuert, er wolle nicht lernen, was er nicht wisse. (Vgl. dazu auch: Jürgen Blasius, Anwesenheit und Ekstase. Eine philosophische Lektüre der Marguerite Duras, in: Die Dichter lügen, nicht. Über Erkenntnis, Literatur und Leser, hrsg. von Carola Hilmes und Dietrich Mathy, Würzburg: Königshausen & Neumann 1995, S. 31–46.)

3. Die fremde Sprache der Dinge und ihr Echo im Ich

In der ‚Fassung letzter Hand' beginnt die *Berliner Kindheit* mit „Loggien", einem spät verfaßten, ausdrücklich als Selbstporträt bezeichneten Text.[69] Die Loggien sind der Ort der bürgerlichen Wohnung, an den sich die Wunschträume der Bewohner hefteten; später wird dieser Aufenthaltsraum der Ort des Sonntags genannt (IV: 259; VII: 413). Die hier lokalisierten Träume von Freiheit und Ferne gehören aber einer früheren Zeit an. Um 1900 sind die Loggien bereits ein verlassener Ort. Es ist ein Bereich zwischen innen und außen, ein Zwischenreich: Dem geschützten Innenraum der bürgerlichen Wohnung attachiert, bietet er Ausblicke ins feindliche Leben und ins Fremde. Neben dieser topographischen Bedeutung und ihrer impliziten politischen Relevanz – die spätere Neuentdeckung der proletarischen Höfe (IV: 295; VII: 387) verweist auf die zwischenzeitliche Politisierung von Benjamins Denken – besitzen die Loggien auch eine akustische Präsenz: „Es waren übrigens mehr Stimmen als Gestalten, die von der Loggia sich eröffneten." (IV: 259; VII: 412) Zuerst, noch bevor Bezüge zu Traumbildern hergestellt werden, heftet sich die Erinnerung an Töne. Es sind Alltags- und Arbeitsgeräusche, der Takt der Stadtbahn und das markante Geräusch des Teppichklopfens. Außerdem ist im ersten Text der *Berliner Kindheit* von dem geheimen Spruch der Karyatiden die Rede. Was die einer mythischen Welt entstammenden steinernen Gestalten dem Kind an seiner Wiege prophezeien, wird nicht preisgegeben. Vermittelt wird dieses geheime Wissen als der Benjamins Denken beherrschende Geist, wie er sich in Bildern und Allegorien niederschlägt und in der Liebe direkt erfahren wird. In diesem Sinne enthält der eingangs von Benjamin erwähnte Rätselspruch das über sein Leben verhängte Schicksal. Sein Inhalt bleibt ein Geheimnis. Sowenig es aufgelöst werden kann, sowenig ist dem Utopischen ein bestimmter Ort oder eine genaue Zeit zuzuweisen. Die Erinnerung an die eigene Kindheit in Berlin um 1900 hat lediglich Stellvertreterfunktion: Sie übermittelt die Gewißheit, in eine Existenz hineingeboren zu sein, die nicht nur Verhängnis und Verblendungszusammenhang ist, sondern auch das Versprechen auf Glück und Zufriedenheit als durchaus erfahrbar in sich birgt. Diese Form der Erinnerung heftet sich nicht zuletzt an einzelne Worte, an Laute und Geräusche.

---

69 Vgl. Benjamin, Briefe (Anm. 6), S. 589. Vgl. auch: Wilfried Menninghaus, Schwellenkunde. Walter Benjamins Passage des Mythos, Frankfurt/M.: Suhrkamp 1986. Menninghaus – für den die *Berliner Chronik*, die *Berliner Kindheit* und die *Einbahnstraße* das ‚Berliner-Passagenwerk' Benjamins bilden (ebd., S. 43) – weist auf die ‚Korrelation von Schwelle und Schelle' hin, die sich in einer ‚subtilen Physiognomie des Klingelns' äußert (ebd., S. 35).

Das Kind, so stellt es Benjamin im Rückblick dar, begreift die Welt magisch, d.h. die Dinge sind beseelt und teilen ihm Botschaften mit. Zu entschlüsseln sind diese Botschaften nicht so leicht, da die Dinge ihre eigene Sprache sprechen.[70] Diese metaphorische Redeweise der Erwachsenen hatte offensichtlich für das Kind eine wörtliche Bedeutung. Benjamin als Autobiograph macht für den Leser die eine Ebene in der anderen hörbar. Es geht ihm darum, die Dinge beim Wort zu nehmen (IV: 238; VII: 395) und dafür eine Sprache zu finden. Literarischer Ausdruck und Verständigungsmedium dieser Konzeption ist die Metapher des Echos. An signifikanter Stelle wird sie in der *Berliner Kindheit* eingeführt: in „Tiergarten",[71] ein Stück, das lange als Eingangstext fungierte.

> Später entdeckte ich neue Winkel; über andere habe ich zugelernt. Jedoch kein Mädchen, kein Erlebnis und kein Buch konnte mir über dieses Neues sagen. Als darum dreißig Jahre danach ein Landeskundiger, ein Bauer von Berlin, sich meiner annahm, um nach langer gemeinsamer Entfernung aus der Stadt mit mir zurückzukehren, durchfurchten seine Pfade diesen Garten, in welchen er *die Saat des Schweigens* säte. Er ging die Steige voran, und ein jeder wurde ihm abschüssig. Sie führten hinab, wenn schon nicht zu den Müttern allen Seins, gewiß zu denen dieses Gartens. Im Asphalt, über den er hinging, weckten seine Schritte *ein Echo*. Das Gas, welches auf unser Pflaster schien, warf ein zweideutiges Licht auf diesen Boden. Die kleinen Treppen, die säulengetragenen Vorhallen, die Friese und Architrave der Tiergartenvillen – von uns zum ersten Male wurden sie *beim Wort genommen*. (VII: 394; vgl. IV: 238; Herv. C.H.)

Auch im weiteren wird das Akustische akzentuiert. Da ist vom ‚Takte der Tropfen' die Rede, vom ‚Seufzen der Haustür', von Versen und Merksprüchen (z. B.: „Arbeit ist des Bürgers Zierde / Segen ist der Mühe Preis."). Die Geräusche sind aufzufassen als die Lebenszeichen der Dinge, die zur Kindheit die Begleitmusik spielen. Das Kind hört auf sie und erkennt ihren prophetischen Wert. (Dieser ist nicht nur topographisch vermittelt, sondern kann auch als ins Akustische transponiert aufgefaßt werden.) Deutlich wird das etwa bei den Regengeräuschen – dem Rauschen, Trommeln, Strömen und Gurgeln – von dem im Text „Fischotter" erzählt wird. Das Kind fühlt sich in seltsam unverständlicher Weise bei dem endlos erwarteten, nie wirklich gesehenen ‚heiligen Tier des Regenwassers'

---

[70] In „Schmetterlingsjagd" spricht Benjamin von der ‚fremden Sprache' der Blumen und Tiere (IV: 245; VII: 393); vgl. auch die prophetisch-rätselhaften Mitteilungen des Fischotters (IV: 255ff.; VII: 406ff.).

[71] Der Tiergarten, ein für das Kind gleichermaßen faszinierend-fremder wie vertrauter Ort, bezeichnet, ähnlich den Loggien, einen Zwischen- oder Übergangsbereich. Im Tiergarten treffen Natur und Kultur aufeinander, der Zoo wird zum Sinnbild domestizierter Natur. Auch das Kind ist nicht einfach Repräsentant eines wie auch immer gearteten Naturzustandes, sondern von frühester Zeit an konfrontiert mit Gesellschaft und durch diese geprägt. Es ist für die von Benjamin geschilderte Kindheit charakteristisch, sich in den Zwischenräumen aufzuhalten, in denen die doppelte Disposition von Kultur und Natur deutlich wird.

(VII: 407; IV: 257) zu Hause. Dessen Mitteilungen sind ebenso rätselhaft wie der Spruch der Karyatiden. Die fremde Sprache der Dinge – zu denen auch die Pflanzen, Tiere und Fabelwesen zählen – ist per se unverständlich, das Idiom der Kindheit nicht übersetzbar in die Begriffs- und Verstandeswelt der Erwachsenen. In ihr haben die Dinge keine Stimme mehr. Benjamin sieht seine Aufgabe als Autobiograph nun darin, den Nachhall der unverständlich gebliebenen Artikulation der für das Kind beseelten Welt über die Zeit zu retten. In diesem Sinne ist dann noch davon die Rede, daß ‚die Saat des Schweigens' aufgehen soll. Eine Verklärung der Kindheit ist dabei nicht am Werke, da auch in ihr das Beste stumm blieb. Das im Spiel bei sich selbst seiende Kind ist auf sprachliche Artikulation nicht angewiesen. Die Geräuschkulisse der Kindheit ist merkwürdig diffus; da ist von Murmeln, Seufzen und Brodeln die Rede, immer wieder vom Schweigen. Das Unsichtbare artikuliert sich im Rauschen, Raunen und Knistern, bevor es in die Lautlosigkeit zurücksinkt.[72] Für das Kind sind Elend und Armut der anderen ebenso stumm wie das eigene Glück. Benjamin arbeitet mit nur wenigen charakteristischen Geräuschen, oft bleibt die Szene ohne akustische Ausgestaltung – so wie auch Träume oft ohne Ton ablaufen. Auf diese Weise schafft Benjamin einen Klangraum, in dem der Nachhall der ihrem Wesen nach schweigenden Dinge vernehmbar wird.

Bezeichnenderweise verlaufen alle Kinderspiele schweigend: die Schmetterlingsjagd und das Schattenspiel mit den Fingern, das Entrollen der Strümpfe und das Versteckspiel, das Radfahren, das Malen und das Naschen. Eine Modifikation bildet das Karussellfahren, wo der Musik eine zentrale Rolle zukommt. Eine weitere Variante ist der Befreiungsschrei beim Versteckspielen, der den ‚Einschlag der Zeit' ins kindliche Treiben markiert und so aus dem magischen Bann der Kindheit befreit (IV: 254; VII: 418). Diese beiden Situationen jedoch erfüllen ebenfalls das Gesetz der Stille: was die starre Haltung hier, ist die durch den Schrei hörbare Stille dort. Nicht zuletzt geht es Benjamin darum, den poetischen Nachklang der kindlichen Märchenwelt hörbar zu machen und den prophetischen Wert des kindlichen Wissens wiederzugewinnen, ohne es zu verraten.[73]

---

72 Vgl. „Gesellschaft" (IV: 264ff.).
73 In dem Text „Ein Gespenst", der vom nächtlichen Einbruch einer Diebesbande in die elterliche Wohnung handelt, wird nicht nur die wichtige Funktion des Akustischen betont – die Eltern waren durch ein Geräusch gewarnt worden –, sondern es wird auch über den prophetischen Wert der Träume gestritten. Sein besseres Wissen, den prophetischen Traum, verschwieg das Kind; in der ‚Fassung letzter Hand' verstummt es in dieser Sache ganz. Die zudringliche Neugier der Familie gemahnt noch daran, das ‚Geheimwissen' des Traumes zu hüten. (IV: 278ff.; VII: 419ff.)

Die Weltauffassung des Kindes folgt nicht dem Realitätsprinzip, sondern entsteht aus einer gleichsam magischen Praxis, sich den Dingen anzuähneln. Das sich hinter der Gardine versteckende Kind „wird selbst zu etwas Wehendem und Weißem" (IV: 253; VII: 418). Die dem Kind eigene Ohnmacht gegenüber der Welt steigert seine Sensibilität und Wahrnehmungsfähigkeit. Dieses intensivere Lebensgefühl, die im vertrauten Umgang mit den Dingen bestätigte eigene Existenz, bedeutet auch seine Überlegenheit gegenüber dem Erwachsenen. Die Herrschaft des Kindes ist gewaltlos, denn es erobert sich die Welt durch konkrete Inbesitznahme – beim Radeln etwa zeigt sich eine Form der Aneignung, die sich nicht materialisiert (IV: 299f.; VII: 409f.) – oder aber durch stellvertretenden Besitz. Durch das Finden einer einzigen Pfauenfeder etwa wäre dem Kind noch die ganze Insel zugefallen. „Funde sind Kindern, was Erwachsenen Siege." (IV: 298; VII: 409) Bewahrt werden sie in einer entsprechenden Sammlung.[74]

Eine besondere Kindheitserinnerung gilt dem von Musik begleiteten Karussellfahren,[75] wodurch das Kind in die Lehre von der ‚ewigen Wiederkehr aller Dinge' eingeübt wird. Sie hat, nach anfänglichem Zögern, für das Kind etwas Beruhigendes und Beglückendes. Begründet ist sie auf einer anderen Vorstellung der Zeit. Vermitteln läßt sie sich nicht zuletzt deshalb, weil das karussellfahrende Kind immer wieder in den Armen der Mutter ankommt. Eliade, hierin offensichtlich mit Benjamin einig, nennt die Wiederholung die ‚Zeitform des Glücks'.[76] Diese ‚Weisheit' wird ausdrücklich nur noch ein weiteres Mal in der *Berliner Kindheit* ausgeführt, im Text „Der Weihnachtsengel", wo sie in dem Lied *Alle Jahre wieder* anklingt (IV: 283; VII: 421). Singen und Musizieren sind als besondere Bereiche des Akustischen ausgewiesen, und entsprechend werden sie auch von Benjamin verstanden: so als sei das Lied stets die akustische Präsenz eines Engels, Musik vor ihrer Entstellung durch den Menschen stets Sphä-

---

74 „Doch nicht das Neue zu halten, sondern das Alte zu erneuern lag in meinem Sinn. Das Alte zu erneuern dadurch, daß ich selbst, der Neuling, mir's zum Meinen machte, war das Werk der Sammlung, die sich mir im Schubfach häufte. Jeder Stein, den ich fand, jede gepflückte Blume und jeder gefangene Schmetterling war mir schon Anfang einer Sammlung, und alles, was ich überhaupt besaß, machte mir eine einzige Sammlung aus." (IV: 286; „Schränke")

75 Das karussellfahrende Kind spricht nicht. Es genießt den Rausch seiner Herrschaft über die Dinge und das Aufgehen in ihnen, indem es an ihnen vorbeifliegt. Es ist eine ohnmächtige Herrschaft und ein intensiviertes Lebensgefühl. Begleitet wird diese Erfahrung von Musik, einem aus der Mitte des Karussells dröhnenden Orchestrion. Indem sie als ‚Kronschatz' bezeichnet wird, betont Benjamin das Immaterielle der kindlichen Herrschaft und den zentralen Stellenwert des Klanglichen bzw. des Akustischen überhaupt. (IV: 268; VII: 431)

76 Mircea Eliade, zit. nach: Menninghaus, Schwellenkunde (Anm. 69), S. 107; vgl. auch: Scholem, Walter Benjamin und sein Engel (Anm. 8), S. 59f.

renmusik. Durch einen weiteren Text wird das bestätigt. Beim Schlittschuhlaufen auf dem Neuen See hört das Kind eine andere Blechmusik als die der Militärkapelle. Es sind die beschwingten Klänge eines Wiener Walzers, die von der Rousseau-Insel herübertönen und die das Kind noch ein Stück des Weges nach Hause begleiten. Offensichtlich geht es nicht um ein irrtümlich mit dem Namen Rousseau verbundenes ‚Zurück zur Natur', sondern um ein Fortschreiten in die Zukunft, in der Benjamin allererst Heimat finden will – eine Heimat, von der die Erinnerung an die Kindheit eine Ahnung übermittelt.

Anders als der Erwachsene, anders auch als der Schüler, ist das Kind in seinem Verständnis der Welt – neben den wirklichen Erlebnissen, die meist an Akustisches, an Geräusche und Töne sich heften – wesentlich auf die gesprochene Sprache konzentriert. Auffällig ist das Sich-Verhören und das mit spezifischer Bedeutung beliehene Mißverständnis. Prominentestes Beispiel: die Muhme Rehlen, die zu ‚Mummerehlen' wird (IV: 260f.; VII: 417). Durch den Titel exponiert die Markthalle, die das Kind antikisierend als ‚Mark Talle' auffaßt (IV: 252; VII: 402). Schließlich die ‚Umbenennung' von Mutter und Tanten; diese werden aufgrund ihres Wohnortes, den das Kind hörend entstellt, zur ‚Blume-zoof' (IV: 257), später zur ‚Blume-zof' (VII: 411) und zum ‚Vogel Stieglitz' (IV: 248f.; VII: 399), jene wird zur ‚Näh-Frau', der im Sprachgebrauch verschliffenen Anrede ‚gnädige Frau' (IV: 289; VII: 425).[77] Über akustische Ähnlichkeiten werden so Bedeutungen hergestellt, die die normale Wortbedeutung überschreiten oder unterlaufen, dadurch aber bringen sie die gleichsam magische Qualität der Sprache direkt zum Ausdruck. Benjamin versteht die Kindheit nicht nur als „ins Bild entstellt" (IV: 263), sondern auch als ‚Mummenschanz der Wörter'.[78] Das ist zu werten als eine Immunisierungsstrategie, die gegen das pragmatisch-funktionale Sprachverständnis die frühere Verheißung der Wörter aufruft und neuerlich zum Ausdruck bringt. Daß das Kind konfrontiert wird mit Dingen, die es nicht begreift, sie gleichwohl irgendwie auffaßt, macht der Autograph noch als Mißverständnis kenntlich. Gebunden ist dieses immer wieder ans Hören bzw. sich Verhören, wobei die utopischen Erwartungen des Erwachsenen sich speisen aus dem in der Kindheit ‚falsch' Aufgefaßten, das seinerseits als Artikulation der Dinge verstanden wird.[79]

---

77 Ein weiteres Beispiel – aus dem ihm unbekannten Wort ‚Kupferstich' macht das Kind einen ‚Kopf-Verstich' – ist in der ‚Fassung letzter Hand' gestrichen. (IV: 261)

78 In anderer Akzentuierung vgl. auch Werner Hamacher, The Word *Wolke* – If It Is One, in: Benjamin's Ground. New Readings of Walter Benjamin, hrsg. von Rainer Nägele, Detroit: Wayne State University Press 1988, S. 147–176.

79 Das Unverständnis des Kindes gegenüber der Welt der Erwachsenen äußert sich mehrfach in einem falschen Verständnis der von ihnen verwendeten Wörter. Das umgangssprachlich gebrauchte Wort ‚Affentheater' – in die ‚Fassung letzter Hand' wird dieser Text nicht

Auffällig ist außerdem die Rolle, die Redewendungen, Redensarten, Sprüche und Verse in der *Berliner Kindheit* spielen; diese entstammen oft Märchen, Liedern oder dem Volksmund.[80] Erstes Beispiel ist der Ausdruck ‚einen Krieg führen' im Text „Die Siegessäule". „Mir schien das großartig", schreibt Benjamin, „aber nicht einwandfrei; wie wenn der Mann ein Nashorn oder Dromedar ‚geführt' und damit seinen Ruhm erworben hätte." (IV: 241; VII: 389) Auf diese Weise klingt noch eine Kritik an der Wilhelminischen Kriegsmentalität an: Der Ruhm des Sieges führt die Menschen an der Nase herum. Nächstes Beispiel ist der zur Floskel verkommene Spruch „Arbeit ist des Bürgers Zierde / Segen ist der Mühe Preis" (IV: 238; VII: 395), der gegen seine Abnutzungserscheinungen auf seinen ursprünglichen Sinn hin befragt wird.[81] Die Erinnerung daran, daß Arbeit, nicht entfremdete Arbeit, als sinnstiftende und beglückende Tätigkeit, also als Möglichkeit der Selbstverwirklichung verstanden werden kann, ist durch die ideologische Verwendung dieser bürgerlichen Maxime hindurch zu hören. Gegen ihre reale Entstellung setzt Benjamin das Echo der in ihr enthaltenen Möglichkeiten. Diesen Nachhall vernimmt er nicht aus der Vergangenheit, er tönt ihm vielmehr aus der Zukunft allererst entgegen. Als Benjamin für eine zukünftige Autobiographie eine epische und rhapsodische Form forderte, mag er auch auf den Aspekt der gesprochenen Sprache und die Wiedergewinnung der in den Wörtern enthaltenen magischen Bedeutung gezielt haben. Das am meisten diskutierte Beispiel ist der Text „Die Mummerehlen"[82]:

> In einem alten Kirchenverse kommt die Muhme Rehlen vor. Weil mir nun ‚Muhme' nichts sagte, wurde dies Geschöpf für mich zu einem Geist: der Mummerehlen. Das Miß-

---

aufgenommen – zerlegt das Kind in seine beiden Bestandteile und stellt sich theaterspielende Affen vor, was ihm als ganz außergewöhnlich gilt. Der Autobiograph nimmt dieses gleichsam probeweise Zusammentreffen von Natur und Kultur als Kristallisation des seiner Überzeugung nach spezifisch Menschlichen. Im Vergleich zu vielen anderen, polyphonen Texten der *Berliner Kindheit* ist die hier intonierte Melodie recht schlicht, eine etwas schematische Komposition.

80 Zuerst zitiert wird eine Strophe des *Reiterliedes* aus dem *Wallenstein*: „Wohl auf Kameraden, aufs Pferd, aufs Pferd!/ Ins Feld; in die Freiheit gezogen./ Im Felde, da ist der Mann noch was wert,/ Da wird das Herz noch gewogen." (IV: 255; VII: 401) Im letzten Drittel dann zitiert Benjamin die erste Strophe des Weihnachtsliedes *Alle Jahre wieder* (IV: 283; VII: 421).
81 Ähnliches intendiert Benjamin mit dem Wahlspruch „Komm nach Osten, komm nach Westen, zu Haus ist's am besten." (IV: 270; VII: 404), den er emphatisch auf Heimat hin auslegt.
82 Ich zitiere aus der Adorno/Rexroth-Fassung, da dieser Text in der ‚Fassung letzter Hand' entscheidend gekürzt wurde. Entfallen sind – und das bestätigt eine Akzentuierung des Akustischen – die Szene im Photoatelier und die Geschichte vom chinesischen Maler, der in sein Bild im wahrsten Sinne des Wortes eingeht: Er verschwindet durch den gemalten Türspalt (vgl. dagegen VII: 417f.).

> verständnis verstellte mir die Welt. Jedoch auf gute Art; es wies die Wege, die in ihr Inneres führten. Ein jeder Anstoß war ihm recht. [...] Beizeiten lernte ich es, in die Worte, die eigentlich Wolken waren, mich zu mummen. Die Gabe, Ähnlichkeiten zu erkennen, ist ja nichts als ein schwaches Überbleibsel des alten Zwangs, ähnlich zu werden und sich zu verhalten. Den aber übten Worte auf mich aus. Nicht solche, die mich Mustern der Gesittung, sondern Wohnungen, Möbeln, Kleidern ähnlich machten. (IV: 260f.)

Indem das Kind die Sprache falsch auffaßt, dringt es zum ‚Kern der Dinge' (IV: 262) vor. Seine magische Weltauffassung – das Ideologische und das Wesentliche daran – faßt Benjamin in dem Satz zusammen: „Ich aber bin entstellt vor Ähnlichkeit mit allem, was hier um mich ist." (IV: 261) Nicht zuletzt entsteht Ähnlichkeit über das Hören und Sich-Verhören, über die Wiederaufnahme von Redewendungen, Versen und allem, was sonst noch zum Mummenschanz der Wörter gehören mag. Das vom 19. Jahrhundert knapp skizzierte akustische Porträt wird eingeleitet durch Benjamins vielzitierte Selbstcharakteristik: „Ich hauste so wie ein Weichtier in der Muschel haust im neunzehnten Jahrhundert, das nun hohl wie eine leere Muschel vor mir liegt. Ich halte sie ans Ohr." (IV: 261; VII: 417) Zu sehen gibt es in der leeren Muschel nichts, sie ist bloßes Gehäuse, abgestorbener Rest. Was sie dem Menschen des 20. Jahrhunderts anzuvertrauen hat, ist nur übers Ohr vernehmbar.

> Was höre ich? Ich höre nicht den Lärm von Feldgeschützen oder von Offenbachscher Ballmusik, auch nicht das Heulen der Fabriksirenen oder das Geschrei, das mittags durch die Börsensäle gellt, nicht einmal Pferdetrappeln auf dem Pflaster oder die Marschmusik der Wachtparaden. Nein, was ich höre, ist das kurze Rasseln des Anthrazits, der aus dem Blechbehälter in einen Eisenofen niederfällt, es ist der dumpfe Knall, mit dem die Flamme des Gasstrumpfes sich entzündet, und das Klirren der Lampenglocke auf dem Messingreifen, wenn auf der Straße ein Gefährt vorbeikommt. Noch andere Geräusche, wie das Scheppern des Schlüsselkorbs, die beiden Klingeln an der Vorder- und der Hintertreppe; endlich ist auch ein kleiner Kindervers dabei. ‚Ich will dir was erzählen von der Mummerehlen.' (IV: 262)

Was dieses Fabelwesen, das durch die entstellte Welt der Kindheit geistert, zu sagen hat, erfahren wir nicht. Die Mummerehlen „hatte vielleicht fast keine Stimme", resümiert Benjamin später (VII: 418). Nur ein fernes Echo gemahnt an sie. Im Medium des Akustischen werden in der *Berliner Kindheit* der Lebensatem und das Wehen des Geistes zusammengeführt. Wie in der ans Ohr gehaltenen leeren Muschel das Rauschen des Meeres zu hören ist, so läßt Benjamin die zugleich vertrauten und befremdlichen Geräusche seiner Kindheit in der Rückbesinnung nachklingen. Die an prominenter Stelle entworfene kurze akustische Charakteristik des 19. Jahrhunderts legt die Akzente nicht auf die pompösen, offiziellen Klänge, sondern betont – neben den im weiteren nicht detaillierter ausgeführten Arbeitsgeräuschen – die unauffälligen Töne aus dem Familienalltag. In die häusliche Welt des Kindes dringen laute, scheppernde Geräusche nur selten, meist sind sie durch die Entfernung abgedämpft zu hören; das Teppichklopfen etwa oder der Leierkasten und die Kirchenglocken. Bis auf die schrille Stimme des Telefons, die mit der gefürchteten Autorität des Vaters zusammengebracht wird,[83] ist die familiäre Geräuschkulisse durchgängig gekennzeichnet durch freundliche, verhaltene Töne. Die als Kind in der bürgerlichen Wohnung erfahrene Sicherheit wird von Benjamin entsprechend ins Akustische transponiert. Mißtöne sind selten. Den Mittelpunkt der familiären Welt bildet die Mutter, deren Fürsorge und Liebe ausdrücklich betont wird. Sie gleicht der guten Fee aus dem Märchen und weist auf die sich stets entziehende Geliebte voraus.[84] Ihr ist es auch vorbehalten, bei Einkäufen das Kind in die Stadt einzuführen. Besonders ausgezeichnet ist die Mutter dadurch, daß sie vorliest. Die aus ihrer Hand rieselnden Geschichten werden zum Inbegriff von Glück und Geborgenheit (IV: 270; VII: 404). Auch mit den Großmüttern und Tanten, von denen mehrfach berichtet wird, besaß das Kind eine besondere Vertrautheit, die sich nicht zuletzt durch die ihnen verliehenen Kosenamen ausdrückt: Blume-zof und Vogel-Stieglitz. Die von weiblichen Personen dominierte bürgerliche Familie stellt für das Kind einen Schutzraum dar.

Der Familie als der bürgerlichen Innenwelt, repräsentiert durch die verschiedenen Räume der Wohnung und das mit ihnen verbundene Gefühl der Sicherheit und des Wohlbehagens, wird die Außenwelt der Gesellschaft entgegengesetzt. Das Kind nimmt sie – bedingt durch seine großbürgerliche Herkunft – anfänglich überwiegend nicht als feindlich, bedrohlich und laut wahr.[85] Erst mit dem Eintritt in die Schule nehmen die Erfahrungen von Entwürdigung und Entfremdung einen größeren Raum ein,[86] und insofern sind Kindheit und Schulzeit noch als klar voneinander abgegrenzte Zeitabschnitte zu sehen.[87] Zunehmend

---

83 Ein anderes für den Vater charakteristisches Geräusch ist das Aufstoßen mit dem Spazierstock, das den Jungen aus der heimlichen Lektüre herausreißt und in die Realität zurückwirft (IV: 285).
84 Benjamins Irrealisierungsstrategien in der Liebe gilt es zu beachten, insbesondere da sie in einem eklatanten Widerspruch zur Betonung des Sinnlichen und Körperlichen stehen; eine Relektüre Benjamins unterm Gesichtspunkt der Leiblichkeit bleibt insofern problematisch.
85 Vgl. „Das Kaiserpanorama", „Die Siegessäule", „Tiergarten", „Markthalle" und „Winterabend".
86 Vgl. „Zu spät gekommen", „Knabenbücher" und „Zwei Rätselbilder" – ehemals „Herr Knoche und Fräulein Pufahl".
87 Nahmen die negativen Erfahrungen mit dem ‚öden Schulalltag' in der Berliner Chronik einen vergleichsweise breiten Raum ein, legt Benjamin in der fortgesetzten Bearbeitung auf die Trennung von Kindheit und Schulzeit offensichtlich großen Wert; vier der im weiteren Sinne mit Schule befaßten Stücke („Der Lesekasten", „Neuer deutscher Jugend-

verstummt nun das Kind. Beglückung findet es einzig im Lesen, einer ebenfalls stillen Tätigkeit. Ausdrücklich als feindlich wahrgenommen wird der Lärm des Schwimmbads, der in „Krumme Straße" – ein in der Adorno-Fassung fehlender Text – der Stille des Lesesaals entgegengesetzt wird, und die Blechmusik der Militärkapelle (IV: 273; VII: 428); das ‚Entmenschte, Schamlose' dieser Musik rückt Benjamin in der ‚Fassung letzter Hand' deutlich nach hinten. Bereits das in „Unglücksfälle und Verbrechen" Mitgeteilte – ein Text, der wegen des offen eingestandenen Voyeurismus des Kindes, seiner Sensationslüsternheit, mehrfach auf Befremden gestoßen ist – wird von markanten Geräuschen begleitet: Da ist die Rede von ‚Sturmsignal' und von ‚trommeln', von ‚gefährlicher Stille' und der eindringlichen ‚Warnung, die Kette vorzulegen' (IV: 292f.; VII: 423).

Besonders gefürchtet wird der Einbruch des feindlichen Lebens in die befriedete Welt der Familie; ihm widmet Benjamin einen eigenen Text mit dem bezeichnenden Titel „Ein Gespenst" – eine bedrohliche Geistererscheinung, die man nicht wahrhaben will. Solche Einbrüche in die heile Bürgerwelt sind in der Erfahrung des Kindes selten.[88] Benjamins Kindheit darf eine behütete und stille genannt werden. Arbeit und Mangel haben in der Welt des Kindes keinen Raum. Der in „Die Speisekammer" geschilderte Genuß ohne Reue und Not, der in „Schränke" und „Gesellschaft" erwähnte Überfluß und Prunk sind charakteristisch und prägend. Gesellschaftskritisch artikulieren sie Einwände nur ex negativo, als stumme Mahnung gleichsam. Andere Ausnahmeerfahrungen, die das Kind macht – die Beglückung, ausschlafen zu dürfen in „Wintermorgen", die halluzinatorische Kraft des Fiebers und die prophetische Begegnung mit dem Weihnachtsengel – sind allesamt positiv konnotiert, wenngleich der Erwachsene auch deren problematische Kehrseite, die Defizite und Mängel erkennt. In der für ihn charakteristischen Weise münzt sie Benjamin um.[89] Das gilt auch für den Umgang mit den Fabelwesen, Märchenfiguren und anderen guten Geistern, die von Benjamin stets mit Bezug auf das Akustische – sei's identifikatorisch oder mißverstehend – in die *Berliner Kindheit* eingeführt werden: die Mummerehlen

---

freund", „Schülerbibliothek" und „Das Pult") werden in der ‚Fassung letzter Hand' ausgeschieden.

88 Auch in der vom Vater überbrachten Nachricht vom Tode des Vetters kündigt sich eine ähnliche Bedrohung an. Ein weiteres Eindringen der feindlichen Außenwelt in die bürgerliche Wohnung schildert Benjamin in „Unglücksfälle und Verbrechen": In seinem Arbeitszimmer wird der Vater von einem Herrn zur Rede gestellt; wahrscheinlich geht es um berufliche Schwierigkeiten des Vaters. Der Herr spricht viel, „vielleicht höflich und wohl kaum sehr drohend. Gefährlicher ist eine Stille, wenn er schweigt." (IV: 293; VII: 423)

89 Für Benjamin verkehrt sich seltsam das Verhältnis von wichtig und nebensächlich („Das Pult"), von gesund und krank („Das Fieber") sowie von zentral und peripher, immer wenn Dinge und Orte in den Mittelpunkt der autobiographischen Erinnerung rücken.

und das bucklichte Männlein sowie den in seiner Stummheit vielsagenden Fischotter.

Es gehört zu den spezifischen Erfahrungen der Kindheit Benjamins, Orte und Dinge mit ihren Namen zu identifizieren bzw. sie über ihre Namen in eine tiefere Bedeutung aussagende Beziehung zu setzen. So etwa fungiert das Wort ‚Brauhausberg' als Inbegriff sommerlichen Glücks.[90] Die Unergründlichkeit der Namen der Kindheit verweist auf die magische Sprachauffassung Benjamins mit ihrer adamitischen Namenstheorie.[91] Diese mit wissenschaftlichen Mitteln nicht zu beweisende Konzeption soll nun durch die Erinnerung an eigene Erfahrungen ihre Beglaubigung finden. Subjektive Evidenz ersetzt objektivierbare Wahrheit und übertrifft sie. Für Benjamin steht die ganze Kindheit im Banne der Namen, dafür gibt es unzählige Beispiele. Helene Pufahl, Benjamins erste Lehrerin, ist ihm in Erinnerung geblieben wegen der kalligraphischen Vollkommenheit ihrer Schrift, mit der sie ihren Namen schrieb, und wegen des in ihm verrätselten Sinnes: Das Kind liest die Konsonanten als Siglen bürgerlicher Tugenden.[92]

Es sind stets die ersten Erfahrungen, denen Benjamin eine besondere Bedeutung zuschreibt; ursprünglich sind sie dadurch keineswegs. Was an ihnen herausragt, ist der Name und die mit ihm verbundene Bedeutung bzw. der ihm zugeschriebene Sinn. Von seiner ersten Liebe berichtet Benjamin: „Luise von Landau hieß sie, und der Name hatte mich bald in seinen Bann gezogen. Bis heute blieb er mir lebendig, doch nicht darum. Er war vielmehr der erste unter denen Gleichaltriger, auf den ich den Akzent des Todes fallen hörte." (IV: 254; VII: 401) Auch in diesem Fall werden Orte und Namen untrennbar miteinander verbunden: „Wenn ich nun an das Lützowufer kam, suchte ich mit den Blicken stets ihr Haus. Zufällig lag es einem Gärtchen gegenüber, das, am anderen Ufer,

---

90 „Es hat das Unergründliche bewahrt, womit die Namen der Kindheit dem Erwachsenen entgegentreten. Langes Verschwiegenwordensein hat sie verklärt. So zittert durch die schmetterlingserfüllte Luft das Wort ‚Brauhausberg'. Auf dem Brauhausberge bei Potsdam hatten wir unsere Sommerwohnung. Aber der Name hat alle Schwere verloren, enthält von einem Brauhaus überhaupt nichts mehr und ist allenfalls ein von Bläue umwitterter Berg, der im Sommer sich aufbaute, um mich und meine Eltern zu behausen." (IV: 245; VII: 393)
91 Vgl. Wilfried Menninghaus, Walter Benjamins Theorie der Sprachmagie, Frankfurt/M.: Suhrkamp 1980.
92 „Unter den Ansichtspostkarten meiner Sammlung gab es einige, deren Schriftseite mir deutlicher in der Erinnerung haftet als ihr Bild. Sie trugen die schöne, leserliche Unterschrift: Helene Pufahl. Das war der Name meiner Lehrerin. Das P, mit dem er anhob, war das P von Pflicht, von Pünktlichkeit, von Primus; f hieß folgsam, fleißig, fehlerfrei und was das l am Ende anging, war es die Figur von lammfromm, lobenswert und lernbegierig. So wäre diese Unterschrift, wenn sie wie die semitischen aus Konsonanten allein bestanden hätte, nicht nur Sitz der kalligraphischen Vollkommenheit gewesen, sondern die Wurzel aller Tugenden." (VII: 400; vgl. IV: 254)

in das Waser hängt. Und das verwob ich mit der Zeit so innig mit dem geliebten Namen, daß ich schließlich zur Überzeugung kam, das Blumenbeet, das drüben unberührbar prange, sei der Kenotaph der kleinen Abgeschiedenen." (VII: 401) Die Ebene der Bildlichkeit und der Schrift sind bei Benjamin bekanntlich mit dem Totenreich verbunden, die mit den akustischen Metaphern bezeichnete Ebene der Stimme heftet sich demgegenüber ans Lebendige, zumindest wird es als solches im Echo vernehmbar. Die Topographie dient als Hilfskonstruktion für die im Namen aufgerufene bzw. gegebene Bedeutung.

Im Text „Steglitzer Ecke Genthiner" – der Titel bezeichnet die Adresse von Tante Lehmann – verdeutlicht Benjamin, daß das Kind Orte und Personen über den Namen identifiziert, wobei es aufgrund akustischer Ähnlichkeiten zu bedeutsamen Mißverständnissen kommt: Da die ‚brüchige und spröde Stimme' der Tante dem ‚Zwitschern eines kleinen schwarzen Vogels' gleicht, nennt er sie – inspiriert durch ihren Wohnort – Vogel Stieglitz (IV: 248f.; VII: 399). In der an Geräuschen und Tönen orientierten Weltauffassung des Kindes spielen Namen eine besondere Rolle, denn in ihnen sind Klang und Bedeutung verschmolzen. Die Unterschrift ist demgegenüber bereits ein sekundäres Phänomen, das an den ursprünglichen Sinn gemahnt, nicht ohne zugleich dessen Uneinholbarkeit festzuschreiben. Bemerkenswert, daß Benjamin die Klangphänomene auf Orte zurückbezieht, und nicht, wie für die Musik geläufig, die Akzentuierung der Akustik auf die Dimension der Zeit bezieht. Präsent bleibt sie gleichwohl – im nicht eindeutig lokalisierbaren Phänomen der Stimme ebenso wie in der mit ihr evozierten Vergänglichkeit.

Gruppiert man die Überschriften der dreißig Texte der ‚Fassung letzter Hand' (die weiteren zwölf Texte aus früheren Fassungen sind jeweils in Klammern hinzugerechnet), dann bezeichnen zehn (elf) Texte Orte,[93] sechs (zwölf) Texte Dinge[94] und nur zwei Texte bezeichnen Jahres- oder Tageszeiten.[95] Bei dieser Anordnung lassen sich zwei weitere, sehr viel heterogenere Textgruppen erkennen: eine, die Tätigkeiten, Zustände und Ereignisse im Titel markiert – sie

---

93 „Loggien", „Kaiserpanorama", „Die Siegessäule", „Tiergarten", „Steglitzer Ecke Genthiner", „Markthalle", „Pfaueninsel und Glienicke", „Blumeshof 12", „Krumme Straße" und „Verstecke" (aus den Texten früherer Fassung: „Die Speisekammer").

94 „Das Telefon", „Knabenbücher", „Der Strumpf", „Die Farben", „Der Nähkasten" und „Zwei Blechkapellen" (aus den Texten früherer Fassung: „Schränke", „Der Lesekasten", „Neuer deutscher Jugendfreund", „Schülerbibliothek", „Das Karussell" und „Das Pult").

95 „Wintermorgen" und „Winterabend" (ehemals „Hallesches Tor"). Die für die kindliche Erfahrung kennzeichnende mythische Einheit von Raum und Zeit wird offensichtlich durch den topographischen Aspekt herausgestellt.

umfaßt fünf (acht) Texte[96] – und eine andere, die Fabelwesen, Tiere oder Personen im Titel führt – sie umfaßt fünf (sechs) Texte.[97] Bei dieser Gruppierung nicht zuzuordnen sind die Texte „Zwei Rätselbilder" – ehemals „Herr Knoche und Fräulein Pufahl", wodurch Dinglichkeit den Personen kontrastiert –, „Der Mond", wo Ortsbezeichnung, Dinghaftigkeit und Indikation für Zeit nicht klar zu erkennen sind, und aus früheren Fassungen „Affentheater", womit Benjamin sich weder auf Affen noch auf Theater bezieht, sondern ausdrücklich auf das Wort.

Hinsichtlich der Bezeichnung des Akustischen sind die Titel der einzelnen Texte auf den ersten Blick unergiebig; lediglich „Das Telefon" und „Zwei Blechkapellen", evtl. noch „Eine Todesnachricht" markieren Stimmen, Klänge oder Töne. Ganz anders fällt die Gewichtung aus, nimmt man die Namen von Orten und Dingen sowie die Titel mit den sprechenden Namen hinzu. Fast alle Texte bekommen nun ein bestimmtes klangliches Valeur. In *Berliner Kindheit* ruft Benjamin die abgelegenen Orte und die abgelegten Dinge in Erinnerung. Ein Echo dessen, was sie dem Kind damals zuraunten, will er jetzt vernehmbar machen. Darin schwingt auch der Nachhall einer reinen Sprache der Namen mit.

Andere Gruppierungen der Texte der *Berliner Kindheit* sind denkbar. Inhaltlich ließen sich unterscheiden Kinderspiele und Fabelwesen der Kindheit,[98] Elternhaus und Verwandte (wobei Ausnahmeerfahrungen des Kindes eine eigene Gruppe bilden könnten),[99] die Gesellschaft[100] und schließlich die Schule als der offizielle Eintritt des Kindes in die Gesellschaft. Die Schule nimmt in der ‚Fassung letzter Hand' nur einen kleinen Raum ein, lediglich drei Texte sind ihr

---

96 „Schmetterlingsjagd", „Zu spät gekommen", „Das Fieber" „Eine Todesnachricht" und „Unglücksfälle und Verbrechen" (aus den Texten früherer Fassung: „Gesellschaft", „Abreise und Rückkehr" und „Erwachen des Sexus").

97 „Der Fischotter", „Die Mummerehlen", „Ein Gespenst", „Ein Weihnachtsengel" und „Das bucklichte Männlein" (aus den Texten früherer Fassung: „Bettler und Huren"; einzig dieser Text bezeichnet reale Personen).

98 Kinderspiele werden geschildert in: „Schmetterlingsjagd", „Pfaueninsel und Glienicke", „Der Strumpf", „Verstecke" und „Die Farben" (aus früheren Fassungen: „Die Speisekammer", „Das Karussell" und partiell „Schränke" – die Kommode –); Fabelwesen der Kindheit behandeln die Texte: „Der Fischotter", „Die Mummerehlen" und „Das bucklichte Männlein"; dafür gibt es in *Berliner Chronik* keinerlei Vorprägung.

99 Eltern und Verwandte betreffende Texte sind: „Loggien", „Das Telefon", „Steglitzer Ecke Genthiner", „Blumeshof 12", „Der Nähkasten" und „Der Mond"; (aus den früheren Fassungen: „Gesellschaft" und partiell „Schränke" – das Büffet). Ausnahmeerfahrungen behandeln: „Wintermorgen", „Das Fieber", „Eine Todesnachricht", „Ein Gespenst" und „Ein Weihnachtsengel" (aus den früheren Fassungen: „Erwachen des Sexus").

100 Die Gesellschaft zum Inhalt haben folgende Texte: „Kaiserpanorama", „Die Siegessäule", „Tiergarten", „Markthalle", „Winterabend" (ehemals „Hallesches Tor"), „Krumme Straße", „Unglücksfälle und Verbrechen" und „Zwei Blechkapellen" (aus den früheren Fassungen: „Bettler und Huren" sowie „Abreise und Rückkehr", evtl. „Affentheater").

gewidmet.[101] Aber auch sie stehen in wichtigem Bezug zum Namen, schreiben dessen Theorie gleichsam weiter. Die erste von der Schule berichtete Erfahrung steht unter dem Titel „Zu spät gekommen" und handelt davon, daß der Lehrer zur Strafe den Namen des Schülers einbehält.[102] Bis zum Ende der Stunde darf er am Unterricht aktiv nicht mehr teilnehmen, er wird einfach mit Mißachtung gestraft. Mit dem Namen verliert das Kind die Möglichkeit der Selbstverwirklichung und wird damit um die ganze Erfahrung seiner Existenz gebracht. Obwohl es im stillen mitarbeitet, fehlt seiner Mühe die Anerkennung. Das Schweigen in diesem Text ist nicht mehr beredt, sondern bedrohlich. Erst das Pausenzeichen der Schulgocke wird das Kind aus dieser demütigenden und frustrierenden Situation befreien. Beredtsamkeit erhält dieser Text zusätzlich noch dadurch, daß Benjamin auch der im Leben zu spät Gekommene ist. Die Situation des Schülers und des Erwachsenen sind hier parallelisiert.[103] Die Niederschrift der *Berliner Kindheit* fällt in eine Zeit, in der die Welt die Namen der Dinge einbehalten hat und dadurch die Existenz des Menschen bedroht. (Noch immer wissen wir nicht in vollem Ausmaße, was damals ‚über die Welt verhängt' wurde, und auch ein Rettung verheißender Glockenschlag ist noch nicht zu hören.)

Die Erfahrungen in der Schule bestehen aber nicht nur aus Demütigungen und Strafen. Das Kind lernt Lesen und erhält so eine Möglichkeit, die Märchenwelt der Kindheit über die Zeit zu retten.[104] Die Lektüre wird ihm, zu einer Zeit als sein ‚Vertrauen in die Magie schon erschüttert' war, zum ‚Kunstgriff', der ihn neuerlich zum Eintritt in die ‚Geister- oder Zauberwelt' einlädt (vgl. IV: 284). Die geisterhafte Stille des Lesens entführt den Jungen in eine neue Zauberwelt, heißt es in dem Text „Neuer deutscher Jugendfreund" und in „Schüler-

---

101 Schulerfahrungen werden geschildert in: „Zu spät gekommen", „Knabenbücher" und „Zwei Rätselbilder" (aus früheren Fassungen: „Der Lesekasten", „Neuer deutscher Jugendfreund", „Schülerbibliothek" und „Das Pult", partiell „Schränke" – der Bücherschrank).

102 „Die Uhr im Schulhof sah beschädigt aus durch meine Schuld. Sie stand auf ‚zu spät'. [...] Wie der Teufel den Schatten des Peter Schlemihl, hatte der Lehrer meinen Namen zu Anfang der Unterrichtsstunde einbehalten. Ich sollte nicht mehr an die Reihe kommen. Leise schaffte ich mit bis Glockenschlag. Aber es war kein Segen dabei." (VII: 395f.; vgl. IV: 247)

103 In ähnlicher Weise schildert Benjamin in „Wintermorgen" wie der kindliche Wunsch auszuschlafen zu dürfen, für den Erwachsenen in Erfüllung gegangen ist: Benjamin fand später keinen Brotberuf (vgl. IV: 247f.; VII: 397f.). Die ‚gute Fee' gehört ins Märchen, im wirklichen Leben ist die Zeit, als das Wünschen noch geholfen hat, unwiederbringlich vorbei.

104 Vgl. die Episode in „Schränke", in der deutlich wird, daß die Bücher zum Ersatz für die „verlorene Märchenwelt" der Kindheit werden; Benjamin erzählt von der verbotenen Lektüre des ‚Gespenster-Hoffmann', den er damals zwar nicht verstand und doch verschlungen hat. Solche Leselust wird gestört durch die Erwachsenen, hier vertreten durch die nach Hause kommenden Eltern. (IV: 284f.)

bibliothek" führt Benjamin aus, daß nur das Lesen dem Jungen „das ganze Elend des öden Schulbetriebs erträglich" machte (IV: 277). Das Lesen erfordert Ruhe – die „stillste Zeit am Tage" und der abgeschiedene Ort des Pultes ist ihm vorbehalten (IV: 282) – und es ist selbst eine lautlose Tätigkeit. Beim Lesen hält sich der Junge die Ohren zu, schreibt Benjamin in „Knabenbücher" – ehemals „Schmöker" (IV: 275; VII: 396). Hier vergleicht er das Lesen nicht nur mit ‚Reisen ins eigene Innere' (IV: 275), damit den Topos von Erinnerung als Erkundung des eigenen Ich wieder aufnehmend, sondern er vergleicht Lesen auch mit lautlosem Erzählen, d.h. nun ist der Nachhall der fremden Sprache der Natur und der Dinge nurmehr vorm inneren Ohr zu vernehmen. Lektüre ist dabei nicht einfach Ersatz für die früheren Erfahrungen, sondern deren Fortsetzung und Ergänzung. Stets ist das Echo Wiederholung. Was hätte dem lesenden Kind auch das ‚Gestöber der Lettern' (IV: 275) zu sagen, hätten ihm nicht die Schneeflocken am Fenster schon Geschichten erzählt, um deren genaueres Erfassen dann die spätere Lektüre und ihre abermals spätere, eigene Übersetzung in Schrift bemüht ist.[105] In dem Maße, in dem die geschriebene Sprache im Laufe der Entwicklung in den Vordergrund rückt, geht es darum, die geheime Bedeutung der Namen zu entziffern.[106] Die Kindheit Benjamins in Berlin wurde noch weitgehend dominiert von der gesprochenen Sprache. Die Schulzeit markiert die Zeit des Übergangs zur geschriebenen Sprache. Im Lesen wird dieser Übergang offengehalten, und in ihm ist das ferne Echo der Sprache der Dinge zu hören, die Benjamin in der Theorie der reinen Namen reformuliert.

---

105 In *Einbahnstraße* hat Benjamin vom ‚Gestöber der Lettern' in einem ganz anderen Sinne gesprochen: Reklame ist gekennzeichnet durch die Sinnentleerung der Worte. Der „archaische[n] Stille des Buches" ist hier ein „dichtes Gestöber von wandelbaren, farbigen, streitenden Lettern" gegenübergestellt, und so wird noch das Grelle und Schreiende dieser in „die diktatorische Vertikale" gezwungenen Schrift hervorgehoben. (IV: 103).
106 „Der – von Benjamin akzentuierten – Spannung zwischen ‚Stummheit' und ‚Artikulation' der Namen nun korrespondiert im Horizont der schriftmystischen Lehren die Spannung zwischen weißer und schwarzer Letternkonfiguration. Schrift- und Farbsymbolik stehen bei der Spekulation über eine präexistente Schrift also in enger Wechselbeziehung. [...] Weiß ist im skizzierten mythologischen Horizont also die Farbe der Virtualität, sei es der Schöpfung, sei es der Deutung und Bedeutung, Schwarz die der Aktualität (der Geschöpfe, der Lesarten). Die Farbe der Virtualität impliziert die Abwesenheit des Sichtbaren, eine Abwesenheit allerdings, die durch das Schreiben – die Schöpfung, die Deutung – aufgehoben werden kann. Schöpfung ist Präsentation." (Monika Schmitz-Emans, Zwischen weißer und schwarzer Schrift. Edmond Jabès' Poetik des Schreibens, München: Fink 1994, S. 44f.) – Diese Überlegungen finden bei Benjamin nicht nur in der Rede vom Gestöber des Schnees und der Lettern ihre Entsprechung, sondern auch in einem anderen Bild aus der *Einbahnstraße*, wo es mit deutlichem Bezug auf den autobiographischen Kontext heißt: „Wie ultraviolette Strahlen zeigt Erinnerung im Buch des Lebens jedem eine Schrift, die unsichtbar, als Prophetie, den Text glossiert." (IV: 142)

Damit kommen wir abschließend zu einer der legendären Figuren der *Berliner Kindheit*, dem bucklichten Männlein.[107] Es entstammt einem ‚Deutschen Kinderbuch' von Georg Scherer und wird über einen Vers eingeführt, der sein Erscheinen stets begleitet. Dem Kind wird diese Figur zum Sinnbild dafür, vom Ungeschick in Bann geschlagen zu sein; dazu gehört auch das durch Unachtsamkeit bedingte Sichentziehen der Dinge. Das Kind gibt dem Buckligen den seltsamen, sprechenden Namen ‚Ungeschickt läßt grüßen' (IV: 303; VII: 430). Gesehen wurde das Männlein nie, aber „seine Stimme, die wie das Summen des Gasstrumpfes ist, wispert über die Jahrhundertschwelle" dem Kind eine Botschaft zu (VII: 430; vgl. IV: 304). Die Aufforderung des bucklichten Männleins, im Gebet seiner zu gedenken, schließt die Erinnerung der ihm inkorporierten Erinnerung ans Wesen der Dinge ein; oder anders ausgedrückt: der vom bucklichten Männlein eingetriebene ‚Halbpart des Vergessens' (IV: 303; VII: 430) soll im Gebet des Kindes bewahrt werden und so der Nachhall der reinen Namen vernehmbar bleiben. Die Einlösung dieser, an eine höhere Instanz gerichteten Bitte – jedes Gebet ist Zwiesprache mit einem Gott – steht noch aus. Auch Ende der dreißiger Jahre will sie Benjamin trotz des drohenden Weltkrieges nicht preisgegeben wissen. Mit der wispernden Stimme des bucklichten Männleins endet die *Berliner Kindheit*. Es ist die leise Stimme einer Hoffnung, die gebunden ist an die Erhörung durch einen Gott. Das Messianisch-Utopische hat also das letzte Wort; das bedeutet jedoch weder Entlastung von noch Entlassung aus der Verantwortung für gesellschaftspolitische Veränderungen.

Der Text „Das bucklichte Männlein" beginnt mit der Schilderung, daß das Kind für Kellerwohnungen und ihre Bewohner ein erstaunlich großes Interesse hat, diese aber nur höchst selten zu Gesicht bekommt. In seinen Träumen hingegen erscheinen sie des öfteren und zwar als ‚Gnome mit spitzer Mütze' (IV: 303; VII: 430), und auch wenn sie sich nur kurz zeigen, so wirken sie doch um so erschreckender. Zusammen mit der leisen Hoffnung auf eine bessere Welt wird mit dem kleinen Buckligen auch die Erinnerung an Armut und die andere Seite der Gesellschaft evoziert. In der *Berliner Kindheit* ist sie meist durch Ferne abgedämpft, ein schwaches Echo verglichen mit dezidiert und lautstark vorgetragenen sozioökonomischen Analysen. Zu verleugnen ist die gesellschaftspolitische Dimension jedoch nicht, wenn vielleicht auch leicht zu überhören, da sie eingekapselt ist in die Einsamkeit des eigenen, zum Verstummen verdammten Daseins. Besonders deutlich wird das an Inhalt und Bearbeitung des Stücks „Der

---

107 Vgl. hierzu: Burkhardt Lindner, Engel und Zwerg. Benjamins geschichtsphilosophische Rätselfigur und die Herausforderung des Mythos, in: „Was nie geschrieben wurde, lesen". Frankfurter Benjamin-Vorträge, hrsg. von Lorenz Jäger und Thomas Regehly, Bielefeld: Aisthesis 1992, S. 236–265.

Mond", das in der ‚Fassung letzter Hand' konzentriert ist auf die philosophische Frage nach dem Sinn von Sein, die wie alles philosophische Fragen anhebt mit dem Staunen über die Existenz der Welt und auf die Benjamin mit einer zur völligen persönlichen Resignation gesteigerten Skepsis antwortet: „Von meinem eigenen Dasein war nicht mehr übrig als der Bodensatz meiner Verlassenheit." (VII: 428) In der Adorno/Rexroth-Fassung ist einem ähnlich gelagerten Fazit eine apokalyptische Traumvision vorgeschaltet, auf die Benjamin 1938 angesichts der mit dem Hitler-Regime sich immer deutlicher abzeichnenden politischen Katastrophe verzichtet. In dieser Variante von „Der Mond" wird abermals mit dem Visuellen zugleich das Akustische thematisiert:

> ‚Wenn es jetzt Schmerz gibt, gibt es keinen Gott', *hörte ich mich erkennen*, und sammelte zugleich, was ich hinübernehmen wollte. Alles tat ich in einen Vers. Er war mein Abschied. ‚O Stern und Blume, Geist und Kleid, Lieb, Leid und Zeit und Ewigkeit.' (IV: 302; Herv. C.H.)

Das im Traum die Endlichkeit des Lebens erfassende Kind erfährt den Tod als Befreiung, für die es sich mit einem Vers rüstet. (Er stammt aus Clemens Brentanos Gedicht *Eingang*.) Die Dichterworte – in ihrer rhythmisiert reimenden Form als gesprochen zu denken – sind ihm Abschied von dieser Welt und ihre Wahrheit. Eine Hingabe an sie wird jedoch durchs Erwachen verhindert. Der Erwachsene, dessen Stimme in der *Berliner Kindheit* stets durch die Erinnerung hindurch zu hören ist, muß erkennen, daß der kindliche Traum eines besseren Lebens „für eine weitere Weltzeit gescheitert war." (IV: 302) Aber auch hier gilt Benjamins paradoxe Einsicht „Nur um der Hoffnungslosen willen ist uns die Hoffnung gegeben." (I: 201)[108]

Die Herrschaft des Mondes ist zwiefach konnotiert, darin liegt das Irritierende dieses Textes. Ein solcher doppelter Blick auf die Geschichte ist für die *Berliner Kindheit* insgesamt charakteristisch. In „Der Mond" insistiert Benjamin auf dem Unterschied von Tag und Nachtdasein, wobei er auf einen Orts resp. Perspektivenwechsel drängt. Die Ichzentrierung soll aufgegeben werden zugunsten einer größeren Aufmerksamkeit gegenüber den Dingen, die vom Mondlicht beschienen ein anderes Gesicht zeigen als am Tage, wenn es bloß auf ihre

---

108 Im Hinblick auf die Passagenarbeit zu einer anderen Einschätzung kommt Witte, der Benjamins *Exposé von 1939*, als „Widerruf seiner heilsgeschichtlichen Erwartung" deutet, mithin ein Scheitern des ‚materialistischen Messianismus' konstatiert: „Benjamin war sich dieses Scheiterns seiner geschichtsphilosophischen Intentionen bewußt", schreibt er abschließend. (Bernd Witte, Paris – Berlin – Paris. Zum Zusammenhang von individueller, literarischer und gesellschaftlicher Erfahrung in Walter Benjamins Spätwerk, in: Passagen. Walter Benjamins Urgeschichte des neunzehnten Jahrhunderts, hrsg. von Norbert Bolz und Bernd Witte, München: Fink 1984, S. 17–26, hier: S. 25 u. S. 26.)

Funktionalität ankommt. Dieser ersten Umwertung folgt eine kritische Einschränkung: Die sich unterm Mondlicht belebenden Dinge rufen durchaus gemischte Gefühle hervor, und erst im Schlaf findet das Kind Zuflucht vor seinen beunruhigenden Träumen. Der Schlaf bezeichnet zum einen die positiv konnotierte Herrschaft des Mondes, und zum anderen evoziert die Herrschaft des Mondes den negativ besetzten ‚Schlaf der Vernunft', dessen katastrophale Folgen immer deutlicher real zu erfahren sind. Im Kontext jenes anderen, surrealistischen Nachtdaseins werden die Geräusche ausdrücklich als ‚Lebenszeichen der Dinge' und als Echo des eigenen Ich apostrophiert (IV: 301; VII: 427). Benjamin weiß um die Verwiesenheit von Ich und Welt, Einspruch erhebt er gegen die blinde Beherrschung des Ich durch die Welt, die in der Hektik des Alltags, dem Lärm der Maschinen und dem sich nahenden Kanonendonner zum Verstummen des Ich führt und damit schließlich auch die Welt zum Schweigen bringt. Die der nächtlichen Umgebung abgelauschten Geräusche – das Klirren des Waschgeschirrs, das Glucksen des Wassers, „das Geräusch, mit dem ich erst die Karaffe, dann das Glas abstellte – alles schlug an mein Ohr als Wiederholung. Denn alle Stellen jener Nebenerde, auf welche ich entrückt war, schien das Einst bereits besetzt zu halten. So kam mir jeder Laut und Augenblick als Doppelgänger seiner selbst entgegen." (IV: 301) Bemerkenswert zum einen, daß Benjamin auch hier die Doppelheit von akustischer und optischer Präsenz betont. (Im ‚Handexemplar, komplett' ist der letzte Satz gestrichen; vgl. VII: 427.) Bemerkenswert zum andern, daß die aus der Zukunft dem Autobiographen entgegenkommende Vergangenheit in Texten sistiert wird, die sich immer weiter verknappen. Deshalb nötigt diese Verfahrensweise stets erneut zur Präzision und zur Reflexion des nachträglichen Anfangs.[109] Diese für Benjamin charakteristische Denkfigur wird in der *Berliner Kindheit* ergänzt durch eine historische Tendenz, die durch die bürgerliche Welt bestimmt ist, in deren Doppeldeutigkeit von Niedergang und Versprechen das Kind hineingeboren wird und deren sich der Erwachsene erkennend erinnert. Diese vielschichtige, in sich zurückgebogene Darstellungsweise ist kennzeichnend für die in der *Berliner Kindheit* zusammengestellten Lebensbruchstücke. Es sind bedeutsame Konstellationen in utopisch-kritischer Absicht.

In der Adorno/Rexroth-Fassung ist der Text „Der Mond" der vorletzte; in der ‚Fassung letzter Hand' ist zwischen ihn und „Das bucklichte Männlein" der Text „Zwei Blechkapellen" gerückt, in dem Benjamin die beiden für seine Kindheit charakteristischen Klänge – die Militärmusik und den Wiener Walzer –

---

[109] Vgl. hierzu: Dasselbe noch einmal. Die Ästhetik der Wiederholung, hrsg. von Carola Hilmes und Dietrich Mathy, Opladen: Westdt. Verl. 1998; Eckhard Lobsien, Wörtlichkeit und Wiederholung. Phänomenologie poetischer Sprache, München: Fink 1995.

beschreibt, dabei noch die Bedeutung des Akustischen hervorhebend. Am Ende der *Berliner Kindheit* faßt der Autobiograph aus der Perspektive des bucklichten Männleins – dieser kleinen, verwachsenen Figur personifizierter Erinnerung – die eigene Kindheit noch einmal zusammen und läßt wie vor dem Auge eines Sterbenden ihre Bilder, übrigens nur die glücklichen und friedvollen, rasch vorbeiziehen.[110] Anders als der Anfang der *Berliner Kindheit* – wechselweise „Tiergarten" oder „Loggien", in ihrer unterschiedlichen Akzentuierung gleichermaßen programmatische Texte – stand der Endpunkt seiner ‚Lebensbruchstücke' für den Autobiographen offensichtlich fest. Es ist ein geschichtsphilosophischer Standpunkt, und das bedeutet für Benjamin eine politische und messianische Perspektive ineins. Das 1938 geschriebene Vorwort zur ‚Fassung letzter Hand' unterstreicht diesen Doppelaspekt, der weder unter traditionell materialistischen noch theologischen Positionen zu verrechnen ist. Ein Buch gegen den Strich lesen bedeutet, von hinten nach vorne zu lesen, denn vom Ende her zeigt sich der Anfang noch einmal anders: Das Jetztzeitliche und die rettende Kritik erweisen sich nun als die Folie eines angemessenen Verständnisses der *Berliner Kindheit*.

Bereits im „Vorwort" spricht Benjamin von Abschied, aber auch von Heimat. Das zufällig Biographische, die eigene Lebensgeschichte, von der er ausgeht, wird konterkariert von und eingebunden in die notwendige gesellschaftliche Situation, die des Bürgertums. Reflektiert wird auf das Unwiederbringliche der Vergangenheit und ihren objektiven Charakter, durchaus im Sinne sozioökonomischer Analysen, denn die von Subjektivität, der eigenen gelebten Geschichte, durchdrungene Schilderung beansprucht ihre gesellschaftspolitische Wahrheit. Als Entpersönlichung ist das nicht zu verstehen, vielleicht eher als durch individuelle Erfahrung beglaubigte Historie. Für Benjamin sind Allgemeines und Besonderes, Individuum und Gesellschaft strikt aufeinander bezogen und miteinander vermittelt. Stets war er um „äußerste Konkretheit"[111] bemüht. In der Art und Weise der Darstellung muß diese spezifische Situation eingeholt werden: In der Form des Denkbildes, einer voraussetzungsreichen und verknappten Reflexionsprosa, stellt Benjamin eine Reihe von Erinnerungstexten

---

110 Das bucklichte Männlein „sah mich im Versteck und vor dem Zwinger des Fischotters, am Wintermorgen und vor dem Telephon im Hinterflur, am Brauhausberge mit den Faltern und auf meiner Eisbahn bei der Blechmusik, vorm Nähkasten und über meinem Schubfach, im Blumeshof und wenn ich krank zu Bett lag, in Glienicke und auf der Bahnstation." (IV: 304; gekürzt VII: 430) – In der ‚Fassung letzter Hand' ist der Hinweis aufs Daumenkino als dem Vorläufer des Kinematographen gestrichen, der in der Erinnerung ablaufende analoge Mechanismus ist allerdings durch die Aufzählung der verschiedenen Bilder erhalten geblieben.
111 Vgl. Benjamin, Briefe (Anm. 6), S. 491.

zusammen, in denen ein autobiographisches Subjet/Objekt haust. Damit verweist er zugleich auf eine für moderne Selberlebensbeschreibungen charakteristische Vermittlungsfigur, ihren Anspruch auf Wahrheit und ihre Einlösbarkeit in der Dichtung.

Auf das problematische Verhältnis von Philosophie und Literatur einerseits – deren Trennung neuerlich von der Dekonstruktion bestritten wird –, auf den prekären Wahrheitsanspruch der Dichtung andererseits – der programmatisch von Goethe bereits in seiner Autobiographie erhoben und zugleich in Frage gestellt wurde –, läßt sich in der Moderne keine verbindliche und generalisierbare Antwort mehr finden. Die entsprechenden Selberlebensbeschreibungen reflektieren das Problem und suchen nach je eigenen Darstellungsformen. Festzustellen sind lediglich Tendenzen: die Ästhetisierung des Lebens und zugleich das Streben nach erhöhter Authentizität in der Literatur. Diese gegenläufigen Tendenzen von Dokumentation und Gestaltung treffen im Genre der Autobiographie aufeinander. Nur indem sie an ihrem Wahrheitsanspruch ausdrücklich festhält, eröffnet die Autobiographie neue Möglichkeiten – nicht nur für die Kunst, sondern vielleicht auch für das Leben. „Ich halte es für möglich", schreibt Benjamin im „Vorwort" zur *Berliner Kindheit*, „daß solchen Bildern ein eignes Schicksal vorbehalten ist." (VII: 385)

Kapitel XI

„Und so wandle ich auf der Spur meiner selbst"
Aus dem Leben des Hilfsbuchhalters Bernardo Soares –
Fernando Pessoas autobiographische Entwürfe

> *Im Gegensatz zu dem Peter Schlemihl aus der*
> *deutschen Erzählung habe ich dem Teufel nicht meinen*
> *Schatten, sondern meine Substanz verkauft.*[1]

Livro do Desassossego, 1982 posthum in Lissabon erschienen, machte Fernando Pessoa (1885–1935) mit einem Schlag berühmt und zu einem der herausragenden Autoren der Moderne im 20. Jahrhundert. Drei Jahre später war *Das Buch der Unruhe des Hilfsbuchhalters Bernardo Soares*, von Georg R. Lind aus dem Portugiesischen übersetzt, gekürzt und reorganisiert, auch auf deutsch zu lesen.

Wir wissen nicht, wie ein von Pessoa selbst redigiertes Buch der Unruhe ausgesehen haben würde: Die lange Entstehungszeit [1913–1934; Zusatz C.H.] hat dazu geführt, daß wir es im Grunde mit zwei ‚Büchern' zu tun haben, einem ‚Proto-Buch' spätsymbolistischen Charakters und dem für unsere Begriffe ‚definitiven', aus den Jahren 1929–1934 stammenden ‚Tagebuch' des Bernardo Soares. Der Übersetzer hat gemeint, die frühen Fragment zugunsten der späteren vernachlässigen zu sollen.[2]

Die von der portugiesischen Originalausgabe abweichende, veränderte Anordnung der Fragmente in der deutschen Übersetzung ist den folgenden Ausführun-

---

1 Fernando Pessoa, Das Buch der Unruhe des Hilfsbuchhalters Bernardo Soares. Aus dem Portugiesischen übersetzt und mit einem Nachwort versehen von Georg Rudolf Lind, Frankfurt/M.: Fischer 1987, S. 191. (Diese Taschenbuchausgabe ist seitenidentisch mit der 1985 im Ammann Verlag erschienenen deutschen Erstausgabe; im folgenden abgekürzt „BdU".) – Bereits am 1.12.1931 notierte Pessoa: „Ich bin wie der Mann, der seinen Schatten verkauft hat, oder, besser, wie der Schatten des Mannes, der ihn verkauft hat." (BdU: 199) Sein Selbstverständnis verweist der Autor damit eindeutig ins Medium der Literatur, seine Existenz kennzeichnet er als schattenhaft und substanzlos.
2 Georg Rudolf Lind, Nachwort des Übersetzers, in: Das Buch der Unruhe, S. 297–302; hier: S. 302. Dort heißt es weiter: „Die deutschsprachige Ausgabe versucht, alles Lückenhafte oder bloß Wiederholende auszusondern und aus der Materialfülle der Originalausgabe ein von Anfang bis Ende lesenswertes Buch herauszufiltern. [...] Die gegenüber der Originalausgabe veränderte Anordnung der Fragmente erklärt sich aus unseren vom portugiesischen Herausgeber abweichenden Kriterien." (Ebd., S. 302)

gen allein zugrunde gelegt. Dieses unter philologischen Gesichtspunkten fragwürdige Vorgehen läßt sich in diesem besonderen Fall vielleicht zu einer interpretatorischen Tugend ummünzen: Der Leser muß sich des Vorläufigen und Ungeordneten, des Provisorischen und Fragmentarischen stets bewußt bleiben. (Die Übersetzungen Pessoas durch Georg Rudolf Lind gelten als sehr gut und äußerst zuverlässig.) In mehreren, aus dem Jahr 1914 datierenden Briefen an Armando Côrtes-Rodrigues, einem von den Azoren stammenden Dichter, erwähnt Pessoa seine Arbeit am *Buch der Unruhe*.[3] Zumindest der Titel des Buches scheint damit verbürgt, ebenso sicher wie seine auffällige autobiographische Ausprägung. Lind charakterisiert Pessoas Hauptwerk in Prosa als „autobiographisch durchwirkte Moralistik".[4] Eine Annäherung.

1. Die Heteronyme

Desassossego, ein Wort, das sich von dem Verb *desassossegar* herleitet, bezeichnet im Portugiesischen einen Verlust oder eine Entbehrung: das Fehlen von *sossego* beziehungsweise von Ruhe und Zufriedenheit. Soares allerdings dehnt den Begriff viel weiter aus: angefangen von der leicht dekadenten Bedeutung, die der *desassossego* in manchen Texten annimmt, wo er in Verbindung mit dem Überdruß auftritt, bis zur Nervenschwäche, zur Angst, zum Unbehagen, zum Schmerz und zur Verstörung, bis zur ‚Lebensunfähigkeit'.[5]

Das *Buch der Unruhe* ist entschieden modern. Der französische Pessoa-Kritiker Robert Bréchon hat es als „Tagebuch eines Gefangenen" des Alltags bezeichnet,[6] Lind spricht von einer „Fortsetzung der Fin-de-siècle-Mentalität in die Epoche der Existenzphilosophie".[7] Es ist dem *Saudosismo* verpflichtet, der schweifenden Sehnsucht,[8] die „Stolz auf die Schwermut und Lust am Leiden"[9]

---

3 Fernando Pessoa, Dokumente zur Person und ausgewählte Briefe. Aus dem Portugiesischen übersetzt und mit einem Nachwort versehen von Georg Rudolf Lind, Frankfurt/M.: Fischer 1992, S. 51ff. (im folgenden abgekürzt „Dok"). Vgl. auch den Brief an Gaspar Simões vom 28.7.1932 (Dok: 149ff.)
4 Georg Rudolf Lind, Fernando Pessoa – der vervielfachte Dichter, in: Fernando Pessoa, „Algebra der Geheimnisse". Ein Lesebuch, Frankfurt/M.: Fischer 1990, S. 5–30; hier: S. 6. Vgl. auch: Harald Hartung, Eine Ästhetik der Abdankung. Fernando Pessoa deutsch, in: Merkur 3 (1990), S. 235–242.
5 Antonio Tabucchi, Wer war Fernando Pessoa? Aus dem Italienischen von Karin Fleischanderl, München und Wien: Hanser 1990, S. 78.
6 Zit. nach: Lind, Nachwort zu *Buch der Unruhe* (Anm. 2), S. 298.
7 Ebd., S. 300.
8 Lind, Fernando Pessoa, in: „Algebra der Geheimnisse" (Anm. 4), S. 11.
9 Peter Hamm, Sieger im Scheitern – Fernando Pessoa und Robert Walser, zwei entfernte Verwandte, in: „Algebra der Geheimnisse" (Anm. 4), S. 117–141; hier: S. 136.

meint. Diese schwermütige Melancholie aber und die fast fatalistisch zu nennenden Züge, wie sie Pessoa als „Ästhetik der Abdankung" formuliert – „siegen heißt sich abfinden" (Dok: 23) –, sein erklärter Hang zum Träumen und die vielfach beklagte Willenlosigkeit werden konterkariert durch und erweitert um eine äußerste Sensibilität, die eingefordert wird in Form einer differenzierten Theorie der Wahrnehmung, einem Plädoyer für den direkten Blick und einen Primat des Fühlens, getreu der Devise „Alles auf jede Weise fühlen". Diese Position verbindet Álvaro de Campos, den portugiesischen Avantgardisten und Vertreter des *Sensacionismo*,[10] mit Bernardo Soares und Fernando Pessoa. Der modernen Grundauffassung „gelenkter Spontaneität", einer radikalen Selbsterkundung, die im Dienste der eigenen Subjektivität die Grenzen des Ich überschreitet und in der Konsequenz bis zur Entpersönlichung führt, diesem Dilemma liegt das Problem zugrunde, „sich selber als *denkendes* und zugleich als *empfindendes* Subjekt zu erfassen"[11] und darzustellen. Eine „Intellektualisierung der Sensibilität" sowie deren kritische Überprüfung, die mit einer Sensibilisierung des Intellekts einhergeht und zu einer Ästhetisierung der Wahrnehmung führt, hat Pessoa ausdrücklich gefordert (Dok: 153ff.). Die für ihn charakteristische Antwort auf die Herausforderung der Moderne ist die Heteronymie. In der vom Dichter selbst verfaßten und in der Zeitschrift „Presença" im Dezember 1928 veröffentlichten *Bibliographischen Übersicht* heißt es:

> Was Fernando Pessoa schreibt, gehört zwei Kategorien an, die wir orthonym und heteronym nennen können. Man kann nicht sagen, sie seien anonym und pseudonym, denn das sind sie in Wahrheit nicht. Das unter Pseudonym veröffentlichte Werk stammt vom Autor in Person, nur der Name, mit dem er unterschreibt, ist ein anderer; das heteronyme stammt vom Autor außerhalb seiner Person, von einer vollständig von ihm hergestellten Individualität, wie es die Aussprüche irgendeiner Gestalt aus irgendeinem von ihm verfaßten Drama sein würden. (Dok: 11)

Nach diesen Erläuterungen folgt eine kurze Charakteristik seiner drei Hauptheteronyme und eine summarische Einschätzung ihrer Werke.[12] Ausführlich hat Pessoa die Entstehung der Heteronyme in dem Brief vom 13. Januar 1935 an Adolfo Casais Monteiro beschrieben (vgl. Dok: 159ff.). Hier werden die nähe-

---

10 Vgl. Fernando Pessoa, Álvaro de Campos *Poesias – Dichtungen*. Portugiesisch und Deutsch. Aus dem Portugiesischen übersetzt und mit einem Nachwort versehen von Georg Rudolf Lind, Frankfurt/M.: Fischer 1991, S. 292–298; hier: S. 113. Vgl. auch BdU: 63.
11 Georges Güntert, Das Gedicht „Tabakladen". Eine Analyse, in: „Algebra der Geheimnisse" (Anm. 4), S. 159–180; hier: S. 160.
12 Eine genaue Aufschlüsselung der Heteronyme unter dem Titel „Ein Leben, viele Leben" gibt Tabucchi, Wer war Fernando Pessoa? (Anm. 5), S. 46–59; vgl. auch: Pessoas Lissabon. Ausstellungskatalog zur Frankfurter Buchmesse 1997, hrsg. vom Komitee des Centre de Cultura Contemporània de Barcelona und der Gesellschaft Portugal-Frankfurt 97, S.A.

ren Umstände, die Geburtsdaten, das Aussehen, Beruf und künstlerischer Werdegang der Dichter dargelegt. Lind hat im Hinblick auf die Heteronyme von „Kunstgeschöpfen" und einer „absichtsvolle[n] Legendenbildung" ihrer Entstehung gesprochen.[13] Diese sicherlich zutreffende Einschätzung verdeckt aber mehr, als sie erkennen läßt. In dem besagten Brief erklärt Pessoa selbst die Entstehung der Heteronyme folgendermaßen:

> Schon als Kind neigte ich dazu, um mich her eine erfundene Welt zu erschaffen und mich mit Freunden und Bekannten zu umgeben, die nie existiert hatten. (Wohl verstanden, ich kann nicht sagen, ob sie nicht existierten oder ob ich es bin, der nicht existiert. In diesen wie in allen übrigen Dingen darf man nicht dogmatisch sein.) Seit ich mich als den Jemand kenne, den ich Ihnen nenne, entsinne ich mich, unwirkliche Gestalten im Geist in Aussehen, Bewegungen, Charakter und Geschichte so präzise ausgebildet zu haben, daß sie für mich so sichtbar und mein waren wie die Dinge des mißbräuchlicherweise sogenannten wirklichen Lebens. (Dok: 162f.)

Mit Alberto Caeiro, dem „unschuldigen Dichter", wie Octavio Paz ihn nennt,[14] war Pessoa sein Meister erschienen. „Entschuldigen sie das Absurde dieses Satzes [...] Dies war meine unmittelbare Empfindung" (Dok: 164), schreibt Pessoa an Monteiro, und daß er sich gleich daran gemacht habe, für diesen Meister Schüler zu finden.

> Ich entriß den latenten Ricardo Reis seinem falschen Heidentum, entdeckte seinen Namen und paßte ihn sich selbst an – denn in diesem Augenblick sah ich ihn schon. Und auf einmal stieg vor mir entgegengesetzter Herkunft zu Ricardo Reis ein neues Individuum auf. In einem Wurf kam, an der Schreibmaschine, ohne Unterbrechung oder Verbesserung, die ‚Triumph-Ode' Álvaro de Campos' ans Licht – die Ode mit diesem Namen und der Mensch mit diesem Namen. (Dok: 164f.)

Álvaro de Campos ist „der vagabundierende Dandy" (O. Paz), der eine „synthetische Kunst" anstrebt und neben dem *Sensacionismo* als weitere Leitlinie die Devise verficht: „Jeder von uns multipliziere seine Perönlichkeit mit allen anderen Persönlichkeiten!"[15] Die Lage wird unübersichtlich, das literarische Personal vermehrt sich. Pessoa *ist* die Heteronymie, schreibt Antonio Tabucchi, „es gelingt ihm, die Diachronie als Synchronie zu leben. Als ob er *immer und jetzt* lebte."[16] Die Gegenwart ist demgegenüber nichtig, die Vervielfachung führt zur

---

13 Georg Rudolf Lind, Nachwort des Übersetzers, in: Fernando Pessoa, Alberto Caeiro *Dichtungen* – Ricardo Reis *Oden*. Portugiesisch und Deutsch. Aus dem Portugiesischen übersetzt und mit einem Nachwort versehen von Georg Rudolf Lind, Frankfurt/M.: Fischer 1989, S. 233–241; hier: S. 233.
14 Octavio Paz, Fernando Pessoa – Der sich selbst Unbekannte, in: „Algebra der Geheimnisse" (Anm. 4), S. 85–115; hier: S. 102.
15 Vgl. Lind, Nachwort, in: Fernando Pessoa, Álvaro de Campos (Anm. 10), S. 294.
16 Tabucchi, Wer war Fernando Pessoa? (Anm. 5), S. 44.

„Vernichtung des Ich" (O. Paz), die ihrerseits wieder als Ressource künstlerischer Produktion dient – eine für avantgardistische Kunst und Literatur bezeichnende Paradoxie. Pessoa aber geht noch ein Stück weiter, verwirrt die Situation bis zur Absurdität. In den *Aufzeichnungen zur Erinnerung an meinen Meister Alberto Caeiro* schreibt Álvaro de Campos:

> Mein Meister Caeiro war kein Heide; er war das Heidentum. Ricardo Reis ist ein Heide, ich bin ein Heide; sogar Fernando Pessoa wäre ein Heide, wäre er nicht ein nach innen gewickeltes Garnknäuel. Aber Ricardo Reis ist Heide aus Charakter, ich selbst bin ein Heide aus Rebellion, also aus Temperament. Bei Caeiro gab es keine Erklärung für sein Heidentum; es war eine Wesensentsprechung.[17]

Daß der Dichter Fernando Pessoa in einer Reihe zu stehen kommt mit Ricardo Reis und Álvaro de Campos – alle sind Schüler von Alberto Caeiro –, gehört zu den Absonderlichkeiten des ästhetischen Universums eines portugiesischen Schriftstellers gleichen Namens.[18] (Dem Heteronym Álvaro de Campos erscheint der Autor in konjunktivischem Zusammenhang, eine ins Negative und Irreale verkehrte Metapher, was in spiegelbildlicher Verkehrung die realen Verhältnisse zwischen Fernando Pessoa und Álvaro de Campos zum Ausdruck bringt.) Die Heteronyme vervielfachen nicht nur die Person – aus Fernando Pessoa wird so eine ganze Literatur –, sondern sie betonen auch, und darauf hat Güntert hingewiesen, die Differenz zwischen „empirischem Autor-Ich und Text-Ich".[19] Das Insistieren auf einer Trennung des Ich von sich selbst ist kein Spezialfall der Selbstbeobachtung – einer Situation, in der sich das Ich zum Objekt macht und wie sie z. B. in Autobiographien dargestellt und reflektiert wird. Das in sich gespaltene Ich ist vielmehr Grundlage aller Erkenntnis und ineins damit Voraussetzung künstlerischer Produktivität. Das erfordert neue Formen des Lesens und Schreibens.

---

17 Fernando Pessoa, Alberto Caeiro *Dichtungen* – Ricardo Reis *Oden* (Anm. 13), S.137f.
18 „In den letzten vielleicht fünf vergangenen Jahren hat sich weltweit die Pessoa-Rezeption auf einen Aspekt hin verlagert: Daß Pessoa *selbst* ein Heteronym innerhalb der ‚mitgehörten' Diskussion war, die seine Heteronyme tetralogisch führen sollen" (Frank Henseleit-Lucke, Nachwort zu: Fernando Pessoa, Herostrat. Die ästhetische Diskussion I, übersetzt von Georg Rudolf Lind und Frank Henseleit-Lucke, hrsg. von Frank Henseleit-Lucke, Zürich: Ammann 1997, S. 183–203; hier: S. 190).
19 Güntert, Das Gedicht „Tabakladen", in: „Algebra der Geheimnisse" (Anm. 4), S. 163.

2. Selbstbefragung

Nach meiner Ansicht (hier stehen die drei Wörter abermals) sollte sich die Funktion des Kritikers auf drei Punkte konzentrieren: 1) den Künstler ausschließlich als Künstler zu studieren und in die Studie nicht mehr von dem Menschen eindringen zu lassen, als strenggenommen nötig ist, um den Künstler zu erklären; 2) das zu suchen, was wir als die zentrale Erklärung des Künstlers bezeichnen können (lyrischer Typ, dramatischer Typ, lyrisch-elegischer Typ, dramatisch-poetischer Typ usw.); 3) indem er die wesensgemäße Unerklärlichkeit der menschlichen Seele begreift, sollte er diese Studien und diese Untersuchungen mit einem leichten poetischen Hauch von Mißverstehen umgeben. Dieser dritte Punkt hat vielleicht etwas Diplomatisches an sich, aber sogar mit der Wahrheit, mein lieber Gaspar Simões, muß man diplomatisch umgehen. […]
Der zentrale Punkt meiner Persönlichkeit als Künstler ist, daß ich ein dramatischer Dichter bin; ich lege ständig in alles, was ich schreibe, den inneren Aufschwung des Dichters und die Entpersönlichung des Dramatikers. Ich fliege als anderer – das ist alles. Vom menschlichen Gesichtspunkt aus – an den der Kritiker nicht rühren sollte, weil es ihm nichts bringt, wenn er daran rührt – bin ich ein Hysteroneurastheniker mit der Vorherrschaft des hysterischen Elements im Gefühlsleben und des neurasthenischen Elements bei Intelligenz und Willen (Detailgenauigkeit der ersteren, Schwäche des zweiten). (Dok: 146f.)

Nicht erst in diesem berühmten Brief an Gaspar Simões vom 11. Dezember 1931 hebt Pessoa das Dramatische hervor, bereits in der vom Dichter selbst verfaßten *Bibliographischen Übersicht* von 1928 hatte er die Heteronymie erläutert als „drama em gente": „Es ist ein Drama in Leuten, statt in Akten. (Ob diese drei Individualitäten mehr oder weniger wirklich sind als Fernando Pessoa selbst, ist ein metaphysisches Problem, das dieser, da ihm das Geheimnis der Götter unbekannt ist und er infolgedessen nicht weiß, was die Wirklichkeit ist, niemals wird lösen können)." (Dok: 12)

Pessoas Selbstreflexionen sind von einem tiefen Zweifel durchdrungen, „denn wir wissen ja nicht, was die Wirklichkeit ist". (BdU: 7) Bei seinen inquisitorischen Fragen, was existieren heißt und in Wahrheit wirklich ist, kommt er häufig auf den Vergleich zwischen dem Autor eines Dramas und den von ihm geschaffenen Personen. Die Frage lautet: Wer ist wirklicher, Hamlet oder Shakespeare? Pessoa verhält sich zu seinen Heteronymen wie Shakespeare zu seinen Protagonisten; daß die Identität Shakespeares unzureichend geklärt ist und daß Dramenhelden zu ihrer Realisierung eines Schauspielers bedürfen, der sie auf der Bühne verkörpert, macht den besonderen Reiz dieses Vergleichs aus. In ihm ist die Richtung einer (vorläufigen) Antwort enthalten und außerdem eine neuerliche Irritation durch ungeklärte Fragen: Wer ist der Autor? Wie ist die Rolle des Schauspielers zu begreifen? Damit werden nicht nur alle Antworten zu vorläufigen Antworten (woraus viele Interpreten vorschnell einen universellen Zweifel ableiten wollen), sondern die Antworten führen zu einer Präzisierung der Fragen, womit für intellektuelle Geister wie Pessoa sehr viel gewonnen ist. „Mit den Ideen und mit den Gefühlen spielen ist mir immer als das allerschönste Schicksal erschienen. Ich versuche es zu verwirklichen, so gut ich kann." (Dok: 25) Mehrfach hat sich Pessoa als Denkspieler bezeichnet, und die Aufgabe der Philosophie ist es bekanntlich, Fragen zu stellen. Das Geschäft mit den Antworten gehört den Dogmatikern und Ideologen.

Obwohl Pessoa die aufgeworfenen metaphysischen Fragen nicht zu lösen vermag, stellt er sie doch immer wieder neu, gewinnt ihnen andere Aspekte ab. „Ich war ein Dichter, der von der Philosophie angeregt wurde, nicht ein Philosoph mit dichterischen Fähigkeiten." (Dok: 19) Pessoa, der, wie es in einer späteren *Biographischen Notiz* heißt, sich stets bemüht hat, „ein Zuschauer des Lebens zu sein" (Dok: 24), übrigens auch des eigenen, findet immer neue Bilder, das Verwunderliche der Welt und das Rätsel ihrer Wahrnehmung zum Ausdruck zu bringen. Der Impetus seines Fragens, seine geistige Schärfe und literarische Brillanz haben bis heute nichts von ihrer faszinierenden Kraft verloren. Leichtfertiges Spiel, die Koketterie mit Unvereinbarkeiten und eine bohèmehafte Pose sind Pessoa fremd.

Pessoa treibt sein Verwirrspiel bis zum Äußersten: Er löst die Zuverlässigkeit der Innenwelt ebenso auf wie die der Außenwelt. Dabei geht er so weit, eine Begegnung mit den von ihm erfundenen Personen für möglich zu halten. Das ist ebenso verrückt wie konsequent. Wenn die Fakten nicht die Fakten, sondern eine bestimmte Art von Fiktionen sind, dann sind die Fiktionen, ganz folgerichtig, eine mögliche Art von Fakten. Nietzsche hatte in seiner kleinen Schrift *Über Wahrheit und Lüge im außermoralischen Sinne* (1873) das gewöhnlich für wahr Gehaltene lebensdienliche Fiktionen genannt, man könnte auch von überlebenspraktischen Erfindungen sprechen. Auf diesen Zusammenhang, daß es sich bei einer strengen Zweiteilung der Aussagen über Ich und Welt in Fakten und Fiktionen lediglich um zwei Seiten einer These über Sprache handelt, weist Pessoa nachdrücklich mehrfach hin. Nicht zuletzt deshalb erzählt er immer neue Geschichten, erfindet er immer neue Personen. In der Art und Weise literarischen Sprechens und Schreibens ist derjenige Modus gefunden, der aufgrund seiner Bildlichkeit und seiner Vieldeutigkeit ein begriffliches Erfassen gleichermaßen überschreitet und unterläuft. Die Literatur sagt stets mehr und anderes als das, was geschrieben steht.

Pessoas in einer Tradition aufklärerischen Geistes stehender Skeptizismus führt ihn zu einer Kunsttheorie, die auf ihre direkte Umsetzung in seinen Werken angewiesen ist. Wenn wir nicht mehr wissen, was die Wirklichkeit ist, haben wir das Kriterium verloren, zwischen einer Sprache der Wissenschaft und einer Sprache der Kunst zu unterscheiden. Das dichterische Werk selber wird nun zum ausgezeichneten Medium der Erkenntnis. Überspitzt formuliert und ins Paradoxe und Absurde gesteigert, heißt es in Pessoas *Páginas íntimas e de auto-interpretaçao:* „Weder dieses noch die folgenden Werke haben irgend etwas mit dem Verfasser zu tun." (BdU: 7)[20] Da Verfasser ein Ausdruck ist, der die Realität des Autors postuliert, muß ihn Pessoa seiner philosophischen Grundüberzeugung zufolge – dem Zweifel an der Möglichkeit verbindlichen Wissens über die Wirklichkeit – zurückweisen. (Poststrukturalistische Interpretationen können an diesem Punkt ansetzen.) Statt vom Autor als dem Schöpfer des Textes spricht Pessoa lieber davon, daß er bei der Niederschrift „das Medium von Gestalten war, die er selbst geschaffen hat" (BdU: 7), und erläutert: „Er schreibt wie unter Diktat [...] Als privates Ich kennt der Autor in sich selbst überhaupt keine Persönlichkeit." (BdU: 7) Erneut verweist Pessoa hier auf die Bedeutung des Schöpferischen, das individuell nicht verfügbar ist, also sich dem bewußten und willentlichen Zugriff des Einzelnen entzieht, und auf den Vorrang der Werke vor dem Autor mit seinen persönlichen Vorlieben und psychischen Dispositionen.[21] Pessoa war sich selbst über seine Situation offenbar ganz klar. Am 28. Juli 1932 schreibt er an seinen Freund Gaspar Simões:

> Ich weiß nicht, ob ich Ihnen schon je gesagt habe, daß die Heteronyme [...] von mir unter meinem eigenen Namen publiziert werden müssen (für eine absolute Verschleierung ist es spät, und daher ist sie absurd). Sie werden eine Reihe mit dem Titel *Fiktionen des Zwischenspiels* bilden oder mit einem anderen, noch besseren Titel, falls er mir einfallen sollte. (Dok: 151)

---

20 Unter dem Titel „Aspekte" hat Lind der deutschen Ausgabe von *Livro do Desassossego* einen kurzen Auszug aus Pessoas *Páginas íntimas e de auto-interpretaçao* vorangestellt. Es handelt sich um eine Passage, in der Fernando Pessoa als Fernando Pessoa über sich als Person und über sich als Autor spricht. Eine, wie gezeigt, für das Verständnis seiner Werke immens wichtige Konstellation.

21 „Daß diese Eigenheit des Schriftstellers eine Form der Hysterie oder der sogenannten Persönlichkeitsspaltung sei, wird vom Autor dieser Zeilen weder bestritten noch bejaht. Da er ein Sklave seiner eigenen Vielheit ist, würde es ihm nichts nützen, wenn er dieser oder jener Theorie über die schriftlichen Ergebnisse dieser Vielfalt beipflichtete." (BdU: 7f.) Was allein zählt, sind die Werke, ihre Konstruktion und das durch sie zur Darstellung Gebrachte. – Pessoas Angst vor dem Wahnsinn, sein Interesse an medizinischer Diagnose, evtl. gar an Einweisung in eine Irrenanstalt sind in seinen Briefen und durch Zeitzeugen gut belegt. „Pessoa ist und bleibt ein Unikum, weil bei ihm die Heteronymie, die er als literarische Haltung empfindet, nicht zu trennen ist von der eventuellen Tragödie einer realen psychischen Spaltung, die [...] weitere Ichs in Gestalt von Minotauren hervorbringt, die sich zwischen den Halluzinationen der Schizophrenie und dem kühnsten literarischen Spiel bewegen." (Andrea Zanzotto in einem Interview mit Antonio Tabucchi, in: Tabucchi, Wer war Fernando Pessoa? (Anm. 5), S. 116.) Aber halten wir uns an die von Pessoa selbst entworfenen Leitlinien für Interpreten, fragen wir nach dem Künstler und nicht nach seiner privaten Existenz.

3. Fernando Pessoa und Bernardo Soares

In dem „Vorwort" überschriebenen 1. Fragment (in der portugiesischen Ausgabe ist es Nr. 11) erzählt Fernando Pessoa unter eigenem Namen und in der ersten Person die Geschichte, wie er den Verfasser der folgenden Sammlung von Texten in Lissabon in einem der kleinen Restaurants kennengelernt hat. So zufällig wie ihr Zusammentreffen war der Anlaß, der beide ins Gespräch brachte. Das Erstaunlichste an dieser ganzen Geschichte aber ist die Enthüllung, daß der in seinem Auftreten eher unauffällige, mit einer gewissen Nachlässigkeit gekleidete Mann von ungefähr dreißig Jahren sich für Literatur interessiert, ja sogar selber schreibt. „Schüchtern deutete er an, weil er nicht wisse, wohin er gehen und was er anstellen solle, weil er keine Freunde zu besuchen und keine Freude am Bücherlesen aufbringen könne, pflege er die Nächte zu verbringen, indem er ebenfalls schriebe." (BdU: 12). Hier bricht das „Vorwort" ab, und in der deutschen Fassung schließt nun der „1. Artikel" an. Zwischen „Vorwort" und „1. Artikel" wäre ein Doppelpunkt zu denken: Das Ich ist nun kommentarlos ausgetauscht. Es ist jetzt Bernardo Soares, der Hilfsbuchhalter, der in der ersten Person schreibt.

War es schon äußerst unwahrscheinlich, in einem kleinen Angestellten einen portugiesischen Jedermann mit enormen literarischen Qualitäten zu treffen, so ist die als Zufallsbekanntschaft ausgegebene Begegnung Pessoas mit diesem Dichter der alltäglichen Tristesse einer kleinbürgerlichen Existenz im 20. Jahrhundert für jeden halbwegs geübten Leser als Kunstgriff, als literarische Fiktion zu erkennen, eine Selbststilisierung des Autors, die alle folgenden fragmentarisch zusammengestellten Tagebuchaufzeichnungen ins Reich der Literatur verweisen.[22] Der Kunstgriff, daß der Verfasser eines Textes sich bloß als dessen Herausgeber ausgibt, ist literaturgeschichtlich bekannt und durchaus keine Seltenheit. Der Text wird dabei meist ausgegeben als zufällig gefundener oder als dem Herausgeber ausdrücklich anvertrauter. Während in Zeiten der Repression und Zensur ein solches Verfahren akzeptiert wird als sinnvolle Selbstschutzmaßnahme, greift es zu kurz, in diesem Kunstgriff hier eine leicht durchsichtige Form der Unaufrichtigkeit sehen zu wollen – es verkennt zumindest beim *Buch der Unruhe* dessen Modernität, eine über die Form vermittelte und nur über die literarische Form zu vermittelnde Erkenntnis. Das dem Text vorangestellte

---

22 Das im Tagebuch Notierte wird so ausdrücklich in den Rang der Literatur gehoben, was für das von einem Schriftsteller verfaßte fiktive Tagebuch nicht weiter bemerkenswert wäre, wenn nicht gleichzeitig mit dieser Nobilitierung eine Verunsicherung über Text und Ich einherginge. Die im Tagebuch festgehaltene und dokumentierte Authentizität des Ich wird damit nachdrücklich in Zweifel gezogen – es sei denn, man hielte Pessoas Vorgehen nur für eine kunstgewerbliche Koketterie.

"Vorwort", in dem der Verfasser in die Rolle des Herausgebers schlüpft, besitzt selbst Bedeutung als ausdrückliche Distanzierung, die bei Pessoa weniger persönliche oder politische Gründe hat als vielmehr ästhetische.

Die Trennung von F.P. und B.S. ist insofern konstitutiv, als sie auf der Differenz von (empirischem) Autor-Ich und (künstlerischem) Text-Ich insistiert. Das ist bei einem erklärtermaßen dem Autobiographischen zugehörigen Manuskript besonders verwunderlich, denn die traditionelle Form der Autobiographie setzt die Identität von Autor, Erzähler und Held voraus. Demgegenüber weist *Das Buch der Unruhe* dank seiner Konstruktion mit Nachdruck auf den Unterschied zwischen Leben und Schreiben hin, und außerdem noch darauf, daß wir vom Leben nur durch die Texte wissen können – diese also mit jenem auf verwickelte Weise verbunden sind. Eine Überführung der Literatur ins Leben bezeichnet eines der wiederkehrenden Grundmuster moderner Literatur. Ihr wird alles zur Übersetzung. Reflexionen auf das sprachlich Vermittelte allen Wissens – ihm ist das Subjekt der Erkenntnis der Außenwelt ebenso wie das der Erkenntnis der Innenwelt verhaftet – bilden folglich eines der Hauptthemen im *Buch der Unruhe*. Bereits seine Anlage wird diesem Grundproblem gerecht: Der Autor hat (vermeintlich) abgedankt, erklärt sich (was eine Lüge ist) zum Herausgeber eines (angeblich) authentischen Textes. In dieser mehrfachen Verneinung verbirgt sich das Körnchen Wahrheit. Die Stilisierung des Verfassers zum Herausgeber, also die Präsentation der Tagebuchaufzeichnungen in der dritten Person bzw. unter anderem Namen (er = B.S.), bei der der wirkliche Verfasser (ich = F.P.) zurücktritt, ist eine angemessene Form für die seit Rimbaud gültige Feststellung „Car Je est un autre". „Ich ist ein anderer", schreibt auch Bernardo Soares im *Buch der Unruhe*. Das läßt sich, will man nicht borniert auf dem Paradoxalen beharren, glaubhaft von Fernando Pessoa nur versichern, wenn es ein anderer schreibt. Der wirkliche Verfasser (F.P.) tritt zurück und überläßt Bernardo Soares das Wort. Die erste und die dritte Person werden dabei vertauscht.

Im Kunstgriff der Herausgeberfiktion steckt eine Distanznahme, die nötig ist, um Zusammenhänge erkennen zu können, insbesondere gegen das konventionell etablierte Wissen. (Die im Paradoxen steckende Kraft der Negation hat darin noch ihren Grund.) Pessoas Projekt ließe sich (re-)konstruieren als groß angelegtes Prosawerk mit erkenntniskritisch-autobiographischem Anspruch. Er muß wirklich geplant haben, Das *Buch der Unruhe* orthonym, also unter seinem eigenen Namen herauszugeben. Daß es zu dieser Veröffentlichung nicht mehr kam (Pessoa starb 1935 an Leberzirrhose) und die in einer Truhe gefundenen, noch ungeordneten und zum Teil unfertigen Manuskripte von anderen Herausgebern ediert und publiziert wurden, darin liegt eine gewisse Ironie des Schicksals, an der ihr Verfasser sicherlich seine Freude gehabt hätte. Pessoa liebte solche Kunst und Leben durcheinander wirbelnden Szenarien, die einen gewissen Schwindel erzeugen, der, sobald man dessen inne wird, als Schrecken im Anblick des Abgrunds erstarrt. „Ich überlasse das Werk, dessen Herausgabe mir anvertraut wurde, dem schicksalhaften Zufall der Welt", schreibt Ricardo Reis im Vorwort zu den von ihm veröffentlichten Gedichten seines Meister Alberto Caeiro.[23] Gewidmet ist das Buch Cesário Verde, einem ‚real existierenden' Dichter. Für Pessoa ist das Ineinandergreifen von wirklicher und erfundener Welt konstitutiv. In dem an Adolfo Casais Monteiro adressierten Brief, der die Entstehung der Heteronyme erklärt, schreibt Pessoa über den von ihm erfundenen Verfasser der mit *Buch der Unruhe* betitelten Sammlung von Tagebucheintragungen:

> Mein Halbheteronym Bernardo Soares, das im übrigen in vielen Dingen Álvaro de Campos ähnelt, tritt immer auf, wenn ich ermüdet oder schläfrig bin, so daß meine Fähigkeiten zu klaren Vernunftüberlegungen und meine Hemmungen ein wenig aufgehoben sind; diese Prosa ist ein ständiger Wahnwitz. Er ist ein Halbheteronym, weil seine Persönlichkeit nicht die meinige, doch nicht von ihr verschieden, wohl aber eine einfache Verstümmelung von ihr ist. Ich bin es, minus die Vernunftüberlegung und die Gefühlserregbarkeit. (Dok: 167)

Schon in einem Brief vom 28. Juli 1932 an seinen Freund Gaspar Simões betont Pessoa als er über seine Publikationsabsichten spricht, daß Bernardo Soares kein Heteronym sei, sondern „eine literarische Persönlichkeit" (Dok: 150). Dies zusammen mit den im selben Brief ausgeführten „Funktionen des Kritikers", die das Interesse des Lesers ausdrücklich auf den Künstler als Künstler unter Absehung persönlicher Aspekte ausrichten, veranlaßt mich zu der These, im *Buch der Unruhe* habe Pessoa sein Porträt als Künstler entworfen. „Ich ziehe es vor, als derjenige, der ich nicht bin, ernst genommen zu werden, und als Mensch mit Anstand und Natürlichkeit verkannt zu werden." (BdU: 52) Das Halbheteronym Bernardo Soares veranschaulicht Fernando Pessoa als literarische Persönlichkeit, d.h. seine Existenz als Dichter und Schriftsteller, wie er seinen Alltag wahrnimmt und, vor allem, welche ästhetischen Überzeugungen er vertritt, die bis in die Wahrnehmung des täglichen Lebens hineinreichen.[24] Über seine pri-

---

23 Fernando Pessoa, Alberto Caeiro *Dichtungen* – Ricardo Reis *Oden* (Anm. 13), S. 8.
24 Ähnlichkeiten und Unähnlichkeiten zwischen dem wirklichen Verfasser und seinem literarischen Halbbruder sind auffällig. Die Schlußfolgerung, Pessoa habe unter dem Namen Bernardo Soares, lediglich leicht stilisiert und ins Literarische gewendet, seinen eigenen Alltag geschildert, ist ein oberflächlicher Eindruck, der im einzelnen mal falsch und mal richtig sein kann. Fernando Pessoa hatte bei der Gestaltung seiner Arbeitszeit etwa sehr viel größere Freiheit als Bernardo Soares; dessen Chef allerdings, ein gewisser Vasques, wurde von seinem Sohn nach den Beschreibungen im *Buch der Unruhe* eindeutig identifiziert (vgl. Dok.: 200). Vielleicht sind die Verknüpfungen zwischen Literatur und Leben doch enger als wir gedacht haben. – Was die Bezüge von Fernando Pessoa und Bernardo

vate Existenz schweigt Pessoa. Wer aber ist Bernardo Soares? Nehmen auch wir zur Entfaltung des Problems den Umweg über die literarische Fiktion, denn sie eröffnet den zum Verständnis nötigen Spielraum. „Wie konnte ich mich heute so erkennen, wie ich mich gestern verkannt habe? Und alles verwirrt sich mir zu einem Labyrinth, worin ich mich mit mir aus mir selber verliere. […] Wie viele Leute bin Ich? Wer ist ich? Was ist dieser Zwischenraum, der zwischen mir und mir steht?" (BdU: 66)

4. Die Wahrheit der Fiktionen

Bernardo Soares ist Buchhalter. Er führt eine kleinbürgerliche, gänzlich unspektakuläre Alltagsexistenz. Das Tagebuch als (literarische) Form täglicher Buchführung des Lebens macht seinen Beruf zur künstlerischen Profession. Alltag und Kunst spiegeln sich ineinander, wobei allerdings das im *Buch der Unruhe* dargestellte Leben nicht wirklich ist, sondern als im Buch beschriebenes Leben soll es das wirkliche überhaupt erst bewußt und erkennbar machen. Der in die Kunst versetzte Alltag bleibt als wirklicher stets entzogen, Literatur ist stets Wahrheit und Lüge zugleich.

> Wir alle, die wir träumen und denken, sind Buchhalter und Hilfsbuchhalter in einem Stoffgeschäft oder in irgendeinem anderen Geschäft in irgendeiner Unterstadt. Wir führen Buch und erleiden Verluste; wir ziehen die Summe und gehen vorüber; wir schließen die Bilanz, und der unsichtbare Saldo spricht immer gegen uns. (BdU: 21)

Was Bernardo Soares alias Fernando Pessoa schreibt, ist eine „faktenlose Autobiographie", eine „Geschichte ohne Leben" (BdU: 19), Bekenntnisse, in denen nichts ausgesagt wird. Zutreffend hat Lind *Das Buch der Unruhe* als ‚Tagebuch ohne Intimität' bezeichnet.[25] Das Ich, das sich in diesen Texten ausspricht, äußert nicht nur Nichtigkeits- und Auflösungsphantasien, sondern es entwirft sich programmatisch als Niemand, d.h. jemand ohne spezifischen Charakter, gerade keine ausgeprägte Persönlichkeit – so wie wir alle sind nach Abzug unserer Individualität: Jedermann. Im strengen Sinne ist *Das Buch der Unruhe* eine Auto-

---

Soares zu Álvaro de Campos betrifft, wird deren größtmögliche Annäherung erkauft durch ein unaufhaltsames Abdriften ins Reich der Träume und Phantasien. Ihr gemeinsamer Wahlspruch ist „Alles auf jegliche Weise fühlen"; diese Wahrnehmungsästhetik verweist wieder zurück auf das grundlegende erkenntnistheoretische Problem „Wer bin ich?" – einer ganz vom Subjekt aus gestellten und auch wieder an es selbst gerichteten Frage.

25 Lind, Fernando Pessoa, in: „Algebra der Geheimnisse" (Anm. 4), S. 27.

biographie ohne Ich.[26] Um eine solche Selberlebensbeschreibung zu geben, ist es unerläßlich, die eigene Geschichte mit der Feder eines anderen zu schreiben, die Chronologie durch Reflexionen abzulösen, Fragmente an die Stelle eines traditionell vollständigen und bis in alle Details ausgemalten (Charakter-)Bildes zu setzen. Nur als fiktionalisiertes, d.h. ins Reich der Literatur entrücktes Tagebuch können die Aufzeichnungen Authentizität beanspruchen.

Pessoa ist, wenn er unter dem Namen Bernardo Soares sein Porträt als Künstler vorlegt, radikal offen. Er verschweigt dem Leser nichts, sondern teilt das äußerste an Möglichem mit, denn nur „in der Kunst gibt es keine Desillusionierung, denn die Illusion war von Anfang an einkalkuliert. Aus der Kunst gibt es kein Erwachen, denn in ihr schlafen wir nicht, wenn wir auch träumen mögen." (BdU: 293) Die fiktiven bzw. fiktionalisierten Anteile der Autobiographie also weisen deren Verbindlichkeit aus. Die in literarische Bilder übersetzte eigene Geschichte wird zum Medium äußerster Transparenz. Im *Buch der Unruhe* heißt es: „ich bin endlich glücklich, weil ich mit Hilfe der Erinnerung zu der einzigen Wahrheit zurückgekehrt bin: zur Literatur." (BdU: 82) Pessoa geht davon aus, daß allein die Literatur Wahrheit enthalte, weil er die Wahrheit der Metapher über die der Theorien stellt. Während jene möglich und veränderbar ist, maßt sich diese an, definitiv zu sein. Deshalb spricht Pessoa, seinerseits metaphorisch, noch von der „Lüge einer Theorie" (BdU: 73) und schreibt: „Es gibt Metaphern, die sind wirklicher als die Leute, die über die Straße gehen" (BdU: 61). Das Verhältnis von Wahrheit und Lüge hat sich, ganz im Sinne Nietzsches, verkehrt. (Davon, daß keinerlei Wahrheit existiert, die Lüge mithin keine Lüge ist, sondern irgendein beliebiger Satz – bloßes Geräusch –, davon ist hier nicht die Rede.)

Pessoas Konzeption zufolge müßte die in Schrift überführte eigene Lebensgeschichte nicht nur die Wahrheit über das Leben enthalten, sondern könnte ihrerseits einen höheren Grad an Wirklichkeit beanspruchen als das bloß gelebte Leben, das dem Einzelnen zustoßende Faktische. Insofern ist die Literatur mehr wert als das Leben. Erst durch die Übersetzung ins Medium der Kunst erhält die Biographie eine gewisse Dauer und Verbindlichkeit. Indem Pessoa sein Leben gleichsam als Roman behandelt, erhebt er die Autobiographie ausdrücklich zur Kunst und erklärt sie in ihrer modernen, experimentellen Form zur einzig wahren Lebensgeschichte. Diese paradoxe Grundkonstellation zeitigt entsprechende Folgen: Mit der Nobilitierung der Selbstbiographie ist eine völlige Preisgabe der

---

26 Vgl. hierzu auch: Carola Hilmes, Die Autobiographie ohne Ich. Alain Robbe-Grillets *Romanesques*, in: Das Paradoxe. Literatur zwischen Logik und Rhetorik, hrsg. von Carolina Romann und Gerold Schipper-Hönicke. Würzburg: Königshausen & Neumann, S. 306–318.

eigenen Person verbunden, eine Vernichtung des Ich, die zu einer entindividuierten Autobiographie führt. Nicht zuletzt deshalb muß die wahrhafte und verbindliche Form der Selberlebensbeschreibung unter anderem Namen erfolgen. Fernando Pessoa ist nicht Bernardo Soares. Diese Differenz ist konstitutiv und darf nicht verwischt werden.[27]

Die von Pessoa erfundene literarische Form der Selbstinterpretation markiert eine experimentell-spielerische Position. Bei aller prinzipiellen Skepsis bezeichnet sie eine offensive und zukunftsweisende Haltung, während Bernardo Soares als (seine) literarische Persönlichkeit die Rolle des Melancholikers übernimmt. Seine existentiellen Reflexionen, wie er sie im Tagebuch festhält, zeigen ihn als einen Grübler, dessen nihilistische Überzeugungen zu Überdruß, Mutlosigkeit und Lebensekel führen. Aber der Hilfsbuchhalter begehrt nicht auf, seine „Niedergeschlagenheit der Seele" (BdU: 167) ist ihm zur zweiten Natur geworden, mit der er sich, schicksalsergeben, arrangiert hat. „Das Leben erscheint mir als ein metaphysischer Irrtum der Materie, ein Versehen der Untätigkeit" (BdU: 168), und wir alle sind „Enkel des Schicksals und Stiefkinder Gottes" (BdU: 169). Bernardo Soares charakterisiert sich selbst als Fremdling.[28] Die von ihm aufgemachte Verlustrechnung – „Ich bin die Abwesenheit des Saldos meiner selbst." (BdU: 189) – ist jedoch keineswegs die ganze Wahrheit über Fernando Pessoa. Er sieht sich als produktiven Geist. Sein Verhältnis zu seinen Heteronymen erläuternd, philosophischen Grund und psychologische Motivation erwägend,[29] schreibt Pessoa in *Páginas íntimas e de auto-interpretaçao*:

---

27 Peter Hamms Identifikation von wirklichem Verfasser und literarischer Person greift mit ihrer psychologisierenden Argumentation zu kurz (vgl. Hamm, Sieger im Scheitern, in: „Algebra der Geheimnisse" (Anm. 4), S. 117–141).

28 „Auf allen Schauplätzen des Lebens, in allen Lagen, bei jedem geselligen Umgang war. ich stets für alle ein Eindringling. Zumindest war ich stets ein Fremdling. Unter Verwandten wie unter Bekannten betrachtete man mich immer als Außenseiter." (BdU: 142)

29 Eine detaillierte Darstellung der philosophischen Positionen von Bernardo Soares kann hier ebensowenig geleistet werden wie eine genaue Analyse der ästhetischen Theorie von Fernando Pessoa. Auffällig ist, daß sie in einer Metaphysik der Wahrnehmung kulminieren (vgl. José Gil, Fernando Pessoa ou La Métaphysique des Sensations, Paris: La Différence 1988). Vgl. ferner: Helmut Siepmann, Der Beitrag der portugiesischen Literatur zur literarischen Moderne: Fernando Pessoa, in: Die literarische Moderne in Europa, Bd. 2, hrsg. von Hans Joachim Piechotta u.a., Opladen: Westdeutscher Verlag 1994, S. 53–68; vgl. vor allem: Burghard Baltrusch, Bewußtsein und Erzählungen der Moderne im Werk Fernando Pessoas, Frankfurt/M. u.a.: Lang 1997. In dieser neueren monographischen Arbeit zu Pessoa – der ersten Studie im deutschsprachigen Raum seit Güntert (1971) – weist Baltrusch auch auf Bezüge Pessoas zu Joyce, zu Pirandello und zu Carl Einstein hin. „Die Lebensgeschichte des bis heute als einer der größten literarischen Talente der Moderne verkannten Carl Einstein läuft mit der Pessoas in vielen entscheidenden Aspekten parallel." (Ebd., S. 365)

> Dergestalt werde ich im Mindestfall zum Narren, der hohe Träume hegt, im Höchstfall nicht ein einzelner Schriftsteller, sondern eine ganze Literatur, und selbst wenn das nicht dazu beitrüge, mich zu unterhalten, was für mich schon vollkommen ausreichend wäre, trage ich möglicherweise dazu bei, das Weltall zu vergrößern (BdU: 9).

Die Vielstimmigkeit läßt als Echo das Fremde der eigenen Person erklingen, bringt zugleich aber nachhaltig und fortissimo die Komplexität des Ich als Dissonanz zu Gehör. Solche Formen des Mißklangs sind für moderne Autobiographien bezeichnend. Die Aufspaltung der einen Person, die von sich „ich" sagt, in viele andere markiert den charakteristischen Grundzug in Pessoas Leben. Er ist nicht nur selbst Dichter und Schriftsteller, Kritiker und Übersetzer, zudem Angestellter einer Handelsfirma, er ist auch Schüler von Alberto Caeiro, Freund von Álvaro de Campos und Ricardo Reis, aber auch verwandt mit António Mora, dem Philosophen, und Bernardo Soares, der Zufallsbekanntschaft aus einem Restaurant in Lissabons Unterstadt. Natürlich wissen wir genausogut wie er selbst, daß er alle Personen, „seine Freunde oder zumindest geistigen Gefährten" (BdU: 9), selbst erfunden hat. Das verschlägt nichts, reagiert vielleicht auf einen realen Mangel, eine defizitäre Wirklichkeit, verdeutlicht aber vor allem eine künstlerische Fülle, die Vielfalt möglicher Welten – nennen wir sie nun Traum, Phantasie oder Spiel –, die durchaus ernsthafte und genau geregelte Simulation einer ausgedachten Geschichte im wirklichen Leben.

> Jeder von uns ist mehrere, ist viele, ist ein Übermaß an Selbsten. Deshalb ist, wer die Umgebung verachtet, nicht derselbe, der sich an ihr erfreut oder unter ihr leidet. In der weitläufigen Kolonie unseres Seins gibt es Leute von mancherlei Art, die auf unterschiedliche Weise denken und fühlen. [...] Und diese meine ganze Welt aus einander fremden Leuten wirft wie eine mannigfaltige, aber blockartige Menschenmenge einen einzigen Schatten – diesen stillen, schreibenden Körper, mit dem ich mich stehend an das hohe Schreibpult des Herrn Borges lehne, auf welchem ich nach meinem Radiergummi gesucht habe, den ich ihm zuvor geliehen hatte. (BdU: 23)

Das Ich, über das gesichert nichts Substantielles ausgesagt werden kann, weil es stets ein anderes, ein anderer ist, zieht den Körper als Hülle für alle die anderen von ihm geschaffenen Persönlichkeiten nicht in Zweifel. Die in der Konzeption des Buches angelegte Verdopplung des Ich und seine Verflüchtigung in die Welt des Fiktionalen, diese Text und Leben kunstvoll ineinander verschachtelnde Komposition, kehrt im *Buch der Unruhe* auch inhaltlich wieder, und zwar als die über Negationen argumentierenden, stets paradox klingenden Reflexionen des Ich über sich selbst. Die Wiederholungen und vielfachen Spiegelungen lassen die Lage recht unübersichtlich erscheinen. Pessoa wandelt nurmehr ‚auf der Spur seiner selbst' (vgl. BdU: 202). Das in aller Entschiedenheit als modern sich begreifende Ich vermag sich nicht mehr einfach in einem Spiegel zu erkennen.

Noch die Vorstellung, daß der Spiegel lediglich zerbrochen sei, ein Selbstbild in beschädigter Form sich zeige, bruchstückhaft und unzusammenhängend, selbst diese Vorstellung des Ich teilt Pessoa nicht, sondern reiht sie ein in die Palette möglicher Fiktionen. Sein Entwurf literarisch-ästhetischer Subjektivität ist sowohl in der kritisch-destruktiven Ausführung radikaler – der Spiegel bleibt gänzlich leer –, als auch in der künstlerischen Umsetzung offensiver, und das heißt, konstruktiv: Er spiegelt sich in den vielen von ihm selbst erfundenen Personen. (Ein Verfahren, das seltener und ungewöhnlicher, aber auch fairer ist, als umgekehrt die wirklich anderen zu bloßen Projektionen der eigenen Person zu machen – das, was wir alle so gut kennen.) Genauer betrachtet, müßte man sagen: All die anderen – bei Pessoa sind es die Heteronyme, Halbheteronyme und sonstigen „Söhne im Geiste" (BdU: 7) – sind die vielen Spiegelbilder seiner Person. Nachdem die Dogmen des Dualismus erst einmal gefallen sind, bricht die Vielfalt herein.

5. ‚Drama em gente': das dezentrierte, multiple Ich

> Ich erschuf in mir verschiedene Persönlichkeiten. Ich erschaffe ständig Personen. Jeder meiner Träume verkörpert sich, sobald er geträumt erscheint, in einer anderen Person; dann träumt sie, nicht ich. / Um erschaffen zu können, habe ich mich zerstört; so sehr habe ich mich in mir selbst veräußerlicht, daß ich in mir nicht anders als äußerlich existiere. Ich bin die lebendige Bühne, auf der verschiedene Schauspieler auftreten, die verschiedene Stücke aufführen. (BdU: 61)

Auch im *Buch der Unruhe* greift Pessoa seine Leitidee von der „Dramatisierung der Persönlichkeit" wieder auf und kommt mehrfach darauf zurück. Dieses literarische Bild läßt sich nicht als Allegorie oder Gleichnis lesen, denn es ist nicht bruchlos, ohne Verlust der Folgerichtigkeit und Vollständigkeit, in einen begrifflichen Kontext zu übersetzen. Die vielfältigen Beziehungen des Personals untereinander sind noch ziemlich ungeklärt. Pessoa greift nun jeweils eine Relation heraus, um einen bestimmten Aspekt zu beleuchten. Er stellt ihn gleichsam ins Scheinwerferlicht unseres Interesses. Deshalb kann er auch, wenn es ihm geboten scheint, das Terrain einfach wechseln und seine Bilder einem anderen Zusammenhang entlehnen. Im *Buch der Unruhe* wird das Leben nicht nur mit dem Theater verglichen und das Ich mit den für die Realisierung eines Bühnenstücks erforderlichen unterschiedlichen Rollen (Dramatiker und Regisseur, Helden und Statisten), sondern das Leben erscheint – vergleichsweise konventionell – auch als Traum, aus dem wir nicht wirklich erwachen können, oder aber als Reise mit unbekanntem Ziel, die wir unternehmen als (blinde) Passagiere „an Bord eines Schiffes, das aus einem Hafen ausgelaufen ist, den wir nicht kennen." (BdU: 146) Um das Ganze – eine vollständige Beschreibung des Einzelnen und seine Beziehungen zueinander – muß Pessoa sich nicht unbedingt kümmern, das ist auch unter erkenntnistheoretischen Bedingungen nicht notwendig. Das Ganze, in der Philosophie traditionell angesprochen als Kosmos oder Natur, wird von Caeiro begriffen als „Teile ohne ein Ganzes".[30] Hierin scheint Pessoa seinem Meister zu folgen, und deshalb wird es ihm möglich, eine Autobiographie ohne Ich zu schreiben. Gemeint ist hier wieder – soll die Aussage nicht aufs bloß Paradoxale als intellektuell Schickes zusammenschnurren – das großgeschriebene Ich, diese Erfindung einer idealistischen und hypertrophen Subjektphilosophie. Es zählt zu den herausragenden Leistungen der literarischen Moderne, demgegenüber eine Vielfalt ins Spiel zu bringen, mit neuen und anderen Möglichkeiten zu experimentieren, ja solche Möglichkeiten dadurch überhaupt erst in den Blick zu rücken und zur Disposition zu stellen. Pessoa gibt sein Geheimnis preis, und trotzdem gibt er uns Rätsel auf:

> Ich bin die Umgebung einer nicht vorhandenen Ortschaft, der weitschweifige Kommentar zu einem Buch, das nicht geschrieben worden ist. Ich bin niemand, niemand. Ich vermag nicht zu fühlen, vermag nicht zu denken, vermag nicht zu wollen. Ich bin eine Gestalt aus einem noch zu schreibenden Roman, die luftig vorüberweht und sich auflöst, ohne gewesen zu sein, unter den Träumen desjenigen, der mich nicht zu formulieren verstand. (BdU: 64)

Diese paradox anmutende Aussage hat ihre eigene Folgerichtigkeit: Zuerst wird das Ich gesetzt, und dann wird ihm Existenz zugesprochen. Die dem Ich zukommende Stellung ist nicht, wie vielleicht zu erwarten wäre, zentral, sondern es wird aus dem Mittelpunkt weggerückt und an die Peripherie verwiesen. Schließlich wird das bei dieser Überlegung implizierte Zentrum, die Ortschaft, als nicht vorhanden ausgegeben. Die Existenz des Ich als marginales läßt sich nur begreifen und beschreiben unter dem Postulat eines Zentrums, dessen Realität gleichwohl bestritten werden kann. Ins Literarische gewendet, wird der Vergleich analog fortgesetzt, wobei die Räumlichkeit des ersten Bildes nun um die zeitliche Dimension erweitert wird. Ich bin „der weitschweifige Kommentar zu einem Buch, das nicht geschrieben worden ist". War es den Romantikern noch vergönnt, sich in einem Buch wiederzuerkennen – man denke z. B. an die entsprechende Szene in Novalis' *Heinrich von Ofterdingen* (Kapitel 5) –, und so zu Selbstbewußtsein und gesicherter Identität zu gelangen, vermag sich das moderne Ich nur noch zu begreifen als „weitschweifiger Kommentar" einer anzunehmenden Urschrift (traditionell ‚Seele' genannt), um deren Nichtexistenz es weiß. Folglich kommt das Ich zu dem Schluß, daß es weder substantiell noch

---
30 Fernando Pessoa, Alberto Caeiro (Anm. 13), S. 79.

ursprünglich ist. „Niemand, ganz und gar niemand." Diese Schlußfolgerung wird noch dadurch bekräftigt, daß sie auch auf die Zukunft und die möglichen Welten (der Kunst und der Phantasie) ausgedehnt wird: Das Ich entwirft sich als Gestalt eines noch zu schreibenden Romans. Dieser einer fiktionalen Welt entstammende Protagonist ist weder greifbar noch festgefügt, eine Gestalt, „die luftig vorüberweht und sich auflöst". Bei genauer Analyse muß man sogar eingestehen, daß sie nie wirklich existiert hat. Hier geht der bildliche Vergleich fast unmerklich von der einen in die andere Ebene über, nämlich von der Kunst ins Leben: Es war ihm nicht vergönnt, sich als denjenigen zu verwirklichen, den irgend jemand hätte erträumen können, genaugenommen gab es davon nur recht vage Vorstellungen. (Konjunktiv Passiv ist der dieser Situation wohl angemessene Modus.) Als ‚Geometrie des Abgrunds' formuliert Bernardo Soares seine ihm problematische Existenz folgendermaßen:

> Und ich, wahrhaft ich, bin der Mittelpunkt, der dabei nicht vorhanden ist, es sei denn in einer Geometrie des Abgrunds; ich bin das Nichts, um das her diese Bewegung nur um des Kreisens willen kreist, ohne daß dieser Mittelpunkt vorhanden wäre, es sei denn weil ihn der ganze Kreis besitzt. Ich, wahrhaft ich, bin der Brunnen ohne Wände, jedoch so glitschig wie Wände sein können, der Mittelpunkt von allem mit dem Nichts ringsumher. (BdU: 65)

Bernardo Soares' Haltung eines radikalen Selbstzweifels ist äußerst verwirrend, sein erkenntnistheoretischer Skeptizismus erscheint selbstwidersprüchlich. Bei detailgenauer Betrachtung allerdings ist er es nicht, und nicht nur deshalb nicht, weil F.P. und B.S. verschieden sind, der Autor sich gerade deshalb (s)eine literarische Persönlichkeit erfindet, um in der Fiktion sagen zu können, was sich sonst widerspruchsfrei nicht einfach behaupten läßt. Dabei mag der Verfasser reagieren auf das Stereotyp, die Kunst sei verkehrte Welt, Spiegelbild des Lebens, in dem die Vorzeichen „wahr" und „falsch" vertauscht sind. Das aber wäre zu einfach. Selbstverständlich sagt die Literatur stets mehr und anderes als das, was geschrieben steht. Aber indem sie schreibt, setzt sie etwas als Bestimmtes und entzieht es zugleich unserem realen Zugriff. Das ist immer so, auch wenn mimetisch verfahrende Schreibweisen den Leichtgläubigen etwas anderes suggerieren.[31] Im *Buch der Unruhe* läßt Pessoa seinen tagebuchschreibenden Hilfsbuchhalter noch ganz genau darlegen, was es mit dem substanzlos, aber nicht funktionslos gewordenen Ich auf sich hat. Bernardo Soares kann sich den Vorrang der Metaphorizität literarischen Sprechens auch deshalb zu eigen machen, weil Fernando Pessoa sie ganz bewußt als notwendige Alternative zum begriffli-

---

31 Vgl. zur Differenzfunktion der Metapher: Hans Joachim Piechotta, Einleitung, in: Die literarische Moderne in Europa, Bd. 1, hrsg. von Hans Joachim Piechotta u.a., Opladen: Westdeutscher Verl. 1994, S. 9–67.

chen Ausdruck einsetzt. Lassen wir also am besten Bernardo Soares alias Fernando Pessoa selbst sprechen: „Wie konnte ich mich heute so erkennen, wie ich mich gestern verkannt habe? Und alles verwirrt sich mir zu einem Labyrinth, worin ich mich mit mir aus mir selber verliere." (BdU: 66) Diese Aussage will buchstäblich genommen und nachvollzogen werden. Sie suggeriert das Bild von verschlungenen Wegen und Sackgassen, innen wie außen. Pessoas literarische Persönlichkeit ist wirklich völlig verloren, gibt sich nicht mehr der Hoffnung hin, einen Ausweg zu finden, sondern versucht, ein anderes Bild der eigenen Person zu entwerfen. Seine Alternative gerät paradox: Die wahren Geschichten des Lebens werden von der Literatur geschrieben. „Wovon wir nicht reden können, davon müssen wir schweigen" – oder aber es in Dichtung übersetzen. Aus dem positivistischen Skeptizismus eines Wittgenstein zieht Pessoa seine ästhetischen Konsequenzen.

> Ich bin der Zwischenraum zwischen dem, was ich bin, und dem, was ich nicht bin, zwischen dem, was ich träume, und dem, was das Leben aus mir gemacht hat, der abstrakte und leibliche Mittelwert zwischen Dingen, die nichts sind, da ich ebenfalls nichts bin. Wolken ... [...] Wolken ... Sie sind wie ich, ein zerstörter Übergang zwischen Himmel und Erde. (BdU: 88)

In der vermeintlich paradoxen, erkenntnistheoretisch jedoch konstitutiven Beschreibung des Ich als zwischenräumlich sind Identität und Differenz des Ich präzise gefaßt. Das Ich ist in je unterschiedlicher Hinsicht das Eine und zugleich die von diesem Einen unterschiedenen vielen anderen. „Ich bin zwei Wesen und beide halten auf Distanz – siamesische Zwillinge, die nicht miteinander verbunden sind." (BdU: 194) Ist das Ich nicht einfach das in sich verschiedene Eine, sondern wirklich viele (die Vielen), findet die Rede vom Zwischenraum aus ihrem übertragenen Sinn zur wörtlichen Bedeutung: Das Ich ist leer. „Nichts, nichts, Teil der Nacht und des Schweigens und der Tatsache, daß ich wie sie nichtig, negativ und zwischenräumlich bin, Raum zwischen mir und mir, das vergessene Ding irgendeines Gottes ..." (BdU: 115). Ins Vokabular der Transzendentalphilosophie übersetzt, ließe sich sagen: Pessoa ist der Unbekannte, ein anonymes X, das alle seine Heteronyme und Halbheteronyme, inkl. dem eines Dichters gleichen Namens, muß begleiten können. Als logische Funktion bleibt die von Kant postulierte ‚ursprünglich synthetische Einheit der Apperzeption' in Kraft, selbst wenn alle philosophischen Letztbegründungsversuche fehlschlagen. Der von der Philosophie angeregte Dichter schreibt dieses bloß funktionale Ich klein.

> Das ist meine Moral oder meine Metaphysik oder mein Ich: Ich gehe an allem vorbei – sogar an meiner eigenen Seele – ich gehöre zu nichts, ich wünsche nichts, ich bin nichts – ich bin ein abstrakter Mittelpunkt unpersönlicher Empfindungen, ein fühlender, zu Boden gefallener Spiegel, der der Mannigfaltigkeit der Welt zugekehrt ist. (BdU: 148)

Das Postulat der Identität ist notwendige Voraussetzung aller Erkenntnis, auch wenn es strenggenommen eine Fiktion, und das heißt, eine theoretische Konstruktion ist. Das kleingeschriebene, funktionale Ich bezeichnet einen leeren Mittelpunkt. Identität, heißt es im *Buch der Unruhe*, wird hergestellt durch den „Unterschied der Umgebung" (BdU: 257), sie ist also nicht in sich selbst begründet, sondern stellt sich erst her in Relation zu anderem, sei es die Außenwelt mit den anderen Personen oder aber die Innenwelt mit ihren vielen Rollen. „Nur in unserer Seele liegt die Identität – die wenn auch falsche mit uns selbst gespürte Identität, dank welcher alles sich ähnlich wird und vereinfacht." (BdU: 176) Dieser Verlust substantieller Identität – ,ich bin der eine, einzige und unverwechselbare ...', und dann folgt die vollständige Liste aller der charakteristischen Eigenschaften und Eigenheiten, die das sogenannte ‚wahre Wesen' oder auch nur den Charakter ausmachen – bringt einen Zugewinn an Wahrheit, vielleicht auch an Freiheit. In dem neuen, von der Moderne etablierten Bezugsrahmen erfährt auch das traditionelle Bild der Individualität, die Vorstellung von der Unverwechselbarkeit des einzelnen, eine entscheidende Korrektur. Die Entindividuierung der Protagonisten moderner Literatur, die in den Zerstörungs-, Auflösungs- und Nichtigkeitsphantasien sich ausdrückt, nur als Ergebnis einer Verlustrechnung zu verbuchen, verkennt die in diesen Bildern auch vorgezeichneten bzw. sich abzeichnenden Perspektiven: das Ich als wandelbar und transitorisch zu begreifen, durchlässig für andere/s.

Der Stoizismus eines Bernardo Soares, von ihm selbst verstanden als strenger Epikureismus (vgl. BdU: 206), ist vor allem eine antidogmatische Haltung: auf nichts beharren – in der Konsequenz auch nicht auf sich selbst. Individualität weitgehend zurückzudrängen oder gar ganz zu verleugnen, ist ein Kennzeichen der unterschiedlichen Avantgarde-Bewegungen, darin artikuliert sich das Ungenügen an der traditionellen Konzeption des Ich, die den Menschen einkerkert in ein Gehäuse aus betriebsamer Rechenhaftigkeit. Das von seinem notorisch schlechten Gewissen getriebene Individuum steht permanent unter Sachzwängen und ist einem fast unmoralisch zu nennenden Legitimationsdruck ausgesetzt. Dagegen erhebt die Kunst Einspruch mit ihren Geschichten von den Nachtseiten des Ich, dem Traum, dem Wahn, der Langeweile und dem Überdruß. Die Ironie der Ausführungen und die Kunstgriffe Pessoas alias Soares liegen darin, sich bewußt zu verkennen und so die schöpferischen Quellen des einzelnen zu rehabilitieren.

Sich kennen heißt irren, und das Orakel, das da gesagt hat: ‚Erkenne dich selbst!' hat dem Menschen eine größere Aufgabe zugewiesen als die Arbeiten des Herkules und ein schwärzeres Rätsel aufgegeben als das der Sphinx. Sich bewußt verkennen, das ist der Weg. Und sich bewußt verkennen ist tätige Anwendung der Ironie. Ich kenne nichts Größeres, nichts, was dem Menschen, der wahrhaft groß ist, eigentümlicher wäre als die geduldige, ausdrucksstarke Analyse der Art und Weise dieses Uns-Verkennens, die bewußte Aufzeichnung der Unbewußtheit unseres Bewußtseins, die Metaphysik der autonomen Schatten, die Poesie der Dämmerung und der Enttäuschung. (BdU: 271)

6. Die Scheinperson: ‚Fiktionen des Zwischenspiels'

Ich bin nicht ich (oder doch zumindest nicht nur), ich ist ein anderer (nicht nur im Hinblick auf das, was ich in Zukunft noch werden kann, sondern was ich jetzt schon bin). „Wie gut ist es doch, ein anderer zu sein" (BdU: 165). Subjekt und Objekt des Satzes „Ich ist ein anderer" sind sowohl identisch als auch verschieden. Die erste Person Singular weiß sich zwar als existierend auszusagen, kann sich aber keine bestimmten Eigenschaften als wesensmäßig ihr zugehörige zuschreiben, sondern bestimmt sich vielmehr über die Negation (Nicht-Ich = ein anderer). In dieser Allgemeinheit bleibt die Aussage (substantiell) leer, läßt also wieder das kleingeschriebene Ich als (bloß) relationale Bestimmung erkennen und verdeutlicht darüber hinaus, daß sich das Ich nur über Negationen bestimmen läßt. Dies ist konstitutiver Bestandteil der Aussagen Pessoas. Die Negation weist nicht nur auf die Position zurück, sondern auch auf die neue aus These und Antithese bestehende „Lösung" voraus, die übrigens nicht als Synthese zu denken ist. Die Negation ist gleichsam der Motor des von Pessoa veranstalteten Zwischenspiels. Mehr als diese verkehrte Annäherung ist nicht zu erreichen. Daher rührt der fast inflationäre Gebrauch der Oxymora im *Buch der Unruhe*. In dem als Widerspruch Ausgeführten aber versteckt sich eine geheime Einsicht, die nicht anders als in dieser negatorischen Form ihre passende Einkleidung findet: Jedes Kostüm ist immer auch Maskerade, die nichts versteckt. „Mein eigenes Sein habe ich so sehr ausgezogen, daß Existieren mich ankleiden heißt." (BdU: 131) Nur in der Vorstellung bin ich ich selbst. Die Existenz in der Schrift ist immer auch Lüge, der erst die Reflexion ihre ‚höheren Weihen' verleiht. Die Wahrheit gehört ins Reich des Geistes.

Die von Fernando Pessoa entworfenen literarischen Bilder für ein modernes Selbstverständnis des Ich verdeutlichen, daß Subjektivität nurmehr im Medium der Literatur herzustellen ist, weil sie nicht (mehr) auf ein der Person wesensmäßig Zugehöriges – sei es nun Seele oder Charakter – verweisen kann. Diese neuen künstlerischen Bilder sind ausdrücklich vorläufig, gleichsam Spiegelbilder ohne Original. Das in der Kunst Hergestellte und als solches Erkennbare hat kein reales Substrat außer dem schreibenden Körper, einer juristisch feststellbaren Identität, die aber nur im öffentlichen Raum und für den gesellschaftlichen Verkehr wichtig und aussagekräftig ist. Diese literarische Bezugnahme, die zugleich ichsetzend ist und dieses Ich als spezifisches erkennen läßt, ist ihrerseits die angemessene Form dieser spezifisch modernen Subjektivität.

> Ich bin eine Art von Spielkarte, eine alte unbekannte Spielkarte, die als einzige von dem verlorengegangenen Kartenspiel übriggeblieben ist. Ich habe keinen Sinn, ich kenne meinen Wert nicht, ich habe nichts, womit ich mich vergleichen könnte, damit ich mich fände; ich habe nichts, wozu ich dienlich sein könnte, damit ich mich kennenlernen könnte. Und so verbleibe ich in den aufeinander folgenden Bildern, in denen ich mich beschreibe – nicht ohne Wahrheit, aber doch mit Lügen – mehr in den Bildern als in mir selbst; ich sage mich aus, bis ich nicht mehr bin, ich schreibe mit der Seele als Tinte, nützlich für rein gar nichts, nur dafür, daß man mit ihr schreibt. (BdU: 155)

Diese Position eines extremen erkenntnistheoretischen Skeptizismus – „In Zufall und Zwischenraum bin ich geendigt." (BdU: 165) – hat auf die unmittelbare Selbstgewißheit keinerlei Einfluß. Auch davon weiß Bernardo Soares in seinem Tagebuch noch zu berichten. Beim Lesen alter Texte erkennt er Identität und Differenz seines Ich durch die Zeit, denn bei allem Selbstzweifel gibt es unleugbar eine Evidenz des Ich. Sie ist ebenso gewiß wie unbegreiflich: „Es ist so als fände ich ein altes Bild, das zweifelsfrei mein eigenes ist, mit andersartigem Körperbau, mit unbekannten Gesichtszügen – und dennoch unleugbar mein eigenes, schreckenerregend ich selber." (BdU: 67)

Offensichtlich hegt Bernardo Soares keinen Zweifel an seiner körperlichen Existenz. Das wäre ja auch verrückt. Getrost darf jeder sie bei allem Skeptizismus voraussetzen, denn die unabweisliche Evidenz des eigenen Ich ist die notwendige Voraussetzung für die Frage „Wer bin ich?". Im Zuge der Selbstreflexionen kann niemand vernünftigerweise hinter diese Voraussetzung zurückfallen oder sie torpedieren wollen. Die Aussage „Ich bin nichts" ist kein radikaler Zweifel am (Satz-)Subjekt, sondern das, was das Ich von sich aussagt, negiert lediglich die traditionell dem Subjekt zugeschriebenen substantiellen Qualitäten, die uns veranlaßt haben, das Ich stets als großgeschriebenes zu denken. Weder Bernardo Soares noch Fernando Pessoa wollen oder können sich aber als der eine oder der andere festschreiben. Jeder ist potentiell viele, das sie Konstituierende sind die verbindlich meßbaren Abstände zwischen allen einzelnen Erscheinungsformen – seien sie nun als Heteronyme oder als fiktive Rollen beschrieben. Eine solche Algebra des Ich ist weniger geheimnisvoll als unabschließbar. „Ich kehre in mir zu dem zurück, der ich bin, obgleich ich nichts bin.

[...] Das Fingieren begleitet mich wie mein Schatten. Alles, was ich möchte, ist schlafen." (BdU: 156)

Mit dem Tagebuch des Hilfsbuchhalters Bernardo Soares legt Pessoa das große Buch des Wachträumens und eine Poetik der Schlaflosigkeit vor. Die Übersetzung dieser künstlerischen Wahrnehmungstheorie in die Realität hat Pessoa durch die Heteronyme vorgelebt. Er selbst rubrizierte das unter dem Obertitel *Ficções do Interlúdio*, wie er in dem schon zitierten Brief an Gaspar Simões vom 28. Juli 1932 ausführt. Immer wieder und mit guten Gründen insistiert Pessoa auf der Trennung zwischen empirischem Autor-Ich und fiktionalem Text-Ich, denn nur im Namen des anderen vermag er überhaupt sich zu verwirklichen. Um diese Differenz, der eine angenommene Identität zugrunde liegt, darstellen zu können, braucht Fernando Pessoa die literarische Persönlichkeit Bernardo Soares. Das Selbstgespräch, das der Hilfsbuchhalter im *Buch der Unruhe* führt, ist der fiktionalisierte Dialog Pessoas mit sich selbst – zumindest teilweise, denn Fernando Pessoa hat noch andere Rollen im Repertoire.

Indem Pessoa die authentische Selbstaussage des Tagebuchs öffentlich macht, bezieht er auch die Leser in seine Reflexionen mit ein. Auf diesem ungesicherten Terrain, dem fiktiven Tagebuch eines Hilfsbuchhalters, stehen sich Autor und Leser gegenüber – Auge in Auge, doch ohne sich wirklich zu erkennen. *Das Buch der Unruhe* ist ein Text der Widersprüche und Paradoxien, ein Buch, dem es weder auf das Entweder-Oder der Gegensätze und Personen ankommt noch auf ihre wie auch immer geartete (synthetisierende) Verbindung. Es zielt vielmehr auf die Differenz ab, den Raum, der sich zwischen all den Gegensätzen und Personen öffnet. „Ich unterscheide mich sphinxhaft", lesen wir in dem Manuskript unter Nr. 91 (portugiesische Ausgabe Nr. 225), und in einer Eintragung vom 7.4.1933 heißt es: „mein wahres Ich hat keine Hände, die andere schütteln könnten, der, als den ich mich kenne, kennt keine Straßen, über die er gehen könnte, es sei denn, es wären alle Straßen, und man kann ihn auf diesen Straßen auch nicht wahrnehmen, es sei denn daß er selbst alle anderen wäre. Wir leben alle fern und namenlos; verkleidet leiden wir als Unbekannte." (BdU: 122) Das Ich, das nur in der Vorstellung existiert, hier aber seinen unerschütterlichen, weil notwendigen Ort hat, ist eine theoretische Konstruktion mit künstlerischem Wert.

> Ich habe mich derart in die Fiktion meiner selbst verwandelt, daß jedes natürliche Gefühl, das in mir aufkommt, sich mir sogleich, sobald es aufkommt, in ein Gefühl der Phantasie verwandelt – das Gedächtnis in Traum, der Traum in mein Vergessen des Traums, die Selbsterkenntnis in ein Nicht-an-mich-Denken. (BdU: 131)

Diese Position wird immer wieder anders beschrieben und so immer wieder bestätigt. Einer Lösung sind wir dadurch nicht näher gekommen. „Kennt jemand die Grenzen seiner Seele, daß er sagen könnte: Ich bin ich? Doch weiß ich, daß das, was ich fühle, von mir gefühlt wird." (BdU: 135) Der besondere Reiz und eine abgründige Irritation dieser Aussage liegen darin, daß sich der Leser mit einer solchen Auskunft einer (bloß) erfundenen Person keineswegs zufrieden geben kann. Stets werden wir auf neue literarische Bilder verwiesen, die die theoretischen Reflexionen und ihre potentielle Unabschließbareit ins Ästhetische übersetzen – so als wäre die Kunst auch Trost:

> So sehr wir ablegen mögen, was wir an Kleidung tragen, nie gelangen wir zur Nacktheit, denn die Nacktheit ist ein Phänomen der Seele und nicht des Kleiderablegens. So leben wir an Körper und Seele bekleidet mit unseren vielfältigen Kostümen, die so an uns kleben wie das Gefieder der Vögel, glücklich oder unglücklich oder nicht einmal wissend, was wir sind, den kleinen Raum aus, den uns die Götter zugestehen, und vergnügen uns wie die Kinder, die ernsthafte Spiele spielen. (BdU: 133)

Weil das Problem der Seele wirklich unlösbar ist, müssen entsprechende Studien und Untersuchungen „mit einem leichten poetischen Hauch von Mißverstehen umgeben" (Dok: 146) werden. An diese von ihm selbst ausgegebene Leitlinie hält sich Pessoa meisterlich. Sowenig das Problem mit dem Hinweis auf die Heteronymie eindeutig zu beantworten ist, sowenig läßt sich im *Buch der Unruhe* klar ausmachen, ob Pessoa den Begriff der Seele ganz durch das relationale Ich ersetzt oder ob er sich nicht doch noch einmal aufmacht, nach der verlorenen Seele zu suchen, d.h. die Hoffnung, sie doch zu finden, nicht ganz aufgegeben hat. „Pessoa bedeutet im Portugiesischen Person und kommt von *persona*, der Maske der römischen Schauspieler. Maske, Scheinperson, niemand: Pessoa. Seine Geschichte könnte man reduzieren auf das Hin und Her zwischen der Irrealität seines täglichen Lebens und der Realität seiner Fiktionen."[32]

---

32 Paz, Fernando Pessoa, in: „Algebra der Geheimnisse" (Anm. 4), S. 85.

Kapitel XII

Salomo Friedlaender/Mynona:
Groteske Verwicklungen eines anonymisierten Ich

> *„Ich bin kein Mensch, ich bin Niemand
> und Jedermann, Indifferentist."*[1]

Einen „Lichtenberg unserer Tage" nannte ihn Alfred Kubin, Maximilian Harden sprach von einem „deutschen Voltaire", und Kurt Pinthus bezeichnete ihn als „Philosophen und Clown", auch als „Charlie Chaplin der deutschen Philosophie" wurde er apostrophiert, sich selbst nannte er einmal „so'n Gedankenstrichjunge".[2] Salomo Friedlaender/Mynona (1871–1946) ist Philosoph und Groteskenschreiber, ein Freigeist, der – ganz undeutsch – Lachen und Denken verbinden will. Diese Personalunion jedoch funktioniert nur mit erheblichen Verlusten, ist gebunden an problematische Voraussetzungen: Salomo Friedlaender/Mynona führt ein Doppelleben, der Name bezeichnet eine Doppelexistenz. Das philosophische Werk publiziert er unter seinem bürgerlichen Namen, die Grotesken unter einem Pseudonym.[3] Er wählt *Mynona*, das verkehrt herum gelesene ‚anonym'. Dieses Anagramm markiert weniger einen Eigennamen als eine

---

1 Mynona, Rosa die schöne Schutzmannsfrau, Leipzig: Verlag der Weißen Bücher 1913, S. 277–324; hier: S. 175. In einem Essay über Paul Scheerbart erläutert Friedlaender: „Das Selbst kommt weder im Plural noch im Singular vor, sondern ist kommun, neutral, indifferent [...] Dieses Subjekt ist der berühmte Niemand=und=Jedermann." (in: Salomo Friedlaender, Wie durch ein Prisma. Gedanken und Blicke im Zeichen Kants, Frankfurt/M.: Taifun 1924, S. 163.)
2 Vgl. Hartmut Geerken, Nachwort, in: Mynona, Prosa. 2 Bd., hrsg. von Hartmut Geerken, München: text + kritik 1980, Bd. 2, S. 277–324; hier: S. 277f. Geerken gibt hier, neben einer umfassenden Würdigung, eine detaillierte Bibliographie der Werke Friedlaender/Mynonas sowie die Sekundärliteratur bis 1980. Eine Fortführung findet sich in: Manfred Kuxdorf, Der Schriftsteller Salomo Friedlaender/Mynona. Kommentar einer Epoche. Eine Monographie, Frankfurt/M. u.a.: Lang 1990.
3 Eine Ausnahme bildet lediglich die ebenfalls unter seinem bürgerlichen Namen veröffentlichte frühe Gedichtsammlung *Durch blaue Schleier* (Berlin: A.R. Meyer 1908). Spätestens seit der Zeit seines Pariser Exils macht Friedlaender dann keinerlei Unterschied mehr zwischen bürgerlichem Namen und literarischem Pseudonym. Er wird zu einer Bindestrich-Existenz: Philosophie, Literatur und Leben schieben sich ineinander; es kommt zu seltsamen Verwechslungen.

Schreibstrategie. In einem Brief an Kubin vom 12.11.1915 führt Friedlaender aus: „Ich bin so feige vor Nähe & Anwesenheit: sie hat etwas so *unnütz* Verkleinerndes, daß ich sie nur noch zur ... Burleske verwende & Mynona erfunden habe, um mich mit ihr abzufinden, ein Notbehelf."[4] Selbststilisierung und Immunisierung sind hier untrennbar verbunden. Auf die Selbstbiographie eines solchen Autors dürfen wir gespannt sein. Zu fragen ist, wie Friedlaender/ Mynona das Verhältnis zwischen Philosophie und Literatur begreift – seine Interpreten spekulieren gern über den Denker und Groteskenschreiber, spielen je nach Bedarf den einen gegen den andern aus –, und außerdem, wie die von ihm vertretene *Schöpferische Indifferenz* – so der Titel seines philosophischen Hauptwerkes von 1918 – sich in seiner Autobiographie niederschlägt, d.h. welche literarischen Konsequenzen er aus seiner philosophischen Konzeption für die Selberlebensbeschreibung zieht.

1. Kants Philosophie in groteskem Gewande

Denn ‚schöpferische Indifferenz' will nur besagen, daß das alte Gottvertrauen in Selbstvertrauen verwandelt werden soll, und daß dieses Selbstvertrauen die Indifferenz aller Weltdifferenzen ist und sie magisch regiert. Der Humorist wäre der Hofnarr dieses Gottes ‚Ich'. Schöpfung, der Sinn des Lebens – bedeutet das Erschaffen des Unterschiedes, der Differenzen, Polaritäten aus dem sich selber unterschiedslos innigen, ungebrochenen, unbrechbaren Selbst. Die Gefahr des romantischen Subjektivismus wird dadurch verhütet, daß das schöpferische Selbst, um den Unterschied zu beherrschen, ihm zunächst zu dienen hat. Schöpfen ist nichts anderes als: Gedanken, Gefühle, Wollungen sorgsam nach ihren spezifischen Gesetzen zu unterscheiden. Und wie der Krieg der Unterschiede aus dem in sich einträchtigen Selbste bricht, so soll er vom Denker, vom Dichter und Künstler und vom handelnden Menschen wiederum der Harmonie, dem Frieden zugeführt werden.[5]

Mit geringfügigen Variationen trägt Friedlaender/Mynona diesen Grundgedanken immer wieder, in stets dem gleichen expressionistisch-weltanschaulichen Sprachgestus vor. Es ist ein monologisches und monomanisches Gedankengebäude, das er zuweilen auch in seinen Grotesken veranschaulicht, so etwa in *Der Schöpfer* und *Der Sonnenmissionar*, in *Aërosophie* und *Die langweilige Brautnacht*. Auffällig bei diesen Umsetzungen seiner philosophischen Konzeption ins Literarische ist der Hang zum Phantastischen und zum Monströsen, der beson-

---

4 Salomo Friedlaender/Mynona – Alfred Kubin, Briefwechsel, hrsg. von Hartmut Geerken und Sigrid Hauff, Wien/Linz: edition neue texte 1986, S. 46. Leider ist der Text „Wie ich zu meinem Pseudonym kam" verschollen.
5 Friedlaender, Wie durch ein Prisma (Anm. 1), S. 9f.

ders ausgeprägt ist in *Graue Magie. Ein Berliner Nachschlüsselroman* (1922).[6] Bemerkenswert ist außerdem das stereotyp abrupte Ende. So wie alle glücklichen Liebesgeschichten mit der Ehe ein Happy-End finden – die Romane unglücklicher Ehen werden anschließend geschrieben –, so enden Mynonas groteske Geschichten oft mit einer meist maschinell herbeigeführten, scheinbar glücklichen Vereinigung der Protagonisten; so auch im *Berliner Nachschlüsselroman*. Die absolut vernünftigen Geistwesen, ätherische Androgyne, von aller Erdenschwere und Unvollkommenheit Befreite, haben keine eigene Geschichte mehr, über sie läßt sich nichts mehr erzählen. Der vom Tier erlöste Mensch wird unter die Sterne versetzt, der Engel aber ist geschichtslos. Diese Kehrseite seiner utopischen Vision faßt Friedlaender/Mynona nie explizit ins Auge. Der Epilog zu *Graue Magie*, der die phantastische und aberwitzige Geschichte ganz unvermittelt in den Berliner Alltag zurückversetzt, könnte als gewisser Vorbehalt gegen die eigene theoretische Konzeption – eine mit Hilfe der Äthertheorie Kants erzwungene Vernunftrevolution – gedeutet werden. Solche kritischen Anhaltspunkte jedoch sind selten. Friedlaenders Weltbild ist geschlossen und in sich fest gefügt; später wird er es unter dem Titel *Die Magie des Ich* ausmalen.

Der groteske Humorist speziell hat den Willen, die Erinnerung an das göttlich geheimnisvolle Urbild des echten Lebens dadurch aufzufrischen, daß er das Zerrbild dieses verschlossenen Paradieses bis ins Unmögliche absichtlich übertreibt. Er kuriert das verweichlichte Gemüt mit Härte, das sentimentale durch Zynismen, das in Gewohnheiten abgestandene durch Paradoxie: er ärgert und schockiert den fast unausrottbaren Philister in uns, der sich, aus Vergeßlichkeit, mitten in der Karikatur des echten Lebens ahnungslos wohlfühlt, dadurch, daß er die Karikatur bis in das Groteske eben übertreibt, solange, bis es gelingt, ihn aus dem nur gewähnten Paradies seiner Gewöhnlichkeiten zu vertreiben und ihm das echte wenigstens in der Ahnung nahezulegen.[7]

---

6 *Graue Magie* ist eine der wenigen längeren literarischen Arbeiten Friedlaender/Mynonas; meist wählt er kleinere Formen oder stellt Bücher als Sammlung unterschiedlicher Episoden zusammen, wie z. B. *Das Eisenbahnglück oder Der Anti-Freud* (1925), hier führt er „in grotesken Verzerrungen das Sexualleben eines ganzen Figurenkabinetts auf äußerliche Beweggründe zurück und schildert den Geschlechtsakt durchweg als nur mechanische Aktion. Sexualität fungiert hier als Begleiterscheinung und als Mittel zum Zweck in Handlungsweisen, die weder von ihr noch in ihr ausgehen. Damit läßt sich Freuds Trieblehre und Theorie des Sexuallebens zwar nicht wissenschaftlich widerlegen, wohl aber seine vielleicht wichtigste Schlußfolgerung konterkarieren: daß das ICH sich wesentlich im Verhältnis zur Sexualfunktion bilde." (Alfred Diener, Nachwort zu: Mynona (Salomo Friedlaender), Das Eisenbahnglück oder der Anti-Freud, Hamburg: Junius 1988, S. 185–188; hier: S. 185f.)

7 Das Groteske, in: Mynona, Der verliebte Leichnam. Grotesken – Erzählungen – Gedichte, hrsg. von Klaus Konz, Hamburg: Galgenberg 1985, S. 147f.; der ursprüngliche Titel dieses poetologischen Textes lautet *Mynona* und ist erschienen unter dem Namen Dr. Salomo Friedlaender in: Der Einzige (Berlin), Jg. 1 (1919), H. 27/28, S. 326–327.

Mit einem solchen Programm nimmt Friedlaender/Mynona die Literatur in die Pflicht: Er stellt die Groteske in den Dienst der Philosophie, offensichtlich selbst dann, wenn sie seine Vorstellung der schöpferischen Indifferenz und des Polarismus nicht direkt illustriert. Friedlaenders Begriff des Grotesken unterscheidet sich in signifikanter Weise von der „Wesensbestimmung des Grotesken", wie sie Wolfgang Kayser 1957 vorgeschlagen hat, der zufolge die im Grotesken gestaltete „entfremdete Welt" uns keinerlei Orientierung mehr gestattet; daher rühre, so Kayser, das von der Groteske ausgelöste Grauen. Das unter dem Alltäglichen aufbrechende „spukhafte" Es bleibe uns gänzlich unfaßbar, schreibt Kayser. „Der Gestalter des Grotesken darf und kann keine Sinngebung versuchen."[8] Genau dies aber trifft auf Friedlaender/Mynona nicht zu. Er will durch Entgegensetzung „die Erinnerung an das göttlich geheimnisvolle Urbild des echten Lebens" auffrischen, eröffnet also ausdrücklich Sinnmöglichkeiten; die Bestimmtheit, mit der er sein eigenes Weltbild konventionellen Auffassungen entgegensetzt, ist dabei verblüffend. Der „Groteskenmacher" muß genau wissen, was gut und richtig ist, sonst könnte seine „umgekehrte Heuchelei" nicht funktionieren. Diese Position ist in ihren Intentionen nobel, in ihren Grundfesten unerschütterlich. Friedlaender/Mynona „peitscht auf alle menschlichen Heiligtümer ein, um die göttlichen wenigstens unsichtbar an deren Seite zu setzen."[9]

Die Frage nach dem Ich, wie sie Gustav Meyrink, ein für Kayser typischer Vertreter des Grotesken, zu Beginn des *Golem* stellt, um dadurch eine existentielle Verunsicherung zum Ausdruck zu bringen, wäre für Friedlaender/Mynona undenkbar, denn für ihn ist diese Frage immer schon beantwortet: Das Ich ist schöpferischer Mittelpunkt der Welt – ansonsten kann es von sich nichts wissen resp. sagen. Von Hans Heinz Ewers, einem anderen typischen Erzähler des Grotesken zu Beginn des 20. Jahrhunderts, grenzt sich Friedlaender/Mynona mehrfach ab. Bei ihm stehen eher humoristisch-satirische Elemente im Vordergrund; er steigt nicht wie der vielgeschmähte Ewers in die Tiefen des Es und die Nachtseiten der Existenz herab, sondern gebärdet sich utopisch-visionär, wobei die seiner Vernunftrevolution entspringenden Innovationen an Science Fiction gemahnen; daß solche technischen Neuerungen durchaus Erschrecken und Gruseln auslösen können, dürfte nicht in den Intentionen des Autors gelegen haben. Friedlaender/Mynona verwendet den Begriff des Grotesken als „freies Spiel der Vorstellungskräfte" (Kant), also offensichtlich ganz unspezifisch für alle seine literarischen Texte,[10] die meist ungewöhnliche, irritierende Geschichten erzäh-

---

8 Wolfgang Kayser, Das Groteske. Seine Gestaltung in Malerei und Dichtung, Oldenburg und Hamburg: Stalling 1957, S. 200.
9 Mynona: Das Groteske (Anm. 7), S. 148.
10 Selbst die Sprachgrotesken eines Morgenstern zeichnen sich demgegenüber durch eine spezifische Bedeutung aus: „Bei allem Lächerlichen angesichts der Verzerrung und Ab-

len, denen stets gewisse humoristische Aspekte eignen, die oft aber auch einen lehrhaften Charakter besitzen.

Seine Grotesken zeichnen sich durch eine Reihe dezidiert zeitkritischer Aspekte aus, die auf der Ebene der erzählten Geschichte angesiedelt sind oder auf der Ebene der Stoffe und Motive oder auch auf der Sprachebene, wo sie einfach durch Wortspiele herbeigeführt werden oder durch Verballhornung von Namen.[11] Parodistische Übertreibung, satirische Überspitzung und ironische Brechung sind seine bevorzugt eingesetzten Stilmittel. Der humoristische Ton bewegt sich zwischen bitterem Zynismus und banalen Witzchen; vieles scheint zu lapidar, anderes wieder zu ernst genommen. Die humoristisch-kritischen Aspekte der Groteske werden durch phantastisch-monströse Elemente ergänzt oder auch mit dem Bereich des Makabren entstammenden Motiven vermischt. Insofern bleibt das Groteske bei Friedlaender/Mynona so vielfältig wie unspezifisch. Selbst der Begriff „Schauergroteske" erfaßt seine literarischen Texte nur vereinzelt und ungenau.

> Il apparaît, en fonction des analyses précédentes, que le ressort essentiel de la parodie chez Mynona est d'abord l'exagération et la multiplication, ensuite, et c'est ce qui lui donne sa coloration grotesque, l'amalgame de niveaux de langue, de tons différents (poético-sentimentale d'une part et prosaïque de l'autre, par exemple) ou l'inadéquation entre le langage et le sujet, enfin l'insertion de commentaires ironiques de l'auteur et d'apostrophes au lecteur, qui trahissent [...] la distance de l'écrivain par rapport à son texte et détruisent l'illusion.[12]

Ausdrücklich betont Salomo Friedlaender, daß er „eigentlich kein Dichter, sondern wissenschaftlich gerichtet" sei.[13] Das „spielerisch=ästhetische" Element

---

surdität liegt im Grotesken ein Erschrecken vor der Haltlosigkeit, der Bodenlosigkeit, die plötzlich empfunden wird. Morgenstern will in seinen Grotesken das naive Vertrauen in die Sprache und das von ihr getragene Weltbild erschüttern." (Kayser (Anm. 8), S. 166.) Auch Friedlaender/Mynona will ein gängiges Weltbild erschüttern, die konventionelle Auffassung vom Verhältnis zwischen Subjekt und Objekt nämlich. Was ihn jedoch von den anderen Dichtern des Grotesken unterscheidet, ist die Unerschutterlichkeit und Penetranz mit der er seine eigene gegen die herkömmliche Weltanschauung setzt. Über Kontrastierung will er ausdrücklich Sinnmöglickeiten sichtbar machen, und damit entzieht er dem Grotesken, so wie es Kayser bestimmt (vgl. ebd., S. 199f.), den Boden.

11 Vgl. hierzu: Monique Weyembergh-Boussart, S. Friedlaender-Mynona. Du Grotesque à l'Utopie, in: Revue des Langues Vivantes (Bruxelles) 41 (1975), S. 498–516 und S. 614–634 sowie ebd., 42 (1976), S. 37–55, die eine ausführliche Interpretation der literarischen Werke Friedlaender/Mynonas unter dem Gesichtspunkt des Grotesken gibt; vgl. auch: Joseph Strelka, Mynona, in: Expressionismus als Literatur, hrsg. von Wolfgang Rothe, Bern und München: Francke 1969, S. 623–636; sowie ders., „Die Tiefe ist innen" oder Der Groteske-Erzähler Mynona, in: Colloquia Germanica 1971, S. 267–282.
12 Weyembergh-Boussart (Anm. 11), 41 (1975), S. 624.
13 Verschiedenes. Autobiographisches, o.T. (um 1920), 4 Bl. Typoskript, in: Salomo Friedlaender, Nachlaß im Deutschen Literaturarchiv Marbach. Wahrscheinlich ist dieser Text

aller Kunst ist also dem eigenen Selbstverständnis nach nicht sein eigentliches Terrain, sondern die ernsthafte philosophische Anstrengung des Begriffs. Seine literarischen Arbeiten, die Grotesken, haben lediglich Mittlerfunktion; „so half sich meine gehemmte philosophische Produktivität auf grotesken Schleichwegen zur Geburt",[14] schreibt er in einem kurzen autobiographischen Text um 1920. In einer Zeit, in der die Vernunft noch nicht zur Herrschaft gelangt ist, übernimmt die Kunst die Funktion eines Glücksversprechens; „genial intuitiv, gefühlsmässig" entwirft der Künstler die Vision einer besseren Welt, einer, in der die Unterschiede ausbalanciert sind bzw. glücklich harmonisiert sein sollen. Insofern nennt Friedlaender/Mynona den Künstler auch „hellseherisch genial". Demgegenüber erwartet, ja verlangt er vom „Denker und vom Handelnden", „dass er sich nicht gefühlsmässig und intuitiv beruhige, sondern mit bewusster Gesetzmässigkeit denke und handele; obgleich natürlich auch hier ohne geniale Instinktivität nur hohle Pedanterie entstünde."[15]

Der Vorrang der Philosophie vor der Literatur steht für Friedlaender/ Mynona eindeutig fest. Lediglich in einem Brief an Alfred Kubin macht er ein gewisses Zugeständnis; dort heißt es: „Die Kunst ist die bereits in die Welt vorangeeilte ‚angewandte' Philosophie, der Philosoph der noch im Keim steckende Weltkünstler, Schöpfer."[16] In Friedlaender/Mynonas universellem Erziehungsprogramm haben Literatur und Kunst also durchaus ihre Aufgabe – zu Zeiten sogar eine Vorreiterrolle –, und in diesem Sinne schreibt er auch seine Grotesken. Aber während er als Mynona seine Witze reißt, sich als Schandmaul und Spötter profiliert und mit sexuell Anstößigem kokettiert, bleibt er im tiefsten Innern doch Philosoph. Sich selbst sieht er in der Tradition des Deutschen Idealismus. In den Aphorismen von 1918 beschreibt er seine eigene Position im Verhältnis zu seinen philosophischen Ahnen einmal so:

---

eine frühe Fassung der Selbstcharakteristik, die Friedlaender/Mynona für die von Heinar Schilling und dem „Dresdner Verlag von 1917" geplante Anthologie geschrieben hat, in der deutsche Autoren ihre „Absichten und Ansichten" (Daiber) charakterisieren sollten (zwischenzeitlich gedruckt in: Vor Deutschland wird gewarnt. 17 exemplarische Lebensläufe, hrsg. von Hans Daiber, Gütersloh: S. Mohn 1967, S. 35–41). Bei einem Vergleich der beiden Fassungen der Selbstcharakteristik ist auffällig, daß die gedruckte Fassung überarbeitet, gestrafft und präzisiert ist, und zwar auf eine entsubjektivierende Wirkung hin; Friedlaender hat für die Druckfassung auf Familiäres und erläuternde Beispiele verzichtet; sein autobiographischer Text weist eine starke Tendenz zum Allgemein-Verbindlichen und Philosophisch-Belehrenden auf; private Bekenntnisse finden sich keine, den äußeren Hergang seines Lebens berichtet er kurz und knapp. Das ist für seine autobiographische Schreibstrategie charakteristisch.

14 Ebd.
15 Ebd.
16 Salomo Friedlaender/Mynona – Alfred Kubin, Briefwechsel (Anm. 4), S. 28f.

Kant hätte vom ‚Ding an sich' persönlich ausgehen sollen. Schopenhauer, der es wirklich tat, hätte es dionysisch anstatt christlich tun sollen. Und Nietzsche endlich, der es dionysisch tat, hätte seinen persönlichen Dionysismus polar objektivieren sollen gleich Goethe, aber mit einem unvergleichlich freieren Subjekt als Goethe.[17]

In einer Einführung in das Denken Friedlaenders erläutert Peter Cardorff dessen Grundgedanken, der sich, wie er schreibt, in einem Satz fassen läßt: „Das Erlebnis Welt ist die unendliche Entzweiung des Selben, und ihr Selbst ist Person."

Etwas ausführlicher: Die Spaltung, die mit dem Menschen in die Welt kommt und die er unvermeidbar als schmerzlich empfindet – die Trennung Ich und Welt, Subjekt und Objekt, Sein und Bewußtsein, Endlichkeit und Unendlichkeit (oder mit welchen Begriffen der eine Bruch sonst immer gefaßt werden mag) –, ist Schein, mangelnde Kunst; sie ist dadurch aufzuheben (nur dadurch), daß die Welt von einem Nullpunkt her verstanden, das Differente als Auseinander des Selben, innere Aktion des Identischen, bestimmt wird. Der Nullpunkt (das Nichts der Welt, das Absolute, ∞, der Schöpfer) kann nicht als für sich seiende Substanz, als Gott oder Materie oder sonst ein dem Erkennen und Empfinden äußerliches Lebensprinzip vergegenständlicht werden, der Nullpunkt muß unbedingt sein. (Jedes Gegenüber ist nur durch uns für uns, nur durch unser Denken oder Fühlen, also bedingt und nicht absolut.) Nur das kann Nullpunkt sein, was selbst die Bedingung allen Erkennens, Empfindens, Vorstellens (auch der Selbsterkenntnis), die Bedingung aller Differenz ist: das (reine) Ich, Selbst, Individuum. Die Welt ist eine Aktion des Ich, von diesem unternommen, weil es sich ohne Selbstdifferenzierung seine Identität nicht zur Geltung bringen kann. Und eben daraus ergibt sich die Aufgabe: die Welt als innere Differenz des Selbst zu begreifen, die Unterschiede dabei nicht einzuebnen, sondern auszubalancieren, das Selbst als absolute Indifferenz, schöpferisches Nichts, Heliozentrum, Weltmittelpunkt zu konstituieren und zu erleben; letztlich: das Selbst von einer Bedingung der Wirklichkeit zur erschöpfenden Wirklichkeit selbst aufzuschwingen.[18]

T.W. Adornos Urteil über Friedlaender ist vernichtend: „Später hat der Altkantianer Mynona das Subjekt unverhohlen mythologisiert und den Idealismus als Hybris manifest werden lassen. Mit derlei spekulativen Konsequenzen verständigten sich science fiction und Raketenwesen sich leicht."[19] Die damals wie heute kleine Anhängerschaft von Salomo Friedlaender/Mynona hingegen ist ganz anderer Ansicht: Der Außenseiter der Moderne werde notorisch verkannt, heißt es. Vielleicht ist er für die Postmoderne noch zu entdecken. An Interesse gewinnt Friedlaender/Mynona aus heutiger Sicht dadurch, daß er sich gegen einen traditionellen Dogmatismus ebenso wendet wie gegen den von ihm vielgeschmähten Skeptizismus der Zeitgenossen und mit einer gleichsam nachmodernen Position aufwartet, so zumindest versteht er den von ihm vertretenen Polarismus der

---
17 In: Salomo Friedlaender, Schöpferische Indifferenz, München: Georg Müller 1918, S. 381.
18 Peter Cardorff, Friedlaender (Mynona) zur Einführung, Hamburg: Junius 1988, S. 11f.
19 Theodor W. Adorno, Negative Dialektik, Frankfurt/M.: Suhrkamp 1975, S. 392.

schöpferischen Indifferenz.[20] Er begreift sich selbst als Alt-Kantianer und Vertreter eines liberalen Humanismus, dabei sieht er sich in „satirischer Opposition zur gesammten geistigen Moderne von Albert Einstein bis hinunter zu Tucholsky", wie er einem englischen Verleger schreibt, denn diese „geistigen Zeitgenossen sind ja entweder Nietzscheaner oder Marxisten".[21] Er selbst vertritt demgegenüber einen durch Schopenhauer und Nietzsche verbogenen Kantianismus. Lebensphilosophisches, Erkenntniskritisches und eine Metaphysik des Willens verbinden sich zu einer unorthodoxen, ungelenken Philosophie, die Salomo Friedlaender nicht müde wird vorzutragen, übrigens auch seitenlang in Briefen. Seinen Brief an Anselm Ruest vom 13.9.1943 nennt er „eine Art Monogramm" seines Denkens und Schreibens der letzten Jahre.[22] Eine Generalabrechnung mit der literarischen Moderne hatte er bereits 1929 in seinem Buch *Hat Erich Maria Remarque wirklich gelebt?* vorgelegt; dabei gilt seine Attacke „der gesamten zeitgenössischen Mittelmäßigkeit."[23]

2. Die Aufgabe des Autobiographen

Friedlaender/Mynona vertritt eine eigenwillige, merkwürdig ungebrochene Position innerhalb der Moderne, die zwischen einer philosophischen Hypertrophierung des Ich (einem transzendentalen Idealismus in der Nachfolge Kants) und einer literarischen Annihilierung des Ich hin und her schwankt – Friedlaender selbst hätte in positiver Wendung sicherlich von Polarität gesprochen. Bezeich-

---

20 Vgl. Salomo Friedlaender/Mynona, Briefe aus dem Exil. 1933–1946, hrsg. von Hartmut Geerken, Mainz: v. Hase & Koehler 1982, S. 109ff.
21 Ebd., S. 36.
22 Ebd., S. 184–194; hier: S. 194.
23 Mynona, Hat Erich Maria Remarque wirklich gelebt? Der Mann – Das Werk – Der Genius, Berlin: Steegemann 1929, S. 8. – „Moderne Mittelmäßigkeit überlärmt das Genie der Vernunft, den obersten Lehrmeister der Menschheit: *Kant* und erst recht dessen einzigen kongenialen Nachfolger, *Ernst Marcus*. Dieses echten Genies findet man in der Moderne, die deshalb mittelmäßig ist, nur eine verhagelte, verhegelte, vermarxte, vermurxte, verschopenhauerte, vernietzscherlte Spur. Selbst eure ‚Männer' (heißen sie Thomas oder Heinrich), eure Döblins, Unruhs, Kerre, tuttiquanti lassen diesen Geist beträchtlich vermissen und erheben sich dadurch nicht über das beste Mittelmaß. Ohne Kant werdet ihr verdummen, und ohne Marcus werdet ihr Kant nie verstehen; daher, mit euren glänzendsten Fähigkeiten, mittelmäßig bleiben und höchstens die Freude und der Stolz eurer Mitwelt werden. Ihr seid romantisch oder urteilslos funkelnagelneu, d.h. blitzdumm... Remarques Werk reflektiert diese mittelmäßige Gesamtverfassung so neutral, trifft damit so kräftig ins Herz des Allerweltsgeschmacks, daß es sich zu meiner Zielscheibe am besten eignet." (ebd., S. 9). – Vgl. hierzu auch: Manfred Kuxdorf, Mynona versus Remarque, in: The first World War in German Narrative Prose, ed. by Charles N. Genno und Heinz Wetzel, Toronto: University Press 1980, S. 71–92.

nenderweise zerfällt seine Selberlebensbeschreibung in kurze biographische Passagen, denen meist genaue Daten fehlen, und ausführliche Darlegungen seiner philosophischen Weltanschauung, die gleichsam den autobiographischen Text überwuchert und die Konturen des empirischen Ich ins Unkenntliche abdrängt. Er selbst sieht die Aufgabe der Autobiographie darin, das *magische Ich* (= VernunftIch) freizulegen, d.h. „den Prozeß seiner Selbsteroberung [zu] schildern [und] sein Verhältnis zum empirischen Ich dar[zu]stellen".[24] Wie ein metaphysisch geartetes inwendiges Leben richtig nach außen gelangt, wird dabei zum entscheidenden Problem der Selbstbiographie. Bei Friedlaender/Mynona dominiert der philosophische Impetus ausdrücklich seine geschichtliche Verwirklichung: „Ich habe keinen historischen Sinn", heißt es in dem kurzen autobiographischen Text ohne Titel von 1920, und daß er „von Kindesbeinen an, auf das absolut Unbedingte [...] konzentriert"[25] war. Die Biographie der äußeren Ereignisse wird kurz abgehandelt, und bei dem Versuch „diese geringen Daten etwas bedeutsamer zu machen", gleitet er schnell wieder ins Philosophisch-Allgemeine ab. „Ich abstrahiere in jeder Beziehung gern von aller Differenz."[26]

Im Vorwort zu seiner autobiographischen Skizze *Ich (1871–1936)* gibt Friedlaender/Mynona gleich zu Beginn zu bedenken, daß im Unterschied zur „Autobiographie von Künstlern und praktischen Menschen", die „wohl lebendig genug" ausfällt, „die Lebensbeschreibung eines Theoretikers und die des Philosophen [...] zur Abstraktion" abgleitet. Deshalb, so fährt er fort, „galt es, die folgenden Kapitel in Novellen und Reimen intermittieren, die Wüste der versandenden Abstraktion durch Fatamorgana bunt unterbrechen zu lassen." (Vorw.: 1) So abwechslungsreich wie hier angekündigt, eine gelungene Mischung aus romanhaft erzählenden Passagen und Reflexionsprosa, ist die 106 Typoskriptseiten umfassende Selbstbiographie Friedlaender/Mynonas dann nicht ausgefallen.[27] Gleichwohl ist das im Vorwort formulierte autobiographische Programm ernst zu nehmen.

---

24 Cardorff (Anm. 18), S. 106.
25 Verschiedenes. Autobiographisches, o.T. (um 1920), 4 Bl. Typoskript, in: Salomo Friedlaender, Nachlaß im Deutschen Literaturarchiv Marbach.
26 Ebd.
27 Er unterzeichnet seine Autobiographie nicht mit seinem bürgerlichen Namen, sondern mit seinem literarischen Pseudonym, was zumindest während seines Pariser Exils eine durchaus übliche Gepflogenheit ist für alle seine Werke, die Briefe eingeschlossen; ich verwende deshalb bei meiner Interpretation der Autobiographie den Namen „Friedlaender/Mynona". Die im Text angegebenen Seitenzahlen beziehen sich auf die Typoskriptfassung der Autobiographie Salomo Friedlaenders im Deutschen Literaturarchiv in Marbach; Unterstreichungen sind durch Kursivierung hervorgehoben; handschriftlich eingefügte Korrekturen wurden mitübernommen; die Rechtschreibung ist nicht normalisiert. Das „Vorwort" zu *Ich* (Anm. 30) wird im weiteren abgekürzt „Vorw.".

> Bedeutet schon jedes sonstige Buch eine unabsichtliche, mehr oder minder schweigsame Biographie und Konfession, so sei die absichtliche hier überdies noch metaphorisch transfiguriert, weil sie diejenige eines philosophischen Menschen ist, der nur in Reflexionen über das Leben lebt. Umso angenehmer wird es hoffentlich dem Leser sein, das abstrakte Skelett des Lebens, das die meisten Autobiographen nur all zu gern durch ‚Fleisch und Blut' verleugnen und nur leichenhaft finden, allegorisch belebt zu sehen. Das Leben ist Beides: Begriff und Anschauung, und es ist lebenswichtig, dass die Sinnlichkeit den Begriff nicht überwuchere, Bein und Fleisch einander das gesunde Gleichgewicht halten, Verknöcherung und Verfettung gleichermässig verhütet werde. Das Schwelgen in Sinnlichkeit, die Furcht vorm Begriff ist ein schwerer Lebensfehler. (Vorw.: 1)

Dem Selbstverständis Friedlaender/Mynonas zufolge hat der Autobiograph das „abstrakte Skelett des Lebens" – Daten, Fakten und Ereignisse – sinnbildlich zu untermalen, wobei er darauf achten soll, die äußere Biographie nicht zu privilegieren gegenüber der philosophischen „Reflexion über das Leben", der, bei einem Theoretiker zumal, der Vorrang gebührt. Friedlaender/Mynona schreibt seine Konzeption des ICH-Heliozentrums, um dessen Ausarbeitung seine gesamte Spätphilosophie sich dreht, seiner autobiographischen Skizze ein, erklärt es zu ihrem Mittelpunkt. Seine durch die Transzendentalphilosophie Kants inspirierte und durch den philosophierenden Essener Juristen Ernst Marcus vermittelte Vorstellung vom Ich als dem noumenalen Kern des Menschen, dem göttlich schöpferische Kräfte zukommen und der vor aller empirischen Erscheinung des Menschen dessen Identität gewährleistet, steht im Zentrum seiner Selbstbiographie. Das führt zu grotesken Verwicklungen.

> Die meisten Autobiographien sind, in Wahrheit und Dichtung, mit einem Ich nach aussen gerichtet, das selber noch irgendwie äusserlich, noch nicht das reine Innen, der Mensch überhaupt ist, das nackte Selbst, die bare Identität, von der alle Zahl, alle Verschiedenheit, Zufälligkeit, Isolation abgestreift ist. Schopenhauer tadelt einmal, dass Jedermann sich immer nur als Den=und=den, sich niemals als Menschheit bedenke. Die temporale, lokale Erscheinung Mensch, das psychophysische Phänomen wird fälschlich als das ureigne Ich aufgefasst, während dieses Ich, der ungeteilte, unzertrennte, substanziell notwendige Mensch den in Zeit, Raum, Materie und Psyche differenzierten doch nur zum objektiven Gegenstande hat. (Vorw.: 2)

Das im Rückblick für das eigene Leben Entscheidende, die philosophische Zentralstellung des Ich, rückt, den Anforderungen an die Autobiographie als Gattung entsprechend, in den Vordergrund. Sie nimmt in Friedlaender/Mynonas Selbstdarstellung nicht nur breiten Raum ein, sondern avanciert zum Organisationsprinzip der eigenen Lebensbeschreibung. Indem er „das ureigne Ich" in den Mittelpunkt seiner Biographie stellt, verkommt die empirisch zufällige Geschichte ihres Protagonisten aber zu einem peripheren Phänomen. Ganz bewußt drängt er die äußeren Ereignisse an den Rand. Dadurch entsteht eine für die Selbstbiographie paradoxe Situation: Indem er sein inneres Zentrum, das „integervitale Ich", behauptet, verliert er sein wirkliches Leben zunehmend aus dem Blick. Die Autobiographie droht zu einem philosophisch-theoretischen Traktat mit beiläufigen Geschichten aus dem eigenen Leben zu werden. Dazu nimmt Friedlaender/Mynona offensiv Stellung:

> Eben dieserhalb ist die hier folgende Biographie par excellence wichtig: denn ihr Ich hat seinen einzelnen Zufallsmenschen wie etwas Fremdes objektiviert. Es dringt mit seinem Erkenne=dich=selbst in sich als in die ungeteilte Menschheit, in deren Integervitae ein, das kein Märchen, sondern die zentrale menschliche Realität ist, wenn auch gewiss keine objektive. (Vorw.: 2)

An diese Eingangspassagen anschließend, erläutert Friedlaender/Mynona auf den nächsten drei Seiten kurz seine philosophische Position, denn die „mangelnde Bedenkung des integervitalen Ich ist nicht nur ein autobiographisches, sondern das kardinal kulturelle Gebrechen" (Vorw.: 2). Entschieden setzt er sich für eine Vernunftherrschaft ein, die es dem Menschen endlich gestattete, zur Autonomie zu gelangen; dabei denkt er, ganz im Sinne Kants, an Freiheit, Selbstbestimmung und Glück. Seine hehren Ziele schützen ihn allerdings nicht vor metaphysischen Verdrehungen und weltanschaulichen Verhärtungen. Er vertritt einen extrem gesteigerten subjektiven Idealismus.

> Erwägt man, dass das Menschenleben bisher sich sisyphisch damit abquält, das göttliche, freie, unsterbliche Ich, den eigentlichen Menschen, im Diesseits, im Reich des Staubes, der Bedingtheit und Sterblichkeit möglichst lebendig unterzubringen und wenigstens gleichsam selig zu machen; und dass das misslingt, weil das Ich die ihm eigene Bedeutung selbstvergessen der objektiven Naturmacht überantwortet, so könnte der autobiographische Versuch, nicht vom Ich her zu *objektivieren*, sondern umgekehrt vom *ICH* her zu objektivieren – so könnte diese Verlagerung des Akzentes vom phänomenalen Menschen auf das integrale Ich prototypisch wirken und überall die Selbstbesinnung zentral kräftigen. [...]
> Es fehlt immer noch ein einziges Experiment, welches das menschliche Vernunftwesen Ich mit sich unternehmen kann: das seiner *exakten* Emanzipation vom Naturmenschen – nicht etwa, um diesen loszuwerden (das wäre schwärmerischer Irrtum), sondern um ihn immer spielender zu überwinden, zu beherrschen, zu formen. Der Mensch ist längst kein Tier mehr, nicht mehr Natur; aber immer noch kein exakt vollzogener Vernunftmensch (‚Noumenon'). M.a.W.: seine Vernunft arbeitet noch nicht rein gesetzlich, sondern immer noch naturgesetzlich abgelenkt, noch nicht autonom: sie arbeitet immer noch mehr sinnlich rezeptiv als geistig aktiv, produktiv. Der Mensch ist immer noch mehr ein Leidwesen, ein Passivum, als ein Täter. Sein Innen und Ich ist gegen das Aussen noch nicht kopernikanisch sonnenhaft aufgeboten, sondern – in kulturellem Verstande – immer noch ptolemäisch mit der Erde als passivem statt mit der Sonne als aktivem Zentrum wirtschaftend, so dass zwischen Innen und Aussen noch ein verrenktes Verhältnis besteht. (Vorw.: 3f.)

Nicht nur in seinen philosophischen Schriften, sondern auch in seiner Autobiographie führt Friedlaender/Mynona dieses „wahre Experiment Mensch" durch.

(Ein mehrfach angekündigter Text mit diesem Titel[28] ist verlorengegangen.) Ausdrücklich weist er im Vorwort zu *Ich* darauf hin: „Jedenfalls wuchert im Folgenden der Akzent zentral auf dem Autos und nur peripherisch auf dem Bios." (Vorw.: 2f.) Das Paradoxe seines Vorhabens ist ihm offensichtlich nie aufgefallen. Die Zeitgenossen Kants setzten die Schwerpunkte beim Schreiben ihres Lebens anders: Vor dem neugewonnen Hintergrund aufklärerischer Philosophie, die den Menschen zu vernünftiger Erkenntnis ermächtigte und ihn zu selbstbestimmtem sittlichem Handeln anhielt, darüber hinaus seine religiösen Überzeugungen als Privatsache tolerierte und schließlich einen Fortschrittsoptimismus im Sinne einer ‚Geschichte in weltbürgerlicher Absicht' propagierte, konnten sich die Autobiographen getrost auf die Beschreibung des eigenen Lebens konzentrieren. Sie stellten dessen Vielgestaltigkeit heraus und ihre persönlichen Eigenheiten, wobei die Universalität der philosophischen Rahmenbedingungen Individualität ermöglichte und besonders gut zur Geltung brachte. Die Situation zu Beginn des 20. Jahrhunderts hat sich demgegenüber entschieden verändert: Aus der Revolte gegen die Tradition allein konnte der Einzelne seine Selbstverständnis nicht dauerhaft konstituieren und suchte deshalb noch nach neuen Verbindlichkeiten; ohne einen entsprechenden Bezug auf die dadurch verbürgte eigene Identität sieht er sich existentiell in Frage gestellt, droht ihm der Verlust der Selbsteigenheit. Auf diese Krise der Moderne antwortet Friedlaender/Mynona mit einer Metaphysik des Subjekts, sie ist seine Variante des ‚neuen Menschen' – dieser utopischen Vision seiner expressionistischen Zeitgenossen, die auch nicht frei war von (re)mythifizierenden Elementen. In seiner Autobiographie nun will er die eigene Weltanschauung exemplarisch darstellen, wobei er Wert darauf legt, weder dem Dogmatismus des 19. Jahrhunderts, den Systemkonzeptionen in der Folge Hegels, zu verfallen noch den dekadenten Positionen der Moderne,[29] wie sie bevorzugt unter dem Einfluß von Nietzsche, aber auch im Neukantianismus sich herausgebildet hatten. Friedlaender/Mynona besteht darauf, kritisch zu verfahren. (Wie weit er sich dabei selbst gerecht wird, ist zu prüfen.)

> Diesen bedeutungsschweren Wink gibt die folgende Autobiographie: sie exemplifiziert, wie das Fleisch des tierischen Menschen vom Geiste der Vernunft her seine Verklärung erfährt. Sie gibt diesen Wink zum ersten Mal im Sinne der *kritischen*, also weder dogma-

---

28 Vgl. u.a. Friedlaender/Mynona, Briefe aus dem Exil (Anm. 20), S. 137.
29 „Le darwinisme, la théosophie, Max Scheler, Spengler et ce qu'il appelle la ‚philosophische Schundliteratur', Häckel, Harnack, Eucken (‚Euweucken', ‚Reucken'), Pannwitz, Einstein (‚Aribert Neinstein'), la philosophie de la nature de Schelling, Klages et la ‚Nietzschiasis' sont victimes de son ironie, ainsi que Cohen et ses disciples, qui, selon lui, ont mal compris Kant." (Weyembergh-Boussart (Anm. 11), 41 (1975), S. 618.)

tischen noch skeptischen Philosophie und bewirbt sich somit, in aller Bescheidenheit, um ein stolzes Verdienst. (Vorw.: 5)

3. Probleme mit dem indifferenten Ich: die leere Mitte

Nach der satirisch anmutenden Widmung „Lasset die Kindlein zu sich kommen" (im Manuskript auf dem Titelblatt getippt) beginnt Friedlaender/Mynona seine autobiographische Skizze denkbar konventionell. Er berichtet von seinen Eltern und den Großeltern, kommt dann auf eine skurrile Episode mit einem entfernten Verwandten zu sprechen, einem Kraniologen und Genealogen, der ihm den „Typ edelsinniger Denker" zuweist. Nicht ohne Ironie stellt er diese Selbstcharakteristik voran. Ihr folgt, ebenfalls noch auf der ersten Seite, eine allgemein-philosophische Bestimmung des Menschen, die programmatischen Stellenwert besitzt. „Mensch sein heißt Engel in einem Tier sein, und die Möglichkeit der freiwilligen Akzentverlagerung vom Tier auf den Engel, vom Natur- auf den Vernunftmenschen, ist jedem Menschen gegeben."[30] Für Friedlaender/Mynona verkörpert der Engel das Prinzip der Indifferenz, das die antithetischen Pole harmonisiert,[31] das Tier dagegen repräsentiert Instinkt und Willkür. Gleich zu Beginn der autobiographischen Skizze sind die beiden für Friedlaender/Mynona als Philosophen und Schriftsteller kennzeichnenden Elemente präsent: die weltanschaulich-theoretische Erörterung mit ihren polaren Entgegensetzungen und der grotesk-satirische Humor. Damit durchsetzt er seine Selbstbiographie, deren traditioneller Form er unbefragt folgt; gewisse Abweichungen von der Chronologie, der weitgehende Verzicht auf die Angabe genauer Daten und ein anekdotisch-episodisches Verfahren verbleiben durchaus im Rahmen der für die Autobiographie als Gattung üblichen und zulässigen Spielräume. Die Rückbindung der philosophischen Ausführungen an die Beschreibung des eigenen Lebens jedoch wirkt oft forciert; nachträglich werden Entwicklung und Charakter im

---

30 Zitiert wird die autobiographische Skizze *Ich*, soweit von Ellen Otten abgedruckt, aus: Mynona (Salomo Friedländer), Rosa die schöne Schutzmannsfrau und andere Grotesken, hrsg. von Ellen Otten, Zürich: Arche 1965, S. 201–233; hier: S. 203f. (im weiteren abgekürzt „Ich"). Die verbleibenden, ungedruckten Teile von *Ich*, ca. 2/3 der gesamten Selbstbiographie, werden nach dem Typoskript des Deutschen Literaturarchives in Marbach zitiert; im weiteren abgekürzt „Typ".
31 Vgl. Friedlaender/Mynona, Zur Psychologie der Engel, wiederabgedruckt in: Literatur-Revolution 1910–1925. Dokumente, Manifeste, Programme, hrsg. von Paul Pörtner, Darmstadt u.a.: Luchterhand 1960, S. 94–104. Friedlaender/Mynona nennt den Engel auch den „präzisierten Menschen" (Typ: 88); er ist es, den er als Ideal ins Auge faßt und den er zum Gegenstand seiner Selbstbiographie machen will.

Licht der zwischenzeitlich ausgearbeiteten Weltanschauung gedeutet.[32] Es ist eine gewisse Unzulänglichkeit der autobiographischen Skizze, daß sie, vor dem Hintergrund der Kenntnis des gesamten vergangenen Lebens und eigenen Denkens geschrieben, dieses immer wieder mit der weitgehend chronologisch verfahrenden Erzählung vermischt, ohne daß das Verhältnis von Genesis und Geltung noch klar erkennbar wird.

Friedlaender/Mynona konfrontiert den Leser mit fertigen Ansichten über sich selbst, seine Familie und über die Welt, ohne seine Positionen, wie es in Autobiographien sonst üblich ist, und wie er selbst es sich ja auch vorgenommen hatte, durch beispielhafte Begebenheiten aus seinem Leben zu illustrieren und so plausibel zu machen. Deshalb gelingt es ihm nur selten, sich dem Leser konkret und plastisch vor Augen zu führen, meist bleibt er abstrakt und äußert sich sentenzartig, etwa wenn er über das Wesen des Menschen sinnierend den freien Willen (s)einer natürlichen Trägheit gegenüberstellt:

> Verwunderlich, Naturwesen zu erleben, die doch keine Tiere sind. Aber schon das Kind fühlt diesen Unterschied, es fühlt die jeden Menschen durchwitternde Willensfreiheit, welche ihn zum Robinson der Natur macht. So brachte ich meinem Vater eine übernatürliche Achtung entgegen, und niemals, auch wenn ich noch so naturhafte Züge an ihm entdeckte, wurde sie enttäuscht. [...] Mein Vater, ein wahrer Shakespeare an Psychologie, ließ nicht ab, mich aus dieser ‚Trägheit des Herzens' aufzurütteln. Aber meine Extreme, mein Über-mich-hinaus-Wollen und Hinter-mir-Zurückbleiben paralysierten einander. Sie sind dem Menschen als Flügel beigesellt, aber es ist eine Kunst, sie gleichgewichtig zu entfalten. Ohne den Takt und Geist ihrer Mitte fliegt man mit ihnen nicht. Ich bot meinem Vater das traurige Bild dieser Lähmung. (Ich: 204)

Der nicht nur gefürchtete, sondern auch bewunderte Vater wird etwas näher charakterisiert – „Um ihn leuchtete immerdar eine Atmosphäre aus Poesie, Humor, Weisheit und Witz." (Ich: 205) –, der Mutter, „der frommen Seele des Hauses" (ebd.), widmet er nur wenige Zeilen. „In diesem bürgerlichen Heim atmeten wir literarisch und musikalisch das Aroma der Klassiker." (ebd.) Dieser Herkunft und Atmosphäre zum Trotz – so als sei das Leben wirklich auf Polarisierung angelegt – bildet Friedlaender/Mynona ein „egozentrisches Wesen" aus: „Verrufen aber war ich sehr bald als ‚unartig'." (Ich: 206) Seine Faulheit erklärt er mit sei-

---

32 Dieses für die Selbstbiographie durchaus übliche Verfahren wird von Friedlaender/ Mynona überstrapaziert. In einem Brief vom 1.4.1936 an die befreundete Familie Salomon Samuel schreibt er: „In ihr [der noch unfertigen Autobiographie, C.H.] nehme ich am allerwenigsten ein Blatt vor den Mund. Ich schreibe sie von der Warte meines heutigen Standpunkts aus, von woher ich meinem Werden kritisch zusehe; sonst würde ich sie gar nicht machen. Folglich ist gerade sie das Alleranstößigste." (Friedlaender/Mynona, Briefe aus dem Exil (Anm. 20), S. 67.) Ein gehöriges Maß an Selbstverkennung ist hier nicht zu leugnen.

ner „Innerlichkeit", denn schon als Kind wollte er das in seinem Innern verborgene Geheimnis „grüblerisch ergründen", wie er schreibt.

> Im Gegensatz zu ihnen [den meisten anderen Kindern, C.H.] fand ich mich in mein Inneres vertieft und hatte es schwer, damit in ein gesundes Verhältnis zum Außen zu kommen. In mir philosophierte, phantasierte es ständig, ohne daß es mir gelang, mich unbefangen zu äußern. [...] So blieb ich Dilettant, das heißt Innerlicher, der sich nicht zum mühseligen Dienst am Außen entschloß, um seine Intention, die sonst nur Wahn blieb, arbeitsam zu verwirklichen; Arbeitsscheuer der inneren Mission. Auf die Dauer macht das falsch, häßlich, böse, heillos. (Ich: 206)

Der Begriff des Dilettanten muß im historischen Kontext nicht die geläufige pejorative Bedeutung des bloß Halbgebildeten haben, eine ausdrücklich positive Umwertung, wie sie Alberto Savinio etwa vornimmt, ist bei Friedlaender/Mynona allerdings nicht zu erkennen. „Dilettantismus heißt ja nicht, oberflächlich arbeiten, sondern sich in einer Materie so auskennen, daß man sie beherrscht und sich an ihr erfreut (*dillettarsene*)."[33] Im Gegensatz zu dieser Position Savinios scheint Friedlaender/Mynona sein Unvermögen eher zu beklagen und als durchaus unerfreulich zu empfinden. „Beim ersten [...] Zusammenstoß meines Innens mit dem Außen der Schule [...] verbrannte sich meine Inmichselbstverliebtheit nachhaltig genug. Meine Inwendigkeit wurde immer krampfhafter. Äußerung verlangt Resignation." (Ich: 209) Seine Lehre von der schöpferischen Indifferenz und vom Polarismus psychologisch-kompensatorisch zu deuten, ist keine zureichende Erklärung. Philosophie läßt sich nicht mit dem Leben verrechnen, sondern die Biographie soll durch die eigene Weltanschauung überhaupt erst lesbar werden. Hier aber deutet Friedlaender/Mynona Bezüge bloß an, die Darstellung seiner philosophischen Entwicklung folgt später.[34] Für

---

33 Zit. nach: Gerd Held, Der große Dilettant. Alberto Savinio und Friedrich Nietzsche, in: Skepsis oder das Spiel mit dem Zweifel. Festschrift für Ralph-Rainer Wuthenow zum 65. Geburtstag, hrsg. von C. Hilmes, H.J. Picchotta und D. Mathy, Würzburg: Königshausen & Neumann 1994, S. 265–278; hier S. 266.

34 Ellen Otten hat beim auszugsweisen Abdruck von *Ich* nicht nur, wie sie im Nachwort schreibt, „die auf Mynonas philosophische Studien und Erkenntnisse bezüglichen Stellen" fortgelassen (Otten (Anm. 30), S. 240), sondern auch die Biographie direkt betreffende Geschichten, insbesondere alles, was Friedlaenders wohl ausschweifend zu nennende Sexualität betrifft. Gleichwohl scheint mir das Verhältnis zwischen erzählenden biographischen Passagen und philosophischen Erörterungen nicht grundsätzlich verzerrend wiedergegeben. Die ersten sechseinhalb Seiten sind, von einer geringfügigen Auslassung auf Seite drei abgesehen, vollständig abgedruckt. Nach den ersten 20 Seiten allerdings werden dann die Auslassungen zunehmend größer. An einigen Stellen fehlen sogar wichtige Ereignisse, ohne deren Kenntnis bestimmte Zusammenhänge der Lebensgeschichte nicht klar werden; z. B. daß Friedlaender von seinem Vater enterbt wird (vgl. Typ: 48f.) oder auch die Schilderung, wie er für die Ehe reif wird und seine spätere Frau kennenlernt (vgl. Typ: 78ff.).

sein fehlerhaftes Verhalten in der Kindheit gesteht er sich im nachhinein „mildernde Umstände" zu, weil er – wie übrigens alle anderen aus seiner Umgebung auch – nur ganz vage und unbegründete Begriffe von moralischem Handeln hatte. „Ein Kind lernt korrekt rechnen, erhält aber kein moralisches Analogon zum Einmaleins, die allergewisseste Unterscheidung des Guten vom Bösen, wie Kant sie gesetzlich begründet." (Ich: 208) Auf dieses Problem wird er mehrmals zurückkommen und so noch die Ausarbeitung eines entsprechenden „Fragelehrbuches für den sittlichen Unterricht" begründen, seinen *Kant für Kinder* (Hannover: Paul Steegemann 1924).

„Innen also schien ich mir die Vollkommenheit höchstselber. Das ist der Schlüssel meines Wesens" (Ich: 209). In seiner Selbstbiographie fährt Friedlaender/Mynona nun allerdings nicht fort, sein Innenleben zu offenbaren. Er wartet nicht mit phantastisch-märchenhaften Geschichten aus seiner Kinderzeit auf, schildert sein Bohèmeleben in Berlin zu Beginn des Jahrhunderts nicht in der erhofften epischen Breite und enttäuscht alle diejenigen, die auf neue Skandalberichte, Enthüllungen oder auch nur auf skurrile Anekdoten spekuliert hatten. Für Friedlaender/Mynona ist das Verhältnis von Innen und Außen, Ich und Welt, Gut und Böse wesentlich ein philosophisches Problem; „hätte man dieses Verhältnis ergründet so wäre das Rätsel unseres Lebens gelöst." (Typ: 8) Wie schon bei den kurzen autobiographischen Texten vom Anfang der zwanziger Jahre erkennbar, gerät ihm auch seine spätere autobiographische Skizze *Ich* zum philosophischen Traktat, der sich der Beschreibung des eigenen Lebens nur als Beispiel bedient. So entsteht eine um die Individualität der eigenen Geschichte weitgehend verkürzte Selbstbiographie.

Während traditionell der historische Quellenwert der autobiographischen Gattung in den Vordergrund gerückt und ihr damit literarische Qualität nur unter Vorbehalt zugestanden wurde – das Dichterische galt als ständige Gefahr für den Wahrheitswert der Selberlebensbeschreibung –, wird die Autobiographie bei Friedlaender/Mynona dadurch unterlaufen, daß er sie in den Dienst der eigenen Weltanschauung stellt. Mehrfach nennt er „den Philosophen überschwänglich den Autobiographen der Welt" (Vorw.: 2), was ein entsprechendes Licht auf die literarische Gattung wirft: Der Schriftsteller wird zum Autobiographen des Ich, d.h. dem indifferenten Zentrum der Person. Die eigene Lebensgeschichte verirrt sich gleichsam nur zufällig in einen solchen Text, denn sie ist eine willkürliche und kontingente Äußerungsform dieses Ich; ihr Stellenwert ist eher symptomatisch als exemplarisch. Von Interesse für eine Betrachtung der literarischen Moderne ist dieser besondere Fall noch deshalb, weil hier die Grenzen einer Autobiographie deutlich werden, in der das Subjekt versucht, neutral zu bleiben, eine Konsequenz, die sich aus Friedlaenders Position der schöpferischen Indifferenz und des Polarismus ergibt, womit er die Selberlebensbeschreibung zugleich überfordert und unterbietet.

Zum Schluß des ersten Teils seiner autobiographischen Skizze (die römische Numerierung I–VII ist in der von Ellen Otten gedruckten Kurzfassung von *Ich* nicht wiedergegeben) erzählt Friedlaender/Mynona vergleichsweise detailliert von den schlimmen Folgen, die die frühe Erfahrung seiner (physischen) Häßlichkeit hatte – „Ich schämte mich meiner Sichtbarkeit." (Ich: 210) –, und plädiert nochmals ausdrücklich für Vernunft und Wahrheit, womit er sich gegen die herrschende Freigeisterei Nietzscheanischer Prägung wendet. „Aller Zweifel ist nur Instrument der unbezweifelbaren Vernunft." (Ich: 211) Der Bezug solcher Erkenntnisse auf seine eigene Entwicklung, die Folgen, die er aus deren Nichtbeachtung zur Erklärung seiner Lebensgeschichte zieht, sind recht schlicht, hätten nicht unbedingt des philosophischen Aufwandes bedurft: „ich gravitierte zur Wollust des Leibes und Lebens" (Ich: 211). Die Unverhältnismäßigkeit, in die Friedlaender/Mynona die Autobiographie als Gattung einspannt, wiederholt sich auf der inhaltlichen Ebene: Die Beschreibung des eigenen Lebens wird durch Allerweltsweisheiten banalisiert.

Die zu Beginn des zweiten Teils der autobiographischen Skizze eingeschlagene Argumentationsweise ist für *Ich* repräsentativ: Ausgehend von einer persönlichen Erfahrung verallgemeinert der Selbstbiograph auf die eigene Philosophie hin, erwägt dann eine Begebenheit aus dem Leben Schopenhauers, die ihm zum Anlaß dient, über dessen Philosophie zu sinnieren, um schließlich seine Kindheitserfahrung im Licht nunmehr beglaubigter Philosophie zu deuten und mit einem literarischen Zitat anzureichern:

Das Erlebnis gelähmter Magie, das Muster eines Inneren, das sich magisch regt, als ob alles Außen ihm gehorchen müßte. Das Erlebnis gelähmter Magie hatte auch ich als Kind und das ist wohl nicht ungewöhnlich. ‚Auch ich war in Arkadien geboren', und ich legte, als das Außen sich nicht als Schlaraffenland erwies, mich auf die faule Haut des trägen Innern. Obendrein wurde das von der Kränklichkeit meiner asthmatischen Konstitution begünstigt. (Ich: 211)

In der nun folgenden Passage (der ersten größeren Auslassung in der gedruckten Fassung von *Ich*) formuliert Friedlaender/Mynona den Zusammenhang von Selbsterkenntnis, einem für die Autobiographie als Gattung konstitutiven Merkmal, und dem innersten Kern des Menschen, der allein seine Identität verbürgt. Die Entdeckung dieses Ich-Kerns, einer inneren Sonne, macht er zum ‚eigentlichen' Inhalt seiner Selbstbiographie. Sie bildet ihr Ziel und ihr Zentrum. Da dieses Ich im strengen Sinne keine Geschichte hat, fällt es dem Autobiographen schwer, den eigenen Entwicklungsgang mit diesem anderen (genrefremden) Thema zu verbinden.

Bis über die Jahre des Wachstums hinaus war, da mein Arzt zugleich mein liebevoller Vater war, mir die Flucht in die Krankheit erleichtert. Man befürchte nicht, daß ich in dieser Wiedergabe meines Lebens ebenfalls bemäntele, mindestens bemäntele ich meinen Mantel nicht. Geringe Selbsterkenntnis führt zu allen Fehlern der Eitelkeit. Entdeckt man sich aber im Kern – und Jedermann kann das – als zentrale, neutrale Sonne des Menschenlebens, so gibt es keine Scham mehr über die Verzwicktheit alles planetarischen Außens, man kann es in diesem Sonnenbade getrost bloßlegen. Alle menschlichen Gebrechen sind nur solche der Selbstvergessenheit, durch die man oberflächlich wie ohne Kern wird, Außen ohne Innen. Der menschliche Sonnenkern aber ist unermeßlich wahr, gut, schön, erhaben, rein und heilig. Wer sich hierin gewissenlos vergißt, wird aus einem Menschen nur etwas Allzumenschliches. Aber erst seit Kant ist der noumenale Kern erkannt, und diese Selbsterkenntnis, welche nunmehr, formal wenigstens, perfekt ist, neutralisiert auch alle Gebrechen der Eitelkeit, außer denen es keine gibt. (Typ: 11f.)

4. Das Ich-Heliozentrum und seine autobiographische Uneinholbarkeit

Seine Lehre vom „menschlichen Sonnenkern", die er ausgehend von Kants Konzeption des noumenalen Ich entwickelt, stellt Friedlaender/Mynona auch in den Mittelpunkt seiner autobiographischen Skizze. So wie Erziehung, „die Lehre vom reinen zentralen, neutralen Innern und dessen harmonische Äußerung" ist bzw. sein soll (Typ: 12), so ist die Selbstbiographie die Beschreibung des eigenen Ich. Seine Zentralität jedoch kann im autobiographischen Text immer wieder nur philosophisch postuliert werden, wobei die Berufung auf den „menschlichen Sonnenkern" oft einer Beschwörung gleichkommt. Die Neutralität dieses ICH, seine Indifferenz, vermittelt sich dagegen sehr viel überzeugender, wenn auch in einem ganz anderen als dem vom Autor intendierten Sinne, als Gleichgültigkeit nämlich. Friedlaender/Mynonas Ich bleibt konturenlos und unbestimmt. Der Leser bekommt den Eindruck, als nähme die Person kaum am eigenen Leben teil, so äußerlich und entfernt ist sie vom „Wesentlichen"; er nennt es ICH-Heliozentrum, „das weder mit Fichtes noch mit Stirners ICH noch gar mit Nietzsches Dionysos zu verwechseln ist: es ist das kritische transzendentale apriorische noumenale Ideen=Ich, die kopernikanische Sonne Menschheit der Immanenz [...] Die beiden Gebrechen des ICH sind seine *Weltvergessenheit*, seine pure Innerlichkeit, seine Weigerung sich zu objektivieren, oder eine *Selbstvergessenheit*, sein Sich=verlieren in die Welt."[35] Für eine individuelle Geschichte bleibt in diesem Kontext wenig Platz, dabei wäre ihr Verlauf genau zwischen den beiden Polen einzuzeichnen gewesen.

---

35 Salomo Friedlaender, Nachlaß im Deutschen Literaturarchiv in Marbach: *Ich-Heliozentrum*, S. 6.

Was sind sonst alle Wehen der leiblichen Geburt gegen die schweren und unvergleichlich bedeutsameren der Peripherisierung des immer sonnenhaften Innenzentrums! Es ist leichter, sich seines Leibes zu bemächtigen als seiner Seele, seines innersten Ich. Kann man aber ohne dieses sich seines Leibes so recht eigentlich bemächtigen? Bevor das übersinnliche Innen zentrierend auf alles sinnliche Außen einwirkt, gibt es weder Innen noch Außen, sondern lauter Pathologie. (Typ: 13)

Indem Friedlaender/Mynona sich die schwerste Aufgabe stellt, tritt er immer nur auf der Stelle. Der Mittelpunkt bleibt leer, zumindest ganz im Dunkeln, die Peripherie wird quasi beiläufig mit biographischen Begebenheiten bestückt. In seiner Weltanschauung ist die Selberlebensbeschreibung im wahrsten Sinne des Wortes ein Randproblem. Der Selbstauffassung des Autors zufolge hätte sie allerdings eher die Aufgabe, ein „äquilibristisches Meisterstück" zu dokumentieren. Seit dem Eintritt ins Gymnasium darum bemüht, sein „Inneres nach aller Möglichkeit vor Überrumpelungen von außen her zu bewahren" (Ich: 212), ist er bis ins Alter hinein bei dieser Lebenshaltung geblieben, hat nur allmählich immer besser gelernt sich zu schützen, d.h. Außen und Innen ins rechte Verhältnis zu setzen. Ob diese Selbsteinschätzung zutrifft, darf bezweifelt werden, da Friedlaender/Mynona in der autobiographischen Skizze ebenso wie in seinen Tagebüchern immer wieder beklagt, daß ihm genau diese Vermittlungsleistung nie zufriedenstellend gelungen ist; notorisches Beispiel dafür ist seine Sexualität, die er, entgegen seinen Bestrebungen, zu keiner Zeit wirklich unter die Kontrolle der Vernunft zwingen konnte.

> Es ist schwer, das eigene Ich in dieser Weise zu zentrieren, zu neutralisieren, sich auf dieses Innen, dieses pure ‚Nichts' an äußerlicher Geteiltheit zu stellen, Innen-Sonne des planetarischen Außenlebens zu sein; ja es ist eigentlich weder kinderleicht noch herkulisch schwer, sondern das Meisterstück aller äquilibristischen Meisterstücke – wie sollte ein junger Mensch auch nur auf den Gedanken kommen, dies zu leisten! Dennoch ist es eben dieser Gedanke, der mich von Jugend an verfolgte, den ich aber erst im höheren Alter endlich auch kritisch präzisieren konnte; und in diesem inwendigsten Punkte ist Gedanke Tat. (Ich: 212)

Daß Friedlaender/Mynona in ganz idealistischer Manier den Gedanken für die Tat nimmt, soll hier nicht weiter kritisiert werden. Stein des Anstoßes ist vielmehr, daß er der selbstgestellten Aufgabe gar nicht gerecht werden kann.[36] Die Autobiographie als Beschreibung des eigenen Lebens erfordert eine aufs Individuelle gerichtete Geschichte, sie läßt sich nicht auf die Universalität eines indifferenten, neutralen Ich ausweiten. Zumindest gelingt es Friedlaender/Mynona nicht, diese durch jene zu beglaubigen. Das allerdings war auch gar nicht sein

---

36 Friedlaender/Mynona scheitert mit seinem autobiographischen Programm auch deshalb, weil er ganz konventionellen Formen des Denkens und Darstellens verhaftet bleibt und sie auf sonderbar verquere Weise miteinander verbindet.

Ziel, denn das ICH-Heliozentrum entspringt philosophischer Überzeugung und stellt sich nicht als Problem lebenspraktischer Vermittlung oder literarischer Übersetzung, damit aber wird die Selbstbiographie als Gattung obsolet. Ihre Aufgabe kann nur sein, das unzweifelhaft Gültige – und seine subjektive Metaphysik ist gegen Einwände völlig immunisiert – illustrierend zu verdoppeln. Warum Friedlaender/Mynona unter diesen Voraussetzungen überhaupt eine Autobiographie verfaßt, kann er selbst nicht überzeugend erklären. Sicherlich spielen die besonderen Umstände des Pariser Exils eine Rolle und die schriftstellerischen Eitelkeiten eines zunehmend in Vergessenheit geratenden Autors.[37] Gewiß ist aber davon auszugehen, daß Friedlaender/Mynona selbst die eigene Weltanschauung nicht ganz geheuer war. Die Monomanie, mit der er sie immer wieder formuliert, läßt auf Erklärungsdefizite schließen und auf Unzulänglichkeiten in der Begründung, zumindest auf Desiderate. Eine solche Lücke soll wohl auch die autobiographische Skizze schließen. Seine Überlegungen folgen dabei einer deduktiven Logik, die Selbstbiographie wird zur literarischen Fingerübung und zum philosophischen Beiwerk. Zu ihrer ehemaligen Bedeutung war die Autobiographie durch das umgekehrte Schlußverfahren gelangt: Am Beispiel des eigenen Lebens beglaubigte der Autor die Gültigkeit allgemeiner Werte, die ihrerseits für eine Rechtfertigung und sinnhafte Deutung der eigenen Lebensgeschichte unerläßlich waren. Die Wechselseitigkeit der Begründung wird von Friedlaender/Mynona gekappt, er deduziert.

> Das Experiment Mensch ist erst seit 1781, seit der von Kant proklamierten kopernikanischen Revolution der Denkungsart, rein geistig, aus der Kraft des Inneren heraus unternommen worden." (Typ: 18) „In der Tat ist Geist das allergefährlichste Experiment; es gilt dem Gipfel, der Mitte, dem Fixstern des Menschenlebens, der Sonne Ich. – So konnte ich mich zum Detail des Lebens im Grund nur humoristisch einstellen." (Ich: 214; vgl. Typ: 18)

Seine Selberlebensbeschreibung zumindest fällt alles andere als humoristisch aus. Was sie gleichwohl zu einem interessanten Fall macht, sind überraschende Analogien und Ambivalenzen zu aktuellen Positionen. Wenn man nicht wie

---

37 In einem Brief vom 24.8.1939 an Ernst Levy, einen in Genua lebenden Sprachwissenschaftler, schreibt Friedlaender/Mynona: „Ich habe längst eine autobiographische Skizze liegen, aber sie ist nicht populär plausibel. Ich würde sagen: alle meine literarischen Sachen sind heute aus dem selben Grunde unanbringbar; aber es liegt wirklich nicht an mir, sondern objektiv an der Sache: Wahrheit ist unpopulär und unplausibel, daher nirgends anbringbar. Ich meine: PRINZIPIELLE Wahrheit." (Friedlaender/Mynona, Briefe aus dem Exil (Anm. 20), S. 144.) Daß die Autobiographie ganz traditionell historische Wahrheit über das Leben des Autors liefern soll, ist für Friedlaender/Mynona völlig unbestritten. Daß es vielleicht seine Prinzipienreiterei ist, die ihn so unpopulär macht, und nicht die Unverkäuflichkeit dichterischer Wahrheit schlechthin sein trauriges Los erklärt, hat er offensichtlich nie in Erwägung gezogen.

Friedlaender/Mynona auf dem ICH-Heliozentrum beharrt – und dafür gibt es, in dieser Form zumindest, keinerlei zwingenden Grund –, sieht man sich mit einer Reihe kontingenter und beliebiger Äußerungen des Ich konfrontiert, die, nachdem der Bezug zum Mittelpunkt gekappt ist, als frei fluktuierend erscheinen, so als setze sich das Ich in experimentell spielerischer Weise in Szene. Die Postmoderne hat dem Subjekt im Sinne eines Ich-Heliozentrums abgesagt und verlegt ihr Interesse auf Phänomene der Peripherie, d.h. sie nimmt das Ich nurmehr in seinen Erscheinungsformen wahr und erklärt diese als vorrangig gegenüber einem Ich-Kern; so entsteht noch die Rede von der Marginalisierung des Ich, die in umgekehrter Wertung den Vorstellungen Friedlaender/Mynonas analog ist. Kauziges und Modisches begegnen einander. Seine dogmatisch subjektzentrierte Philosophie ähnelt verräterisch postmodernen Überlegungen,[38] in denen eine vernünftige, philosophisch fundierte Selbstbegründung des Menschen verlassen wird zugunsten eines nach aktuellen Bedürfnissen und Befindlichkeiten sich stets neu und anders entwerfenden Ich. Metaphysische Selbstbindung und ubiquitäre Wandelbarkeit des Ich sind die beiden Seiten eines vor- oder nachmodernen Selbstverständnisses. Die für moderne Autobiographien kennzeichnende Spannung zwischen Identitätsbehauptung und Selbstverwirklichung ist bei Friedlaender/Mynona zugunsten des einen Pols aufgelöst. Aber so wie die Dekonstruktionen eines Derrida etwa nicht wirklich auf die Kategorie des Subjekts verzichten können, denn ohne Bezug auf Identität ist Differenz nicht widerspruchsfrei denkbar,[39] so kommt auch Friedlaender/Mynona nicht ganz aus seiner Haut heraus, kann sein Leben nicht ganz abschütteln; selbst wenn er dafür hält, der Leib sei bestenfalls materialisierte Seele, und das heißt ‚eigentlich' sekundär.[40] Daß ihm allen Ernstes eine ätherische Existenz sehr viel lieber gewesen wäre, geht aus seinen theoretischen Schriften eindeutig hervor, und in seinen Grotesken gestaltet er sie mehrfach als utopische Vision. Eine Selberlebensbeschreibung kann diesen Anforderungen und Wünschen jedoch nicht gerecht werden, um so weniger als sie, konventionell verfahrend, Denken und Leben zugleich erzählen will. Mit seiner Verherrlichung des Ich stürzt Friedlaen-

---

38 Der Tod der Moderne. Eine Diskussion, Redner: Jean Baudrillard, Gerd Bergfleth u.a., Tübingen: Konkursbuchverl. 1983.
39 Vgl. Manfred Frank, Die Unhintergehbarkeit von Individualität. Reflexionen über Subjekt, Person und Individuum aus Anlaß ihrer ‚postmodernen' Toterklärung, Frankfurt/M.: Suhrkamp 1986.
40 Hier kommen die kosmisch-mystischen Vorstellungen Friedlaender/Mynonas zum Tragen, denen zufolge die Haut nicht die Grenze des Leibes, besser: des Urleibes ist. „Der Leib hört ja auch nicht an der Haut auf, sondern geht ätherisch darüber in den Kosmos hinaus", schreibt er in *Ich-Heliozentrum* (S. 11). Und gegen Ende dieses Textes heißt es: „ICH=heliozentrale Magie aber bedeutet die sich steigernde Beherrschung des Aethers, den kosmischen Leib, der alle bisherige Gymnastik inkommensurabel übertrifft." (S. 20)

der/Mynona das Ich in den Abgrund des Nichts. In einer gleichsam spiegelverkehrten Optik hat er selbst diesen Zusammenhang positiv formuliert. Bereits in *Schöpferische Indifferenz* propagierte er eine Neutralisierung des Subjekts, indem er vorschlug, „es denkt" zu sagen, statt „ich denke".[41] Dadurch „neutralisiert man eigentlich das Subjekt, die Person, man entreisst sie den Krallen des divergenten Zweifels, indem man sie dem Zentrum überantwortet oder, wie Dichter singen, das ‚Herz' zum ‚Kern der Natur' macht, zur persönlichen Indifferenz der demnach polaren Natur. [...] Dadurch enthüllt sich uns nun die kardinale Bedeutung des Nihil neutrale: es ist der ‚Ort' für die Person, fürs ‚Ich', das demnach ein ‚Es', aber persönlich ist."[42] An diesem theoretischen Paradoxon scheitert dann auch seine Autobiographie. Das Ich wird ortlos. Philosophisch ist Friedlaenders Konzeption jedoch durchaus von Interesse.

Ich=Selbst=Individuum=Person (Friedlaender differenziert diese Begriffe nicht) bezeichnen jeweils das Absolute im Menschen, den schöpferischen Kern, das sogenannte Heliozentrum. Der empirische Mensch, das phänomenale Ich ist davon strikt getrennt. „In der Tat gibt es aber noch gar kein echtes Individuum, sondern eine Anzahl Dividuen, Fragmente, Splitter. Das Individuum würde deren schöpferischer Komponist sein."[43] Mit diesem Anspruch hatte sich Friedlaender seit seinem philosophischen Frühwerk beschäftigt, wo er im Kapitel „Individuum" ausführt: „Mit der Selbstentdeckung der persönlichen Indifferenz hebt eine Karriere des Individuums an, deren Verwirklichung die phantastischsten Träume der Utopisten prosaisch machen soll."[44] An einer entsprechenden literarischen Ausgestaltung hatte er sich in seinen Grotesken immer wieder versucht. „In dieser Doppelheit erweist sich die Gestalt Friedlaenders als Kronzeuge für die eigne These", urteilt Alfred Kubin 1920 anläßlich einer Rezension von *Schöpferische Indifferenz*.[45] In seiner Autobiographie aber stellt sich Friedlaender/Mynona eine schier unlösbare Aufgabe: Die Geschichte des noumenalen Ich wäre noch zu erfinden, als Lebensbericht jedenfalls läßt sie sich nicht erzählen.

„Person kommt nicht einmal in der Einzahl, geschweige in der Mehrzahl vor".[46] Und während seine Zeitgenossen die Zersplitterung des Ich beklagen,

---

41 Friedlaender, Schöpferische Indifferenz (Anm. 17), S. 287.
42 Ebd., S. 287.
43 Ebd., S. 198. – Hier liegt in Friedlaenders Denken ein Fehler vor, zumindest handelt es sich um eine Ungereimtheit, denn Dividuum meint traditionellerweise ‚Gesellschaft'.
44 Ebd., S. 199.
45 Alfred Kubin, Rezension der *Schöpferischen Indifferenz*, in: Das Ziel. Jb. f. geistige Politik, hrsg. von Kurt Hiller, Bd. 4, München: Kurt Wolff 1920, S. 118–121.
46 Friedlaender, Schöpferische Indifferenz (Anm. 17), S. 199. – „‚Ego' und ‚Alter' ist ein falscher Gegensatz: die Andersheit innerhalb ihrer enthält den Gegensatz, dessen Identität gerade die Selbstheit, das Ego ist." (Ebd., S. 203)

seine Fragmentierung ebenso bedrohlich finden wie seine Vervielfältigung erschreckend, beharrt Friedlaender/Mynona auf der Vorstellung eines Ich-Kerns, dessen Produktivität er zum Zentrum seiner Weltanschauung erklärt. Das Subjekt ist Nihil neutrale – einzig und absolut. Der neutrale Mittelpunkt des Ich, dieses „aus sich selbst rollende Rad",[47] muß sich selbst aber notwendig dunkel bleiben, vergleichbar dem transzendentalen Ich Kants, das ebenfalls unverfügbar ist. Individualität als allgemeine Singularität bezeichnet ein göttlich schöpferisches Prinzip, das zwar in allen Menschen wirkt, ihnen aber nicht mehr persönlich zugerechnet werden kann. Ich ist „subjektiv *alle*, objektiv *keiner*",[48] schreibt Friedlaender in *Schöpferische Indifferenz*; eine Anspielung auf den Untertitel des *Zarathustra* ist dabei unverkennbar. „Die Menschen sind verschieden [...] auch jeder von sich selbst. Aber soweit diese Verschiedenheit reicht, ist sie nur objektiv, ist sie gerade die Aeusserung des identischen Subjekts."[49] Friedlaender ist ausschließlich an dieser leeren Selbsteigenheit interessiert: „die Privatperson, das ‚Ich', das Dividuum, der einzelne Mensch wird ... abgedankt".[50] Novalis dagegen begreift das Individuum als Dividuum, d.h. er denkt den Bezug des Einzelnen auf sich selbst und auf die anderen als konstitutiv für das eigene Selbstverständnis. „Das ächte Dividuum ist auch das ächte Individuum", schreibt er in *Das allgemeine Brouillon*, Nr. 952. Damit weist die Romantik auf ein modernes Verständnis von Individualität voraus, das Friedlaender entschieden verneint, weil er hier die Wurzeln zeitgenössischer Dekadenz erkennt. Gegen diese bietet er seine dogmatische Form des Neukantianismus auf, die sich autobiographisch allerdings nicht beglaubigen läßt. Das führt zu grotesken Verwicklungen.

5. Impersonale Philosophie als Widerspruch zur Selbstbiographie

In ganz unterschiedlichen Werken, aber immer an exponierter Stelle erzählt Friedlaender/Mynona, was sein philosophischer Mentor Ernst Marcus auf dem Totenbett gesagt hat (bzw. gesagt haben soll; die Zitate weichen leicht voneinander ab):

> Ich verlasse nicht die Welt, sondern das Phänomen Natur verläßt mich, und zu ihm gehört mein Leib – und das Grab, ja sogar der Tod selbst. – Aber meine Wesenheit, das Noumenon, der Zentralpol der Welt, hat es weder mit dem Nichts noch mit dem Etwas zu tun, sondern verläßt sich auf sich selbst und lacht. (Typ: 22)

---

47 Ebd., S. 445.
48 Ebd., S. 195.
49 Ebd., S. 118.
50 Ebd., S. 59.

Dies zitiert Friedlaender/Mynona mehrfach zustimmend als charakteristisch für ein autonomes, freies und selbstbestimmtes Ich. Die Dialektik von Ichzentrierung und Annihilierung des Ich springt dabei ins Auge. Was als kritische Vernunftphilosophie intendiert war, schlägt um ins Groteske, entpuppt sich als Zerrbild des Ideals. Außerdem auffällig, wenn auch weniger spektakulär, ist der Umstand, daß er diese Begebenheit nicht nur in seiner autobiographischen Skizze berichtet, sondern sie auch in *Der Mensch als kopernikanische Sonne* erwähnt und sie seinem philosophischen Spätwerk *Das magische Ich. Elemente des kritischen Polarismus* als Motto voranstellt.[51] Friedlaender/Mynona akzeptiert bestehende Gattungsgrenzen offenbar nicht; Selberlebensbeschreibung und philosophische Abhandlung werden weder inhaltlich noch formal voneinander getrennt, durchaus nicht unbedingt zum Vorteil beider Textsorten. Irgendwie geht alles durcheinander und ist doch immer wieder nur dasselbe. Friedlaender/Mynona wird nicht müde, stets erneut darauf hinzuweisen, daß es „der theoretische, ästhetische, ethische, religiöse Sinn des sonst nur rhapsodisch fragmentarischen Lebens" ist, die „Zentralsonne Ich" auszubilden (Typ: 21). Und ganz ähnlich heißt es in dem unveröffentlichten philosophischen Traktat *Der Mensch als subjektive Kopernikanische Sonne*:

> So entsteht, bei mangelnder Selbsterkenntnis, ein rhapsodischer statt eines systematischen Lebenslaufs, eine schlotterige Zeichnung, verwaschene Kopie des originalen, vom ICH intendierten. Vom ICH wird das System des Lebens geplant und garantiert und a posteriori überraschend verwirklicht. Aber das ICH ist nicht etwa Mittel dazu, sondern Mittler, Urheber.[52]

Der Text dieses Ich ist notwendig monoton. Die Versuche Friedlaender/Mynonas, die philosophischen Einsichten auf die eigene Entwicklung zu beziehen, bleiben äußerlich: „Dieses Noumenon in mir" – in der autobiographischen Skizze bezieht sich dieses Zitat auf die letzten Worte von Ernst Marcus; die Texte von Friedlaender/Mynona sind fast beliebig zu montieren, ohne daß sich gravierende, sinnentstellende Fehler einstellen – dieses Ich also „lernte ich in meiner Kindheit an den Beispielen meiner Eltern und der befreundeten und verwandten Erwachsenen nur mittelbar und blindlings naiv kennen." (Typ: 23) Wie Friedlaender/Mynona die eigene Lebensgeschichte im Lichte seiner Philosophie ver-

---

51 Dort heißt es: „Meine Wesenheit ... der Zentralpol der Welt hat es weder mit dem Nichts noch mit dem Etwas zu tun, sondern verläßt sich auf sich selbst und lacht ..." (Aus Ernst Marcus' Tagebuch, geschrieben am 29. Oktober 1928, zwei Stunden vor seinem Tode); zit. nach: Salomo Friedlaender, Nachlaß im Deutschen Literaturarchiv in Marbach: *Das magische Ich. Elemente eines kritischen Polarismus*.
52 Salomo Friedlaender, Nachlaß im Deutschen Literaturarchiv in Marbach: *Der Mensch als subjektive Kopernikanische Sonne*, S. 5.

klärt, wie er den autobiographischen Text auf seine Weltanschauung hin umbiegt und sich selbst dabei mythisiert, gehört zu den auffälligen, stets wiederkehrenden Elementen von *Ich*.

> Mein Geist, der Geist des Absoluten regt sich machtvoll und verzauberte den sinnlichen Alltag; er beflügelte innerlich und lähmte zugleich nach außen hin. Ein Mythos in mir trennte mich ab. Wirklichkeit war von Phantasie schwer zu unterscheiden. Geist durchdrang alles. Das Gemeine wirkte nur humoristisch. Ideen des Schönen, des Erhabenen beseelten mich. (Typ: 24)

An dem Ineinander von Wirklichkeit und Phantasie aber fehlt es gerade in seiner Selbstbiographie. Der Geist des Absoluten lähmt die Erzählung der eigenen Geschichte. Der von Friedlaender/Mynona angestrebte Sieg der Vernunft über die Sinnlichkeit bezeichnet eines seiner Hauptthemen, aber auch dieser Stoff ist keiner, der exklusiv der Selbstbiographie vorbehalten ist, die dazu immerhin einige lebensgeschichtliche Beispiele anführt, die allerdings in der publizierten Fassung meist unterdrückt werden. Nicht etwa, daß dem Leser dabei Spektakuläres vorenthalten würde, Friedlaender/Mynonas intime Bekenntnisse sind keineswegs detailverliebt; dabei wären Episoden aus seinem sogenannten vulgivagischen Luderleben sicherlich pikant gewesen. Statt dessen betont der Autobiograph immer wieder: „Mein Thema ist die Innenwelt, mein Ich, verglichen womit mir alles menschliche Außen, meines inbegriffen, grotesk erscheint." (Ich: 216; grotesk ist hier wieder im landläufigen Sinne zu verstehen.)

Anschauung ohne Begriff bleibt blind, einzelne Ereignisse des eigenen Lebens in ihrem jeweiligen Stellenwert sind nicht einzuschätzen, ohne auf der Selbsteigenheit des Ich zu beharren, die Zusammenhang stiftet. Friedlaender/Mynona nun vertritt die Auffassung, daß der „leere Begriff" leichter heilbar sei als die „blinde Anschauung", „denn Anschauung drängt sich uns auf Schritt und Tritt auf, es mangelt nicht daran. Hingegen ist begriffliche Abstraktions= & Reflexionskraft aufzubieten, wenn das anschauliche INCONCRETO nicht blind bleiben und zu schweren Kulturschädigungen führen soll."[53] Das Inconcreto des eigenen Lebens in seiner Autobiographie anschaulich darzustellen, verfehlt Friedlaender/Mynona allerdings, weil er die Arbeit des Begriffs und die philosophische Reflexion zu sehr in den Vordergrund schiebt und darüber das Leben zu leicht vergißt. (Offensichtlich war dies für ihn ausschließlich ein theoretisches und literarisches Problem, kein lebenspraktisches.) Stets neu fixiert er sein Ziel und grenzt sich ab: „Der Materialist, der Empirist vergisst sich selbst, den Erfahrenden über die Erfahrung; und der theokratisch Fromme tendiert eben

---

53 Salomo Friedlaender, Nachlaß im Deutschen Literaturarchiv in Marbach: *Der Mensch als subjektive Kopernikanische Sonne*, S. 13.

zum Jenseits, ist diesseitsfeindlich, menschenfeindlich, Sklave des Himmels. Es handelt sich darum, vom subjektiven Jenseits her das Diesseits zu verklären, zu gestalten, zu beherrschen, in jeder Beziehung zu kultivieren."[54] In seiner autobiographischen Skizze findet Friedlaender/Mynona keinen Standort, von dem aus er die Geschichte seines Lebens erzählen könnte,[55] mit dem subjektiven Jenseits bleibt ihm, zumindest in der Schrift, auch das Diesseits unzugänglich.

Schließlich zollt Friedlaender/Mynona dem Genre doch noch seinen Tribut und macht einige Ausführungen zu seinen Reise- und Studienjahren. Aus gesundheitlichen Gründen wurde er von seinem Vater nach Italien geschickt und konnte deshalb sein Abitur erst mit ziemlicher Verspätung ablegen. Dem vom Vater geforderten Brotstudium der Medizin und der Zahnmedizin, das Friedlaender sehr nachlässig betrieb, folgte nach eineinhalb Jahren des ersehnte Studium der Philosophie. „Ich hörte, um nur die Bedeutendsten zu nennen, bei Dilthey, Dessoir, Steinthal, Warburg, Munk, Erich Schmidt" (Ich: 222), außerdem bei Liebermann und Eucken. In diesem Zusammenhang erwähnt er auch die von ihm bevorzugt gelesenen Literaten: es sind die „bizarren Autoren, von Lukian bis Quincey und Poe; besonders wenn sie zugleich Humoristen waren, vor allem Rabelais, Swift, Sterne, Jean Paul, in der Neuzeit Paul Scheerbart" (Ich: 216). Außerdem schildert er, etwas ausführlicher und passagenweise durchaus biographisch konkret, seine geistige Entwicklung von der „erste[n] Bekanntschaft mit Schopenhauers Philosophie" (Ich: 217) über die doppelbödige Faszination durch die skeptische Freigeisterei Nietzsches bis zu seiner Entdeckung der kantischen „Revolution der Denkart". Erst ein Essener Jurist aber wird ihn ganz zu sich selbst bringen.[56] Friedlaender/Mynonas Hochschätzung für Ernst Marcus ist nachhaltig (in seinen literarischen Werken taucht er mehrfach unter dem Anagramm „Sucram" auf, so in *Graue Magie*). Er erklärt ihn zum „Kant redivivus" (Ich: 226) und stimmt gerne seinem Freund Samuel Lublinski zu, der in *Ausgang der Moderne* Ernst Marcus, in gewissem Sinne, zum „volkommenste[n]

---

54 Ebd., S. 20.
55 „Die Gestalt der Kugel nur befriedigte mich restlos, so daß ich, als Kind nach meinem Namen gefragt, mich Kugel nannte." (Ich: 214) Auch seine Selbstbiographie bleibt merkwürdig in sich versponnen, wie ein Kokon, in dem der Lebensfaden in die Kapsel der eigenen Lehre gepreßt wird.
56 „Damit habe ich den Namen des Geistes genannt, der den wahrsten Einfluß auf mich ausgeübt hat. Als vormaliger Schopenhauerianer, Freigeist Nietzscheschen Gepräges, dogmatischer Polarist, war ich damals übel genug zu solchem Einfluß prädisponiert. Lange dauerte es, bis diese wahre Lehre mir aus einem bloßen Gegengewicht gegen die Last der Prädisposition zur Zunge an der Waage des Menschenlebens wurde. [...] Noch war ich leider davon weit entfernt, mich mit der Wahrheit dieser Lehre zu identifizieren, aber schon diese erste Lektüre überzeugte mich, daß hier der modernen Freigeisterei ein respektabler Gegner erstanden war." (Ich: 225)

Antipode[n] der Modernität" erklärt (vgl. Typ: 55). Seine eigene, analoge Position zur Moderne bestimmt Friedlaender/Mynona in diesem Zusammenhang folgendermaßen:

> Aber die äußerlich so ungemein rührig, innerlich dafür desto trägere Moderne hat sich diese Feuertaufe [die durch Kant-Marcus, C.H.] lieber erspart, sie hat auch Lublinski vergessen, wie sie denn aus ihrer peripherisch so betriebsamen Kultur sorgfältig das zentral intentionelle apriorische, noumenale Ich wegläßt, ohne das doch der Umkreis chaotisch verunglücken muß. Durch Kollektivismen sucht sie den persönlichen Defekt zu surrogieren oder auf die lange Bank der Entwicklung zu schieben. (Typ: 56)

Als „Zigeuner des Geistes" ist er selbst eine Zeitlang im „Fahrwasser der literarischen Moderne" mitgeschwommen (Ich: 227). „Zu meiner Bekanntschaft gehörten damals außer den schon Genannten [Paul Scheerbart, Anselm Ruest, Georg Simmel und Samuel Lublinski, C.H.] auch Martin Buber, der Bildhauer Glycenstein, Erich Mühsam, Ludwig Rubiner, Landauer, Hedwig Lachmann, Kurt Hiller u.a. Wer Lust hat, den Reflex dieser Geselligkeit zu beobachten, der lese meine Grotesken." (Ich: 229f.) Es ist verwunderlich, in der Selbstbiographie auf die Grotesken verwiesen zu werden, so als informiere die Literatur besser über das Leben. Verweise auf die Fiktion als Reflex der Erfahrungen hingegen fehlen. Die autobiographische Skizze läßt außerdem genaue Auskünfte darüber vermissen, wann die eigenen, gegen die meisten Zeitgenossen gerichteten Überzeugungen sich durchgesetzt haben. Wiederum ist die Dominanz der Altersweisheiten so übergewichtig, daß es beim Lesen irritiert, den Autobiographen hinter vermeintlich längst gewonnene Einsichten zurückfallen zu sehen. Lebensgeschichtliche Entwicklung und Text kommen sich in die Quere, die Selbstbiographie will sich nicht fügen, sogar auf der Ebene seiner metaphysischen Überzeugungen bleiben Unklarheiten.

6. Blinde Flecke des Polaritätsdenkens

Zuerst berichtet Friedlaender/Mynona, wie er begann, seine Jugendphilosophie zu entwerfen: „Auf der Schule durch gewisse physikalische Kapitel, vor allem Schopenhauers Farbenlehre, in deren Verfolg auch durch die Goethesche, stieß ich auf die Formel der Polarität. In ihr schien mir der Sinn des Lebens geheimnisvoll enthalten." (Ich: 222f. – Typ: 45f.). Nur wenige Seiten später erfährt der Leser dann, daß Ernst Marcus diese Lehre ablehnt, weil hier „die Grenzen, die Kant dem Wissen gesetzt hatte, überschritten" werden (Typ: 57), und selbstverständlich folgt Friedlaender/Mynona den Einwänden seines Mentors; was das jedoch im einzelnen bedeutet, führt er nicht aus, so daß wir über die verschlungene Entwicklung seiner Philosophie weitgehend im Dunkeln gelassen werden. Im Vorwort zur zweiten Auflage der *Schöpferischen Indifferenz* von 1926 habe er dann die dogmatische Fassung seines Grundgedankens widerrufen (vgl. Typ: 58), schreibt er. „Ich verwechselte damals unkritisch das synthetisierende Ich, die Urbedingung aller Möglichkeit menschlicher Erfahrung mit dem schöpferischen Prinzip." (Typ: 59) Die Differenzen zwischen Früh- und Spätphilosophie genau zu bestimmen, erforderte eine eigene Untersuchung (den behaupteten Bezügen zum *Opus postumum* Kants etwa wäre nachzuspüren); die autobiographische Skizze liefert dazu wenig Material, verdeckt Unterschiede eher als sie herauszustellen.[57] Eine Strategie – im Sinne der Polarität etwa – darf hinter dieser Schreibweise allerdings nicht vermutet werden. Mit seiner Orientierung an Kant und Marcus, das zumindest wird klar, verliert Friedlaender/Mynona immer mehr den einvernehmlichen Kontakt mit der Moderne. Sein Urteil über sie ist nun dezidiert ablehnend:

Unentschieden klemmt sich die Moderne zwischen Entweder und Oder, charakterlos zwischen Freiheit und Tyrannis (d.i. Sklaverei). In jeder Beziehung wähnt sie der Entscheidung entgehen zu können. Hygienisch z. B. ignoriert sie das kardinalgesunde ICH, ohne das die pathologische Erfahrung, der empirische Patient unheilbar bleibt.[58]

Für die Bestimmung des eigenen Selbstverständnisses aufschlußreich, besonders im Hinblick auf andere in der Moderne vertretene Positionen, sind Friedlaender/Mynonas Ausführungen über die Freundschaft zu seinem Vetter Anselm Ruest, denn aus der Geschichte dieser Freundschaft, die „ein Kapitel Liebeshaß" birgt, entsteht ihm sein Zentralgedanke der „Mitte, Sonne, Indifferenz, Neutralität" und des Gleichgewichts (Typ: 65). Anselm Ruest „hielt eigensinnig aufs individuum ineffabile, auf seine unverwechselbare Persönlichkeit. Es spielte sich zwischen uns etwas ab wie der Streit des Realisten gegen den Nominalisten. Ich kultivierte die allgemeine Menschheitsform des Ich, er dessen empirisch konkreten Stoff, ohne daß er die Zusammengehörigkeit zu merken schien."

---

57 Seine philosophische Entwicklung zusammenfassend schreibt Friedlaender/Mynona: „In meinen ersten Kinderjahren erlebte ich mich absolut egozentrisch. Mit dieser Verfassung stieß ich auf ein Außen, das ich nur als Störung empfand, bis ich objektiv materialistisch, subjektiv humoristisch oder lyrisch-sentimental damit umgehen lernte. Als Zwanzigjähriger geriet ich in den Bannkreis Schopenhauers, dessen Farbenlehre mich mit der Polaritätsformel, dadurch mit der polaren Welt Goethes bekannt machte. Als ich durch Nietzsche zum skeptischen Freigeist geworden war, erretteten mich zwei mächtige geistige Experimente davor, im schlechten Sinn modern zu bleiben: Polarismus und Kritizismus. Aber erst in meinem 65. Jahr fand ich die magische Formel des kritischen Polarismus." (Ich: 233) – Damit endet die von Otten abgedruckte Fassung von *Ich*.
58 Salomo Friedlaender, Nachlaß im Deutschen Literaturarchiv in Marbach: *Der Mensch als subjektive Kopernikanische Sonne*, S. 15.

(Typ: 66) Was in freundschaftlicher Auseinandersetzung mit dem Vetter einen durchaus sinnvollen Stellenwert besaß – Friedlaender/Mynonas Insistenz auf der Universalität des Ich und seiner Identität, ohne die Individualität nicht sein kann –, erweist sich für die Selberlebensbeschreibung als kontraproduktiv, zumal es dem Autobiographen nicht gelingt, das noumenale zum empirischen Ich in einen Bezug zu setzen, der literarisch vermittelt wäre. An dieser Aufgabe, die er sich im Vorwort zu *Ich* ausdrücklich stellte und mit der er die Behauptung von der Unaussprechlichkeit des Ich konterkarieren konnte, an dieser Aufgabe scheitert Friedlaender/Mynona oder, um eines der von ihm mehrfach verwendeten Bilder in Abwandlung zu zitieren: Seine Selbstbiographie ist „eine Glocke, die klappert statt zu klingen, weil sie einen Riß" hat (vgl. u.a. Typ: 41). Die Integrationsfunktion des Ich wird zwar behauptet, aber nicht literarisch durchgeführt.

> Die Vernachlässigung der Kant=Marcus'schen Kultur und insbesondre ethischen Kultur ist der *faule Fleck* der Moderne; wodurch es geschehen kann, daß die barbarischste Heteronomie über die Menschheit immer brutaler hereinbricht, indem die sog. Geistigen über die allerelementarsten Wahrheiten in Theorie und Praxis dissentieren. (Typ: 75)

Auch angesichts der weltgeschichtlichen Lage setzt Friedlaender/Mynona unermüdlich und unerschütterlich auf die Transzendentalphilosophie, in der autobiographischen Skizze ebenso wie in seinen Briefen aus dem Exil. Von politischen Ereignissen schreibt er selten; er berichtet nur kurz, daß er ausgemustert wurde und daß er den sogenannten Hungerwinter im Ersten Weltkrieg dank glücklicher Umstände gut überstand (vgl. Typ: 87f.). „Wer die Welt transzendental von innen her erobert, der lacht über die äußeren Realien selbst dann, wenn sie ihn etwa der Existenz berauben sollten. Es ist eine praktische Gewißheit, daß das Ich, das Noumenon, unsterblich ist. Aller Krieg ist eine blutige Vergeblichkeit." (Typ: 89) Bewunderung für diese Art des Heroismus fällt nicht leicht, handelt es sich doch um eine äußerst merkwürdige, fast zynische Art der Abgeklärtheit. Gegenüber der aktuellen Situation räumt er schließlich doch ein: „Sich um Politik nicht zu kümmern, fiel immer schwerer, sie griff immer intimer ins Privatleben ein." (Typ: 92) In seinen Briefen aus dem Pariser Exil läßt Friedlaender/Mynona Einzelheiten seines äußerst beschwerlichen Privatlebens erkennen; immer wieder schreibt er von Geldsorgen und davon, daß ihm das Nötigste fehlt; auch das Verbleiben seines Sohnes im Krieg, die Deportation jüdischer Freunde sind häufig Anlaß zu Beunruhigung und Angst. In der autobiographischen Skizze heißt es demgegenüber eher lakonisch:

> Als der stiere und sture Tyrann sein bestialisches Regiment anhub, wurde meine preisgekrönte Novelle ‚Der antibabylonische Turm' in einer Druckerei zu Buch gebracht, deren Leiter mir mit dem Konzentrationslager drohte, falls ich den Text nicht retuschierte.

(Glücklicherweise besitze ich den unveränderten Fahnenabzug) Natürlich zog ich das Exil vor... (Ich: 232f.)

Auch hier hält sich Friedlaender/Mynona nicht weiter mit dem äußeren Geschehen auf; die autobiographische Skizze schließt, wie nicht anders zu erwarten, mit philosophischen Erörterungen. „Ich begann also mit meinem eigenen Ich zentral zu experimentieren. Ich begann dies mitten in einem barbarischen Umkreis." (Typ: 102) Die Selbstbiographie endet abrupt; über den Lebensweg dieses Intellektualisten hat der Leser nur kursorisch erfahren – ein Eindruck, der durch die stark gekürzte Druckfassung noch verstärkt wird. Resümierend hebt Friedlaender/Mynona demgegenüber nochmals den Grundzug ins Prinzipielle positiv hervor:

> Ich begann mein Leben mit einer Innerlichkeit, welche voll pathologischer Berührungsangst vor dem Außen war, mit einem wie absoluten Ich. Im Beginn meines 66sten Lebensjahrs erkenne ich beim Rückblick, daß dieses Ich, dieses Innen, dieses ESSE, Lebenszentrum ist, und daß alles äußere Operari in Form von Gegenseitigkeit daraus folgt, *wenn* man sich selbst neutral zentriert, mitten im stürmischen Umkreis des Lebens dessen Sonnenmitte permanent zu sein unternimmt. (Typ: 104f.)

Friedlaender/Mynonas Metaphysik des Subjekts, in der er denselben Grundgedanken immer wieder variierend ein Leben lang festhält – selbst gegen weltgeschichtliche Ereignisse und deren Auswirkung auf seine Biographie –, enthält trotz aller Dogmatik einen zukunftweisenden Aspekt: Die schöpferische Indifferenz, das Nihil neutrale, kommt allen Menschen zu: „Dass jeder ‚Genie' besitzt, ist gar nicht zu bezweifeln."[59] Das Ich ist also nicht nur indifferent, sondern besitzt universelle Produktivität (= Genie), und das soll uneingeschränkt für alle gelten. Friedlaender/Mynonas prinzipieller Zugriff auf Ich und Welt zeigt hier einen grundsätzlich demokratischen Zug, der eine Radikalisierung Kants darstellt. Ihn in aller Konsequenz auf die Kunst (und auf das Leben) zu übertragen, blieb den Surrealisten vorbehalten.[60]

Friedlaenders Transformation des „Ich denke" Kants zu einem „Es denkt" ist prekär.[61] Die *Philosophie in der ersten Person*, durch die auch die Autobiographie ihren traditionellen Platz zugewiesen bekam, wird hier durch eine *Philosophie in der dritten Person* abgelöst.[62] Dies ist eine äußerst ambivalente Position,

---
59 Friedlaender, Schöpferische Indifferenz (Anm. 17), S. 269.
60 Vgl. Gerd Held, Die Erscheinung einer Erscheinung. Zur Ästhetik des indirekten Gegenstands bei Kant und Duchamp, in: Unter Argusaugen. Zu einer Ästhetik des Unsichtbaren, hrsg. von Gerd Held u.a., Würzburg: Königshausen & Neumann 1997, S. 11–32.
61 Vgl. Friedlaender, Schöpferische Indifferenz (Anm. 17), S. 287.
62 Lichtenberg hatten schon 150 Jahre zuvor eine solche Strategie der Selberlebensbeschreibung in seinen *Sudelbüchern* in Erwägung gezogen. Als Gedankenexperiment führt Lich-

die auf die literarische Gattung der Selbstdarstellung nicht zu übertragen ist. In den Aphorismen von 1918 schreibt Friedlaender: „Im Neutrum gerade steckt subjektiv die Vollwesenheit, die eigene Göttlichkeit."[63] Diese Steigerung des Ich zum Absoluten schlägt es in den Bann der Neutralität. Dieses persönliche Es aber – das Nihil neutrale, die erste Person Singular – kann von sich keine authentische Selberlebensbeschreibung mehr geben. Es kann sich beliebig viele Geschichten erfinden, ganz unverbindlich, dabei wird es stets anonym bleiben. Salomo Friedlaender muß mit Bedacht sein literarisches Pseudonym gewählt haben: ein umgekehrtes ‚anonym'.

---

tenberg eine Philosophie der dritten Person – „Es denkt" – ein, um dann allerdings aus moralisch-praktischen Erwägungen heraus doch auf dem Ich zu insistieren.
63 Friedlaender, Schöpferische Indifferenz (Anm. 17), S. 421.

Kapitel XIII

„Erst durch die Wörter leben wir"
Der zweifelhafte Doppelsinn in Gottfried Benns ästhetischem Nihilismus

1. Autobiographie als Rechtfertigung und Bekenntnis

Autobiographie, traditionell das Genre für Bekenntnis und Rechtfertigung, wird auch von Gottfried Benn in dieser Weise eingesetzt, zuerst 1934, um einen Ariernachweis zu erbringen, dann 1950, um sein Verhältnis zu den Nationalsozialisten ins rechte Licht zu rücken. Benns *Doppelleben* ist ein spektakulärer und besonders umstrittener Fall. Demgegenüber sind die gattungstheoretischen Aspekte von eher untergeordneter Bedeutung, verdienen aber durchaus Beachtung. Für das Verständnis der Moderne als ästhetischem Existential sind Leben und Schreiben Gottfried Benns von eminenter Wichtigkeit. Zur Diskussion gestellt wird es in seiner Selbstbiographie.

> Wir sind in das Zeitalter der Genealogie eingetreten. Seit anderthalb Jahren umfängt es uns politisch und gesetzgeberisch, und während es zunächst eine Frage von Urkunden und das Resultat von anthropometrischen Messungen zu sein schien, ist es eine seelische Welt geworden, tief erregend und das Innere gestaltend.[1] (IV: 154)

So beginnt das autobiographische Fragment *Lebensweg eines Intellektualisten*, das Gottfried Benn 1934 in seinem Essayband *Kunst und Macht* als letzten von fünf Beiträgen publizierte.[2] „Wir sind in das Zeitalter der Genealogie eingetreten, aber auch in das der genealogischen Verdächte." (IV: 154) Das autobiographische Fragment dient als eine „genealogische Rechtfertigung" (IV: 156). Durch Beschuldigungen eines seinerzeit bekannten Balladendichters sieht sich

---

1 Gottfried Benn, Sämtliche Werke (Stuttgarter Ausgabe), in Verbindung mit Ilse Benn hrsg. von Gerhard Schuster, 7 Bde., Stuttgart: Klett-Cotta 1986ff., Bd. IV, S. 154. (Die im weiteren angegebenen Zitate beziehen sich auf diese Ausgabe; die Bände werden in römischer, die Seitenzahlen in arabischer Zählung angegeben).

2 „Der Anfang Oktober 1934 von der Deutschen Verlags-Anstalt ausgelieferte Sammelband *Kunst und Macht* enthält die Beiträge: *Vorwort, Dorische Welt, Expressionismus, Rede auf Stefan George, Rede auf Marinetti, Lebensweg eines Intellektualisten*." (Anm. IV: 597)

Benn genötigt, seine arische Herkunft unter Beweis zu stellen. Börries Freiherr von Münchhausen hatte sich geweigert, dem Aufruf zum Eintritt in die deutsche Nachfolgeorganisation des P.E.N.-Clubs zu folgen, da dessen Vizepräsident Gottfried Benn „fast reinblütiger Jude" sei (vgl. Anm. IV: 580). Solche Beschuldigungen erforderten unter den damaligen politischen Verhältnissen entsprechende Entgegnungen, zumal damit nicht nur Benns Position als Schriftsteller, sondern auch seine bürgerliche Existenz als Arzt auf dem Spiel stand. Bereits Anfang 1934 war seine ursprüngliche Begeisterung für den Nationalsozialismus getrübt, wie viele Briefstellen belegen, von einer entschiedenen Distanzierung gegenüber dem Hitler-Regime kann allerdings noch nicht gesprochen werden. Der *Lebensweg eines Intellektualisten* belegt vielmehr Benns Bemühung, die eigene intellektuelle Position in *Einklang* zu bringen mit der radikalen Aufbruchsbewegung, die er im Nationalsozialismus am Werke sah und auf die auch er große Hoffnungen setzte. Dies ist der erste, der politische Teil seiner Autobiographie. Daß er sich gerade dadurch politisch und moralisch besonders angreifbar macht, verschlägt nichts. Irritierend, daß Benn 1950 diesen autobiographischen Essay, um einen zweiten Teil ergänzt, erneut publiziert. Die geringfügigen Kürzungen, auf die er zu Beginn des zweiten Teils hinweist, sind in der Tat marginal.³ Sein Bekenntnis zum Nationalsozialismus, das vor allem in Kapitel vier, *Die neue Jugend*, enthalten ist, hat Benn nicht zurückgenommen, trotz der eindringlich vorgetragenen Bedenken F.W. Oelzes. Am 25. Dezember 1949 schreibt er seinem langjährigen, getreuen Briefpartner:

> Auch das Fortlassen und Verändern gewisser Sätze aus dem I. Teil (1934) war schwierig. Erinnern Sie sich, wie unaufhörlich bis heute man Th. M. seine Veränderungen an ‚Friedrich u. die Grosse Koalition' und ‚Betrachtungen eines Unpolitischen' vorgeworfen hat. Schließlich habe ich mir gesagt, man muss auch nicht zu schwierig und bedenklich in allem sein (wozu ich ja neige), sondern ruhig 5 gerade sein lassen, bzw. aus 5 Vier zu machen. Wer will, kann immer aus den alten Sachen mir tausend Stricke drehn und aus den mannigfachsten Stellen sich Gift für seine Pfeile holen.⁴ (Briefe II/1 S. 279, zit. nach: Anm. IV: 581)

Der Sinn dieser Briefstelle ist ganz uneindeutig: Besteht Benn auf historischer Wahrheit und Aufrichtigkeit, auch gegenüber seinen Verehrern, die ihm sein

---

3 „Ich habe nur einige wenige Sätze fortgelassen oder verändert, die sich auf eine der jetzigen Besatzungsmächte bezogen, übrigens keineswegs ausfällige oder beleidigende Sätze." (V: 83) Über den Nachsatz ließe sich streiten, alles hängt davon ab, wie man die Autobiographie Benns lesen will, d.h. wie man seine Provokationen einschätzt. Die Lektüre bewegt sich stets auf des Messers Schneide.
4 Gottfried Benn, Briefe an F. W. Oelze, Bd. I: 1932–45; Bd. II/1: 1945–49, Bd. II/2: 1950–56, hrsg. von Harald Steinhagen u. Jürgen Schröder, Wiesbaden: Limes 1977, 1979 u. 1980; im weiteren werden die Briefe nach dieser Ausgabe zitiert.

politisch-unpolitisches Verhalten 1933/34 als (verzeihlichen) Irrtum auslegen? Oder aber geht die Intention des Autobiographen dahin, die eigene Geschichte in legitimatorischer Absicht umzufälschen? Benns Rechnung mit der eigenen Vergangenheit gründet auf einer seltsamen Arithmetik. Er selbst hat sich offensichtlich geweigert, die ganze Tragweite der wiederholten Publikation seiner Autobiographie zu durchdenken. Da er entschieden darauf beharrt, seinen intellektuellen Standort nicht gewechselt zu haben, scheint er die inhaltlichen Widersprüche seiner vergangenen und seiner gegenwärtigen Rechtfertigung nicht zu bemerken. Zur Disposition stehen neben dem *Lebensweg eines Intellektualisten*, also den politisch-weltanschaulichen und den ästhetischen Positionen Benns, seine Konzeption einer strikten Trennung von Kunst und Macht, wie er sie programmatisch in *Doppelleben* entwirft. Zu fragen ist nach den Kontinuitäten und den Brüchen seines in der Autobiographie entworfenen Selbstverständnisses.

Auf Anregung seines Verlegers Niedermayer beginnt Benn nach einigem Zögern im November 1949 mit der Fortsetzung seines Lebensberichts (vgl. Anm. V: 487ff.). In Kapitel eins, *Schatten der Vergangenheit*,[5] nimmt er sich vor, sein Verbleiben in Deutschland nach 1933 zu begründen. Stets hatte er den von den Emigranten vorgebrachten Vorwurf seiner anfänglichen Kollaboration mit dem Nationalsozialismus und seinen späteren Opportunismus gegenüber dem Hitler-Regime zurückgewiesen und seine Nichtemigration mehrfach gerechtfertigt. Inhaltlich sind seine autobiographischen Begründungen allesamt schwach,[6] Benn argumentiert formalistisch und stereotyp, ganz oberflächlich und zugleich haarspalterisch. Das Ganze mutet an wie eine pflichtschuldig abgefaßte Begründung, fast wie eine Rechtfertigung wider Willen. Besonders unangenehm sind die schrillen Töne seiner Legitimation da, wo seine Verteidigung in Angriff übergeht. Mit dieser Strategie verscherzt er sich, durchaus bewußt, den

---

5 Dieser Titel ist eine „Anspielung auf einen anonymen Artikel ‚Schatten der Vergangenheit' in der Deutschland-Ausgabe der Zeitung ‚Telegraf', Jg. 4 Nr. 52 vom 16. März 1949 S. 3, den GB gegenüber F.W. Oelze am 27. März 1949 kommentiert (vgl. Briefe II/1 S. 329)." (Anm. V: 593)

6 In aller Ausführlichkeit dargelegt von Christiane Deußen, *Erinnerung als Rechtfertigung. Autobiographien Gottfried Benn – Hans Carossa – Arnolt Bronnen* (Tübingen: Stauffenburg 1987), S. 26–82. Deußen interpretiert *Doppelleben* unter dem Gesichtspunkt ‚Selbststilisierung eines Unangreifbaren', wohingegen sie das Buch *Arnolt Bronnen gibt zu Protokoll* als ‚fingiertes Selbstgericht' begreift. Neben der unbelehrbaren Selbstrechtfertigung Benns und der inszenierten Selbstanklage Bronnens nimmt Carossa eine Zwischenstellung ein: *Ungleiche Welten* ist die ‚Selbsterklärung eines Unpolitischen' als entschuldigende Relativierung. Benns Rechtfertigungsabsicht, so führt Deußen aus, basiere auf Derealisierung, d.h. auf Verleugnung und Verharmlosung (vgl. ebd., S. 66). „So bleibt bis zum Schluß nicht geleistet, was eigentlich Ziel der Autobiographie hätte sein können: Selbstreflexion, erinnernde Aufarbeitung und damit ‚Bewältigung' vergangener Erfahrungen." (Ebd., S. 68)

good will sehr vieler Leser.[7] Provokation und Legitimation stehen in einem Mißverhältnis zueinander, das auch dem geneigten Leser den festen Boden unter den Füßen entzieht.

Neben einem Brief Klaus Manns, der ihn 1933 – so höflich wie eindringlich – zur Emigration aufforderte, druckt Gottfried Benn im ersten Kapitel auch Teile seiner sehr scharfen *Antwort an die literarischen Emigranten* (1933) ab. Seine fanatische „Reinheit des Gedankens und des Gefühls" betonend (V: 92), hebt er auf „das Dilemma der Geschichte" ab (V: 94) und die Notwendigkeit der Entscheidung jedes einzelnen. „Plötzlich aber öffnen sich Gefahren, plötzlich verdichtet sich die Gemeinschaft, und jeder muß einzeln hervortreten, auch der Literat, und sich entscheiden: Privatliebhaberei oder Richtung auf den Staat. Ich entscheide mich für das letztere und muß es für diesen Staat hinnehmen, wenn Sie mir von Ihrer Küste aus zurufen: Leben Sie wohl." (V: 93) Zu seiner dezidiert politischen Entscheidung bekennt sich Benn nach wie vor. Er präzisiert sie nun 1949/1950 dahingehend, daß seine „Antwort weniger ein Plädoyer für den N.S." war als vielmehr „für das Recht eines Volkes, sich eine neue Lebensform zu geben" (V: 93). Daß der Nationalsozialismus 1933 Benn als diejenige politische Kraft erschien, diese noch aus den Zeiten des Expressionismus herstammende Vision vom neuen Menschen in einem dritten Reich zu realisieren, diskreditiert in seinen weiteren, ausschließlich die Geistesgeschichte im Blick behaltenden Überlegungen nicht die utopische Vision, sondern die Weltgeschichte, von der er sich dann – konsequenterweise – auch ganz abwendet. Seine Position eines ‚Nihilismus der Stärke' kippt um in Fatalismus. Nicht er hat sich geirrt, sondern der Nationalsozialismus hat nicht eingelöst, was er (sich von ihm) versprochen hat. (Benns spätere aggressive Verurteilung des Hitler-Regimes und seiner Politik ist nicht nur sachlich begründet, sondern auch Reflex dieser Enttäuschung.)

Benns Rückzug aus der Geschichte in die Welt der Kunst, seine demonstrativ zur Schau gestellte Indifferenz der Politik gegenüber ist eine mögliche, wenn auch recht fragwürdige Antwort auf diese Situation. Diese resignative Haltung des Geschichtspessimisten tritt dabei in einen eklatanten Widerspruch zu einem unerbittlich propagierten Sonderreich des Geistes. Die beiden Standpunkte diskreditieren sich bei Benn gegenseitig. Auf der Ebene des Stils äußert sich die doppelte Moral dieser Position als Provokation, einer behaupteten, aber unhaltbaren Integrität des Autobiographen. Sich nach 1945 ausdrücklich auf das Un-

---

7 Besonders ausgeprägt ist diese Haltung im *Berliner Brief* vom Juli 1948: Benn stilisiert sich hier zur einsamen, von allen Seiten mißverstandenen Geistesgröße, wobei Provokation und Rückzug sich komplementär zueinander verhalten. Die Neutralisierung der Rechtfertigungsstrategien in seiner Autobiographie findet auf demselben Terrain statt.

politische eines Thomas Mann zu beziehen, wie es Benn am Ende von *Schatten der Vergangenheit* tut, zeugt von keinerlei Einsicht in den realen Ablauf der Geschichte. Nach Auschwitz kann kein Intellektueller, der diesen Namen verdient, auf die Erkenntnis der politischen Dimension allen Denkens und Handelns verzichten. Auch die Kunst ist politisch, ob sie es will oder nicht.

In *Leier und Schwert*, dem zweiten Kapitel von *Doppelleben*, gibt Gottfried Benn einen autobiographischen Bericht über die Zeit bis zu seinem Ausschluß aus der Reichsschrifttumskammer 1938. Daß seine Position als Arzt und Schriftsteller zunehmend gefährdet war, kann Benn mit Briefdokumenten belegen, die seine Legitimationsabsicht inhaltlich untermauern. Sachliche Unrichtigkeiten sind im Rahmen eines strengen Rechenschaftsberichts allerdings nicht einfach zu vernachlässigen,[8] sondern sie stellen den autobiographischen Schreibgestus grundsätzlich in Frage. Überzeugende Begründungen für seinen Verbleib in Deutschland liefert Benn auch im zweiten Kapitel von *Doppelleben* nicht. Hier erläutert er, daß er als „die aristokratische Form der Emigration" (V: 106) die Armee wählte.[9] Dem Heroischen und betont Vornehmen dieses Rückzuges in einen angeblich völlig unmilitaristischen Bereich haftet in seiner Widersprüchlichkeit etwas Befremdliches an. In dieselbe Richtung gehen Benns Ausführungen zu seiner Distanzierung von den Nationalsozialisten, deren Anlaß dem autobiographischen Text zufolge einer der vom nationalsozialistischen Ärztebund veranstalteten Schulungsabende war, die sich in tendenziöser, Benn empörender Weise mit Themen wie Freimaurerei und Rassenproblemen befaßten:

---

8 „Ich erwähne ausdrücklich, daß auch die ‚Union nationaler Schriftsteller, der P.E.N.-Club-Ersatz (dem Klub hatte ich nicht angehört), in deren Vorstand ich 1933 gewählt war, solange ich diesem Vorstand angehörte, noch ihre jüdischen Mitglieder besaß." (V: 106) Tatsächlich hatte Benn dem P.E.N. seit 1928 angehört. Hat er das einfach vergessen? Will er es aus strategischen Gründen verschweigen? Im Rahmen einer autobiographischen Legitimationsschrift, die hieb- und stichfest etwas beweisen und begründen will, sind solche in Selbstbiographien sehr häufig anzutreffende Fehler keine bloß läßlichen Sünden. Vollends zweifelhaft wird Benns Vorgehen da, wo er Sachverhalte verdreht und Personen direkt beschuldigt, wie etwa in *Schatten der Vergangenheit* einen deutschen Emigranten, der „Professor der Philosophie in USA" wurde angeblich dank seiner „gute und schlechte Diktaturen" unterscheidenden Ideologie (vgl. V: 98). Ludwig Marcuse hat sich in seiner Autobiographie gegen solche Diffamierungen verwahrt (vgl. Ludwig Marcuse, Mein zwanzigstes Jahrhundert. Auf dem Wege zu einer Autobiographie, Zürich: Diogenes 1975, S. 365–367).

9 „Das Offizierkorps, in das ich nun 1935 eintrat, war das sogenannte E-Offizierkorps. E hieß Ersatz, es waren die Reaktivierten, die Alten, sie trugen besondere Uniformen und die aktive Truppe nahm sie nicht für voll, ließ sich zwar zum Gruß herab, aber meistens sehr zögernd. In diesem Teil des Offizierkorps herrschten im wesentlichen noch die Grundsätze der alten preußischen Dienstvorschriften" (V: 107).

Am Schluß eines solchen Schulungsabends ließ mich der Leiter einmal kommen und sagte: ‚Sie sind doch der Dichterling, Schriftsteller, na schreiben Sie doch mal was für die Presse über unsere Schulungsabende, kleines Stimmungsbild.' Nun hatte ich mich ja in gewissem Sinne entschieden gehabt, mich der Volksgemeinschaft anzuschließen, aber doch nicht in diesem Sinne. Ich hatte nicht erwartet, daß die Intelligenz an dem Punkt traktiert werden sollte, ganz unten, von wo aus sie vielleicht einmal begonnen hatte. Also was war zu machen? Ich schildere das Vorstehende nicht aus Ressentiment gegen den Nationalsozialismus, der liegt am Boden und ich schleife Hektor nicht. Ich erwähne es für die jungen Deutschen, nämlich mit der Bitte, jene Neigung zu bekämpfen, wenn man am Zuge ist, gleich allzu großmäulig und tausendjährig zu werden und sich zu überspielen, es wird auch unter ihnen immer einige geben, die sehen sie mit ruhigen und nachdenklichen Augen an. (V: 104)

Dieser pädagogische Impetus, dem Benn in späteren, den ausdrücklich literarischen Kapiteln seiner Autobiographie durchaus gerecht wird, hat hier – sehen wir von dem Anmaßenden und Empörenden ab – etwas Aufgesetztes, nachträglich Angehängtes. Er kehrt sich, für Benn durchaus kontraproduktiv, gegen die eigenen Absichten. Die Bruchstelle ist die unbeantwortet gelassene Frage in der Mitte des Zitats. Indem Benn die Nationalsozialisten als die einzigen Opfer nennt, schlägt die vorgetragene Moralität seines Schreibens ins Gegenteil um. Das Ressentiment des Lesers gegen den Autobiographen wird auf die Spitze getrieben. Eine inhaltliche Auseinandersetzung mit der Politik des Hitler-Regimes findet nicht statt. Der Röhm-Putsch, in der Sekundärliteratur immer wieder als Zeitpunkt einer Abwendung Benns vom Nationalsozialismus angeführt, wird in der Autobiographie nicht erwähnt. Die Charakteristik Benns als unpolitischer Mensch wäre um dieses Detail zu ergänzen.[10] In seiner frühen, grundlegenden Studie *Gottfried Benn – Phänotyp dieser Stunde* schreibt Wellershoff:

Benn wollte eine Vision Nietzsches verwirklichen, er versuchte, den Willen zur Macht in der Kunst zu sublimieren und zu erlösen. / Aber auf dieser weltfernen Ebene fand dann die reale Auseinandersetzung nicht statt. Es kam überhaupt zu keiner geistigen Auseinandersetzung. Benn wurde von den kleinen Chargen der Macht angerempelt, als Kulturbolschewist, als Rassenschänder, als Schwein, als Jude bezeichnet. Er hatte sich gerade gegen die Emigranten verteidigt, jetzt mußte er sich gegen die unqualifizierten Angriffe der anderen Seite zur Wehr setzen. Dabei geriet er ins Lavieren.[11]

---

10 In den Briefen stellt sich der ‚Irrtum des unpolitischen Benn' anders dar, bereits im August 1934 schrieb er an Ina Seidel: „Ich lebe mit vollkommen zusammengekniffenen Lippen, innerlich u. äußerlich. Ich kann nicht mehr mit. Gewisse Dinge haben mir den letzten Stoß gegeben. Schauerliche Tragödie! Das Ganze kommt mir allmählich vor wie eine Schmiere, die fortwährend ‚Faust' ankündigt, aber die Besetzung langt nur für ‚Husarenfieber'. Wie groß fing das an, wie dreckig sieht es heute aus. Aber es ist noch lange nicht zu Ende." (Gottfried Benn, Ausgewählte Briefe, hrsg. und mit einem Nachwort versehen von Max Rychner, Wiesbaden: Limes 1957, S. 58)
11 Dieter Wellershoff, Gottfried Benn – Phänotyp dieser Stunde. Eine Studie über den Problemgehalt seines Werkes, Köln/Berlin: Kiepenheuer & Witsch 1958, S. 194.

2. Anlage und Aufbau der Autobiographie Benns

Benns Rückblick auf sein Leben ist offensichtlich nicht aus der Perspektive des Ethikers, sondern aus der des Ästhetikers geschrieben. Die ethischen Kriterien, die sich bei der Interpretation immer wieder in den Vordergrund schieben, sind als von außen an die Sache herangetragene neuerlich zu überprüfen. Deshalb verdienen Anlage und Aufbau von *Doppelleben* besondere Beachtung. Zu fragen ist, in welchem Verhältnis Inhalt und Form zueinander stehen und ob sich daraus eine Möglichkeit ergibt, Benns Rechtfertigungsversuche von einem immanenten, seinem eigenen Selbstverständnis zufolge verbindlichen Standort aus zu begreifen und zu kritisieren. Nicht zuletzt von einer formalen Analyse hängt die Glaubwürdigkeit des Autobiographen ab. Wird sich Gottfried Benn in *Doppelleben* als Künstler gerecht? Am 25. Dezember 1949 teilte er F.W. Oelze mit, daß sein Buch fast fertig sei, zwei Tage später ergänzt er:

> Das neue Buch ist ein großes Tohuwabohu –, Biographisches, Literarisches, Politisches, Feuilleton und Tiefsinn alles durcheinander. Absichtlich, ich mag nicht mehr ordnen u. regeln. Ich sehe jetzt ein, warum Nietzsche *aphoristisch* schrieb. Wer keinen Zusammenhang mehr sieht, keine Systematik, kann nur noch episodisch verfahren. (Briefe II/1 S. 281, zit. nach: Anm. V: 493)

Benn, der sich als Dualist und Anti-Systematiker begreift (vgl. V: 144), versucht in diesem Brief das Disparate seiner Autobiographie zu rechtfertigen, was aber seinen inhaltlichen Bemühungen zuwiderläuft. Mit dem Hinweis auf sein episodisches Verfahren schränkt er die Geltung seiner Legitimationsschrift ein. Ein, zumindest implizites, Zugeständnis ihres Scheiterns ist das noch nicht. Die Abfolge der einzelnen Kapitel, die Wechselwirkung der unterschiedlichen Schreibstrategien ließe sich möglicherweise auch als geschickte Montage begreifen. Die Widersprüchlichkeiten, in die Benn sich verstrickt, betreffen inhaltliche und formale Gesichtspunkte zugleich. Ihren prekären Ausdruck finden sie in Begriff und Konzeption von *Doppelleben*.

Als dezidiert moderner Künstler kann sich Gottfried Benn weder für den Stoff seines Lebens noch dessen zusammenhängende Darstellung interessiert haben. Als prominenter, von der Öffentlichkeit vielfach mißverstandener Zeitgenosse sah er sich zu einer Autobiographie in legitimatorischer Absicht gleichwohl genötigt. Aus diesem Dilemma heraus hatte er sich schon 1934 in *Lebensweg eines Intellektualisten* geäußert, wobei die kohärentere Form des ersten Teils seiner Selbstbiographie in ihrer politischen Ausrichtung begründet liegt. Erst 1949/50 steht Gottfried Benn als Autobiograph vor dem schier unlösbaren Problem, die von ihm zwischenzeitlich fein säuberlich getrennten Bereiche von Kunst und Leben in einer Schrift gemeinsam zu behandeln. Er laviert und differenziert weiter, sicherlich auch, um sich seine Kapitulation nicht eingestehen zu müssen, denn *Doppelleben* ist nicht zuletzt zu lesen als Ausdruck eines inneren Legitimationsdrucks. Das Konstruierte von *Doppelleben* betrifft in erster Linie den Inhalt, die Form ist sekundär und bleibt ganz ungestaltet. In der für ihn charakteristischen Weise deklariert er das Tohuwabohu um. Gottfried Benn als erster Leser seiner Autobiographie macht aus seinem Widerwillen, sich ordentlich mit der eigenen Geschichte auseinanderzusetzen, ein intellektuelles Gebot der Stunde. Das bewußt Antisystematische allerdings ist vieldeutig und in seinem Fall auch angreifbar. Als Künstler zumindest stellt sich Benn dem Durcheinander von Leben und Schreiben nicht. In diesem Fall läßt er fünfe gerade sein. Als Montage ist seine Autobiographie jedenfalls nicht zu lesen. Das für die radikale Moderne charakteristische künstlerische Gestaltungsprinzip der Montage hat Benn den eigenen Erläuterungen zufolge im *Roman des Phänotyp* und im *Ptolemäer* realisiert.[12] Diese experimentelle, zugleich poetisch und analytisch verfahrende späte Prosa weicht auffällig vom autobiographischen, wesentlich diskursiv verfahrenden Stil in *Doppelleben* ab. Benn schreibt an seinen Verleger, der ihn mehrfach zur Fortsetzung seines Lebensrückblicks hat motivieren müssen:

> Lieber Herr Niedermayer, vielen Dank für Ihren Anruf am letzten Sonnabend. Anbei den Vertrag zurück – Glückauf! Ich mache die neue Sache [*Doppelleben*, C.H.] nicht tiefsinnig und unnötig problematisch, sondern mehr im Unterhaltungston und lasse die Dinge selber sprechen. Ich verfahre auch nicht rein biographisch-chronologisch, sondern gruppiere um bestimmte Themen, sodass mir als Disposition zunächst Folgendes vorschwebt: ... (zit. nach: Anm. V: 490; Original im DLA Marbach)

Es folgt die Erläuterung der im großen und ganzen dann auch erhaltenen Reihenfolge der einzelnen Kapitel. Die beiden ersten handeln von Benns umstrittener lebensgeschichtlicher Situation und ziehen zur Rechtfertigung seines Verhaltens eine Reihe historischer Dokumente heran. Die „nach dem Tatsächlichen komplettierte" Autobiographie – so Benn am 19. November 1949 an Oelze (vgl. Anm. V: 488; Briefe II/1 S. 266f.) – ist also in durchaus ernster Absicht verfaßt. Mit ‚Unterhaltungston' muß Benn das mühelos Nachvollziehbare und Überzeugende seiner Ausführungen gemeint haben, im Unterschied etwa zu seiner experimentellen Prosa, die keineswegs leicht verständlich ist. Das Diskursive erweist sich als durchgängiges Merkmal seiner Autobiographie, es steht offensichtlich im Dienste der mit ihr verfolgten Legitimationsabsicht. Ihr sind auch die Kapitel

---

12 Vgl. Rainer Rumold, Gottfried Benn und der Expressionismus. Provokation des Lesers, absolute Dichtung, Königstein/Ts.: Scriptor 1982.

drei und vier untergeordnet.[13] Das Gedicht *Monolog*, das der 1943 von Benn auf eigene Kosten und gegen das Publikationsverbot der Nationalsozialisten veröffentlichten Sammlung von 22 Gedichten entstammt, und *Block II, Zimmer 66*, ein bereits 1944 verfaßter Text, der Eindrücke und Szenen des Kasernenalltags im fünften Kriegsjahr eindringlich beschreibt und den Benn nun erstmals in seiner Autobiographie abdruckt, haben die Funktion, Benns damals ‚illegale antifaschistische Tätigkeit' unter Beweis zu stellen.[14] Diese literarischen Belege sind im Unterschied zu den nachträglichen, oft fadenscheinigen Begründungen Benns sehr überzeugend, wurden zumindest immer wieder so gelesen.[15] Bereits in *Block II, Zimmer 66* aber findet sich die umstrittene Trennung von Kunst und Leben. Noch vor ihrer thematischen Erörterung in Kapitel 5b wird sie hier erstmals ausgeführt. Das literarisch Akzeptable vom autobiographisch Fragwürdigen zu trennen, erweist sich damit als obsolet. Der Dichter und der Denker sind in der Selbstbiographie gerade nicht voneinander abzulösen, wie etwa noch Ästhetiker und Ethiker in erkenntnistheoretischer Absicht einander gegenübergestellt werden konnten. Damit wird dieses Genre zum Testfall.

Das im Schreiben verdoppelte Leben ist immer ein anderes. Eine Existenzberechtigung ist aus den Wörtern nicht abzuleiten. Die Mischung aus biographischen, literarischen, poetologischen und weltanschaulichen Kapiteln vermag zwar die unterschiedlichen Rollen der Person abzubilden, in ihrer Unverbundenheit aber spiegeln sie das Unaussprechliche des Individuums. Die Absicht zu dokumentieren und zu legitimieren, der Wunsch zu publizieren, zu popularisie-

---

13 Das dritte Kapitel, das knapp den Mangel des Krieges und die Schrecken der Bombennächte behandelt, trägt den etwas befremdlichen Titel *Lyrisches Intermezzo*. Damit wird in der für Benn charakteristischen antithetisch-provokatorischen Weise das Augenmerk auf das in diesem Kapitel abgedruckte Gedicht *Monolog* gelenkt.

14 Wenn Benn schreibt, er könne „22 Gedichte" als Beweis seiner „illegalen antifaschistischen Tätigkeit vorlegen", und zugleich beteuert, diesen Ehrgeiz nicht zu haben (vgl. V: 120), verfolgt er doch genau diese Strategie mit dem neuerlichen Druck von *Monolog*. Dieses Gedicht wird stellvertretend für alle anderen zitiert.

15 Hans Magnus Enzensberger besprach am 6. Juni 1962 im *Spiegel* Gottfried Benns *Autobiographische und vermischte Schriften* – ein gnadenloser Verriß: „Gedanken waren nie seine starke Seite gewesen. Das macht die *Autobiographischen Schriften* zu einer traurigen Lektüre. Auf 500 Seiten Dünndruck zwei Stücke großer Prosa: das eine stammt von Klaus Mann, dessen Brief an Benn vom 9. Mai 1933 in allen deutschen Lesebüchern stehen sollte; das andere trägt die Überschrift ‚Block II, Zimmer 66' und enthält rein deskriptive Partien von großer Schönheit. Der Rest ist Schamott: die Grammatik zweifelhaft, die Theorie aus vierter Hand, viel Böcklin, fin de siècle, Sentimentales unter der zynischen Oberfläche, Bildungsreste, Intelligenz, die nicht weiter reicht als zum Verrat der Intelligenz an die Gewalt." (Zit. nach: Benn – Wirkung wider Willen. Dokumente zur Wirkungsgeschichte Benns, hrsg., eingel. und kommentiert von Peter Uwe Hohendahl, Frankfurt/M.: Athenäum 1971, S. 376; im weiteren abgekürzt „Benn – Wirkung wider Willen.")

ren und zu propagieren, ergeben keine kohärente Einheit. Ein sinnvoll geordnetes Ganzes jedenfalls ist nicht mehr zu erkennen. Das ganz zum Schluß als Kapitel sechs noch in die Selberlebensbeschreibung mit aufgenommene „Gedicht" auf Benns Geburtsjahr – es trägt dem Titel *1886* – bringt dies treffend zum Ausdruck. Reale und fiktive Zeitungsmeldungen von 1886 werden in Form eines ungereimten Gedichts in 10 Strophen zusammengestellt: Die Existenz des modernen Menschen zeigt sich als banal und zufällig. Das Horoskop ist nicht mehr an der Konstellation der Sterne abzulesen, sondern aus der Zeitung. In einem Selbstkommentar nennt Benn diese kleine Spielerei „ein geistloses statistisches Feuilleton" (Brief an Oelze vom 28.11.49).[16]

Vor allem aber, und daran läßt Benns autobiographisches Konstruktionsprinzip keinen Zweifel, ist jede Selberlebensbeschreibung notwendig unvollständig, das Ich fragmentarisch. Verfolgt man die verwickelte Entstehungsgeschichte von *Doppelleben* im Briefwechsel Benns, entsteht der Eindruck, die Selbstbiographie sei beliebig ergänzungsfähig. (Ihre Ergänzungsbedürftigkeit steht hier nicht zur Debatte.) Während andere Prosaarbeiten Benns schichtweise aufgebaut sind (vgl. Editor. Bericht V: 266), werden für die Autobiographie immer neue Bruchstücke aus dem Mosaik des Lebens zusammengetragen. Das Selbstporträt des Autors gewinnt dadurch jedoch nicht immer an Tiefenschärfe. Die Rechtfertigungsabsicht erzwingt es, nur immer wieder dasselbe Problem nachzuzeichnen. Das erklärt die repetitiven Elemente der Autobiographie, die sich besonders gegen Ende des zweiten Teils im siebten Kapitel, *Zukunft und Gegenwart*, durchsetzen. Pendant zur Wiederholung ist die Auslassung. Auffällig wenig Privates teilt Benn in *Doppelleben* mit. Lebensgeschichtliches, insofern es nicht unters Politische fällt, wird marginalisiert, was sich in der Beiläufigkeit des Titels von Kapitel acht, *Noch einiges Privates*, ausdrückt und auch die von einer gewissen Wehmut gekennzeichneten *Schlußworte* überschattet.

Bereits im ersten Teil war das Private auf einige wenige Mitteilungen am Ende des ersten Kapitels beschränkt. Es dominieren in seiner Autobiographie das Weltanschauliche und das Poetologische. Indem Benn seine Werke erläutert, will er seinen ästhetischen Nihilismus plausibel machen. Diese Tendenz ist in *Lebensweg eines Intellektualisten* noch ausgeprägter als später und bei aller Brisanz weitreichender. In *Doppelleben* wird dieser Zusammenhang zwar wieder aufgenommen – insofern kann Benn mit einer gewissen Berechtigung von der Kontinuität seines Denkens sprechen –, aber unter dem Rechtfertigungsdruck zieht sich Benn nun ganz auf einen Geschichtspessimismus zurück. Diese Defensivposition bleibt, wie noch zu zeigen sein wird, hinter Benns künstlerischen

---

16 Zitiert nach: Gottfried Benn. Dichter über ihre Dichtungen, hrsg. von Edgar Lohner, München: Heimeran 1969, S. 170; im weiter abgekürzt „DuD".

und intellektuellen Standards zurück und zwingt ihn zu Unaufrichtigkeiten, auch zu ästhetischen. Benn gibt an, die unterschiedlichen Bestandteile seiner Autobiographie unter dem Gesichtspunkt der Abwechslung zusammengestellt zu haben – eine Banalisierungsstrategie. Am 15. Dezember 1949 schreibt er an seinen Verleger Niedermayer, dem er mit gleicher Post das ‚ominöse Opus' zusendet:

> Als Ganzes ist das Manuskript ja mehr unterhaltender Art und Sprache und Diktion ist vielleicht etwas salopp. Aber mein Stil- und Innenproblem schreibe ich ja in anderer Form, lagere ich anders ab (habe auch davon wieder etwas Neues fabriziert), aber für diesen Fall schien mir das Populäre angebracht. (zit. nach: Anm. V: 492; Original im DLA Marbach)

Benns Autobiographie ist also nicht unter die Kunstwerke im strengen Sinne zu rechnen. Man könnte sie vielleicht essayistisch nennen: Eine Zwischen- und Mischform aus biographischen und literarischen Legitimationen, die eine neuerliche, an ein größeres Publikum gerichtete Vermittlung der in der experimentellen Prosa dargestellten erkenntnistheoretischen Einsichten versucht. Der Essay als eine Gattung *zwischen* Philosophie und Kunst[17] ist eine in ihrer Offenheit bevorzugte Form intellektueller Selbstverständigung. Stets ist es ein gewagter Versuch. Der Essay gestattet es, Denken und Schreiben, auch das eigene, aufeinander zu beziehen und eröffnet dadurch die Möglichkeit, das selbstschöpferische Potential der Kunst in eine diskursive Sprache zu übersetzen. Die meist gefällige Form des Essays ist ganz äußerlich, seine Aufgabe ist es, Philosophie und Literatur gegeneinander abzuwägen, ihre Vereinbarkeiten und ihre Differenzen zu testen. Definitive Aussagen sind dieser Form jedoch verwehrt. So elegant wie bescheiden begnügt sie sich mit Erwägungen und Vorschlägen. Bei Montaigne, dem ‚Erfinder' des Essays, halten sich Skepsis und Pragmatismus die Waage. Diese glückliche Konstellation gilt für Benn nicht. Dem Versuchscharakter des Essays kommt er in seiner experimentellen Prosa näher als in seiner Autobiographie, in der er vor dem Tribunal der Öffentlichkeit und vor sich selbst seine Vergangenheit rechtfertigen will. Lediglich die poetologischen Kapitel seiner Selberlebensbeschreibung, in denen die intellektuelle und diskursive Seite des Schreibens in den Vordergrund gerückt wird, lassen sich als Essay lesen; nicht

---

17 Über eine mögliche systematische Begründung dieser Gattung herrscht bis auf weiteres Unklarheit. In seiner Auseinandersetzung mit Lukács diskutierte Adorno 1954/58 den Essay als poetisch-wissenschaftliches Integral, d.h. als die zwischen Kultur und Natur vermittelnde Schreibweise (vgl. Theodor W. Adorno, Der Essay als Form, in: ders., Noten zur Literatur, Ges. Schriften, hrsg. von Rolf Tiedemann, Bd. 11, Frankfurt/M.: Suhrkamp 2/1984, S. 9–33). Dieser Ansatz wäre von der Literaturwissenschaft weiterzuentwickeln. Die Interpretationen einzelner Autoren, unter denen selbstverständlich auch Gottfried Benn zu finden ist, sind zu sehr am Einzelfall orientiert, um schon Geschichte und Theorie des Essays erkennen zu lassen.

zuletzt deshalb, weil sie, ganz im Sinne Musils, auf einen Essayismus als Lebensform des *Als-ob* verweisen.[18]

Insgesamt gesehen bleibt die Selbstbiographie Benns also auch unter formalen Gesichtspunkten problematisch. Ihre Heterogenität deutet zwar auf das Konstruktionsprinzip der Montage. Bei der Durchführung der einzelnen Kapitel aber widerstreiten die unterschiedlichen Schreibstrategien des Literarischen, des Essayistischen und des Historiographischen einander in ganz unproduktiver Weise. Der groß angelegte autobiographische Versuch bleibt ein Tohowabohu, ein großes Durcheinander. Als Legitimation scheitert er vor allem deshalb, weil Benn den existentiellen Ernst ausschließlich für die Kunst reserviert. Diese Art doppelter Buchführung fällt auf den Autobiographen als Künstler zurück. Als Zweckform ist die Autobiographie dann untauglich geworden, wenn ‚Stil- und Innenprobleme' bevorzugt in der Kunst verhandelt, die Fragen der Subjektivität und der Identität des Ich dort entschieden werden. Will die Selberlebensbeschreibung unter diesen Umständen ihren Stellenwert behaupten, muß sie ihrerseits unter die Werke eingereiht werden.

3. Die Kunst als Selbstverständigung des Autobiographen: Benns ästhetischer Standort

Dient bei Benn nur das literarische Werk im engeren Sinne der Selbstverständigung des Autors, so macht er sich in seiner Selbstbiographie doch zu dessen Interpreten, d.h. er versucht das im literarischen Werk gewonnene Selbstverständnis im Lebensrückblick einem größeren Publikum zu vermitteln. Insofern begreift er die Selbstbiographie ganz konventionell, wenn auch als absolut nachgeordnet. Daß der Leser einen Autor durch dessen Werk besser und früher kennenlernt, markiert bereits einen modernen Standpunkt, der ein genuin ästhetisches Selbstverständnis voraussetzt. Genau darin liegt im Fall Benn die Problemspannung. Seine Verknüpfung von Kunst und Macht hat bis heute ihre Provokation nicht verloren und verlangt nach Auseinandersetzung. Exemplarisch studieren läßt sie sich in *Doppelleben*. Auch Hillebrand will Benn aus seinem Werk begreifen, lehnt dabei allerdings das Stilisierte der Autobiographie ab und distanziert sich vom „Peinlichen" der dort vorgebrachten Rechtfertigungsbemühungen. Demgegenüber sieht Hillebrand in der Prosa die „biographischen Rönt-

---

18 Vgl. Robert Musil, Der Mann ohne Eigenschaften, Kap. 62: Auch die Erde, namentlich aber Ulrich, huldigt der Utopie des Essayismus.

genbilder" Benns.[19] „Die Biographie dieses Mannes von innen zu entwickeln, vom Werk her, ist den Interpreten offenkundig schwergefallen. [...] Er ist der Phänotyp, der Ptolemäer, der Radardenker am Ende, wie er am Anfang Rönne war."[20] Im Unterschied zu diesem Ansatz zielt meine Fragestellung auf die intellektuellen und poetologischen Reflexionen, die Benn zum eigenen Leben und Werk in seiner Selbstbiographie anstellt. Gefragt wird also nach dem Selbstverständnis des Autobiographen als Künstler, und zwar in einem umfassenden, das ganze Leben umgreifenden Sinne.[21]

Unter den Zwischentiteln „Rönne", „Pameelen" und „Das Lyrische Ich" bezieht sich Gottfried Benn im zweiten Kapitel von *Lebensweg eines Intellektualisten* auf die entsprechenden Werke seiner expressionistischen Frühphase, mit denen er, seinen autobiographischen Erläuterungen zufolge, eine Diagnose der damaligen Zeit in literarischer Form vorgelegt hat. Die Rönne-Figur, „das nackte Vakuum der Sachverhalte" (IV: 164), verkörpert bekanntlich „Depersonalisation und Wirklichkeitsverlust des Ich".[22] Trotz aller autobiographischen Nähe zu Gottfried Benn ist Werff Rönne natürlich keine literarische Inkarnation des Autors; anders als er selbst besitze Rönne nicht „die Voraussetzungen für Historisches", wie Benn in seiner Selberlebensbeschreibung bemerkt (vgl. IV: 166). Rönne ist viel eher zu betrachten als eine Spielfigur des Intellektualisten Benn, der vor allem in der Tradition Nietzsches über Leben und Erkenntnis spekuliert.[23] Der angesichts der modernen Welt an seiner Daseinsberechtigung

---

19 Bruno Hillebrand, Gottfried Benn – Gegen Biographie, in: ders., Benn, Frankfurt/M.: Fischer 1986, S. 9–95; hier: S. 27.
20 Ebd., S. 13.
21 Diese Fragestellung ist im Falle Benns von der Forschung häufig erörtert worden, eine Akzentuierung der Autobiographie als Gattung jedoch trat dabei meist gegenüber den ästhetischen Positionen zurück; vgl. Peter Michelsen, Doppelleben. Die ästhetische Anschauung Gottfried Benns (1961), in: Gottfried Benn, hrsg. von Bruno Hillebrand, Darmstadt: Wiss. Buchges. 1979 (Wege der Forschung; Bd. 316), S. 115–132 (im weiteren wird dieser Band abgekürzt „Benn, Wege der Forschung"); Steffen Ewig, Gottfried Benns Selbstdeutung in der Autobiographie *Doppelleben*. Ein Beitrag zum kritischen Verständnis von Benns dichtungstheoretischen Aussagen, München (phil. Diss.) 1977.
22 Der Interpretation Max Rychners zufolge erreicht Rönne Identität mit sich selbst im Schöpfungsakt (Max Rychner, Gottfried Benn. Züge seiner dichterischen Welt (1949), in: Benn, Wege der Forschung (Anm. 21), S. 23–58; hier: S. 32). Diese Vorstellung präzisierend schreibt Heidemarie Oehm: Werff Rönne „ist der produktive Vollzug des Sichselbst-Erschaffens in der Sprache" (Heidemarie Oehm, Subjektivität und Gattungsform im Expressionismus, München: Fink 1993, S. 270–287; hier: S. 280). Für neuere Interpretationsansätze (am Beispiel der Novelle *Gehirne*) vgl. Sabine Kyora, Lacan, Freud und Gottfried Benn. Einführende Überlegungen zu einer methodischen Annäherung, in: Jahrbuch für Internationale Germanistik, hrsg. von H.G. Roloff, H. 2, 1995, S. 142–174.
23 Die Nietzsche-Rezeption Benns ist in der Forschung vieldiskutiert und umstritten (vgl. u.a. Bruno Hillebrand, Einleitung, in: Benn, Wege der Forschung (Anm. 21), S. 19; dort

zweifelnde Mensch bringt nicht nur die Entfremdungsproblematik in radikalisierter Form zum Ausdruck, sondern mit dem Ich steht zugleich die Bedingung der Möglichkeit der Welterkenntnis überhaupt auf dem Spiel. Insofern verkörpert Rönne, „der eine kontinuierliche Psychologie nicht mehr in sich trägt" (IV: 169), ein „Irrealitätsprinzip" (IV: 170), und damit zeigt sich für Benn erstmals die Kunst als das in der abendländischen Tradition letzte für Leben und Erkenntnis gemeinsame Prinzip. In Anlehnung an Nietzsche spricht Benn von der Kunst als der letzten metaphysischen Tätigkeit des Menschen.[24] Ihre Bindung an die zerstörten Werte der Metaphysik ist in Form der bestimmten Negation hier noch am ehesten erhalten. Hinter der für den Beginn des 20. Jahrhunderts massiv vorgebrachten Kritik am Rationalismus und am Materialismus, die nur allzu schnell sich als irrationalistische und mystische Programmatik äußert, steht das mit der Frage nach dem Ende der Metaphysik aufgeworfene Problem ‚eines Dichtens ohne die Götter und eines Denkens ohne das Sein' (Mathy). Darauf suchte Benn lebenslang eine Antwort.

Das Problem des Zerfalls der „*Persönlichkeit* im alten Sinne" (IV: 171) stellt sich Benn mit Pameelen erneut. „Die Linie, die so großartig im cogito ergo sum als souveränes Leben, das seiner Existenz nur im Gedanken sicher war, begann, in dieser Figur geht sie schauerlich zu Ende." (IV: 171) In dem Moment, in dem Benn eine Kur für die hier entzündete „Tollwut des Begrifflichen" (IV: 171) vorschlägt und den neuen Menschen personifiziert, schlägt die kritische Zeitdiagnose in Affirmation der Wirklichkeitszertrümmerung um. Ob Pameelens Versuche, das „Ich experimentell zu revidieren" gelingen bzw. welche Formen diese Selbstversuche annehmen, hätte eine Interpretation der ‚Szene' allererst zu zeigen. Benn traut ihr im Rückblick in seiner Autobiographie durchaus kon-

---

auch weitere Beiträge zum Thema). Die Diskussion um Benns Verständnis oder auch Mißverständnis der Philosophie Nietzsches kann und soll hier nicht aufgenommen werden, da es mir lediglich um das vielfach gestellte, für die Moderne grundlegende Nihilismusproblem geht; der Name Nietzsches fungiert gleichsam als dessen Synonym. Benn selbst thematisiert die Tradition seines Denkens immer wieder, wobei stets ein ganz auf seine Fragen zugespitztes Verständnis deutlich wird; besonders problematisch, die Rückbindung transzendentalphilosophischer Überlegungen an die Biologie, wie sie für den Vitalismus zu Beginn des 20. Jahrhunderts kennzeichnend ist und im Zusammenhang des Irrationalismusvorwurfs erörtert wurde. Die einschlägige Sekundärliteratur hat sich auch damit ausführlich auseinandergesetzt. In diesem Rahmen kann deren Aufarbeitung im einzelnen nicht erfolgen; vgl. Augustinus P. Dierick, Gottfried Benn and his Critics. Major Interpretations 1912–1992, Camden House Columbia 1992.

24 Referenzstellen dieser Aussage Benns: III: 308 (Heinrich Mann zum 60. Geburtstag, 1931), III: 317 (Rede auf Heinrich Mann, 1931), IV: 35 (Züchtungen I, 1933), IV: 84 (Expressionismus, 1933), IV: 186f. (Lebensweg eines Intellektualisten, 1934), VI (Probleme der Lyrik, 1951), VI (Vortrag in Knokke, 1952); der Band VI dieser Ausgabe ist noch nicht erschienen.

struktive Kräfte zu (vgl. IV: 197), die sich allerdings extrem zerstörerisch äußern. Die mit Descartes einsetzende Subjektphilosophie findet in der Figur Pameelens ihr schauerliches Ende. Benn diagnostiziert, daß es die Identität konstituierende Suche nach einer Einheit des Denkens war, die sich gegen das Ich kehrte, und weist damit auf eine selbstzerstörerische Dynamik des abendländischen Denkens hin.

Auch in diesem Fall ist wiederum nicht vom Autoren-Ich Benns die Rede. Eine Selbstanwendung seiner Diagnose auf die eigene Person nimmt er erst beim *Lyrischen Ich* vor. In diesem Abschnitt spricht er sein eigenes künstlerisches Selbstverständnis direkt aus. Das lyrische Ich ist synonym für den schöpferischen Menschen, den Künstler, und zugleich Ausdruck einer ganzen Generation, die unter den Bedingungen ‚transzendentaler Obdachlosigkeit' (Lukács) in der Kunst nach einem Ersatz für die erlittenen Verluste sucht. Ersatz meint Kunst als Sublimation und zugleich Kunst als Medium der Erkenntnis. In dieser Doppeldeutigkeit verbirgt sich das Dilemma postnihilistisch-konstruktiver Kunst. Benns Bekenntnis zum Expressionismus drückt die anhaltende Verbundenheit mit diesen Fragen und Problemen seiner Generation aus. In ihm findet sie ihren wohl wortgewaltigsten und zugleich zweifelhaftesten Vertreter. Die neue, ästhetische Ordnung der Dinge nimmt Benn im Namen der Expression vor und schießt damit weit übers Ziel individueller künstlerischer Selbstverständigung hinaus:[25]

> Was aber gehalten und erkämpft werden muß, das ist: der Ausdruck, denn ein neuer Mensch schiebt sich herein, nicht mehr der Mensch als affektives Wesen, als Religiosität, Humanität, kosmische Paraphrase, sondern der Mensch als nackte formale Trächtigkeit. Eine neue Welt hebt an, es ist die Ausdruckswelt. Das ist eine Welt klar verzahnter Beziehungen, des Ineinandergreifens von abgeschliffenen Außenkräften, gestählter und gestillter Oberflächen –; Nichts, aber darüber Glasur; Hades, aber statt der Fähre Pontons; Unerinnerlichkeit an das letzte Europäische: Primitivität, das sind die kalten Reserven. (IV: 175)

Der metaphysikkritische Kontext ist hier aufgegeben zugunsten einer Stilisierung des Künstlers zum heroischen Kämpfer in einer aller menschlichen Inhalte entbehrenden schönen neuen Welt. Die von Nietzsche propagierte ‚Kunst der Oberfläche', die den Abgrund des Nichts durchschimmern läßt, wird durch Benns kraftmeiernd-markigen Sprachgestus in ihr Gegenteil verfälscht. Erfüllte bei Nietzsche der schöne Schein der Kunst noch die doppelte Aufgabe, die Ein-

---

25 Am 10. Oktober 1949 schreibt Benn an F.W. Oelze: „ich sah Ihrer Rücksendung von Phase II mit Sorge und Angst entgegen. Diese kurze Seite hat mir – nachträglich – in meinen Meditationen viel Schwierigkeiten gemacht. Ich schieße so oft im Ausdruck über das Ziel hinaus, tue es absichtlich, um mich selber zu reizen u. zur Umkehr zu bewegen. So auch hier." (Zit. nach: DuD, S. 159f.; Briefe II/1 S. 252)

sicht in die Grund- und Seelenlosigkeit der Welt erkennen zu lassen und zugleich mit dem Schleier der Maya zu verhüllen, reduziert sie Benn auf Glasur, bloße Oberfläche, unter der nichts mehr ist. Die von ihm anvisierte Erlösung im Formalen äußert sich als blinder Formwille und nackte Gewalt. Jegliche Moralität, auch die in überlebenspraktischer Absicht, wird hier mit Pauken und Trompeten verabschiedet – sei es aus Lust des Künstlers an der Provokation, sei es aus intellektueller Schwäche. Verwunderlich, daß Benn auch später zu dieser Haltung keine kritische Distanz findet. Mißverständnis und Provokation gehen eine unbotmäßige Verbindung ein. Demgegenüber läßt sich für Nietzsche, auf den sich Benn inhaltlich berief und dessen Sprachgestus er zuweilen nachahmte, durchaus geltend machen, daß er nicht nur die (traditionellen) Wahrheiten als überlebenspraktische Fiktionen erkannte, sondern auch die Kunst in dieser, Erkenntnis und Moralität (als Überlebenspraxis) zusammenschließenden Absicht bedachte. Benns kritischer Bestandsaufnahme des modernen Ich – „ein durchbrochenes Ich, unter Stundengöttern, fluchterfahren, trauergeweiht" (IV: 178) – folgt die Vision eines neuen, eines schöpferischen Ich, dessen blinde Gewalttätigkeit er erkennt – und begrüßt. In dem Referenztext *Epilog und Lyrisches Ich* von 1927 heißt es:

> Einige Jahre später. Neue Arbeiten, neue Versuche des lyrischen Ich. Digestive Prozesse, heuristische Kongestionen, transitorische monistische Hypertonieen zur Entstehung des Gedichts. Ein Ich, mythenmonoman, religiös faszinär: Gott ein ungünstiges Stilprinzip, aber Götter im zweiten Vers etwas anderes wie Götter im letzten Vers – ein neues ICH, das die Götter erlebt: substantivistisch suggestiv. (III: 131)

Die Gefahren einer Übertragung dieser künstlerischen Selbstauffassung aufs Politische sind bekannt. Eine präfaschistische Disposition des ästhetischen Nihilismus ist nicht zu bestreiten. Die intellektuelle Lehre aus der nationalsozialistischen Ästhetisierung der Macht ist die unabweisbare Politisierung der Kunst.[26] Benn zieht diese Konsequenz jedoch nicht. Seine Trennung von Kunst und Leben fällt hinter seinen eigenen Anspruch als Intellektualist zurück. Im Nachkriegsdeutschland bekommt seine ehemals kritisch-revolutionär intendierte Position eine kulturkonservative Funktion.[27] (Benns Provokationen und Invektiven als Rebellion einer solchen Vereinnahmung deuten zu wollen, ist unter hermeneutischen Gesichtspunkten unhaltbar.) Im Rahmen einer vorerst immanent bleibenden Kritik möchte ich die Aufmerksamkeit auf das Monomanische des großgeschriebenen Ich lenken, eine großsprecherische und unbelehrbare Insi-

---

26 Vgl. Walter Benjamin, Das Kunstwerk im Zeitalter seiner technischen Reproduzierbarkeit, Frankfurt/M.: Suhrkamp 11/1979.

27 Vgl. hierzu: Peter Rühmkorf, Einige Aussichten für Lyrik (1963), in: ders., Die Jahre, die Ihr kennt. Anfälle und Erinnerungen, Reinbek: Rowohlt 1972, S. 141–152; hier: S. 145.

stenz auf dem Ich. Gegen die Unbilden der modernen Welt will Benn eine vorkopernikanische Position des Ich behaupten. Programmatisch entfaltet er dieses Problem in *Der Ptolemäer* (1947). Der im Titel dieser ‚Berliner Novelle' genannte namenlose Protagonist bezeichnet den Typus des nachmetaphysischen Menschen, einen spätgeborenen Zeitgenossen, der auf seinem ICH als funktionaler Leerstelle beharrt. Was sich unter den Bedingungen des Subjektivitätsdiskurses als durchaus notwendig erweist (das Ich, das alle meine Vorstellungen muß begleiten können), gelangt als Aufforderung zur Camouflage zu äußerst zweifelhaftem Ruhm. Die Hauptmaxime des Ptolemäers lautet:

> *erkenne die Lage* – das heißt, passe dich der Situation an, tarne dich, nur keine Überzeugungen [...] – andererseits aber mache ruhig mit in Überzeugungen, Weltanschauungen, Synthesen nach allen Richtungen der Windrose, wenn es Institute und Kontore so erfordern, nur: *halten Sie sich den Kopf frei* [...]. Die Formen – darauf allein kommt es an, das ist seine Moral. (V: 150)

Erkenntnistheoretische und ethische Maxime sind durch den Formwillen nurmehr äußerlich zu vermitteln, die Kunst ist zur Kosmetik verkommen; bekanntlich ist der Ptolemäer Betreiber eines Schönheitsinstituts einschließlich Krampfaderbehandlung. Als literarische Figur ist er in dieser späten Novelle polyvalent und bietet, anders als Benns Autobiographie und die dort vorgeschlagene Deutung, einer Vielzahl von Interpretationen Raum, in denen die ästhetische Vermittlungsleistung jeweils neu bedacht werden kann. Der Ptolemäer ist sowohl das in sich ruhende, völlig unabhängige Ich als auch das um alle Erfahrung betrogene, gänzlich durchlöcherte Ich – ein Gitter. Zweifelhaft ist, ob dabei das Ich als die Transzendenz in uns noch erfaßt werden kann.

Wenn die von Gottfried Benn sogenannte *Phase II* seines expressionistischen Stils, eine Montagekunst als ‚Stil der Zukunft', eine postmoderne Position avant la lettre genannt wird,[28] trifft diese Zuschreibung genau das Bedenkliche, auch Unentschiedene beider Konzeptionen. Im siebten Kapitel von *Doppelleben* erläutert Benn, die postmoderne Rede vom Tod des Subjekts vorwegnehmend: „Der bisherige Mensch ist zu Ende, Biologie, Soziologie, Familie, Theologie, alles verfallen und ausgelaugt, alles Prothesenträger." (V: 168) Deshalb faßt er für die Zukunft auch den ‚Roboterstil' ins Auge und fordert: „Der Mensch muß

---

28 Vgl. Gottfried Willems, Benns Projekt der „Phase II" und die Problematik einer Postmoderne, in: Gottfried Benn 1886–1956. Referate des Essener Colloquiums zum hundertsten Geburtstag, hrsg. von Horst Albert Glaser, Frankfurt u.a.: Lang 1989, S. 9–30; Peter Uwe Hohendahl, Zwischen Moderne und Postmoderne. Gottfried Benns Aktualität, in: Zeitgenossenschaft. Studien zur deutschsprachigen Literatur im 20. Jahrhundert. Festschrift für Egon Schwarz zum 65. Geburtstag, hrsg. von Paul Michael Lützeler u.a., Frankfurt/M.: Athenäum 1987, S. 211–223.

neu zusammengesetzt werden aus Redensarten, Sprichwörtern, sinnlosen Bezügen, aus Spitzfindigkeiten, breit basiert –: *Ein Mensch in Anführungsstrichen.*" (V: 169) Benns Negation Gottes durch die Form (vgl. V: 170) läßt vermuten, daß in der ‚Phase II des nachantiken Menschen' das Humanum in den Anführungsstrichen erhalten bleibt, die Kunst im Sinne Adornos einen utopischen Rest bewahrt. Die Epigonalität postmoderner Zitatmontage und die neuerlich verkündete Spaßkultur zielt demgegenüber auf das Roboterhafte des Menschen, eine Vision vom mechanistisch Machbaren als Verleugnung aller Utopie. Im Unterschied zur zeitgenössischen Beliebigkeit bleibt der Antisynthetiker Benn doch auf Synthese als bestimmte Negation verwiesen. Sein Lebensproblem: „Verharren vor dem Unvereinbaren" (V: 169). In der „absoluten Prosa" seiner Spätphase stellt er sich diesem Problem.

> Ich habe das Gefühl, daß ich in den Prosasachen mehr von meiner inneren Lage und auch der Lage der Zeit realisiere, als in den Gedichten. Sie stellen ja alle, sei es in essayistischer oder novellistischer Form, immer wieder die eine Frage heraus, die die Grundfrage der ganzen Epoche ist: nämlich gibt es für das Abendland noch eine geistige Welt, eine metaphysische Realität außerhalb und unabhängig von der geschichtlich-politischen Welt, die ihr Primat behauptet und mit Brutalität verteidigt. Sie wissen, daß ich dies bejahe. (Brief an Peter Schifferli vom 29.4.1948)[29]

Das Umstrittene und Brachiale in den weltanschaulichen Darlegungen Benns besteht darin, daß er an der Nihilismusanalyse festhalten und zugleich ihr etwas entgegensetzen will.[30] Diese Aufgabe wälzt er bekanntlich der Kunst bzw. dem Künstler zu. Die ‚Ausdruckswelt' soll Darstellung und Überwindung des Nihilismus sein.[31] In seiner Essaysammlung *Ausdruckswelt* schreibt Benn unter dem Titel „Aphoristisches" (1944): „Die Ausdruckswelt steht zwischen der geschichtlichen und der nihilistischen als eine gegen beide geistig erkämpfte menschliche Oberwelt, ist also eine Art Niemandsland, zurückgelassenes Handeln und herausgelöstes Gesicht." (IV: 354). Benns Antwort auf das nihilistische Erlebnis ist das Plädoyer für einen konstruktiven Geist.[32] Dieses formale Prinzip

---

29 Gottfried Benn, Briefe an Ernst Jünger, E.R. Curtius, Max Rychner u.a., hrsg. von Peter Schifferli, Zürich: Arche 1960, S. 12f.
30 Im Hinblick auf ‚überdauernde Temporalstrukturen' zeigte Albrecht Schöne 1958, daß Benns Säkularisationsbemühungen trotz aller Radikalität den Formen christlichen Denkens verhaftet bleiben. (Albrecht Schöne, Säkularisation als sprachbildende Kraft. Studien zur Dichtung deutscher Pfarrersöhne, Göttingen: Vandenhoeck & Ruprecht 2/1968, S. 225–267.)
31 Vgl. Andreas Wolf, Ausdruckswelt. Eine Studie über Nihilismus und Kunst bei Benn und Nietzsche, Hildesheim u.a.: Olms 1988.
32 Vgl. *Nach dem Nihilismus* (1932): „Alle die verlorenen Werte verloren sein zu lassen, alle die ausgesungenen Motive der theistischen Epoche ausgesungen sein zu lassen, und alle Wucht des nihilistischen Gefühls, alle Tragik des nihilistischen Erlebnisses in die forma-

des schöpferischen Prozesses ist äußerst ambivalent, um so mehr, als Benn es biologisch verankert. Das um allen äußeren Halt und jegliche inhaltliche Bindung gebrachte Ich muß sich und seine Welt aus sich heraus hervorbringen. Benns Aufforderung, mit dem Ich zu experimentieren, entspringt nicht persönlichem Mutwillen und ästhetischer Zerstörungslust, sondern existentieller Not, der Notwendigkeit, den Ich-Verlust zu kompensieren.[33] Das in viele einzelne Teile zerfallene Ich soll neu zusammengesetzt werden. Dieses Programm eines ‚provozierten Lebens'[34] ist allerdings der ständigen Gefahr ausgesetzt, sein Ziel zu verfehlen, und um nur nicht hinter der gestellten Aufgabe zurückzubleiben, vielleicht auch um sich selbst anzufeuern, wählt Benn den Weg der Überbietung. Er übertreibt aus Überzeugung, was eine Einschätzung seiner Position erheblich erschwert, wodurch er aber noch zum Selbstdenken anregt – Provokation, Polemik und tiefere Bedeutung.[35] Anläßlich der bevorstehenden Publikation seiner Essaysammlung *Ausdruckswelt* schreibt Benn am 9. Mai 1949 an Fritz Werner:

> Darin stehen Sachen, die von neuem die größte Ablehnung erfahren werden, sehr radikale Sachen, aber als Ganzes finde ich das Buch nicht schlecht. Vielfältige Themen, Bücherbesprechungen, Aufsätze, Aphorismen, – die größten Schärfen habe ich noch etwas abgemildert, aber es bleibt sehr polemisch. Ich kann nicht zum Schluß meiner Laufbahn plötzlich opportunistisch werden und aus meiner Mördergrube ein Herz noch machen. (zit. nach: DuD, S. 146)

4. Intellektualismus. Anmerkungen zur Expressionismusdebatte

Die Kontinuität seines Denkens betonend, setzt sich Gottfried Benn immer neuen Mißverständnissen aus. In seiner autobiographischen Selbstverständigung

---

len und konstruktiven Kräfte des Geistes zu legen, bildend zu züchten eine für Deutschland ganz neue Moral und Metaphysik der Form" (III: 401f.)

33 Vgl. Hartmut Böhme, Ich-Verlust und Melancholische Haltung bei Gottfried Benn, in: Gottfried Benn zum 100. Geburtstag. Vorträge zu Werk und Persönlichkeit, hrsg. von W. Müller-Jensen u.a., Würzburg: Königshausen & Neumann 1988, S. 69–82.

34 Vgl. IV: 278 (Kunst und Drittes Reich, 1941), IV: 310–320 (Provoziertes Leben, 1943) sowie den Brief an Oelze vom 13. Sept. 1941 (Briefe I S. 285).

35 Benns Provokationen können leicht in blanken Zynismus umschlagen, so etwa seine demonstrativ zur Schau gestellte Gleichgültigkeit gegenüber den Opfern. Klaus Manns *Mephisto* betreffend schreibt Benn am 7. Februar 1937 an Oelze: „Nun, G(ustav) G(ründgens) ist ein guter Intendant u. interessanter Schauspieler, aber eine dämonische Figur ist er wohl für keinen von uns. Ob er verrät u. wen er verrät, ist ziemlich schnuppe. K(laus) M(ann) macht ein europäisches Ding daraus, aber es interessiert eigentlich niemanden." (zit. nach: DuD, S. 164; Briefe I S. 164)

reklamiert er für sich die Position des Intellektualisten, eines denkenden Menschen, der auf Sentimentalitäten verzichtend darum bemüht ist, seine Zeit in Gedanken zu fassen. „Intellektualismus ist die kalte Betrachtung der Erde, warm ist sie lange genug betrachtet worden, mit Idyllen und Naivitäten und ergebnislos." (IV: 188) Benn begreift Intellektualismus nicht nur als geistiges Prinzip des Menschen, sondern auch als anthropologischen Grundtrieb. Die Rede vom Berauschenden eines klaren Gedankens klingt aus dem Munde eines strengen Analytikers allerdings anders als Benns Lob des Intellektualisten: Dieser „neue, der mutierte Typ wird das zu erwartende gesteigerte Denken als vital empfinden, menschlich und ereignisreich." (IV: 189) Benn will sich absetzen vom Wissenschaftsbetrieb seiner Zeit, der nachprüfbar, diskussions- und geschichtsfähig gemachten und auf diese Weise verkleinerten Form des Denkens; er nennt sie ‚Intellektualismus in kleinbürgerlichem Sinne' (vgl. IV: 190).

Nach seiner Schelte der literarischen Emigranten als fahnenflüchtige Intellektuelle wandelt Benn den Begriff in seinem Sinne ab und spricht von Intellektualisten. Ganz gegen seine Absicht trifft sich dieser Ausdruck mit den in kleinbürgerlichen Kreisen vorgebrachten Ressentiments gegen alles über den gesunden Menschenverstand und die Bauernschläue hinausgehende Denken; ihnen ist der Intellektualismus als geistige Verstiegenheit suspekt. Darüber hinaus war der Ausdruck „seit 1933 durch die Begriffsschelte der Nationalsozialisten negativ besetzt" (Anm. V: 585). Dieser von ihm mitprovozierten doppelten Frontstellung fällt Benn zum Opfer, und der Künstler hat den Mutwillen des Denkers zu büßen. Was Benn weder gedanklich-systematisch noch als Reflexion auf den realen Verlauf der Geschichte zu begreifen vermag, soll als ästhetischer Standort gerettet werden. Das Exklusivrecht der Kunst, die Betonung des Präsentischen und die strikte Abweisung jeglicher Geschichtsidee, wie sie Benn später in *Doppelleben* vertritt, markiert eine Defensivposition, deren Geltungsansprüche äußerst ambivalent sind.

1933/34 waren seine Stellungnahmen, bei aller Widersprüchlichkeit, auch bei allen Vorbehalten, durchaus offensiv. Benn votierte, getreu dem Selbstverständnis der Avantgarde, für die Überführung der Kunst in Lebenspraxis. So unpolitisch er sonst auch gewesen sein mag, der politischen Dimension seines Votums war er sich durchaus bewußt, und daran hält er fest, trotz des verheerenden inhaltlichen Irrtums, unter dem er spätestens seit 1938 auch persönlich zu leiden hatte. So läßt sich dann auch die weitestgehend unveränderte Neupublikation von *Lebensweg eines Intellektualisten* als erster Teil der Autobiographie begreifen. Sie dokumentiert den ‚politischen Sündenfall' Benns. Gerechtfertigt und entschuldigt ist damit nichts – am wenigsten Benns Attacke gegen die literarischen Emigranten, die ihren größten Widerhall fand in der sogenannten Expressionismusdebatte. Aber schon hier wurde die Frage nach einer Stellungnahme zum ästhetischen Nihilismus als künstlerischem und als moralischem bzw. politischem Problem meist verengt auf die Diskussion um den marxistischen Realismus und die persönliche Schuld.

> In der Praxis akzeptierte niemand die Theorie, derzufolge der Expressionismus zwangsläufig zum Nationalsozialismus führe. Wie Bloch erkannte, hatte Lukács selbst erklärt, daß die bewußten Tendenzen des Expressionismus nicht faschistisch waren [...] und daß der Expressionismus lediglich als ‚untergeordnetes Moment' Teil der faschistischen ‚Synthese' geworden sei.[36]

Das Urteil der deutschen Intellektuellen über den Expressionismus war also durchaus differenziert, und wie wir heute wissen, war das Verhältnis von Expressionismus und Nationalsozialismus recht verwickelt.[37] Obwohl Benns Rolle als exemplarischer Vertreter des Expressionismus umstritten war, wagte damals niemand, ihn zu verteidigen. „Damals war es undenkbar, die Form als das entscheidende Kriterium für die Bestätigung oder die Widerrufung von Benns Ideologie zu betonen, wenngleich es das einzig gültige Kriterium ist."[38] Diese Verteidigung wagte erst Adorno 1964 in einem Brief an Reter Rühmkorf:

> Benn hat politische Greuel angerichtet, aber in einem höheren politischen Sinn hat er immer noch mehr mit uns zu tun als sehr viele andere; er war besser als seine Ideologie, und wo er es nicht war, war er es darum, weil seine Gedichte selber schlecht waren; wo seine Lyrik an die aus Studentenzeitungen mahnte.[39]

Für Adorno fungiert der Artist bekanntlich als Statthalter der gesellschaftlichen Versöhnung.[40] Paradoxerweise vermag nurmehr die autonome Kunst, in der je-

---

36 Cesare Cases, Die deutschen Intellektuellen und die Expressionismusdebatte (1977), in: ders., Ade, Ihr Zöpfe der Loreley. Über Deutschland, die Deutschen und die deutsche Literatur, mit einem Vorw. des Verf., aus dem Ital. übers. und mit einem Nachw. hrsg. von Dagmar Reichhardt, Hamburg: EVA 1996, S. 71–92; hier: S. 83f.
37 Vgl. Die Expressionismusdebatte. Materialien zu einer marxistischen Realismuskonzeption, hrsg. von Hans-Jürgen Schmitt, Frankfurt/M.: Suhrkamp 1973; Die Kunstpolitik des Nationalsozialismus, hrsg. von Hildegard Brenner, Reinbek: Rowohlt 1963.
38 Vgl. Cases, Die deutschen Intellektulllen und die Expressionismusdebatte (Anm. 36), S. 83.
39 Zit. nach: Peter Rühmkorf, Die Jahre, die Ihr kennt. Anfälle und Erinnerungen, Reinbek: Rowohlt 1972, S. 153; vgl. ferner: Theodor W. Adorno, Erpreßte Versöhnung, in: ders., Noten zur Literatur (Anm. 17), S. 251–280. Die neuere Benn-Forschung ist um eine kritische Auseinandersetzung bemüht: „große Kunst und schlimme Ideologie – das ist das Skandalon Benns, vor dem die jüngere Germanistik beweisen sollte, was ihre Kategorien wirklich vermögen." (Horst Albert Glaser, Einleitung, in: Gottfried Benn 1886–1956. Referate des Essener Colloquiums (Anm. 28), S. 8.)
40 Vgl. Theodor W. Adorno, Der Artist als Statthalter, in: ders., Noten zur Literatur (Anm. 17), S. 114–126. In diesem Sinne ausdrücklich auf Benn bezogen argumentiert Harald

des „Engagement für die Welt" gekündigt ist, „der Idee eines engagierten Kunstwerks" zu genügen.⁴¹ Der ‚Fall Benn' geht über den Expressionismusstreit weit hinaus. Mit ihm steht das Selbstverständnis einer radikalen Moderne zur Diskussion. 1938 schrieb Rudolf Leonhard in *Das Wort*: „Der Fall Benn beweist nichts, denn er ist der Fall *Nihilismus*. Ganz falsch war es und ist es, Benn als einen Renegaten anzusprechen; Renegat ist er nicht, weil er nicht zu uns gehört hat."⁴² Auch Benn sah sich nicht als Abtrünnigen, er wollte seine Generation mitreißen in eine bessere Zukunft. Sein politischer Irrtum 1933, entstanden aus politischem Unvermögen⁴³ und sicherlich auch aus persönlichen Eitelkeiten, läßt das Problem des ästhetischen Nihilismus unbeantwortet. Die Ästhetisierung der Macht gleichsam als Flucht nach vorn – eine These, die Wellershoff in seiner Studie *Gottfried Benn – Phänotyp dieser Stunde* bereits 1958 vortrug –,⁴⁴ nimmt

---

Steinhagen, Die Kunst als die eigentliche Aufgabe des Lebens. Gottfried Benns Rückzug in die Ausdruckswelt (in: Gottfried Benn 1886–1956. Referate des Essener Colloquiums (Anm. 28), S. 75–98).

41 Theodor W. Adorno, Engagement, in: Noten zur Literatur (Anm. 17), S. 409–430.

42 Zit. nach: Die Expressionismusdebatte (Anm. 37), S. 173.

43 Vgl. Reinhold Grimm, Ergriffen sein und dennoch unbeteiligt. Über Gottfried Benns Verhältnis zur Geschichte (1961), in: Benn – Wirkung wider Willen (Anm. 15), S. 364–372. – „Dieter Wellershoff hat [...] in einer vorzüglichen Analyse aufgezeigt, daß der Irrationalismus Bennscher Prägung ganz ohne Zweifel zu den ‚ideologischen Vorformen des Nationalsozialismus' gehört und daß demnach der Dichter mit jenem scheinbaren Salto mortale in den braunen Gewaltstaat wirklich bloß eine äußerste Konsequenz seines Denkens gezogen hat. Wellershoff legt außerdem dar, daß Benn, indem er den Staat rein formal verstand, die Macht ästhetisierte. Aber auch er glaubt einen gewissen, freilich sehr gemilderten moralischen Vorwurf aufrechterhalten zu müssen. Anders dagegen Else Buddeberg. Sie behauptet neuerdings, man müsse Benns Votum für Hitler allein als einen ‚Fluchtversuch aus dem Nihilismus in den Nationalsozialismus' und daher lediglich als eine bedauerliche Fehlentscheidung als ‚schicksalsvollen, tragischen Irrtum' auffassen und bewerten." (Ebd., S. 366) Grimm seinerseits legt nun dar, daß beide Positionen paradoxerweise stimmen und nennt diese für Benn charakteristische Weise des *einerseits, aber auch andererseits* „Zwiedenken" (vgl. S. 368); alle Äußerungen Benns sind also nur zur Hälfte ernst zu nehmen, Halbwahrheiten. Aus seinen Überlegungen zieht Grimm die Schlußfolgerung: „Benn ästhetisierte die Macht" „und fiel zugleich einem bedauerlichen Irrtum zum Opfer". „Aber, müssen wir hinzusetzen, es gilt nur einerseits. Denn andererseits war Benn, der isolierte Kunstmacher im Labor, ein apolitischer, a-sozialer Mensch par excellence, und sein Heraustreten aus dem einsiedlerischen, geschichtsfeindlichen schöpferischen Bereich in den Lärm und die Betriebsamkeit der Tagespolitik – und nun noch dieser Politik! – bedeutet einen geradezu lächerlichen Kurzschluß, ein groteskes Mißverständnis seiner selbst, einen unbegreiflichen Irrwahn – wahrhaftig eine ‚Balkanidee', wie er später selber schrieb. Benn [...] ist ein Musterbeispiel dafür, wie jemand überhaupt kein Verhältnis zum Staat, weder zum totalitären noch zum Rechtsstaat haben kann." (Ebd., S. 367) Der bloße Formwille ist also für den Bereich des Politischen nicht genug, der Intellektualismus Benns blind.

44 Wellershoff (Anm. 11); vgl. später in weiterer Differenzierung: Rainer Stollmann, Gottfried Benn. Zum Verhältnis von Ästhetizismus und Faschismus, in: Text und Kontext 8

den ästhetischen Nihilismus nurmehr in der resignativen Perspektive des späten Benn in den Blick, nämlich als strikte Trennung von Kunst und Leben. Eine Immunisierungsstrategie nach 1945 – „Vor Tische las man's anders".[45] Die Konsequenzen aus seinen politischen Fehlern hat Benn, wenn überhaupt, stillschweigend gezogen. Als zeitliche Indexikalisierung sind sie in seiner Selberlebensbeschreibung noch präsent. Um Benns Abschied aus der Geschichte auf die Spur zu kommen, empfiehlt es sich, noch einmal zurückzugehen zum ersten Teil seiner Autobiographie von 1934, in dem der ästhetische Nihilismus umfassend und ganz unverstellt erläutert wird, wobei die künstlerische und politische Perspektive noch nicht voneinander getrennt sind.[46] Hier wird der Leser vor die Grundfrage der Epoche gebracht, ohne sich gleich einer Verkennung der Geschichte schuldig zu machen.[47] Daß die statische Weltanschauung des späten Benn durch die historischen Ereignisse bedingt ist, läßt sich noch deshalb an seiner Autobiographie ablesen, weil ihr zeitliche Indizes eingeschrieben sind. Bei aller Kontinuität seines Denkens im Ganzen besteht doch zwischen dem ersten und dem zweiten Teil seiner Selbstbiographie ein Bruch.

(1980), H. 2, S. 284–308; Harald Steinhagen, Gottfried Benn 1933, in: Literatur und Germanistik nach der ‚Machtübernahme'. Colloquium zur 50. Wiederkehr des 30. Januar 1933, hrsg. von Beda Allemann, Bonn: Bouvier 1983, S. 28–51.

45 Vgl. Ulrich Weisstein, Vor Tische las man's anders. Eine literar-politische Studie über die beiden Fassungen (1933 und 1955) von Gottfried Benns Expressionismus-Aufsatz, in: Begriffsbestimmung des literarischen Expressionismus, hrsg. von Hans Gerd Rötzer, Darmstadt: Wiss. Buchges. 1976, S. 106–134. – „Indem Benn aus seiner früheren Schrift fast alle politischen, biologisch-rassischen und außerliterarischen Aspekte ausmerzte, verwandelte er seine Streitschrift aus einem Dokument des Kulturkampfes in der Frühzeit des Dritten Reiches in eine literar-ästhetische Abhandlung." (ebd., S. 106f.) Diese These Weissteins trifft auf die Autobiographie Benn so gerade nicht zu, da er *Lebensweg eines Intellektualisten* von 1934 als den ersten Teil von *Doppelleben* 1950 fast unverändert wieder abdruckt. Gleichwohl liest sich der ästhetische Nihilismus Benns, sein Bekenntnis zu einer ‚Artistenmetaphysik', vor und nach dem Dritten Reich anders, d.h. auch wir sind zu einer die zeitlichen Indizes beachtenden Lektüre angehalten.

46 Als *Möglichkeiten einer nihilistischen Ethik* empfahl Karl Heinz Bohrer Urteilsenthaltung und fürs Alltagsleben den gesunden Menschenverstand (vgl. Merkur 1 (1997), S. 1–19). Als ethische Perspektive durchaus unangreifbar, wenn auch sehr eingeschränkt, sind die theoretischen Zusammenhänge, auf die es Bohrer doch wesentlich ankommt, äußerst zweifelhaft. Seine Position, bei einem poetischen Nihilismus, wie er exemplarisch durch Baudelaire repräsentiert wird, einfach stehen bleiben zu wollen, dabei alle Traditionsbezüge zu kappen und alle ‚unliebsamen' noch der Theologie oder Metaphysik verhafteten Aussagen auszuklammern, zeugt bestenfalls von intellektueller Eitelkeit.

47 In umgekehrter Wertung argumentiert Ludwig Marcuse in seinem offenen Brief an Benn im Januar 1950 (abgedruckt in: Benn – Wirkung wider Willen (Anm. 21), S. 235–237).

5. *Artistenmetaphysik oder Doppelleben*

Dem Dualisten Benn stehen vielerlei Differenzierungen zu Gebote, als ‚unversöhnten Widerspruch' (Vahland) hat er sie keineswegs immer begriffen. Bis 1933/34 war er an einer praktischen, und das heißt politischen Lösung durchaus interessiert. Seine begrifflichen Analysen unterstellte er diesem Ziel. Im dritten Kapitel des *Lebensweges eines Intellektualisten* führt er die Trennung von Kunst und Kultur ein und entfaltet anschließend die Probleme seiner Artistenmetaphysik, die damals noch aufs ganze Leben berechnet war.

> Der *Kulturträger*: seine Welt besteht aus Humus, Gartenerde, er verarbeitet, pflegt, baut aus, wird hinweisen auf Kunst, sie anbringen, einlaufen lassen, aber prinzipiell verarbeitet er, verbreitert, lockert, sät, weitet aus, er ist horizontal gerichtet, Dauerwellen sind seine Bewegung, er ist für Kurse, Lehrgänge, glaubt an die Geschichte, ist Positivist. Der *Kunstträger* ist statisch asozial, weiß kaum etwas von vor ihm und nach ihm, lebt nur seinem inneren Material, für das sammelt er Eindrücke in sich hinein, d.h. zieht sie nach innen, so tief nach innen, bis es sein Material berührt, unruhig macht, zu Entladungen treibt. Er ist ganz uninteressiert an Verbreiterung, Flächenwirkung, Aufnahmesteigerung, an Kultur. Er ist kalt, das Material muß kaltgehalten werden, er muß ja die Idee, die Räusche, denen die anderen sich menschlich überlassen dürfen, formen, d.h. härten, kalt machen, dem Weichen Stabilität verleihen. Er ist zynisch und behauptet auch gar nichts anderes zu sein, während die Idealisten unter den Kulturträgern und Erwerbsständen sitzen. (IV: 182f.)

Ebenso wie Benn den herkömmlichen Wissenschaftsbetrieb ablehnt, so auch den zeitgenössischen Kulturbetrieb. Auf die hier beschriebene Rolle des statischen Formkünstlers mit seinem a-sozialen und zynischen Wesen wird sich Benn später, nach 1945, programmatisch in aller Unerbittlichkeit zurückziehen. 1933/34 hatte er allerdings noch den Intellektualisten als neue Vermittlungsinstanz zwischen der Kunst einerseits und der Kultur und den Wissenschaften andererseits im Auge. Der Intellektualist sollte außerdem zwischen Denken und Handeln, zwischen Geist und Geschichte vermitteln. Benn als Künstler hätte sich nie für den Nationalsozialismus entscheiden können. Dieses Votum einschließlich des damit verbundenen Irrtums blieb dem Intellektualisten vorbehalten, der damit als ‚Kulturträger der Zukunft' versagt hat. Nach 1945 wird sich Benn in dieser Funktion nurmehr halbherzig äußern, so auch in seiner Autobiographie. Seine Rede über *Probleme der Lyrik* (1951) bildet vielleicht die einzige Ausnahme, sie aber behandelt ausschließlich die Künstlerproblematik. Alle anderen späten Schriften sind nicht à la lettre zu nehmen. Es sind literarische Versatzstücke, Halbwahrheiten und Übertreibungen. Wie bei einer Kippfigur läßt sich bei der Lektüre von Benns Schriften die Perspektive wechseln; als einander entgegengesetzt sind ‚wahr' und ‚falsch', je nach Standpunkt, austauschbar. Die Polemik des Dualisten und Anti-Systematikers wirkt abgründig.

Den *Lebensweg eines Intellektualisten* nimmt Benn gleichsam als großes Zitat in seine Autobiographie auf und erinnert so noch an sein damaliges umfassendes Verständnis, dem europäischen Nihilismus in einem schöpferischen Akt die Form entgegenzusetzen. Benn machte sich damals als Intellektualist zum Verkünder eines ‚Artistenevangeliums' im Sinne Nietzsches und interpretierte dabei, ganz unzulässig, den Nihilismus in ein Glücksgefühl um, feierte die Destruktion als Erlebnis. Auf diese Art war die Übertragbarkeit der ästhetischen Begriffe aufs Terrain der Politik, zumal der von 1933, geebnet. Die biologische Fundierung seines Denkens tat ein übriges. Benn analogisierte Rasse und Kunst und sah in den beiden Bereichen eine Möglichkeit, den zerstörerischen Antagonismus von Geist und Natur aufzuheben. Sein individuelles Bekenntnis zur Kunst, an dem er zeitlebens festhielt, fand sein gesellschaftspolitisches Pendant in der Option für den Nationalsozialismus. Benns späteres entschiedenes Abrükken vom Hitler-Regime wurde erkauft mit einer Preisgabe jeglicher Politik, einer generellen Absage an die Freiheit und Selbstbestimmtheit des Menschen. Auf die Idee, daß der Nationalsozialismus eine falsche Antwort auf den ästhetischen Nihilismus war, scheint Benn nicht gekommen zu sein, denn seinem fatalistischen Geschichtsverständnis zufolge kann sich der Weltlauf nicht irren. Hinter seinen ‚politischen Sündenfall' kann er nicht zurück. Das einzige, was er selbst nun noch verteidigen will, so lange und so gut es eben geht, ist seine Rolle als Künstler. Seine eigene Lehre, zu der Nietzsche ein bloßes ‚Vorspiel' gewesen sein soll, wie er am Ende des *Lebensweges eines Intellektualisten* erklärt (vgl. IV: 196), ist gescheitert: „die erkämpfte Erkenntnis von der Möglichkeit einer neuen Ritualität [...] der fast religiöse Versuch, die Kunst aus dem Ästhetischen zum Anthropologischen zu überführen" (IV: 195). Mit seiner Trennung von Kunst und Leben kehrt Benn nach 1945 sozusagen stillschweigend zu Nietzsche zurück und reklamiert die „Kunst als die letzte metaphysische Tätigkeit innerhalb des europäischen Nihilismus" (vgl. Kapitel VII,2: *Aristik* und Kapitel V: *Literarisches*). Seine späte, resignative Position eines l'art pour l'art gleicht seinem frühen universellen Ästhetizismus aufs Haar und ist davon doch grundsätzlich verschieden, denn sie ist nur auf den Moment konzentriert: Der Schrecken der Vergangenheit nicht eingedenk, beraubt sich Benn jeglicher Zukunft.

Nachdem die kollektive Vermittlungsmöglichkeit der Rasse bzw. der „neuen Jugend" durch den Lauf der Geschichte diskreditiert war, zieht sich Benn ganz auf die andere, die bloß individuelle Vermittlungsmöglichkeit der Kunst zurück. Das Konzept eines Doppellebens, programmatisch für beide Teile der Selberlebensbeschreibung als Titel gewählt, deutet nicht nur die persönliche Zwangslage des Autobiographen in legitimatorischer Absicht um, sondern beharrt auf einem sehr angreifbaren ‚Nihilismus der Stärke'. Benn faßt das zusammen in der These „Demut: als Erweiterungsmotiv, als Stimmung, als Hohlraum zwecks Schleusenöffnung und Einströmungsnovität – gut, aber als moralistische und religiöse Überwölkung schafft sie nur stilistische Verwirrung." (V: 167) Ebenso entschieden und gnadenlos beteuert Benn: „Ich habe mit dieser Geschichte nichts zu tun" (V: 171). Daß ihn seine gesellschaftliche Existenz zur Stellungnahme nötigt, das bezeugt noch seine Selbstbiographie. Die gewaltsam auf nur eine Hälfte seines Lebens – auf Denken und Kunst nämlich – reduzierte Möglichkeit selbstbestimmter (d. h. sinnstiftender) Tätigkeit war Benn offensichtlich permanenter Stein des Anstoßes. Noch einmal beginnt er bei seinem Grundproblem, der Frage nach dem Ich, in theoretischer und praktischer Hinsicht:[48]

> Die Einheit der Persönlichkeit ist eine fragwürdige Sache. Man stelle sich vor, der Schöpfer der Relativitätstheorie solle diese Theorie in seinem Privatleben ausdrücken, oder einem Sanskritforscher solle man seine Hieroglyphen bei Tisch anmerken oder einen Existentialisten müsse seine Philosophie hindern, Hockey zu spielen, auch das tagelange Angeln sehr aktiver Politiker ist bekannt. [...] Kurz, Denken und Sein, Kunst und die Gestalt dessen, der sie macht, ja sogar das Handeln und das Eigenleben von Privaten sind völlig getrennte Wesenheiten – ob sie überhaupt zusammengehören, lasse ich dahingestellt (V: 143f.)

Dieser Nachsatz ist durchaus verräterisch, und es spricht für Benns intellektuelle Redlichkeit, daß er seine Eigenheit, Getrenntes grundsätzlich zusammenzudenken, hier in Frage stellend bekennt. Die Plausibilität der Beispiele und das persönliche Bekenntnis, sein eigenes Doppelleben als Arzt und Schriftsteller ein „Leben lang bewußt kultiviert" zu haben (V: 144), verstellt den theoretischen Zusammenhang des Problems. Das Konzept des Doppellebens ist der Abschied des Intellektualisten aus der Geschichte, es ist auch die Abdankung der Moral des Dichters. War der Begriff des Doppellebens in diagnostischer Hinsicht eingeführt worden, um die Aufspaltung der Persönlichkeit als Resultat der Entfremdung und Dekadenz zu beschreiben, wird die programmatische Trennung von Kunst und Leben zu einem vermeintlich aufgeklärten Standpunkt unab-

---

48 „Es gibt drei Themen, die das Jahrhundert bis heute durchziehen: die Wirklichkeit, die Formen und der Geist, ist alles die gleiche Frage", schrieb er bereits in *Lebensweg eines Intellektualisten*. Es ist die für die Moderne grundlegende Frage nach dem Ich. Hatte der Intellektualist 1933 auf die falsche Politik gesetzt, hält Benn zwar nach 1945 an der Ausgangsdiagnose fest, reserviert nun aber allein für den Künstler die Möglichkeit einer sinnstiftenden Identitätserfahrung, die als vorübergehend bzw. partiell gedacht wird. Diese einschneidende Einschränkung ist seinem ‚politischen Sündenfall' geschuldet, in dessen Folge er den Bereich des Handelns und der Moral als verloren preisgibt.

weislicher Resignation. Ihre Instrumentalisierung als politische Legitimationsstrategie für die sogenannte innere Emigration ist sehr angreifbar, so erfolgreich diese Lesart von *Doppelleben* faktisch auch war.[49] Dieser Konzeption Benns haftet als Folge seines ‚politischen Sündenfalls' ein moralisches Stigma an, das seiner früheren Position fehlte. Damals war die Artistenmetaphysik als Konsequenz der Nihilismusanalyse politisch noch nicht in Mißkredit geraten.

Benn selbst bezieht, vermeintlich ganz pragmatisch, folgende Position: „Doppelleben in dem von mir theoretisch behaupteten und praktisch durchgeführten Sinne ist ein bewußtes Aufspalten der Persönlichkeit, ein systematisches, tendenziöses." (V: 145) Als Beleg dafür dient ihm *Der Ptolemäer*. In dieser Novelle äußert sich die Preisgabe des moralischen Terrains als Zynismus: Wenn schon die Einheit der Persönlichkeit nicht zu erhalten ist, ist es besser, sie bewußt zu zertrümmern. Diese trotzige Haltung Benns erinnert an Zarathustras pathetisch-unmoralische Maxime „Was fällt, das soll man auch noch stoßen" (3. Teil, Abs. 22) und macht Anleihen bei gewissen umstrittenen medizinischen Radikalkuren. In diesem Sinne nimmt Benn in der ‚Berliner Novelle' eine Inspektion des Scherbengerichts vor. In seiner Autobiographie hat der Autor dem wenig entgegenzusetzen. In dem Maße, in dem Benn das Konzept seines Doppellebens zur Legitimation seiner ‚inneren Emigration' erhebt, setzt er sich dem Vorwurf aus, mit einer doppelten Moral zu jonglieren: der des Künstlers und der der Privatperson Benn. Beide Positionen sind unvereinbar, was den Autobiographen jedoch nicht weiter stört, da sie unterschiedlichen Bereichen zugehören, und was für ihn allein zählt, ist der absolute ästhetische Anspruch, alles andere wird zur läßlichen Sünde erklärt. Hatte diese Position als überlebenspraktische Maxime unterm Hakenkreuz durchaus einen vertretbaren Sinn, wird sie nach 1945 zur Apologie. Das Modell ‚Doppelleben' als generelle Absolution allem Geschehen gegenüber schlägt um in Rechtfertigung der Barbarei. In *Block II, Zimmer 66* von 1944 las sich das noch anders: „Das, was lebt, ist etwas anderes als das, was denkt, dies ist eine fundamentale Tatsache unserer Existenz und wir müssen uns mit ihr abfinden." (V: 136) Als Intellektualist hatte sich Benn damit nicht abfinden wollen, und auch als Künstler nimmt er sich aus dieser Indifferenz heraus. Als spätbürgerliche Legitimationsstrategie hingegen ist sie unhaltbar, denn „es gibt kein wahres Leben im falschen" (Adorno). Einer Unterscheidung Benns aus seinem *Berliner Brief* vom Juli 1948 zufolge gibt es nur zwei Seinsweisen: den Mönch und den Verbrecher. Nur der Künstler hat die Mög-

---

49 Vgl. Hans Mayer, der „In Sachen Arnolt Bronnen" für diesen ‚Mitläufer' die Trennung von ernsthaftem Schriftsteller und politischem Clown geltend machen will. (Vgl.: Arnolt Bronnen gibt zu Protokoll. Beiträge zur Geschichte des modernen Schriftstellers, mit einem Nachwort von Hans Mayer, Kronberg/Ts.: Athenäum 1978, S. 467–477.)

lichkeit männlich-mönchischer Existenz, als Mensch ist man verdammt. Der von Benn selbst gewählte schwere Weg der Einsamkeit und Askese aber ist kein gangbarer Weg, denn in einer Welt voller Verbrecher ist auch der Mönch von Verantwortung nicht frei. Gerade diese Welt führt ihm sein reines Gewissen als Illusion vor. Ein sanftes Ruhekissen ist die Kunst, die diesen Namen verdient, seither nicht mehr. Wellershoff erläutert Benns Verhältnis zur Zeitgeschichte so:

> Es gibt nur noch zwei Typen von Menschen, zwischen denen man sich entscheiden muß: Verbrecher und Mönche. Diese strikte Trennung von Geist und Leben entspricht der Erfahrung der Ohnmacht und Isolation unter der Diktatur, im Krieg und in den ersten Nachkriegsjahren. Als Benn mit der Normalisierung des Lebens wiederentdeckt wird und zu Wort kommt, modifiziert er diese Haltung und entwickelt ein neues Verhaltensmodell, das Doppelleben, eine Form der Anpassung, ein äußerliches Mitmachen, das eine reservatio mentalis, die innere Freiheit, verbürgt.[50]

Gegen die in der Autobiographie installierte strikte Trennung von Kunst und Leben, die in abgeschwächter Form die (falsche) Alternative von Mönch und Verbrecher wiederholt, erhebt dieses Genre zugleich Einspruch, da sie das eigene Leben zum Gegenstand des Schreibens macht, und selbst der Umstand, daß Benn keine zufriedenstellende Form für seine Selberlebensbeschreibung findet, schließt sie nicht ganz aus dem Bereich der Kunst aus. Seine Autobiographie ist angesiedelt im ‚Niemandsland' zwischen Leben und Schreiben, wodurch ihr nicht zuletzt die Rolle zufällt, zwischen Geist und Geschichte zu vermitteln. Dank dieser Reflexionsleistung kann sie eine zentrale Stellung in Benns Werk behaupten. Die im (realen) Leben nicht beantworteten Probleme – der Bezug von Kunst auf Natur einerseits, auf Politik andererseits – kehren als solche des Künstlers wieder. Seine Persönlichkeit bestimmt Benn merkwürdig unscharf. Ihre Abhandlung unter dem Titel des Romans hingegen ist programmatisch.

6. Der Phänotyp als schöpferisches Ich

Benns seltsame Mathematik zu teilen und zu verdoppeln, eine Rechenart, bei der man nicht weiß, was unterm Strich übrig bleibt, betrifft auch ein anderes seiner Begriffspaare, den Geno- und den Phänotyp. Der Schematismus der Trennung droht die Dynamik der Gegensatzspannung zu neutralisieren, von einseitig mißverständlichen Lesarten erst gar nicht zu reden. Zur Diskussion steht Benns

---

50 Dieter Wellershoff, Fieberkurve des deutschen Geistes. Über Gottfried Benns Verhältnis zur Zeitgeschichte (1962), in: Benn, Wege der Forschung (Anm. 21), S. 133–152; hier: S. 151.

Menschenbild,[51] das er in *Doppelleben* im Hinblick auf den Künstlertypus entwirft, wobei er inhaltlich eng an seine Überlegungen zum lyrischen Ich anschließt.

> Phänotyp ist bekanntlich ein Begriff aus der Erblehre, aufgestellt von dem Dänen Johannsen. Der Phänotyp ist das Individuum einer jeweiligen Epoche, das die charakteristischen Züge dieser Epoche evident zum Ausdruck bringt, mit dieser Epoche identisch ist, das sie repräsentiert. Sein Gegenbegriff ist der Genotyp, das ist die Sammlung aller Möglichkeiten der Art im Kern, ist die Latenz aller Phänotypen, die sich der Entelechie nach aus der Art im Laufe der Zeiten entwickelt haben oder entwickeln können. Neben dem Phänotyp laufen natürlich durch alle Zeitalter die allgemein ephemeren Typen, jene, die die innere Repräsentation des Zeitalters nicht zum Ausdruck bringen. (V: 151)

Diese in der Erblehre, mithin in der Biologie begründete Unterscheidung von Phänotyp und Genotyp knüpft an frühere Vorstellungen Benns an, die künstlerische Tätigkeit anthropologisch zu fundieren. Anders als noch 1933 berechnet Benn in der Nachkriegszeit seine Theorie nur noch auf den einzelnen Künstler. Denn, und daran lassen die weiteren Ausführungen keinen Zweifel, der Phänotyp allein ist die schöpferische Persönlichkeit. Im Unterschied zum Politiker, der als Vertreter des durchschnittlichen Mitteleuropäers um 1950 für Benn zu den ephemeren Typen gehört, zeichnet sich das für seine Epoche charakteristische Individuum durch eine kontemplative, introvertierte, die Anforderungen der Außenwelt strikt abweisende Haltung aus. Insofern hat sich der Phänotyp zwischen 1933/34 und 1945/50 geändert. Wesentliches, kontinuierlich erhaltenes Kriterium ist seine Kreativität, die sich heroisch dem allgemeinen Verfall entgegenstellt. Noch einmal betont Benn, daß gegen den Nihilismus nur die Kunst helfe, verkennend, daß die Erkenntnis allein zur Heilung der Misere nicht reicht, eine von gesellschaftlicher Praxis entkoppelte Kunst nichts vermag. Diesen Wirkungszusammenhang hatte Benn nach seinem ‚politischen Sündenfall' 1933 preisgegeben. Er interessiert sich im weiteren nur noch für die Kunst und Künstler als solche betreffenden Fragen. Diese Teilung seiner Weltanschauung verstrickt ihn in Unaufrichtigkeiten.

Eingeführt hatte Benn die Unterscheidung von Phänotyp und Genotyp im Hinblick auf die Frage nach den Stilverwandlungen der Kunst, auf die die Differenz nun zurückgerechnet wird. Um den absoluten Wert der Kunst behaupten und zugleich ihre Veränderung durch die Geschichte erklären zu können, spricht Benn von genotypischen Beharrungs- und phänotypischen Verwandlungszonen (vgl. V: 154). „Der Expressionist drückt nichts anderes aus als die Dichter anderer Zeiten und Stilmethoden: sein Verhältnis zur Natur, seine Liebe, seine Trau-

---

51 Vgl. Gerlinde F. Miller, Die Bedeutung des Entwicklungsbegriffs für Menschenbild und Dichtungstheorie bei Gottfried Benn, New York u.a.: Lang 1990.

er, seine Gedanken über Gott" (V: 153), lediglich der Sprachgestus habe sich der Zeit entsprechend verändert, argumentiert Benn. Da die Literaturwissenschaft seiner Einschätzung nach eine methodische und begriffliche Grundlegung ihres Faches versäumt hat (vgl. V: 153), nimmt er biologische Modelle zu Hilfe und betrachtet die peripheren, meist noch ganz ziellosen Veränderungen unter dem Gesichtspunkt von Degeneration und Entartung.[52] Ein festverwurzelter Ich-Kern, das Geistige, wird durch den Prozeß der Hervorbringung in Verbindung gebracht mit Veränderung. Benn fragt nach dem inneren Zusammenhang zwischen den Gegenpolen Geist und Geschichte. Zwar postuliert er in *Doppelleben* im Hinblick auf das Leben ihre Trennung und behauptet ihre Bezuglosigkeit, im Hinblick auf die Kunst aber besteht ein unauflöslicher Konnex. Diese Differenzierung geschieht hier in heuristischer Absicht, die einem besseren Verständnis des schöpferischen Prozesses dienen soll. Für Benn ist es eine ästhetische Selbstverständigung, die in seiner Autobiographie jedoch recht abstrakt bleibt.

Er appliziert das Bild des Künstlers auf ein anthropologisches Modell: „die Persönlichkeit ist in ihrer Wurzel, als charakterologisches Radikal, innerhalb dieser biologischen Grundlage erbmäßig festgelegt, aber charakterformenden Außenreizen zugänglig" (Anm. IV: 778). Der Geniale wird für Benn durch seine Erbanlagen festgelegt, der Ausdruck seiner Kunst aber durch ihre Geschichte und die aktuellen Erfordernisse bestimmt. Auf die eigene Person wendet Benn sein Modell vom genotypischen Zentrum und von der phänotypischen Peripherie nicht an. Will er bestimmte geschichtliche, und das heißt phänotypische Veränderungen nicht wahr haben? Auch auf den Ptolemäer will es nicht recht passen, da dessen ICH weder genotypisch fundiert noch seine Tätigkeit schöpferisch genannt werden kann; die Schönheitspflege ist dann doch zu äußerlich. Der Ptolemäer scheint gänzlich statisch, der literarische Kontext dieser Figur trägt die Zeichen der Zeit nur allzu deutlich an sich. Hat er sich ganz an Äußerlichkeiten verloren? Besonders aufschlußreich in diesem Zusammenhang ist der Bezug zum *Roman des Phänotyp* (1944). Im fünften Kapitel des zweiten Teils seiner Autobiographie erläutert Benn den Aufbau dieses ‚reichlich unverständlichen' Prosatextes folgendermaßen:

> Der Roman ist – ich bitte den jetzt folgenden Ausdruck zu beachten – *orangenförmig* gebaut. Eine Orange besteht aus zahlreichen Sektoren, den einzelnen Fruchtteilen, den Schnitten, alle gleich, alle nebeneinander, gleichwertig, die eine Schnitte enthält vielleicht einige Kerne mehr, die andere weniger, aber sie alle tendieren nicht in die Weite, in den Raum, sie tendieren in die Mitte, nach der weißen zähen Wurzel, die wir beim Auseinan-

---

52 Die Vorstellung vom Genie als Abweichung vom Normalen und Gesunden vertrat Benn bereits in *Lebensweg eines Intellektualisten* im Zusammenhang seiner Trennung von Kunst und Kultur (vgl. 381); vgl. ferner *Das Genieproblem* (1930) sowie *Genie und Gesundheit* (1930).

dernehmen aus der Frucht entfernen. Diese zähe Wurzel ist der Phänotyp, der Existentielle, nichts wie er, nur er, einen weiteren Zusammenhang der Teile gibt es nicht. (V: 140f.)

Nicht nur im ersten Moment ist Benns Dialektik von Innen und Außen irritierend,[53] denn die zähe Wurzel hier ähnelt sehr dem charakterologischen Radikal und soll doch nicht mit diesem verwechselt werden. An der Vorstellung des Genotyps – einem fest in sich ruhenden, autonom arbeitenden Künstler – hält Benn stillschweigend fest, ist nun aber nurmehr mit den Änderungen des Stils, den äußerlichen Veränderungen der Form beschäftigt. Diese aber, und das ist paradox, gehören für ihn gerade nicht in die Peripherie, sondern sind zentral. Inwiefern Inhalt und Form ihre Funktion wechseln, will Benn mit dem Landsberger Fragment von 1944 belegen, einer in Stichworte untergliederten Selbstverständigung, die den Titel *Roman des Phänotyp* trägt. Ohne hier ausführlich auf dieses wirklich ‚reichlich unverständliche' Werk eingehen zu können, sei auf einige, für die Selbstbiographie relevante Überlegungen hingewiesen: Im *Roman des Phänotyp* findet Benn für das Ich keinen Standort mehr (vgl. IV: 418). Damit ist er am Ende des Erzählens angekommen. „Existentiell – das ist der Todesstoß für den Roman" (IV: 389f.), heißt es gleich zu Beginn. Der Phänotyp, der seine Zeit repräsentativ zum Ausdruck bringende Künstler aber ist der Existentielle. Auch bei Benn bleibt das schöpferische Ich namenlos, die neue Kunst sprengt die traditionellen Formen. Der *Roman des Phänotyp* ist kein Roman im herkömmlichen Sinne, seine Form schwer zu bestimmen. Es ist eine bruchstückhafte, vielleicht auch essayistisch zu nennende Schreibweise, der Reflexionsprosa näher als der Erzählung. (Benns Rede vom ‚orangenförmigen' Bau dieses Buches jedenfalls ist irreführend.) Die als Titel genannte Gattungsbezeichnung sowie der dort apostrophierte Künstlertypus bezeichnen das Fragwürdigwerden der Schrift und ineins damit die unauflöslichen Widersprüche der Existenz. Ihr Autor tritt demgegenüber ganz in den Hintergrund.

Von einem ‚orangenförmigen' Bau der Selbstbiographie Benns kann nicht gesprochen werden, zumindest ist sie eindeutig nicht in „absoluter Prosa" geschrieben – wie für den *Roman des Phänotyp* und die anderen im Buch *Ptolemäer* versammelten späten Schriften als charakterisierende Bezeichnung vorgeschlagen wurde.[54] Diese von Flaubert, Carl Einstein und Gide praktizierte

---

53 Zum Außen-Innen-Problem vgl. Wolfgang Kaußen, Spaltungen. Zu Benns Denken im Widerspruch, Bonn: Bouvier 1981.
54 Vgl. Thomas Pauler, Schönheit & Abstraktion. Über Gottfried Benns ‚absolute Prosa', Würzburg: Königshausen & Neumann 1992. Pauler untersucht „Benns Experimentieren mit traditionellen Gattungsformen" und das spezifisch „Erzählerische der späten Prosastücke" (ebd., S. 9). „Versucht man, Benns Definitionen seiner Romanform und der ‚absoluten Prosa' mit Friedrich Schlegels Ästhetik um 1800 zusammenzubringen, dann

Schreibweise, die uns heute auch durch den Nouveau Roman vertraut ist, ist eine „Prosa außerhalb von Raum und Zeit, ins Imaginäre gebaut, ins Momentane, Flächige gelegt, ihr Gegenspiel ist Psychologie und Evolution." (V: 140) Organologische Vergleiche jedenfalls verbieten sich. Ob die absolute Prosa statisch genannt werden kann bzw. welchem Modus der Zeit sie genügt, ist noch ungeklärt. (Auch einer Ästhetik des Augenblicks als Herausspringen aus der Zeit haften die Zeichen der Geschichte als historischer Index an.) Das Genre der Autobiographie bietet für diese Schreibweise schlechte Voraussetzungen, und doch ist ein Bezug möglich, der allerdings einem Abschied des Autors in die Literatur, seiner Verabschiedung in die Texte gleichkommt und damit die Selbstbiographie als eigene Gattung überflüssig macht. Bezogen auf seine Selbstbiographie lassen sich die literarischen Werke Gottfried Benns als ‚Wurzel' beschreiben, denn nur sie halten das um sie herum wild wuchernde Leben zusammen, sind dessen Phänotyp und zugleich das Existentielle. Vielleicht in einem ganz ähnlichen Sinne hatte schon Werff Rönne gesagt: „Nur durch die Wörter leben wir."[55] Für ein Verständnis der Moderne ist dieser ästhetische Standpunkt zentral.

Daß Gottfried Benn nach 1945 die notwendige politische Dimension aller Kunst verkennt, ist der blinde Fleck seines Intellektualismus. Der Schriftsteller und Dichter war dem Denker meist überlegen. Als Autobiograph läßt Benn viele Fragen offen, so als wolle er dem Leben und den Deutungen Raum geben. In dem *Zukunft und Gegenwart* überschriebenen siebten Kapitel von *Doppelleben* betont er zum wiederholten Male das Präsentische und das Amoralische der Kunst. Das Schielen auf die Zukunft und auf Wirkung lehnt er ausdrücklich ab. Zur Frage einer Verantwortung der eigenen Vergangenheit gegenüber nimmt er hier nicht mehr Stellung. Zusammen mit der Zukunft scheint er die Vergangenheit aus dem Bereich der Kunst auszuklammern – ein nicht nur für die Autobiographie ganz kontraproduktiver Ausgangspunkt. Einmal mehr sind die Konsequenzen aus dem Doppelleben neue Ungereimtheiten und halbe Wahrheiten. Der Standort des Autobiographen verliert für den Leser alle festen Bezugspunkte, je markiger Benn redet, desto doppeldeutiger der Sinn seiner Ausführungen. Völlig unverständlich, warum er den folgenden, „Thematisches" betreffenden Entwurf bei der weiteren Arbeit an *Doppelleben* zugunsten des „Literarischen" unter formalen und historischen Gesichtspunkten dann unterdrückte:

---

ließe sich Benns Romankonzeption als Versuch deuten, eine welthafte Totalität ins Werk zu integrieren und so eine existentiell verbindliche Wirklichkeitsaussage mit den Mitteln fiktionaler Prosa zu schaffen." (Ebd., S. 144) Die Selbstbiographie Benns bezieht Pauler in seine Untersuchungen nicht eigens ein.

55 In *Gehirne* lautet die entsprechende Referenzstelle: „Überall wohin ich sehe, bedarf es eines Wortes, um zu leben." (III: 31)

Thematisches: ‚Ist der Mensch ein moral<isches> Wesen oder ein denkerisches; beides zusam<men> kann er kaum sein'. Anders formuliert: Individualismus oder Religion? unter welchen inneren Schwierigkeiten ein Schreibender, heutigentags arbeitet u denkt. / Heute 1950 würde ich vielleicht sagen: der Mensch ist ein denkerisches Wesen, das (sich) aus denkerischen Gründen moralisch installiert. (Anm. V: 530f.)

Die Frage der Moral wird durch die strikte Trennung von Kunst und Leben ausgeklammert. Als Leerstelle bleibt sie aber nicht nur offen, sondern verlangt nach Antwort. Hierzu hat Benn in seiner Autobiographie nichts beizutragen. Das zunehmend Repetitive seiner Ausführungen verweist implizit immer wieder auf diesen Mangel. Es ist die nie sich schließende Wunde in Benns Denken. Seine fatalistische Geschichtsauffassung dient zwar oberflächlich der Plausibilisierung seiner in *Doppelleben* eingenommenen Position, als eine den Menschen aus seiner Verantwortung entlassenden Konzeption aber versäumt sie es, den Menschen aus ‚denkerischen Gründen moralisch zu installieren'. Das Schicksal ist nicht satisfaktionsfähig.

7. Die Wiederholung: Benns Problem mit der Geschichte

Daß Gottfried Benn sich mit seiner Autobiographie überhaupt dem Urteil der Geschichte stellt, ist verwunderlich. Den geheimen Vorbehalten, den persönlichen Hintertürchen und wackligen Behelfsleitern seiner ‚Gesamtschau', und eine solche soll's ja immer sein, kann hier nicht weiter nachgespürt werden. Lediglich ein Phänomen soll noch zur Sprache kommen, das der Wiederholung. Daß Benn im ersten und im zweiten Teil seiner Selbstbiographie umfänglich aus den eigenen Werken zitiert und ergänzend dazu seine Schriften zum besseren Verständnis erläutert, sie dadurch auch sich selbst noch einmal wiederholend verdeutlicht, ist niemandem verborgen geblieben. In diesem Sinne haben sich dann auch viele Interpreten gerne der Deutungen des Autobiographen bedient, so als hätte der Autor einen privilegierten Zugang zu seinem Werk. Benn zitiert fast wahllos aus seinen literarischen Schriften, den essayistischen Abhandlungen, seinen Reden und Briefen. Stets geht es dem Autobiographen dabei um sein Selbstverständnis als Künster, allerdings in einem Leben, Denken und Schreiben umfassenden Sinne. Er begreift sich, modern, als ästhetische Existenz.

Bisher nicht weiter thematisiert wurde ein bestimmter, besonders markanter Fall des Zitierens: der fast unveränderte Wiederabdruck von *Lebensweg eines Intellektualisten* in *Doppelleben*. Die sich merkwürdig neutralisierenden Argumentationsstrategien von 1933/34 und 1949/50 wurden entweder unter die bekannten Widersprüchlichkeiten Benns verrechnet oder aber in der einen und der anderen Weise ihm zur Last gelegt. (In dieser Hinsicht bot Benn noch allen etwas.) Unter formalen Gesichtspunkten blieb diese spezifische Art der Wiederholung unbeachtet. Sie verweist auf das Phänomen der Zeit im Text und ist damit auch als Selbstkommentar Benns zu seinem Geschichtsverständnis zu lesen.

Wenn es gleich zu Beginn der Autobiographie von 1950 heißt: „seit anderthalb Jahren" (IV: 154), dann ist nicht die Nachkriegszeit, sondern die Machtergreifung Hitlers gemeint, denn der erste Teil der Selbstbiographie wurde bereits 1934 publiziert. Ebenfalls irritierend, wenn es im zweiten Kapitel heißt: „in der heutigen Stunde" (IV: 165). Meint das die Zeit der Erstpublikation 1934 oder die der Zweitpublikation 1950 oder gar beide Zeiten zugleich? Für Gebrauchsprosa sind solche Ungereimtheiten durch klare Angaben auf dem Deckblatt bzw. andere entsprechende Hinweise auszuräumen.[56] Im Falle der Autobiographie Gottfried Benns, die aus ganz unterschiedlichen Einzelteilen besteht, setzt dieses Verfahren den Leser auf die Spur zeitlicher Differenzen, wobei die Indexikalität der Zeitangaben eine die unterschiedlichen Entstehungsdaten und ihren wiederholten Abdruck zugleich berücksichtigende Lektüre der Selberlebensbeschreibung nahelegt. Auch die vielen Selbstzitate Benns weisen in diese Richtung. Benn bezieht sich zwar 1934 und 1950 mit derselben Berechtigung und Verbindlichkeit auf seine literarischen Werke; diese Auseinandersetzung dient ihm zur intellektuellen Bestandsaufnahme und zur Fundierung der These von der Kontinuität seiner Weltanschauung. Bei den autobiographischen Texten ist diese Praxis jedoch verräterisch: Durch die Wiederholung wird dasselbe zu einem anderen.

Gottfried Benn, der Arzt und Schriftsteller, der Dichter und Denker, der Unbelehrbare und der Unerbittliche, er betrachtet sich aus vielen Perspektiven und aus unterschiedlichen Gründen. Durch den fast unveränderten Wiederabdruck von *Lebensweg eines Intellektualisten* in *Doppelleben* zeigt er sich zugleich als der Intellektualist damals und der um die andere Hälfte seiner Existenz gebrachte Dichter heute. Beide Zeitpunkte werden in der Autobiographie von 1950 gleichzeitig aktualisiert. Ob sich daraus neue Aspekte für eine Rechtfertigung Benns ergeben, ist fraglich; als Künstler benötigt er ohnehin keine. Das dialektische Verhältnis von Inhalt und Form, die problematische Beziehung des Künstlers zur Gesellschaft, die zudem einmal von der Seite des Lebens und einmal von der Seite der Kunst aus zu betrachten ist, erhält durch diese Lesart eine zusätzliche zeitliche Komponente. Das in *Doppelleben* inhärente Problem einer strikten, und das heißt statischen Trennung von Kunst und Leben, mit dem sich Benn in legitimatorischer Absicht aus der Geschichte verabschiedet, stellt sich in *Lebensweg eines Intellektualisten* verzeitlicht dar, d.h. es ist um die Dimension der Zeit erweitert. Die wiederholende Rückkehr zum ersten Teil seiner Auto-

---

56 Bei *Doppelleben* wird das erst zu Beginn des zweiten Teils klar (vgl. V: 83).

biographie bezeichnet somit eine Komplexitätssteigerung im Vergleich zum zweiten. Die Wiederholung von *Lebensweg eines Intellektualisten* in *Doppelleben* funktioniert wie eine Kippfigur: Der Leser wird vor die Grundfrage der Moderne gebracht und erhält die Gelegenheit, die Schlußfigur ‚post hoc, ergo propter hoc' zu kippen.

Benn selbst ist sich zwar darüber klar zu wiederholen (vgl. V: 164), die Differenz zwischen Erst- und Zweitpublikation bedenkt er jedoch nicht genügend. Bei dem autobiographischen Versuch, die eigene Person in ihre Zeit einzuordnen, scheint er seltsamerweise das Phänomen der Zeitlichkeit zu vergessen. Zum einen verbietet seine Auffassung der Kunst als absoluter ihre historische Indexikalisierung. Daß die Autobiographie gar nicht eindeutig unter die Kunstwerke gerechnet werden kann, (ver)führt Benn dazu, bei der Selberlebensbeschreibung etwas unbedenklicher als sonst zu verfahren – eine Nachlässigkeit, aus der sich interpretatorisch noch Kapital schlagen läßt. Zum anderen, und das ist der wohl wichtigere Punkt, will Benn in *Doppelleben* die anhaltende Dauer seiner Weltanschauung zur Geltung bringen, wobei allerdings die politische Dimension seines Denkens, seine Vorstellung vom Intellektualisten als Kulturträger der Zukunft kassiert wird. Stillschweigend verlängert Benn seine im zweiten Weltkrieg ausgeprägte fatalistische Geschichtsauffassung in die Jahrzehnte davor. Hatte er seit seiner expressionistischen Frühphase bis Anfang der dreißiger Jahre durchaus Hoffnungen in die ‚neue Jugend' und ein drittes Reich, wirft ihn die politische Realität des Hitler-Regimes und die Erfahrung des Krieges auf eine Nihilismusanalyse ohne jegliche Zukunftsmöglichkeiten zurück. Aus einer Dialektik des Fortschritts wird das Dilemma der Geschichte. Benns Fatalismus kommt nicht unerwartet. Schon 1929 schrieb er *Über die Rolle des Schriftstellers in dieser Zeit*:

> Die Geschichte ist ohne Sinn, keine Aufwärtsbewegung, keine Menschheitsdämmerungen; keine Illusionen mehr darüber, kein Bluff. Die Geschichte ist der Schulfall des Fragmentarischen, ein Motiv Orient, eine Mythe Mittelmeer; sie übersteht den Niagara, um in der Badewanne zu ertrinken; die Notwendigkeit ruft und der Zufall antwortet. Ecce historia! (III: 221f.)

Die Vorstellung einer notwendig fortschreitenden Entwicklung lehnte Benn stets ab. „Mit derselben Konsequenz, mit der Benn sich gegen die Hegelsche Geschichtsauffassung wendet, lehnt er zwei weitere Prinzipien historischer Deutung ab, nämlich die marxistische und die darwinistische."[57] Gegen die postu-

---

57 Miller, Die Bedeutung des Entwicklungsbegriffs für Menschenbild und Dichtungstheorie bei Gottfried Benn (Anm. 51), S. 194. „Was in Benns Sicht der historischen Situation in Europa zugrundeliegt, ist die Verbindung dieser ‚idealistischen Philosophie' mit der darwinistischen These vom ‚Kampf ums Dasein'." (Ebd., S. 209)

lierte Allmacht des Schicksals ist schwer zu argumentieren.[58] Gestützt auf die Autobiographie Benns allein kann dieser Komplex seines Selbstverständnisses nicht hinreichend gedeutet werden. Ausgangs- und Endposition – damals und heute – hingegen sind mit den beiden Teilen von *Doppelleben* klar markiert. Die Position eines ‚Nihilismus der Stärke' bleibt nun ausschließlich dem Künstler vorbehalten, für den Menschen gilt ein universeller Pessimismus: „ich schreite meinen Kreis ab, Moira, ich schreite nicht die Geschichte ab." (V: 172) Der Intellektualist Benn – anders als der Künstler – hat abgedankt. Als Autobiograph dokumentiert Benn seinen Entwicklungsgang. Daß er den *Lebensweg eines Intellektualisten* gleichsam als großes Zitat in *Doppelleben* aufnimmt, ist nicht nur ein Zeichen seiner Aufrichtigkeit im Sinne historischer Wahrheit, sondern auch unter ästhetischen Gesichtspunkten durchaus folgerichtig, da er nun über die Geschichte nurmehr als Zitat verfügen kann. War Benn am Ende des *Lebensweges eines Intellektualisten* der Meinung, die Geschichte fange erst an (vgl. IV: 196), liegt sie in *Doppelleben* als beendet hinter ihm. Vielleicht hat sich Benn ja zweimal geirrt.

---

58 Beda Allemanns Studie *Das Problem der Geschichte* (Pfullingen 1963) wird von G. Miller kritisiert, „da sich die Einteilung in einen ‚negativen Geschichtsbegriff', von Benn als ‚Geschichte' bezeichnet, und in einen ‚positiven Geschichtsbegriff', von Benn angeblich als ‚Geologie' bezeichnet, nicht aufrecht erhalten läßt." (vgl. G. Miller (Anm. 51), S. 279).

Kapitel XIV

„some one was then the other one"
Gertrude Stein & Alice B. Toklas

In ihrem 1935 geschriebenen und 1936 veröffentlichten Buch *The Geographical History of America or the Relation of Human Nature to the Human Mind* schreibt Gertrude Stein über ihren Hund Basket – es ist der auch aus anderen ihrer Texte bekannte große weiße Pudel, der erste dieser Art, dem später ein zweiter mit dem gleichen Namen folgen wird:

> Basket a story.
> Interlude I
>
> I am I because my little dog knows me.
> Is he he when he does not know me.
> This sometimes happens.
> That is his not knowing me.
> When it does not happen he sometimes tries to make it happen.
> So is he he when he does not know me.
> And when he does not know me am I I.
> But certainly this is not so although it really very truly is so.[1]

Alle literarischen Texte Gertrude Steins enthalten solche Paradoxien, widersprüchliche und überraschende Wendungen, die den Leser zum Denken, zum aktiven Mitvollzug des Geschriebenen nötigen. Jede Lektüre ist Interpretation. Gelesen, besser noch vorgelesen, ist die Geschichte leicht verständlich. Geschrieben ist sie ohne Satzzeichen,[2] eine Folge von einzelnen Sätzen, von denen jeder für sich steht. Den möglichen Sinnzusammenhang stellt jeder beim Lesen selbst her. Im Amerikanischen sind die Bezugsmöglichkeiten oft vielfältiger als

---

1 Gertrude Stein, The Geographical History of America or The Relation of Human Nature to the Human Mind, with an Introduction by William H. Gass, Baltimore/London: The Johns Hopkins University Press 1995, S. 198; im weiteren abgekürzt „GHA".
2 Zu ihrer sehr reduzierten und eigenwilligen Verwendung der Satzzeichen vgl. Gertrude Stein, Poetry and Grammar, in: Gertrude Stein, writings and lectures 1911–1945, ed. by Patricia Meyerowitz, introduction by Elizabeth Sprigge, London: Peter Owen 1967, S. 123–145. (Poetik und Grammatik (1934), in: Was ist englische Literatur. Vorlesungen, aus dem Amerikan. übersetzt von Marie-Anne Stiebel, Zürich: Arche 1985, S. 157–190.)

in der Übersetzung; meist klingen die Sätze im Original besser, sind geläufiger und wirken selbstverständlicher. (Der letzte Satz aus Baskets Geschichte auf deutsch etwa lautet: „Aber gewiß so ist es nicht obwohl es eigentlich ganz ehrlich doch so ist."³)

Tautologie und Paradoxie stehen bei Gertrude Stein eng beieinander, zusammen mit der auffälligen Wiederholungsstruktur ihrer Texte bilden sie deren poetologisch konstitutive Trias.⁴ Durch Wiederholung – das nicht enden wollende Drehen und Wenden einzelner Wörter, bestimmter Redewendungen und Sätze – wird die Tautologie zur Paradoxie. Im Grunde sind ihre semantischen Einheiten stets ein in ständiger Iteration und Varianz begegnendes Identisches. Gertrude Stein liebt Hunde und Wörter, Sprechen und Schreiben, Kunst, Literatur und Philosophie. Vor allem aber liebt sie das Leben. „She enjoyed her life and herself", heißt es in *The Autobiography of Alice B. Toklas*,⁵ und der notorisch wiederkehrende Kommentar zu den einzelnen Stationen ihrer Amerikareise, die sie in *Everybody's Autobiography* beschreibt, lautet: „Uns gefiel also alles."⁶ „So we liked it all" (EA: 279).

Die geographische Geschichte von Amerika – ein zwischen den beiden Autobiographien geschriebenes, mit den Fragen der Selberlebensbeschreibung eng zusammenhängendes Buch – behandelt das Problem von Identität und Zeit, wobei schon der Titel anzeigt, daß die zeitliche Abfolge in den Raum projiziert wird, der seinerseits auf eine flächige Ansicht reduziert ist. Ein Versuch der Übersetzung der kubistischen Sichtweise der Dinge in die Literatur? – Vielfach ist das behauptet worden.⁷ „Dieses Buch entstand aus Miss Steins Meditationen

---

3 Gertrude Stein, Die geographische Geschichte von Amerika oder Die Beziehung zwischen der menschlichen Natur und dem Geist des Menschen, aus dem Amerikanischen übersetzt von M& Anne Stiebel, mit einer Einführung von Thornton Wilder, Frankfurt/M.: Suhrkamp 1988, S. 137; im weiteren abgekürzt „GGA".
4 Vgl. Eckhard Lobsien, Gertrude Steins Poetik der Wiederholung, in: Dasselbe noch einmal. Die Ästhetik der Wiederholung, hrsg. von Carola Hilmes und Dietrich Mathy, Opladen: Westdt. Verl. 1998, S. 121–134.
5 Gertrude Stein, The Autobiography of Alice B. Toklas, London: Penguin 1966, S. 86; im weiteren abgekürzt „ABT". (Autobiographie von Alice B. Toklas, aus dem Amerikanischen übersetzt von Elisabeth Schnack, mit einem Vorwort von Cesare Pavese, Zürich: Arche 2/1988; im weiteren abgekürzt „ABT, dt.".)
6 Gertrude Stein, Jedermanns Autobiographie, aus dem Amerikanischen übersetzt von Marie-Anne Stiebel, Frankfurt/M.: Suhrkamp 1986, S. 300; im weiteren abgekürzt „JA". (Gertrude Stein, Everybody's Autobiography, Cambridge, MA: Exact Change 1993; im weiteren abgekürzt „EA".)
7 Vgl. u.a. Max Bense, Was erzählt Gertrude Stein?, in: Probleme des Erzählens in der Weltliteratur. Festschrift für Käte Hamburger zum 75. Geburtstag, hrsg. von Fritz Martini u.a., Stuttgart: Klett 1971, S. 330–347; Wendy Steiner, Exact Resemblance to Exact Resemblance: The Literary Portraiture of Gertrude Stein, New Haven/London: Yale Univer-

über literarische Meisterwerke",[8] erläutert Thorton Wilder in seiner Einführung. Es handelt von „der Psychologie des schöpferischen Aktes",[9] und es ist ein Buch voller ‚metaphysischer Metaphern' und voller Humor. „Nicht mal die Hunde können sich noch weiter Sorgen machen über Identität." (GGA: 136)

Die geographische Geschichte von Amerika behandelt die Beziehung zwischen der menschlichen Natur und dem Geist des Menschen. Dieser ist ausgezeichnet durch Selbstgegenwart und Zeitlosigkeit, er äußert sich im Schreiben – ausschließlich im Schreiben von Meisterwerken, deren singuläre Universalität sehr selten ist – und im selbstvergessenen, ziellosen Spiel mit den einfachen Bausteinen und Formelementen der Wahrnehmung. Strikt vom Geist des Menschen getrennt ist die menschliche Natur. Sie umschließt alle Inhalte der Wahrnehmung, weinen und bellen, handeln und wollen, auch Eifersucht und Sexualität. In welchen der beiden Bereiche die Romantik gehört und in welchen das Geld, ist schwer zu entscheiden. Macht, Propaganda, Individualismus und Kommunismus schlägt Gertrude Stein der menschlichen Natur zu. Und auch „das Problem der Identität hat nichts zu tun mit dem Geist des Menschen", schreibt sie, „es hat aber etwas obwohl wirklich eigentlich gar nichts zu tun mit der menschlichen Natur. Jeder Hund hat Identität." (GGA: 86) In ihrer Studie *Autobiography and the Problem of Narration* (1979) erläutert Shirley Neuman: „autobiography, to be art, must be reformulated to be the existence of the ‚human mind' at the moment of writing. It can no longer deal in self-definition."[10]

1. „The Autobiography of Alice B. Toklas" – ein Grenzfall der Gattung

Unmittelbare Selbstgewißheit allein mag im Leben genügen, für das Schreiben allerdings reicht sie nicht aus. Die Identität des Menschen ist abhängig von Erkennen und Wiedererkennen, hat es also zu tun mit Erinnerung und mit Geschichte, der Konzeption zeitlicher Abläufe, und mit Publikum, einem Gegenüber, das Erkennen und Wiedererkennen auch über einen längeren Zeitraum hinweg bestätigt. „Identity is recognition", heißt es in *What Are Master-Pieces*

---

sity Press 1978; Marjorie Perloff, Poetry As Word-System: The Art of Gertrude Stein, in: Amererican Poetry Review 8:5 (sept./oct. 1979), S. 33–43.
8. Thornton Wilder, Einführung, in: Gertrude Stein, Die geographische Geschichte von Amerika (Anm. 3), S. 7.
9 Ebd., S. 12.
10 S. C. Neuman, Gertrude Stein: Autobiography and the Problem of Narration, British Columbia, Canada: University of Victoria 1979, S. 38.

and why are there so few of them.[11] „Ich bin ich weil mein kleiner Hund mich kennt. Genau auf diese Weise wird Geschichte geschrieben." (GGA: 87) Ihre eigene Geschichte schreibt Gertrude Stein aus der Perspektive und mit der Feder der Freundin: *The Autobiography of Alice B. Toklas*. Der Titel ist falsch, enthält zumindest ein Paradox: die Selberlebensbeschreibung einer anderen. (An der Autobiographie als Gattung interessierte Theoretiker scheitern an diesem Ausnahmefall.[12]) Die notorische Wiederholung des Satzes „Ich bin ich" – einziger Inhalt jeder Selbstbiographie – ermöglicht keine Geschichte. Trotzdem etwas zu erzählen, erfordert Kunstgriffe.[13] Damit wird die Autobiographie zum Meisterwerk, Gertrude Stein bestätigt sich als Genie.[14] In *The Autobiography of Alice B. Toklas* heißt es:

> I may say that only three times in my life have I met a genius and each time a bell within me rang and I was not mistaken, and I may say in each case it was before there was any general recognition of the quality of genius in them. The three geniuses of whom I wish to speak are Gertrude Stein, Pablo Picasso, and Alfred Whitehead. (ABT: 9; dt.: 9)

Was könnte man einwenden gegen diese Art objektivierter Wahrnehmung? Seit Gertrude Stein mit der 1932 geschriebenen *Autobiographie* ein Jahr später schlagartig berühmt wurde, ist das Klingeln in Alice B. Toklas Ohr zum sicheren Zeichen geworden. Warum bestreiten, was nicht zu bestreiten ist, und wem liegt heute noch daran, der Autorin Arroganz vorzuwerfen oder ihr all die klei-

---

11 Zit. nach: Stein, writings and lectures (Anm. 2), S. 146–154; hier: S. 146.
12 Vgl. Philippe Lejeune, Je est un autre. L' autobiographie de la littérature aux médias, Paris: Ed. du Seuil 1980, S. 53f.; vgl. ferner: Noëlle Batt, Le cas particulier de l'*Autobiographie d'Alice Toklas*, in: Recherches anglaises et américaines 15 (1982), S. 127–134. „Philippe Lejeune, qui, dans *Je est un autre* commence par présenter l'*Autobiographie d'Alice Toklas* comme l'exemple canonique de l'autobiographie à la troisième personne conçue comme le récit d'un témoin fictif précise immédiatement dans une note que l'œuvre ‚combine deux paradoxes symétriques: à la fois ‚autobiographie à la troisième personne' en ce qui concerne Gertrude Stein, et ‚biographie à la première personne' en ce qui concerne Alice B. Toklas'." (Ebd., S. 130)
13 Vgl. Shirley Neuman, Gertrude Stein's Dog: ‚Personal Identity' and Autobiography, in: Canadian Review of Comparative Literature, März 1983, S. 62–79.
14 Vgl. Monika Hoffmann, Gertrude Steins Autobiographien. *The Autobiography of Alice B. Toklas* und *Everybody's Autobiography*, Frankfurt/M. u.a.: Peter Lang 1992; hier findet sich auch eine ausführliche Diskussion der Forschungsliteratur. – Hoffmanns Dissertation hat „Gertrude Steins Auseinandersetzung mit Genie, Zeit und Patriarchat und die daraus resultierenden Veränderungen der Gattung" zum Thema (ebd., S. 11). Sie versucht nachzuweisen, daß in *The Autobiography of Alice B. Toklas* und *Everybody's Autobiography* „mit künstlerischen Mitteln die Männlichkeit in der Schrift" unterwandert wird (ebd., S. 96). Beide Autobiographien, so Hoffmann, sind Meisterwerke (vgl. ebd., S. 210–213 u. S. 297–299); im Hinblick auf *Everybody's Autobiography* möchte ich demgegenüber einige Vorbehalte anmelden (vgl. S. 373 dieser Arbeit).

nen Unrichtigkeiten vorzurechnen?[15] Bemerkenswert hingegen ist der Kunstgriff, mit der Feder der Freundin zu schreiben und so den für Gertrude Stein als Künstlerin uninteressanten Bereich der menschlichen Natur, in den ja auch die Erinnerung fällt, in kreativer Weise umzumünzen. Da Autobiographien gewöhnlich keine in sich geschlossenen Werke sind, die dem Geist des Menschen entstammen, sondern die Beziehung zur Welt und zur menschlichen Natur zum Thema haben, können sie in Gertrude Steins Verständnis keine Meisterwerke sein. Durch die von ihr eingeführte Erzählperspektive der Alice B. Toklas versucht die Autorin dieses Problem zu meistern. Fiktionalisierend überspringt sie den realen Bezug. (Diese Form der Irrealisierung wiederholt sie in *Everybody's Autobiography* nicht mehr.) Anders als dem gewöhnlichen Gegenstand der Lebensbeschreibung gewinnt Gertrude Stein der von ihr imaginierten Erinnerung der Freundin offensichtlich großes Interesse ab, und das heißt, sie selbst präsentiert sich als schöpferisch tätig.[16] Das Publikum reagiert in diesem Fall ganz anders als sonst, und so findet durch dieses Verfahren paradoxerweise die Identität der Autobiographin Bestätigung. Auf Erkennen kommt es an, auf Wiedererkennen und auf Anerkennung. Künstler brauchen keine Kritik, behauptet Gertrude Stein. „After all, [...] no artist needs criticism, he only needs appreciation. If he needs criticism he is no artist." (ABT: 254; dt.: 277).

---

15 Für die zeitgenössische, heftig abwehrende, im Detail korrigierende Reaktion vgl. „Testimony against Gertrude Stein", Supplement to *Transition* 1934–1935 (no. 23).
Tristan Tzara, offensichtlich sehr aufgebracht, äußert hier seinen Ekel gegenüber dem geschwätzigen, indiskreten und anmaßenden Lebensrückblick der „maiden ladies", und Henri Matisse führt eine ganze Reihe wie Gegendarstellungen anmutende Korrekturen einzelner Passagen an. Georges Braque schließlich betont, daß Gertrude Stein nichts von Kunst, insbesondere nichts vom Kubismus verstanden habe, was auch André Salomon bestätigt, der zum besseren Verständnis der Epoche auf die Memoiren von Fernande Olivier, der Geliebten Picassos von 1903 bis 1911, verweist, die unter dem Titel *Picasso et ses amis* ebenfalls 1933 publiziert wurden, nachdem 1930/31 bereits Vorabdrucke in verschiedenen Zeitungen erschienen waren. Im Hinblick auf historische Richtigkeit mag dieser Hinweis ein guter Rat sein. Die ‚wahre Geschichte' ihrer Zusammenarbeit mit Gertrude Stein wird im Supplement ausführlich erzählt von Maria Jolas, der Ehefrau des Herausgebers von *Transition*. An die Reflexionen über die Bedingungen der Möglichkeit autobiographischen Schreibens reicht diese Kritik jedoch nicht heran; vgl. dazu Gertrude Steins eigene Ausführungen in *Everybody's Autobiography* (EA: 32ff.; JA: 39ff.).

16 In ihren Gedanken über Meisterwerke zielt Gertrude Stein auf die von der Zeit unabhängige geniale Kreativität, the human mind, und betont damit den schöpferischen Teil des Wissens gegenüber dem bloß reproduzierenden. „Für Gertrude Stein bedeutet Autobiographie also die Suche nach einer neuen Form, in der Erinnerung durch Wissen ersetzt ist", erläutert Monika Hoffmann (Anm. 14, S. 112). „Sujet der Autobiographie als Meisterwerk ist das Sehen des menschlichen Geistes, nicht die gesehene menschliche Natur." (Ebd., S. 115).

Der überwiegende Teil der *Autobiographie* – ca. zwei Drittel – behandelt die fünfundzwanzig Jahre, die Alice B. Toklas gemeinsam mit Gertrude Stein verbrachte: Die Jahre 1907 bis 1914, den Krieg und die Zeit nach dem Krieg: 1919 bis 1932.[17] Diesen Kapiteln vorauf gehen kurze Darstellungen dessen, was beide Frauen gemacht haben, bevor sie nach Paris kamen, und was in der Zeit zwischen 1903 und 1907 geschah.[18] Das Herzstück des Buches sind sicherlich die Berichte über die Anfänge und ‚das heroische Zeitalter des Kubismus'. (Da die *Autobiographie* nur der Kapiteleinteilung nach chronologisch aufgebaut ist, beschränken sich diese Ausführungen nicht auf das fünfte Kapitel.) Innerhalb des äußeren Rahmens gibt es zahllose Vor- und Rückgriffe, vieles wird mehrfach erwähnt, immer wieder werden Porträts – vergleichsweise konventionelle Porträts bekannter und weniger bekannter Personen – eingefügt. Insgesamt handelt es sich um ein umwegiges und abschweifendes Erzählen, das keinerlei Strukturgesetzen zu gehorchen scheint. Die Autobiographin erzählt, was ihr gerade in den Sinn kommt. Ein Wort gibt das nächste, eine Geschichte enthält viele andere, und in dieser Weise auf Aktualisierung zielend, schreibt sie einen Lebensbericht voller Ankedoten, die zum Teil heiter, zum Teil ganz belanglos sind. Aber so vieles auch berichtet wird – häufig wurde das Geschwätzige der *Autobiographie von Alice B. Toklas* hervorgehoben –, Begründungen für irgendwelche Entscheidungen werden nicht gegeben, psychologische Erklärungen vollends verweigert. (Wie William James lehnte Gertrude Stein die Assoziationstheorie in der Psychologie ab.) Stets wird nur beschrieben, was ist. Befindlichkeiten wie Glück, Unglück, Trauer oder Wohlbefinden und gute Unterhaltung werden einfach mitgeteilt, eins nach dem anderen. Das Prinzip der Nebenordnung hat die Kausalität abgelöst. Max Bense sagte einmal über Gertrude Stein: „In ihren Büchern ist das Leben eine schrecklich klare Angelegenheit."[19]

Ironisch ist die *Autobiographie* nicht. Stein meint genau, was sie sagt, und schreibt es exakt so, wie es ihrer Vorstellung nach geschrieben werden muß. Das Humorvolle entsteht durch die Lakonie, durch die unermüdlichen Wiederholungen, auch durch die doppelte Perspektive, jedoch nie durch ein Augenzwinkern. Stein ist ernst und klar. Streng unterscheidet sie sprechen und schreiben, denn

---

17 Im amerikanischen Original lauten die Kapitelüberschriften: 5) „1907–1914, 6) „The War", 7) „After the War, 1919–1932".

18 Im amerikanischen Original lauten die Kapitelüberschriften: 1) „Before I came to Paris", 2) „My Arrival in Paris", 3) „Gertrude Stein in Paris, 1903–1907", 4) „Gertrude Stein before she came to Paris".

19 Cesare Pavese im Vorwort zur *Autobiographie von Alice B. Toklas* hingegen schreibt: „Alles, was Gertrude Stein sagt und tut, ist mit einem Schleier von Doppeldeutigkeit umgeben, die eine Distanz zu ihren Worten und Taten schafft, ihnen ihr Gewicht nimmt und sie ironisiert" (zit. nach ABT, dt. o.P.).

„talking essentially has nothing to do with creation."[20] Sprechen fällt unter die natürlichen Eigenschaften, Schreiben ist eine Äußerungsform des menschlichen Geistes (vgl. GGA: 34). In *The Geographical History of America* schreibt Gertrude Stein: „writing has nothing to do with the human speech with human nature and therefore and therefore it has something to do with the human mind." (GHA: 69) Sprechen ist Verständigung im Alltag, ist unterhaltend und zugleich verbindlich, erfordert jedoch keinerlei Perfektion. Wichtig ist, daß die Kommunikation funktioniert und auch, daß sie amüsiert. Sprechen bedeutet für Gertrude Stein, Streitgespräche zu führen. Seit dem Beginn ihres Schreibens war das für sie nicht mehr wirklich interessant, obwohl sie immer viel und gerne sprach. (Das wenig aussagekräftige Adjektiv ‚interesting' zählt zu ihren Lieblingswörtern.) Was man schreibt, ist „in einem und wenn man es ausspricht hört man es" (JA: 292). „When I write I write and when I talk I talk and the two are not one, no not for any one and when they come near being one, then the inside is not inside and the outside is not outside" (EA: 271f.). Sich selbst zu hören, irritierte Gertrude Stein (vgl. EA: 288; JA: 310), auch wenn sie sich später daran gewöhnte, Vorlesungen zu halten und an amerikanischen Colleges zu unterrichten. Ihr Schreiben ist ganz auf Denken und Fühlen konzentriert (vgl. JA: 55), gleichsam ein Lauschen nach innen. Anders als das Sprechen ist es eine einsame Tätigkeit. „And that is because talking and writing have gotten more and more separated. Talking ist not thinking or feeling at all any more, it used to be but it is not now but writing is, and so writing naturally needs more refusing." (EA: 47f.)

Gertrude Stein sprach schlecht Französisch (vgl. ABT: 136; dt.: 146). Sie las nie französische Bücher oder Zeitungen, trotzdem lebte sie lange und gerne in Paris.[21] Bei Aufenthalten in England fand sie es stets irritierend, daß alle immer Englisch sprachen (vgl. ABT: 139; dt.: 150), denn für sie war das bevorzugt die Sprache ihres Metiers (vgl. ABT: 85; dt.: 91), und ans Schreiben stellte sie die höchsten Ansprüche. Daß sie die Autobiographie einfach und verständlich abfaßte, verschlägt nichts. Wiederholt hat sie ihre Vorliebe für die Komplexität des Einfachen betont (vgl. ABT: 91f.; dt.: 98). Die Autorin auf der Suche nach ihrem Publikum erprobt durchaus unterschiedliche Schreibweisen, experimentiert mit verschiedenen Gattungen. Unterscheidungen zwischen sogenannter höherer und niederer Literatur machte Gertrude Stein nicht. Ein Leben lang hat sie Bü-

---

20 Gertrude Stein, What are Masterpieces, in: writings and lectures (Anm. 2), S. 146.
21 „Schließlich ist jeder, das heißt, jeder der schreibt daran interessiert in sich selber zu leben damit er sagen kann was in ihm drinnen ist. Darum müssen Schriftsteller zwei Länder haben, eins wohin sie gehören und eins in dem sie wirklich leben. Das zweite ist romantisch, es ist getrennt von einem selbst, es ist nicht wirklich aber es ist wirklich da." (Gertrude Stein, Paris Frankreich. Persönliche Erinnerungen, aus dem Amerikanischen von Marie-Anne Stiebel, Frankfurt/M.: Suhrkamp 1986, S. 8; im weiteren abgekürzt „PF".)

cher aller Art verschlungen. Ihre Vorliebe für Detektivgeschichten ist bekannt.[22] Auf die Frage, was sie Büchern verdanke, antwortete Gertrude Stein 1939: „jedes Buch das ich überhaupt lesen kann ist wichtig für mich und ich kann die meisten lesen, jedes gibt mir etwas, man hat eine Menge Bücher zu lesen wenn man sein ganzes Leben lesen will".[23] Ihre wahre Passion aber ist das Schreiben. Diese Form der Kreativität ist ihre *wirkliche* Tätigkeit. Was sie sonst noch gerne macht, ist Bilder ansehen, spazierengehen und autofahren, lesen, reden und Briefe schreiben. (vgl. JA: 343f.; EA: 320f.) „Gertrude Stein versteht ihr Außenseitertum als Privileg und besetzt es positiv."[24]

An exponierter Stelle in *The Autobiography of Alice B. Toklas* – es wird gerade die Entwicklung Gertrude Steins erläutert, bevor sie nach Paris kam, und in diesem Zusammenhang werden grundlegende Feststellungen über ihr Selbstverständnis und ihre Bedeutung in der englischsprachigen Literatur vorgetragen – heißt es: „As a matter of fact her handwriting has always been illegible and I am very often able to read it when she is not." (ABT: 84; dt.: 90) Gertrude Stein schreibt, aber sie schreibt sehr unleserlich. Diese buchstäblich gemeinte Mitteilung, die übrigens richtig ist,[25] transportiert noch eine weitere Bedeutung; erinnert sei hier an das Befremden und die Ablehnung, auf die ihre frühen hermetisch wirkenden Porträts von Personen, Dingen und Räumen beim Publikum stießen.[26] Die unleserliche Handschrift der Autorin kann oft nur durch Alice B.

---

22 Vgl. Gertrude Stein, Warum ich Detektivgeschichten mag (1937), in: Lesebuch zum allmählichen Kennenlernen von Gertrude Stein, hrsg. u. kommentiert von Robert Bartlett Haas, mit einem Vorwort von Bruce Kellner, aus dem Amerikan. übersetzt von Klaus Schmirler und Dagmar Mahlhorn-Schmidt, Frankfurt/M.: Suhrkamp 1994, S. 113–117.
23 Zit. nach: Lesebuch (Anm. 22), S. 118.
24 Marlis Gerhardt, Stimmen und Rhythmen. Weibliche Ästhetik und Avantgarde, Darmstadt/ Neuwied: Luchterhand 1986, S. 98; vgl. ferner: Gisela Ecker, Gertrude Stein, Hilda Doolittle (H.D.) und Djuna Barnes: Drei Amerikanerinnen in Europa, in: Weiblichkeit und Avantgarde, hrsg. von Inge Stephan und Sigrid Weigel, Berlin/Hamburg: Argument 1987, S. 40–66.
25 Vgl. Ulla Dydo, Reading the Hand Writing: The Manuscripts of Gertrude Stein, in: A Gertrude Stein companion: content with the example, ed. by Bruce Kellner, New York/ Westport/ London: Greenwood Pess 1988, S. 84–95.
26 Zu den unterschiedlichen Schreibweisen Gertrude Steins und ihrer schriftstellerischen Entwicklung vgl. Klaus Reichert, Gertrude Steins künftige Sprache, in: Das Tempo dieser Zeit ist keine Kleinigkeit. Zur Literatur um 1918, hrsg. von Jörg Drews, München: Text u. Kritik 1981, S. 168–182. Um eine Rezeption Gertrude Steins in Deutschland haben sich frühzeitig außerdem Max Bense und Helmut Heißenbüttel verdient gemacht; vgl. Max Bense, Kosmologie und Literatur. Über Alfred N. Whitehead und Gertrude Stein, in: Texte und Zeichen 3 (1957), S. 512–525; Helmut Heißenbüttel, Reduzierte Sprache. Über einen Text von Gertrude Stein, in: ders., Über Literatur, Olten/Freiburg: Walter 1966, S. 11–22; zur neueren Forschung vgl. Andreas Kramer, Gertrude Stein und die deutsche Avantgarde, Eggingen: Ed. Klaus Isele 1993.

Toklas entziffert werden, d.h. durch ihre Vermittlungsleistung wird das Schreiben Gertrude Steins auch für eine größere Leserschaft zugänglich.[27] Genau diese Situation bildet Gertrude Stein nun in *The Autobiography of Alice B. Toklas* nach und ist damit dann selbst erfolgreich. Gleichsam nebenbei setzt sie so auch der Freundin ein Denkmal, denn über jemanden zu schreiben bedeutet, ihn unsterblich zu machen.[28]

The Autobiography of Alice B. Toklas ist weder eine von Toklas geschriebene Selbstbiographie – diese trägt den Titel *What Is Remembered* und erscheint 1963, also 30 Jahre später – noch eine von Toklas geschriebene Biographie der Stein. (Immer wenn sich die Frage nach dem Entweder-Oder nicht klar beantworten läßt – und das dürfte in allen interessanten Fällen so sein – werden wir über kurz oder lang mit Paradoxien konfrontiert.) *The Autobiography of Alice B. Toklas* ist überhaupt nicht von Toklas geschrieben,[29] sondern von Gertrude Stein, die damit einen Grenzfall der Gattung schafft. Dieser experimentelle Zugriff dürfte sie daran am meisten gereizt haben. Das Innere von außen zu fühlen und das Außen von innen zu sehen, so beschreibt sie in *Portraits and Repetition* die schriftstellerische Herausforderung beim Schreiben dieser Autobiographie.[30] Fühlen und Sehen fallen für Gertrude Stein als spezifische Formen der

---

27 Die Verdienste von Alice B. Toklas als Verlegerin der Werke Gertrude Steins sind immer wieder betont worden. Die Freundin war keineswegs bloß die Sekretärin. In *The Autobiography of Alice B. Toklas* wird hervorgehoben, daß sie es war, die Gertrude Stein dazu überreden konnte, den Wahlspruch „rose is a rose is a rose is a rose" zu ihrem Erkennungs- und Markenzeichen zu machen (vgl. ABT: 162f.; dt.: 151). – Ausführlich diskutiert wird das Verhältnis der beiden Frauen von Catharine R. Stimpson, Gertrice/Altrude. Stein, Toklas, and the paradox of the happy marriage, in: Mothering the Mind. Twelve Studies of Writers and Their Silent Partners, ed. by Ruth Perry and Martine Watson Brownley, New York/London: Holmes & Meier 1984, S. 122–139. Stimpson betont das Parodoxale dieser Konstellation: „As they violated the rules of sex, they obeyed those of gender. As they discarded heterosexuality, they enforced the codes of marriage." (Ebd., S. 126) Stimpson kommt zu dem Schluß: „Beating down their time, Stein created Stein the writer. Toklas helped immeasurably, and in the process created Toklas too. Their tightly organized lesbian marriage was one of their strongest weapons." (Ebd., S. 135)

28 „Then there was a fair sprinkling of americans, [...] among them Miss Mars and Miss Squires whom Gertrude Stein afterwards immortalised in her story of Miss Furr and Miss Skeene." (ABT: 18; dt.: 18)

29 Zum Streit um die Autorschaft vgl. Hoffmann (Anm. 14), S. 120ff. u. S. 148ff. „Schon diese frühen Rezensionen und Meinungen sprechen drei wesentliche Punkte an, die *The Autobiography of Alice B. Toklas* heute noch als Fragen aufwirft. Ungeklärt ist, ob Gertrude Stein tatsächlich die Autorin des Werkes ist, wie sie es (als Autorin) mit der Wahrheit hält und ob es eine Kontinuität gibt zwischen *The Autobiography of Alice B. Toklas* und den vorigen Werken Gertrude Steins." (Ebd., S. 123)

30 „I had never thought about an audience before, not even when I wrote ‚Composition As Explanation' which was a lecture but now I suddenly began, to feel the outside inside and the inside outside and it was perhaps not so exciting but it was very interesting. Anyway it

Wahrnehmung zusammen; „you see I feel with the eyes" (ABT: 77). „Ich schreibe mit meinen Augen, nicht mit meinen Ohren oder mit meinem Mund."[31] Fühlen, sehen und schreiben bilden für Gertrude Stein also eine Einheit.[32] Hören und sprechen spielen demgegenüber eine untergeordnete Rolle; das Rhythmische und Melodische ihrer Texte ist ein nachgeordneter, erst für die Rezeption wichtiger Effekt. Ihr am Sehen orientiertes Schreiben – es ist die moderne Optik der Kubisten,[33] die aus geometrischen Grundformen Flächen gestalten und meist nur spärlich mit Farbe arbeiten – ist, der Selbstauffassung Steins zufolge, authentischer Ausdruck. Zwar ist das Gefühl keineswegs unmittelbar – diese Naivität leistet sich im 20. Jahrhundert kaum ein ernstzunehmender Künstler, auch ist hier nicht von einer bloßen Empfindung die Rede –, seine reflektierte Gestaltung aber ist die größtmögliche Nähe, die wir bei der Darstellung der Welt und unseres eigenen Ich erreichen können. Deshalb enthalten ihre autobiographischen Bücher Ansätze zu einer Theorie des Wissens. Erkenntnis und Selbsterkenntnis sind nicht voneinander zu trennen. (Gertrude Stein führt diesen Zusammenhang später in den *Narration* betitelten Vorträgen genauer aus.)

Statt eines eindeutig lesbaren Titelblatts war der Erstausgabe der *Autobiography of Alice B. Toklas* von 1933 eine Photographie vorangestellt, die Alice Toklas und Gertrude Stein im Atelier in der Rue de Fleurus Nr. 27 zeigt. Die Autorin ist im Vordergrund rechts im Profil zu sehen, sie sitzt am Schreibtisch und arbeitet. Nur auf den Schreibtisch fällt etwas Licht, sie selbst bleibt im Schatten. In der Bildmitte im Hintergrund ist, gut ausgeleuchtet, Alice Toklas zu sehen, wie sie zur Tür hereinkommt. Sie blickt den Betrachter an. Diese 1922 von Man Ray photographierte Szene gibt die unterschiedlichen Rollen und die dazu quer stehende Bedeutung der beiden Frauen genau wieder, ohne eine Vereindeutigung vorzunehmen: Autorin und Erzählerin sind klar voneinander getrennt, teilen aber den gleichen Lebensraum. Licht und Schatten einerseits sowie die Positionierung der Personen auf dem Bild andererseits stehen in einem ausgewogenen Spannungsverhältnis. Zu sehen ist ein Interieur mit zwei Frauen, der

---

was quite exciting. / And so I wrote the *Autobiography of Alice B. Toklas* and told what happened as it had happened." (Stein, writings and lectures (Anm. 2), S. 121; dt. in: Was ist engl. Literatur (Anm. 2), S. 154.)

31 Transatlantisches Interview (1946). Gertrude Stein im Gespräch mit Robert Bartlett Haas, in: Lesebuch (Anm. 22), S. 15–34, hier: S. 31.

32 Vgl. Ulla E. Dydo, Composition as Meditation, in: Gertrude Stein und the Making of Literature, ed. by Shirley Neuman and Ira B. Nadel, Boston: Northeastern University Press 1988, S. 42–60; hier: S. 45.

33 Vgl. Earl Fendelman, Gertrude Stein Among the Cubists, in: Journal of Modern Literature 2 (Nov. 1972), S. 481–490; L. T. Fitz, Gertrude Stein and Picasso: The Language of Surfaces, in: American Literature 45 (May 1973), S. 228–237; Marilyn Gaddis Rose, Gertrude Stein and the cubist narrative, in: Modern Fiction Studies 22 (1976/77), S. 543–555.

bloß private Charakter wird durch die modernen Gemälde an der Wand konterkariert.[34] Wie spitzfindig die Präsentation der *Autobiography of Alice B. Toklas* 1933 ausgeklügelt war, ist auch daran zu erkennen, daß nach dem Text als Pendant zum Frontispiz ein Faksimile der ersten Manuskriptseite der *Autobiographie* abgedruckt ist, und in der Tat verweisen ja die Enthüllungen der letzten Seite den Leser an den Anfang zurück: nun kann das Buch mit anderen Augen gelesen werden.[35] Die erneute Lektüre ist stets eine andere, „weil es so etwas wie Wiederholung nicht gibt".[36] Gertrude Steins künstlerisches Credo eines „beginning again and again", das sie in *Composition as Explanation* (1926) proklamiert,[37] zielt auf Wahrnehmung und deren Intensivierung. Auch die Aufmerksamkeit des Lesers ist dabei stets gefordert.

The Autobiography of Alice B. Toklas ist eine fiktionalisierte Autobiographie, in der Alice B. Toklas die Biographie von Gertrude Stein schreibt,[38] also eine als Selbstbiographie der Freundin getarnte Biographie der Autorin. Alternativ kann das Buch gelesen werden als in der 1. Person geschriebene Biographie von Alice B. Toklas oder auch als in der 3. Person geschrieben Autobiographie von Gertrude Stein. Paradoxerweise ist *The Autobiography of Alice B. Toklas* also sowohl Autobiographie als auch Biographie und damit weder das eine noch das andere. Perspektiven und Stimmen sind in vielerlei Hinsicht doppelt; „eine war dann die andere", heißt es bereits in *Ada*, dem ersten literarischen Porträt, das Gertrude Stein von der Freundin gemacht hat. Durchaus program-

---

34 Die Photographie von Man Ray ist wiederabgedruckt in: Gertrude Stein. Ein Leben in Bildern und Texten, hrsg. von Renate Stendhal, Zürich: Arche 1989, S. 101. – Die neueren Ausgaben von *The Autobiography of Alice B. Toklas* haben ein eindeutig lesbares Titelblatt und verzichten auf das Bild von Man Ray.

35 „About six weeks ago Gertrude Stein said, it does not look to me as if you were ever going to write that autobiography. You know what I am going to do. I am going to write it for you. I am going to write it as simply as Defoe did the autobiography of Robinson Crusoe. And she has and this is it." (ABT: 272; dt.: 296)

36 Vgl. Gertrude Stein, Wie man schriftstellert (1935), in: Lesebuch (Anm. 22), S. 199; vgl. Gertrude Stein, How Writing Is Written, ed. by Robert Bartlett Haas, Los Angeles: Black Sparrow Press 1974, S. 158.

37 Stein, writings and lectures (Anm. 2), S. 21–30; hier: S. 23.

38 Mehrfach ist dieser Aspekt herausgearbeitet worden; vgl. etwa Neuman, Gertrude Stein's Dog (Anm. 13), S. 76; Lynn Z. Bloom, Gertrude Is Alice Is Everybody: Innovation and Point of View in Gertrude Stein's Autobiographies, in: Twentieth Century Literature 24, 1 (spring 1978), S. 81–93; Bloom stellt heraus: „The work is a double portrait, of Stein and of Toklas." (Ebd., S. 90); vgl. ferner: James E. Breslin, Gertrude Stein and the Problems of Autobiography, in: Georgia Review 33 (1979), 3.4, S. 901–913; Breslin betont, daß *The Autobiography of Alice B. Toklas* ein Buch ist „with an elusive center and a discontinuous design. [...] The reader is not certain who it is he is listening to; nor is he meant to be." (Ebd., S. 904) „The book is an historical memoir; the book is a fictional construct" (ebd., S. 911), resümiert Breslin.

matisch schreibt sie dort: „some one was then the other one" (*Ada*).[39] Die eine ist von der anderen nicht zu trennen. Sie haben nicht nur eine gemeinsame Geschichte, sondern sie sind sich meist einig und glücklich.[40] Das ‚ich' der Autobiographie ist vom ‚sie' nicht klar zu unterscheiden, weder semantisch noch grammatisch. Stets klingt in der Stimme der einen die andere mit. In vielen Interpretationen ist das gesehen worden, Shari Benstock nennt die *Autobiographie* „double voiced".[41] Ob es sich hierbei um ein Spezifikum weiblicher Autobiographik handelt, wage ich nicht zu entscheiden.[42] Später in *Everybody's Autobiography* berichtet Gertrude Stein einvernehmlich von ‚wir', damit die Brisanz der Erzählperspektive aufgebend. Ihrem eigenen Wunsch entsprechend wird die Freundin nun durchgängig Alice Toklas genannt,[43] womit vorwiegend ihre nicht literarische Existenz gemeint ist. In ihrer offiziellen Funktion als Erzählstimme

---

39 Gertrude Stein, Ada, zit. nach: A Primer for the Gradual Understanding of Gertrude Stein, ed. by Robert Bartlett Haas, Los Angeles: Black Sparrow Press 1971, S. 45–47; hier: S. 47; vgl. Ada (dt.), in: Lesebuch (Anm. 22), S. 47–49. – Diese beiden Ausgaben sind nicht identisch, obwohl sie den gleichen Herausgeber haben; das deutsche Lesebuch enthält eine Reihe von erstmals übersetzten kurzen Texten Gertrude Steins, die von R.B. Haas erläutert werden, was ‚zum allmählichen Kennenlernen von Gertrude Stein' bei einem deutschsprachigen Publikum gedacht ist.

40 In der Passage über den Beginn der von Gertrude Stein geschriebenen Porträts ist die Rede von *Ada*, dem ersten Porträt in *Geography and Plays*, in dem unter anderem Namen die Freundin porträtiert wird. Alice B. Toklas berichtet über ihre ersten Reaktionen beim Lesen dieses Stücks: „I began it and I thought she was making fun of me and I protested, she says I protest now about my autobiography. Finally I read it all and was terribly pleased with it." (ABT: 125) Von Toklas wird gesagt, daß auf ihren Protest hin Gertrude Stein einwende, sie protestiere jetzt gegen ihre Autobiographie. Der Teilsatz „I protest now about my autobiography" kann als direkte und als indirekte Rede gelesen werden. Im einen Fall bezieht er sich auf Stein, im anderen Fall auf Toklas. Da aber schließlich beide damit einverstanden sind, nach ausführlicher Lektüre der Protest hinfällig geworden ist, wird auch die voraufgehende Unklarheit bedeutungslos. Die Freundinnen sind sich meist einig, was ihr gemeinsames Leben betrifft. Nur bei Dissens wäre eine Klärung der persönlichen und besitzanzeigenden Fürwörter erforderlich gewesen.

41 Shari Benstock, The Women of the Left Bank, Austin: University of Texas Press 1986, S. 164; vgl. auch die populär gehaltene, mit vielen schönen Bildern ausgestatte Darstellung von Andrea Weiss *Paris war eine Frau. Die Frauen von der Left Bank: Djuna Barnes, Janet Flanner, Gertrude Stein & Co* (aus dem Englischen übersetzt von Susanne Goerdt, Dortmund: Ed. Ebersbach, 1996).

42 Vgl. auch: Carola Hilmes, „Lieber Widerhall". *Bettine von Arnim: Die Günderode* – Eine dialogische Autobiographie, in: GRM, Neue Folge, Bd. 46 (1996), Heft 4, S. 424–438.

43 „In the first place she did not want it to be Alice B. Toklas, if it has to be at all it should be Alice Toklas" (EA: 1). – Ein in seiner Motivation uneindeutiger Fall: „Well Alice B. Toklas would say that depends on who you are. Perhaps anyway there is no beginning and no end." (EA: 89; JA: 98) Ist hier in Fragen der Identität neuerlich die Erzählstimme der Freundin gemeint? – An anderer Stelle fungiert der Name als Synonym für den Titel: „I told in Alice B. Toklas ..." (EA: 23; JA: 29).

der Autobiographie und als Autorin des Lebensrückblicks *What Is Remembered* heißt sie Alice B. Toklas, was „mehr als Alice Toklas" ist (JA: 7).

In seiner 1996 erschienen Studie über *Henry James, Gertrude Stein, and the Biographical Act* stellt Charles Caramello heraus, daß das einer Gattung nur schwer zuzuordnende Werk *The Autobiography of Alice B. Toklas* ein Dokument einer glücklichen Geschichte eines ungewöhnlichen Paares ist; er spricht von „a fictionalized *memoir* of married life".[44] Caramello geht soweit, *The Autobiography of Alice B. Toklas* als Dekonstruktion patriarchalisch heterosexueller Ehe zu lesen, an deren Stelle die lesbische Ehe als legitime, vielleicht sogar überlegene Alternative angeboten wird.[45] „Stein offers the *Autobiography* itself as exemplary, as a sapphic Cubist text describing modern love and modern art and enacting them both."[46] Caramellos Lesart des Buches gehört sicherlich zu den avanciertesten Deutungsmöglichkeiten.[47] Unter dem Gesichtspunkt des gattungstheoretisch Paradoxen sind diese inhaltlichen Erwägungen nicht weiter von Interesse; zwischen Pathologie und Propaganda ist eine Bandbreite unterschiedlicher Reaktionen denkbar. Als Ausnahmefall der Gattung jedoch ist *The Autobiography of Alice B. Toklas* einzigartig und deshalb ein Meisterwerk. Das eine, unverwechselbare Ich, das gewöhnlich im Zentrum einer Selbstbiographie steht und in traditionellen Selbstbiographien diese Position unangefochten behauptet, ist hier gegen ein anderes Ich ausgetauscht. Diese Autobiographie ist eine Autobiographie und zugleich keine Autobiographie, sondern eine Autobiographie ohne Ich, denn die Heldin ist zwar mit der Autorin identisch, das autobiographische Ich aber ist eine andere. Die Erzählerstimme der Freundin ist weder Autobiographin noch Hauptperson. Fundiert ist dieses Paradox in Gertrude

---

44 Charles Caramello, Henry James, Gertrude Stein, and the Biographical Act, Chapel Hill/London: The University of North Carolina Press 1996, S. 231. – Zu Gertrude Steins *The Autobiography of Alice B. Toklas* führt Caramello aus: „She composed a self-contesting hybrid of autobiographical memoir, biographical memoir, and romantic historical novel (or pastiche of a parody of one), a hybrid, at the same time, of portraiture, autoportraiture, and narration. Through this mixing, she guaranteed not only that fact and fiction would remain undecidable, but also that voices and perspectives would remain unsortable, the exact agency of speech and sight, at any moment, indeterminable." (Ebd., S. 121f.)
45 Vgl. ebd., S. 122.
46 Ebd., S. 127.
47 In den letzten Jahren hat es eine Vielzahl feministischer, meist dekonstruktivistisch vorgehender Stein-Interpretationen gegeben; vgl. Neil Schmitz, Portrait, Patriarchy, Mythos: The Revenge of Gertrude Stein, in: Salmagundi 40 (winter 1978), S. 69–91; Marianne DeKoven, A different language. Gertrude Stein's experimental writings, Madison: University of Wisconsin Press 1983; Harriet Scott Chessman, The Public Is Invited To Dance. Representation, the Body, and Dialogue in Gertrude Stein, Stanford California: Stanford University Press 1989.

Steins Selbstauffassung als moderner Schriftstellerin, die sich auch weiterhin im autobiographischen Genre erproben wird.

2. „*Everybody's Autobiography*" – diesseits und jenseits der Grenzen autobiographischen Schreibens

Erzählen bedeutet für Gertrude Stein „einfach sagen was geschieht" (JA: 334). In *Narration*, vier Vorträge, die sie in den Jahren 1934/35 vor amerikanischen Studenten hielt, erläutert sie ausführlich die Aufgabe des Schriftstellers – das ist jemand, der im Unterschied zum Historiker oder zum Zeitungsschreiber wirklich etwas erzählt. Seine Aufgabe besteht darin, daß er „im Akt des Schreibens dessen was er schreibt Erkennen bewirkt."[48] Gewonnen hatte Gertrude Stein diese Einsicht beim Übersetzen von Georges Hugnets Gedichtzyklus *Enfance*: „und dann erkannte ich plötzlich etwas ich erkannte daß Wörter anders herauskommen wenn es kein Erkennen gibt während die Wörter sich anordnen weil das Erkennen bereits stattgefunden hat." (E: 89) Im *Transatlantic Interview* von 1946 rekurriert Gertrude Stein später auf diesen, gerade für die Autobiographie besonders relevanten Zusammenhang: „other people's words are quite different from one's own".[49] Entsprechend hatte sie das Einführen der Erzählperspektive in *The Autobiography of Alice B. Toklas* im vierten Vortrag von *Narration* folgendermaßen motiviert: „es machte daraus ein Erkanntwerden indem es es nie noch vor dieser Niederschrift existierend sein ließ." (E: 103) Die kontinuierliche Selbstgegenwart des Autobiographen wird auch in den weiteren autobiographischen Büchern Gertrude Steins das angestrebte Ziel sein.

Der im Schreiben sich selbst erkennende Schriftsteller führt ein Doppelleben in der Schrift. „Einer ist nicht eins weil einer immer zwei ist das heißt einer kommt immer zu einem Erkennen dessen was der eine der eins ist schreibt das heißt erzählt." (E: 96f.) Dem Umstand, daß Subjekt und Objekt der Erkenntnis, Schreibende und Beschriebene voneinander getrennt sind, trägt Gertrude Stein mit der Verdopplung der Position der Autobiographin in Autorin und Erzählerin Rechnung. Außerdem ermöglicht das Doppelleben in der Schrift aber auch eine

---

48 Gertrude Stein, Erzählen. Vier Vorträge, eingeleitet von Thornton Wilder, aus dem Amerikanischen übersetzt von Ernst Jandl, Frankfurt/M.: Suhrkamp 1990, S. 95; im weiteren abgekürzt „E". – Im folgenden habe ich in den explikativen Passagen, soweit eine verläßliche deutsche Übersetzung vorlag, auf diese zurückgegriffen, um den Argumentationsgang nicht unnötig zu erschweren.
49 Gertrude Stein, A Transatlantic Interview (1946), in: A Primer for the Gradual Understanding of Gertrude Stein (Anm. 39), S. 11–35; hier: S. 19; dt. in: Lesebuch (Anm. 22), S. 15–34; hier: S. 22; im weiteren abgekürzt „TI".

andere Selbstverdopplung des Schriftstellers: seine Aufspaltung in Autor und Publikum. Jeder Schriftsteller ist auch sein erster Leser. Die unterschiedlichen Differenzierungsreihen ‚Autorin – Erzählerin – auto/biographischer Inhalt' und ‚Autorin – autobiographischer Inhalt – Auditorium' sind nicht aufeinander abbildbar. Gertrude Stein schreitet mit ihren autobiographischen Experimenten voran. Das Publikum im Sinne eines anonymen Jedermann wird sie ins Zentrum ihrer nächsten Autobiographie rücken. Bei diesem Schema noch unberücksichtigt bleibt der Aspekt einer Rückwirkung der Autobiographie(n) auf das Leben. Auch darauf wird *Everybody's Autobiography* am Anfang und am Ende ausdrücklich Bezug nehmen; gemeint ist die für Gertrude Stein bis dahin unbekannte Schreibblockade, die nach dem Erfolg von *The Autobiography of Alice B. Toklas* einsetzt, und der spätere Erfolg ihrer Lecture-Tour in Amerika sowie das allmähliche Sich-Durchsetzen auch ihrer schwierigen Stücke auf der Bühne.

Implizit ist die Position des Publikums bereits in *The Autobiography of Alice B. Toklas* vorhanden, denn die Freundin hat nicht nur die Rolle der Erzählerin, sondern sie ist auch Leserin der Stein und ihre Popularisatorin. Die Vielschichtigkeit dieser Selberlebensbeschreibung ergibt sich nicht zuletzt daraus, daß außen und innen mit 1. und 3. Person in wechselseitigem, sich überkreuzendem Verhältnis stehen und daß außerdem durch eine weitere Ebene, die zu bedenken ist – ein Bereich außerhalb der Schrift, die Welt, die anderen –, die Komplexität gesteigert wird. It's all there. Erstaunlich, daß bereits in *The Autobiography of Alice B. Toklas* all diese Vernetzungen da sind. Zur illustrierenden Erläuterung verweist Gertrude Stein in *Narration* auf analoge Fälle aus der literarischen Tradition.

> Der Fall von Boswells Johnson ist ein interessanter, Boswell sah sich als ein Publikum ein Publikum das zu ein und derselben Zeit Erkennen erlangte da Johnson das Erkennen der Sache erlangte die er wie Johnson sagte, Johnson sagte diese Dinge als ob er diese Dinge schreibe das heißt Erkennen des Dinges erlange während das Ding Ausdruck erlangte und durch die Intensität seines Aufgehens in der unmittelbaren Gegenwart Johnsons erlangte Boswell Erkennen wie Johnson selbst es tat. (E: 100)

Am Schluß von *The Autobiography of Alice B. Toklas* nennt Gertrude Stein noch einen anderen Fall: die von Daniel Defoe verfaßte Autobiographie Robinson Crusoes (vgl. ABT: 272).[50] Da es sich hierbei zweifellos um einen Roman

---

50 Am Ende ihres dritten Vortrags über ‚Erzählen' greift Gertrude Stein diesen Zusammenhang erneut auf: „Denken Sie an Defoe, er versuchte Robinson Crusoe zu schreiben als sei es genau was sich wirklich ereignete und doch ist schließlich er Robinson Crusoe und Robinson Crusoe ist Defoe und daher ist es schließlich nicht was sich ereignet sondern was sich mit ihm mit Robinson Crusoe ereignet was erzeugt was für jeden aufregend ist. Sie können es nicht zu oft wieder lesen und so können Sie werden Sie über alles Geschriebene alles erfahren." (E: 78f.)

handelt – alle möglichen Ähnlichkeiten mit lebenden Personen sind ausgeschlossen –, führt dieser Hinweis zu Diskussionen über das prekäre Verhältnis von Fakten und Fiktionen, wie es in der Tradition der Autobiographie selbst stets geführt und später in der Forschungsliteratur zu einem der Brennpunkte in gattungstheoretischen Auseinandersetzungen gemacht wurde. Da Gertrude Stein die Kreativität des Autobiographen ins Zentrum stellt und das Präsentische betont – das Erkennen eines Dinges im Akt des Schreibens –, sind diese Aspekte für sie von untergeordneter Bedeutung.

Mit dem Bekenntnis, die Autobiographie *für* die Freundin zu schreiben und sie „so einfach ab[zu]fassen wie Defoe, als er die Autobiographie Robinson Crusoes schrieb" (ABT: 296, dt.) schließt *Die Autobiographie von Alice B. Toklas*. Der vier Jahre später geschriebene Folgeband *Jedermanns Autobiographie* knüpft unmittelbar daran an. *Everybody's Autobiography* wird eröffnet mit der Feststellung: „Alice B. Toklas did hers and now anybody will do theirs." (EA: 1)[51] „Alice B. Toklas schrieb die ihre und von jetzt an schreibt jeder seine eigene." (JA: 7) Der Titel gestattet zwei Lesarten: Autobiographie von jedermann und Autobiographie für jedermann. Die eigene Lebensgeschichte in einer für jedermann verständlichen Weise geschrieben, wäre die naheliegende Lesart. Gertrude Stein privilegiert jedoch die andere: die Selberlebensbeschreibung von Jedermann. Das führt neuerlich zu Verwirrung über den Autor und den Gegenstand. Abermals hängt das damit zusammen, daß die Gattungsbezeichnung in den Titel aufgerückt ist.

Trotz der von Gertrude Stein eingangs hergestellten Analogie werden entsprechende Vergleiche zwischen *The Autobiography of Alice B. Toklas* und *Everybody's Autobiography* schief: Die Autorin nimmt hier nicht die Erzählperspektive von jedermann ein, sondern sie bezieht sich auf sich selbst durchgängig als Ich. In dieser Hinsicht ist *Everybody's Autobiography* ganz konventionell. Nach einer Einleitung berichtet Gertrude Stein der Reihe nach davon, „Was nach der Autobiography von Alice B. Toklas geschah", „Welche Wirkung sie auf mich hatte – die Autobiographie", von den „Vorbereitungen für die Amerika-Reise", schließlich von „Amerika" – dieses Kapitel ist mit Abstand das längste – und was danach geschah, „Wieder zurück".[52] So gesehen ist der Titel *Everybody's Autobiography* also falsch, denn es ist keine Autobiographie von

---

51 Bloom (1978) weist darauf hin, daß es im ersten Satz ‚everybody' heißen müßte; ‚anybody' geht zurück auf „an error that Toklas had made in transcribing the manuscript." (Bloom (Anm. 38), S. 93)

52 Die Kapitelüberschriften im Original lauten: „Introduction", 1) „What happened after the Autobiography of Alice B. Toklas", 2) „What was the effect upon me of the autobiography", 3) „Preparations for going to America", 4) „America", 5) „Back again".

jedermann, sondern die eigene. Hinter diesem Titel verbirgt sich kein Paradox, denn nicht alles was irritierend wirkt, ist auch schon paradox.

Der Titel referiert nicht auf alle (und keinen), sondern auf *einen* unspezifizierten Referenten; ‚everybody' hat Stellvertreterfunktion, womit die Autorin das Prinzip der Distanzierung aus *The Autobiography of Alice B. Toklas* programmatisch beibehält, allerdings ohne es in gleicher Weise durchzuführen. Offensichtlich kommt es Gertrude Stein auf Ähnlichkeiten an und auf Differenzen.[53] *Everybody's Autobiography* vermeidet einen Namen im Titel. Namen sind Daten, die auf ein konventionelles Verständnis von Identität rekurrieren, was bei Selbstbiographien unausweichlich zu Problemen führt, denn „Identität ist seltsam Man-selbst-sein ist seltsam da man für sich niemals man selbst ist außer wenn man sich auf sich besinnt und dann glaubt man sich natürlich nicht. Das ist wirklich die Schwierigkeit mit einer Autobiographie". (JA: 79) „You are of course never yourself." (EA: 70) Mit dem Titel *Everybody's Autobiography* zielt Gertrude Stein ab auf das Modell einer Autobiographie für jedermann, d.h. einer für das 20. Jahrhundert angemessenen autobiographischen Erzählstruktur. Sie verhandelt hier also die moderne Autobiographie als solche. (Immer wieder weist sie hin auf Grundprobleme des Schreibens unter den Bedingungen der Moderne, die – ihren Überlegungen zufolge – in Amerika exemplarisch ausgeprägt sind.) Aber ist das Modell einer Autobiographie zugleich auch Selberlebensbeschreibung oder fallen die theoretischen Reflexionen und die beschreibenden Passagen auseinander?[54] Bereits die Doppeldeutigkeit des Titels markiert diesen Zwiespalt.

Zweifellos ist das Buch in einer für jedermann verständlichen Weise geschrieben. Es ist ein für Publikum geschriebener Selbstverständigungstext der Stein.[55] Diese Lesart drängt sich erneut auf. Ob es den Vorstellungen Steins ent-

---

53 Vgl. Alan R. Knight, Masterpieces, Manifestoes and the Business of Living: Gertrude Stein Lecturing, in: Stein und the Making of Literature (Anm. 32), S. 150–167.
54 Neuman stellt in ihrer Interpretation deren Verbindung über die Einzelfall-Deduktion her (vgl. Neuman, Autobiography and the Problem of Narration (Anm. 10), S. 53ff.).
55 Vgl. Gertrude Steins Unterscheidung zwischen für sich selbst bestehenden, ganzheitlichen Texten, das sind Meisterwerke, und für andere geschriebene Texte, die die künstlerische Weltanschauung der Autorin einem größeren Publikum vermitteln. Diese Schreibweise nennt Gertrude Stein „writing identity", jene „writing entity". (Vgl. dazu auch die entsprechenden Ausführungen in *The Making of Americans*, die zwischen „writing for (her)self and strangers" trennen. Dieses Schreiben ist für Publikum gedacht – auf fremde Leser berechnet –, jenes ist mit sich selbst beschäftigt. Für Gertrude Stein ist nur ‚writing entity' wirklich Schreiben, d.h. eine eigene Wirklichkeit kreierendes Schreiben.) – Im *Lesebuch* wird „writing entity" übersetzt mit ‚Schreiben für sich selbst', was äußerst irreführend ist, da das Ich im schöpferischen Akt gerade abwesend ist. Die Analogiebildung zu ‚Schreiben für ein Publikum' mißrät vollends, wenn diese Texte nun nochmals unterschieden werden von ‚Vorträgen und literarischen Meditationen'. (Letztere sind in der

sprechend in die Kategorie der Meisterwerke fällt, ist schwer zu entscheiden.⁵⁶ Das in den Titel gehobene ‚everybody' bleibt programmatisch unterbestimmt. Durch eine leichte Akzentverschiebung, die Gertrude Steins Überlegungen zur Identität folgt – „I am I because my little dog knows me" – erhellt die Bedeutung von ‚jedermann': Die für eine Autobiographie charakteristische Identitätszuschreibung erfolgt nicht durch das Ich selbst, sondern durch andere – keinen bestimmten anderen, sondern schlicht durch jeden beliebigen anderen –, durch ‚everybody'. Es ist das Publikum, das die Selberlebensbeschreibung zu einer solchen macht: „Stein's new theory of autobiography will demand that the reader recreate the work in his own present [...] The new autobiography is that of ‚everybody'."⁵⁷ Diese Verschiebung der autobiographischen Produktion zur Rezeption der Autobiographie markiert die Differenz zwischen *The Autobiography of Alice B. Toklas* und *Everybody's Autobiography*. Der Geschichte des selbstvergessenen Selbstbewußtseins – eines identitätslosen Ich – ist das neutralisierende ‚jedermann' adäquat.⁵⁸ „Anyway autobiography is easy like it or not autobiography is easy for any one and so this is to be everbody's autobiography." (EA: 4; JA: 10)

Die Autobiographie ohne Ich mutiert zur möglichen Autobiographie aller – im Sinne des Prototyps einer Selberlebensbeschreibung. Neuman, die diese Lesart bereits 1979 vorschlug, forciert ihre Interpretation dahingehend, *Everybody's*

---

amerikanischen Vorlage nicht enthalten.) – Aufschlußreich für den autobiographischen Kontext ist, daß sich „writing identity" an ein Publikum richtet, die Festschreibung der Identität also vom eigenen Ich getrennt wird. Die auf eine schreibend herzustellende Entität gerichtete Produktion fällt überhaupt nicht in den Bereich der menschlichen Natur, sondern gehört als Kunst zum Geist des Menschen, der Individualität nicht kennt. Daß die Autobiographien Gertrude Steins sich auf der Grenze zwischen ‚writing entity' und ‚writing identity' bewegen, macht sie zu besonders interessanten Fällen.

56 Neben Neuman (1979) plädiert ausdrücklich Hoffmann (1992) dafür. Anders als *The Autobiography of Alice B. Toklas* könne in *Everybody's Autobiography* – die Hoffmann als „kritische Auseinandersetzung mit dem Patriarchat als Institution" versteht (Hoffmann (Anm. 14), S. 227) – „Gertrude Steins Genie nicht mehr als Pose gelesen werden", sondern sei „unmißverständlich eine Form ihres Seins" (ebd., S. 282). Wie das offensichtlich männliche Konzept des Genies zur Dekonstruktion patriarchalischer Strukturen geeignet sein soll, bleibt ungewiß, ebenso fraglich ist, ob Gertrude Steins ästhetische Überzeugungen und Konzeptionen in der hier unterstellten Form überhaupt durchgängig sind. Ein Genie kann Meisterwerke schaffen – nur ein Genie kann das –, aber ein Genie kann auch andere Äußerungsformen wählen. Vielleicht ist das Meisterwerk nicht immer die beste?

57 Neuman, Autobiography and the Problem of Narration (Anm. 10), S. 41.

58 Neuman interpretiert *Everybody's Autobiography* als Selbstbiographie des menschlichen Geistes: „This second major autobiography is the presentation in all-inclusive detail of the ‚human mind' which ‚writes itself' as it exists from moment to moment. It represents Stein's theories carried to a point at which meta-writing results." (Neuman, Autobiography and the Problem of Narration (Anm. 10), S. 47).

Autobiography als ‚Idealtypus' zu betrachten. Demgegenüber möchte ich zu bedenken geben, ob in dieser zweiten Autobiographie Theorie und Praxis wirklich miteinander verwoben sind und nicht vielmehr nebeneinander stehen – ganz anders als in *The Autobiography of Alice B. Toklas*. Gerade der von Neuman vorgeschlagene Perspektivenwechsel auf die Rezeption läßt ihre weiteren Schlußfolgerungen besonders heikel erscheinen: Die einheitliche Produktionsperspektive der *Autobiography of Alice B. Toklas* ist in *Everybody's Autobiography* aufgegeben zugunsten einer möglichen metatheoretischen Vereinheitlichung durch den Leser. Als in sich selbst bestehendes Werk kann *Everybody's Autobiography* damit nicht gelten. Der darin liegende Innovationsschub ist nicht ohne weiteres mit Gertrude Steins eigenen Reflexionen über Meisterwerke zu vereinbaren. Diese Inkonsistenz kann allerdings noch so aufgefaßt werden, als wolle die Wortführerin der literarischen Moderne über sich selbst hinausweisen. Und in der Tat, die konstitutive Bezugnahme auf den Leser eröffnete Perspektiven auf die von Alain Robbe-Grillet u.a. geschriebenen ‚Neuen Autobiographien'.[59] Mit dem Wortführer des Nouveau Roman teilt Gertrude Stein übrigens auch eine Vorliebe für Detektivgeschichten, was auch für den autobiographischen Kontext relevant ist.[60]

Im Kontext der Werke Gertrude Steins ergibt sich noch eine weitere Perspektive auf *Everybody's Autobiography*. Die Generalisierung im Titel evoziert Bezugsmöglichkeiten zu *The Making of Americans*, dem zwischen 1903 und 1911 geschriebenen 1000-Seiten-Roman, der nicht nur die Geschichte einer amerikanischen Familie erzählt, sondern die mögliche Geschichte aller Familien,[61] was zu den signifikanten Wiederholungsstrukturen führt.

---

59 Vgl. Carola Hilmes, Die Autobiographie ohne Ich, in: Das Paradoxe. Literatur zwischen Logik und Rhetorik, hrsg. von Carolina Romahn u. Gerold Schipper-Hönicke, Würzburg: Königshausen & Neumann 1999, S. 306–318.

60 Steins Faszination für Detektivgeschichten, die der Alain Robbe-Grillets durchaus verwandt ist, rührt daher, daß der Held zu Beginn der Geschichte bereits tot ist, d.h. daß weiterhin nichts wirklich passiert, sondern lediglich eine Geschichte erzählt wird, die die nachträgliche Aufklärungsarbeit zum Thema hat. In *What Are Masterpieces* erläutert Gertrude Stein: „It is very curious but the detective story which is you might say the only really modern novel form that has come into existence gets rid of human nature by having the man dead to begin with the hero is dead to begin with and so you have so to speak got rid of the event before the book begins." (Stein, What Are Masterpieces (Anm. 20), S. 149.) *The Geographical History of America* könnte in diesem Sinne als Detektivgeschichte aufgefaßt werden (vgl. GGA: 68ff.)

61 Vgl. Friedhelm Rathjen, Amerika in der Mache. Zu Gertrude Steins übergewichtigem Roman *The Making of Americans*, in: Schreibheft 36 (1990), S. 164–169. – Rathjen erläutert: „es zeigt sich, daß die Individualgeschichte in wandelbaren, aber prinzipiell begrenzten Repetitionsmustern immer wieder gleiche Abläufe repliziert.[...] Hebt man die Lebensbeschreibung auf einen Abstraktionsgrad [...], so wird der Weg frei zu einer Typologie menschlicher Existenzweisen" (Ebd., S. 165). Ihre „exzeßhafte Neigung zur Re-

> Beim Versuch, eine Geschichte der Welt zu machen, hatte ich hier die Idee, das Leben von jedem einzelnen, der möglicherweise auf der Welt leben könnte, zu beschreiben. Ich hoffte, das realisieren zu können. Meine Absicht war es, darin jede mögliche Vielfalt menschlicher Typen darzustellen. Ich machte endlose Diagramme von allen menschlichen Wesen, beobachtete Leute vom Fenster aus und so weiter, bis ich jeden Typus menschlichen Seins beschreiben konnte, der möglicherweise auf der Erde lebte. Ich wollte, daß jeder gleichberechtigt sei. (TI: 18f.)

Eines der herausragenden Charakteristika dieses experimentellen Romans, den Gertrude Stein selbst neben die Werke von Joyce und Proust stellt,[62] ist die Gegenwärtigkeit der Verlaufsform, das continuous present.[63] Sie verwendet es als Ausdruck der Existenz im Jetzt. ‚Being a History of a Family's Progress' heißt der Untertitel der Erstausgabe von 1925, womit die Betonung offensichtlich auf ‚being' liegt, in dem das ‚making' nachklingt. In der Verlaufsform ist *Everybody's Autobiography* zwar nicht geschrieben, und doch werden von der Autorin selbst ausdrücklich Vergleiche mit *The Making of Americans* hergestellt, denn auch in der Selbstbiographie zielt sie auf Gegenwärtigkeit und auf Verallgemeinerung:

> The Making of Americans ist eine sehr wichtige Sache und jedermann sollte darin oder es ganz lesen, *und jetzt versuche ich wieder alles über alles zu sagen*, nur wollte ich damals die Geschichte jeder einzelnen Person schreiben die jemals lebt oder gelebt hat oder leben wird und ich war überzeugt wie ich es noch bin daß man das tun kann aber jetzt ist irgendein Individuelles wie es verbunden ist mit irgendeinem anderen Individuellen für mich nicht mehr interessant. Damals begriff ich nicht daß die Erde vollständig bedeckt ist von jedem. Auf eine Art war sie es damals auch nicht weil jeder in einer Gruppe war und eine Gruppe war getrennt von allen anderen, und deshalb war der Charakter von jedem interessant weil sie in Verbindung waren aber jetzt da die Erde ganz überdeckt ist mit jedem gibt es keine wirkliche Verbindung zwischen ihnen und wenn diese Jedermanns Autobiographie die Autobiographie von jedermann sein soll muß es also keine Verbindung zwischen irgend einem und irgendeinem geben denn es ist keine da." (JA: 112; vgl. EA: 101f.; Herv. C.H.)

Gertrude Stein betont hier das Typologische (die Beziehung einzelner Individuen und ihre Trennung) und den Modellcharakter des Erzählens. *Everybody's Autobiography* lediglich für ein Kapitel der kollektiven Autobiographie unseres

---

petition" hervorhebend heißt es: „Gertrude Stein wählt nicht den gradlinigen Weg [...]; vielmehr repetiert sie eine gegebene sprachliche Beschreibungsformel mit unmerklichen Variationen so lange, bis der Bogen zu einer die erste nicht ersetzenden, sondern ergänzenden zweiten Formel vollendet ist." (Ebd., S. 167)

62 Robert Musils später geschriebenen *Mann ohne Eigenschaften* (1. Bd. 1930, 2. Bd. 1932) hat sie offensichtlich nicht gekannt.

63 Die Frage nach dem continuous present in den Autobiographien diskutiert Marjorie Perloff, (Im)Personating Gertrude Stein, in: Stein und the Making of Literature (Anm. 32), S. 61–80; hier: S. 77; vgl. auch Max Bense, Was erzählt Gertrude Stein? (Anm. 7), S. 335ff.

Jahrhunderts auszugeben – so der Waschzettel der deutschen Ausgabe, aber auch die Einleitung zur amerikanischen Neuausgabe – trivialisiert den Titel und unterbietet das von Gertrude Stein vorgelegte Konzept kreativen Schreibens, dessen Lebendigkeit durch völlige Gegenwärtigkeit entsteht und den aktiven Mitvollzug des Lesers erforderlich macht. In diesem Sinne ist *Everybody's Autobiography* die autobiographisch rückgebundene Geschichte modernen Zählens[64] und Erzählens (vgl. JA: 135; EA: 124), das jeder selbst tun muß.

Der Bericht über ihre Amerika-Reise führt Gertrude Stein auch in die eigene Vergangenheit. Der räumliche und zeitliche Rahmen wird über den aktuellen Berichtszeitraum hinaus ausgedehnt; eingeschlossen werden Erinnerungen an die gemeinsame Geschichte mit dem Bruder Leo, Erinnerungen an die Familie und an ihr damaliges Leben. Am Ende ihrer Reise endlich kommen Gertrude Stein und Alice Toklas in Kalifornien an, dem Land, aus dem sie herstammen (EA: 288; JA: 309). Anders als sonst, anders auch als die Freundin,[65] ist sie von einem merkwürdigen Unbehagen erfüllt – „anyway what was the use of my having come from Oakland it was not natural to have come from there" (EA: 298; JA: 320). Mit Enttäuschung allein ist diese Reaktion nicht zu fassen. „What is the use of being a little boy if you are to grow up a man." (GHA: 50), hatte Gertrude Stein in *The Geographical History of America* gefragt. (Wie fast alle wichtigen Fragen dieses Buches, wird auch diese mehrfach in *Everybody's Autobiography* wiederholt.[66]) Entwicklung spielt, der Überzeugung Steins zufolge, für das Selbstbewußtsein keine Rolle, und das, woran es sich halten könnte, ist rein äußerlich, d.h. nicht wirklich da, in der Geschichte des selbstvergessenen Selbstbewußtseins – einer völligen Hingabe an das Jetzt, das weder vorher noch nachher kennt – findet die Erzählform des continuous present sein Pendant.[67]

---

64 Gertrude Stein zählt nicht konventionell eins, zwei, drei, vier usw., sondern eins und eins und eins und eins; vgl. auch die die Zahlenfolge verletzende Numerierung in *The Geographical History of America*. Gertrude Stein liebt zwar Abzählreime (GGA: 93), im kreativen Schreiben (writing entity) aber steht das eine unverbunden neben dem anderen. „I say two dogs, but say a dog and a dog. / The human mind. The human mind does play. Of course the human mind does play." (GHA: 91; GGA: 52).

65 „Coming back to my native town was exciting and disturbing." (Alice B. Toklas, What Is Remembered, San Francisco: North Point Press 1963, S. 153; im weiteren abgekürzt „WIR".)

66 „You are you because your little dog knows you" (EA: 46; JA: 53); ob die Verschiebung der Frage von der ersten in die zweite Person zu weiteren Komplizierungen führt, wäre zu überlegen. „What is the use of having been if you are to be going on being" (EA: 300; JA: 322).

67 Blake (1982) arbeitet heraus: „Art is not a copy, a double for reality; it fulfills a function which has something to do with the access of the subject to his own existence. [...] Gertrude Stein postulates an existence based on the making and sounding of words. Being is not the way one is ‚identified' socially or ideologically or sexually; being is doing."

Wirkliche Präsenz gibt es nur im Geist des Menschen, und diese Selbstgegenwart versucht die Autobiographin über die Dauer des ganzen Buches herzustellen. Gegenwärtige Ereignisse und erinnerte werden zum Teil thematisch verbunden, eine Episode erhellt und kommentiert dabei die andere. Die durch die Kapiteleinteilung vorgegebene Chronologie bleibt ganz äußerlich. Die Gegenwärtigkeit des Erinnerten drängt sich immer wieder in den Vordergrund. Bemerkenswert ist, daß diese Autobiographie beim Verfassen des aktuellen Manuskriptes ankommt[68] und noch von den ersten informellen Reaktionen darauf berichtet (vgl. EA: 320; JA: 342). Auf den letzten Seiten, die sich fast wie ein Tagebuch lesen,[69] berichtet Gertrude Stein von dem Erfolg, den sie nun auch mit ihren schwierigen Stücken hat, womit die Frage nach der Identität als vollends belanglos abgewiesen werden kann. Jetzt, nachdem sie Anerkennung gefunden hat, ist die Existenz über jeden Zweifel erhaben: „That is a natural thing, perhaps I am not I even if my little dog knows me but anyway I like what I have and now it is today." (EA: 328; JA: 352)

3. „What Is Remembered" – Alice B. Toklas, Gertrude Stein und die anderen Autobiographien

Im *Transatlantic Interview* von 1946 schätzt Gertrude Stein rückblickend selbst ihre unterschiedlichen autobiographischen Versuche, deren Auseinandersetzung mit Zeit, mit Erinnerung und Identität, folgendermaßen ein:

> Ich fand heraus, daß im Wesen der Erzählung dieses Problem der Zeit liegt. Man muß als schreibende Person, und jede wirklich große Erzählung hat das, man muß sich selbst der Zeit entblößen, so daß die Zeit, während welcher man schreibt, nicht existiert. [...] Ich machte das unbewußt in *The Autobiography of Alice B. Toklas*, aber in *Everybody's Autobiography* und zuletzt in *Wars I Have Seen* machte ich es bewußt. Darin beschrieb ich etwas Bedeutendes, das unter meinen Augen stattfand, und ich war fähig, es ohne großen Sinn für Zeit zu tun. Es sollte kein Sinn für Zeit darin sein, sondern ein der Zeit enthobenes Dasein. (TI: 23)

(S. 142f.) „Writing [...] is an activity like playing and loving: an evidence of the absence of identity." (Nancy Blake, *Everybody's Autobiography*: Identity and Absence, in: Recherches Anglaises et Américaines, 15 (1982), S. 135–145; hier: S. 145.)

68 „I began to write this book (EA: 314; JA: 337). „I would simply say what was happening which is what is narration [...]. And now in this book I have done it if I have done it." (EA: 312; JA: 334)

69 „But first we are going to London to see The Wedding Bouquet and then it will be today. (EA: 324; JA: 348) „Tomorrow then. / It was tomorrow which was yesterday and it was exciting" (EA: 327; JA: 350)

Diese Selbsteinschätzung der Autorin verblüfft, es sei denn, man wertet das unbewußte Machen von *The Autobiography of Alice B. Toklas* positiv. Die Suche nach einer alternativen Perspektive ist in allen autobiographischen Büchern Gertrude Steins deutlich. Die Wahl einer bestimmten anderen Sicht- und Schreibweise, die eindeutige Zuordnungen in Frage stellt und dadurch Vieldeutigkeit und Simultaneität, Vielstimmigkeit und Multiperspektivität eröffnet, hat gewisse Vorzüge gegenüber deren programmatischer Festschreibung. *The Autobiography of Alice B. Toklas* nötigt den Leser dazu, die theoretische Reflexion fortzuschreiben, *Everybody's Autobiography* konfrontiert ihn mit entsprechenden metatheoretischen Erwägungen, die er auf das eigene Leben und Schreiben rückbeziehen kann. Die beiden Autobiographien machen also unterschiedliche Reflexionsangebote, wobei die intellektuelle Stimmungslage des Lesers über die Präferenzen entscheidet. *Everybody's Autobiography* weist voraus auf die Nouvelle Autobiographie und bestimmte postmoderne Schreibweisen, *The Autobiography of Alice B. Toklas* bleibt enger an eine Auseinandersetzung mit der Tradition rückgebunden. Sie sistiert die Auseinandersetzung um Möglichkeiten und Grenzen der Gattung im Paradox, was sie zum Ausgangspunkt weiterer Überlegungen macht. Darin liegt für mich ihr besonderer Reiz.

Den in *Everybody's Autobiography* ausgesprochenen Wunsch, mit anderen zusammenzuarbeiten, hatte Gertrude Stein in *The Autobiography of Alice B. Toklas* bereits kreativ vorweggenommen. Durch diese ‚Kooperation' bleiben die Stellen des Autors und des Helden einer Selbstbiographie leer bzw. sie werden doppelt besetzt, was zu einer Erschütterung des zugrundeliegenden Konzepts führt. Im 19. Jahrhundert konnten Romane noch Persönlichkeiten schaffen, deren Bestätigung von einem Publikum abhing. Traditionelle Autobiographien haben diese Art des Schreibens imitiert, dem 20. Jahrhundert aber – und Gertrude Stein rechnet immer ins Große – ist sie nicht mehr angemessen, denn wir wissen: „Man ist natürlich niemals man selbst." (JA: 79; EA: 70) Darauf reagiert *The Autobiography of Alice B. Toklas* und wechselt die Perspektive bzw. gibt diese Perspektive überhaupt auf, strukturiert und erzählt anders. Die Autorin gibt sich eine Erzählerin vor, so daß die erste und die dritte Person in der Autobiographie gleichberechtigt vertreten sind, wobei Gertrude Stein sich auf sich selbst beziehend das distanzierende Sie wählt und der Freundin den Vorrang des Ich einräumt. (Bei aller Einvernehmlichkeit wird auf ein vertrauliches Du verzichtet; der distanznehmende Bezug auf Alice Toklas entkräftet den Vorwurf ihrer Funktionalisierung.) *The Autobiography of Alice B. Toklas* erzählt die gemeinsame Geschichte in literarisch innovativer Form.

Nicht zuletzt ist diese *Autobiographie* zu lesen als ein literarischer Text, der Möglichkeiten und Grenzen des Genres problematisiert, indem er selbst einen

Sonderfall darstellt. *The Autobiography of Alice B. Toklas* ist also metatheoretisch und exemplarisch zugleich. Daran knüpft das nächste Buch ausdrücklich an. In *Everybody's Autobiography* jedoch ist der Anfang nicht der Anfang. Gertrude Stein greift vor, geht im Laufe des Buches mit ihrer Reise nach Amerika geographisch und biographisch zurück, um am Ende schließlich in der Gegenwart anzukommen. *The Autobiography of Alice B. Toklas* ist anders strukturiert: das Ende ist nicht das Ende, sondern läuft in den Anfang zurück. Dieses In-sich-Kreisen macht aus dieser Selberlebensbeschreibung ein geschlossenes Werk. Die Endlosigkeit der Gegenwart hat hier eine Form gefunden, während die in *Everybody's Autobiography* erreichte Gegenwärtigkeit ohne Dauer ist. Der Ankunft im Jetzt schreibt die Autobiographin stets hinterher. In den folgenden autobiographischen Büchern muß die Selbstgegenwart der Verfasserin stets neu hergestellt und durchgehalten werden. Die Konzeption eines Kunstwerkes als eines in sich geschlossen wird dabei aufgegeben.

Uneinigkeit herrscht in der Forschung darüber, welche Texte außer den beiden ausdrücklich als Autobiographie bezeichneten Büchern zum autobiographischen Werk Gertrude Steins gehören. Sind auch *Ada*, *Two. Gertrude Stein and Her Brother* und *Ida. A Novel* hinzuzurechnen? Vielleicht sogar *Picasso*? Wie sind die verborgenen autobiographisch-erotischen Elemente in *Stanzas in Meditation*, das zeitgleich zu *The Autobiography of Alice B. Toklas* entstand, einzuschätzen, wie *The Autobiography of Rose*? Unklarheit herrscht auch bei den beiden während des Zweiten Weltkrieges geschriebenen Büchern *Paris France* (publiziert 1940), einer Hommage an Frankreich, und *Wars I Have Seen* (publiziert 1945), den Aufzeichnungen aus den Jahren der Okkupation bis zur Befreiung. Diese beiden in einem leicht lesbaren, also für Leser geschriebenen und doch für Gertrude Stein charakteristischen Stil abgefaßten Schriften unterstreichen die Bedeutung der autobiographischen Dimension ihres Werkes. Eine gründliche vergleichende Untersuchung der verschiedenen Schreibweisen der autobiographischen Bücher jedoch steht – soweit ich sehe – noch aus. Hier eine erste Bestandsaufnahme.

Für *Wars I Have Seen* – der ursprüngliche Titel im Manuskript lautet *All Wars Are Interesting* – konstatiert Shirley Neuman eine Annäherung an das Tagebuch, das in spezifischer Weise umgemünzt wird. „*Wars I Have Seen* is an attempt to present events as does a diary, without retrospective organization, to let them ‚be,' an existence ‚suspended in time.'"[70] Die einleitenden Überlegungen zum Verhältnis von Geschichte und menschlicher Existenz – „Ich weiß nicht ob ich die Dinge an die ich mich nicht erinnere ebenso aufnehmen soll wie

---

70 Neuman, Autobiography and the Problem of Narration (Anm. 10), S. 67.

die Dinge an die ich mich erinnere"⁷¹ – dienen der Hinführung zum Thema des Krieges. Von der aktuellen Kriegssituation ausgehend, bilden die Ausführungen zu unterschiedlichen Kriegen und deren Einordnung einen thematischen Schwerpunkt, der ergänzt und zugleich konterkariert wird durch die Schilderung des alltäglichen Lebens, das durch den Krieg sehr erschwert ist. Die Ebene autobiographischer Reflexion ist in *Wars I Have Seen* stark zurückgedrängt, die Sorge ums Überleben überlagert die intellektuelle Selbstvergewisserung. Da die inhaltliche und insbesondere die zeitliche Fixierung immer wieder aufgegeben wird – die Aufzeichnungen enthalten längere erörternde Passagen und eine Reihe von Rückgriffen –, ist die Zuordnung von *Wars I Have Seen* zum Genre des Tagebuches durchaus problematisch, unklar auch, worin die spezifisch moderne Überformung dieser Gattung besteht. Ähnlich verhält es sich mit analogen Überlegungen zu *Paris France*. Ob Gertrude Stein hier einen traditionell memoirenhaften Zugriff auf die Vergangenheit modernisiert, bedarf durchaus noch einer genaueren Analyse. Zu klären wäre dabei auch, welcher Stellenwert den offensichtlich essayistischen Elementen beider Bücher zukommt.

> *Paris, France* with its anecdotes about dogs and family life and its simplified, encapsulated histories of French cooking or French politics which create a semantic contact rather than rigidly defining and delineating their ‚meaning' for the book's central thesis, marks another of Stein's innovations in the autobiographical genre.⁷²

Charakteristisch für *Paris France* – ein Buch, das Gertrude Stein dem Land widmet, in dem sie lebt⁷³ – ist, daß auch in diesem Werk zeitliche Bezüge auf räumliche Verhältnisse ‚umgerechnet' werden: „So war Paris der Ort der denjenigen von uns entsprach die die Kunst und Literatur des zwanzigsten Jahrhunderts schaffen sollten, natürlich genug." (PF: 18) Diese moderne Kunst aber ist weder impressionistisch noch emotional, sondern konzeptionell (vgl. PF: 62). Die mit unterschiedlichen Konzeptionen der Selberlebensbeschreibung experimentierende Gertrude Stein setzt mehr auf die Literaten und Künstler denn auf

---

71 Gertrude Stein, Kriege die ich gesehen habe, aus dem Amerikanischen von Marie-Anne Stiebel, Frankfurt/M.: Suhrkamp 1984, S. 7. – Als Variante und Ergänzung zu diesen Überlegungen vgl. Mark Twains Bekenntnis am Ende des ersten Kapitels seiner Autobiographie: „Als ich jung war, konnte ich mich an alles erinnern, ob es geschehen war oder nicht; aber jetzt lassen meine Kräfte nach, und bald werde ich nur noch die Dinge wissen, die nie passiert sind. Es ist traurig, daß wir so verfallen müssen, aber es geht uns allen so." (Mark Twain, Autobiographie, Ges. Werke in 5 Bdn., hrsg. mit Anm. u. einem Nachwort versehen von Klaus-Jürgen Popp, deutsch von Gertrud Baruch, München: Hanser 1967, S. 12.) Auf strukturelle Ähnlichkeiten von *The Autobiography of Alice B. Toklas* mit Mark Twains Autobiographie weist u.a. Hoffmann hin (Hoffmann (Anm. 14), S. 158ff.)
72 Neuman, Autobiography and the Problem of Narration (Anm. 10), S. 62.
73 Vgl. Steins Erläuterungen, warum Schriftsteller zwei Länder haben müssen (vgl. Anm. 21). – Auffällig ist, daß Titel und Widmung hier ineins fallen.

die Historiker, „weil schließlich wie alles erinnert wird durch die Schriftsteller und Maler der Epoche getan wird, niemand lebt wirklich über den nicht gut geschrieben worden ist" (PF: 26). Dieser neuerliche Hinweis auf die Verbindung von Kunst und Leben führt aus dem Buch hinaus, denn es ist auf Rezeption berechnet, auf nachhaltige Wirkung und auf Auswirkung: das Überdauern der Geschichte des Lebens in der Literatur. Diese autobiographisch geprägte Abhandlung Gertrude Steins, die ihre Hochschätzung der Franzosen zum Thema hat, ist also kein in sich selbst bestehendes Werk, worauf noch die ausdrückliche Widmung hinweist, die fast einem moralisch, pädagogischen Auftrag gleichkommt.[74] *Paris France* ist ein thematisch und nicht chronologisch geordnetes Erinnerungsbuch, in dem die Autorin sich selbst an den Rand der Erzählung rückt. (Der in der deutschen Fassung enthaltene Untertitel ‚Persönliche Erinnerungen' fehlt im amerikanischen Original.) Insofern Gertrude Stein ihre Sicht ihrer Wahlheimat herausstellt und insofern sie Frankreich und seine Metropole mit ihren eigenen Fragen konfrontiert, könnte auch hier von einer doppelten Perspektive gesprochen werden, denn der Gegenstand des Buches und seine Autorin erhellen sich wechselseitig.[75] Anders als in *The Autobiography of Alice B. Toklas* jedoch provoziert *Paris France* nicht – angeregt etwa durch einen paradoxalen Titel – zu einer gattungstheoretischen Auseinandersetzung.

Zur Autobiographie als Gattung zurück führt ein 1963 erschienenes Werk mit dem Titel *What Is Remembered*, geschrieben ist es von Alice B[abette] Toklas. Ihre in hohem Alter verfaßte ‚echte' Selbstbiographie hält sich in ganz konventionellen Bahnen: Autobiographin, Erzählerin und Hauptperson in der 1. Person Singular sind identisch. „I was born and raised in California" heißt der erste, das Geburtsjahr 1877 verschweigende Satz von *What Is Remembered*. („I was born in San Francisco, California." (ABT: 7) hieß es 1933.) Nun erzählt Alice B. Toklas in 11 überschriftlosen Kapiteln chronologisch, meist ohne genaue Daten anzugeben, was die Orientierung für den Leser erschwert, zumal die Reihenfolge der Ereignisse mehrfach verwechselt wird (insbes. in Kapitel 8). Außerdem werden bestimmte Begebenheiten vergessen bzw. unterdrückt, so etwa die zeitweilig enge Freundschaft zwischen Ernest Hemingway und Gertrude

---

74 „Dieses Buch ist Frankreich und England zugeeignet die tun müssen was zu tun nötig ist, sie werden das zwanzigste Jahrhundert zivilisieren und aus ihm eine Zeit machen da jeder frei sein kann, frei um zivilisiert zu sein und zu sein." (PF: 117)

75 Majorie Perloff, Six Stein Styles in Search of a Reader, in: A Gertrude Stein companion (Anm. 25), S. 96–108; die ersten drei, der sich zunehmend komplizierenden Schreibweisen Gertrude Steins charakterisiert Perloff folgendermaßen: „(1) seemingly ‚straight' reportage (*Paris France*), (2) autobiographical narrative as ironized by presenting a fictional narrator who tells the story, as in *The Autobiography of Alice B. Toklas*, (3) narrative-as-permutation of phrasal repetitions, each reappearance of the word or phrase giving us a new view, as in ‚Miss Furr and Miss Skeene'; ..." (ebd., S. 108).

Stein. Solche ‚kleinen Mängel' halten sich durchaus im Rahmen des in der Gattung Üblichen. Ungewöhnlich hingegen ist die eindeutige Akzentverlagerung von der Autobiographin auf die Freundin. Im Mittelpunkt der Lebenserinnerungen von Alice B. Toklas steht Gertrude Stein, die am 27. Juni 1946 im Alter von 72 Jahren überraschend an Krebs gestorben war. Dies ist auch der Endpunkt von *What Is Remembered*. In ihrer Zentrierung stimmen die Autobiographie von 1933 und die Selbstbiographie von 1963 überein.

Die ersten 30 Jahre ihres Leben handelt Alice B. Toklas im ersten Kapitel auf nur 17 Seiten ab, die ersten gemeinsamen Jahre mit Gertrude Stein werden demgegenüber recht ausführlich behandelt.[76] Über die Zeit nach dem Tod der Freundin schweigt sie in ihrer Selbstbiographie. Ausschließlich durch ihre Briefe erfahren wir davon. „You realize surely," schreibt Alice Toklas an Donald Gallup, „that Gertrude's memory is all my life – just as she herself was before."[77] Ihre Autobiographie ist also als Denkmal für die Freundin gedacht, der eigene Lebensrückblick ausschließlich zu ihrem Gedenken geschrieben. Bereits über das erste Treffen berichtet Alice B. Toklas: „It was Gertrude Stein who held my complete attention, as she did for all the many years I knew her until her death, and all these empty ones since then." (WIR: 23) Über sich selbst, ihre eigenen Projekte und Ansichten, von Wünschen und Ängsten ganz zu schweigen, erfährt der Leser in ihrer Autobiographie recht wenig.[78] Viele der Episoden, die

---

[76] Kapitel 2 schildert die ersten Begegnungen mit Gertrude Stein und den Beginn ihrer Freundschaft. Kapitel 3 beschreibt Alice B. Toklas' Beschäftigung mit *The Making of Americans*, den ersten gemeinsamen Aufenthalt in der Toskana 1908 und ihre zunehmende Vertrautheit: „Gertrude and I had some unforgettable walks." (WIR: 50) Kapitel 4 setzt mit dem Umzug in die Rue de Fleurus ein – Alice' Freundin Harriet ist mittlerweile nach Amerika zurückgefahren – und eröffnet die schier endlose Reihe der gemeinsamen Bekannten und Freunde. Die Zeit des Krieges wird in Kapitel 5 behandelt, ihrer Tätigkeit beim *American Fund for French Wounded* – Gertrude hatte dafür eigens das Autofahren erlernt – wird ein eigenes Kapitel (6) gewidmet. Die Zeit nach dem Krieg (Kapitel 7), die Sommer in Bilignin im Süden Frankreichs (Kapitel 8 und 10) sowie die Zeit nach dem Zweiten Weltkrieg werden dann nur kurz abgehandelt; lediglich die Amerika-Reise vom Oktober 1934 bis zum Mai 1935 ist in einem eigenen Kapitel (9) gewürdigt. Im Vergleich zu Gertrude Steins oft ausufernden autobiographischen Büchern nimmt sich der Lebensrückblick von Alice B. Toklas eher bescheiden aus, zumindest ist er knapp gehalten.

[77] Staying on alone. Letters of Alice B. Toklas, ed. by Edward Burns with an introduction by Gilbert Harrison, New York: Liveright 1973, S. 54; (zit. nach: A Gertrude Stein companion (Anm. 25), S. 274).

[78] Vgl. die Einschätzung von Priscilla Oppenheimer: In *What Is Remembered* Alice B. Toklas „retells the old anecdotes and adds very little about herself; it is yet another monument to Stein's memory" (zit. nach: A Gertrude Stein companion (Anm. 25), S. 274f.). – Für eine ausführliche Würdigung siehe: Linda Simon, The Biography of Alice B. Toklas, New York: Doubleday & Company 1977; vgl. die beiden Frauen kontrastierend auch Stimpson (Anm. 27).

Alice B. Toklas erwähnt, sind bereits aus der Autobiographie von 1933 bekannt.[79] Auf dieses Buch, seinen spektakulären Erfolg, aber auch die heftige Kritik, nimmt sie keinen Bezug.[80] Waren ihr diese Querelen schon zu weit entrückt? Zu fragen ist außerdem, auf welches Material sie sich bei der Ausarbeitung des eigenen Lebensrückblicks stützt.[81]

Auch die Autobiographie von Alice B. Toklas enthält keine intimen Details, keine Bekenntnisse und Enthüllungen privater Natur. Erzählt wird nur der für die Öffentlichkeit bestimmte Teil des gemeinsamen Lebens: „Our home again became a salon" (WIR: 170), schreibt Alice B. Toklas über die Zeit nach dem Zweiten Weltkrieg. Wie schon der Freundin geht es auch ihr um „the history of our friends and time." (WIR: 160) Auffällig ist, daß autobiographische Reflexionen in *What Is Remembered* ganz fehlen, auch Kommentare zu den Werken Gertrude Steins und zu anderen Künstlern sind selten.[82] Nur über ihre erste Lektüre von *The Making of Americans* berichtet Alice B. Toklas ausdrücklich: „It was very exciting, more exciting than anything else had ever been." (WIR: 41f.) Später wird sie das Manuskript abtippen. „Doing the typing of *The Making of Americans* was a very happy time for me. [...] It was like living history. I hoped it would go on forever." (WIR: 54) Verblüffend ist zu erfahren, daß sie ihre eigenen Texte nie selbst tippte. „My fingers were adapted only to Gertrude's work." (WIR: 54)

Ein erster Stilvergleich läßt erkennen, daß der für Gertrude Stein charakteristische Wiederholungsstil und die eigenwillige Verwendung der Satzzeichen in

---

79 Beispiele solcher Wiederholung in *What Is Remembered* sind: 1907 der Französischunterricht bei Fernande, der damaligen Geliebten Picassos (S. 29ff.), 1908 das Bankett für Henri Rousseau (S. 55), Episoden der Spanienreise 1912 (S. 70ff.) und die Bekanntschaft mit Alfred Whitehead 1914 in England (S. 83), ferner der Aufenthalt auf Mallorca 1915/16, die gemeinsame Tätigkeit der beiden Frauen für den *American Fund for French Wounded* 1917/18, der Bericht über die ersten Vorlesungen in England 1926 und den Erwerb des Hauses in Bilignin im gleichen Jahr, die Gründung der *Plain Edition* 1930, schließlich die gemeinsame große Amerika-Reise, Gertrude Steins Erfolge und die Rückkehr nach Frankreich. Welche eigene Sicht- und Schreibweise hätte Alice B. Toklas dem Bericht des gemeinsam verbrachten Lebens abgewinnen können? Vielleicht ist *The Alice B. Toklas Cook Book* (New York: Harper & Brothers 1954) als ein solcher Beitrag zu lesen? (Das Alice B. Toklas Kochbuch, aus dem Amerikanischen übersetzt von Frieda Grafe, mit einem Vorwort von Wolfram Siebeck, Berlin: Byblos 1994.)
80 Lediglich zweimal wird *The Autobiography of Alice B. Toklas* erwähnt; vgl. WIR: 144 u. 160.
81 Vgl. Carola Hilmes, Nachwort zu: Alice B. Toklas, Erinnerungen an Gertrude Stein – *What Is Remembered* (deutsch), Frankfurt/M.: Fischer (im Druck).
82 Ein längeres Zitat aus *The Making of Americans* hat offensichtlich die Funktion, das Verhältnis der beiden Frauen zu erklären (vgl. WIR: 42f.); andere Werke Gertrude Steins werden nur kurz erwähnt – so etwa der Erfolg von *Wars I Have Seen* (S. 166); ihr Einfluß auf andere Schriftsteller wird lediglich konstatiert.

What Is Remembered fehlen. Alice B. Toklas hat ihren eigenen Humor. Wer beim Schreiben der Autobiographie wen nachahmt, ist schwer zu entscheiden, denn in gewisser Hinsicht imitiert Alice B. Toklas den Stil, den Gertrude Stein in der *Autobiographie* als den der Freundin angenommen hat. „Toklas's subsequent memoir, What Is Remembered, is often inaccurate, elliptical, and woefully lacking in substantive detail, but its terse and pithy wit sustains it, and at least it tells the reader all that Toklas cared to share."[83] Diese inhaltliche Charakterisierung mit ihrer harschen Abwertung trifft sich partiell mit den anfänglich auch gegen *The Autobiography of Alice B. Toklas* vorgebrachten Vorwürfen. Ich sehe darin mehr als einen Zufall. (Vielleicht läßt ja die deutsche Übersetzung von *What Is Remembered* dem Buch und der Autorin etwas mehr Gerechtigkeit widerfahren.) Mit dem Tod der Freundin beendet Alice B. Toklas ihren Lebensrückblick. Der Wehmut über den Verlust wird die Gertrude Stein zugeschriebene Gewißheit entgegengesetzt, daß das Leben keine Antwort schuldig bleibt, da sich angesichts des Todes keine Fragen stellen.[84]

---

83 Kellner, in: A Gertrude Stein companion (Anm. 25), S. 324.
84 „By this time Gertrude Stein was in a sad state of indecision and worry. I sat next to her and she said to me early in the afternoon, What is the answer? I was silent. In that case, she said, what is the question? Then the whole afternoon was troubled, confused and very uncertain, and later in the afternoon they took her away on a wheeled stretcher to the operating room and I never saw her again." (WIR: 173)

Kapitel XV

Resümee:
Ambivalenzen moderner Selberlebensbeschreibungen

Ein Blick auf die hier untersuchten Autobiographien von Schriftstellern und Künstlern aus der ersten Hälfte des 20. Jahrhunderts zeigt, daß die postmoderne Rede vom Tod des Subjekts nicht stichhaltig ist. Die modernen Selberlebensbeschreibungen zeugen vielmehr von einem durchaus produktiv gewendeten Subjektivitätsschub. Die autobiographische Suche nach Sinn erfährt dabei eine meist ästhetische Fundierung, die existentielle Bedeutung der Kunst für das Leben tritt hervor. Dokumentiert die Autobiographie die fortgesetzte Auseinandersetzung des Ich mit sich und schreibt damit die Subjektivität und ihre Geschichte fort, so antworten die formalen Innovationen der Gattung auf die Gefährdungen des Ich. Indem neue Modelle der Selbstverständigung erprobt werden, zeichnen sich auch neue Formen der Selbstbehauptung ab, die über die aufklärerische Vorstellung der Autonomie eines neutralen Ich hinausweist. Die Autobiographie im 20. Jahrhundert ist also keineswegs nur Zeugnis „einer verweigerten Selbstbestimmung und gescheiterten Entwicklung",[1] sondern sie reagiert auf die moderne Unübersichtlichkeit mit ihrer fundamentalen Erschütterung von Selbst- und Weltverständnis, indem sie die generalisierte Entfremdung künstlerisch kompensiert. Neben der historisch-dokumentarischen und der literarisch-psychologischen Bedeutung gewinnt nun die ästhetisch-konstruktive Seite der Autobiographie an Gewicht. „Den Sinn des Lebens finden wir, indem wir ihn artikulieren. [...] Das Entdecken ist hier auf ein Erfinden angewiesen und mit diesem verflochten."[2] Die Bedeutung der Sprache für die Artikulation des eigenen Selbstverständnisses ebenso wie für seine Modifikation sind damit klar benannt. Die Autobiographie ist diejenige Gattung, die diesen Problemzusammenhang eigens thematisiert und zugleich als eine Sammlung möglicher Antworten zu lesen ist.

---

1 Vgl. Ralph-Rainer Wuthenow, Autobiographie, autobiographisches Schrifttum, in: Historisches Wörterbuch der Rhetorik, hrsg. von Gert Ueding, Tübingen: Niemeyer 1992, S. 1267–1276; hier: S. 1275.

2 Charles Taylor, Quellen des Selbst. Die Entstehung der neuzeitlichen Identität, übersetzt von Joachim Schulte, Frankfurt/M.: Suhrkamp 1996, S. 41.

1. Formale Strukturen und widersprüchliche Tendenzen

Eine in heuristischer Absicht vorgelegte Definition der Gattung Autobiographie, die sich an den traditionellen Merkmalen orientiert, könnte lauten: Rückblickende Prosaerzählung in der ersten Person, die das eigene Leben zum Gegenstand hat, vornehmlich die innere Entwicklung des Individuums, dieses von einem erreichten Punkt aus konsequent auf diesen Punkt hinführend, wobei die historische Richtigkeit der Fakten weitgehend gewahrt und gegenüber dem Leser auch versichert wird. Diese Minimaldefinition ist dem von Philippe Lejeune vorgeschlagenen ‚autobiographischen Pakt‘ sehr ähnlich, wenn auch um einige Akzentuierungen erweitert.[3] Die Identität von Autor, Erzähler und Hauptfigur ist ebenso konstitutiv wie die retrospektive, kontinuierliche und teleologisch verfahrende Prosaerzählung, die nicht zuletzt dokumentarischen Wert mit Wahrheitsanspruch behauptet und ausdrücklich mit dem Leser in einen Dialog tritt. So wenig trennscharf diese Merkmale im Einzelfall auch sein mögen, so selten alle Merkmale gemeinsam auf einen speziellen Fall auch zutreffen, so sinnvoll ist die Vorgabe einer Minimaldefinition als Arbeitsinstrument, denn sie macht klare und überprüfbare Vorgaben, die eine genaue Beschreibung einzelner Autobiographien gestatten. In Abwandlung bleiben diese Merkmale traditioneller Selbstbiographien auch in der Moderne erhalten, so daß mit dieser Vorgabe Kontinuitäten und Differenzen beschrieben werden können, Zerfall und Erneuerung der literarischen Gattung werden deutlich.

Der traditionellen Autobiographie, die es sich zur Aufgabe gemacht hat, das eigene Leben als einen sinnvollen Zusammenhang zu schildern, liegt die Vorstellung eines Menschen mit ‚kräftigem Persönlichkeitskern‘ zugrunde, den er im Laufe seiner Entwicklung in Auseinandersetzung mit der Welt zu entfalten hat. Der einmalige, durch alle Unbilden der Zeit sich gleichbleibende Mensch bewährt sich im Leben. Bei dieser Art ‚innerer Bildungsgeschichte‘, wie sie Goethe exemplarisch in seiner Autobiographie vorführt, ergänzen sich Schicksal und Charakter; Individualitäts- und Entwicklungsgedanke korrespondieren einander.[4] In der Formel ‚Werde, der du bist‘ ist diese dem Organismusmodell entlehnte Vorstellung vom Menschen zusammengefaßt. Für das 19. Jahrhundert

---

3 Lejeunes Definition der Autobiographie lautet: „Rückblickende Prosaerzählung einer tatsächlichen Person über ihre eigene Existenz, wenn sie den Nachdruck auf ihr persönliches Leben und insbesondere auf die Geschichte ihrer Persönlichkeit legt." (Philippe Lejeune, Der autobiographische Pakt, aus dem Französischen von Wolfram Bayer und Dieter Hornig, Frankfurt/M.: Suhrkamp 1994, S. 14.)

4 Vgl. das Nachwort zu *Dichtung und Wahrheit* von Erich Trunz, in: Johann Wolfgang Goethe, Werke (Hamburger Ausgabe), Bd. 9: Autobiographische Schriften I, München: dtv 1988, S. 601–639; hier: S. 628ff.

wirkte diese Konzeption der Autobiographie stilbildend. Die Legitimation des Lebens erfolgte vom Ende her, und als in sich geschlossene Persönlichkeit konnte sich der Autobiograph zweifelsfrei seiner Identität versichern. Historische Wahrheit, persönliche Aufrichtigkeit und Authentizität des Erlebten werden dabei ebenso anerkannt wie die Notwendigkeit, sich bei der Darstellung künstlerischer Mittel zu bedienen. Im Titel *Dichtung und Wahrheit* faßt Goethe diesen Zusammenhang programmatisch; Dichtung verweist nicht zuletzt auf Deutung, die sinnstiftende Leistung des Individuums.[5] An diesen Aspekt der Subjektivität und des Sprachbezugs werden viele der innovativen Selberlebensbeschreibungen der Moderne anknüpfen. So wie Goethe *Dichtung* von *Erdichtung* trennt, so sind auch die dezidiert künstlerischen Formen der Selbstverständigung moderner Autobiographen nicht bloße Erfindungen, mithin als Verschwinden des autobiographischen Subjekts zu deuten, sondern die ausgeprägte Tendenz einer Fiktionalisierung des Ich zielt auf seine ästhetische Fundierung und ist nicht zuletzt als Bereicherung der Subjektivität zu verstehen; wobei allerdings die konventionelle Vorstellung von Autonomie noch entscheidende Korrekturen erfährt. Wie unter diesen Bedingungen eine sinnvolle Existenz überhaupt möglich ist, gehört zu den in dieser literarischen Gattung aufgeworfenen Grundfragen. Die Widersprüche, in die sich moderne Autobiographen verstricken, bezeichnen unauflösliche Ambivalenzen, die nur unter dem Gesichtspunkt erstrebter Einheitlichkeit und Vereinheitlichung als Mangel erscheinen.

In modernen Autobiographien wird die rückblickende Erzählperspektive, die den eigenen Lebensgang chronologisch und lückenlos auf ein erreichtes Ziel hin nachzeichnet, aufgegeben zugunsten dokumentarisch aktualisierender Darstellungsformen, die das Diskontinuierliche, Unvollständige und Punktuelle betonen. Die Selberlebensbeschreibung kann deshalb in die Form eines Tagebuches gekleidet werden; dabei handelt es sich um eine bewußt gewählte Präsentationsform, so etwa bei Virginia Woolf und Hugo Ball, bei André Breton und bei Fernando Pessoa. Während Virginia Woolf das Skizzenhafte und Fragmentarische ihres Lebensrückblicks betont, zielt Hugo Ball darauf, die Kontinuität seines Entwicklungsganges im Tagebuch zu bezeugen, wobei er, durchaus paradox, den Dokumentationswert dieser aufs Einzelne, Disparate und Unverbunde-

---

5 „Goethe schildert in der Autobiographie das Leben als Zusammenhang; vom Ganzen her erhält das einzelne seine Bedeutung; Schau des Ganzen aber ist Deutung. Diese Deutung – aus der Sicht des Alters – nannte er *Dichtung*. Die Tatsächlichkeit der Einzelheiten nannte er *Wahrheit*. Der Titel *Wahrheit und Dichtung* bedeutet also: die Tatsachen und ihr Zusammenhang; oder: die Richtigkeit der Einzelheiten und die verbindende Schau und künstlerische Form." (Erich Trunz, Anmerkungen zu *Dichtung und Wahrheit* (Anm. 4), S. 640.)

ne gehenden Form der Selbstdarstellung falsch einschätzt. Bei André Breton ist das nachträglich verfaßte Tagebuch seiner Begegnung mit Nadja nur ein Teil seines Rückblicks. Er wird eingerahmt durch autobiographische Erinnerungen, in denen Breton erkennen muß, daß das Schreiben immer hinter dem Leben zurückbleibt, wodurch auf die Authentizität des literarisch überformten Dokuments der Schatten der Melancholie fällt. Dieser Aspekt findet sich auch in dem so umfangreichen wie vielfältigen Konvolut des fiktiven Tagebuches von Bernardo Soares, einem Halbheteronym des bekannten portugiesischen Autors. Hervorstechendes Merkmal dieses Buches jedoch ist die ästhetizistisch übersteigerte und ins Imaginäre vorangetriebene Selbstpräsentation Fernando Pessoas, der sich gleichsam mit einem Salto mortale in die Welt der Lettern stürzt.

Der Tendenz einer Aktualisierung der eigenen Lebensgeschichte in der Form des literarisch gestalteten Tagebuchs steht die Tendenz einer Distanzierung und Fiktionalisierung gegenüber, die ebenfalls im Dienste der Aufrichtigkeit erfolgt. Die historische Wahrheit tritt dabei zurück gegenüber einer ästhetischen Wahrheit, das inventarische verwandelt sich in ein inventorisches Ich. Prominentestes Beispiel hierfür ist die mit der Feder der Freundin geschriebene Autobiographie Gertrude Steins, deren Titel bereits ein Paradox enthält: *The Autobiography of Alice B. Toklas*. Unter gattungstheoretischen Gesichtspunkten nicht minder irritierend ist die autobiographische Trilogie Alain Robbe-Grillets, der seine eigene Lebensgeschichte unter falschen Namen imaginiert,[6] oder auch das in seiner Anlage unvergleichliche Tagebuch des Hilfsbuchhalters Bernardo Soares alias Fernando Pessoa. In der Form vergleichsweise konventionell dagegen ist die Autobiographie in der dritten Person,[7] wie sie zum Beispiel in Henri Adams' *The Education of Henri Adams* oder in Unica Zürns *Der Mann im Jasmin. Eindrücke einer Geisteskrankheit* vorliegt oder auch über weite Strecken in der *Berliner Chronik* Walter Benjamins sich findet. Eine nicht nur in formaler

---

6 Alain Robbe-Grillet wählt sich ein weibliches und ein männliches *alter ego*, die er an prominenter Stelle, nämlich im Titel nennt: Der erste Teil seiner autobiographischen Trilogie, die er unter dem Oberbegriff *Romanesques* zusammenfaßt, lautet *Le Miroir qui revient* (1984), der zweite Teil, in dem er am weitesten ins Imaginäre abdriftet, trägt den Titel *Angélique ou L'enchantement* (1987), und der dritte Teil schließlich heißt *Le derniers jours de Corinthe* (1994). Vgl. hierzu Carola Hilmes, Die Autobiographie ohne Ich. Alain Robbe-Grillets *Romanesques*, in: Das Paradoxe. Literatur zwischen Logik und Rhetorik, hrsg. von Carolina Romahn und Gerold Schipper-Hönicke, Würzburg: Königshausen & Neumann 1999, S. 306–318.
7 Vgl. Philippe Lejeune, Autobiography in the Third Person, in: ders., On Autobiography, ed. and with a foreword by Paul John Eakin, translated by Katherine Leary, University of Minnesota Press, Minneapolis 1989, S. 31–51; vgl. ferner ders., The Autobiographical Pact (bis), in: ebd., S. 119–137, wo Lejeune die eigene Position kritisch reflektiert und seine strenge Definition der Autobiographie auf einen ‚autobiographischen Raum' hin öffnet, der imaginäre und prospektive Selbstbiographien einschließt.

Hinsicht interessante Zwischenposition nehmen dialogische Autobiographien ein, in denen sich das eine Ich in verschiedene Sprecherrollen aufteilt, wie zum Beispiel in *Enfance* von Nathalie Sarraute oder in *Kindheitsmuster* von Christa Wolf. Die Distanzierung vom gegenwärtigen Ich steht dabei im Dienste der Aktualisierung des vergangenen Ich. Daß die Aufgabe des Autobiographen darin besteht, die zeitlich und funktional verschiedenen Positionen des Ich einerseits zu verzeichnen, andererseits unter ihnen eine Verbindung herzustellen, davon legen bereits die Autobiographien im 19. Jahrhundert Rechenschaft ab, man denke nur an Stendhals *Vie de Henry Brulard*. Die Erinnerung bildet stets einen Dreh- und Angelpunkt autobiographischen Schreibens. Neben anderen – hier wäre zuerst Marcel Proust zu nennen – entdeckt Virginia Woolf in *A Sketch of the Past* die innere Verwandtschaft zwischen dem Prozeß des Erinnerns und dem künstlerischer Assoziation, wodurch Leben und Schreiben in existentieller Weise aufeinander verwiesen werden.

Solche selbstkritischen, das eigene Leben und Schreiben gleichermaßen betreffenden Erörterungen haben durchgängig Eingang gefunden in moderne Autobiographien. Nicht nur bei Virginia Woolf nehmen Reflexionen über die Erinnerung und die damit zusammenhängenden Schwierigkeiten autobiographischen Schreibens breiten Raum ein, sie sind ein fester Bestandteil im *Buch der Unruhe* und umfassen knapp die Hälfte von *Nadja*. Bei Walter Benjamin werden sie, nachdem er in *Berliner Chronik* unterschiedliche Formen autobiographischen Schreibens erwogen hat, auf ein kurzes Vorwort zusammengedrängt, sind dann aber den einzelnen Lebensbruchstücken als konstitutive Bestandteile eingesenkt. Das Verhältnis von Form und Inhalt ist für fast alle modernen Autobiographien wichtig und am jeweiligen Einzelfall genau zu bestimmen, wobei den Titeln oft wegweisender Charakter zukommt, wie die entsprechenden Interpretationen gezeigt haben. Um so aufschlußreicher ist es, daß Gottfried Benn bei seinem in legitimatorischer Absicht verfaßten Lebensrückblick auf eine bewußte Gestaltung verzichtet, Material fast beliebig häuft und scheinbar gedankenlos aneinanderreiht. Die Aufnahme von *Lebensweg eines Intellektualisten* in die 1950 erscheinende Autobiographie *Doppelleben* stellt den nicht vorrangig an inhaltlich moralischen Erwägungen interessierten Leser vor einige hermeneutische Schwierigkeiten, die auf Nietzsche und seine Diagnose der Moderne zurückweisen. Das Problem besteht darin, sich nicht von dessen Rhetorik des Übermenschen in Bann schlagen zu lassen.

In modernen Autobiographien erfolgt die Legitimation des Lebens nicht mehr vom Ende her, sondern im Rekurs auf den Anfang. Damit ist allerdings weniger die Evokation einer glücklichen Kindheit als Sinnbild einer heilen Welt gemeint – der genuin selbstkritische Bezug verbietet solchermaßen regressive

Wünsche, auch wenn die Sehnsucht oft übermächtig zu werden droht –, sondern vielmehr die von Breton entfaltete Dialektik des nachträglichen Anfangs oder auch Benjamins Begriff der Geschichte, der der realen Katastrophengeschichte ein revolutionäres Verständnis von Jetztzeitlichkeit entgegensetzt und im ‚Eingedenken' sich auf die Möglichkeit utopischer Hoffnung bezieht. Der damit angezeigte Blickwechsel von der Zukunft auf die Vergangenheit hat also keineswegs nur sachlich-biographische Gründe, sondern bringt ein verändertes Verständnis von Zeit zum Ausdruck, das für die Fundierung moderner Subjektivität entscheidend ist. Der Neutralität und Punktualität des Ich korrespondiert sein Eingespanntsein zwischen Vergangenheit und Zukunft, was immer auch eine gewisse Sättigung mit historischer Erfahrung impliziert. Unter dem Gesichtspunkt transitorischer Identität und ästhetischer Sinnstiftung wird auf diesen Punkt zurückzukommen sein.

2. Inhaltliche Schwerpunkte und Paradoxien

Das Ich, seine Gefährdungen, Verwandlungen und Maskeraden stehen im Zentrum der Autobiographie. In modernen Selberlebensbeschreibungen ist die chronologische Darstellung des individuellen Entwicklungsgangs aufgegeben zugunsten einzelner Momentaufnahmen, wie sie exemplarisch von Walter Benjamin in den Miniaturen der *Berliner Kindheit* gestaltet werden oder wie sie Virginia Woolf in den *Moments of being* festhält. Die Einheit des Ich ist zersplittert, seine Identität fragwürdig geworden. Viele moderne Selbstbiographien gehen über diese negative Bestandsaufnahme hinaus, indem sie andere Sichtweisen des Ich erproben und mit alternativen Schreibweisen experimentieren. Die Suche nach neuen, den veränderten Bedingungen der Moderne angemessenen Verständnismodellen von Ich und Welt findet in den Selberlebensbeschreibungen ihren Niederschlag. Alle Autobiographen – welch abenteuerliche Verstellungen und literarische Tarnungen sie zur Explikation ihres eigenen Selbstverständnisses und zur Veranschaulichung ihrer Person auch wählen – referieren ausdrücklich auf sich selbst. Das gilt für die autobiographische Fiktion von Gertrude Stein und Fernando Pessoa ebenso wie für *Romanesques* von Alain Robbe-Grillet, der als neue Gattungsbezeichnung den Begriff der *autofiction* akzeptiert. Die referentielle Letztbegründung des Genres ist dabei unumgänglich, will man sich nicht in Selbstwidersprüche verwickeln oder zum Propagandeur postmoderner Beliebigkeiten werden. Ohne die Grundannahme der Referenz ließe sich nicht sinnvoll zwischen Roman und Autobiographie unterscheiden, entbehrten alle interessanten Übergangs- und Zwischenformen einer differenzierenden Gattungsbeschreibung.[8]

Die Autobiographie will die Wahrheit über das Ich enthüllen und sie naturgetreu darstellen. „Dies ist das einzige Bild eines Menschen, genau nach der Natur und in seiner ganzen Wahrheit gemalt", schreibt Rousseau einleitend zu seinen *Confessions*.[9] Neben dem apologetischen Charakter der Autobiographie bildet der Aufrichtigkeitstopos ein konstitutives Merkmal der Gattung. In der entwickelten Moderne des 20. Jahrhunderts wird zwar meist an diesem Anspruch festgehalten, durch die Zweifel des Ich an sich und seiner Position in der Welt werden allerdings neue Darstellungsweisen erforderlich. Auch die Gattung der Autobiographie ist an historische und ästhetische Bedingungen geknüpft, mithin dem geschichtlichen Prozeß unterworfen. Viele Selbstbiographen im 20. Jahrhundert mißtrauen der Literatur, halten die schöne Form für Lüge und suchen nach Möglichkeiten, ihr Ich unverstellt auszusprechen. Sie wollen nichts verschweigen und propagieren deshalb eine dezidiert antiästhetische Form der Selbstbiographie. Michel Leiris etwa, der die Literatur als Stierkampf auffaßt, dabei die existentielle Verbundenheit von Kunst und Leben durchaus anerkennend, wählt sich als autobiographische Regel: „Jede Verkleidung abwerfen und als Materialien nur wirkliche Tatsachen (und nicht wie im klassischen Roman bloß wahrscheinliche) zulassen".[10] Diese ‚Negation des Romans' geht nicht von einer unmittelbaren Übersetzung des Lebens in die Literatur aus; die von Leiris erstrebte Authentizität ist eine schmerzlich errungene. Auch „Nacktheit ist nur

---

8 In der Selbstbiographie will der Autor keineswegs als Epiphänomen der Textdynamik begriffen werden, was Michel Foucault in seinem Aufsatz *Was ist ein Autor?* diskutiert (in: ders., Schriften zur Literatur, übers. v. Karin von Hofer u. Anneliese Botond, Frankfurt/M.: Fischer 1988, S. 7–31). Der Autobiograph ist kein beliebiger Autor. Das Konstruierte des Ich, das moderne Selberlebensbeschreibungen herausstellen, läßt das Ich keineswegs obsolet werden. Als bewußt konstruiertes ist es gerade keine Fiktion oder bloße Funktion des Textes, sondern ein als solches allererst hergestelltes, das der eigenen Existenz Sinn zuschreibt oder auch abspricht. Im substantialistischen Fehlschluß bleibt dieser Zusammenhang verstellt; nie war das Ich ein beliebiger Gegenstand unter anderen. Auch die Chronologie, Kontinuität und Teleologie der traditionell in Autobiographien dargestellten Entwicklung des Ich konnten weder die Wahrheit noch seine Referenz anders beglaubigen, als das in den bruchstückhaften, diskontinuierlichen und unabgeschlossenen Autobiographien der Moderne der Fall ist. Erst in der Reflexion auf sich selbst und im Erinnern vermag sich das Ich Kontur zu verleihen.
9 Jean Jacques Rousseau, Die Bekenntnisse, übersetzt von Alfred Semeran, München: dtv 2/1984, S. 7.
10 Michel Leiris, Mannesalter, übers. von Kurt Leonhard, Frankfurt/M.: Suhrkamp 1983, S. 13. – Hier nennt Leiris Bretons *Nadja* als ein frühes Beispiel dieser an Dokumentation und ‚strenger Wahrhaftigkeit' orientierten Literatur.

eine Maske",[11] die Haut vielleicht gerade nicht die Hülle der Seele. So sehr die entstellende Funktion der Erinnerung beklagt wird, so wenig aussagekräftig ist das einzelne Dokument. Die vermeintlich authentische Literatur der siebziger Jahre glaubte, ganz auf Gestaltung verzichten zu können, ging dabei aber kaum über die bloße Selbsterfahrung im Schreiben hinaus.[12] Die Aporien dieser Formen der Selbstentblößung korrespondieren den Paradoxien autobiographischer Selbstbehauptung, die in der Selbstauslöschung des Ich im ästhetischen Prozeß ihre Selbstbestätigung finden. Dokumentation, Authentizität und Gestaltung bilden – in unterschiedlicher Gewichtung – die konstitutive Trias moderner Selberlebensbeschreibungen.

Um die ganze Wahrheit über sich selbst zu sagen, ist für die modernen Autobiographen ein Konzept realistischen Erzählens nicht ausreichend. Der Spiegel, in dem sich das moderne Ich betrachtet, ist in seiner Beschaffenheit und spezifischen Funktion in den einzelnen Selbstbiographien jeweils neu zu definieren. Virginia Woolf etwa hängt den autobiographischen Spiegel an vielen verschiedenen, stets unerwarteten Stellen auf und erzielt so nicht nur eine Reihe verblüffender Einsichten, sondern ein vielfältiges, wenn auch nicht vollständiges Bild ihrer Person. Bei André Breton ist der das Leben wiedergebende Spiegel transparent und Alain Robbe-Grillet weiß, daß der autobiographische Spiegel einerseits zerbrochen ist, andererseits als imaginärer wiederkehrt.[13] Die Selbstbegegnung des Ich bedient sich der Metapher des Spiegelbildes ebenso wie der Erfindung literarischer Doppelgänger. Begleitet werden diese Formen autobiographischer Selbstdarstellung durch selbstkritische Reflexionen, die bis zur Figur der *mise en abîme* führen und nicht selten in paradoxen Bestimmungen gipfeln. Ein Meister dieser Kunst ist Fernando Pessoa: „ich erträume mich selbst und wähle aus mir aus, was erträumbar ist, ich komponiere mich wieder und wieder auf jegliche Weise, bis ich so bin, wie ich es von meinem Sein und Nicht-Sein verlange."[14] Reflexionen auf die Form solcher Aussagen, den spezifischen Gehalt literarischer Aussagen, können darüber aufklären, welcher Stellenwert dem jeweiligen Ich zugeschrieben werden muß, um sich nicht heillos in Widersprüchlichkeiten zu verlieren. Das eine Ich ist vom anderen streng zu

---

11 Ursula Krechel, Autobiographien vor dem Leben, in: Lesezeichen, H. 10, April 1985, S. 24–26; hier: S. 24.
12 Vgl. Ursula Krechel, Leben in Anführungszeichen. Das Authentische in der gegenwärtigen Literatur, in: Literaturmagazin 11, hrsg. von Nicolas Born u.a., Reinbek: Rowohlt 1979, S. 80–10; vgl. auch: Literatur aus dem Leben. Autobiographische Tendenzen in der deutschsprachigen Gegenwartsdichtung. Beobachtungen, Erfahrungen, Belege, hrsg. von Herbert Heckmann, München/Wien: Hanser 1984.
13 Vgl. Alain Robbe-Grillet, Le miroir qui revient, Paris: minuit 1984.
14 Fernando Pessoa, Das Buch der Unruhe des Hilfsbuchhalters Bernardo Soares, aus dem Portugiesischen übersetzt von Georg Rudolf Lind, Frankfurt/M.: Fischer 1987, S. 224.

trennen, zugleich aber ist ihr Bezug zu erfassen. In der Moderne ist auch das Lesen komplizierter geworden.

Selten war die Autobiographie, anders als das Tagebuch, nur Selbstbespiegelung, gerade das narzißtische Ich wird auf Publikum nicht verzichten wollen. Sogar die psychologische Autobiographie mit ihrer übersteigerten, wiewohl zum Teil entworfenen Subjektivität, deren Prototyp Rousseaus *Confessions* darstellt, ist eine Auseinandersetzung mit der eigenen Zeit und richtet sich an Leser. Auf seine Einzigartigkeit pochend und sein Innerstes entblößend, soll Rousseau die Selbstbiographie als Legitimationsschrift dienen, wobei der Leser als ein vorläufiger Richter eingesetzt wird. Die angenommene Feindschaft der Welt gegenüber dem Ich und der legitimatorische Zug der Selbstbiographie sind bei und trotz aller Konzentration auf das Ich von einem Welt- und Zeitbezug abhängig. Gerade die Rechtfertigung setzt eine andere Instanz notwendig voraus. Insofern hat die Autobiographie eine dialogische Grundstruktur. Neben das Ich tritt ein anderes. Anders als noch für Goethe ist für die Künstler, Literaten und Intellektuellen im 20. Jahrhundert ein produktiver Weltumgang selten geworden. Wir orientieren uns heute eher am autobiographischen Modell Rousseaus. Allen Selbstbiographien aber ist das Andere des Ich eingeschrieben: sei es als die Welt, die dunkle, verdeckte Seite des Ich oder die Vielfalt seiner Rollen und Funktionen, seien es seine Werke – auch sie ein Spiegel des Ich –, die angesprochenen Freunde oder auch die Leser.

Jedes Ich ist notwendig auch auf andere verwiesen, sein eigenes Inneres nicht ohne Bezüge auf die Um- und Mitwelt zu begreifen. Nicht zuletzt deshalb läuft eine ausschließlich Nabelschau betreibende autobiographische Literatur, wie sie in den siebziger Jahren zu verzeichnen war und unter dem Stichwort einer ‚neuen Subjektivität' gehandelt wurde, ins Leere. Dieser Form der eitlen Selbstbespiegelung und narzißtischen Selbstentblößung stehen durchaus produktive Formen der Selbstwahrnehmung gegenüber. Sich selbst im Spiegel der Familienmitglieder und der Freunde zu sehen, bezeichnet – in unterschiedlicher Ausprägung – sowohl eine Schreibstrategie von Virginia Woolf als auch von Gertrude Stein. Sich selbst in unterschiedliche fiktive Personen aufzuspalten, ist das herausragende Kennzeichen Fernando Pessoas. Den eigenen Lebensrückblick mit dem Namen der Freundin im Titel zu publizieren, markiert eine durchaus ambivalente Form der Ehrerbietung, die Breton Nadja erweist. Die Anonymisierungsstrategie Salomo Friedlaenders ist demgegenüber schwer einschätzbar, da hier konventionelle autobiographische Elemente von den philosophischen Ausführungen überlagert und neutralisiert werden.

Ein oft kritischer Bezug auf die eigene Zeit, die konstitutive Funktion eines Anderen oder Außen (die Gesellschaft) sowie die dezidierte Auseinandersetzung mit künstlerischen oder intellektuellen Strömungen spielt in vielen modernen Autobiographien eine wichtige Rolle. So ist Benns *Doppelleben* Legitimationsschrift und ein wichtiges Dokument zum Verständnis der Inneren Emigration zwischen 1933 und 1945. Balls *Flucht aus der Zeit* ist nicht nur Zeugnis des Glaubens, sondern eine kritische Auseinandersetzung mit den für die Moderne relevanten intellektuellen Strömungen und außerdem eine der wenigen Quellentexte über die Entstehungsphase des Dadaismus in Zürich. Bei Gertrude Stein findet in der Autobiographie eine dezidierte Auseinandersetzung mit dem Kubismus, bei André Breton mit dem Surrealismus statt. Auch Kandinsky und Kubin rekurrieren auf die Malerei ihrer Zeit. Walter Benjamins Berlin-Bücher schließlich haben eine entschieden gesellschaftspolitische Motivation. Selbst wenn dem Ich in der modernen Welt die Autonomie verweigert wird – nicht zuletzt deshalb zieht es sich auf sich selbst zurück, um seine Ohnmachtserfahrung darstellend zu verarbeiten –, ist stets noch ein impliziter Bezug auf die Welt vorhanden. Ohne ihn läßt sich keine Reflexion des eigenen Selbstverständnisses denken. Der Umweg über das Andere seiner selbst ist notwendig.

Für alle hier untersuchten Selberlebensbeschreibungen ist die ästhetische Selbstverständigung von zentraler Bedeutung. Das hat nicht nur mit der jeweiligen Berufsgruppe zu tun. Bei meiner Auswahl von Schriftsteller- und Künstlerautobiographien war das Interesse leitend, hier Auskunft über Möglichkeiten individueller Sinnstiftung zu erhalten, die nach dem Zerfall verbindlicher Rahmenbedingungen in der Moderne nurmehr im selbstkritischen Rekurs auf die in der Sprache liegenden Interpretationspotentiale zu finden sind. (Das gilt nicht zuletzt für die hier vorgestellten Doppelbegabungen, die sich im Medium der Schrift ihrer selbst versichern.) Die autobiographische Leitfrage ‚Wer bin ich?' fordert Selbstdeutungen heraus, wobei mit der Identität der Sinn des eigenen Lebens zur Debatte steht. Dieser Problemkomplex aber „wird einer Lösung nur durch eine Sprache der Interpretation zugeführt".[15] Das Ich oder Selbst, so führt Charles Taylor aus, existiert nur in einem „Gewebe des sprachlichen Austauschs".[16] Möglichkeit und Notwendigkeit einer sprachlich verfaßten Selbstin-

---

15 Taylor (Anm. 2), S. 67. – Taylor sieht den „Ansatzpunkt der ‚poststrukturalistischen' Ausführungen über das Ende der Subjektivität" in einem „grundsätzlichen Mißverständnis des Wesens der Sprache" begründet (ebd., S. 69). „Der enge Zusammenhang zwischen Identität und sprachlichem Austausch kommt in der Stellung zum Vorschein, die die *Namen* im menschlichen Leben einnehmen." (Ebd., S. 72) In diesem Sinne sind die Autobiographien zu lesen als ‚ausgeschriebene Eigennamen'.
16 Ebd., S. 71. – Taylor, dessen große Studie zur neuzeitlichen Identität moralphilosophisch motiviert und ausgerichtet ist, sieht eine der Grundbedingungen des Selbstverstehens darin, „daß wir das eigene Leben im Sinne einer *narrativen Darstellung* begreifen müssen." (Ebd. 94) Angesichts moderner Selberlebensbeschreibungen allerdings darf bezweifelt werden, ob wir notwendig eine ‚zusammenhängende Geschichte' brauchen, um unsere

terpretation bezeichnen das Spezifikum des modernen Menschen, die Autobiographien stellen dessen dezidierte Ausführungen dar. Sie haben nicht nur dokumentarischen Wert, sondern besitzen auch Modellcharakter.

Die sinnstiftende Funktion der Sprache, die leitmotivisch die meisten der hier untersuchten Autobiographien durchzieht, beantwortet – mehr oder weniger explizit – das problematische Verhältnis von Kunst und Leben, das eines ihrer thematischen Schwerpunkte bildet. Die Fundierung des Lebens in der Kunst oder Literatur wird in der Autobiographie nicht nur reflektiert, sondern tatsächlich geleistet. Im wahrsten Sinne des Wortes schreiben die Autobiographen durch ihren deutenden Ausgriff auf Ganzheitlichkeit ihrem Leben Sinn zu. Daß nicht nur das Unbewußte und die Träume, die Erinnerung, die Einbildungskraft und die Phantasie wie eine Sprache verfaßt sind, sondern daß auch die Bilder einer Übersetzung in Sprache bedürfen, wollen sie sich ihrer Verständlichkeit versichern, dafür liefern Kandinskys autobiographische *Rückblicke* einen überzeugenden Beleg. Daß Kubin demgegenüber seiner Autobiographie diese Vermittlungsfunktion nicht zutraut, sondern sie an den Roman delegiert, ist ebenfalls aufschlußreich. Barlachs *Selbsterzähltes Leben* hingegen markiert eine Position, die von seiner Bildhauerei ebenso weit entfernt ist wie von seiner Dramatik, sie zeigt also einen anderen, unbekannten Barlach.

Aber nicht nur die genannten Künstler, sondern auch Virginia Woolf und Hugo Ball rekurrieren in ihren autobiographischen Schriften inhaltlich auf eine in der Kunst und der Dichtung verborgene Ganzheitlichkeit, derer sie sich ästhetisch versichern. Die geheime Ordnung der Dinge ist in den auserwählten Augenblicken des Seins ebenso zu erfahren wie im Glauben an einen die Welt durchwaltenden Gott. Das jenseits der Alltagswahrnehmung Liegende sichtbar zu machen – in abstrakten Bildern etwa –, entsprach dem Bemühen vieler Künstler der damaligen Zeit. „Kunst gibt nicht das Sichtbare wieder, sondern macht sichtbar", hatte Paul Klee in seiner *Schöpferischen Konfession* bekannt, wobei er mit diesem ästhetischen Programm ausdrücklich auf die ‚letzten Dinge' zielt. Noch der Surrealismus nimmt an diesem großen Entdeckungs- und Erneuerungsprogramm der Moderne teil, in der – trotz stark konstruktiver Tendenzen einerseits und der zunehmenden Bedeutung von Zufallsstrategien andererseits – die Autobiographie im Grunde einem realistischen Konzept mit seinen utopischen Implikationen verhaftet bleibt. André Breton und Walter Benjamin rekurrieren auf Ganzheitlichkeit nurmehr als verlorene, die im Modus der Erinnerung präsent gehalten werden kann. Die surrealistische Revolution wird da-

---

Identität zu beglaubigen. Auch die hier erprobten alternativen Modelle des Selbstverständnisses gestatten offensichtlich eine – wie immer prekäre und vorläufige – Identitätssicherung, die in besonderem Maße den Bedingungen der Moderne angemessen ist.

durch bei Breton auf eine neue Kunstrichtung reduziert; Ball und Benjamin behaupten demgegenüber eine andere Position. Einer ins Fiktionale umgebogenen Ganzheitlichkeit versichert sich Gertrude Stein, die vorrangig an der Kreativität des Geistes interessiert ist und nicht an den der Natur zugehörigen Aspekten, zu denen ihrer Vorstellung nach auch die Identität zählt. Bei Gottfried Benn hingegen haben wir es mit einer programmatischen Preisgabe der Ganzheitlichkeit zu tun, die in gewisser Hinsicht auch für Mynona gilt. Der Ptolemäer und der Kopernikaner sind jeweils auf ihre Art für die Moderne anachronistische Figuren. Der Trennung von Kunst und Leben dort korrespondiert die von Denken und Schreiben hier, wobei die Autobiographie jeweils auf die halbe Wahrheit reduziert wird. Fernando Pessoa ist in dieses Schema schwer einzuordnen, partizipiert er doch an einer ästhetisch erfahrbaren Ganzheitlichkeit ebenso wie an der Melancholie über ihren Verlust. Zum einen überbietet er sie in der Fiktion – durch die vielen von ihm geschaffenen imaginären Personen –, zum anderen scheint er sie dadurch völlig zu negieren. Er ist es, der sich am weitesten vorwagt ins Niemandsland zwischen Kunst und Leben.

Bei vielen Autobiographen erfolgt eine individuelle Sinnstiftung durch eine Fundierung des Lebens in der Kunst, die entweder religiöse oder mythisierende Tendenzen haben kann, oder aber, ganz weltlich, Deutung im Akt des Schreibens vollzieht und sich am Gewöhnlichen des Lebens orientiert. Das solchermaßen im Ästhetischen gründende Ich ist in hohem Maße gefährdet, die Selberlebensbeschreibung ihrerseits so das Dokument einer fortgesetzten Suche des Ich. In diesem Sinne heißt es etwa in Thomas Bernhards Autobiographie: „ich hatte immer nur *ich* werden wollen."[17] Das Ich ist in modernen Selbstbiographien also Ausgangspunkt und Ziel des Schreibens, wobei die Projektion in die Zukunft – sie ist nur eine der möglichen Welten, mit denen wir rechnen müssen – notwendig vorläufig und grundsätzlich revidierbar bleibt. Diese prekäre Position des Ich, die nicht nur einen Verlust traditionell verbürgter Sicherheiten anzeigt, sondern auch einen Zugewinn an Freiheit bedeutet, findet ihren Niederschlag in der paradox anmutenden Konstruktion transitorischer Identität. Das auf dem Wege zu sich selbst befindliche Ich wird – ganz im Sinne der Romantik – am Ende wieder am Ausgangspunkt angelangt sein, und im Laufe dieser spiralförmigen Kreisbewegung wird es all die durchaus divergierenden Entwürfe seiner selbst durchlebt und aufgezehrt haben. Am Ende des Lebens also wird das individuelle Repertoire des Lebens durchgespielt sein. Das sich dergestalt in ständigem Übergang befindliche Ich rundet sich jedoch nicht zu einer geschlossenen Per-

---

17 Thomas Bernhard, Der Atem. Eine Entscheidung, München: dtv 1981, S. 121. Vgl. hierzu: Eva Marquardt, Gegenrichtung. Entwicklungstendenzen in der Erzählprosa Thomas Bernhards, Tübingen: Niemeyer 1990, insbes. S. 120–178.

sönlichkeit. Ohne Applaus und ohne Gage wird es das Theater der Welt verlassen müssen. Seine Einmaligkeit kann sich immer nur im Rekurs auf sich selbst und das gelebte Leben bestätigen. Das Ich aber, das alle seine Vorstellungen muß begleiten können, ist stets ein anderes. Nicht zuletzt deshalb ist der Bezug auf die Um- und Mitwelt einerseits, auf die eigenen Werke und deren Tradition andererseits entscheidend. Als andere Seite des Ich findet sie sowohl formal als auch inhaltlich ihren Niederschlag in den modernen Selberlebensbeschreibungen.

3. Ausblick: Der Dialog mit dem Leser

Die Autobiographie als Übersetzung des Lebens in Literatur ist grenzüberschreitend und dialogisch angelegt, was sich in den Korrespondenzen von Inhalt und Form wiederholt und in den Entsprechungen, Überkreuzungen und Gegenläufigkeiten ihrer Themen und Motive ausdrückt.[18] Bestätigend oder dementierend, in jedem Fall kommentieren sich die einzelnen Elemente wechselseitig. Darin ist nicht nur die Vielschichtigkeit autobiographischen Schreibens zu sehen, sondern auch ihr kommunikativer Aspekt, der nach dem Angriff auf die traditionell hierarchisch geordneten Diskursformen andere Verständigungs- und Selbstverständigungsmöglichkeiten erprobt, wobei dem Leser zunehmend eine wichtige, fast gleichberechtigte Rolle zugeschrieben wird. Der Adressat kann direkt in den autobiographischen Text mit einbezogen werden; Gertrude Stein etwa redet ihn bereits im Titel an: *Everybody's Autobiography*. Gegenüber einer narzißtisch wohlgefälligen Selbstbespiegelung, die durchaus selbstquälerische, ja selbstzerstörerische Züge annehmen kann, gestattet eine dezidiert ästhetische Selbstverständigung eine Bestätigung des eigenen Ich im Medium der Kunst bzw. der Literatur, die auch für den Leser Orientierungsfunktion gewinnen kann.

Obwohl die moderne Autobiographie auf ihrem Kunstcharakter insistiert, bezeichnet sie kein geschlossenes Werk, sondern die für andere literarische Formen der Moderne geltende Offenheit wird auch auf dieses Genre übertragen. Experimente und Innovationen führen dabei zur Veränderung der Gattung; Alain Robbe-Grillet etwa spricht von *Nouvelle Autobiographie*.[19] Die modernen

---

18 In diesem Kontext aufschlußreich wäre eine Zusammenstellung der Bilder des Ich, die sich nicht mehr am Organismusmodell orientieren; vergleichende Untersuchungen anderer Themenkomplexe, etwa zur Alltagserfahrung, zu Krankheiten oder zu Träumen, wären ebenso denkbar wie zu einzelnen Motiven, etwa zu Glück und Hoffnung, zu Schicksalsschlägen, zu Idiosynkrasien oder zum Tod.
19 Alain Robbe-Grillet, Neuer Roman und Autobiographie, übersetzt von Hans Rudolf Picard, Konstanz: Universitätsverlag 1987.

Selbstbiographien werden weder ausschließlich um der Kunst willen geschrieben noch zur Demonstration fortgesetzter Beliebigkeiten, sondern sie sind hauptsächlich um des Lebens willen da. Ethik und Ästhetik schließen sich hier nicht aus, ohne daß deswegen Normierungen vorgenommen würden. Diese werden den kritischen Überlegungen des Lesers überantwortet. Auch in dieser Hinsicht bleibt die Autobiographie als *document humain* wichtig. In diesem Sinne läßt sich etwa *Die Ästhetik des Widerstands* (1971-1981) von Peter Weiss als Wunschautobiographie lesen; enger an den eigenen Lebensweg gebunden sind demgegenüber seine Bücher *Abschied von den Eltern* (1961) und *Fluchtpunkt* (1962).

Werden die Schriftsteller- und Künstlerbiographien traditionellerweise gelesen, um über die Werke Aufschluß zu erhalten, bevorzugt vom Autor selbst, so weisen die modernen Selberlebensbeschreibungen einen privilegierten Zugang zum Ich und zum Werk zurück. Die Autobiographie tritt ihrerseits als ein Werk neben anderen auf und will entsprechend gelesen werden. Ihr unmittelbarer pädagogischer Wert sinkt dadurch; über den Unterhaltungswert läßt sich immer streiten. Da moderne Selbstbiographien die Frage nach dem Verhältnis von Kunst und Leben zum zentralen Punkt des eigenen Selbstverständnisses machen, bieten sie dem Leser ein Modell an, das er auf das eigene Leben übertragen und dort erproben kann. So gewinnt die auf das eigene Ich konzentrierte Gattung nach dem Verlust der Zentralperspektive, die in modernen Autobiographien zu beobachten ist, paradoxerweise an Relevanz. Ästhetische Kriterien und lebenspraktische Erwägungen ergänzen einander.

Zuerst einmal ist die Autobiographie ein Dialog des Ich mit sich selbst zum Zwecke der Selbstvergewisserung und der Selbstdeutung, die in legitimatorischer Absicht erfolgen oder auch therapeutische Zwecke verfolgen kann, die dem Wunsch von Familienangehörigen oder von Freunden entsprechen kann oder aber dem eigenen Wunsch, für die Mit- und Nachwelt eine von eigener Hand geschriebene, mithin persönlich legitimierte Geschichte des eigenen Lebens zu geben. Anders etwa als das nicht für die Publikation verfaßte Tagebuch ist die Autobiographie meist auf Leser hin entworfen. Bereits Montaigne stellt seinen *Essais* eine Anrede an den Leser voran. So wie das Ich im Dialog mit sich selbst sich aufteilt – also nie das Eine und Unteilbare war –, so findet diese Differenzierung in modernen Autobiographien in Anlage und Gestaltung ihren Niederschlag. Das fragmentierte ist zugleich ein multipliziertes Ich, der Gattung werden paradoxe Züge eingeschrieben. Im vielstimmigen Gespräch mit sich selbst sucht es nicht zuletzt auch den Dialog mit dem Leser.

„Und so erzähle ich mir mein Leben", lesen wir auf dem zwischen Vorwort und Haupttext des *Ecce homo* eingelegten Zwischenblatt.[20] Friedrich Nietzsche bekräftigt hier seinen autobiographischen Pakt, indem er einige präzise Daten nennt – seinen 44. Geburtstag, einige Titel seiner zum Teil noch nicht erschienenen Werke – und seine autobiographische Perspektive angibt; es ist dies eine doppelte Perspektive nach rückwärts und nach draußen, d.h. seine Introspektion soll um eine Projektion in die Zukunft ergänzt werden. *Ecce homo*, als Autobiographie durchaus umstritten, ist angelegt als Selbstgespräch und zugleich als Dialog mit dem kommenden Leser. Da die Widersprüchlichkeiten dieser Schrift einige der Paradoxien moderner Selberlebensbeschreibungen vorwegnehmen, soll hier abschließend und in gebotener Kürze auf Nietzsche Bezug genommen werden; meine Interpretation betrifft dabei hauptsächlich die Rahmenbedingungen autobiographischen Schreibens. Nietzsches Denken, das nicht nur für die Moderne von eminenter Bedeutung war, sondern das auch von den Theoretikern der Postmoderne für ihre eigenen Positionen reklamiert wird, vereint zwei gegenläufige Stränge, die in der Frage kulminieren, ob Nietzsche als Vollender der Metaphysik bereits über sie hinaus ist.[21] Von der Entscheidung dieser Frage hängt das Verständnis einer genuin modernen oder aber postmodernen Lesart der Moderne ab. Sie ist nicht nur für Benn und Friedlaender, sondern mit gewisser Einschränkung auch für Pessoa, Ball und Breton wichtig.

In *Ecce homo* – geschrieben 1888 als Vorbereitung für Nietzsches Hauptwerk *Die Umwertung aller Werte*, aber erst 1908 posthum erschienen – stellt sich Friedrich Nietzsche die Aufgabe, „zu sagen, *wer ich bin.*" (EH: 257) Mit einem gewissen Recht also läßt sich das Buch als Autobiographie des Philosophen betrachten. Die intellektuelle Biographie des Autors, die er durch seine Schriften dokumentiert, steht dabei im Vordergrund. Unter dem Titel „Warum ich so gute Bücher schreibe" werden sie in der Reihenfolge ihres Erscheines kurz vorgestellt und kommentiert. Dadurch entsteht ein stark persönlich eingefärbter philosophischer Traktat. Aus naheliegenden Gründen ist Nietzsche besonders interessiert an der Wirkungsgeschichte seiner Werke, seine Sorge gilt ihrem zukünftigen richtigen Verständnis. Damit öffnet sich seine Selbstdeutung

---

20 Friedrich Nietzsche, Ecce homo in: ders., Sämtliche Werke. Kritische Studienausgabe in 15 Bdn., hrsg. von Giorgio Colli und Mazzino Montinari, München: dtv u. Berlin/New York: de Gruyter 1980, Bd. 6, S. 255–374; hier: S. 263; im weiteren abgekürzt „EH".

21 Vgl. Martin Heidegger, Nietzsche. 2 Bde., Pfullingen: Neske 3/1961; vgl. ferner: Jacques Derrida, Sporen. Die Stile Nietzsches, in: Nietzsche aus Frankreich, hrsg. von Werner Hamacher, Frankfurt/Berlin: Ullstein 1986, S. 129–168. Derrida setzt sich hier ausdrücklich mit Heideggers *Nietzsche*-Lektüre auseinander, wobei er die Frage nach den Stilen Nietzsches mit dem *sujet* der Frau, genauer dem Bild der Frau, verbindet. „Die Fragen der Kunst, des Stils, der Wahrheit lassen sich also nicht von der Frage der Frau trennen." (Ebd., S. 142)

im Spiegel der eigenen Werke auf die Zukunft hin. Der apologetische Charakter der Autobiographie, das menschlich-allzumenschliche Interesse an Ruhm und Ehre, sind bei Nietzsche ins Extrem übersteigert, was zu Selbstmißverständnissen, zum Teil sogar zu Fehlinterpretationen führt oder schlicht Maske ist. Gegenüber der historischen Wahrheit wird die Subjektivität sehr stark in den Vordergrund gerückt, zugleich aber die eigene Existenz durch die der Schriften ersetzt. Diese paradoxe Situation läßt sich mit der von Nietzsche selbst geprägten Formel „todt vor Unsterblichkeit" (EH: 341) fassen.

Das in *Ecce homo* redende Ich ist eindeutig der Autor selbst, Friedrich Nietzsche. Er schreibt nicht nur in dem für seine Spätphase charakteristischen Stil voll Pathos und Anmaßung, sondern er will sich als Autor der mit seinem Namen unterzeichneten Bücher beglaubigen. Im Vorwort zu *Ecce homo* geht er ausdrücklich einen autobiographischen Pakt mit dem Leser ein. Es ist ein kleiner Kreis ausgewählter Leser, die er im weiteren mehrfach anredet und besonders im letzten Teil mit Nachdruck auffordert, ihren eigenen Weg der Erkenntnis zu gehen. Unter der Hand aber gerät Nietzsche die Dokumentation ‚gelebten Denkens' zur Negation des eigenen Lebens. Dieser Zwiespalt erkärt einige der Widersprüche in seiner Selbstdarstellung. Der Autobiograph greift eine Reihe autobiographischer Topoi auf, gibt ihnen dann aber eine entschieden moderne Wendung, die seinem Gegensatz-Denken entsprechend paradox ausfällt, und deren Bedeutung – anders als ihre Stoßrichtung – oft schwer zu fassen ist.

In *Ecce homo* geht es Nietzsche um die Unverwechselbarkeit seiner Person (vgl. EH: 298), die er durch seine intellektuelle Entwicklung belegen will. Dem liegt eine starke Stilisierung auf Einheitlichkeit zugrunde, also die konventionelle Vorstellung der Person als Einheit von Charakter, Körper und Geist.[22] Emphatisch spricht Nietzsche von der „Rückkehr zu *mir*" (EH: 326), wobei er das unterste, verschüttete Selbst im Auge hat. (Schwer, sich dies nicht als eine substantialistische Konzeption des Ich vorzustellen.) Der Untertitel „Wie man wird, was man ist" suggeriert eine kontinuierliche Bewegung auf sich selbst und die einem auferlegte Bestimmung. Nietzsches Lehre vom *amor fati*, einem „Fatalismus ohne Revolte" (EH: 272), der aufs eigene Leben umgerechnet bedeutet, „nicht sich ‚anders' wollen" (EH: 273), biegt diese Entwicklung zum Schicksal um: „Ich will nicht im Geringsten, dass Etwas anders wird als es ist; ich selber will nicht anders werden. Aber so habe ich immer gelebt." (EH: 295) Die Preisgabe der Autonomie im Dienste der Selbstbehauptung ist äußerst fragwürdig,

---

22 Vgl. Ralph-Rainer Wuthenow, Nietzsches Selbstdarstellung, in: Friedrich Nietzsche, Ecce homo. Wie man wird, was man ist, mit einem Vorwort von Raoul Richter und einem Nachwort von Ralph-Rainer Wuthenow, Frankfurt/M.: Insel 1977, S. 141–164; hier: S. 150; dieser Interpretation verdankt meine Deutung wesentliche Anregungen.

zumal in *Ecce homo* Nietzsches Lehre von der ‚ewigen Wiederkunft' als einer möglichen Vermittlung von Übermensch und Wille zur Macht nicht eigens thematisiert wird.[23] Das Buch gibt uns viele Rätsel auf.[24] Durchaus gegen die Intentionen des Autobiographen wäre sein Diktum zu bedenken: „Das Eine bin ich, das Andre sind meine Schriften." (EH: 298)

Die unter gattungstheoretischen Gesichtspunkten auffälligste Paradoxie in Nietzsches autobiographischem Rückblick ist die Verkehrung von Vergangenheit und Zukunft. Seiner Projektion „auf irgend eine zufällige Realität" (EH: 315)[25] korrespondiert die Projektion seiner Schriften in eine spätere Zeit, in der sie, anders als in der Gegenwart, verstanden werden. In diesem Sinne schreibt Nietzsche: „Ich selber bin noch nicht an der Zeit, Einige werden posthum geboren." (EH: 298) Das Gespenstische dieser Existenz ist ebenso offenkundig – Nietzsche stilisiert sich zum zukünftigen Widergänger seiner selbst – wie deren lebensgeschichtliche Begründung. Nietzsches Selbstüberschätzung – ihrerseits eine (Über)Reaktion auf seine Nicht(be)achtung – lehnt jegliche Fundierung ab. Diese Form der Selbstermächtigung aber schlägt ins Gegenteil um, was seinen Ausdruck findet in paradoxen Formulierungen wie „Ich lebe auf meinen eignen Credit hin" (EH: 257). Das äußerst prekäre Spannungsverhältnis zwischen Retrospektive und Prospektive ist bereits im Titel seiner autobiographischen Schrift zusammengepreßt: *Ecce homo*.[26] Als einzelner ist Nietzsche dieser Mensch, der sein Leben und Denken ausstellt. Als philosophisches Programm gelesen, bezeichnet der Titel den für die Zukunft allererst aufgegebenen Menschen – den kommenden Menschen, den er früher bereits durch Zarathustra verkündet hatte. Daß Nietzsche sich wirklich als einen posthum lebenden Men-

---

23 „Die Lehre von der ‚ewigen Wiederkunft', das heisst vom unbedingten und unendlich wiederholten Kreislauf aller Dinge – diese Lehre Zarathustra's *könnte* zuletzt auch schon von Heraklit gelehrt worden sein. Zum Mindesten hat die Stoa, die fast alle ihre grundsätzlichen Vorstellungen von Heraklit geerbt hat, Spuren davon." (EH: 313)

24 „Dass man wird, *was* man ist, setzt voraus, dass man nicht im Entferntesten ahnt, was man ist." (EH: 293) – Eine der Rhetorik Nietzsches angemessene Hermeneutik steht noch aus. Zur Explikation des Grundproblems vgl. Jörg Villwock, Die Geschichte als Labyrinth. Zonen des Paradoxen im Werk Friedrich Nietzsches, in: Das Paradoxe. Literatur zwischen Logik und Rhetorik, hrsg. von Carolina Romahn und Gerold Schipper-Hönicke, Würzburg: Königshausen & Neumann 1999, S. 225–242.

25 Nietzsche bekennt, in seiner Schrift *Wagner in Bayreuth* sei „an allen psychologisch entscheidenden Stellen [...] nur von mir die Rede" (EH: 314).

26 Die religiöse Anspielung des Titels *Ecce homo* – sie geht auf einen Ausspruch des Pontius Pilatus zurück: „Sehet, welch ein Mensch!" (Joh. 19,5) – birgt in sich eine Widersprüchlichkeit, da Nietzsche mehrfach darauf insistiert, kein Heiliger sein zu wollen. Daß der Autobiograph die Rolle des Predigers ablehnt, gleichwohl aber dessen Sprache spricht, gehört zu den Ungereimtheiten von *Ecce homo*. Offensichtlich schreibt sich Nietzsche die Rolle des verkannten Propheten zu und verweist mit dem Titel bewußt auf die Darstellung des dornengekrönten Christus in der Kunst.

schen imaginiert, bezeichnet die Tragik seiner Existenz, von der seine Selbstbiographie nur ex negativo handelt.

Da Nietzsche in *Ecce homo* im Rückblick den eigenen intellektuellen Entwicklungsgang auf eine mögliche Zukunft hin umdeutet, ließe sich in diesem Falle von *autofiction* sprechen: einer Selbsterfindung des von der eigenen Lebensgeschichte nicht zu trennenden Denkens, das in permanenter Umdeutung begriffen ist. Die Autobiographie als Roman des Geistes ebnet dabei allerdings die Differenz zwischen Literatur und Philosophie ein – durchaus zum Nachteil des Lebens, das im Falle der Autobiographie doch der einzige Inhalt von Denken und Schreiben hätte sein sollen. In dem Maße, wie bei Nietzsche historische Bezüge abgelöst werden von eigenmächtigen Projektionen, kommt es zu einer prospektiven Übersteigerung des Ich, das, selber formlos, alles wild überwuchert. *Ecce homo* als eine potentielle Autobiographie der Zukunft ist gar keine Autobiographie, sondern ewiges Vorwort zum notorisch sich selbst verschlingenden Text des Lebens. Die Frage „Wer ist Friedrich Nietzsche?" beantwortet *Ecce homo* nicht.[27]

Das Widersprüchliche dieser Autobiographie, die keine sein will, und das Schillernde ihrer Paradoxien zieht sich durch Form und Inhalt des ganzen Buches.[28] Daß Nietzsche das Ich im machtvollen Gestus der Selbstüberbietung zur Unkenntlichkeit steigert, markiert eine letzte Grenze der Schrift zum Leben hin, die nicht zu überschreiten ist. Nietzsches mit dem Mutwillen der Verzweiflung unternommener Versuch, „mit Einem Fusse *jenseits* des Lebens" zu stehen,[29]

---

27 *Zarathustra* spielt in *Ecce homo* eine herausragende Rolle; besonders häufig und eindringlich weist Nietzsche auf dieses Buch und seine Lehre hin. Sich selbst bezeichnet er einmal als „Jünger des Philosophen Dionysos" (EH: 258) und wird damit zu Zarathustras Bruder im Geiste. Dessen Identität aber bleibt ungeklärt; vgl. hierzu: Martin Heidegger, Wer ist Nietzsches Zarathustra?, in: ders., Vorträge und Aufsätze, Pfullingen: Neske 4/1978, S. 97–122.

28 An einzelnen Bruchstücken läßt sich das Autobiographische des *Ecce homo* durchaus erkennen; anders als *Zarathustra* oder die *Dionysos-Dithyramben* eröffnet dieses Buch eine ausdrücklich autobiographische Lesart. Nach dem eingangs mit dem Leser geschlossenen Pakt unterschreibt Nietzsche am Ende mit der Formel ‚Dionysos gegen den Gekreuzigten' (EH: 374). Damit stilisiert er sich selbst zum Antichrist, denn Dionysos gegen Christus aufbietend legt er seine Identifikation mit Dionysos nahe, der griechische Gott aber wird in Opposition zu Christus gesehen bzw. gesetzt. Es ist allerdings auch durchaus denkbar, daß Nietzsche den antiken und den christlichen Gott in sich vereint sehen will, die Spannung dieser beiden Extreme aushaltend. Die Formel ‚Dionysos gegen den Gekreuzigten' kann außerdem das Zerissene seines Wesens meinen und das Selbstopfer, so wie der Hinweis auf den Antichrist das Teuflische und Diabolische evoziert. Nietzsches negatorische Formulierungen sind schwer zu entschlüsseln.

29 Nietzsche, Kritische Studienausgabe (Anm. 20), Bd. 14, S. 473. Der Abschnitt 3 im Kapitel „Warum ich so weise bin", der in der *Kritischen Studienausgabe* durch einen

mißlingt. Mit den Formen des Ich zerbricht die Autobiographie.[30] In ihren Fragmenten jedoch sind die ihr inhärenten Probleme für die Zukunft aufbewahrt,[31] die in paradoxen Formulierungen enthaltenen Fragen damit keineswegs gelöst. In welcher Hinsicht *Ecce homo* eine Lektüre Nietzsches beeinflußt, ist zum gegenwärtigen Zeitpunkt schwer abzuschätzen.

Ganz ist Nietzsches Ausführungen nicht zu trauen. Der Leser tut gut daran, den Warnungen des Autobiographen zu folgen. (Leicht zu erkennen ist, daß der doppelte Blick auf die Welt immer dann schief wird, wenn Nietzsche auf sich selbst schielt.) Wie aber haben wir den ‚Jasager' und ‚Neintuer' (vgl. EH: 350) wirklich zu verstehen? Auch Nietzsche scheint seinen Ausführungen nicht ganz zu trauen. Mit der ihm eigenen Rhetorik fragt er am Ende von *Ecce homo* dreimal ostentativ „Hat man mich verstanden?" (EH: 371, 373, 374) Daß seine Schriften nicht à la lettre zu nehmen sind, sondern die Stoßrichtung seiner Argumentation mit zu bedenken ist, hat er selbst immer wieder betont. Insbesondere das durch die Besonderheit des Stils Mitgeteilte gilt es herauszuhören.[32] In einem Brief an Franz Overbeck teil er über *Ecce homo* mit: „Der Ton der Schrift heiter und verhängnißvoll, wie Alles, was ich schreibe".[33] Ist das vielleicht zu lesen als Diagnose einer auch zukünftigen Moderne? Nietzsches Sorge, richtig verstanden zu werden, geht über die Bemühungen im Dienste des eigenen Nachruhms weit hinaus. Bezogen auf *Jenseits von Gut und Böse* spricht er – das ‚Raffinierte in Form, in Absicht' betreffend – von einer „Kunst des Schweigens" (EH: 351).

‚wiedergefundenen letztgültigen Text' ersetzt wurde, ist in der bisher bekannten Form im Kommentarband abgedruckt.
30 Vgl. Wuthenow (Anm. 22), S. 163f.
31 Als verlorene bleibt die Ganzheitlichkeit bei Nietzsche präsent. Die Auseinandersetzung mit der Tradition ist allen seinen Büchern eingeschrieben. In seinem Text *Nietzsche und die fragmentarische Schrift* erkennt Maurice Blanchot diese vereinheitlichende Perspektive als eine mögliche Lesart an, votiert selbst aber für eine postmodern-pluralistische Lesart der fragmentarischen Rede Nietzsches, die im Jenseits der Widersprüche und im Unentscheidbaren sich bewegt. (Vgl. Maurice Blanchot, in: Nietzsche aus Frankreich (Anm. 21), S. 47–73.) Eine Generalisierung dieser Position zu einer ‚Logik der Unentscheidbarkeit' erscheint mir allerdings problematisch, weil mit der stets gleichen Antwort auch die Fragen zu verstummen drohen. Demgegenüber vielversprechender ist die Position, „die Frage nach jenem ungewissen Ort zwischen Philosophie und Literatur, den Nietzsches Texte beziehen, neu zu stellen". (Werner Hamacher, Echolos, in: Nietzsche aus Frankreich (Anm. 21), S. 5–14; hier: S. 14.)
32 Nietzsche weist auf den Rhythmus der Sprache hin – die Frage nach dem Begriff des Dionysischen provoziert für ihn die Sprache des Dithyrambus (vgl. EH: 344f.) – und auf seine Liebe zur Ironie (EH: 363).
33 Zit. nach: Ralph-Rainer Wuthenow, Die Selbstdeutung Nietzsches, in: Literaturwiss. Jahrbuch der Görres-Gesellschaft 1993, S. 225.

Sein verzweifelter Ausruf „*Hört mich!*" (EH: 257) verbindet sich mit einer Reihe von Redewendungen, die dem entsprechenden Sinnesorgan gelten; etwa wenn es darum geht, den ‚halkyonischen Ton' Zarathustras richtig zu hören (vgl. EH: 259). Nietzsches Lehre vom richtigen Verstehen richtet sich an ‚feine Ohren'. Es ist eine Hermeneutik für leise Töne und starke Rhythmen, für Pausen, Wechsel und Wiederholungen. In seiner insgesamt sehr bilderreichen Sprache kommt dem Ohr im Hinblick auf das Verstehen besondere Bedeutung zu. In seiner eigenwilligen Lektüre Nietzsches weist Derrida auf die phonetische Ähnlichkeit von ‚Autobiographie' und ‚Otobiographie' hin; im Französischen sind diese beiden Wörter homophon. Die innige Verbindung von Selberlebensbeschreibung mit allem das Ohr Betreffende wird in der Wortneuschöpfung der ‚Otobiographie' zum Ausdruck gebracht.[34] An Fragen der literarischen Gattung ist Derrida nicht interessiert, denn für ihn gibt es keinerlei Differenz zwischen literarischen und philosophischen Texten; bestehende Grenzen werden von ihm mit Absicht bis zur Unkenntlichkeit verwischt.[35] Gleichwohl bietet Derridas Lektüre Ansatzpunkte für gattungstheoretische Überlegungen.

Wichtig ist mir eine Verbindung von Autobiographie und Ohr, die von der autobiographischen Zentralmetapher des Spiegels wegkommt und Verständigung delegiert an das Phänomen der Stimme, mithin an das Hören. Diese hier angedeutete Verlagerung in den Bereich des Akustischen eröffnet für das Verständnis moderner Autobiographien einen neuen Horizont, wobei die Akzentuierung von Hören und Sprechen ein duales Modell bezeichnet. Sie verweist zum einen auf die Dialogizität der Sprache und zum anderen auf die Autobiographie als Dialog mit der eigenen Vergangenheit, der immer auch als Dialog mit dem Leser angelegt ist. Die mythologische Leitfigur des Narziß wird hierbei abgelöst

---

34 Jacques Derrida, Nietzsches Otobiographie oder Politik des Eigennamens. Die Lehre Nietzsches (1976), übersetzt von Fr. A. Kittler, in: Fugen. Deutsch-Französisches Jahrbuch für Text-Analytik, hrsg. von Manfred Frank u.a., Freiburg: Olten 1980, S. 64–98.

35 Auf Derridas eigenwillige, dezidiert politisch gewendete Lektüre Nietzsches kann ich hier nicht weiter eingehen; es ist auch eine auf die eigene aktuelle Situation bezogene Lektüre. – Die Herausgeberin der englischen Ausgabe dieses Vortrages erläutert „Otobiographie" folgendermaßen: „In it, Derrida deals with two important but rarely juxtaposed texts: Nietzsche's autobiography, *Ecce Homo*, and *On the Future of Our Educational Institutions*. Through them, he discusses the structure of the ear (as a perceiving organ), autobiography, and interpretation: how Nietzsche defers the meaning of his texts so that his signature (as that which validates a check or document – here a book) can come to be understood, honored as it were, only when a reader allies himself with him and, as a receiving ear, signs the text – posthumously. ‚In other words ... it is the ear of the other that signs.'" (Christie V. McDonald in: The ear of the other. Otobiography, Transference, Translation, english edition ed. by Christie V. McDonald, translated by Peggy Kamuf, New York: Schocken Books 1985, S. viii.)

durch das Echo. Walter Benjamins *Berliner Kindheit* eröffnet unter diesem Gesichtspunkt eine interessante Lesart.

Es ist auffällig, daß insbesondere Frauen die dialogische Form der Autobiographie bevorzugen. Ein frühes Beispiel ist Bettine von Arnims Selbstbiographie, die sie in Form ihres (nachträglich bearbeiteten) Briefwechsels mit Karoline von Günderrode veröffentlicht, womit sie zugleich der Freundin ein Denkmal setzt.[36] Ähnlichkeiten zu Gertrude Steins mit der Feder der Freundin geschriebener Autobiographie liegen auf der Hand. Aber auch Nathalie Sarraute verfaßt ihr Erinnerungsbuch *Enfance* (1983) als Dialog zwischen einem den autobiographischen Rückblick befürwortenden ‚ich', das seine Kindheitserinnerungen heraufbeschwören will, und einem der Selberlebensbeschreibung sehr skeptisch gegenüberstehenden ‚du'. Dieses Streitgespräch, das das Ich zu seinem autobiographischen Projekt immer weiter anstachelt, wird von einzelnen Szenen aus der Kindheit unterbrochen. Diese kritisch kommentierten Erinnerungspartien sind den Tropismen vergleichbar.[37] Mit ihrem nächsten Buch *Tu ne t'aimes pas* (1989) setzt Sarraute ihr autobiographisches Projekt fort, indem sie die Vielzahl der in ihr sprechenden Stimmen in einem fiktiven Szenario zu Wort kommen läßt.[38] Die Grenzen der Autobiographie werden damit jedoch überschritten.

Christa Wolfs kritische Auseinandersetzung mit ihrer nationalsozialistischen Vergangenheit schließlich – in der ersten Ausgabe 1976 enthielt *Kindheitsmuster* keine Gattungsbezeichnung – ist abgefaßt als Dialog eines schreibenden und sich erinnernden ‚du' mit der unter dem Namen Nelly eingeführten Protagonistin. Das ihr fremd gewordene Kind ist in die dritte Person versetzt, ‚es'/‚sie'. Eine Annäherung an die eigene Vergangenheit kann nur eingedenk der mittlerweile erfolgten Veränderungen Aufrichtigkeit behaupten. Aktualisierung und Distanzierung sind die beiden notwendig einander ergänzenden autobiographischen Schreibstrategien, die eine engagiert kritische Auseinandersetzung mit der Historie anstreben. Die gemeinsam mit ihrem Bruder und ihrer Familie an die Stätten ihrer Kindheit reisende Erzählerin bezieht sich auf sich selbst durchgän-

---

36 Vgl. Ralph-Rainer Wuthenow, Das Hölderlin-Bild im Briefroman *Die Günderode*, in: Homburg vor der Höhe in der deutschen Geistesgeschichte. Studien zum Freundeskreis um Hegel und Hölderlin, hrsg. von Christoph Jamme und Otto Pöggeler, Stuttgart: Klett-Cotta 1981, S. 318–330; Carola Hilmes, „Lieber Widerhall". *Bettine von Arnim: Die Günderode* – Eine dialogische Autobiographie, in: GRM, Neue Folge Bd. 46 (1996), Heft 4, S. 424–438.

37 Vgl. Olga Gomez, At the edge of the self: Sarraute's tropismes, in: Secret spaces / Forbidden Places, ed. by Cathy O'Brien et al. (Publ. in Vorb.).

38 Vgl. Carola Hilmes, Die Polyphonie des Ich. Überlegungen zu *Tu ne t'aimes pas* von Nathalie Sarraute, in: LiLi 99 (1995), S. 116–123.

gig als ‚du'.³⁹ Das Ich als intendiertes Zusammentreffen von zweiter und dritter Person ist Ziel des autobiographischen Projekts, dem eine ironisch-widersinnige Versicherung vorangestellt ist, die sich gegen die in traditionellen Autobiographien umstandslos behauptete Wahrheit ebenso richtet wie gegen die für Romane üblichen Dementis zur juristischen Absicherung der erzählten Geschichte. *Kindheitsmuster* gibt nur vor, ein Roman zu sein, die hier vorgebrachte Wahrheit jedoch ist sehr ernst zu nehmen. Vielleicht sind heutzutage Kunst und Literatur zu einem bevorzugten Ort der Wahrheit geworden? Christa Wolf jedenfalls behauptet gegen die Kunstdoktrin des sozialistischen Realismus eine ‚subjektive Authentizität'.⁴⁰

Die Autobiographie markiert das Zusammentreffen von Leben, Schreiben und Subjektivität des Ich, ist also Sammelpunkt von Historischem, Fiktionalem bzw. Imaginärem und Reflexivem. Deshalb bewegen sich viele moderne Selberlebensbeschreibungen auf der Grenze zwischen individueller Geschichtsschreibung und romanhafter Darstellung des eigenen Ich, oder sie suchen nach anderen Formen autobiographischer Beglaubigung, wie sie etwa das literarische Tagebuch bietet. Aufschlußreich in diesem Zusammenhang ist ein Brief Mallarmés, den er am 16. November 1885 an Verlaine schreibt und der viele für die Moderne maßgeblichen Schwierigkeiten beim Verfassen der eigenen Biographie darlegt.⁴¹ Dieser Brief figuriert in Mallarmés Werken unter dem Titel *Autobiographie*. Als frühes Dokument einer ästhetischen Antwort auf die Frage nach dem Ich verdient er, nicht zuletzt als Kontrapunkt zu *Ecce homo,* Beachtung. Nietzsche überspringt das Ich und zerschlägt damit die Autobiographie. Deren Bruchstücke aber – mit den ihnen inhärenten Widersprüchlichkeiten und Problemen – können von den Selbstbiographen im 20. Jahrhundert allerdings kreativ gewendet werden. Indem sie neue Formen der Selbstdarstellung erproben, in denen das Ich seine prekäre Situation beglaubigen kann, schreiben sie auch dem Genre eine Zukunftsperspektive zu. Die Paradoxien moderner Selberlebensbeschreibungen, das machen die sie begleitenden kritischen Reflexionen deutlich, entstehen durch die Einführung des Anderen in den Text. Auf der formalen Ebene des Vertrages ist dieser andere der Leser, auf der inhaltlichen Ebene im Falle der Autobiographie ist es das Leben selbst, das zu einer Deutung heraus-

---

39 Vgl. Sandra Frieden, „Falls es strafbar ist, die Grenzen zu verwischen". Autobiographie, Biographie und Christa Wolf, in: Vom Anderen und vom Selbst. Beiträge zu Fragen der Biographie und Autobiographie, hrsg. von Reinhold Grimm und Jost Hermand, Königstein/Ts.: Athenäum 1982, S. 153–166.

40 Vgl. Christa Wolf, Die Dimension des Autors. Essays und Aufsätze, 2 Bde., Frankfurt/M.: Luchterhand 1990, Bd. 2, S. 773–805.

41 Stéphane Mallarmé, Œuvres complètes, édition établie et annotée par Henri Mondor et. G. Jean-Aubrey, Paris: Gallimard 1945, S. 661–665 u. Anm. S. 1611.

fordert. Dergestalt findet das Ich in der dialogischen Grundstruktur seinen Widerhall. Unter dem Titel „Der nachdenkliche Robinson" – einer Eintragung über den Menschen, die Sprache und das Denken – notiert Paul Valéry: „Das Individuum ist Dialog".[42]

---

42 Paul Valéry, Cahiers/Hefte 1, Frankfurt/M.: Fischer 1987, S. 545.

Literaturverzeichnis

I. Einleitung

Adorno, Theodor W.: Ästhetische Theorie, hrsg. von Gretel Adorno und Rolf Tiedemann, Frankfurt/M.: Suhrkamp 5/1981

Die Autobiographie. Zu Form und Geschichte einer literarischen Gattung, hrsg. von Günter Niggl, Darmstadt: Wiss. Buchgesellschaft 1989 (Wege der Forschung Bd. 565)

Hahn, Alois: Identität und Biographie, in: Biographie und Religion. Zwischen Ritual und Selbstversuch, hrsg. von Monika Wohlrab-Sahr, Frankfurt/New York: Campus 1995, S. 127–152

Jean Paul, Selberlebensbeschreibung, Konjektural-Biographie, mit einem Nachwort von Ralph-Rainer Wuthenow, Stuttgart: Reclam 1971

Konzepte der Moderne. DFG-Symposion 1997, hrsg. von Gerhart von Graevenitz, Stuttgart/Weimar: Metzler 1999.

Die literarische Moderne in Europa, 3 Bde., hrsg. von Hans Joachim Piechotta u.a., Opladen: Westdt. Verl. 1994

Wuthenow, Ralph-Rainer: Das erinnerte Ich. Europäische Autobiographie und Selbstdarstellung im 18. Jahrhundert, München: Beck 1974

II. Schöpferische Konfessionen, künstlerische Doppelbegabungen und die Interdependenz der Künste

Adorno, Theodor W.: Die Kunst und die Künste, in: ders., Ohne Leitbild. Parva Aesthetica, Frankfurt/M.: Suhrkamp 1967, S. 168–192 (abgekürzt „KuK")

Ball, Hugo: Die Flucht aus der Zeit, hrsg. von Bernhard Echte, Zurich: Limmat 1992

Begriffsbestimmung des literarischen Expressionismus, hrsg. von Hans Gerd Rötzer, Darmstadt: Wiss. Buchges. 1976

Bildende Kunst und Literatur. Beiträge zum Problem ihrer Wechselbeziehungen im neunzehnten Jahrhundert, hrsg. von Wolfdierich Rasch, Frankfurt/M.: Klostermann 1970

Der Blaue Reiter, hrsg. von Wassily Kandinsky und Franz Marc. Dokumentarische Neuausgabe von Klaus Lankheit, München/Zürich: Piper 8/1990 (abgekürzt „BR")

Der Blaue Reiter. Dokumente einer geistigen Bewegung, hrsg. u. mit einem Nachwort versehen von Andreas Hünecke, Leipzig: Reclam 1986

Böttcher, Kurt und Johannes Mittenzwei: Dichter als Maler, Stuttgart/Berlin/ Köln/ Mainz: Kohlhammer 1980

Die Darmstädter Sezession 1919–1997. Die Kunst des 20. Jahrhunderts im Spiegel einer Künstlervereinigung, hrsg. von Sabine Welsch und Klaus Wolbert, Institut Mathildenhöhe Darmstadt 1997

Edschmid, Kasimir: Frühe Manifeste. Epochen des Expressionismus, Darmstadt/ Neuwied/Berlin: Luchterhand 1960 (abgekürzt „KE")

Eichel, Christine: „Die Kunst und die Künste". Perspektiven einer interdisziplinären Ästhetik nach Adorno, in: Das unerhört Moderne. Berliner Adorno-Tagung, hrsg. von Frithjof Hager und Hermann Pfütze, Lüneburg: zu Klampen 1990, S. 151–178

Expressionismus. Der Kampf um eine literarische Bewegung, hrsg. von Paul Raabe, Zürich: Arche 1987

Expressionismus. Literatur und Kunst. 1910–1923. Eine Ausstellung des Deutschen Literaturarchivs im Schiller-Nationalmuseum Marbach a. N. 1960

Die Expressionismusdebatte. Materialien zu einer marxistischen Realismuskonzeption, hrsg. von Hans-Jürgen Schmitt, Frankfurt/M.: Suhrkamp 1973

Günther, Herbert: Künstlerische Doppelbegabungen. Erweiterte Neufassung, München: E. Heimeran 1960 (abgekürzt „KD")

Gütersloh, Paris von: Bekenntnisse eines modernen Malers, Wien/Leipzig: Verlagsanstalt Dr. Zahn u. Dr. Diamant 1926

Hoesterey, Ingeborg: Der Laokoon-Faktor in der Moderne. Zum Problem der Mediendifferenzierung in den Künsten, in: Literatur und die anderen Künste, Heft 5/6 (1982), S. 169–180

Hofmann, Werner: Gegenstimmen. Aufsätze zur Kunst des 20. Jahrhunderts, Frankfurt/M.: Suhrkamp 2/1980

Holdenried, Michaela: Im Spiegel ein anderer. Erfahrungskrise und Subjektdiskurs im modernen autobiographischen Roman, Heidelberg: Winter 1991

Hünecke, Andreas: Nachwort zu: Der Blaue Reiter. Dokumente einer geistigen Bewegung, S. 527–547

Jensen, Jens Christian: Doppelbegabungen, in: Merkur 4 (1995), S. 371–375

Kandinsky, Wassily: Essays über Kunst und Künstler, Bern: Benteli 3/1973
Kokoschka, Oskar: Mein Leben, Vorwort und dokumentarische Mitarbeit von Remigius Netzer, München: Bruckmann 1971
Künstlerbekenntnisse. Briefe, Tagebuchblätter, Betrachtungen heutiger Künstler, gesammelt und hrsg. von Paul Westheim, Berlin: Ullstein o. J. (1925)
Literatur und bildende Kunst. Ein Handbuch zur Theorie und Praxis eines komparatistischen Grenzgebietes, hrsg. von Ulrich Weisstein, Berlin: E. Schmidt 1992
Malende Dichter – dichtende Maler (Ausstellungskatalog), hrsg. von Ernst Scheidegger u.a., Zürich: Arche 1957
Mathy, Dietrich: Authentizität. Zu einer Kategorie der Ästhetik Adornos, in: ders., Von der Metaphysik zur Ästhetik oder Das Exil der Philosophie. Untersuchungen zum Prozeß der ästhetischen Moderne, Hamburg: von Bockel 1994, S. 112–123
Mathy, Dietrich: Beiträge zum Futurismus, Dadaismus und Surrealismus, in: Die literarische Moderne in Europa, Bd. 2: Formationen der literarischen Avantgarde, hrsg. von Hans Joachim Piechotta u.a., Opladen: Westdt. Verl. 1994, S. 79–145
Mathy, Dietrich: Unverborgen vorenthalten. Zur Wahrnehmung des Nichtwahrnehmbaren als Index ästhetischer Wahrnehmung, in: Unter Argusaugen. Zu einer Ästhetik des Unsichtbaren, hrsg. von Gerd Held u.a., Würzburg: Königshausen & Neumann 1997, S. 281–300
Okkultismus und Avantgarde. Von Munch bis Mondrian. 1900–1915 (Ausstellungskatalog der Schirn-Kunsthalle), Frankfurt/M.: edition tertium 1995
Prinzhorn, Hans: Bildnerei der Geisteskranken, Berlin: Springer 1922
Protomoderne: Künstlerische Formen überlieferter Gegenwart, hrsg. von Carola Hilmes und Dietrich Mathy, Bielefeld: Aisthesis 1996
Raabe, Paul: Die Autoren und Bücher des literarischen Expressionismus. Ein bibliographisches Handbuch, in Zusammenarbeit mit Ingrid Hannich-Bode, Stuttgart: Metzler 1985
Schöpferische Konfession, hrsg. von Kasimir Edschmid, Berlin: Erich Reiß Verlag 1920 (Tribüne der Kunst und Zeit. Eine Schriftensammlung, Bd. 13); abgekürzt „SK"
Schvey, Henry I.: Doppelbegabte Künstler als Seher: Oskar Kokoschka, D.H. Lawrence und William Blake, in: Literatur und bildende Kunst. Ein Handbuch, S. 73–85
Theorien des Expressionismus, hrsg. von Otto F. Best, Stuttgart: Reclam 1976
Vietta, Silvio und Hans-Georg Kemper: Expressionismus, München: Fink, 5. verb. Aufl. 1994

Wais, Kurt: Symbiose der Künste: Forschungsgrundlagen zur Wechselberührung zwischen Dichtung, Bild- und Tonkunst (1937), in: Literatur und bildende Kunst. Ein Handbuch, S. 34–53

Walzel, Oskar: Die wechselseitige Erhellung der Künste. Ein Beitrag zur Würdigung kunstgeschichtlicher Begriffe, Berlin: Verlag von Reuther & Reichard 1917

Weisstein, Ulrich: Einleitung. Literatur und bildende Kunst: Geschichte, Systematik, Methoden, in: Literatur und bildende Kunst. Ein Handbuch zur Theorie und Praxis eines komparatistischen Grenzgebietes, hrsg. von Ulrich Weisstein, Berlin: E. Schmidt 1992, S. 11–32

Westheim, Paul: Vorwort zu: Künstlerbekenntnisse, hrsg. von Paul Westheim, Berlin: Ullstein o. J. (1925), S. 7–10

III. Probleme der Grenzüberschreitung und die Frage nach der Autobiographie

Adorno, Theodor W.: Die Kunst und die Künste, in: ders., Ohne Leitbild. Parva Aesthetica, Frankfurt/M.: Suhrkamp 1967, S. 168–192

Ästhetische Moderne in Europa. Grundzüge und Problemzusammenhänge seit der Romanitk, hrsg. von Silvio Vietta und Dirk Kemper, München: Fink 1997

Arnim, Bettine von: Werke und Briefe, Bd. 1: Clemens Brentano's Frühlingskranz. Die Günderode, hrsg. von Walter Schmitz, Frankfurt/M.: Dt. Klassiker Verl. 1986

L'auteur et le manuscrit, hrsg. von Michel Contat, Paris: Presses universitaires de France 1991

Autobiographie & Avantgarde, hrsg. von Alfred Hornung, Tübingen: Narr 1992, insbes. S. 19–132

Die Autobiographie im 20. Jahrhundert, in: Literaturwissenschaftliches Jahrbuch der Görres-Gesellschaft 34 (1993), S. 215–377

Die Autobiographie. Zu Formen und Geschichte einer literarischen Gattung, hrsg. von Günter Niggl, Darmstadt. Wiss. Buchges. 1989 (Wege der Forschung Bd. 565)

Barthes, Roland: Über mich selbst, aus dem Französischen von Jürgen Hoch, München: Matthes & Seitz 1978

Bergmann, Klaus: Lebensgeschichte als Appell. Autobiographische Schriften der ‚kleinen Leute' und Außenseiter, Opladen: Westdt. Verl. 1991

Bürger, Peter: Theorie der Avantgarde, Frankfurt/M.: Suhrkamp 1974

Chateaubriand, François-René: Erinnerungen (Mémoires d'outre tombe), hrsg., neu übertragen und mit einem Nachwort versehen von Sigrid v. Massenbach, Frankfurt/Wien/Zürich: Büchergilde Gutenberg 1968

Doderer, Heimito von: Meine neunzehn Lebensläufe, München: Biederstein 1966

Eichendorff: Erlebtes (1854), in: ders., Werke Bd. 1 (Gedichte, Versepen, Dramen, Autobiographisches), München: Winkler 1981, S. 895–950

Enzensberger, Hans Magnus: Die Aporien der Avantgarde (1962), in: ders., Einzelheiten II. Poesie und Politik, Frankfurt/M.: Suhrkamp 1984, S. 50–80

Erinnerungen ans Exil – kritische Lektüre der Autobiographien nach 1933 und andere Themen, in: Exilforschung. Ein internationales Jahrbuch, Bd. 2 (1984)

Erlenberger, Maria: Der Hunger nach Wahnsinn. Ein Bericht, Reinbek: Rowohlt 1977

Frank, Manfred: Die Unhintergehbarkeit von Individualität. Reflexionen über Subjekt, Person und Individuum aus Anlaß ihrer ‚postmodernen' Toterklärung, Frankfurt/M.: Suhrkamp 1986

Geschriebenes Leben. Autobiographik von Frauen, hrsg. von Michaela Holdenried, Berlin: Schmidt 1995

Goethe, Johann Wolfgang von: Werke. Hamburger Ausgabe, Bde. 9–11 (Autobiographische Schriften), hrsg. von Erich Trunz, München: dtv 1988

Handwörterbuch philosophischer Grundbegriffe, hrsg. von Hermann Krings u.a., München: Kösel 1973/74

Heidegger, Martin: Der Ursprung des Kunstwerks, in: ders., Holzwege, Frankfurt/M.: Klostermann 6/1980, S. 1–72

Heidegger, Martin: Wer ist Nietzsches Zarathustra? (1953), in: ders., Vorträge und Aufsätze, Pfullingen: Neske 4/1978, S. 97–122

Heißenbüttel, Helmut: Anmerkungen zu einer Literatur der Selbstentblößer, in: ders., Zur Tradition der Moderne. Aufsätze und Anmerkungen 1964–1971, Neuwied/Berlin: Luchterhand 1972, S. 80–94

Held, Gerd: Das gewendete Selbst. Autobiographie und katoptrische Poetik bei Jean Paul, in: dies & daß: wie Sprache die vielfältigsten Gesichter macht, hrsg. von Friedrich Friedl u.a., Offenbach: Klingspor Museum 1995, S. 106–121

Held, Gerd: Der Kuß der Mantis. Die andere Naturgeschichte bei Max Ernst, Georges Bataille und André Masson, in: Protomoderne, S. 157–176

Hilmes, Carola: Die Autobiographie ohne Ich. Alain Robbe-Grillets *Romanesques*, in: Das Paradoxe. Literatur zwischen Logik und Rhetorik, Festschrift für Ralph-Rainer Wuthenow zum 70. Geburtstag, hrsg. von Carolina

Romahn und Gerold Schipper-Hönicke, Würzburg: Königshausen & Neumann 1999, S. 306–318.

Hilmes, Carola: „Ich selbst bin der Inhalt meines Buches". Montaignes Selbsterkundungen, in: Protomoderne, S. 31–42

Hilmes, Carola: „Lieber Widerhall" *Bettine von Arnim: Die Günderode*. Eine dialogische Autobiographie, in: GRM Neue Folge 46 (1996), Heft 4, S. 424–438

Hilmes, Carola: Moderne europäische Autobiographien, in: Die literarische Moderne in Europa, Bd. 3, S. 370–392

Hilmes, Carola und Dietrich Mathy: Wie zukünftig-vergangen ist das Moderne?, in: Protomoderne, S. 7–14

Hoddis, Jakob van: Von mir und vom Ich, in: Die Aktion, Jg. III, 1913, Nr. 52, S. 1204

Holdenried, Michaela: Im Spiegel ein anderer. Erfahrungskrise und Subjektdiskurs im modernen autobiographischen Roman, Heidelberg: Winter 1991

Hornbogen, Helmut: Jakob van Hoddis. Die Odyssee eines Verschollenen, München: Hanser 1986

Individualität, hrsg. von Manfred Frank und Anselm Haverkamp, München: Fink 1988 (Poetik und Hermeneutik XIII).

Jean Paul: Selberlebensbeschreibung. Konjektural-Biographie, hrsg. u. mit einem Nachwort versehen von Ralph-Rainer Wuthenow, Stuttgart: Reclam 1971

Kahlo, Frida: Gemaltes Tagebuch. Mit einer Einführung von Carlos Fuentes, Kommentar von Sarah M. Lowe, München: Kindler 1995

Lau, Jörg: Literarische Theorie, theoretische Literatur, in: Merkur 2 (1998), S. 153–159

Leiris, Michel: Mannesalter, aus dem Französischen übersetzt von Kurt Leonhard, Frankfurt/M.: Suhrkamp 1983

Lejeune, Philippe: Der autobiographische Pakt, aus dem Französischen übersetzt von Wolfram Bayer und Dieter Hornig, Frankfurt/M.: Suhrkamp 1994

Lejeune, Philippe: Je est un autre. L'autobiographie de la littérature aux média, Paris: Ed. du Seuil 1980

Lejeune, Philippe: Moi aussi, Paris: Ed. du Seuil 1986

Die literarische Moderne in Europa, 3 Bde., hrsg. von Hans Joachim Piechotta u.a., Opladen: Westdt. Verl. 1994

Lyotard, Jean-François: Beantwortung der Frage: Was ist postmodern?, in: Postmoderne und Dekonstruktion. Texte französischer Philosophen der Gegenwart, mit einer Einführung hrsg. von Peter Engelmann, Stuttgart: Reclam 1990, S. 33–48

Man, Paul de: Autobiography as De-facement, in: MLN 94 (1979), S. 919–930 (dt. „Autobiographie als Maskenspiel", in: ders., Die Ideologie des Ästhetischen, übers. v. Jürgen Blasius, Frankfurt/M.: Suhrkamp 1993. S. 131–146)
Mathy, Dietrich: Die Avantgarde als Gestalt der Moderne oder: Die andauernde Wiederkehr des Neuen. Zur Korrespondenz und Grenzüberschreitung der Künste zu Beginn des zwanzigsten Jahrhunderts, in: Die literarische Moderne in Europa, Bd. 2, S. 79–88
Mathy, Dietrich: Kunst & Leben. Nachgetragene Daten zu einer unabgeschlossenen Vorgeschichte. Aufsätze zur Kultur- und Zivilisationskritik, Hamburg: von Bockel (im Druck).
Mathy, Dietrich: Leonardos Nichts, in: Protomoderne, S. 15–30
Mathy, Dietrich: Von der Metaphysik zur Ästhetik oder Die Philosophie im Exil. Untersuchungen zum Prozeß der ästhetischen Moderne, Hamburg: von Bockel 1994
Niggl, Günter: Geschichte der deutschen Autobiographie im 18. Jahrhundert. Theoretische Grundlagen und literarische Entfaltung, Stuttgart: Metzler 1977
Novalis: Heinrich von Ofterdingen, in: ders., Schriften Bd. 1, hrsg. von Paul Kluckhohn und Richard Samuel, Stuttgart: Kohlhammer 1960, S. 195–369
Picard, Hans Rudolf: Anthropologische Funktionen der modernen Autobiographie in Frankreich: Leiris, Roy, Sartre, Sarraute, in: Literaturwissenschaftliches Jahrbuch der Görres-Gesellschaft 34 (1993), S. 361–377
Picard, Hans Rudolf: Autobiographie im zeitgenössischen Frankreich. Existentielle Reflexion und literarische Gestaltung, München: Fink 1978
Plath, Sylvia: The Bell Jar, London/Melbourne/Toronto: William Heinemann Ltd. 1963 (unter dem Pseudonym Victoria Lucas)
Protomoderne: Künstlerische Formen überlieferter Gegenwart, hrsg. von Carola Hilmes und Dietrich Mathy, Bielefeld: Aisthesis 1996
Ritter, Johann Wilhelm: Fragmente aus dem Nachlasse eines jungen Physikers. Ein Taschenbuch für Freunde der Natur (1810), Hanau/Main: Müller & Kiepenheuer 1984
Robbe-Grillet, Alain: Der wiederkehrende Spiegel, aus dem Französischen übersetzt von Andrea Spingler, Frankfurt/M.: Suhrkamp 1989
Robbe-Grillet, Alain: Neuer Roman und Autobiographie, übersetzt von Hans Rudolf Picard, Konstanz 1987
Roland Barthes par Roland Barthes, Paris: Ed. du Seuil 1975
Rousseau, Jean-Jacques: Die Bekenntnisse, übersetzt von Alfred Semerau, mit einem Nachwort und Anm. von Christoph Kunze, München: dtv 2/1984
Sartre, Jean-Paul: Les mots, Paris: Gallimard 1964

Schlegel, Friedrich: Lucinde, in: ders., Dichtungen, KFSA Bd. 5, hrsg. u. eingel. von Hans Eichner, München/Paderborn/Wien: Schöningh 1962, S. 1–92

Schneider, Manfred: Die erkaltete Herzensschrift. Der autobiographische Text im 20. Jahrhundert, München: Hanser 1986

Schwab, Sylvia: Autobiographik und Lebenserfahrung. Versuch einer Typologie deutschsprachiger autobiographischer Schriften zwischen 1965 und 1975, Würzburg: Königshausen & Neumann 1981

Sill, Oliver: Zerbrochene Spiegel. Studien zur Theorie und Praxis modernen autobiographischen Erzählens, Berlin/New York: de Gruyter 1991

Sloterdijk, Peter: Literatur und Organisation von Lebenserfahrung. Autobiographien der Zwanziger Jahre, München: Hanser 1978

Spielzüge des Zufalls. Zur Anatomie eines Symptoms, hrsg. von Carola Hilmes und Dietrich Mathy, Bielefeld: Aisthesis 1994

Tod des Subjekts?, hrsg. von Herta Nagl-Docekal u. Helmuth Vetter, Wien/München: Oldenbourg 1987

Türkis, Wolfgang: Beschädigtes Leben. Autobiographische Texte der Gegenwart, Stuttgart: Metzler 1990

Wagner-Egelhaaf, Martina: Autobiographie, Stuttgart/Weimar: Metzler 2000

Wellmer, Albrecht: Zur Dialektik von Moderne und Postmoderne. Vernunftkritik nach Adorno, Frankfurt/M.: Suhrkamp 4/1990

Welsch, Wolfgang: Ästhetisches Denken, Stuttgart: Reclam 3/1993

Wittgenstein, Ludwig: Werkausgabe Bd. 1 (Tractatus logico-philosophicus, Tagebücher 1914–1916, Philosophische Untersuchungen), Frankfurt/M.: Suhrkamp 1984

Wuthenow, Ralph-Rainer: Autobiographie als Bildungsgeschichte. Zu J.W. Ritters Selbstdarstellung, in: Das spekulative Ohr. Wagner und die deutsche Moderne (Festschrift für Sanko Nagaharu), Tokyo 1994 (Übersetzung ins Japanische)

Wuthenow, Ralph-Rainer: Das erinnerte Ich. Europäische Autobiographie und Selbstdarstellung im 18. Jahrhundert, München: Beck 1974

Wuthenow, Ralph-Rainer: Europäische Tagebücher. Eigenart, Form, Entwicklung, Darmstadt: Wiss. Buchgesellschaft 1990

Wuthenow, Ralph-Rainer: Nachwort zu: Jean Paul, Selberlebensbeschreibung; Konjektural-Biographie, hrsg. von Ralph-Rainer Wuthenow, Stuttgart: Reclam 1971, S. 157–180

Zürn, Unica: Der Mann im Jasmin. Eindrücke aus einer Geisteskrankheit, in: dies., Gesamtausgabe, Bd. 4.1, hrsg. von Günter Bose und Erich Brinkmann, Berlin: Brinkmann u. Bose 1991, S. 135–255

IV. Sich zeigen und verbergen: das Ich als Grenze
Virginia Woolfs Reflexionen über Leben und Schreiben

Albright, Daniel: Virginia Woolf as Autobiographer, in: KR 6:4 (1984), S. 1–17
Dahl, Christopher C.: Virginia Woolf's *Moments of Being* and Autobiographical Tradition in the Stephen Family, in: JML 10:2 (1983), S. 175–196
Donovan, Josephine: Everyday Use and *Moments of Being*. Toward a Nondominative Aesthetic, in: Aesthetics in Feminist Perspective, ed. by Hilde Hein et al., Bloomington: Indiana UP 1993, S. 53–67
Erzgräber, Willi: Zur Ästhetik des Augenblicks bei Virginia Woolf, in: GRM 34:1–2 (1984), S. 133–148
Fleishman, Avrom: „To return to St. Ives". Woolf's Autobiographical Writings, in: ELH 48 (1981), S. 606–618
McCord, Phyllis-Frus: „Little Corks That Mark a Sunken Net". Virginia Woolf's *Sketch of the Past* as a Fictional Memoir, in: MLS 16:3 (1986), S. 247–254
Nünning, Vera: Die Ästhetik Virginia Woolfs. Eine Rekonstruktion ihrer philosophischen und ästhetischen Grundanschauungen auf der Basis ihrer nichtfiktionalen Schriften, Frankfurt u.a.: Lang 1990
Nünning, Vera und Ansgar: Virginia Woolf zur Einführung, Hamburg: Junius 1991
Raulff, Ulrich: Wäre ich Schriftsteller und tot... Vorläufige Gedanken über Biographie und Existenz, in: Literatur und Kulturwissenschaften. Positionen, Theorien, Modelle, hrsg. von Hartmut Böhme und Klaus S. Scherpe, Reinbek: Rowohlt 1996, S. 187–204
Reichert, Klaus: Nachbemerkung zu *Flush*, Frankfurt/M.: Fischer 1994, S. 129–131
Reichert, Klaus: Nachbemerkung zu *Orlando*, Frankfurt/M.: Fischer 1992, S. 246–249
Schöneich, Christoph: Virginia Woolf, Darmstadt: Wiss. Buchges. 1989 (Erträge der Forschung Bd. 266)
Schulkind, Jeanne: Introduction zu: Virginia Woolf, Moments of Being, London: Grafton Books 2/1990, S. 15–29
Walker, Nancy: „Wider Than the Sky". Public Presence and Private Self in Dickinson, James, and Woolf, in: The Private Self: theory and practice of woman's autobiographical writings, hrsg. von Shari Benstock, London: Routledge 1988, S. 272–303
Wenner, Claudia: Moments of Being. Zur Psychologie des Augenblicks, Frankfurt/M.: Vervuert 1998
Woolf, Virginia: Augenblicke. Skizzierte Erinnerungen, übers. von Elizabeth Gilbert, mit einem Essay von Hilde Spiel, Frankfurt/M.: Fischer 1984

Woolf, Virginia: Collected Essays, Vol. I u. IV, London: Hogarth Press 1966 u. 1967 (abgekürzt „CE")

Woolf, Virginia: Flush. Eine Biographie, übers. von Karin Kersten, hrsg. und kommentiert von Klaus Reichert, Frankfurt/M.: Fischer 1994

Woolf, Virginia: Frauen und Literatur. Essays, übers. von Hannelore Faden und Helmut Viebrock, hrsg. und kommentiert von Klaus Reichert, Frankfurt/M.: Fischer 1989

Woolf, Virginia: Der gewöhnliche Leser. Essays, Bde. I und II, übers. von Hannelore Faden und Helmut Viebrock, hrsg. und kommentiert von Klaus Reichert, Frankfurt/M.: Fischer 1989 und 1990 (abgekürzt „GL").

Woolf, Virginia: Granite and Rainbow. Essays, London: Hogarth Press 1958

Woolf, Virginia: Moments of Being, edited and with an introduction by Jeanne Schulkind (revised and enlarged edition), London: Grafton Books 1990 (abgekürzt „MB")

Woolf, Virginia: Orlando. Eine Biographie, übers. von Brigitte Walitzek, hrsg. und kommentiert von Klaus Reichert, Frankfurt/M.: Fischer 1994 (abgekürzt „O")

Woolf, Virginia: Roger Fry. A Biographie, London: Hogarth Press 1940

Woolf, Virginia: Der Tod des Falters. Essays nach der engl. Ausgabe von Leonard Woolf hrsg. von Klaus Reichert, dt. von Hannelore Faden und Joachim A. Frank, Frankfurt/M.: Fischer 1997

V. Wassily Kandinsky: Das vom Geistigen inspirierte Ich

Benjamin, Walter: Der Begriff der Kunstkritik in der deutschen Romantik, Frankfurt/M.: Suhrkamp 2/1978

Der Blaue Reiter, hrsg. von Wassily Kandinsky und Franz Marc, Dokumentarische Neuausgabe von Klaus Lankheit, München: Piper 8/1990

Brinkmann, Heribert: Wassily Kandinsky als Dichter, Düsseldorf (Diss.) 1980

Eichner, Johannes: Kandinsky und Gabriele Münter. Von Ursprüngen moderner Kunst, München: Bruckmann 1957

Einstein, Carl: Die Kunst des 20. Jahrhunderts, Berlin: Propyläen 3/1931

Eller Rüter, Ulrika-Maria: Kandinsky. Bühnenkomposition und Dichtung als Realisation seines Synthese-Konzepts, Hildesheim u.a.: Olms 1990

Fischer, Friedrich Wilhelm: Geheimlehren und moderne Kunst, in: Fin de siècle, hrsg. von Roger Bauer u.a., Frankfurt/M.: Klostermann 1977, S. 344–377

Gassner, Hubertus und Wolfgang Kersten: Physikalisches Weltbild und abstrakte Bildwelten. Kandinsky, Klee, Mondrian, Malewitsch, in: Funkkolleg

Moderne Kunst, Studienbegleitbrief 5, Deutsches Institut für Fernstudien an der Universität Tübingen 1990, S. 55–91

Grohmann, Will: Wassily Kandinsky. Leben und Werk, Köln: DuMont 1958

Grote, Ludwig: Zur Einführung in: Wassily Kandinsky, Rückblick, Baden-Baden: Woldemar Klein 1955, S. 5–7

Hahl-Koch, Jelena: Kandinsky und Schönberg. Zu den Dokumenten einer Künstlerfreundschaft, in: Arnold Schönberg – Wassily Kandinsky. Briefe, Bilder und Dokumente einer außergewöhnlichen Begegnung, hrsg. von Jelena Hahl-Koch, München: dtv 1983, S. 177–209

Horkheimer, Max: Zu Bergsons Metaphysik der Zeit, in: ders., Kritische Theorie, Frankfurt/M.: Suhrkamp 1977, S. 175–199

Kammler, Dietmar: Die Auflösung der Wirklichkeit und Vergeistigung der Kunst im ‚inneren Klang', in: Hugo Ball-Almanach 1983, S. 17–55

Kandinsky, Wassily: Essays über Kunst und Künstler, hrsg. und kommentiert von Max Bill, Bern: Benteli 3/1973

Kandinsky, Wassily: Gesammelte Schriften, Bd. 1: Autobiographische Schriften, hrsg. von Hans Konrad Roethel und Jelena Hahl-Koch, Bern: Benteli 1980 (abgekürzt „GS"); die *Rückblicke* (S. 27–50) werden abgekürzt „R"

Kandinsky, Wassily: Punkt und Linie zu Fläche. Beitrag zur Analyse der malerischen Elemente, 7. Aufl. mit einer Einführung von Max Bill, Bern: Benteli 7/1970

Kandinsky, Wassily: Über das Geistige in der Kunst, 10. Aufl. mit einer Einführung von Max Bill, Bern: Benteli 10/1970 (abgekürzt „GK")

Kandinsky, Wassily: Über die Formfrage, in: Der Blaue Reiter, S. 132–182

Kandinsky, Wassily: Über Bühnenkomposition, in: Der Blaue Reiter, S. 189–208

Kandinsky, Wassily: Der gelbe Klang, in: Der Blaue Reiter, S. 209–229

Kandinsky, Wassily: Über Kunstverstehen, in: Der Sturm Jg. 3, Nr. 129 (Okt. 1912), S. 157f.

Klussmann, Paul Gerhard: Über Wassily Kandinskys Bühnenkomposition *Der gelbe Klang*, in: Das Wagnis der Moderne. Festschrift für Marianne Kesting, hrsg. von Paul Gerhard Klussmann u.a., Frankfurt am Main u.a.: Lang 1993, S. 299–312

Kropfinger, Klaus: Wagner – van de Velde – Kandinsky, in: Richard Wagner 1883–1983. Die Rezeption im 19. und 20. Jahrhundert. Gesammelte Beiträge des Salzburger Symposions, Stuttgart: H. D. Heinz 1984, S. 181–206

Lankheit, Klaus: Die Frühromantik und die Grundlagen der ‚gegenstandslosen' Malerei, in: Neue Heidelberger Jahrbücher 1951, S. 55–90

Mößer, Andeheinz: Hugo Balls Vortrag über Wassily Kandinsky in der Galerie Dada in Zürich am 7. 4. 1917, in: DVjs 1977, S. 676–704

Okkultismus und Avantgarde. Von Munch bis Mondrian. 1900–1915, Schirn Kunsthalle Franfurt: edition tertium 1995

Priebe, Evelin: Angst und Abstraktion. Die Funktion der Kunst in der Kunsttheorie Kandinskys, Frankfurt/Main u.a.: Lang 1986

Riedl, Peter Anselm: Wassily Kandinsky mit Selbstzeugnissen und Bilddokumenten, Reinbek: Rowohlt 6/1993

Ringbom, Sixten: Kandinsky und das Okkulte, in: Kandinsky und München. Begegnungen und Veränderungen 1896–1914, Städt. Galerie im Lenbachhaus, München 1982, S. 85–101

Ringbom, Sixten: The Sounding Cosmos. A Study in the Spiritualism of Kandinsky and the Genesis of Abstract Painting, Abo 1970

Roethel, Hans Konrad: Einleitung zu: Kandinsky, Gesammelte Schriften I, S. 7–19

Thürlemann, Felix: Kandinsky über Kandinsky. Der Künstler als Interpret eigener Werke, Bern: Benteli 1986

Wassily Kandinsky zum 100. Geburtstag, hrsg. von Will Grohmann, Berlin: Akademie der Künste 1967

Wiemann, August Karl: Romanticism and its continued heritage in Kandinsky and the German Expressionism, Northwestern University 1971

Worringer, Wilhelm: Abstraktion und Einfühlung. Ein Beitrag zur Stilpsychologie (1908), München: Piper 1959

VI. Alfred Kubin: Diese und die andere Seite des Ich

Alfred Kubin 1877–1959, hrsg. von Annegret Hoberg, Städtische Galerie im Lenbachhaus, München (Ausstellungskatalog), München: Spangenberg 1990

Alfred Kubin. Das zeichnerische Frühwerk bis 1904. Texte von Christoph Brockhaus, hrsg. von Hans Albert Peters, Staatliche Kunsthalle Baden-Baden 1977

Alfred Kubin. Leben, Werk, Wirkung, hrsg. von Paul Raabe, Hamburg: Rowohlt 1957

Avenarius, Ferdinand: Traumbildnerei, in: Kunstwart 16 (1903), S. 593–596

Bisanz, Hans: Alfred Kubin. Zeichner, Schriftsteller und Philosoph. Mit 64 Tafeln und 20 Abbildungen im Text, München: Spangenberg 1977

Brandstetter, Gabriele: Das Verhältnis von Traum und Phantastik in Alfred Kubins Roman „Die andere Seite", in: Phantastik in Literatur und Kunst, hrsg.

von Christian W. Thomsen und Jens Malte Fischer, Darmstadt: Wiss. Buchges. 1980, S. 255–267

Brockhaus, Christoph: Alfred Kubin nach 1909. Versuch einer künstlerischen Charakterisierung, in: Alfred Kubin 1877–1959 (Ausstellungskatalog), S. 131–138

Brockhaus, Christoph: Rezeptions- und Stilpluralismus. Zu Alfred Kubins Roman „Die andere Seite", in: Pantheon. Internat. Zs. f. Kunst, Jg. 32, H. 3, 1974, S. 272–288

Chateaubriand, François-René de: Erinnerungen (Mémoires d'outre-tombe), hrsg., neu übertragen und mit einem Nachwort versehen von Sigrid von Massenbach, Frankfurt/Wien/Zürich: Büchergilde Gutenberg 1968

Freud, Sigmund: Studienausgabe in 11 Bdn., hrsg. von Alexander Mitscherlich u.a., Frankfurt/M.: Fischer 1982

Gerhards, Claudia: Apokalypse und Moderne. Alfred Kubins „Die andere Seite" und Ernst Jüngers Frühwerk, Würzburg: Königshausen & Neumann 1999

Geyer, Andreas: Träumer auf Lebenszeit. Alfred Kubin als Literat, Wien/Köln/Weimar: Böhlau 1995

Heißerer, Dirk: Wort und Linie. Kubin im literarischen München zwischen 1898 und 1909, in: Alfred Kubin 1877–1959, (Ausstellungskatalog), S. 67–90

Hewig, Anneliese: Phantastische Wirklichkeit. Interpretationsstudie zu Alfred Kubins Roman „Die andere Seite", München: Fink 1967

Hoberg, Annegret: Kubin und München 1898–1921, in: Alfred Kubin 1877–1959, (Ausstellungskatalog), S. 43–66

Jablkowska, Joanna: Die Apokalyptik um die Jahrhundertwende. Alfred Kubins „Die andere Seite", in: Die Rampe. Hefte für Literatur 2 (1989), S. 7–24

Kraft, Hartmut: Der Weg aus der Krise. Interdisziplinäre Aspekte der Stilentwicklung bei Alfred Kubin, in: Alfred Kubin 1877–1959, (Ausstellungskatalog), S. 109–116

Kubin, Alfred: Aus meinem Leben. Gesammelte Prosa mit 73 Abbildungen, hrsg. von Ulrich Riemerschmidt, München: Spangenberg 1974 (abgekürzt „AmL")

Kubin, Alfred: Aus meiner Werkstatt. Gesammelte Prosa mit 71 Abbildungen, hrsg. von Ulrich Riemerschmidt, München: Nymphenburger Verlagshandlung 1973 (abgekürzt „AmW")

Lippuner, Heinz: Alfred Kubins Roman „Die andere Seite", Bern und München: Francke 1977

Müller-Thalheim, Wolfgang K.: Erotik und Dämonie im Werk Alfred Kubins. Eine psychopathologische Studie, Wiesbaden: VMA 1970, S. 7–61

Poe, Edgar Allan: Gesammelte Werke in 5 Bdn., aus dem Amerikan. übers. von Arno Schmidt und Hans Wollschläger, Frankfurt/M.: Zweitausendeins 1994

Pessoa, Fernando: Das Buch der Unruhe des Hilfsbuchhalters Bernardo Soares, aus dem Portugiesischen übersetzt und mit einem Nachwort versehen von Georg Rudolf Lind, Frankfurt/M.: Fischer 1987

Raabe, Paul: Alfred Kubin als Buchillustrator, in: Alfred Kubin 1877–1956, (Ausstellungskatalog), S. 151–159

Roggenbuck, Gunhild: Das Groteske im Werk Alfred Kubins (1877–1959), Hamburg: Hartmut Lüdke 1979

Salomo Friedlaender/Mynona – Alfred Kubin. Briefwechsel, hrsg. von Hartmut Geerken und Sigrid Hauff, Wien/Linz: edition neue texte 1986

Schaukal, Richard von: Ein österreichischer Goya – Alfred Kubin, in: Wiener Abendpost, 3. 1. 1903

Schmitz, Oscar A.H.: Brevier für Einsame. Fingerzeige zu neuem Leben, München: Georg Müller 1923

Schopenhauer, Arthur: Werke in 10 Bdn., Zürcher Ausgabe, Zürich: Diogenes 1977

Settele Christoph: Zum Mythos Frau im Frühwerk Alfred Kubins, Luzern: zyklop 1992

Wolf, Georg Jakob: Ein Künstlerphilosoph – Alfred Kubin, in: Die Kunsthalle 9 (1903), S. 65–66

VII. Ernst Barlach, die verkehrte Unmittelbarkeit und die Authentizität des Beiläufigen

Adorno, Theodor W.: Noten zur Literatur, Gesammelte Schriften Bd. 11, hrsg. von Rolf Tiedemann, Frankfurt/M.: Suhrkamp 4/1984

Barlach und die nationalsozialistische Kunstpolitik. Eine dokumentarische Darstellung zur ‚entarteten Kunst', hrsg. von Ernst Piper, München/Zürich: Piper 1983

Barlach, Ernst: Das dichterische Werk in zwei Bänden, 1. Bd: Die Dramen, hrsg. von Klaus Lazarowicz in Gemeinschaft mit Friedrich Droß, München: Piper 1956

Barlach, Ernst: Das dichterische Werk in drei Bänden, 2. Bd.: Die Prosa I, hrsg. von Friedrich Droß, München: Piper 1958 (abgekürzt „Pr. I")

Barlach, Ernst: Das dichterische Werk in drei Bänden, 3. Bd.: Die Prosa II, hrsg. von Friedrich Droß, mit einem Nachwort von Walter Muschg, München: Piper 1959 (abgekürzt „Pr. II")

Barlach, Ernst: Die Briefe. 2 Bände (I: 1888–1924; II: 1925–1938), hrsg. von Friedrich Droß, München: Piper 1968/69 (abgekürzt „Br. I" und „Br. II")

Barlach, Ernst: Ehrlichgemeinte Eigene Überzeugung, in: Sinn und Form 41 (1989), S. 183–200

Barlach, Ernst: Ein selbsterzähltes Leben, Berlin: Paul Cassirer 1928 (abgekürzt „SL")

Barlach-Studien. Dichter, Mystiker, Theologe, hrsg. von Wolfgang Beutin und Thomas Bütow, Hamburg: von Bockel 1995

Beckmann, Heinz: Ich habe keinen Gott. Ernst Barlachs religiöse Provokation, München: Chr. Kaiser 1974

Beutin, Wolfgang: „Er hat wohl tiefe Keller in seiner Seele". Die Tiefenpsychologie Barlachs – Barlach und die Tiefenpsychologie, in: Barlach-Studien 1995, S. 111–139

Beloubek-Hammer, Anita: Ernst Barlach und die Skulptur des Expressionismus, in: Ernst Barlach, (Ausstellungskatalog Antwerpen), S. 328–349

Beutin, Wolfgang: Barlach oder der Zugang zum Unbewußten. Eine kritische Studie, Würzburg: Königshausen & Neumann 1994

Brecht, Bertolt: Notizen zur Barlach-Ausstellung (1952), in: Ernst Barlach, Werk und Wirkung, S. 496–501

Ernst Barlach. Bildhauer, Zeichner, Graphiker, Schriftsteller. 1870–1938 (Ausstellungskatalog Antwerpen), hrsg. von Jürgen Doppelstein, Leipzig: E. A. Seemann 1995

Ernst Barlach, Werk und Wirkung. Berichte, Gespräche, Erinnerungen, gesammelt und hrsg. von Elmar Jansen, Frankfurt/M.: Athenäum 1972

Gross, Helmut: Zur Seinserfahrung bei Ernst Barlach. Eine ontologische Untersuchung von Barlachs dichterischem und bildnerischem Werk, Freiburg/Basel/Wien: Herder 1965

Holitscher, Arthur: Übereinstimmung und Kontrast (1924), in: Ernst Barlach, Werk und Wirkung, S. 359–366

Hooper, Kent W.: Ernst Barlach's Literary and Visual Art. The Issue of Multiple Talent, Ann Arbor/London: UMI Research Press 1987

Jansen, Elmar: Barlachs „Ein selbsterzähltes Leben". Zur Vor- und Wirkungsgeschichte der Buchausgabe von 1928, in: Marginalien (Berlin), Heft 52, 1973, S. 1–15

Jansen, Elmar: Ein halbmythischer Mann namens Barlach, in: Ernst Barlach (Ausstellungskatalog Antwerpen), S. 284–309

Krahmer, Catherine: Ernst Barlach mit Selbstzeugnissen und Bilddokumenten, Reinbek: Rowohlt 5/1995

Krolow, Karl: Zu Barlachs dichterischem Nachlaß (1948/52), in: Ernst Barlach, Werk und Wirkung, S. 485f.
Mann, Thomas: Barlach und Brecht. Ein Theaterbrief aus Deutschland für die New-Yorker Zeitschrift „The Dial" (1924), in: Ernst Barlach, Werk und Wirkung, S. 142–149
Martens, Gunter: Das hüllensprengende Drängen des Werdens. Bemerkungen eines Literaturwissenschaftlers zur Beziehung zwischen Bild und Text im Gesamtwerk Ernst Barlachs, in: Barlach-Studien 1995, S. 27–47
Martens, Gunter: Wenn es Götter gäbe, wie hielte ich es aus, kein Gott zu sein, in: Mitteilungen der Ernst Barlach Gesellschaft 1989, S. 11–39
Mitteilungen der Ernst Barlach Gesellschaft 1989
Müller, Horst Otto: Die Bedeutung der Briefe Ernst Barlachs, in: Ernst Barlach (Ausstellungskatalog Antwerpen), S. 382–395
Piper, Ernst: Einleitung zu: Barlach und die nationalsozialistische Kunstpolitik, S. 7–26
Polgar, Alfred: Premiere (1925), in: Ernst Barlach, Werk und Wirkung, S. 296–301
Schmidt-Henkel, Gerhard: Ernst Barlachs posthume Prosafragmente „Seespeck" und „Der gestohlene Mond". Ein Beitrag zur Erkenntnis der existentiellen Autobiographik in Romanform, Berlin (Diss.) 1955
Strich, Fritz: Warum ich Barlach den Kleistpreis zusprach (1924), in: Ernst Barlach, Werk und Wirkung, S. 249–252
Theopold, Wolfgang: Ernst Barlachs Güstrower Tagebuch. Zur formalen und inhaltlichen Eigenart, Hannover (Diss.) 1982
Weiss, Konrad: Ernst Barlach als Selbstbiograph (1929), in: Ernst Barlach, Werk und Wirkung, S. 355–358

VIII. Hugo Ball und sein flüchtiges Ich: Ein Dilemma

Arp, Hans: Unseren täglichen Traum... Erinnerungen, Dichtungen und Betrachtungen aus den Jahren 1914–1954, Zürich: Arche 1955
Ball, Hugo: Briefe 1911–1927, hrsg. von Annemarie Schütt-Hennings, Einsiedeln: Benzinger 1957 (zitiert als „Briefe")
Ball, Hugo: Byzantinisches Christentum. Drei Heiligenleben (1923), Frankfurt/M.: Insel 1979
Ball, Hugo: Flametti oder Vom Dandysmus der Armen (1918), Frankfurt: Suhrkamp 1989
Ball, Hugo: Die Flucht aus der Zeit, hrsg. und mit Anmerkungen versehen von Bernhard Echte, Zürich: Limmat 1992 (abgekürzt „FaZ")

Ball, Hugo: Zur Kritik der deutschen Intelligenz (1919), Frankfurt: Suhrkamp 2/1991
Ball, Hugo: Der Künstler und die Zeitkrankheit. Ausgewählte Schriften, hrsg. von Hans Burkhard Schlichting, Frankfurt/M.: Suhrkamp 1984 (zitiert als „Ausgewählte Schriften")
Ball, Hugo: Die Kulisse. Das Wort und das Bild, Zürich/Köln: Benzinger 1971
Ball-Hennings, Emmy: Aus dem Leben Hugo Balls, gedruckt in: Hugo Ball-Almanach 8 (1984), S. 103–130; 15 (1991), S. 51–119; 16 (1992), S. 1–38; 17 (1993), S. 1–58; 18 (1994), S. 63–103.)
Ball-Hennings, Emmy: Blume und Flamme. Geschichte einer Jugend (1938), mit einem Geleitwort von Hermann Hesse, Frankfurt/M.: Suhrkamp 1987
Ball-Hennings, Emmy: Das Brandmal, Berlin: Erich Reiss 1920
Ball-Hennings, Emmy: Gefängnis (1918), mit einem Nachwort von Heinz Ohff, Frankfurt/Berlin/Wien: Ullstein 1980
Ball-Hennings, Emmy: Das flüchtige Spiel. Wege und Umwege einer Frau (1940), Frankfurt/M.: Suhrkamp 1988
Ball-Hennings, Emmy: Ruf und Echo. Mein Leben mit Hugo Ball (1953), mit einem Nachwort von Christian Döring, Frankfurt/M.: Suhrkamp 1990
Baudelaire, Charles, Sämtliche Werke / Briefe in 8 Bdn., hrsg. von Friedhelm Kemp und Claude Pichois zusammen mit Wolfgang Drost, Frankfurt/M.: Zweitausendeins 1995
Bergius, Hanne: Das Lachen Dadas. Die Berliner Dadaisten und ihre Aktionen, Gießen: anabas 1989
Bergius, Hanne: Der Da-Dandy – Das „Narrenspiel aus dem Nichts", in: Dada in Europa. Werke und Dokumente, Städtische Galerie im Städelschen Kunstinstitut Frankfurt am Main, Berlin: Reimer 1977, S. 3/30–3/42.
Bloch, Ernst: Zur Kritik der deutschen Intelligenz, in: Die Weltbühne, Jg. 15, Nr. 29 vom 10. 7. 1919, S. 53–44, Berlin 1919
Bürger, Peter: Theorie der Avantgarde, Frankfurt/M.: Suhrkamp 1974
Dada-Almanach, im Auftrag des Zentralamts der deutschen Dada-Bewegung hrsg. von Richard Huelsenbeck, Berlin: Erich Reiss 1920
Dionysius DADA Areopagita. Hugo Ball und die Kritik der Moderne, hrsg. von Bernd Wacker, Paderborn: Schöningh 1996
Echte, Bernhard: Nachwort zu: Hugo Ball, Die Flucht aus der Zeit, Zürich: Limmat 1992, S. 303–316
Hesse, Hermann, Vorwort zu: Hugo Ball, Briefe 1911–1927, Einsiedeln: Benzinger 1957, S. 7–13

Hilmes, Carola: Einzelheiten: Ball – Benjamin – Barthes, in: Die Magie der Unterbrechung, hrsg. von Carola Hilmes und Dietrich Mathy, Bielefeld: Aisthesis 1999, S. 124–143

Hilmes, Carola: Unter falscher Flagge. Geheime Verbindungen zwischen Dadaismus und Mystizismus, in: Hugo Ball-Almanach, 23 (1999), S. 113–153

Hoellen, Burkhard: „Man muß sich verlieren, wenn man sich finden will." Ein Beitrag zu Hugo Balls Bruch mit Dada, in: Hugo Ball-Almanach 15 (1991), S. 120–164

Huelsenbeck, Richard: Mit Witz, Licht und Grütze. Auf den Spuren des Dadaismus, hrsg. von Reinhard Nenzel, Hamburg: Edition Nautilus 1991

Huelsenbeck, Richard: Reise bis ans Ende der Freiheit. Autobiographische Fragmente, aus dem Nachlaß hrsg. von Ulrich Karthaus und Horst Krüger, Heidelberg: Lambert Schneider 1984

Hugo Ball (1886 1986). Leben und Werk, hrsg. von Ernst Teubner, Berlin: publica 1986 (zitiert als „Ausstellungskatalog")

Hülsbusch, Werner: Zu Hugo Ball *Byzantinisches Christentum*. Einführung in eine prophetische Therapeutik, in: Hugo Ball-Almanach 16 (1992), S. 39–100

Kaltenbrunner, Gerd-Klaus: Zwischen Anarchie und Mystik, in: Schweizer Monatshefte, Jg. 50, Zürich 1970/71, S. 526–535

Kammler, Dietmar: Die Auflösung der Wirklichkeit und Vergeistigung der Kunst im ‚inneren Klang'. Anmerkungen zum Material-, Künstler- und Werkbegriff bei Wassily Kandinsky und Hugo Ball, in: Hugo Ball-Almanach 7 (1983), S. 17–55

Kammler, Dietmar: Wirklichkeit als Sprachansicht. Zur Entwicklung sprachlicher Vernunft im Raum der Philosophie des Deutschen Idealismus. Ein Beitrag zum Verständnis der Lautdichtung Hugo Balls, Hamburg (Diss.) 1987

Kantzenbach, Friedrich Wilhelm: Eine Alternative zum „Übermenschen". Zur Standortbestimmung von Hugo Balls „Byzantinischem Christentum" im geistes- und wissenschaftsgeschichtlichen Zusammenhang, in: Hugo Ball-Almanach 11 (1987), S. 87–137

Kramer, Andreas: „Wundersüchtig". Carl Einstein und Hugo Ball, in: Hugo Ball-Almanach 13 (1989), S. 63–100

Mann, Philip: Ball and Nietzsche. A Study of the influence of Nietzsches philosophy on Hugo Ball, in: Forum for Modern Language Studies, vol. 16, No. 4, Oct. 1980, S. 293–307

Mathy, Dietrich: Aufsätze zu den Avantgarde-Bewegungen des *Futurismus*, des *Dadaismus* und des *Surrealismus*, in: Die literarische Moderne in Europa,

Bd. 2: Formationen der literarischen Avantgarde, hrsg. von Hans Joachim Piechotta u.a., Opladen: Westdt. Verl. 1994, S. 89–145

Mathy, Dietrich: Kunst & Leben. Nachgetragene Daten zu einer unabgeschlossenen Vorgeschichte. Aufsätze zur Kultur- und Zivilisationskritik, Hamburg: von Bockel (im Druck)

Mößer, Andeheinz: Hugo Ball – Die Flucht vor Dada, in: Hugo Ball-Almanach 3 (1979), S. 50–85

Nenzel, Reinhard: Hugo Ball und Richard Huelsenbeck. DADA – Kunst gegen Kunst. Aspekte ihrer Beziehung, in: Hugo Ball-Almanach 14 (1990), S. 115–226

Nietzsche, Friedrich: Werke in 3 Bdn, hrsg. von Karl Schlechta, München: Hanser 8/1977

Rechner-Zimmermann, Claudia: Dadaistische Satanismen. Untersuchungen zu Hugo Balls Romanexperiment „Tenderenda der Phantast", in: Hugo Ball-Almanach 16 (1992), S. 101–156

Rechner-Zimmermann, Claudia: Die Flucht in die Sprache. Hugo Balls „Phantastenroman" im kulturgeschichtlichen Kontext zwischen 1914 und 1920, Marburg: Hitzeroth 1992

Schmidt-Bergmann, Hansgeorg: Die Anfänge der literarischen Avantgarde in Deutschland. Über Anverwandlung und Abwehr des italienischen Futurismus. Ein literarhistorischer Beitrag zum expressionistischen Jahrzehnt, Stuttgart: M & P 1991

Schmidt-Bergmann, Hansgeorg: Hugo Ball und Nietzsches „Physiologie der Kunst", in: Hugo Ball-Almanach 17 (1993), S. 59–84

Spielzüge des Zufalls. Zur Anatomie eines Symptoms, hrsg. von Carola Hilmes und Dietrich Mathy, Bielefeld: Aisthesis 1994

Steinbrenner, Manfred: Theoretischer Anarchismus und „Imitatio Christi". Zur Bedeutung der Einflußnahme Bakunins auf Ball, in: Hugo Ball-Almanach 7 (1983), S. 57–89

White, Erdmute Wenzel: Hugo Ball und Novalis: Vom Bewußtsein der Sprache, in: Hugo Ball-Almanach 9/10 (1985/86), S. 295–319

„Theorie der Avantgarde". Antworten auf Peter Bürgers Bestimmung von Kunst und bürgerlicher Gesellschaft, hrsg. von W. Martin Lüdke, Frankfurt/M.: Suhrkamp 1976

Zufall als Prinzip. Spielwelt, Methode und System in der Kunst des 20. Jahrhunderts, hrsg. von Bernhard Holeczek und Linda von Mengden, Ludwigshafen: Wilhelm-Hack-Museum 1992

IX. Auf der Suche nach dem surrealistischen Ich
Individualität und Wiederholung: Magritte und Breton

Arrouye, Jean: La Photographie dans *Nadja*, in: Melusine 4 (1982), S. 123–151

Beaujour, Michel: Was ist *Nadja*?, in: Der Surrealismus, hrsg. von Peter Bürger, Darmstadt: Wiss. Buchges. 1982, S. 173–190

Beauvoir, Simone de: Le Deuxième Sexe, Paris: Gallimard 1949

Benjamin, Walter: Der Sürrealismus (1929), in: Der Surrealismus, hrsg. von Peter Bürger, Darmstadt: Wiss. Buchges. 1982, S. 17–31

Breton, André: Die Manifeste des Surrealismus, aus dem Französischen übersetzt von Ruth Henry, Reinbek: Rowohlt 1986

Breton, André: Entretiens – Gespräche: Dada, Surrealismus, Politik; die Radio-Gespräche 1913–1952, übers. u. hrsg. v. Unda Hörner u. Wolfram Kiepe, Amsterdam: Verl. der Kunst 1996

Breton, André: Nadja, aus dem Französischen übersetzt und mit einem Nachwort von Max Hölzer, Frankfurt: Suhrkamp 1986

Breton, André: Œuvres complètes, 2 Bde., hrsg. von Marguerite Bonnet, Paris: Gallimard 1988 u. 1992

Casey, Joan Frances und Lynn Wilson: Ich bin viele. Eine ungewöhnliche Heilungsgeschichte, mit einem Nachwort von Dr. Frances Howland, dt. von Cornelia Holfelder-von-der-Tann und Adelheid Zöfel, Reinbek: Rowohlt 1993

Foucault, Michel: Ceci n'est pas une pipe, Paris 1968

Foucault, Michel: Dies ist keine Pfeife, mit 2 Briefen und 4 Zeichnungen von René Magritte, übersetzt von Walter Seitter, München: Hanser 1997

Gauthier, Xavière: Surrealismus und Sexualität. Inszenierung der Weiblichkeit, übersetzt von Heiner Noger, 2. Aufl., Wien/Berlin: Medusa 1980

Hilmes, Carola: Buchstabenrätsel. Unica Zürn und die Kunst der Anagramme, in: Spielzüge des Zufalls. Zur Anatomie eines Symptoms, hrsg. von Carola Hilmes und Dietrich Mathy, Bielefeld: Aisthesis 1994, S. 149–162.

Handler Spitz, Ellen: Museums of the Mind. Magritte's Labyrinth and Other Essays in the Arts, New Haven/London: Yale University Press 1994

Lenk, Elisabeth: Der springende Narziß. André Bretons poetischer Materialismus, München: Rogner & Bernhard 1971

Lüdeking, Karlheinz: Die Wörter und die Bilder und die Dinge. Magritte & Foucault, in: René Magritte. Die Kunst der Konversation, (Ausstellungskatalog der Kunstsammlung Nordrhein-Westfalen, Düsseldorf), München/ New York: Prestel 1996, S. 58–72

Magritte, René: Catalogue raisonné, hrsg. von David Sylvester, Bd. II: Oil Paintings and Objects. 1931–1948, The Menil Foundation, London 1993

Magritte, René: Catalogue raisonné, hrsg. von David Sylvester, Bd. III: Oil Paintings, Objects and Bronzes. 1949–1967, The Menil Foundation, London 1993
Magritte, René: Catalogue raisonné, hrsg. von David Sylvester, Bd. IV: Guaches, Temperas, Watercolours and Papier Collés. 1918–1967, The Menil Fondation, London 1994, S. 1994
Magritte, René: Sämtliche Schriften, hrsg. von André Blavier, aus dem Französischen von Christiane Müller und Ralf Schiebler, München: Hanser 1981
Martin, Claude: *Nadja* et le mieux-dire", in: Revue d'Histoire Litteraire de la France 2 (1972), S. 274–286
Mathy, Dietrich: Die Avantgarde als Gestalt der Moderne oder: Die andauernde Wiederkehr des Neuen. Zur Korrespondenz und Grenzüberschreitung der Künste zu Beginn des zwanzigsten Jahrhunderts, in: Die literarische Moderne in Europa, 3 Bde., hrsg. von Hans Joachim Piechotta u. a., Opladen: Westdt. Verl. 1994, Bd. II, S. 79–88
Mathy, Dietrich: Europäischer Surrealismus oder: Die konvulsivische Schönheit, in: Die literarische Moderne, Bd. II, S. 123–145
Navarri, Roger: *Nadja* oder das unglückliche Schreiben (1973), in: Der Surrealismus, hrsg. von Peter Bürger, Darmstadt: Wiss. Buchges. 1982, S. 191–204
Riese-Hubert, Renée: Nadja depuis la mort de Breton, in: Œuvres et Critiques 2 (1977), S. 93–102
Steinwachs, Ginka: Mythologie des Surrealismus oder die Rückverwandlung von Kultur in Natur, 2. Aufl., Basel/Frankfurt: Stroemfeld/Roter Stern 1985
Sylvester, David: *Golconde* by René Magritte, in: The Menil Collection. A Selection from the Paleolithic to the Modern Era, New York 1987, S. 216–220
Volckmann, Silvia: Die Lust am Verrücktsein. Eros und Wahnsinn im Surrealismus, in: Literarische Utopie-Entwürfe, hrsg. von Hiltrud Gnüg, Frankfurt/M.: Suhrkamp 1982, S. 250–265
Zürn, Unica: Der Mann im Jasmin. Eindrücke einer Geisteskrankheit, in: dies., Gesamtausgabe, Bd. 4.1, hrsg. von Günter Bose und Erich Brinkmann, Berlin: Brinkmann u. Bose 1991, S. 135–255.

X. Lebensbruchstücke. Walter Benjamins autobiographische Berlin-Bücher

Adorno, Theodor W.: Über Walter Benjamin, hrsg. u. mit Anmerkungen versehen von Rolf Tiedemann, Frankfurt/M.: Suhrkamp 1970
Begriffe Benjamins, hrsg. von Michael Opitz und Erdmut Wiszisla, Frankfurt/M.: Suhrkamp (im Druck)

Benjamin, Walter: Berliner Kindheit um 1900. Fassung letzter Hand und Fragmente aus früheren Fassungen, Frankfurt/M.: Suhrkamp 1987

Benjamin, Walter: Briefe, 2 Bde., hrsg. und mit Anmerkungen versehen von Gershom Scholem und Theodor W. Adorno, Frankfurt/M.: Suhrkamp 1978

Benjamin, Walter: Gesammelte Schriften, unter Mitwirkung von Theodor W. Adorno und Gershom Scholem, hrsg. von Rolf Tiedemann und Hermann Schweppenhäuser, 7 Bde., Frankfurt/M.: Suhrkamp 1991 (Taschenbuch-Ausgabe)

Blasius, Jürgen: Anwesenheit und Ekstase. Eine philosophische Lektüre der Marguerite Duras, in: Die Dichter lügen, nicht. Über Erkenntnis, Literatur und Leser, hrsg. von Carola Hilmes und Dietrich Mathy, Würzburg: Königshausen & Neumann 1995, S. 31–46

Bohrer, Karl Heinz: Labyrinth zwischen ‚Ereignis' und ‚Interieur'. Über Benjamins Phantasma-Stadt, in: Merkur 1994, Heft 2, S. 95–108

Dasselbe noch einmal: Die Ästhetik der Wiederholung, hrsg. von Carola Hilmes und Dietrich Mathy, Opladen: Westdt. Verl. 1998

Drügh, Heinz-Joachim: Anders-Rede. Zur Struktur und historischen Systematik des Allegorischen (Frankfurt: Diss. 1996; Publ. in Vorb.)

Eco, Umberto: Nachschrift zum *Namen der Rose*, aus dem Italienischen von Burkhart Kroeber, München: Hanser 1984

Goethe, Johann Wolfgang von: Werke, Hamburger Ausgabe in 14 Bänden, hrsg. von Erich Trunz, München: dtv 1988, Bd. 9 (Autobiographische Schriften 1)

Greiner, Bernhard: Akustische Maske und Geborgenheit in der Schrift: Die Sprach-Orientierung der Autobiographien von Elias Canetti und Walter Benjamin, in: Literaturwissenschaftliches Jahrbuch der Görres-Gesellschaft, Bd. 34, 1993, S. 305–325

Günter, Manuela: Anatomie des Anti-Subjekts. Zur Subversion autobiographischen Schreibens bei Walter Benjamin, Siegfried Kracauer und Carl Einstein, Würzburg: Königshausen & Neumann 1996

Hamacher, Werner: The Word *Wolke* – If It Is One, in: Benjamin's Ground. New Readings of Walter Benjamin, hrsg. von Rainer Nägele, Detroit: Wayne State University Press 1988, S. 147–176

Hart Nibbrig, Christiaan L.: Das Déjàvu des ersten Blicks. Zu Walter Benjamins *Berliner Kindheit um 1900*, in: DVjs 47 (1973), S. 711–729

Holz, Hans Heinz: Philosophie der zersplitterten Welt. Reflexionen über Walter Benjamin, Bonn: Pahl-Rugenstein 1992

Jaskolski, Helmut: Das Labyrinth. Symbol für Angst, Wiedergeburt und Befreiung, Stuttgart: Kreuz Verl. 1994

Labyrinth der Welt und Lusthaus des Herzens. Johann Amos Comenius (1592–1670), hrsg. vom Museum Bochum, Kultur Ost-West e.V., Comeniusforschungsstelle der RUB o.J. (1992)

Lindner, Burkhardt: Das *Passagen-Werk*, die *Berliner Kindheit* und die Archäologie des Jüngstvergangenen, in: Passagen. Walter Benjamins Urgeschichte des neunzehnten Jahrhunderts, hrsg. von Norbert Bolz und Bernd Witte, München: Fink 1984, S. 27–48

Lindner, Burkhardt: Engel und Zwerg. Benjamins geschichtsphilosophische Rätselfigur und die Herausforderung des Mythos, in: „Was nie geschrieben wurde, lesen". Frankfurter Benjamin-Vorträge, hrsg. von Lorenz Jäger und Thomas Regehly, Bielefeld: Aisthesis 1992, S. 236–265

Literatur über Walter Benjamin. Kommentierte Bibliographie 1983–1992, hrsg. von Reinhard Markner u. Thomas Weber, Hamburg: Argument 1993

Lobsien, Eckhard: Wörtlichkeit und Wiederholung. Phänomenologie poetischer Sprache, München: Fink 1995

Makropoulos, Michael: Wirklichkeiten zwischen Literatur, Malerei und Sozialforschung, in: Konzepte der Moderne (DFG-Symposion 1997), hrsg. von Gerhart von Graevenitz, Stuttgart/Weimar: Metzler 1999, S. 69–81

Menke, Bettine: Sprachfiguren. Name – Allegorie – Bild nach Walter Benjamin, München: Fink 1991

Menninghaus, Wilfried: Schwellenkunde. Walter Benjamins Passage des Mythos, Frankfurt/M.: Suhrkamp 1986

Menninghaus, Wilfried: Walter Benjamins Theorie der Sprachmagie, Frankfurt/M.: Suhrkamp 1980

Schmitz-Emans, Monika: Zwischen weißer und schwarzer Schrift. Edmond Jabès' Poetik des Schreibens, München: Fink 1994

Schneider, Manfred: Die erkaltete Herzensschrift. Der autobiographische Text im 20. Jahrhundert, München: Hanser 1986

Scholem, Gerhard: Benjamin und sein Engel. Vierzehn Aufsätze und kleine Beiträge, hrsg. von Rolf Tiedemann, Frankfurt/M.: Suhrkamp 1983

Scholem, Gershom: Nachwort zu: Walter Benjamin, Berliner Chronik (revidierte Ausgabe), Frankfurt/M.: Suhrkamp 1988, S. 93–99

Schöttker, Detlev: Erinnern, in: Begriffe Benjamins, hrsg. von Michael Opitz un Erdmut Wiszisla, Frankfurt/M.: Suhrkamp (im Druck)

Schöttker, Detlev: Konstruktiver Fragmentarismus. Form und Rezeption der Schriften Walter Benjamins, Frankfurt/M.: Suhrkamp 1999

Schweppenhäuser, Hermann: Ein Physiognom der Dinge. Aspekte des Benjaminschen Denkens, Lüneburg: zu Klampen 1992

Stierle, Karlheinz: Der Mythos von Paris. Zeichen und Bewußtsein einer Stadt, München/Wien: Hanser 1993

Stüssi, Anna: Erinnerung an die Zukunft. Walter Benjamins *Berliner Kindheit um 1900*, Göttingen: Vandenhoeck & Ruprecht 1977

Szondi, Peter: Benjamins Städtebilder (1962), Hoffnung im Vergangenen. Über Walter Benjamin (1961), in: ders., Schriften II, Frankfurt/M.: Suhrkamp 1978, S. 275–309

Tiedemann, Rolf: Einleitung des Herausgebers, in: Walter Benjamin, Das Passagen-Werk, 2 Bde., S. 9–41

Walter Benjamin / Gershom Scholem, Briefwechsel 1933–1945, hrsg. von Gershom Scholem, Frankfurt/M.: Suhrkamp 1980

Weigel, Sigrid: Enstellte Ähnlichkeit. Walter Benjamins theoretische Schreibweise, Frankfurt/M.: Fischer 1997

Witte, Bernd: Bilder der Endzeit. Zu einem authentischen Text der *Berliner Kindheit* von Walter Benjamin, in: DVjS 58 (1984), S. 570–592

Witte, Bernd: Paris – Berlin – Paris. Zum Zusammenhang von individueller, literarischer und gesellschaftlicher Erfahrung in Walter Benjamins Spätwerk, in: Passagen. Walter Benjamins Urgeschichte des neunzehnten Jahrhunderts, hrsg. von Norbert Bolz und Bernd Witte, München: Fink 1984, S. 17–26

XI. „Und so wandle ich auf der Spur meiner selbst"
Aus dem Leben des Hilfsbuchhalters Bernardo Soares –
Fernando Pessoas autobiographische Entwürfe

Baltrusch, Burghard: Bewußtsein und Erzählungen der Moderne im Werk Fernando Pessoas, Frankfurt/M. u.a.: Lang 1997

Gil, José: Fernando Pessoa ou La Métaphysique des Sensations, Paris: La Différence 1988

Güntert, Georges: Das Gedicht „Tabakladen". Eine Analyse, in: „Algebra der Geheimnisse", S. 159–180

Hamm, Peter: Sieger im Scheitern – Fernando Pessoa und Robert Walser, zwei entfernte Verwandte, in: „Algebra der Geheimnisse", S. 117–141

Hartung, Harald: Eine Ästhetik der Abdankung. Fernando Pessoa deutsch, in: Merkur 1990, Heft 3, S. 235–242

Henseleit-Lucke, Frank: Nachwort zu: Fernando Pessoa, Herostrat. Die ästhetische Diskussion I, übersetzt von Georg Rudolf Lind und Frank Henseleit-Lucke, hrsg. von Frank Henseleit-Lucke, Zürich: Ammann 1997, S. 183–203

Hilmes Carola: Die Autobiographie ohne Ich. Alain Robbe-Grillets *Romanesques*, in: Das Paradoxe. Literatur zwischen Logik und Rhetorik, hrsg. von Carolina Romahn und Gerold Schipper-Hönicke, Würzburg: Königshausen & Neumann 1999, S. 306–318

Lind, Georg Rudolf: Nachwort des Übersetzers, in: Fernando Pessoa, Das Buch der Unruhe, S. 297–302

Lind, Georg Rudolf: Fernando Pessoa – der vervielfachte Dichter, in: Fernando Pessoa, „Algebra der Geheimnisse", S. 5–30

Lind, Georg Rudolf: Nachwort des Übersetzers, in: Fernando Pessoa, Alberto Caeiro *Dichtungen* – Ricardo Reis *Oden*, S. 233–241

Lind, Georg Rudolf: Nachwort, in: Fernando Pessoa, Álvaro de Campos, S. 292–298

Nietzsche, Friedrich: Über Wahrheit und Lüge im außermoralischen Sinne, in: ders., Werke in 3 Bdn., hrsg. von Karl Schlechta, München: Hanser 8/1977, Bd. 3, S. 309–322

Paz, Octavio: Fernando Pessoa – Der sich selbst Unbekannte, in: Fernando Pessoa, „Algebra der Geheimnisse", S. 85–115

Pessoa, Fernando: Alberto Caeiro *Dichtungen* – Ricardo Reis *Oden*. Portugiesisch und Deutsch. Aus dem Portugiesischen übersetzt und mit einem Nachwort versehen von Georg Rudolf Lind, Frankfurt/M.: Fischer 1989

Pessoa, Fernando: „Algebra der Geheimnisse". Ein Lesebuch, Frankfurt/M.: Fischer 1990

Pessoa, Fernando: Álvaro de Campos *Poesias – Dichtungen*. Portugiesisch und Deutsch. Aus dem Portugiesischen übersetzt und mit einem Nachwort versehen von Georg Rudolf Lind, Frankfurt/M.: Fischer 1991

Pessoa, Fernando: Das Buch der Unruhe des Hilfsbuchhalters Bernardo Soares. Aus dem Portugiesischen übersetzt und mit einem Nachwort versehen von Georg Rudolf Lind, Frankfurt/M.: Fischer 1987 (abgekürzt „BdU")

Pessoa, Fernando: Dokumente zur Person und ausgewählte Briefe. Aus dem Portugiesischen übersetzt und mit einem Nachwort versehen von Georg Rudolf Lind, Frankfurt/M.: Fischer 1992 (abgekürzt „Dok")

Pessoas Lissabon. Ausstellungskatalog zur Frankfurter Buchmesse 1997, hrsg. vom Komitee des Centre de Cultura Contemporània de Barcelona und der Gesellschaft Portugal-Frankfurt 97, S.A.

Piechotta, Hans Joachim: Einleitung, in: Die literarische Moderne in Europa, Bd. 1: Erscheinungsformen literarischer Prosa um die Jahrhundertwende, hrsg. von Hans Joachim Piechotta u.a., Opladen: Westdt. Verl. 1994, S. 9–67

Siepmann, Helmut: Der Beitrag der portugiesischen Literatur zur literarischen Moderne: Fernando Pessoa, in: Die literarische Moderne in Europa, Bd. 2: Formationen der literarischen Avantgarde, hrsg. von Hans Joachim Piechotta u.a., Opladen: Westdt. Verl. 1994, S. 53–68

Tabucchi, Antonio: Wer war Fernando Pessoa? Aus dem Italienischen von Karin Fleischanderl, München/Wien: Hanser 1990

Tabucchi, Antonio: Die letzten drei Tage des Fernando Pessoa, in: DU, Heft 9, 1996, S. 61–68

XII. Salomo Friedlaender/Mynona:
Groteske Verwicklungen eines anonymisierten Ich

Adorno, Theodor W.: Negative Dialektik, Frankfurt/M.: Suhrkamp 1975
Cardorff, Peter: Friedlaender (Mynona) zur Einführung, Hamburg: Junius 1988
Diener, Alfred: Nachwort zu: Mynona (Salomo Friedlaender), Das Eisenbahnglück oder der Anti-Freud, Hamburg: Junius 1988, S. 185–188
Frank, Manfred: Die Unhintergehbarkeit von Individualität. Reflexionen über Subjekt, Person und Individuum aus Anlaß ihrer ‚postmodernen' Toterklärung, Frankfurt/M.: Suhrkamp 1986
Friedlaender, Salomo: Durch blaue Schleier, Berlin: A.R. Meyer 1908
Friedlaender, Salomo: Kant für Kinder. Fragelehrbuch für den sittlichen Unterricht, Hannover: Paul Steegemann 1924
Friedlaender, Salomo: Nachlaß im Deutschen Literaturarchiv Marbach hier u.a.:
 – Verschiedenes. Autobiographisches, o.T. (um 1920), 4 Bl.
 – Ich. Autobiographische Skizze (abgekürzt „Typ")
 – Vorwort zu Ich (abgekürzt „Vorw.")
 – Ich-Heliozentrum, 21 Bl.
 – Der Mensch als subjektive Kopernikanische Sonne, 20 Bl.
 – Das magische Ich. Elemente des kritischen Polarismus
Friedlaender, Salomo: Schöpferische Indifferenz, München: Georg Müller 1918
Friedlaender, Salomo: Wie durch ein Prisma. Gedanken und Blicke im Zeichen Kants, Frankfurt/Main: Taifun 1924
Friedlaender, Salomo (Mynona) – Alfred Kubin, Briefwechsel, hrsg. von Hartmut Geerken und Sigrid Hauff, Wien/Linz: edition neue texte 1986
Friedlaender/Mynona: Ich. Autobiographische Skizze, in: Mynona (Salomo Friedländer), Rosa die schöne Schutzmannsfrau und andere Grotesken, hrsg. von Ellen Otten, Zürich: Arche 1965, S. 201–233 (abgekürzt „Ich")

Friedlaender/Mynona: Zur Psychologie der Engel, wiederabgedruckt in: Literatur-Revolution 1910–1925. Dokumente, Manifeste, Programme, hrsg. von Paul Pörtner, Darmstadt u.a.: Luchterhand 1960, S. 94–104

Geerken, Hartmut: Nachwort, in: Mynona, Prosa. 2 Bde, hrsg. von Hartmut Geerken, München: text + kritik 1980, Bd. 2, S. 277–324

Held, Gerd: Der große Dilettant. Alberto Savinio und Friedrich Nietzsche, in: Skepsis oder das Spiel mit dem Zweifel. Festschrift für Ralph-Rainer Wuthenow zum 65. Geburtstag, hrsg. von C. Hilmes, H.J. Piechotta und D. Mathy, Würzburg: Königshausen & Neumann 1994, S. 265–278

Held, Gerd: Die Erscheinung einer Erscheinung. Zur Ästhetik des indirekten Gegenstands bei Kant und Duchamp, in: Unter Argusaugen. Zu einer Ästhetik des Unsichtbaren, hrsg. von Gerd Held u.a., Würzburg: Königshausen & Neumann 1997, S. 11–32

Kayser, Wolfgang: Das Groteske. Seine Gestaltung in Malerei und Dichtung, Oldenburg und Hamburg: Stalling 1957

Kubin, Alfred: Rezension der *Schöpferischen Indifferenz*, in: Das Ziel. Jb. f. geistige Politik, hrsg. von Kurt Hiller, Bd. 4, München: Kurt Wolff 1920, S. 118–121

Kuxdorf, Manfred: Der Schriftsteller Salomo Friedlaender/Mynona. Kommentar einer Epoche. Eine Monographie, Frankfurt/M. u.a.: Lang 1990

Kuxdorf, Manfred: Mynona versus Remarque, in: The first World War in German Narrative Prose, ed. by Charles N. Genno und Heinz Wetzel, Toronto: University Press 1980, S. 71–92

Literatur-Revolution 1910–1925. Dokumente, Manifeste, Programme, hrsg. von Paul Pörtner, Darmstadt u.a.: Luchterhand 1960

Mynona (Salomo Friedlaender): Briefe aus dem Exil. 1933–1946, hrsg. von Hartmut Geerken, Mainz: v. Hase & Koehler 1982

Mynona (Salomo Friedlaender): Das Eisenbahnglück oder Der Anti-Freud, mit Zeichnungen von Hans Bellmer, Hamburg: Junius 1988

Mynona (Salomo Friedländer): Rosa die schöne Schutzmannsfrau und andere Grotesken, hrsg. von Ellen Otten, Zürich: Arche 1965

Mynona: Hat Erich Maria Remarque wirklich gelebt? Der Mann – Das Werk – Der Genius, Berlin: Steegemann 1929

Mynona: Graue Magie. Ein Berliner Nachschlüsselroman (1922), Berlin: Fannei & Walz 1989

Mynona: Prosa. 2 Bde., hrsg. von Hartmut Geerken, München: text + kritik 1980 (Frühe Texte der Moderne)

Mynona: Rosa die schöne Schutzmannsfrau, Leipzig: Verlag der Weißen Bücher 1913

Mynona: Der verliebte Leichnam. Grotesken – Erzählungen – Gedichte, hrsg. von Klaus Konz, Hamburg: Galgenberg 1985
Otten, Ellen: Nachwort zu: Mynona (Salomo Friedländer), Rosa die schöne Schutzmannsfrau und andere Grotesken, S. 237–244
Strelka, Joseph: „Die Tiefe ist innen" oder Der Groteske-Erzähler Mynona, in: Colloquia Germanica 1971, S. 267–282
Strelka, Joseph: Mynona, in: Expressionismus als Literatur, hrsg. von Wolfgang Rothe, Bern/München: Francke 1969, S. 623–636
Der Tod der Moderne. Eine Diskussion, Redner: Jean Baudrillard, Gerd Bergfleth u.a., Tübingen: Konkursbuchverl. 1983
Vor Deutschland wird gewarnt. 17 exemplarische Lebensläufe, hrsg. von Hans Daiber, Gütersloh: S. Mohn 1967
Weyembergh-Boussart, Monique: S. Friedlaender-Mynona. Du Grotesque à l'Utopie, in: Revue des Langues Vivantes (Bruxellles) 41 (1975), S. 498–516 und S. 614–634 sowie ebd., 42 (1976), S. 37–55

XIII. „Erst durch die Wörter leben wir"
Der zweifelhafte Doppelsinn in Gottfried Benns ästhetischem Nihilismus

Adorno, Theodor W.: Noten zur Literatur, Ges. Schriften, hrsg. von Rolf Tiedemann, Bd. 11, Frankfurt/M.: Suhrkamp 2/1984
Allemann, Beda: Das Problem der Geschichte, Pfullingen: Neske 1963
Benjamin, Walter: Das Kunstwerk im Zeitalter seiner technischen Reproduzierbarkeit, Frankfurt/M.: Suhrkamp 11/1979
Benn – Wirkung wider Willen. Dokumente zur Wirkungsgeschichte Benns, hrsg., eingel. und kommentiert von Peter Uwe Hohendahl, Frankfurt/M.: Athenäum 1971 (abgekürzt als „Benn – Wirkung wider Willen")
Benn, Gottfried: Ausgewählte Briefe, hrsg. und mit einem Nachwort versehen von Max Rychner, Wiesbaden: Limes 1957
Benn, Gottfried: Briefe an Ernst Jünger, E.R. Curtius, Max Rychner u.a., hrsg. von Peter Schifferli, Zürich: Arche 1960
Benn, Gottfried: Briefe an F. W. Oelze, Bd. I: 1932–45; Bd. II/1: 1945–49, Bd. II/2: 1950–56, hrsg. von Harald Steinhagen u. Jürgen Schröder, Wiesbaden: Limes 1977, 1979 u. 1980
Benn, Gottfried: Sämtliche Werke (Stuttgarter Ausgabe), in Verbindung mit Ilse Benn hrsg. von Gerhard Schuster, 7 Bde., Stuttgart: Klett-Cotta 1986ff.
Böhme, Hartmut: Ich-Verlust und Melancholische Haltung bei Gottfried Benn, in: Gottfried Benn zum 100. Geburtstag. Vorträge zu Werk und Persönlich-

keit, hrsg. von W. Müller-Jensen u.a., Würzburg: Königshausen & Neumann 1988, S. 69–82
Bohrer, Karl Heinz: Möglichkeiten einer nihilistische Ethik, in: Merkur 1997, Heft 1, S. 1–19
Cases, Cesare: Die deutschen Intellektuellen und die Expressionismusdebatte (1977), in: ders., Ade, Ihr Zöpfe der Loreley. Über Deutschland, die Deutschen und die deutsche Literatur, mit einem Vorw. des Verf., aus dem Ital. übers. und mit einem Nachw. hrsg. von Dagmar Reichhardt, Hamburg: EVA 1996, S. 71–92
Deußen, Christiane: Erinnerung als Rechtfertigung. Autobiographien nach 1945: Gottfried Benn – Hans Carossa – Arnolt Bronnen, Tübingen: Stauffenburg 1987
Dierick, Augustinus P.: Gottfried Benn and his Critics. Major Interpretations 1912–1992, Camden House Columbia 1992
Ewig, Steffen: Gottfried Benns Selbstdeutung in der Autobiographie *Doppelleben*. Ein Beitrag zum kritischen Verständnis von Benns dichtungstheoretischen Aussagen, München (phil. Diss.) 1977
Die Expressionismusdebatte. Materialien zu einer marxistischen Realismuskonzeption, hrsg. von Hans-Jürgen Schmitt, Frankfurt/M.: Suhrkamp 1973
Glaser, Horst Albert: Einleitung, in: Referate des Essener Colloquiums, S. 7–8
Gottfried Benn, hrsg. von Bruno Hillebrand, Darmstadt: Wiss. Buchges. 1979 (Wege der Forschung; Bd. 316); abgekürzt als „Benn, Wege der Forschung"
Gottfried Benn. Dichter über ihre Dichtungen, hrsg. von Edgar Lohner, München: Heimeran 1969 (abgekürzt als „DuD")
Grimm, Reinhold: Ergriffen sein und dennoch unbeteiligt. Über Gottfried Benns Verhältnis zur Geschichte (1961), in: Benn – Wirkung wider Willen, S. 364–372
Hillebrand, Bruno: Einleitung, in: Gottfried Benn, Wege der Forschung, S. 1–9
Hillebrand, Bruno: Gottfried Benn – Gegen Biographie, in: ders., Benn, Frankfurt/M.: Fischer 1986, S. 9–95.
Hohendahl, Peter Uwe: Zwischen Moderne und Postmoderne. Gottfried Benns Aktualität, in: Zeitgenossenschaft. Studien zur deutschsprachigen Literatur im 20. Jahrhundert. Festschrift für Egon Schwarz zum 65. Geburtstag, hrsg. von Paul Michael Lützeler u.a., Frankfurt/M.: Athenäum 1987, S. 211–223
Kaußen, Wolfgang: Spaltungen. Zu Benns Denken im Widerspruch, Bonn: Bouvier 1981
Konzepte der Moderne, DFG-Symposion 1997, hrsg. von Gerhart von Graevenitz, Stuttgart/Weimar: Metzler 1999

Die Kunstpolitik des Nationalsozialismus, hrsg. von Hildegard Brenner, Reinbek: Rowohlt 1963

Kyora, Sabine: Lacan, Freud und Gottfried Benn. Einführende Überlegungen zu einer methodischen Annäherung, in: Jahrbuch für Internationale Germanistik, hrsg. von H.G. Roloff, H. 2, 1995, S. 142–174

Mayer, Hans: „In Sachen Arnolt Bronnen" (Nachwort), in: Arnolt Bronnen gibt zu Protokoll. Beiträge zur Geschichte des modernen Schriftstellers, mit einem Nachwort von Hans Mayer, Kronberg/Ts.: Athenäum 1978, S. 467–477

Marcuse, Ludwig: Mein zwanzigstes Jahrhundert. Auf dem Wege zu einer Autobiographie, Zürich: Diogenes 1975

Michelsen, Peter: Doppelleben. Die ästhetische Anschauung Gottfried Benns (1961), in: Gottfried Benn, Wege der Forschung, S. 115–132

Miller, Gerlinde F.: Die Bedeutung des Entwicklungsbegriffs für Menschenbild und Dichtungstheorie bei Gottfried Benn, New York u.a.: Lang 1990

Musil, Robert: Der Mann ohne Eigenschaften, Reinbek: Rowohlt 1978

Nietzsche, Friedrich: Werke in 3 Bdn., hrsg. von Karl Schlechta, München: Hanser 8/1977

Oehm, Heidemarie: Subjektivität und Gattungsform im Expressionismus, München: Fink 1993

Pauler, Thomas: Schönheit & Abstraktion. Über Gottfried Benns ‚absolute Prosa', Würzburg: Königshausen & Neumann 1992

Referate des Essener Colloquiums zum hundertsten Geburtstag: Gottfried Benn 1886–1956, hrsg. von Horst Albert Glaser, Frankfurt u.a.: Lang 1989 (abgekürzt „Referate des Essener Colloquiums")

Rühmkorf, Peter: Einige Aussichten für Lyrik (1963), in: ders., Die Jahre, die Ihr kennt. Anfälle und Erinnerungen, Reinbek: Rowohlt 1972, S. 141–152

Rumold, Rainer: Gottfried Benn und der Expressionismus. Provokation des Lesers, absolute Dichtung, Königstein/Ts.: Scriptor 1982

Rychner, Max: Gottfried Benn. Züge seiner dichterischen Welt (1949), in: Gottfried Benn, Wege der Forschung, S. 23–58

Schöne, Albrecht: Säkularisation als sprachbildende Kraft. Studien zur Dichtung deutscher Pfarrersöhne, Göttingen: Vandenhoeck & Ruprecht 2/1968

Steinhagen, Harald: Die Kunst als die eigentliche Aufgabe des Lebens. Gottfried Benns Rückzug in die Ausdruckswelt, in: Referate des Essener Colloquiums, S. 75–98

Steinhagen, Harald: Gottfried Benn 1933, in: Literatur und Germanistik nach der ‚Machtübernahme'. Colloquium zur 50. Wiederkehr des 30. Januar 1933, hrsg. von Beda Allemann, Bonn: Bouvier 1983, S. 28–51

Stollmann, Rainer: Gottfried Benn. Zum Verhältnis von Ästhetizismus und Faschismus, in: Text und Kontext 8 (1980), H. 2, S. 284–308
Weisstein, Ulrich: Vor Tische las man's anders. Eine literar-politische Studie über die beiden Fassungen (1933 und 1955) von Gottfried Benns Expressionismus-Aufsatz, in: Begriffsbestimmung des literarischen Expressionismus, hrsg. von Hans Gerd Rötzer, Darmstadt: Wiss. Buchges. 1976, S. 106–134
Wellershoff, Dieter: Fieberkurve des deutschen Geistes. Über Gottfried Benns Verhältnis zur Zeitgeschichte (1962), in: Gottfried Benn, Wege der Forschung, S. 133–152
Wellershoff, Dieter: Gottfried Benn – Phänotyp dieser Stunde. Eine Studie über den Problemgehalt seines Werkes, Köln/Berlin: Kiepenheuer & Witsch 1958
Willems, Gottfried: Benns Projekt der „Phase II" und die Problematik einer Postmoderne, in: Referate des Essener Colloquiums, S. 9–30
Wolf, Andreas: Ausdruckswelt. Eine Studie über Nihilismus und Kunst bei Benn und Nietzsche, Hildesheim u.a.: Olms 1988

XIV. „Some one was then the other one" – Gertrude Stein & Alice B. Toklas

The Alice B. Toklas Cook Book, New York: Harper & Brothers 1954 (Das Alice B. Toklas Kochbuch, aus dem Amerikanischen übersetzt von Frieda Grafe, mit einem Vorwort von Wolfram Siebeck, Berlin: Byblos 1994)
Batt, Noëlle: Le cas particulier de l'*Autobiographie d'Alice Toklas*, in: Recherches anglaises et américaines 15 (1982), S. 127–134
Bense, Max: Kosmologie und Literatur. Über Alfred N. Whitehead und Gertrude Stein, in: Texte und Zeichen 3 (1957), S. 512–525
Bense, Max: Was erzählt Gertrude Stein?, in: Probleme des Erzählens in der Weltliteratur. Festschrift für Käte Hamburger zum 75. Geburtstag, hrsg. von Fritz Martini u.a., Stuttgart: Klett 1971, S. 330–347
Benstock, Shari: The Women of the Left Bank, Austin: University of Texas Press 1986
Blake, Nancy: *Everybody's Autobiography*: Identity and Absence, in: Recherches Anglaises et Américaines, 15 (1982), S. 135–145
Bloom, Lynn Z.: Gertrude Is Alice Is Everybody: Innovation and Point of View in Gertrude Stein's Autobiographies, in: Twentieth Century Literature 24, 1 (spring 1978), S. 81–93
Breslin, James E.: Gertrude Stein and the Problems of Autobiography, in: Georgia Review 33 (1979), 3.4, S. 901–913
Caramello, Charles: Henry James, Gertrude Stein, and the Biographical Act, Chapel Hill/London: The University of North Carolina Press 1996

Chessman, Harriet Scott: The Public Is Invited To Dance. Representation, the Body, and Dialogue in Gertrude Stein, Stanford California: Stanford University Press 1989

Defoe, Daniel: Robinson Crusoe, mit Illustrationen von Ludwig Richter, übersetzt von Hannelore Novak, Frankfurt/M.: Insel 1973

DeKoven, Marianne: A different language. Gertrude Stein's experimental writings, Madison: University of Wisconsin Press 1983

Dydo, Ulla E.: Composition as Meditation, in: Gertrude Stein und the Making of Literature, S. 42–60

Dydo, Ulla: Reading the Hand Writing: The Manuscripts of Gertrude Stein, in: A Gertrude Stein companion, S. 84–95

Ecker, Gisela: Gertrude Stein, Hilda Doolittle (H.D.) und Djuna Barnes: Drei Amerikanerinnen in Europa, in: Weiblichkeit und Avantgarde, hrsg. von Inge Stephan und Sigrid Weigel, Berlin/Hamburg: Argument 1987, S. 40–66

Fendelman, Earl: Gertrude Stein Among the Cubists, in: Journal of Modern Literature 2 (Nov. 1972), S. 481–490

Fitz, L. T.: Gertrude Stein and Picasso: The Language of Surfaces, in: American Literature 45 (May 1973), S. 228–237

Gerhardt, Marlis: Stimmen und Rhythmen. Weibliche Ästhetik und Avantgarde, Darmstadt/Neuwied: Luchterhand 1986

A Gertrude Stein companion: content with the example, ed. by Bruce Kellner, New York/Westport/London: Greenwood Pess 1988 (abgekürzt „A Gertrude Stein companion")

Gertrude Stein und the Making of Literature, ed. by Shirley Neuman and Ira B. Nadel, Boston: Northeastern University Press 1988 (abgekürzt „Stein and the Making of Literature")

Gertrude Stein. Ein Leben in Bildern und Texten, hrsg. von Renate Stendhal, Zürich: Arche 1989

Heißenbüttel, Helmut: Reduzierte Sprache. Über einen Text von Gertrude Stein, in: ders., Über Literatur, Olten/Freiburg: Walter 1966, S. 11–22

Hilmes, Carola: „Lieber Widerhall". *Bettine von Arnim: Die Günderode* – Eine dialogische Autobiographie, in: GRM, Neue Folge, Bd. 46 (1996), Heft 4, S. 424–438

Hilmes, Carola: Die Autobiographie ohne Ich. Alain Robbe-Grillets *Romanesques*, in: Das Paradoxe. Literatur zwischen Logik und Rhetorik, hrsg. von Carolina Romahn u. Gerold Schipper-Hönicke, Würzburg: Königshausen & Neumann 1999, S. 306–318

Hilmes, Carola: Nachwort zu: Alice B. Toklas, Erinnerungen an Gertrude Stein – *What Is Remembered* (deutsch), Frankfurt/M.: Fischer (im Druck)

Hoffmann, Monika: Gertrude Steins Autobiographien. *The Autobiography of Alice B. Toklas* und *Everybody's Autobiography*, Frankfurt/M. u.a.: Peter Lang 1992

Knight, Alan R.: Masterpieces, Manifestoes and the Business of Living: Gertrude Stein Lecturing, in: Gertrude Stein und the Making of Literature, S. 150–167

Kramer, Andreas: Gertrude Stein und die deutsche Avantgarde, Eggingen: Ed. Klaus Isele 1993

Lejeune, Philippe: Je est un autre. L'autobiographie de la littérature aux médias, Paris: Ed. du Seuil 1980

Lesebuch zum allmählichen Kennenlernen von Gertrude Stein, hrsg. u. kommentiert von Robert Bartlett Haas, mit einem Vorwort von Bruce Kellner, aus dem Amerikanischen übersetzt von Klaus Schmirler und Dagmar Mahlhorn-Schmidt, Frankfurt/M.: Suhrkamp 1994

Lobsien, Eckhard: Gertrude Steins Poetik der Wiederholung, in: Dasselbe noch einmal. Die Ästhetik der Wiederholung, hrsg. von Carola Hilmes und Dietrich Mathy, Opladen: Westdt. Verl. 1998, S. 121–134

Neuman, S. C.: Gertrude Stein: Autobiography and the Problem of Narration, British Columbia, Canada: University of Victoria 1979

Neuman, Shirley: Gertrude Stein's Dog: ‚Personal Identity' and Autobiography, in: Canadian Review of Comparative Literature, März 1983, S. 62–79

Oppenheimer, Priscilla: Alice B[abette] Toklas, in: A Gertrude Stein Companion, S. 272–275

Pavese, Cesare: Vorwort zu: *Autobiographie von Alice B. Toklas*, o.P.

Perloff, Majorie: Six Stein Styles in Search of a Reader, in: A Gertrude Stein companion, S. 96–108

Perloff, Marjorie: (Im)Personating Gertrude Stein, in: Gertrude Stein und the Making of Literature, S. 61–80

Perloff, Marjorie: Poetry As Word-System: The Art of Gertrude Stein, in: Amererican Poetry Review 8:5 (sept./oct. 1979), S. 33–43

A Primer for the Gradual Understanding of Gertrude Stein, ed. by Robert Bartlett Haas, Los Angeles: Black Sparrow Press 1971

Rathjen, Friedhelm: Amerika in der Mache. Zu Gertrude Steins übergewichtigem Roman *The Making of Americans*, in: Schreibheft 36 (1990), S. 164–169

Reichert, Klaus: Gertrude Steins künftige Sprache, in: Das Tempo dieser Zeit ist keine Kleinigkeit. Zur Literatur um 1918, hrsg. von Jörg Drews, München: Text u. Kritik 1981, S. 168–182

Rose, Marilyn Gaddis: Gertrude Stein and the cubist narrative, in: Modern Fiction Studies 22 (1976/77), S. 543–555

Schmitz, Neil: Portrait, Patriarchy, Mythos: The Revenge of Gertrude Stein, in: Salmagundi 40 (winter 1978), S. 69–91

Simon, Linda: The Biography of Alice B. Toklas, New York: Doubleday & Company 1977

Staying on alone. Letters of Alice B. Toklas, ed. by Edward Burns with an introduction by Gilbert Harrison, New York: Liveright 1973

Stein, Gertrude: The Autobiography of Alice B. Toklas, London: Penguin 1966 (abgekürzt „ABT")

Stein, Gertrude: Autobiographie von Alice B. Toklas, aus dem Amerikanischen übersetzt von Elisabeth Schnack, mit einem Vorwort von Cesare Pavese, Zürich: Arche 2/1988 (abgekürzt: „ABT, dt.")

Stein, Gertrude: Erzählen. Vier Vorträge, eingeleitet von Thornton Wilder, aus dem Amerikanischen übersetzt von Ernst Jandl, Frankfurt/M.: Suhrkamp 1990 (abgekürzt „E")

Stein, Gertrude: Everybody's Autobiography, Cambridge, MA: Exact Change 1993 (abgekürzt „EA")

Stein, Gertrude: Jedermanns Autobiographie, aus dem Amerikanischen übersetzt von Marie-Anne Stiebel, Frankfurt/M.: Suhrkamp 1986 (abgekürzt „JA")

Stein, Gertrude: The Geographical History of America or The Relation of Human Nature to the Human Mind, with an Introduction by William H. Gass, Baltimore/London: The Johns Hopkins University Press 1995 (abgekürzt „GHA")

Stein, Gertrude: Die geographische Geschichte von Amerika oder Die Beziehung zwischen der menschlichen Natur und dem Geist des Menschen, aus dem Amerikanischen übersetzt von Marie-Anne Stiebel, mit einer Einführung von Thornton Wilder, Frankfurt/M.: Suhrkamp 1988 (abgekürzt „GGA")

Stein, Gertrude: How Writing Is Written, ed. by Robert Bartlett Haas, Los Angeles: Black Sparrow Press 1974

Stein, Gertrude: Kriege die ich gesehen habe, aus dem Amerikanischen von Marie-Anne Stiebel, Frankfurt/M.: Suhrkamp 1984

Stein, Gertrude: Paris Frankreich. Persönliche Erinnerungen, aus dem Amerikanischen von Marie-Anne Stiebel, Frankfurt/M.: Suhrkamp 1986 (abgekürzt „PF")

Stein, Gertrude: A Transatlantic Interview (1946), in: A Primer for the Gradual Understanding of Gertrude Stein, S. 11–35; dt. in: Lesebuch zum allmählichen Kennenlernen von Gertrude Stein, S. 15–34 (abgekürzt „TI")

Stein, Gertrude: Was ist englische Literatur. Vorlesungen, aus dem Amerikanischen übersetzt von Marie-Anne Stiebel, Zürich: Arche 1985
Stein, Gertrude: writings and lectures 1911–1945, ed. by Patricia Meyerowitz, introduction by Elizabeth Sprigge, London: Peter Owen 1967
Steiner, Wendy: Exact Resemblance to Exact Resemblance: The Literary Portraiture of Gertrude Stein, New Haven/London: Yale University Press 1978
Stimpson, Catharine R.: Gertrice/Altrude. Stein, Toklas, and the paradox of the happy marriage, in: Mothering the Mind. Twelve Studies of Writers and Their Silent Partners, ed. by Ruth Perry and Martine Watson Brownley, New York/London: Holmes & Meier 1984, S. 122–139
Testimony against Gertrude Stein, in: Supplement to *Transition* 1934–1935 (no. 23)
Thornton Wilder, Einführung, in: Gertrude Stein, Die geographische Geschichte von Amerika, S. 7–12
Toklas, Alice B.: What Is Remembered, San Francisco: North Point Press 1963 (abgekürzt „WIR")
Twain, Mark: Autobiographie, Ges. Werke in 5 Bdn., hrsg., mit Anm. u. einem Nachwort versehen von Klaus-Jürgen Popp, deutsch von Gertrud Baruch, München: Hanser 1967
Weiss, Andrea: Paris war eine Frau. Die Frauen von der Left Bank: Djuna Barnes, Janet Flanner, Gertrude Stein & Co, aus dem Englischen übersetzt von Susanne Goerdt, Dortmund: Ed. Ebersbach 1996

XV. Resümee: Ambivalenzen moderner Selberlebensbeschreibungen

Bernhard, Thomas: Der Atem. Eine Entscheidung, München: dtv 1981
Blanchot, Maurice: Nietzsche und die fragmentarische Schrift, in: Nietzsche aus Frankreich, hrsg. von Werner Hamacher, Frankfurt/Berlin: Ullstein 1986, S. 47–73
Derrida, Jacques: Nietzsches Otobiographie oder Politik des Eigennamens. Die Lehre Nietzsches (1976), übersetzt von Friedrich A. Kittler, in: Fugen. Deutsch-Französisches Jahrbuch für Text-Analytik, hrsg. von Manfred Frank u.a., Freiburg: Olten 1980, S. 64–98
Derrida, Jacques: Sporen. Die Stile Nietzsches, in: Nietzsche aus Frankreich, hrsg. von Werner Hamacher, Frankfurt/Berlin: Ullstein 1986, S. 129–168
The ear of the other. Otobiography, Transference, Translation, english edition ed. by Christie V. McDonald, translated by Peggy Kamuf, New York: Schocken Books 1985

Foucault, Michel: Was ist ein Autor?, in: ders., Schriften zur Literatur, übers. v. Karin von Hofer u. Anneliese Botond, Frankfurt/M.: Fischer 1988, S. 7–31

Frieden, Sandra: „Falls es strafbar ist, die Grenzen zu verwischen". Autobiographie, Biographie und Christa Wolf, in: Vom Anderen und vom Selbst. Beiträge zu Fragen der Biographie und Autobiographie, hrsg. von Reinhold Grimm und Jost Hermand, Königstein/Ts.: Athenäum 1982, S. 153–166

Goethe, Johann Wolfgang: Werke (Hamburger Ausgabe), Bd. 9: Autobiographische Schriften I, München: dtv: 1988

Gomez, Olga: At the edge of the self: Sarraute's tropisms, in: Secret spaces / Forbidden Places, ed. by Cathy O'Brien et al. (Publ. in Vorb.)

Hamacher, Werner: Echolos, in: Nietzsche aus Frankreich, hrsg. von Werner Hamacher, Frankfurt/Berlin: Ullstein 1986, S. 5–14

Heidegger, Martin: Nietzsche. 2 Bde., Pfullingen: Neske 3/1961

Heidegger, Martin: Wer ist Nietzsches Zarathustra?, in: ders., Vorträge und Aufsätze, Pfullingen: Neske 4/1978, S. 97–122

Hilmes, Carola: Die Autobiographie ohne Ich. Alain Robbe-Grillets *Romanesques*, in: Das Paradoxe. Literatur zwischen Logik und Rhetorik, hrsg. von Carolina Romahn und Gerold Schipper-Hönicke, Würzburg: Königshausen & Neumann 1999, S. 306–318

Hilmes, Carola: „Lieber Widerhall". *Bettine von Arnim: Die Günderode* – Eine dialogische Autobiographie, in: GRM, Neue Folge Bd. 46 (1996), Heft 4, S. 424–438

Hilmes, Carola: Die Polyphonie des Ich. Überlegungen zu *Tu ne t'aimes pas* von Nathalie Sarraute, in: LiLi 99 (1995), S. 116–123

Krechel, Ursula: Autobiographien vor dem Leben, in: Lesezeichen, H. 10, April 1985, S. 24–26

Krechel, Ursula: Leben in Anführungszeichen. Das Authentische in der gegenwärtigen Literatur, in: Literaturmagazin 11, hrsg. von Nicolas Born u.a., Reinbek: Rowohlt 1979, S. 80–107

Leiris, Michel: Mannesalter, übers. von Kurt Leonhard, Frankfurt/M.: Suhrkamp 1983

Lejeune, Philippe: Der autobiographische Pakt, aus dem Französischen von Wolfram Bayer und Dieter Hornig, Frankfurt/M.: Suhrkamp 1994

Lejeune, Philippe: On Autobiography, ed. and with a foreword by Paul John Eakin, translated by Katherine Leary, University of Minnesota Press, Minneapolis 1989

Literatur aus dem Leben. Autobiographische Tendenzen in der deutschsprachigen Gegenwartsdichtung. Beobachtungen, Erfahrungen, Belege, hrsg. von Herbert Heckmann, München/Wien: Hanser 1984.

Mallarmé, Stéphane: Œuvres complètes, édition établie et annotée par Henri Mondor et. G. Jean-Aubrey, Paris: Gallimard 1945
Marquardt, Eva: Gegenrichtung. Entwicklungstendenzen in der Erzählprosa Thomas Bernhards, Tübingen: Niemeyer 1990
Nietzsche, Friedrich: Sämtliche Werke. Kritische Studienausgabe in 15 Bdn., hrsg. von Giorgio Colli und Mazzino Montinari, München: dtv u. Berlin/New York: de Gruyter 1980
Pessoa, Fernando: Das Buch der Unruhe des Hilfsbuchhalters Bernardo Soares, aus dem Portugiesischen übersetzt von Georg Rudolf Lind, Frankfurt/M.: Fischer 1987
Robbe-Grillet, Alain: Le miroir qui revient, Paris: minuit 1984
Robbe-Grillet, Alain: Neuer Roman und Autobiographie, übersetzt von Hans Rudolf Picard, Konstanz: Universitätsverlag 1987
Rousseau, Jean Jacques: Die Bekenntnisse, übersetzt von Alfred Semeran, München: dtv 2/1984
Sarraute, Nathalie: Enfance, Paris: Gallimard 1983
Taylor, Charles: Quellen des Selbst. Die Entstehung der neuzeitlichen Identität, übersetzt von Joachim Schulte, Frankfurt/M.: Suhrkamp 1996
Trunz, Erich: Nachwort zu *Dichtung und Wahrheit*, in: Johann Wolfgang Goethe, Werke (Hamburger Ausgabe), Bd. 9: Autobiographische Schriften I, München: dtv: 1988, S. 601–639
Valéry, Paul: Cahiers/Hefte 1, Frankfurt/M.: Fischer 1987
Villwock, Jörg: Die Geschichte als Labyrinth. Zonen des Paradoxen im Werk Friedrich Nietzsches, in: Das Paradoxe. Literatur zwischen Logik und Rhetorik, hrsg. von Carolina Romahn und Gerold Schipper-Hönicke, Würzburg: Königshausen & Neumann 1999, S. 225–242
Wolf, Christa: Die Dimension des Autors. Essays und Aufsätze, 2 Bde., Frankfurt/M.: Luchterhand 1990
Wolf, Christa: Kindheitsmuster, Berlin/Weimar: Aufbau 1976
Wuthenow, Ralph-Rainer: Autobiographie, autobiographisches Schrifttum, in: Historisches Wörterbuch der Rhetorik, hrsg. von Gert Ueding, Tübingen: Niemeyer 1992, S. 1267–1276
Wuthenow, Ralph-Rainer: Das Hölderlin-Bild im Briefroman *Die Günderode*, in: Homburg vor der Höhe in der deutschen Geistesgeschichte. Studien zum Freundeskreis um Hegel und Hölderlin, hrsg. von Christoph Jamme und Otto Pöggeler, Stuttgart: Klett-Cotta 1981, S. 318–330
Wuthenow, Ralph-Rainer: Die Selbstdeutung Nietzsches, in: Literaturwissenschaftliches Jahrbuch der Görres-Gesellschaft, Bd. 34, 1993, S. 221–238

Wuthenow, Ralph-Rainer: Nietzsches Selbstdarstellung, in: Friedrich Nietzsche, Ecce homo. Wie man wird, was man ist, mit einem Vorwort von Raoul Richter und einem Nachwort von Ralph-Rainer Wuthenow, Frankfurt/M.: Insel 1977, S. 141–164